國家圖書館出版品預行編目資料

秦漢史話 / 陳致平著. －－二版一刷. －－臺北市：
三民，2008
　　　面；　　公分
　參考書目：面
　ISBN 978－957－14－4991－3　（平裝）
　1.秦漢史

621.9　　　　　　　　　　　　　　　　97001429

ⓒ　秦　漢　史　話

著 作 人	陳致平
發 行 人	劉振強
著作財產權人	三民書局股份有限公司
發 行 所	三民書局股份有限公司
	地址　臺北市復興北路386號
	電話　(02)25006600
	郵撥帳號　0009998-5
門 市 部	（復北店）臺北市復興北路386號
	（重南店）臺北市重慶南路一段61號
出版日期	初版一刷　1972年10月
	二版一刷　2008年5月
編 　 號	S 620020
定 　 價	新臺幣350元

行政院新聞局登記證局版臺業字第○二○○號

有著作權‧不准侵害

ISBN　978-957-14-4991-3　（平裝）

http://www.sanmin.com.tw　三民網路書店

※本書如有缺頁、破損或裝訂錯誤，請寄回本公司更換。

秦漢

史話

陳致平　著

三民書局

二版說明

　　歷史故事足以啟發智慧，鼓勵向上，提供經驗，示範品行等等，歸納言之，對世道人心，有所裨益而已。尤其「人物」歷史更是推動歷史演化的重要因素。本書史事謹嚴、說解精詳，甫出版即在閱讀大眾中迭有好評，歷久而不衰。惟在歲月巨輪的刻蝕下，既有之銅版鉛字已略顯漫漶；開本及版式，亦有異於現代出版潮流。此次再版，除了放大開本、字體，重新設計版式外，並以本局自行撰寫的字體編排，不惟美觀，而且大方；同時，將原來之講後注改為當頁注的形式，並修正舊版一些訛誤疏漏之處，期望讀者在閱讀時能更加便利與舒適，亦或由此進一步尋思及體認作者強調「人道」關懷的意義。

編輯部謹識

自　序

　　這部《秦漢史話》，原是我過去在臺灣省立師範學院（現國立臺灣師範大學）所作「中華歷史故事」講稿的一部分。當時曾刊印若干小冊，命名《中華民族史話》，隨講演發行，後因本人事冗，遂行輟刊。且原印小冊，容易散失。茲應讀者之紛紛催促，爰將舊稿重加修訂，依斷代之例，合印改名《秦漢史話》。

　　原講的目的，是為了配合與補充一般大學、中學的國史教材，兼以提高一般社會人士的讀史興趣，故以通俗故事的方式來講述自秦漢一統後的中國歷史之演變，而內容則偏重於人物故實的敘說。

　　推動人類歷史演化的因素，固有種種不同的解釋；但我認為最簡明的說法，實不出「人道」二字。所謂「人道」者，一是個人的自處之道，一是人與人的相處之道。然而人道又基於人性，人既不是無生命的機械，也有別於有生命的禽獸。正因人性的複雜、人道的危微，於是錯綜交織而構成這部可喜可愕、可悲可感的「人的歷史」。它記錄下我們人類種種痛苦的經驗，卻也提供了無窮耐人深思的問題。原本在中國人的傳統學術思想之中，曾經強調這「人道觀念」。由於近世物質文明的日新月異，科學技術的突飛猛進，而人道觀念乃常被忽視，遂形成種種困惑與矛盾。無論如何，總是「人役物」，而非「物役人」，則主宰人類命運，與製造人類歷史的，還是「人類自己」。這也是我所以願意以人物故實的發展，從我們過去的經驗裡，來體認這「人道」的意義，成為我講和寫這部史話的一個「主要動機」。

　　本書自覺疏淺譾陋，如有謬誤，尚祈讀者教正！

例 言

㈠本書旨在推廣一般國史常識，故取材一以正史為本，旁參諸史與筆記之資料，亦皆註明出處。偶遇一般性的考據問題，也略加引述。

㈡本書內容雖以人物故實為主，但舉凡政治、經濟、社會、學術、思想等問題，亦穿插於人物故實中，隨帶講述，使讀者從人物動態的發展中，自然了解其時代的背景，而避免作書志會要式枯燥性的排比敘述。

㈢因為古今時代社會意識語言之不同，歷史故實的講述，如用現代口語式的純白話文，有難表達昔人的語氣情態。故本書行文只能採用一般性的語體，而略帶淺文言，或偶用一二時代性的特殊辭彙（加註釋）。非如此不能求敘事說理與行文三者之綿貫。至言「信、達、雅」則深感未逮。

㈣舉凡有關文史常識的資料，如古代政治家、思想家、文學家的論著，或詩歌格言，取其有價值意義者，均儘量予以收納，供一般讀者作為參考，俾明瞭其歷史的來源出處。其引用的方式有二，凡文意簡明或家喻戶曉的文章，則逕引原文，在前面用一「曰」字，或「原文云……」如何如何。凡文字冗長或辭意艱深者，則節譯為語體，前面用「大意說……」如何如何。

㈤為使讀者明白時空人事的關係，書中附有「地圖」。更為增加了解與興趣，並附益「辭義」、「地名」的註釋。

秦漢史話

東漢

第一講　嬴政一統

不韋釣奇　嬴政繼位　李斯上書
秦併六國　始皇稱帝　一統政治
博浪擊椎　入海求仙　沙丘之變

戰國二百年間的鬥爭（如從周威烈王二十三年（西元前 403 年）韓趙魏三家分晉算起，到秦始皇二十六年統一天下（西元前 221 年）止是一百八十三年，約言之為二百年），到秦始皇統一，是中國歷史的一大階段，也是中國社會的一大激變。舊的封建制度業已崩潰，以禮教為中心的王道已不復存在，代之而起的是新的強權鬥爭，以利害為中心的霸道。這二百多年紛爭攘奪之中，不僅政治經濟有顯著的改革，而人心思想亦有極大的蛻變。國際關係由暴力代替公理，個人關係也以私利代替是非。尊王攘夷的觀念，早為諸侯所厭棄；忠信道義，也徒成一種虛偽的標榜。所以孟子的正統學說，在當時被梁惠王譏為「迂闊而莫能為」。因為在那個殘殺鬥爭的社會中，人們所要迫切解決的是眼前的現實，少有高瞻遠矚的打算。所以在那時最走運最為帝王所賞識的，一種是專講現實的法家；一種是投機取巧的縱橫家；一種是炫奇立異的談天雕龍之徒。那些人遊說諸侯，致身卿相，其內心的目的，多在滿足個人的私慾。如蘇秦佩六國相印，回家驕傲妻子；范雎相秦，念念不忘私憤。他們為利祿而奔營，朝秦暮楚，恬不為恥。國家與個人，相互利用，構成一種寡情的社會。在那個社會裡的人生是相當悲慘的，戰國時的國際戰爭異常殘酷，一動員就是幾十萬大兵，秦將白起一次活埋了趙國降卒四十萬。所謂「爭地以戰，殺人盈野；爭城以戰，殺人盈城」。生命的短促，道德的沒落，益發使人自私和短視，國家對於人民只有恃刑賞為唯一約束的手段，這種趨勢到了秦朝而登峰造極。所以促成秦國的大極權，大暴政，絕非偶然。使人深深體會到人類失

卻精神秩序的維繫後，所發生的可怖後果。

最足以象徵戰國社會的，是那時一般投機的政客（遊說之士）和商人，現在要提出一個代表人物，這個人是既為商人而兼政客的。距今二千二百多年前，當周赧王五十年，秦昭王四十年左右。在韓國陽翟❶地方有一個鉅商，名叫呂不韋，往來中原一帶，做販賤鬻貴的生意。由於他的頭腦靈活，善於取巧，更因他出入官府，結交豪門，所以買賣做得十分發達，家資鉅萬。有一天他來到了趙國的邯鄲❷，邯鄲是一個繁華的都市，好比民初的上海、廣州，在這個繁華的都市裡，無意中發現了一位潦倒的王孫公子，此人名異人。他是秦昭王的孫子，安國君的兒子。秦昭王四十年，太子死，四十二年以次子安國君為太子。安國君立其愛姬華陽夫人為正夫人，華陽夫人無子，安國君雖有子二十餘人都非華陽所生。異人是安國君的中子，他的生母夏姬，無寵，故異人不為安國君所重視，那時方為質於趙。原來在戰國時候，由於國際間信義的破壞，彼此以世子王孫做人質，以為和約的保障。殊不知到了信義不保的時候，誓約既然不能遵守，人質又何能有效呢？所以那時列國間的質子，都是些孤臣孽子，為本國君王所不重視的人物，為的是必要時可以隨意犧牲的，異人便是這樣一個可憐的政治工具。他雖然住在一個繁華的都市裡，卻食用不饒，生活困迫，羈旅之中，心情十分苦悶。呂不韋一見異人這般光景，不覺心機一動，暗暗說道：「此奇貨可居也！」遂曲意與之結交。異人天涯得逢知己，欣慰非常。一日不韋向異人說：「我有術可使君門庭光大」。異人笑說：「君何不先光大自己的門庭！」不韋說：「我之門庭必待君之門庭而光大啊！」便與異人促膝深談：「現在秦王已老，安國君為太子，安國君雖愛華陽夫人，而華陽夫人無嫡子，一旦秦王千秋之後，安國君即位，立太子，君兄弟二十餘人，而君排行在中又久居在外，到那時不僅不得嗣位，恐連回國也無希望。」異人說：「然則奈何？」不韋說：「天下的事非錢不行，君今貧困於此，既不得結交賓客，又無力奉養雙親，我不韋雖貧，願獻千金助君一臂之力，並

---

❶ 今河南禹縣。
❷ 今河北邯鄲。

願為君西遊秦國，說安國君與華陽夫人，立君為嫡嗣子」。異人大喜頓首說：「果如君策，他年異人有出頭之日，願與君共享秦國之福」。呂不韋即以五百金贈與異人作為結交賓客之需，另以五百金在邯鄲市上購買珍奇寶玩。即日西入關中，來到秦國。經過一番鑽營工夫見到華陽夫人之姊，先送了一份厚禮，另一份珍寶，託為異人所獻，請轉獻華陽夫人。並說異人在趙國如何結交天下賓客，深得人心，又如何日夜涕泣，思念太子及夫人。華陽夫人果然大喜，其姊又乘間向夫人說：「我聽說以色事人者，色衰則愛弛，現今太子雖極愛夫人，而夫人無子。為夫人計，最好於諸子之中選結一人，納為嫡嗣。夫在有尊榮，夫君百年之後，子立為王，仍不失勢，此所謂一舉萬世之利。如不乘青春年少之時，好自謀之，一旦色衰愛弛，無能為力矣。今異人既然如此賢德，又願孝順夫人，夫人正好乘此機會，提拔他做一嫡子，異人必感恩圖報，夫人亦可終身有寵於秦」。夫人頗以為然，乘便在安國君前誇獎異人賢德，說趙國來往之人無不稱讚。隨又涕泣陳辭：「妾幸得侍後宮，但不幸無子，願得異人為子嗣，使妾終身得有所託」。安國君當即應允，並與夫人刻玉符做誓約。安國君與夫人即立異人為嫡，並聘呂不韋為公子傅，託他帶了份豐厚的賞賜，傳達意旨到趙國。異人得報，喜出望外。他既得為安國君嫡嗣，又以多金結納賓客，從此聲譽日隆。呂不韋在邯鄲納一侍姬，顏色絕好，又喜歌舞，已有身娠，一日為異人所見而悅之。不韋順水推舟，便將美姬獻與異人，不久誕生一子，命名曰政。秦昭王五十年秦將王齮圍攻邯鄲，趙王要殺害異人，呂不韋以金六百斤，賄賂守關吏，與異人逃赴秦軍，異人妻子隱匿民間亦得不死。異人既返抵秦國，因華陽夫人為楚人，不韋乃令異人著楚衣以見。華陽夫人既見異人悲喜逾恆，乃更其名為子楚。秦昭王五十六年薨，太子安國君立，是為孝文王，以華陽夫人為王后，子楚為太子，趙國亦奉子楚夫人及子政歸秦。孝文王僅一年而薨，太子楚立，是為莊襄王，尊華陽夫人為太后，而以呂不韋為丞相，封文信侯。那時秦已得東周之地，即以賜不韋，使食河南洛陽十萬戶。於是呂不韋這一筆投機生意，就大獲成功了。

　　秦莊襄王在位三年薨，太子政立，時年僅十三，政事都取決於丞相文

信侯，尊文信侯為相國，號稱仲父。呂不韋已貴極人臣，但是慾望還不能滿足，更企圖建立身後之名。以其雄厚的金錢勢力，蓄養天下人才，有食客三千人，名震諸侯不亞於四公子，而自羞不能著書立說，乃集合賓客完成了一部集體著作，為八覽六論十二紀，二十餘萬言，包括天地萬物，古今之事，號曰《呂氏春秋》，懸在咸陽市門之上，布告說有能增損一字者賞千金。呂不韋可以說是躊躇志滿了。惟物驕必敗，盛極必衰。原來秦王太后本是不韋邯鄲侍姬，這時雖貴為太后，舊情難忘，仍與呂不韋私通往來，以宮廷不便，呂不韋就舉賢以自代。堂堂宮闈之中，竟鬧得穢褻不堪。到了王政九年，秦王已二十一歲，完全發覺了這醜事，大為震怒。把一批淫棍統統殺死，遷逐太后於雍。王政十年十月，免呂不韋相國，出令就國。過了一年，呂不韋的門下賓客，紛紛為他遊說。秦王看他還擁有黨徒勢力，恐其生變，就下了一紙上諭賜文信侯曰：「君何功於秦，秦封君河南食十萬戶；君何親於秦，號稱仲父，其與家屬徙處蜀。」巴蜀在秦朝是流放罪人的地方。呂不韋大為惶恐，自知不免一死，乃飲酖自殺。這投機生意的最後結果，卻是他當年所意想不到的。

　　秦王政十年，呂不韋免相後，那些賓客樹倒猢猻散，驟失憑依，同時那些年，在秦國正鬧著鄭國的間諜案子❸，滿城風雨。秦國宗室大臣相與聚議說，在秦國的這些賓客，都是為他們自己國家作間諜，做說客，沒有效忠於秦國的，應一律將其驅逐。於是秦王下令逐客，諸賓客大為恐慌。有呂不韋舍人李斯上書秦王，其文略曰：臣聞吏議逐客，竊以為過矣。昔繆公求士，西取由余於戎，東得百里奚於宛，迎蹇叔於宋，求丕豹、公孫支於晉，此五子者，不產於秦，而繆公用之，遂霸西戎。孝公用商鞅，惠王用張儀，昭王得范雎，使秦成帝業，皆以客之功。由此觀之，客何負於秦哉？今陛下致昆山之玉，有隨和之寶，垂明月之珠，服太阿之劍，此數寶者，秦不生一焉，而陛下說之，何也？今取人則不然，不問可否，不論

---

❸ 韓國欲使秦人疲敝，使水工鄭國為間諜：入秦，鑿涇水。事發，秦人欲殺之，鄭國曰：「臣雖為韓，如渠成，亦秦萬世之利也。」遂使畢其工。渠成，灌地四萬餘畝，謂之鄭國渠。

曲直，非秦者去，為客者逐，然則秦之所重者在色樂珠玉，而所輕者在人民也。臣聞泰山不讓土壤故能成其大；河海不擇細流，故能就其深；王者不卻眾庶，故能明其德，此五帝三王之所以無敵也。今乃棄黔首以資敵國，卻賓客以業諸侯，此所謂藉寇兵而齎盜糧也；內自虛而外樹怨於諸侯，求國無危不可得也❹。秦王見書，嘆賞不已。遂除逐客之令，復任李斯做長史，極其寵信。李斯是楚上蔡人，為人耽於名利，饒有心機，少年時為郡中小吏，不甘寂處，乃從荀卿學帝王之術，他並沒學到荀卿的儒術，反將他老師的思想揣摩成一種狹隘的權謀。他縱看當時天下紛紛，而秦勢強大，慨然說道：「此正布衣馳騖之時，而游說者之秋也」，又嘆道：「詬莫大於卑賤，而悲莫甚於窮困」。於是隻身西入關中，求見秦相文信侯，遂為呂不韋舍人。秦王既用李斯，李斯第一個獻策，便是發動了一個大的政治陰謀。派遣了一大批的間諜，滲透到山東各國的政府中。或以遊說姿態，搖動諸侯的意志，或用金錢收買他們的部下，腐化他們的政府，離間他們的君臣。更派遣許多刺客，持利劍暗地刺殺他們的忠臣義士。先從政治方面，促使各國內部的瓦解，再使良將悍卒攻其外。這個陰謀非常毒辣，秦王依計而行，果然十數年間，蠶食鯨吞，有如摧枯拉朽，而吞併六國。李斯也積功而官至廷尉。嬴政之得以統一中國，無論在軍事、外交或政治上，李斯是一個核心的力量。

　　秦王政十七年，內史騰滅韓，虜韓王安。十八年王翦攻下井陘。十九年，克邯鄲，滅趙，趙公子嘉奔代，自立為代王。這時燕國危懼，燕太子丹憤怨秦王，遂不擇手段，遣荊軻入秦，刺秦王，想奮匹夫之一擊。這種冒險的辦法，實不能挽回命運。刺秦王未成功，反激起秦王的震怒，令王翦大舉伐燕。二十一年王翦破燕，拔薊城，殺太子丹，燕王奔遼東。二十二年王賁伐魏，引黃河水灌大梁城，城破，虜魏王假，魏降。二十三年王翦將六十萬兵伐楚，大破楚軍，二十四年滅楚，虜楚王負芻。二十六年王賁以攻燕代之師乘勝南下，齊人猝不及防，直攻入臨淄，虜齊王建，齊亡。前後十年間，秦兵有如狂風之掃落葉，而席捲天下。

---

❹　節錄李斯〈諫逐客書〉，詳請參見原文。

二十六年，秦王政統一了中國，自以為德兼三皇，功過五帝，乃更號曰皇帝，除去諡法，自稱為始皇帝，以後以數計，二世、三世、……以至於萬世。用廷尉李斯議，廢封建，置郡縣，分天下為三十六郡，郡置守尉監，直轄於中央，建立一個真正統一集權的大帝國。劃一全國的度量衡，制訂文字，修整道路，使書同文，車同軌。疆域東至海暨朝鮮，西至臨洮❺羌中，南至北嚮戶，北至陰山遼東。其後又遣將軍蒙恬發大兵三十萬，北伐匈奴，收河南地，置四十四縣。然後因地制險，西起臨洮，東至遼東，築長城，綿延萬餘里。三十三年又發民兵略取五嶺以南地，置桂林，南海，象郡，徙民五十萬人南戍五嶺。秦始皇為集中財富人力於中央，並為防民作亂，收天下兵器，聚之咸陽❻，鎔鑄為鐘鐻及金人十二，各重二十四萬斤，置於宮中，又徙天下豪富十二萬戶於咸陽。國勢的恢宏為亙古所未能有。

秦朝的武功不為不大，國力不為不強，多少政治方面的建設，確亦富有革命精神。但是這一個革命政治，這一個強大的建設，完全建築在一個暴力的統治上，他帶給人民的不是和平安樂，而是痛苦和恐怖。政府和人民完全站在敵對的地位，如何能得到人民的支持和擁護。所以這個外強中乾的政權，是非常脆弱的。從秦始皇兩項政治措施，可以顯明的看出這個事實，一項是秦朝的奴役人民，一項是秦朝的鉗制思想。

秦每破諸侯，必仿照那些壯麗的宮室，作之咸陽，三十五年又大營宮室，先作朝宮，又作阿房，東西五百步，南北五十丈，上可以坐萬人，下可以建五丈旗，有閣道自殿下直抵南山之顛，再於山頂作城闕。西自雍門，東至涇渭，複道迂迴，殿閣相望，東西幾百里，離宮別館綿延不斷。在驪山一帶營造陵寢宮室的刑徒，常在七十萬人以上。使蒙恬監修直道，從九原到雲陽❼，穿山填谷，長千八百里，數年不就。北築長城，南戍五嶺，又造馳道遍天下，總計所役戍卒民工亦常在百萬以上。這些勞役都是徵發

---

❺　今甘肅臨洮。

❻　今陝西咸陽附近。

❼　今陝西淳化縣西北。

自民間，而且是永無止境的苦刑，當時論謫戍的有七條標準之多，幾乎人人有罪，所以戍卒刑徒相望於道，弄得全國騷然，民不聊生。加之秦法的苛酷，人民敢怒而不敢言，但是他們內心的憤怒，實已達於極點。

三十四年秦始皇在咸陽宮中大宴群臣和諸博士，討論古今政治。有淳于越主張恢復封建，師法古人。丞相李斯上書曰：「五帝不相復，三代不相襲，……今陛下創大業，建萬世之功，固非愚儒所知。……天下已定，法令出一，百姓當家則力農工，士則學習法令辟禁。今諸生不師今而學古，以非當世，惑亂黔首❽。……夸主以為名，異取以為高，率群下以造謗，如此弗禁，則主勢降乎上，黨與成乎下，禁之便。臣請史官非秦紀皆燒之，非博士官所職，天下敢有藏詩書百家語者，悉詣守尉雜燒之。有敢偶語詩書棄市，以古非今者族，吏見知不舉者與同罪。令下三十日不燒，黥為城旦❾。所不去者，醫藥卜筮種樹之書，若欲有學法令，以吏為師。」始皇竟完全採納了李斯的主張，下焚書之令。人民不僅沒有言論的自由，也失去了思想的自由。這是一種徹底的愚民政策，把人民完全看做一種工具。三十五年因有盧生譏議始皇，始皇令御史案治，竟將儒生四百六十餘人，阬於咸陽。當時始皇長子扶蘇諫勸說：「如此虐殺讀書人，天下人民恐不服。」始皇一怒，就把扶蘇趕到邊塞去監督蒙恬的軍隊去了。

秦始皇的驕橫，不可一世。從二十七年到三十七年十年之間，五次巡行天下。東封泰山，禪梁父❿，到處立石，自頌功德。二十七年首次出巡隴西、北地，出雞頭山⓫，過回中⓬。二十八年東行，上鄒嶧山⓭、泰山，南登琅邪⓮，築琅邪臺，徙黔首三萬戶於琅邪臺下。南過彭城，使千人沒於泗水中，求周鼎。渡淮水，經衡山，浮江至湘山祠逢大風，不得渡，始

❽ 秦稱百姓為「黔首」。

❾ 黥即墨刑，黥為城旦是指將罪人刺面後輸往邊地做苦役築長城。

❿ 此二句意指為壇於泰山以祭天，為墠於梁父以祭地。

⓫ 今甘肅平涼縣西。

⓬ 今陝西隴縣西北。

⓭ 今山東鄒縣嶧山。

⓮ 今山東諸城縣東南有琅邪臺。

皇大怒，使刑徒三千人把湘山沿江的樹木完全砍光，然後由武關入秦。二十九年東行經陽武，登之罘，琅邪，從上黨入秦。三十二年，東北行，經碣石❶，從上郡入秦。三十七年東南行，經雲夢❻，浮江，過丹陽❼錢唐，臨浙江，上會稽❽，緣海北上至琅邪，之罘❾。始皇巡行天下在政治上的表面作用是親身實地視察這新統一國家的地方政治，未嘗不是一件很有意義的行動；但可惜他的內心目的，並非體察民間疾苦，而是誇耀威德。所到之處，民不堪命。在巡行的時候，他還有一件附帶的工作，是求神仙，尋不死之藥，以期滿足他最後的慾望。二十八年始皇到琅邪，有齊人徐市❹，上書言海中有三神山，曰蓬萊、方丈、瀛洲，上有神仙與不死之藥。始皇就遣派徐市率領童男女數千人，乘樓船入海去求神仙，久而不得，糜費不貲。徐市詐說渡海為大鮫魚所困，不得到蓬萊，始皇令善射者，與市同入海以連弩射巨魚，仍無所獲。從這些措施，可以看出始皇如何的狂妄。似此行為，無論政府威力如何，也壓不住人民的憤恨。在始皇統一後便不斷的發生反動事件。二十九年始皇東巡至陽武縣❹博狼沙地方，忽遇刺客，以大鐵椎，襲擊始皇，誤中副車，主使行刺的是韓人張良，始皇令天下大索十日不得。原來張良祖先五代相韓，韓國亡後，良陰散家僮三百人，盡以家財，募客報仇。東見倉海君，得一大力士，袖百二十斤大鐵椎，往狙擊秦皇。事不成功，張良乃更換名姓，匿居下邳❷。秦始皇三十一年，在咸陽微行，又遇刺客。所率武士擊殺刺客，又在關中大索二十日。

三十五年有人說始皇：「人生當為微行，以避惡鬼，皇帝所居宮，毋

❶　其說不一，約在河北昌黎縣濱海地。

❻　澤名，湖北雲夢縣一帶沼澤之地，其範圍頗廣（華容以北，安陸以南，枝江以東，方八九百里）。

❼　今河南丹江南。

❽　郡名，又山名，今浙江紹興境。

❾　今山東福山縣東北，煙台境。

❹　《史記》作徐市，市即古福字。

❹　今河南陽武。

❷　今江蘇邳縣。

令人知，然後不死之藥始可得。」始皇相信，便令咸陽之旁二百里內，宮觀二百七十，複道甬道相連，帷帳鐘鼓美人充之，皇帝所到之處，敢洩漏消息者處死。一日始皇走到梁山宮。有人往告丞相，被始皇發覺，詔捕當時在左右的人一律殺死。從此始皇行蹤詭秘，無人得知，而長生之藥依然不得。三十六年在東郡有隕石，有人在石上刻六大字曰：「始皇死而地分」。始皇派御史勘問不得，捕石旁居民一齊殺死。三十七年，始皇第五次東行，隨行的有丞相李斯，中車府令趙高，及幼子胡亥，走到平原津❷❸而臥病。始皇諱疾，惡言死，故臣下無人敢詢問遺旨。而病勢卻一天天的沉重。始皇就令趙高作書，賜給長子扶蘇曰：「與喪會咸陽而葬」。詔書封妥還未發出，始皇便駕崩在沙丘❷❹平臺，那時是七月丙寅之日。丞相李斯以皇帝驟死在外，深恐消息暴露，朝廷中公子大臣發生變亂。乃秘不發喪，把始皇靈柩隱藏在一乘輼涼車❷❺中，車前坐著幾個宦官，以為掩飾。車乘所到之地，凡飲食供應，百官奏事，一切如常，就說皇帝臥病於內，由那幾個宦官代為對答。那時正是溽暑天氣，不幾天屍臭大發，於是購買了鮑魚一擔，載在輼車之後，亂其氣味。然後兼程趕路，急急西行。這個秘密，當時除李斯趙高和那隨侍的五六宦官外竟無人得知。

趙高是個宦官，服役在秦宮中已有二十多年，掌管文書之事。為人心機陰沉，深得始皇寵幸，命兼行符璽之事，並教授公子胡亥法律，遂和胡亥日益親近。沙丘之行，始皇二十餘子，獨有胡亥隨行在側。這時趙高心懷叵測，暗生一計，將始皇賜扶蘇的詔書隱藏起來，卻向公子胡亥說道：「皇上駕崩，獨賜詔書與長公子扶蘇，一旦扶蘇奉詔歸國，必即位為皇帝，那時公子你將無尺地寸土，為之奈何？」胡亥當即回答：「君知臣，父知子，此乃君父之命，復可如何？」高說：「不然，方今天下之權，存亡之機，正操在你我和丞相三人手中，願公子能當機立斷。為君為臣，為主為奴，便在今日！」胡亥沉吟不語，猶疑難決。趙高緊逼著說：「顧小而忘大，後必

❷❸　今山東平原。

❷❹　今河北平鄉。

❷❺　大篷車，後因稱喪車曰輼車。

有害；狐疑猶豫，後必有悔；時乎時乎，間不及謀。」胡亥乃聽從了趙高的陰謀。趙高復與胡亥商議說：「此事必須和丞相相商，否則事不能成。」遂往見丞相李斯說：「皇上臨終賜扶蘇之書與皇帝符璽，現均在胡亥之處，究奉何人為太子，其權在丞相與高，事當如何？」李斯詫道：「這是什麼話？豈人臣所當議！」趙高乃激動向李斯道：「君侯請自揣度，你的才能、功勞、謀略、人望，和公子扶蘇的情感，這五個條件，比蒙恬如何？」李斯遲遲答道：「我不如蒙恬！」高說：「我趙高服役在秦宮中二十多年，親眼得見，秦朝的丞相功臣，那一個能有善終？長公子扶蘇性情剛毅，信任蒙恬，一旦扶蘇即位為皇帝，蒙恬必為丞相。君侯，你可考慮到那時你的歸宿如何？我看皇上二十餘公子之中，唯有胡亥仁慈忠厚，禮賢重士，如立為嗣君，我等祿位可保，這等關係重大的事，為什麼不早自為計？」李斯又道：「想我李斯本一上蔡布衣，蒙皇帝拔擢，得為丞相，位列通侯，宜如何感恩圖報，我怎能上負君命，不奉遺詔！」趙高說：「蓋聞聖人之道，遷徙無常，就變而從時，君侯你何苦如此拘執。我敢說，君侯如聽臣之計，必能長保封侯，世世稱孤；否則將必身死名裂，禍及子孫！安危成敗，便在今日！」李斯果被趙高這一番言語所打動，仰天長嘆，垂淚太息道：「我真不幸遭逢亂世，將何去何從？」結果終於附和了趙高的主張。李斯、趙高和公子胡亥三人聯謀，另作了一道假詔書，由趙高蓋上了璽印，詔丞相立胡亥為太子。又作了一道詔書，賜與長公子扶蘇曰：「扶蘇與將軍蒙恬，將數十萬，屯邊十有餘年，不能進而前，士卒多耗，無尺寸之功。乃反數上書直言，誹謗我所為，以不得罷歸為太子，日夜怨望。扶蘇為人不孝，其賜劍以自裁。將軍恬與扶蘇居外，不匡正，宜知其謀，為人臣不忠，其賜死，以兵屬裨將王離。」即遣人奉書到上郡賜與扶蘇。扶蘇發書，大哭，反身走入內舍，便欲自殺。蒙恬急勸止扶蘇說：「陛下久居在外，未立太子，使臣將兵三十萬，駐守邊疆，公子奉命為監軍，此乃天下重任。今遣一介之使，便奉詔自殺，焉知其中非詐。應再上書復請，請而後死，未為晚也！」當時秦法森嚴，扶蘇為人忠厚又懷恐懼，泣曰：「父命子死，那敢復請。」便引劍自殺。蒙恬不肯死，被使者拘送到陽周❷地方，後來終於被胡亥所

殺。這幕殘酷的陰謀，是在沙丘到咸陽的途中，由趙高一手所造成。

　　李斯趙高扶輼車從井陘經九原回到咸陽，然後發喪。太子胡亥襲位，是為二世皇帝。仍以李斯為丞相，而以趙高為郎中令，尊寵用事。從此秦政日非，一步步走上滅亡的道路。而沙丘政變正是證明這個暴力政府中心的腐爛，其末日自將來臨。二世皇帝於元年九月葬始皇帝於驪山之下。始皇陵寢自即位之初即開始營造，役刑徒奴工數十萬，歷時十餘年，穿三泉之下，作寢宮。宮中奇器珍寶，藏儲殆滿，令巧匠作機弩，觸之即射。以水銀為百川江河，用機械相灌輸。上具天文，下具地理，以人魚膏為燭，歷久不滅。下葬時，殉葬的人極眾。有人說，工匠知機械之秘，既葬之後，乃從外封閉宮門，工人都活埋在陵墓之中，唐李白有詩描寫秦皇：

　　　　秦皇掃六合，虎視何雄哉！飛劍決浮雲，諸侯盡西來。
　　　　明斷自天啟，大略駕群才。收兵鑄金人，函谷正東開。
　　　　銘功會稽嶺，騁望琅邪臺。刑徒七十萬，起土驪山隈。
　　　　尚采不死藥，茫然使心哀。連弩射海魚，長鯨正崔嵬。
　　　　額鼻象五嶽，揚波噴雲雷，鬐鬣蔽青天，何由睹蓬萊。
　　　　徐市載秦女，樓船幾時回；但見三泉下，金棺葬寒灰！

㉖　今陝西定西。

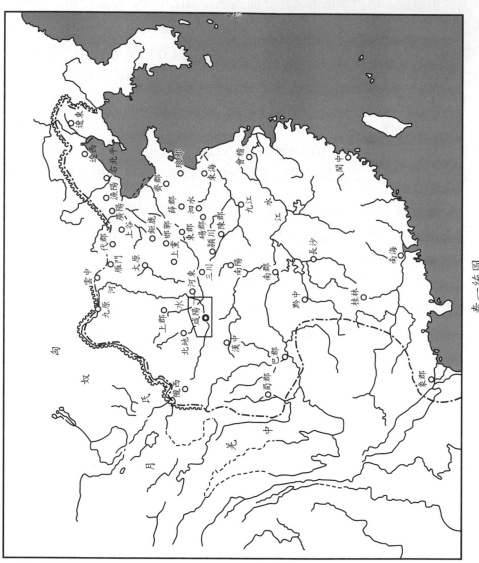

秦一統圖

第二講　暴秦之亡

胡亥亂政　　豪傑舉義　　趙高弄權
李斯遇害　　劉項起兵　　鉅鹿之戰
沛公入關　　望夷弒主　　子嬰亡秦

　　二世皇帝胡亥即位時，年才二十一歲。以李斯馮去疾為左右丞相，而一切政事多取決於郎中令趙高。元年，二世效法他父親的作風，東巡郡縣，周歷名山大川，於夏四月回到咸陽，覺宇宙之無窮，人生之短促，不禁感慨系之。一日對趙高喟然嘆道：「人生有如白駒過隙，倏忽即逝，我既已身為皇帝之尊，欲悉我耳目心志之樂以終我天年。但又恐帝位不固，大臣不服，諸公子與我相爭，為之奈何？」趙高乘機進言：「臣有一言，懷之已久，正欲上陳。」二世急忙追問，趙高乃說：「當今朝廷輔弼，皆先帝大臣；諸公子，多是陛下兄長。他們表面服從，心有未甘。聞說沙丘之謀，外面人多懷疑。當此人心動搖，如無斷然手段，難以固保帝位，振威天下。臣竊以為，應嚴法苛刑，假藉罪名以誅除那些強臣宗室；然後收羅天下遺民，貧者富之，賤者貴之。把先朝舊人，更換做陛下的親近。這樣，何患大權不能獨攬，而後可以高枕無憂，縱情享樂。」二世深以為然，於是大興法網。凡公子大臣，其行跡稍有可疑，便拿交郎中令嚴刑鞫治。不到幾月功夫，相繼誅殺公子十二人，公主十人，財產沒收，家屬連坐，死人不知多少。公子將閭兄弟三人，囚在內宮之中，還未判決。二世使人告將閭：「公子不臣，其罪當死。」將閭不服道：「朝廷之禮，我不敢不從；廊廟之禮，我不敢失節；受命應對，我不敢失辭；何謂不臣？臣願聞罪而死！」使者說：「臣何從得知朝廷判罪之故。」將閭痛哭失聲，仰面大呼：「天乎！我實無罪！」兄弟三人被逼不過，都拔劍自殺。又有公子高驚懼欲逃命，恐走後，家人被收族。不逃，又恐罪誅，痛苦無奈，便上書自請死。說願殉

身先皇帝，從葬驪山之下。二世見書，居然大喜，詔准自裁，並賜葬錢十萬以示褒獎。從此誅罰日甚一日，宗室人人震恐。群臣敢有諫阻者，都按誹謗治罪。於是上下百官，噤若寒蟬，一個個阿諛順從，苟合取容，成了個暗無天日的政府。二世見人心果然懾服，乃肆無忌憚，縱情行樂。這時驪山皇陵完工，調發驪山的刑徒繼續營造阿房宮。選出材官❶五萬人屯衛咸陽。咸陽宮苑之中，養滿了狗馬禽獸，糧食不足，則令天下郡縣轉輸菽粟芻藁，供給京師。賦斂越重，徭戍無已。在這樣暴政之下，人民總有忍無可忍之時，有那憤不顧身的人，便揭竿而起。

　　第一批起來革命的，是陳勝和吳廣兩個老百姓。陳勝字涉，陽城（今河南登封）人，吳廣字叔，陽夏（今河南太康）人。陳勝少年時，為人傭奴，有一天休息在壟畝之上，回頭對左右說道：「如果有一天富貴之時，我們彼此切莫相忘！」那些耕田的農奴們無不大笑，有人說：「你替人傭耕，還想富貴嗎？」陳勝不禁長嘆一聲說：「燕雀安知鴻鵠志啊！」光陰荏苒，後來陳勝和吳廣都被徵發為戍卒，遣往北方的漁陽郡❷。這批遣發的戍卒共有九百多人。由三員將尉率領，走到沛郡所屬的大澤鄉❸中。漫天大雨，道路泥濘，計算時日，業已延誤了軍期。按秦軍法，失期當斬。那時人人惶恐，個個怨憤。陳勝和吳廣兩人頗為相投，暗地裡商議說：「現在無論從軍逃命都只有一條死路，何如挺身造反！」陳勝又計劃說：「朝廷這般暴虐，人民那個不想反，如果起事，那正是順天應人，不過師出要有名。我聽說二世皇帝胡亥本不當繼位，繼位者當是長公子扶蘇，扶蘇被胡亥害死，至今人民思念，尚有人不明扶蘇生死。還有楚將項燕在南方最得人心，有人說他已死，有人說他亡命在外。我們如想起義成功，可以詐稱公子扶蘇與項燕之兵，必能號召天下！」吳廣稱善，兩人秘密計議已定。恐人心不附，又思得一計。用綢帛朱書「陳勝王」三字，把這綢帛私地塞在魚腹之中。有那士卒買魚，剖腹發現了帛書，大家傳為怪事。又遣人夜持燈籠隱

---

❶　有勇力之士。

❷　今河北北京密雲縣西南。

❸　地屬沛郡蘄縣，今安徽宿州東南。

匿在軍營附近，神祠叢樹之中，隱約如鬼火，做聲似狐鳴，其聲道：「大楚興，陳勝王」，士卒夜中被聲音驚醒，非常詫異。白日裡相與耳語，一傳十，十傳百，人人注目陳勝。陳勝心中暗喜，知道人心已被煽惑，可以發動。一天吳廣故意激怒尉令，尉令笞廣，廣反身躍起，奪取尉令腰中劍，一劍將尉令刺死。陳勝又幫助吳廣殺死其他兩尉，然後向群眾高呼說：「我們遇雨，現在陷身大澤中，前進失期，失期當斬，大丈夫與其死，不如起兵共成大事。王侯將相，豈有種乎?」九百人歡呼雷動，無不聽令。遂即詐稱扶蘇項燕軍，起兵於大澤鄉。陳勝自立為將軍，吳廣為都尉。二人率領了這九百亡命之徒，一舉而打進蘄❹縣。乘勝進取，銍，酇，苦，柘，譙❺五縣，全被攻下。所過之地，人民無不揭竿而起，紛紛響應。那些士卒，越殺越勇，越聚越多，有風起雲湧之勢。不一日，進兵到陳❻郡，已有兵車六百多乘，馬隊一千多騎，步兵數萬，聲勢浩大。陳郡守令適公出在外，縣丞率兵應戰，被陳勝吳廣殺得大敗，縣丞陣亡，便進據了陳郡。這陳郡是河南一座大城（原本是楚國的都城），水陸交通的樞紐，乃兵家必爭之地。陳勝得了陳郡，形勢大張。當時陳勝入城，召集了地方三老❼豪傑，共議大事。三老豪傑們一致擁戴陳勝說：「陳將軍被堅執銳，伐無道，誅暴秦，復楚國之社稷，功高如此，當立為王。」陳勝半推半就，便自立為王，國號「張楚」❽，而一般人都尊稱陳勝為陳王。陳郡中有兩位隱士，一名張耳，一名陳餘，連袂前來謁見陳王，陳王一見大喜。原來張耳、陳餘是天下名士，都是魏國大梁人，當年客居在外黃❾。餘年少，父事張耳，兩人相與為刎頸之交。秦始皇滅魏之時，聞兩人之名，懸賞格千金購張耳，五百金購陳餘，兩人隱姓改名，藏匿在陳郡為里中門監，多年

---

❹　今安徽宿州南。

❺　苦、柘屬陳，銍、酇、譙屬沛，今豫皖間地。

❻　今河南淮陽。

❼　鄉官掌教化者，十亭一鄉，鄉有三老。

❽　《史記索隱》李奇云欲張大楚國，故稱張楚。

❾　屬陳留，今河南陳留縣東南。

無人知曉，此時張陳來歸，足徵豪傑歸心。潁川附近一帶郡縣，人民多殺其長吏，響應陳王。楚民紛紛起義，或數千一聚，或數百一夥，不計其數。正是一夫作難，而天下崩析。

　　張耳、陳餘屢勸陳王立楚國之後，以收攬人心，陳王不聽。張耳、陳餘料陳王終不能成事，乃謀脫身之計。便說陳王道：「大王今收梁楚之地，如欲入關，必收河北。臣嘗遊趙地，認識當地形勢險要與地方豪傑，願請兵為大王北收趙地。」陳王乃拜其故友陳人武臣為將軍，以張耳、陳餘為左右都尉，率兵三千人，北攻趙地。於是陳王又拜魏人周市為將軍，北攻魏地。封吳廣為假王，西擊滎陽❿。三路大兵分頭出發，秦丞相李斯之子李由為三川守，堅守滎陽，假王吳廣久攻不下。陳王聽說陳有賢人周文⓫諳習兵法，熟知韜略，乃拜周文為將軍，別率一支大軍，繞越滎陽而西，逕擊秦函谷關，以援助吳廣而分秦兵之勢。

　　將軍武臣奉陳王之命北攻趙地，從白馬津⓬渡河，河北豪傑紛紛響應，一時聚兵數萬人。一連攻下十幾個城池，盡殺死城中長吏，餘城守長都畏死守城不降。武臣乃繞道東北襲擊范陽⓭，有范陽辯士蒯徹，來求見武臣，向武臣說：「足下如能聽臣之計，可以不攻而降城，不戰而得地，傳檄而千里自定。」武臣問他的計策，蒯徹說：「現今范陽縣令徐公貪而怕死，秦吏之所以守城不降，並非忠於秦朝，乃怕城破遭戮。足下如能接受徐公的投降，並封為侯，使徐公乘朱輪華轂，驅馳燕趙之郊。則燕趙之城，都可不戰而下。」武臣說好，便以車百乘，騎二百，著人奉侯印往迎徐公，徐公降，果如蒯徹之言，兵不血刃，燕趙一帶，三十餘城，都望風而下，武臣乃進據了邯鄲。這時張耳陳餘聞說陳王用朱房做中正，胡武做司過，專糾發臣下的過失，將士們有罪則誅，有功不賞，人們逐漸離心。乃說武臣道：「將軍獨力攻下趙地數十城，應當自立為王，以收攬人心，鎮壓地方。

---

❿　今河南滎陽。

⓫　一作周章。

⓬　秦黃河渡口地，約在今河南封邱縣北。

⓭　今河北定興縣南。

陳王多信讒言，毀害功臣，不趁此時自立，後必有悔。」武臣聽從，便自立為趙王。拜陳餘為大將軍，張耳為丞相。陳王聽說武臣竟敢自立，勃然大怒，欲盡殺死武臣等家屬，相國房君蔡賜諫道：「秦朝還沒滅亡，便殺死武臣等家屬，這是一敵未除，又樹一敵。不如將計就計，遣使往賀，並照拂其家屬，使武臣等心悅；然後再促令從速擊秦。」陳王聽了房君之計，使使往賀趙王武臣，就催促他趕緊發兵西進。張耳陳餘暗地裡和武臣說：「陳王之遣使來賀，並非真意，乃計耳。今日如滅秦，明日陳王必加兵於趙。願王先勿擊秦，而北向攻燕代之地。趙南據大河，北有燕代，陳王縱然勝秦，亦不敢制趙。」趙王以為然，遂遣部將韓廣引兵北攻燕，李良攻常山，張黶攻上黨。韓廣率兵打到燕境，燕地城池不戰而降，當地貴族豪傑對韓廣說：「陳勝自立為張楚，武臣又自立為趙王，燕地方雖小，亦是萬乘之國。願將軍亦自立為燕王。」韓廣說：「廣老母在趙，不可！」燕人說：「以陳王之強，尚且不敢加害趙王家屬，趙王又何敢害將軍之母！」韓廣便自立為燕王。幾月之後，趙王果遣人奉送燕王老母妻子歸燕。李良引兵北上，不日便將常山平定，回報趙王。趙王又遣李良西攻太原，秦有重兵扼守在井陘口。李良久攻不下，便折回邯鄲，打算謁見趙王，請求增派援軍。行至中途，遇見車駕迎面而來，前呼後擁，約有數百餘騎。李良以為是趙王，連忙匍伏道旁，及至車駕行過，上面所坐貴人原來是趙王之姊，從外宴會歸來，飲得酩酊大醉，對李良並未答禮，竟自躍馬馳車而過。李良平素倨貴，為之羞慚無地。從官中有人說：「天下豪傑，共誅暴秦，捷足者先立為王，趙王當年本居將軍之下，今反北面事之。趙王姊一女子，竟不為將軍下車，如此驕狂無禮，可殺之！」李良原自羞憤，再為部下言語激動，一時怒不可遏。乃率領從騎追趕上去，將趙王姊撲殺在道中。李良一想，事已絕裂，索性衝進了邯鄲城中，出其不意，一陣廝殺，將趙王武臣及其部將一律殺死。張耳、陳餘因有耳目報信，得逃出邯鄲，收拾了陳王士卒，聚集了數萬人反擊李良，李良敗走，竟向西方投奔了秦軍。張耳、陳餘收兵回到了邯鄲城中安撫人民，有人勸說張耳、陳餘，求得了故趙國後裔名趙歇者，擁立為趙王，河北的局面到此告一段落。

　　將軍周市奉陳王之命，沿河南一帶，攻下了魏地不少城池，魏人亦欲擁立周市為魏王。周市為人忠直，執意不允，迎立了魏故公子東陽甯君咎為魏王。市自為魏相。周市西進兵到狄❹城附近，狄城原來是過去齊國境界。這時城中有兄弟三人，長兄姓田名儋，次名田榮，三名田橫，是故齊王田氏宗族。集合了邑中少年，趁勢起義，殺死狄令，佔領了城池，擊退了周市之兵，又發兵東進，略定齊地，自立為齊王。於是六國諸侯，各自擁兵割據，紛紛獨立，一時好像形成六國復興的局面。

　　這裡單說周文一軍，西嚮擊秦，所過郡城，毫無抵抗，如入無人之境，一直破關入秦，來到了戲水之上。擁有兵車千乘，步卒數十萬，秦廷大為震動。當初陳勝、吳廣起兵之時，山東有告急文書，奏到朝廷，二世閱書，赫然震怒，認為擾亂人心，竟將上書使者，下獄治罪。從此地方再不敢奏報軍情，局面雖然一天天的惡化，皇帝還在夢中。後來偶有東方使者，二世問以盜賊消息，都諉對：「鼠竊狗盜之輩，郡縣守尉已捕捉殆盡，不足憂也！」二世大悅。及至周文大兵迫近了咸陽，二世才如夢初醒，慌忙召集群臣聚議。大家面面相覷，束手無策，只有少府章邯挺身出奏：「現在大事緊急，盜賊深入，發郡縣之兵已不及，驪山刑徒正多，請陛下趕快下旨，赦免刑徒之罪，發給兵刃，令其擊賊。」二世只得下詔大赦天下，盡行釋放了驪山刑徒。章邯奉命率領秦軍和驪山刑徒，迎擊周文。周文大軍雖然深入關中，其實未經大戰；士卒縱多，也都是烏合之眾。經不起章邯一擊，竟打得大敗，狼狽退出關外。章邯所率秦軍，跟蹤追擊，周文節節退走。又大敗於澠池❺之上，周文自刎，全軍潰散。於是秦軍復盛，形勢陡轉，軍事的變化，真是難測。假王吳廣久圍榮陽，攻打不下，性情暴躁，與田臧等不和。田臧等聞聽周文兵敗，秦兵大至，乃矯陳王詔殺吳廣，率兵迎戰章邯。在敖倉❻一戰，田臧陣亡。於是吳廣這支兵，也歸覆滅。章邯既殺田臧，解榮陽之圍，遂率領大軍，席卷而東，進擊陳王。

---

❹　今山東高青。

❺　今河南澠池。

❻　河南榮澤縣西北，其地有敖山。

　　陳王當分遣諸軍出擊的時候，戰無不勝，攻無不克。以為秦人大勢已去，不堪一擊，乃存輕秦之心，不事防備，博士孔鮒諫說：「臣聞兵法，不恃敵之不我攻，恃吾不可攻。今王恃敵而不自恃，若跌而不振，悔之無及也！」陳王不聽。章邯連破周文、田臧，二世又從關中命長史司馬欣、都尉董翳，率兵增援，秦兵有如潮水一般，淹到陳郡。陳王倉皇迎敵，一戰大敗，相國房君、將軍張賀皆戰死。陳王突圍，逃至下城父❶地方，竟被他的車夫莊賈所殺。陳勝、吳廣起兵雖未到一年而亡；但因陳勝、吳廣而引的諸侯豪傑之兵，則已分據天下，成為燎原之勢，非秦兵所能撲滅。

　　章邯既滅陳王，黃河以南地方悉平。事後秦廷中追究當初盜匪猖獗的責任，有人認為三川守李由攻戰不力。由李由而牽扯到李由的父親李斯。二世因誚讓李斯說：「你身為三公，何以竟不能預防盜賊。」李斯惶恐，欲求掩飾自己過錯，乃故意迎合二世的心理，說盜賊的猖獗，並非防治之無方，乃因朝廷太寬大，人民太放縱。要求治理，還要加強督責，屬行法治。於是上書二世，其中有這樣一段話：「督責必，則所求得，所求得，則國家富，國家富，則君樂豐。故督責之術設，則所欲無不得矣。群臣百姓，救過不及，何變之敢圖，若此則帝道備而可謂能明君臣之術矣。雖申韓復生，不能加也。」書上，果中二世之意，於是大行督責。凡稅民深者為明吏，殺人眾者為忠臣，刑者相半於道，而死者日積於市。郎中令趙高，殺人最多，私怨最重，深怕有仇家報復，在皇帝面前訴冤，乃想法讓皇帝和群臣隔離，便好從中用事。於是設辭說二世道：「古時天子貴重，群臣但聞其聲，不見其面。陛下春秋正富❶，未必事事皆知，坐朝的時候，一言不當，會被大臣所輕視。不如深居禁中，僅與臣和一二通曉法律的大臣，共同決策。這樣處理朝政必無錯誤，大臣們絕不敢相欺，而陛下可以稱為聖主了。」二世居然聽信了趙高這荒謬的主張，退居禁中，不坐朝聽政。從此二世與世隔絕，耳目越發閉塞。朝中一切大小之事，完全為趙高所壟斷。丞相李斯心懷不平，嘖有煩言。趙高聞知，便欲陷害李斯。一天，假

---

❶　今安徽渦陽縣東南。

❶　年少之謂。

意向丞相殷勤說：「山東盜賊尚未平定，上作阿房宮不止，又多聚狗馬無用之物。臣欲諫阻，自分位卑職微，這正是君侯之事，為何不發一言呢？」李斯說：「我久欲進諫，怎奈上不坐朝，無由得見。」趙高乃說：「等待上有空閒之時，我便當報告君侯，君侯即當進見。」丞相說：「諾！」這天正當二世皇帝在宮內和后妃作樂之時，趙高急遣人往報告丞相說：「皇上恰好有閒暇。」丞相乃趨來宮門外求見，二世大怒說：「我平常閒時很多，丞相不來，今天正有私事，丞相偏來，豈非故意輕視我！」趙高乃乘間進讒：「當年沙丘之謀，丞相曾參與其事，今陛下得立為皇帝，丞相居功，常有怨言。陛下不問，臣不敢說，丞相的長男李由做三川守，楚盜陳勝等造反，都在丞相的近縣。當楚盜經過三川時，李由守城不出兵，聽說他們暗中有書信來往，不知是否確實，未敢稟奏。且陛下不知，丞相在外權威重於陛下。」二世聽說，便欲案問丞相，先使人調查三川守與盜賊往來之事。李斯知是趙高的陰謀，憂憤交加，便上書二世控告趙高，說趙高是齊之田常，宋之子罕❶，如不早圖，即將生變。二世竟將李斯之書告知趙高，趙高說：「丞相所恨者高，高死，丞相即得為田常之所為！」這時丞相李斯又與右丞相馮去疾，將軍馮劫，共上書二世，請停止建造阿房宮和四邊轉戍。二世大怒說：「自朕即位，兩年之間，群盜併起。你們不能防治盜賊，反要我罷除先帝的事業。這是上不能報答先帝，次不能為朕盡忠，何能在位？」詔將丞相李斯，馮去疾，將軍馮劫，下獄治罪。馮去疾，馮劫，奉命都引劍自殺；唯獨李斯俯首就獄。二世下詔將李斯拿交郎中令趙高審問。李斯所以不肯自殺，因他自恃功高，絕不至死，想欲得機申辯表明心跡。下獄之後，李斯從獄中作書上二世，其文曰：

臣為丞相治民，三十餘年矣；逮秦地之狹隘，先王之時秦地不過千里，兵數十萬。臣盡薄材，謹奉法令，陰行謀臣，資之金玉，使游說諸侯，陰脩甲兵，飾政教，官鬥士，尊功臣，盛其爵祿。故終以脅韓弱魏，破燕、趙，夷齊、楚，卒兼六國，虜其王，立秦為天子，

---

❶　田常相齊後弒簡公簒齊，司城子罕相宋劫其君。

罪一矣。地非不廣，又北逐胡、貉，南定百越，以見秦之彊。罪二矣。尊大臣，盛其爵位，以固其親，罪三矣。立社稷，脩宗廟，以明主之賢，罪四矣。更尅畫，平斗斛度量文章，布之天下，以樹秦之名，罪五矣。治馳道，興游觀，以見主之得意，罪六矣。緩刑罰，薄賦斂，以遂主得眾之心，萬民戴主，死而不忘，罪七矣。若斯之為臣者，罪足以死固久矣。上幸盡其能力，乃得至今，願陛下察之。

書被趙高所壓置，罵道：「死囚那得上書！」趙高益發收捕李斯的宗族賓客，嚴刑審問李斯，百般拷打，李斯委實受刑不過，終於誣服。獄辭奏上，二世看見大喜說：「如非趙君，我幾為丞相所賣！」遂論斯之罪，具五刑，腰斬咸陽市中。臨刑之日，李斯與其子同自獄中牽出，李斯回顧其子說：「吾欲與若復牽黃犬俱出上蔡東門逐狡兔，豈可得乎！」說罷父子相向大哭。李斯既斬，誅滅三族，那時是二世二年七月。李斯死，趙高便做了丞相。回想當始皇三十六年，李斯為丞相，子由初為三川守，諸子都尚秦公主。有一日，李由告歸咸陽，李斯在家中大宴賓客，朝中百官都來道賀。門庭以外，車騎千數。李斯忽喟然長嘆說：「嗟乎！我聽我師荀卿說：物禁太盛，我李斯不過一個上蔡布衣，閭巷的黔首，蒙主上的提拔到此。當今人臣之位，沒有人居我之上，直可謂富貴極矣。物極則衰，我真不知將來如何收場！」果然，不到三年，全家死得這般悲慘。李斯對秦代政治的貢獻雖大；但其為人，喜權術，用陰謀，陽習儒術，陰事申韓。秦朝那種冷酷無情的法治，實作於李斯之手。沙丘之變，李斯身為丞相，竟不能主持正義而與趙高朋比為奸，害死扶蘇、蒙恬。乃不旋踵，終為趙高、胡亥所殺，何嘗不是自食其果！

不講秦廷中的變化，再說山東局面。與陳勝、吳廣起兵的同時，在會稽郡有一位豪傑，姓項名梁，是楚將項燕之子。楚國亡後，項梁偕同其兄子項籍，逃亡在吳[20]中。項梁為人慷慨好義，結交當地英雄豪傑，極得人心。地方上每逢有公差大役，常推項梁主持。梁暗中以兵法部署組織吳中

---

[20]　今江蘇吳縣。

子弟，無形中便成了地方上一位首腦人物。梁姪項籍字羽，英武非常。少時學書不成去學劍，又不成，梁怒罵之，項羽說：「我學書不過記姓名，學劍亦不過擊一人，我當學萬人敵。」梁很驚奇，就教他兵法，羽大喜，略知大概便又不學。項羽曾隨同叔父共觀秦始皇帝渡浙江，看見始皇那樣威風，項羽不禁說道：「彼可取而代也！」梁急忙掩住他的嘴說：「毋妄言，族矣！」秦二世元年時，項羽已二十四歲，身長八尺，雙目有重瞳子，力能扛鼎，才氣過人。這叔姪二人，名聞遠近，吳中子弟，無不畏服。陳勝、吳廣起兵後，天下豪傑紛起。會稽守殷通亦欲響應，遂召項梁商議說：「現在正是天亡暴秦之時，我也打算起兵，使公與桓楚為將。」桓楚是吳中一個勇士，那時方亡命在山澤之中。項梁說：「只有項籍知道桓楚的下落，如約桓楚，可以令項籍前往。」原來項梁和項羽已有預謀，故意召項羽入見會稽守，項羽既入，項梁使了個眼色，項羽即找劍於堂前擊殺殷通。項梁一手提殷通人頭，一手執會稽守印綬，走到公堂門口，宣示於眾。門下驚亂，被項羽一連擊殺數十人，嚇得一府之人都匍伏在地，莫敢反抗。項梁於是召集地方豪吏，告諭以共舉大事，眾無異議。梁遣項羽收下縣子弟，得精兵八千人。地方人士乃共推項梁為會稽守，梁以項羽做裨將。那時有廣陵❷❶人召平，奉陳王命攻廣陵未下。聞說陳王敗走，秦兵將到。乃假託陳王之命，派人前往江東，奉書拜項梁為楚王上柱國曰：「江東已定，望速引兵西擊秦。」項梁項羽即率領八千人渡江而西。這時又有東陽❷❷縣少年幾千人，殺死了東陽縣令，共推縣中令史陳嬰為首起義，附從的有二萬餘人，大家欲尊立陳嬰為王。陳嬰的母親對陳嬰說：「我自從在你家為媳婦，未曾聽說你家中出過貴人；而今暴得大名，不祥。你不如率眾投屬別人，事成不失封侯，事敗亦易於亡命。」陳嬰遂聽從母親之言，對大家說：「方今項氏世世為楚將，有名於楚，今欲舉大事，將非其人不可！」便率領了這兩萬餘眾，前來投奔項梁。項梁乃合陳嬰之兵，北渡淮水，又有番陽群盜英布和蒲將軍❷❸率眾數千來歸。於是項梁聚兵有六七萬人，聲勢大

---

❷❶　今江蘇揚州。

❷❷　今安徽天長。

張。

　　沛㉔縣又有一位豪傑姓劉名邦字季，父太公，母劉媼，所生兄弟四人，長兄伯早世，次兄仲，劉邦排行第三。像貌魁梧，隆準美髯，左股有七十二黑痣。為人豪爽豁達，仁而愛施，好交遊，不治家人生產。壯試為吏，得為泗水亭長㉕。一日，沛令有貴客呂公來，沛中長吏全來道賀，蕭何做主吏，按來賓送禮金的多寡，分配座次，錢多的坐上座，千錢以下坐堂下，劉邦登堂大呼道：「賀錢一萬！」遂引升上座，其實未持一文。呂公善相人，見邦儀表不凡，特別敬重。酒罷人散，獨留邦談話，非常高興，即將女兒嫁與劉邦，後來生了一子一女（子即孝惠帝，女即魯元公主）。二世元年，劉邦奉命押送驪山刑徒，一路之上刑徒逃亡很多，想到達之日皆已逃光，不如做一件義事。那日天色已黑，劉邦飲酒半醉，走到豐㉖縣迤西，山澤之地，召集刑徒說：「你們都各投生路去吧，我也從此亡命。」遂將刑徒完全縱釋。許多人見劉邦如此義氣，都依依不捨，願相從者有十餘人。劉邦便偕同這十餘亡命之徒，黑夜裡向山中走去。前面突有一人回頭，說：「前面有條大蛇當路，行走不得！」劉邦昂然向前，果然看見一條大蟒橫臥在途中，劉邦拔劍一揮，將大蟒砍做兩截，逕自奔入芒碭㉗山中。後來陳勝、吳廣起義，沛縣縣令也想起兵響應，和獄掾曹參、主吏蕭何商量，蕭、曹說：「君為秦朝現任官吏而想起兵造反，恐沛中子弟們不肯聽命，應當連絡地方豪傑共同起事。」縣令也以為然，當時大家計議，如連絡地方豪傑，莫如劉邦，遂令樊噲往山中去召請。時劉邦在芒碭山中已聚集有數百人，聞召，便與樊噲同來沛城。沛令突見劉邦如此聲勢，誠恐難以駕馭，心裡翻悔，竟將城門關閉不納，還要誅殺蕭何、曹參，蕭、曹得訊，踰城投奔

㉓　英布曾黥為驪山刑徒，故一稱黥英布亡命番陽，番陽君吳芮妻以女與偕反。蒲將軍其名不詳。

㉔　今江蘇沛縣。

㉕　秦法十里一亭，十亭一鄉，亭長主亭之吏。

㉖　今江蘇豐縣。

㉗　今江蘇碭山。

劉邦入夥。劉邦乃作帛書，用箭射到城上，告諭沛中父老曰：「天下共苦秦久矣，今父老尚為沛令守城，一旦諸侯至沛，必屠沛。不如共誅沛令，以響應諸侯，則地方可保，身家可全。」父老們果然率城中子弟殺死沛令，開城迎接劉邦。蕭何、曹參、樊噲進城與地方父老商議一致推戴劉邦為沛令，號稱沛公。於是收沛下子弟得二三千人，在庭前致祭黃帝、蚩尤，釁鼓起義。隨即攻下豐縣、胡陵、方輿❷❽等地方。沛公令其部將雍齒守住豐縣，自己引兵北攻薛城❷❾。魏周市進兵到豐縣，派人對雍齒說：「豐縣本是魏國地方，應當歸魏，齒若肯降魏，魏封齒為侯，不然，就屠了豐縣。」雍齒本與沛公不睦，不願附屬沛公，遂以城降魏。沛公聽說雍齒降魏，大怒，引兵回攻豐縣，攻打未下。那時有陳人秦嘉，聞陳王死，另立楚王室後裔景駒為楚王，聚兵在留❸❀城。留城靠近豐沛，沛公見攻豐不下，想往見秦嘉求助，遂率兵投奔留縣而來。途中得遇韓人張良，良亦來投秦嘉，遂合夥同行。

　　原來張良當年擊秦皇不中，隱姓埋名，居住在下邳城中。一天走到圯橋之上，有一老者身穿褐衣經過張良身旁，忽墜履橋下。老者回顧張良說：「孺子，你下橋為我取履！」張良愕然，見此人如此無禮，欲毆之；繼想老人年邁，何必與之計較，便忍氣下橋為取履。老者復坐在橋邊，伸足說：「為我著履！」張良更憤，後想既已取之便為著之，遂長跪為老者納履，老者大笑而去。張良覺得非常奇怪，遂停留在橋頭，看老者何往。只見老者走了一程，忽又轉回頭來，對張良說：「孺子可教也！你後五天，天明時與我相會於此。」張良答道：「喏！」張良本自詫異，更欲一驗究竟，五天後，平明時，良如約前往。不料老者已先到，大怒說：「與老人相約，何得後期！去！後五天，早，再來！」後五天，雞初鳴，良即往。老者又先在，又怒說：「又後，何故？後五天，更早來！」後五日，張良夜半即往，稍待，老者來，喜道：「當如此！」乃從袖中出書一卷，授與張良說：「讀

❷❽　一作方與，今山東魚台。

❷❾　今徐州北山東滕縣南。

❸❀　江蘇沛縣東。

此，則為王者師，後十年興，十三年孺子見我於濟北穀城下，黃石即我也。」說畢，掉頭而去，不復再見。天明後，良細看那書，卻原來是《太公兵法》。張良適閒居無事，便埋首研讀，頗有心得。果然十年後，陳勝起兵，天下大亂。良不甘寂寞，也聚集了下邳少年得百餘人。聞說景駒在留立為楚王，遂率領少年來歸。不料途逢沛公劉邦。

張良和沛公竟一見如故，談得十分投洽。張良便打消了投奔景駒的念頭，決志歸入沛公的麾下，沛公拜張良做廄將。良數以《太公兵法》告沛公，沛公都能了解，並用其策略，張良喜說：「為他人說，都不能了然，沛公真乃天授也！」遂依沛公不他去。沛公既見楚王景駒，景駒撥了一部分軍隊，交給沛公統率，令沛公西擊秦軍。沛公率兵西行，遇秦將司馬尼，交戰不利。便回兵攻入碭縣，收得碭兵五六千人，又佔據了下邑城，獨樹一幟。

景駒、秦嘉自留縣進駐彭城❸，適逢項梁大兵渡淮而北，兩軍對峙在淮水之上。項梁宣稱：「陳王最先起兵，今雖戰敗，未知生死，而秦嘉竟敢背陳王，擅立景駒，是大逆不道。」遂進兵攻擊秦嘉。嘉軍勢弱，那堪項梁一擊，秦嘉、景駒皆死，全軍潰降。項梁併了秦嘉之兵，進兵北至薛城，沛公見項梁勢大，率眾歸附。梁給沛公兵五千人，沛公得助，念念不忘豐縣率兵進攻，終於攻下了豐城，雍齒逃往魏國。項梁又命項羽率兵攻打襄城，項羽兇狠，打破了襄城，把襄城人民一齊阬殺。這時項梁得了確訊，知陳王已死。便召集全體將士，聚會薛城，共議大事。有居鄛人范增，年已七十多歲，好計謀，來見項梁說：「陳勝之敗，是理所當然。夫秦滅六國，楚最無罪，自懷王入秦不返，楚人至今悲痛。楚南公說：『楚雖三戶，亡秦必楚！』今陳勝起事，不立楚後而自立為王，所以絕不能長久。君今起自江東，楚將士蜂湧來歸者，以君世世楚將，必能復楚國的社稷。今天如欲收攬人心，成功大事，非迎立楚後不可！」項梁聽從了范增之計，到處尋訪楚國的後裔，發見楚懷王有個孫子名叫心的，在民間為人牧羊。遣人迎接來，奉立為王，仍尊稱為楚懷王，以迎合人民的心理。懷王即位

❸　今江蘇銅山。

後定都盱眙[32]，以陳嬰為上柱國，項梁自稱為武信君。這是繼陳王後一個最大的革命力量。此時六國楚齊燕趙魏名義上都紛紛復國，只缺少一個韓國。張良念念不忘故國，便乘機說武信君道：「君今已立楚後，韓諸公子，橫陽君成最賢，可立為王。一則為韓復國，二則為楚樹援。」項梁便令張良立韓成為韓王，別引一支兵，往收復韓地。但韓成、張良兵少薄弱，常在潁川一帶，游擊作戰。時當二世二年六月。

秦章邯既滅陳王，大舉進擊魏王於臨濟[33]。魏王遣周市求救於齊楚，齊王田儋，楚將項它各引兵往救魏。章邯軍夜銜枚疾走，邀擊齊楚援軍於臨濟下，齊楚大敗。齊王儋與周市陣亡，魏王咎自殺。咎弟魏豹逃到楚國，楚懷王給他援兵數千，令恢復魏地。齊王儋弟田榮收拾殘兵退保東阿[34]，章邯跟蹤追擊，復將東阿圍困。武信君項梁聞齊楚破敗，田榮被困，率領大軍來救，戰於東阿城下，大破秦軍，遂解東阿之圍。田榮既脫圍，另立田儋之子田市為齊王而秦兵退走，田氏叔姪復又撫定齊地。武信君既敗章邯，乘勝追擊，又破秦軍於濮陽[35]，再破秦軍於定陶[36]。項梁又另遣沛公項羽率領一支軍隊攻下城陽雝丘[37]，破秦兵，殺李由。於是秦兵氣餒，楚威大振，戰局形勢，又為之一變。項梁連戰連勝，輕視秦兵，而有驕色。部將宋義諫項梁說：「戰勝而將驕卒惰者敗，今卒少惰矣，而秦朝的援兵日增，臣竊為君畏之！」項梁心中不悅，遂打發宋義出使於齊。宋義東行，走到中途，遇到齊國使者高陵君顯，宋義問道：「公將見武信君嗎？」顯答：「然！」宋義說：「臣論武信君必敗，君慢走則免死，快走則遇禍！」果不出宋義之料，章邯得到關中的援兵，乘武信君驕惰之時，大舉反擊，大破楚兵於定陶，武信君戰死。劉邦、項羽這支兵正在攻打外黃，得到項梁戰

---

[32] 今江蘇盱眙。

[33] 今河南封丘縣東。

[34] 今山東東阿附近。

[35] 今河北濮陽。

[36] 今山東定陶。

[37] 即雍丘──今河南開封附近。

死消息，恐孤軍被圍，連忙撤兵東歸。這時楚懷王已遷都彭城。項羽乃將兵駐在彭城之西，呂臣將兵駐在彭城之東，沛公將兵駐碭，集中兵力成為犄角之勢以相保。齊使者高陵君顯來到楚國，既謁見懷王，稱讚宋義不絕說：「宋義論武信君必敗，而武信君果敗。兵未戰而先見敗徵，此可謂知兵矣！」不久，宋義從齊國回來，大為懷王賞識，遂拜宋義為上將軍，項羽為次將，封魯公。那時，魏豹又攻下魏地二十餘城，楚懷王立豹為魏王。

秦章邯擊破項梁之後，以為楚地兵不足為憂，掉轉頭來，渡越黃河，北擊趙國。秦軍以戰勝之威，銳不可當，連敗趙軍，夷平邯鄲城。趙王歇和張耳逃入鉅鹿❸城中，章邯的副將王離把鉅鹿城團團圍困，章邯自引一軍駐在鉅鹿城南棘源地方，以為呼應。另築了一條甬道，從黃河通到鉅鹿城外，運輸軍糧。陳餘招集了常山兵得數萬人，南下救援，看見秦勢浩大，便按兵城北，不敢擅動。這時秦軍圍鉅鹿城，裡外數重，晝夜攻打。趙王、張耳派使者分頭求救於諸侯及楚國。楚懷王乃命上將軍宋義，次將項羽，和末將范增，率軍北援趙。宋義極受懷王尊寵，軍中稱為卿子冠軍。

當初懷王與諸將相約，破秦之後「先入關者王之」，但是秦兵正盛，無人敢應命西攻秦軍；只有項羽和劉邦兩人自告奮勇。軍中一班老將背後說懷王道：「項羽為人兇悍，前攻襄城盡屠其民，所過之處，地方塗炭。秦民久苦秦政暴虐，如遣將攻秦，必須得一長者，項羽殘忍，絕不能遣派；最好遣沛公前往，沛公為人寬大仁愛！」故懷王遣項羽隨宋義北救趙，而另遣沛公劉邦西攻秦地。現在分兩頭來說。

時當二世三年冬十月，宋義率兵行到安陽❸，突然按兵不動，一直停留了四十六天。項羽對宋義說：「秦軍圍困趙王在鉅鹿城中，危急萬分，當趕快渡河相救，楚軍從外攻擊，趙軍在內響應，裡外夾攻，必破秦軍。」宋義說：「不然！夫搏牛之蝱，不可以破蟣蝨。方今秦兵攻趙，秦如戰勝則疲敝，我可以乘其敝而擊之。秦如戰敗，我可以鼓行而西，逕入關滅秦。夫被堅執銳，義不如公；坐而運策，公不如義。」於是下令軍中：「猛如虎，

❸ 今河北平鄉。

❸ 今山東曹縣東北。

狠如羊，貪如狼，彊不可使者，皆斬之！」這命令明是指項羽而言。宋義從容逍遙，派遣他兒子為齊相，親自送到無鹽地方。又每日在軍中置酒高會，悠閒自在。時當十月隆冬，天寒大雨，軍中又缺少糧食，士卒饑寒交迫，人多怨嗟。項羽對士卒們說：「現正在奮力破秦，卻按兵不動。歲饑民貧，軍無存糧，士卒們以芋菽充饑。宋義卻終日飲酒高會，為什麼不渡河救趙，也可以取得趙地的糧草自給。卻說乘秦軍之敝，以強秦攻弱趙，勢必滅趙，趙滅秦軍豈不更強，何敝之可乘？而且我們楚國新遭敗戰，楚王陛下坐不安席，盡境內之兵付託給宋將軍，國家安危在此一舉。他只知自私自利，全不顧念國家，體恤士卒，如何是社稷之臣。」那日早朝，項羽憤憤闖入帳中，拔劍斬殺宋義，持頭號令軍中道：「宋義勾結齊人謀反，羽奉懷王命斬之！」諸將素畏項羽，誰敢不從。項羽又遣人追殺宋義之子，然後使桓楚報命於懷王。懷王亦莫可奈何，只得再拜項羽為上將軍，令率兵前進。項羽既殺宋義，便遣當陽君、蒲將軍率兵二萬先渡河，切斷章邯的甬道，令王離之兵乏食。然後盡起全軍，渡過黃河，擊沉了渡船，打破了鐵釜，燒去了沿岸廬舍，只留下三天的糧食，以示士卒，告訴士卒必須於三天之內擊破秦軍，有進無退，堅其必死之心。楚軍與王離大軍相遇，一個個奮不顧身，往返衝殺，好似虎入羊群一般。九戰九勝，把王離十幾萬大軍打得落花流水，活捉了王離，砍死了蘇角，燒殺了涉間。當時四方諸侯救趙之兵，不下十幾起，畏秦兵之強，都遠遠紮兵在鉅鹿城外，作壁上觀。這時看楚兵一路殺來，無不以一當十，呼聲震天地，嚇得各諸侯之兵人人戰慄，不能喘息，項羽既破秦軍，好不威風。高踞在大帳中，召見各路諸侯將士。諸侯將士進入了轅門，一個個膝行而前，不敢仰視，從此項羽為諸侯上將軍，做了最高統帥。鉅鹿圍解，趙王歇偕張耳出城，拜謝項羽和各路諸侯將士，並與陳餘相見。張耳見了陳餘，問他為什麼擁兵不救趙，大加責難，陳餘羞惱成怒，竟自解除印綬，拂袖而去，張耳亦不相留，從此張耳與陳餘失和。

王離全軍覆滅，章邯大恐，連忙遣派長史司馬欣星夜趕往咸陽求救兵。司馬欣馳至咸陽既未能謁天子，又不得見丞相，逗留了三日，全不得要領。

司馬欣知道中樞無主，而軍事倥傯，只得又兼程趕回軍中，報告章邯說：
「趙高於中用事，臣下毫無辦法！」恰好陳餘作書致章邯，痛陳利害，勸
邯投降。章邯得書，猶疑未決。項羽已引兵越棘原，渡三戶津❹，直追章
邯，邯倉卒迎戰，又被楚軍大破於漳南❹汙水之上。章邯自知抵擋楚軍不
住，進退維谷，只得向項羽乞降。項羽亦因久戰乏食便接受了章邯的降書，
與邯相見於洹水南殷墟上。章邯見項羽，滿面流淚，訴說趙高如何用事，
秦政如何黑暗。項羽頗想利用章邯，便封章邯為雍王，項羽以長史司馬欣
為上將軍，仍統領秦降軍為先行。項羽率領楚師，諸侯兵，及秦卒，緣著
黃河南岸，浩浩蕩蕩向函谷關前進。走到新安❹地方，秦降卒被諸侯兵所
虐待，乃紛紛自相埋怨：「如今能入關破秦便好，如若不能，諸侯必將我
們俘虜東走，而我們留在關中的父母妻子，必被秦人殺盡，如何是好！」
這議論傳入項羽耳中。項羽與英布、蒲將軍密議，深恐秦卒叛變，一夜之
間將秦卒二十萬完全阬殺在新安城南。

　　再說那年春天，沛公劉邦奉懷王之命，西略秦地。從彭城出發，一路
收拾過去陳王和武信君的散兵，不一日行至昌邑❹縣東，有昌邑壯士彭越，
率領部下千餘人來歸，助沛公攻昌邑。昌邑攻打不下，沛公乃繞越昌邑，
攻進高陽，暫駐兵在高陽城中。高陽❹有一老儒生，姓酈名食其❹，年已
六十餘歲，貧困不得志，落魄做里中門監。平素好讀書，縣中人都叫他做
狂生。這日酈生求人自薦於沛公說：「里中有酈生年六十餘，身長八尺，
人皆謂之狂生，生自謂我非狂生，願見沛公！」沛公住在高陽傳舍中，著
人召見酈生。酈生走進了傳舍，只見沛公箕踞床上，使兩個女子洗足。酈
生心中不快，向沛公長揖不拜，大聲說道：「足下打算幫助秦國攻打諸侯，

---

❹　漳水渡口，今河北磁縣地。

❹　今河南安陽地。

❹　今河南新安。

❹　今山東金鄉縣西北。

❹　今河南杞縣。

❹　食其音一ˋ ㄐㄧ。

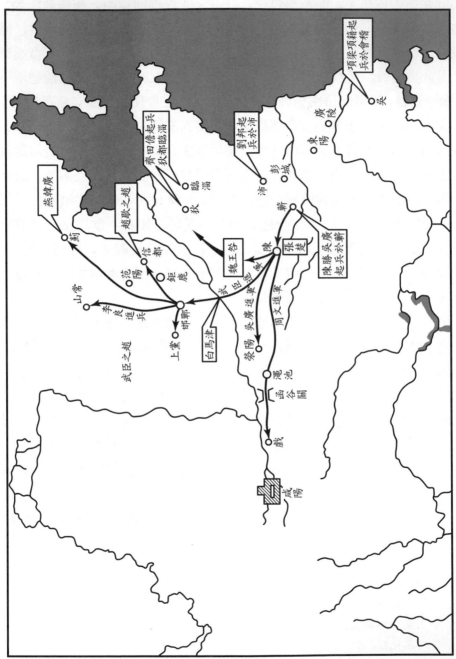

陳勝、吳廣初起時豪傑紛據形勢圖

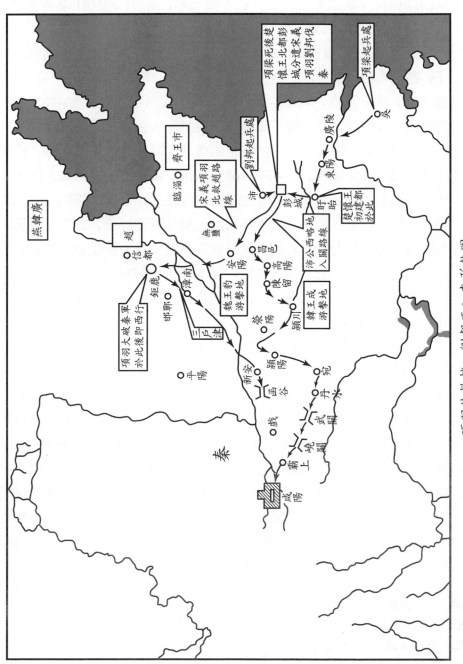

項羽北救趙、劉邦西入秦形勢圖

還是幫助諸侯攻打秦國呢?」沛公一聽不覺大怒,罵道:「豎儒! 暴秦無道,天下人民誰不憤恨,諸侯連兵,共起滅秦,怎麼說助秦攻諸侯?」酈生答道:「如欲起義兵,滅無道秦,為什麼踞見長者?」沛公慌忙下床謝罪,斥退女子,整理衣服,肅請酈生坐上座,恭敬請教。酈生乃與沛公暢談六國時縱橫之事,沛公大喜,賜酈生食,因問攻秦入關之計,酈生說:「足下起烏合之眾,收散亂之兵,數不滿萬人,便想深入強秦,這是所謂探虎口也。必須佔據大城,擴大兵力,然後才能西進。陳留❹是天下重鎮,四通五達之地,城中又多積粟。臣與陳留縣令相識,願請命前往說降,他如不降,再舉兵攻打,臣從中內應陳留必下,陳留攻下,大事可圖了。」沛公深以為然,即遣酈生先行,沛公率兵繼進,果然裡應外合,攻下了陳留,獲得無數的積穀,兵力大強,共尊號酈食其為廣野君。酈生有弟酈商,也聚了壯丁四千人來歸,沛公便以為將,將領陳留兵隨同作戰。沛公得了陳留並未停兵,獲得了士卒糧秣,便捲湧西進,攻開封未下,與秦將楊熊戰於白馬,又戰於曲遇東,大破秦軍,楊熊敗走滎陽。沛公又折而南下攻破潁陽,那時張良與韓王成正轉戰在潁川一帶,復與沛公相逢。沛公便留韓王成守住陽翟,邀約張良同行。三年六月,沛公擊敗秦兵於南陽,南陽守齮退保宛城❹,沛公引兵越宛城而西。張良諫道:「沛公何必急急入關,現在秦兵勢力還大,如不攻下宛城,逕自西進,那麼強秦阻於前,宛城擊其後,這是何等危險!」沛公深以為然! 即刻回師,連夜進兵圍宛城三匝。南陽守齮派遣他的舍人陳恢踰城請降,沛公受降並封齮為殷侯。這樣一鼓勵,宛城以西的城邑都望風而降,不戰而過丹水❹。所過諸城,都徵發其壯丁,又有高武侯鰓和沛公的故人王陵率眾來歸,沛公軍容大盛。一舉而擊破武關❹,進入了關中。沛公為收服秦地人心,嚴令士卒不得虜掠殺戮,秋毫莫犯,果然秦民大喜,紛紛迎接沛公。

---

❹ 今河南陳留。

❹ 今河南南陽。

❹ 今河南淅川附近地在丹江上。

❹ 今陝西武關。

　　秦朝的中樞，趙高自從害死李斯，做了丞相，越發專橫無忌。朝中大臣，人人側目，個個自危。趙高看見山東盜賊日盛，天下大亂，便有篡奪竊位之心，恐人心不服，先作了一個測驗。這一天，趙高著人進獻了一頭鹿於二世之前，故意說：「此乃馬也！」二世笑道：「丞相錯了，何以指鹿為馬！」趙高不答，以問左右，左右之人，或默然不語，或說是鹿，或說是馬。趙高暗暗記住那些說鹿之人，都治之以罪。於是群臣更畏懼趙高，唯命是從，不敢稍持異議。有一夜，二世夢見一隻白虎，咬住了所御左驂馬，大吃一驚，醒來心頭厭惡，命卜者占之。卜者說是涇水有怪為祟，須天子齋戒祈禳。二世乃移居在望夷宮中，舉行齋禳。二世在宮中聽說山東盜賊已侵入了關中，忙遣人責問趙高。趙高情急，便決意謀逆。暗地召集女婿咸陽令閻樂和弟郎中令趙成商議說：「陛下不聽諫言，而今事急，要歸罪於我，如此昏暗無道，我想把他廢除掉，更立公子嬰，嬰為人仁儉，百姓愛戴，可以為君。」計議已定。令趙成先在宮中做內應，詐稱宮中有賊，然後召閻樂入宮捕賊。閻樂率領士卒一千多人，擁到望夷宮前，把衛令僕射綑綁起來，罵道：「盜賊入宮，你為何不制止？」衛令詫異說：「宮衛森嚴之地，那裡有賊！」閻樂不由分說，一刀砍死衛令，率兵闖進宮中，亂箭齊發，宮中郎官大驚亂竄，死者狼藉，血染宮庭。士卒一直逼近皇帝帷幄，二世慌忙召左右侍者，回顧侍者盡已逃走，只有一個宦官侍候在側。二世急挽宦官避入內室，責道：「你為何不早告我，乃至如此！」宦官說：「臣那敢說，如說，早已被殺，還能活到現在嗎？」說話之間閻樂進入，直面數二世說：「足下驕恣無道，天下共畔，足下現在自己作決定吧！」二世說：「我能一見丞相嗎？」閻樂說：「不能！」二世慘然說：「我願得一郡為王！」閻樂說：「不能！」又說：「願為萬戶侯」，答道：「不可！」說：「願與妻子為黔首，比諸公子。」閻樂大聲說：「臣受丞相之命，為天下誅無道，不必多說！」指揮左右兵卒動手，二世被逼倉皇自到而死。趙高殺害了二世皇帝，隨即召集諸大臣公子，當眾宣言說：「秦朝原是王國，始皇統一天下，才稱皇帝。如今天下復分，六國自立，秦地狹小不能再空名稱帝，應當復為王國如故。」那些公子大臣，驚驚惶惶，誰敢不從。遂立二世之

兄子公子嬰為秦王，以黔首草草葬埋二世屍首於杜南宜春苑中。令子嬰齋
五日，在太廟中受傳國璽。子嬰和他兩子相謀說：「趙高弒二世於望夷宮
中，我聽說趙高和楚盜相勾結，欲共滅秦而王關中。今令我在廟中齋見，
正想在廟中殺我。我現在稱說有病不往，丞相一定會來相催，來時我伏兵
殺之！」於是子嬰稱病，趙高一再遣人催駕，子嬰不往。趙高忍耐不住，
親身來見，子嬰乘其不備，令宦者韓談一劍刺死趙高於齋宮之中，遂盡殺
高三族，這是一代權姦的最後歸宿。子嬰即位後，知劉邦已入秦，遂遣兵
往嶢關❺⁰拒敵。沛公進兵到武關，見秦兵有備，乃用張良之計在山上樹旗
幟為疑兵以示威，另著人暗中持金玉誘說秦將，秦將紛紛請降，沛公乘其
軍心渙散，發兵突擊，秦兵瓦解。遂破嶢關，又敗秦軍於藍田❺¹，乘勝逐
北，兵到霸上❺²。秦王子嬰見大勢已去，無法挽回，遂率領妻子，素車白
馬，係頸以組，手捧天子傳國璽❺³，俯伏在軹道之旁，投降了沛公，暴秦

---

❺⁰ 今陝西藍關。

❺¹ 今陝西藍田。

❺² 今陝西長安縣東。

❺³ 據《韓非子》記載，春秋時有楚人和氏，在楚山中得到一塊璞玉，獻給厲王，
玉人考驗，說是塊頑石。王說他欺誑，刖掉他的左足。後來他又獻給武王，
玉人再勘察還說是石，王又刖掉他的右足。到了楚文王時，和氏抱著這塊璞
玉，在楚山之下，哭了三天三夜，血淚俱下，楚王看他可憐，遣人前往慰問。
和氏說：「我並非為受刑而悲，我所悲痛的是明明一塊寶玉，卻被人認做頑石；
忠貞卻被誣做欺誑！」楚王乃著人將璞玉剖開，果然是塊美玉，便琢製成璧，
這便是「和氏之璧」。
後來楚求婚於趙，用璧納聘，和氏璧乃被趙惠文王所得。秦昭襄王派人致書
趙王，願以十五城換和氏璧。趙王畏懼，不敢拒絕，又怕秦王負約，便遣上
卿藺相如奉璧入秦。相如見秦王無意償城，便設計完璧歸趙。到了秦併六國，
和氏璧終為秦王所有，命丞相李斯作書，玉工孫壽磨刻作印璽，從此世代相
傳，這就是傳國璽。
秦王子嬰投降，璽歸於漢。王莽篡位，令王舜逼太后取璽，太后怒將玉璽投
擲在地，傳說損缺一角。漢光武中興，復得玉璽，漢末董卓之亂，孫堅掃除
陵廟從宮井中得璽。為此經過了一度爭奪，歸於曹魏，傳到西晉。永嘉之亂，

乃亡。

　　秦自始皇統一，建立了歷史上空前之大帝國。僅傳兩代，凡十五年而亡。其興也暴，其亡也速。這證明一個國家或政權，絕不能建設在強權和暴力之上；無論其如何強大，終必崩潰。賈誼作〈過秦論〉，其結論說：「秦以區區之地，致萬乘之權，招八州而朝同列，百有餘年矣。然後以六合為家，殽函為宮；一夫作難而七廟隳，身死人手，為天下笑者，何也？仁義不施，而攻守之勢異也！」秦代的興亡，是人類歷史上一個最顯著的例子。曾付了多少生命的代價為奴役政治、極權政治，做了個慘痛的實驗。可憐愚昧的人類，總是執迷不悟，還要繼續走上前人的覆轍！唐詩人杜牧在他的〈阿房宮賦〉裡說得何等痛切：「滅六國者，六國也，非秦也；族秦者，秦也，非天下也。嗟夫！使六國各愛其人，則足以拒秦；秦復愛六國之人，則遞三世可至萬世而為君，誰得而族滅也！秦人不暇自哀，而後人哀之；後人哀之而不鑑之，亦使後人而復哀後人也！」

璽被前趙劉聰所得。後石勒滅前趙，璽歸石勒。後石虎冉閔之亂，東晉謝尚遣濮陽太守戴施入鄴得璽，使何融送往東晉，當時晉穆帝永和八年。晉亡，傳南宋，南齊。到梁天正二年，侯景之亂，辛術入廣陵得璽又送往北齊。北齊亡，璽入周。由周傳隋傳唐。到唐末五代之亂，後唐李從珂的末年，玉璽焚失於火。後來元史載至元三十一年，在木華黎曾孫碩得家，發現傳國璽，但這事是不可靠的。總之這塊小小玉石，從楚厲王時出山到後唐失蹤經過約一千七百年的時間，真是飽經憂患，歷盡滄桑。從秦始皇以後，它一直成為國家統治的象徵。

傳國璽的形式據韋曜《吳書》說是方四寸，上勾五龍文。印文傳載也不一樣，據〈集古印格序〉云：「李斯刻國寶，一作龍文曰，受天之命，皇帝壽昌；一作鳥篆曰，受命於天，既壽永昌，其文元妙淳古。」《印譜》中有向巨源傳抄本。

第三講　楚漢之爭㈠

　　秦王子嬰投降之後，有人勸沛公殺死子嬰以絕後患。沛公慨然說：「懷王所以派我入關，正因我寬大為懷，今人降而殺之，於道不祥。」便叫人將子嬰等看管，容日發落。隨即整飭人馬，西入咸陽。走進了這座輝煌的都城，那班將士誰不心花怒放，或爭取金銀財寶，或佔據宮觀府邸。獨有蕭何與眾不同，直奔秦丞相府中，收取了府中所有的圖書檔案，簿籍公文，由此得知天下的地形關塞，戶籍錢糧，為劉邦獲得了一項珍貴的政治資本。足見一個政治家的眼光，必有他獨到之處！

　　隨後沛公也來到了秦宮之中，只見崇樓傑閣，歌臺舞殿，長橋臥波，複道行空，那寶藏似海，美女如雲；帷帳狗馬之物，更是不計其數。劉邦雖是個草莽英雄，也經不住這樣的物質誘惑。不禁目眩心驚，志惑神搖，飄飄然陶醉在秦宮之中，也無心問政，一連數日，不出宮門。這一來，可急壞了大將樊噲，他不顧一切，闖進宮去，見了劉邦劈頭便問道：「你要得天下，還是打算做個看財奴呢？」接著說：「這些奢侈淫靡的東西，不就是秦朝亡國的因素嗎？你要它何用？沛公！請你趕快回軍霸上，這秦宮之中斷斷住不得的！」那時沛公方在興會之際，那裡肯聽。樊噲見沛公執迷不悟，憤憤走出，迎面碰到張良，便把經過情形相告。張良也正在焦慮，說：「待我去講！」即時入宮面謁沛公，宛轉說道：「沛公，你今日何以能到此地步？不是因為秦王無道，人心叛變嗎？你今天要成王業，為天下除暴安良，必須以身作則，刻苦樸素，來領導人民。今天剛剛來到秦都，剛剛取到政權，便縱情享樂，抄襲秦王的作風。這在人民的眼裡，不是以暴

易暴嗎？如何能贏得人民的信仰呢？夫忠言逆耳利於行，毒藥❶苦口利於病，願沛公能聽樊噲之言！」這幾句話，有如醍醐灌頂，把沛公說得恍然大悟。劉邦這人，卻有個長處，就是做錯事，能很快的覺悟。尤其在緊要關頭，能判斷是非，接受別人客觀的意見而當機立斷。沛公聽完張良這番話，連連稱是。立刻揮退左右侍姬，傳令禁衛把守宮廷，封閉府庫，召集將士，即時退出咸陽，回軍霸上。又聽從張良之策，召見關中的父老豪傑，向他們宣稱：「諸位父老：你們受夠了暴秦的苛政酷刑，我特來為你們解除痛苦。懷王有命，先入關者為王，我當王關中，做你們的主人。現在與諸位父老相約，盡除暴秦一切的苛法，只約法三章：殺人者死，傷人與盜抵罪。大家安居樂業，不得驚慌。我今還軍霸上，等待諸侯兵到，再定約束。」又派使者伴同秦朝原有的官吏，到各鄉縣分頭曉諭民眾，真是紀律嚴明，秋毫無犯。秦民歡聲雷動，爭持牛羊酒食來享宴軍士。沛公又再三謙謝，說倉粟正多，不敢騷擾百姓，百姓更是喜悅，唯恐沛公不王關中，有人向沛公獻策說：「如欲長王關中，須派人把住函谷關口，以免諸侯亂兵的侵擾。」沛公也未加深思，便令將士把守函谷。卻說這時項羽率領大軍方過新安，浩蕩前進，距離函谷不遠，聞說函谷有兵駐守，初以為是秦兵。後來探馬報道，說是沛公已入關破秦，守關者乃沛公兵士，項羽大為詫異。心中正自不快，突然營前送來一封書信，拆開一看，原來是沛公麾下左司馬曹無傷，前來暗遞消息，信中略說：「沛公遣將守關，拒絕諸侯，欲獨王關中，令子嬰為相，珍寶盡有之。」項羽不禁勃然大怒，即命黥布擊破函谷關，冬十二月，項羽大軍進抵戲上。大饗兵士，宣言明日與沛公決戰。那時項羽兵四十萬號稱百萬，駐新豐鴻門❷，沛公兵十萬，號稱二十萬，駐軍霸上，兩軍相距僅四十里，劍拔弩張，形勢緊張萬分。

　　自項梁死後，項羽尊范增為亞父，常在軍中。亞父對項羽說：「劉邦在山東❸的時候，放蕩無行，貪財好色。聽說這次進入關中，財物無所取，

---

❶　《史記》原作毒藥苦口，毒藥就是利害的藥，後衍做良藥苦口。

❷　今陝西臨潼縣東，西距霸上四十里。

❸　崤山以東的地方，皆稱山東，也就是函谷以東。

婦女無所進，一反他平日的作風。從這裡可以看出，此人志不在小。有善望氣者，見劉邦頭上呈龍虎五采之氣，這是天子之氣。明天若和劉邦作戰，決不可輕易饒過，務必殺死劉邦，永除後患！」項羽然諾。這些話被項羽叔父項伯聽見，這位老先生是個好心腸的人。心想項羽那般兇猛，劉邦難逃活命，劉邦敗亡不要緊，必定連累張良同歸於盡。念自己當年犯罪亡命下邳，多虧張良搭救，這位活命恩人，當此生死關頭，怎能看死不救。想到這裡也顧不得一切，便在當晚騎了一匹快馬，星夜馳奔霸上。尋著了張良，也不及多話，便叫張良快快逃命。張良問明原由，眉頭一皺，說道：「我隨侍沛公多時，今日沛公有難，竟不別而去，如何對得起朋友！無論如何，我亦當見沛公有一個交代才是。」項伯亦以為然，便叫張良快去快來。張良即入見沛公，將楚軍中消息，如此這般，一一說明。沛公大吃一驚，半晌說道：「為之奈何？」張良問道：「大王自料士卒足以抵擋項羽嗎？」沛公說：「那如何是敵手！事到如今，怎麼好？」張良說：「我倒有一計策，就利用項伯從中做個調人，請他和項羽好好解釋，或可化凶為吉。」沛公便著張良速邀項伯來見。項伯心想此行原係搭救張良，如何能見劉邦，但又一時抹不過情面，身不由己，竟被張良拖拖拉拉，來見沛公。沛公一見項伯，如逢故人，滿臉堆起笑容，好不親熱！攀長道短，問知年齡家世，越談越親密，沛公便舉酒為壽❹和項伯訂了兒女親家。這時沛公不禁感慨係之，長嘆一聲道：「我和項羽一同起兵，真說得上是患難兄弟，我僥倖先入關中，秋毫不敢近，籍吏民，封府庫，又恐怕戰亂之際盜賊侵擾，所以遣將守關，以防不測，日夜盼將軍到來。我這樣一片苦心，怎麼聽說外邊有很多謠言挑撥是非，務請項伯為我好言解釋！」項伯看沛公真是一位長者，不勝同情之至。想那范增勸項羽殺害劉邦實太無理，一片惻隱之情，從他那慈悲的心底油然而生，決定好事要做到底。便滿口應允，勸沛公不必憂慮，他一定負責向項羽解釋，化除一切誤會。不過為表明心跡，約沛公明日一早親來鴻門面謝項羽，沛公只得答應。項伯辭別，又叮嚀了沛公一番。看時間不早，飛馬趕回鴻門。這時滿心歡喜，覺得完成一件義舉。

---

❹ 古人舉酒為壽，就是表示祝賀或敬意。

即刻面見項羽，毫不隱瞞，把沛公的話據實直陳。並且說：「你卻不想，如非沛公先破秦，你怎得這樣輕易入關？人家有功不報，反欲殺之，豈非忘恩負義。大家並力擊秦，絕不可聽信小人的譖言，當與沛公和好為是！」又說明「約定了沛公明日一早來面謝將軍，須要設宴款待，以盡賓主之道！」項羽聽了項伯這番話，也深以為是，殊悔日間孟浪，那一腔憤怒，一股殺氣，竟煙消雲散。宇宙間的事真是神秘，這一夕之間，局面全變；如非項伯這一趟辛苦，我們的歷史又完全不同了！

　　東方破曉，朝陽甫瀉，朔風凜冽裡，在那西北的原野上，奔馳著一行人馬。那就是沛公劉邦率領著親信隨從張良、樊噲等一百餘騎，急急前來鴻門赴會。項羽出帳相迎，沛公一見項羽，執手道故，不覺嗚咽說道：「臣與將軍協力攻秦，將軍戰河北，臣戰河南，臣不料能先入關破秦，今日還能與將軍在此相見；乃竟有小人之言，令將軍與臣不和！」說罷淚下。項羽也覺悽然，乃解釋道：「這是沛公左司馬曹無傷所說，不然，籍何至如此！」項羽當即邀沛公入帳飲宴。項羽、項伯東嚮坐，亞父南嚮坐，沛公北嚮坐，張良西嚮侍。酒過數巡，亞父范增頻向項羽丟使眼色，又舉所佩玉玦示意❺，項羽默然不睬。范增心中焦急，離席走出帳外，恰遇到項羽族弟項莊，范增喊過項莊道：「今天非殺死劉邦不可，但是君王為人不忍，你快進帳去，藉舞劍助興，即席前擊殺沛公，不得延誤。」項莊奉命進帳，即舉酒為壽，壽畢說道：「君王與沛公飲酒，軍中無以為樂，臣請舞劍以助興。」項羽稱善。項莊即拔劍起舞，寶劍有如一條銀蛇，上下盤旋，寒光閃爍，眼看逼近沛公坐席，項伯看情形不妙，亦拔劍起舞，以身翼蔽沛公。這兩條劍光，你來我往，各不相讓，總不離沛公左右，嚇得沛公目瞪口呆，渾身冷汗。張良看情勢緊急，忙走出軍帳，看到樊噲，噲問：「今天情形如何？」良說：「不好！危急萬狀，項莊舞劍，意在沛公！」樊噲說：「事急如此，臣請入帳與沛公同命！」說罷帶劍擁盾，奔入軍門，門前衛士，交戟阻攔。噲側身擁盾一衝，把衛士衝倒在地，大踏步闖進帳來。項羽飲酒觀舞，正在出神；忽聽帳門一響，走進一個彪形大漢，跨劍持盾，

❺　玦者決也，就是示意對方速下決心。

頭髮上指，目眥盡裂。不覺一驚，按劍喝道：「來者是什麼人?」張良忙向前稟報：「此乃沛公參乘樊噲也!」項羽已略有幾分醉意，喜樊噲狀貌英武，讚道：「真乃壯士! 賜以巵酒。」左右送過一斗巵酒。樊噲拜謝起立，一飲而盡。項羽說：「來，再賜他一隻彘肩❻!」左右又送過一條生彘肩，樊噲覆盾在地，把那條彘肩放在盾牌之上，拔出寶劍切而啖之。項王越看越覺有趣，問道：「壯士你還有飲量嗎?」樊噲抬起頭來，大聲答道：「臣死且不避，巵酒安足辭! 方今秦王無道，殺人如麻，天下英雄，紛紛起義，懷王與諸將相約，先入關者為王。沛公先破秦入關，秋毫無犯，封閉宮室，還軍霸上，又遣兵把守關口，防備盜賊，以等待將軍前來。如此勞苦功高，未有封侯之賞，竟聽信小人的話，要殺害有功之人，這豈不是亡秦之續嗎? 臣竊為大王不取!」項羽默然無言，便叫他坐下。當時帳中空氣，還是緊張得很。沛公稱說要小解，告便出帳，暗地將張良、樊噲先後喚出。樊噲道：「沛公，你還不快逃走嗎!」沛公為難說：「我怎能不辭而別呢!」樊噲著急道：「大行不顧細謹，大禮不辭小讓，現在人為刀俎，我為魚肉，還要告辭嗎?」於是決定留下張良代表致意，良問：「大王來時可曾帶有禮物?」沛公說：「我攜來白璧一雙，欲獻給項羽; 玉斗一雙，欲獻給亞父，慌忙中不曾拿出。」便將璧斗交與張良，沛公不敢乘車，跨上一騎戰馬，樊噲、夏侯嬰、靳彊、紀信四將持劍擁盾，緊緊跟隨，打從驪山下小道，急急回歸霸上。這裡張良度沛公等已走遠，方才緩步入帳。項羽吃得醉意醺醺，四顧不見了沛公，看張良進來，問道：「沛公何在?」張良再拜說：「沛公已醉，不能相辭，現已回往軍中，特令臣良奉上白璧一雙，再拜獻大王足下; 玉斗一雙，再拜獻大將軍足下!」項羽受了白璧，置之座上。亞父大怒，將玉斗拋擲在地，拔劍擊得粉碎，氣沖沖出得帳去，仰天長嘆一聲道：「唉! 豎子不足與謀，明日奪項王天下的，必是沛公，我等都是亡國之虜了!」

　　後人讀史，頗多惋惜項羽，為何不聽范增之計在鴻門宴上殺死沛公，致貽後患。其實項羽不殺沛公，自有他的氣度，未可厚非。項羽的失敗，

❻　豬腿。

其主要的關鍵還是由於政治的措施；如果以一個敵人的生死，來決定自己事業的興亡，那就未免太愚昧了。所以清詩人王仲瞿說：「天意何曾祖劉季，大王失計戀江東。早摧函谷稱西帝，何必鴻門殺沛公！」

幾日之後，項羽率大兵西入咸陽，立族殺秦降王子嬰。一見秦宮室那樣的富麗，赫然震怒，放起一把無情之火，把那些宮殿樓臺燒得精光。這場大火，一直延燒了三月之久，可嘆那橫跨渭水，直走驪山，隔離天日，覆壓三百餘里的離宮別苑，竟成了一片焦土。項羽一看，咸陽滿目淒涼，也無可留戀。便收取了貨寶婦女，決意東歸。有一韓生❼來說項羽：「關中阻山帶河，有四塞之固，又兼土地肥饒，為霸者之都，絕不可放棄！」項羽道：「富貴不還故鄉，有如衣繡夜行，誰人知曉！」韓生出來嘆道：「人家說楚人是沐猴而冠，果然不錯！」項羽聞言大怒，烹了韓生。項羽將入關經過，著人報知楚懷王，使者回報說，諸侯當聽懷王約束，並遵守前言，先入關者為秦王。項羽聞言大為不快，於是召集諸侯將士，當眾宣言道：「當天下起兵之初，不得不立諸侯後裔，擁戴懷王，所以號召天下。其實三年以來，披堅執銳，暴骨原野，皆諸將士與籍之力耳！那懷王有何德能，可以號令天下，分封諸侯！」便廢懷王尊為義帝，而自作主張，宰割天下，大封諸侯。那些諸侯將士無不畏懼項羽，都俯首聽命，誰敢不從。這封建的秩序和理由如下：

尊懷王為義帝，古者天子必居上游，故遷義帝都長沙郴❽縣。

封沛公劉邦為漢王，王巴、蜀、漢中三郡，都南鄭❾。按劉邦先入關，當王關中，而巴、蜀、漢中亦乃關中之地，正所以實踐諾言。

封章邯為雍王，王咸陽以西，都廢丘❿。

---

❼　《漢書》作韓生，《史記》僅稱說者而無名，揚子《法言》、《楚漢春秋》作蔡生，此據《漢書》。

❽　今湖南郴縣。

❾　今陝西南鄭縣東。

❿　今陝西興平附近。

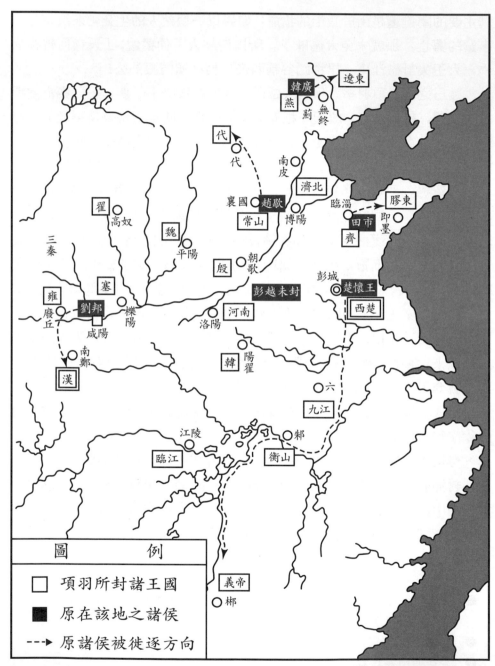

項羽分封圖

封司馬欣為塞王，王咸陽以東，都櫟陽⓫。

封董翳為翟王，王上郡，都高奴⓬。

（按雍、塞、翟皆故秦地，邯、欣、翳為秦降將，以秦降將王故秦地，故稱為三秦。）

封魏豹為西魏王，王河東，都平陽⓭。

封申陽為河南王，王河南，都洛陽。申陽者，張耳之臣，先下河南，迎楚軍於河上，有功故封。

封韓成為韓王，王韓地，都故都陽翟。

徙封趙王歇為代王，王代，都代城。

封張耳為常山王，王趙地，都襄國⓮。

封司馬卬為殷王，王河內，都朝歌⓯。卬趙將，定河內，數有功，故封。

封英布為九江王，都六⓰。英布楚將，勇猛善戰，常冠軍。

封吳芮為衡山王，都邾⓱。芮嘗率百越之眾，佐諸侯，又從入關。

封共敖為臨江王，都江陵⓲。共敖為義帝柱國，曾將兵擊南郡功多。

徙封燕王韓廣為遼東王，王遼東，都無終。

封臧荼為燕王，王燕地，都薊⓳。臧荼燕將，從楚救趙有功，又從入關。

徙封齊王田市為膠東王，王膠東，都即墨⓴。

⓫　今陝西臨潼縣東北。

⓬　今陝西延安。

⓭　今山西臨汾。

⓮　今河北邢臺。

⓯　今河南淇縣。

⓰　今安徽六安。

⓱　今湖北黃崗。

⓲　今湖北江陵。

⓳　今河北薊縣附近。

⓴　今山東平度。

封田都為齊王，王齊，都臨淄㉑。都齊將，從楚救趙有功，又從入關。

封田安為濟北王，王濟北地，都博陽，安故齊王建孫，項羽渡河救趙時，安據濟北數城降楚有功。

封陳餘南皮㉒三縣。封番君將梅鋗十萬戶侯。

項羽自封為西楚霸王，王梁楚九郡，都彭城。

這一幕封建，太不合理。第一，將有罪無功人人憎惡的三員亡秦降將章邯、司馬欣、董翳，封在最富饒的關中之地為三秦王。第二，將功績最高，破秦入關的劉邦，封在流放罪人的巴蜀之地，簡直是一種侮辱。第三，各國諸侯早已據地稱尊，現在卻將這些諸侯徙封邊地，而另封其部下將士為王，王諸侯之地，這不啻向諸侯挑釁，因而註定了項羽未來失敗的命運。

項羽分封既畢，各路諸侯將士分道就國。唯獨漢王劉邦又氣又惱。周勃、灌嬰、樊噲這班武將也都忍耐不住，鼓動漢王和項羽決戰，只有蕭何苦苦相勸道：「巴蜀漢中地方雖苦，總比喪命的好！」漢王怒道：「何至於此！」蕭何說：「今士卒強弱懸殊，百戰必定百敗，豈非喪身送命！成大功立大業，須能屈能伸，夫詘一人之下而伸於萬人之上者，湯武是也。臣願大王，且忍辱一時，好生撫養漢中人民，招賢進能，用巴蜀之富，生聚教訓。待機收取三秦，還定關中，天下之事可圖也！」漢王認為蕭何說得有理，遂南行就國。諸侯士卒，多喜漢王待人寬厚，自動相從者有幾萬人之多。張良原是韓人，要回國去輔佐韓王成，不能跟從。漢王感謝相助之情，贈以黃金百鎰，珍珠二斗。張良即以所贈轉獻項伯，順便拜託項伯在項羽前多為漢王好言。項羽乃盡以漢中地方劃歸漢王，又遣士卒三萬人送漢王就國。漢王率士眾從杜南蝕中攀登秦嶺，這一帶都是崎嶇艱險的山路，重巒疊嶂，絕壁懸崖，好生難走。沿途士卒不勝其苦，又多散去。張良一路送行，依依難舍，一直送到褒中地方，方才分手。臨別勸漢王故意把棧道㉓燒燬，示無北歸之意，以絕項羽的猜忌。

㉑　今山東臨淄。

㉒　今河北南皮。

㉓　山路陰陡，架木為道以通行人，又謂之棧閣。

項羽待各路諸侯就國，剩下章邯、司馬欣、董翳，分付他們三人好生鎮撫關中，然後率領自己人馬回到彭城。可憐義帝楚懷王被項羽所逼，讓出彭城前往長沙郴縣。那些舊日臣下，見懷王日暮途窮，紛紛四散，只剩下幾個隨身親信，淒然就道。一路上風風雨雨，不料行至大江上游，突遇一夥強人，竟將懷王殺死。原來這是項羽的陰謀，預令衡山臨江兩王所設下的伏兵，後人為之哀念不已。所以到今天，湖南郴縣還留有義帝墳塚，供人憑弔。項羽如此狂悖，回到彭城，為時不久，各地諸侯相繼起兵抗命，於是天下騷然，大亂復起。

燕將臧荼封為燕王，奉項羽之命前往燕薊就國，逐令韓廣往遼東，韓廣不肯退讓。臧荼乃率兵擊殺韓廣，並王遼東之地，這是頭一件糾紛。齊將田都奉命往臨淄去做齊王，齊田榮大怒，自以有功不封而封田都，因起兵，迎擊田都，田都大敗奔往楚國。原齊王市徙封膠東，田榮挾制田市不令就國。可是田市畏懼項羽，不敢違命，私行逃往膠東。田市本是田榮的姪兒，田榮怒其不肖，竟遣兵追殺田市於即墨。又派兵擊殺了濟北王田安，項王所封三齊王，被田榮趕走的趕走，殺死的殺死。於是田榮自立為齊王，盡王三齊之地，這是第二件糾紛。陳餘和張耳原是兩位一體，自從鉅鹿之戰發生誤會，彼此反目。現在聽說項王封張耳為常山王王趙地，卻封自己南皮三縣，又遷趙王歇為代王，大為憤怒。乃遣使者張同夏說往說齊王田榮曰：「項羽為天下宰，不平。今盡逐故王於醜地，而王其群臣諸將於善地，餘竊以為不可。今聞大王起兵，不聽不義。願借臣兵力，擊走常山，恢復趙王。他日請以趙國為齊國的屏蔽。」齊王許諾，即遣兵助陳餘迎擊常山王張耳，張耳敗走，後來投奔了漢王。這裡陳餘仍尊奉趙歇做趙王，而趙王歇即立陳餘為代王，完全推翻了項王的成命。這是第三件糾紛。彭越一直轉戰梁地，曾給秦兵以很大的打擊，卻無片土之封，心中自然憤懣。齊王田榮乃賜越將軍印，聯絡彭越，威脅楚境，這是第四件糾紛。這第五件也是最嚴重的一個變化，那就是漢王劉邦回定關中，擊滅了三秦。劉邦既已入漢中，怎樣會復興的呢？

原來漢王劉邦自從來到漢中南鄭，生活困苦，環境惡劣。又因焚燬了

棧道，人多失望。那一時興奮隨同前來的將士們，今日一群，明日一夥，紛紛逃走。漢王為此心頭十分苦悶。這一天，忽然左右報道，蕭丞相也失蹤了。漢王這一驚，非同小可，茫茫然如失左右手。捱過了兩日，蕭何突然自行回來。漢王一見，跺腳大罵道：「怎麼你也逃跑了？」蕭何回稟道：「臣焉敢逃走，臣乃為大王追趕那逃走之人。」漢王問：「所追何人？」蕭何道：「治粟都尉韓信！」漢王又罵道：「軍中跑了這麼多人，你卻不追，單單追這一個無名小輩，真是莫名其妙！」蕭何態度非常嚴重的說道：「諸將皆碌碌之輩，那韓信真乃國士無雙也！」

這韓信究是何人呢？他原是淮陰㉔地方一個無業的遊民，寄食在下鄉縣南昌亭長之家。遊手懶作，專吃閒飯。一住幾月之久，那亭長妻子，心裡十分討厭韓信，故意伺韓信出門的時候，把飯吃光。韓信回頭，見釜空竈冷，一怒拂袖而去。信步走到淮陰河邊，無聊已極，乃持竿垂釣藉以解愁。看看紅日西沉，腹中饑腸雷鳴，實在忍熬不住，四顧張望。河濱正有許多漂母㉕，看見韓信那一付饑餓的嘴臉，實在可憐，便將剩餘飯菜送給他吃。韓信也不推辭，飽餐一盡。吃得高興，一連幾十天，天天到河邊來揩油。這一天吃罷，抹了抹嘴，向漂母們道別稱謝說：「多謝盛情，我韓信去也，將來必有重報！」那些漂母真是又好氣又好笑，罵道：「這麼大的一個男子漢，飯都混不飽，看你可憐，周濟你，那個還希望你的報答！」這韓信，肚子吃飽，神氣十足，邁步走向淮陰市中。有一個頑皮的少年，看韓信神情可笑，便在廣市中當眾折辱韓信道：「你們大家看著，這傢伙模樣好大，腰跨刀劍，我看他其實膽小如鼠。喂！過來！如有膽量，拔刀刺我！怕死的話，就請你從胯下爬過去！」說罷扠腰跨踞。韓信把那人上下打量了一番，一聲不響，伏倒在地，從那人胯下匍匐而過，惹得一市哄然大笑。後來天下紛亂，項梁起兵，大軍渡淮，韓信便仗劍投軍。一直在楚軍麾下，官至郎中，每向項羽獻策，羽皆不聽，因此抑抑不得志。後聞漢王善用人，便棄楚歸漢，相隨入蜀，官至連敖。不知如何竟犯法當斬，

㉔　今江蘇淮陰。

㉕　漂洗綿絮的老婆婆。

同時斬首的十四個囚犯，依次行刑，最後輪到韓信。信仰望監刑官滕公夏侯嬰道：「漢王不欲得天下乎？奈何斬壯士！」滕公見其出言不凡，狀貌又魁梧，便將其釋放。並薦與漢王，以為治粟都尉。丞相蕭何，常與交談，深為器重。過了許多時日，韓信不見升遷，心中煩悶，便隨那些將士一齊逃亡。蕭何聞訊，不及稟報漢王，連夜將韓信追回。現經漢王逼問，便道：「漢王如欲長王漢中，可無需韓信；如欲爭天下，非信不可！」漢王說：「我豈能鬱鬱久居於此！」何道：「既欲東定天下，即當用信；否則，信早晚必走！」漢王應道：「我即以韓信為將，何如？」何道：「為將，亦不能留韓信。」漢王道：「那麼，我以韓信為大將！」蕭何稱善。漢王便欲召韓信，蕭何說：「大王素慢人，拜大將如呼小兒，誰肯為王效命！如拜大將必須選擇吉日良辰，齋戒沐浴，高搭壇場，禮儀隆重，方足以激發人心！」漢王一一許諾。這消息騰傳出去，人人興奮，都自以為有拜將的希望。到了那天，萬目睽睽，群瞻大將丰采。及至登壇，原來是治粟都尉韓信，無不大驚。禮儀已畢，韓信升座，漢王向前請教道：「丞相數稱將軍之能，不知將軍何以教寡人？」韓信遜謝一番，然後說道：「今天與大王爭天下的，不是項王嗎？」漢王說：「然！」信又問道：「大王自量，勇，悍，仁，彊，四者比項王如何？」漢王默然道：「不如也！」信乃再拜道：「惟信亦為大王不如也。然而臣曾事項王，請說項王之為人。項王暗噁叱咤，千人皆廢；然而不能任用賢人，這是匹夫之勇耳！項王見人，恭敬慈愛，言語嘔嘔。遇人有疾病，涕泣分飲食。至於人有功勞，當封爵位，印刓敝而不忍放手，這是婦人之仁！項王霸有天下，不居關中，而都彭城。違背義帝的約束，分王諸侯不平，趕走故主，王其將相，又遷逐義帝於江南。項王兵到之處，無不殘滅，百姓迫於威力，不敢不從，名為霸主，已喪失了人心。其強易弱，其存易亡！現今大王，當反其道而行，任用天下勇士，何往而不克！以天下城邑封賜功臣，何往而不服！以義兵從思東歸之士，何往而不散！並且三秦王統率秦人子弟多年，殺亡的人不計其數。項王阬秦降卒二十萬，唯章邯、司馬欣、董翳三人得脫，秦父老恨這三人深入骨髓。大王入武關，秋毫無犯，除秦苛法，秦民無不愛戴。項王逐大王入漢中，而以三秦王關

中，秦民無不切齒憤怒。今大王一旦舉兵北指，三秦之地，可傳檄而定也！」這一席話，將天下大勢，興亡向背，說得析如指掌。漢王撫掌大喜，真恨得信之晚。遂任韓信以全權，聽其調兵遣將，部署計劃。

時當楚漢元年❷❻八月，留蕭何漢中，收取巴蜀租稅，供給軍糧。漢王與韓信統領大軍，出陳倉，直襲關中。遇雍王章邯於陳倉❷❼，秦兵連戰連敗，圍雍王於廢丘。塞王司馬欣、翟王董翳相繼投降，果然三秦之地，傳檄而定。遂置渭南河上上郡三郡。又分遣兵，略定隴西北地一帶。

卻說張良分別漢王之後，原欲回韓輔佐韓王成。行至中途，方才知道，韓王成被項王帶到彭城，未令就國，且不久復將韓王成殺死。張良聞訊，心中慘痛，悵然不知所歸。旋聽說田榮反齊，漢王還定關中，遂決志重投漢王。臨行時寫了一封書信，遣人呈上項王。大意說：漢王還出三秦不過欲得關中之地以償夙願，絕無東下的野心。唯有北方齊趙最為猖獗，田榮陳餘申言志在滅楚。信中故意誇張齊趙的聲勢如何浩大，藉以轉移項羽的目標。張良發信後潛行繞道歸奔漢王，漢王一見大喜，即封張良為成信侯。良體弱多病，不能為將，從此長侍漢王左右為畫策之臣。

項王在彭城，各地的告變文書有如雪片飛來，又接到張良的書信，心想齊梁趙代威脅楚境，卻是大患。便封故吳令鄭昌為韓王，西拒漢兵。令蕭公角為將，西北擊彭越，然後自統大兵，北伐田榮。又遣人徵兵九江王英布，英布稱疾不行，只發兵數千作為象徵式的參戰，項王為此怨恨英布。項王兵到城陽❷❽，田榮引兵迎戰，那裡敵得過項王，大敗而走，逃奔到平原地方被百姓殺死。項王率兵掃蕩，所過之處，阬殺降卒，燒燬城郭，係虜老弱婦女。士民不堪其苦，隨降隨叛，此平彼亂。田榮弟田橫乃得乘機收拾殘兵又得數萬人，立田榮子田廣為齊王，再反於城陽。項王往返廝殺，留連不能下。突然傳來消息，報道漢王已出函谷，破韓，降魏，下河南，率五諸侯，五十六萬大軍，兵臨彭城。項王大驚失色，慌忙留下一部人馬，

---

❷❻　楚漢元年即漢高祖元年，因漢高五年前為楚漢相爭之時，史稱楚漢之際。

❷❼　今陝西寶雞。

❷❽　今山東鄄城。

綏靖齊地。自率精兵三萬，星夜南下，急救彭城。這局面何以會變得如此之快呢？

　　當韓王鄭昌奉項王之命，率兵抵達韓境時，漢兵業已出關。漢王令故韓太尉信，將兵擊降鄭昌，即以太尉韓信為韓王。（史稱韓王信，與拜將之淮陰侯韓信為兩人。）時張耳投漢，河南王申陽原是張耳之臣，遂亦歸附。漢王乃率兵自臨晉❷❾渡河，兵臨平陽，魏豹降。遣兵沿河而下，入河內，虜殷王卬，時當楚漢二年三月，不過數月之間，大河南北悉平。漢王駐兵脩武，這日，有一少年軍人求見。召入，看那人身長玉立，儀容俊美。問知姓陳名平，在楚官都尉之職，特來棄暗投明。漢王和他一番談話，深為喜悅。即時仍拜陳平為都尉，並使參乘，典護軍。陳平陽武人，足智多才，擅奇計，既受知於漢王，後來竟成了一個心腹的謀臣。河東既定，漢王從平陰津渡河，來到洛陽新城。三老董公遮說漢王道：「臣聞順德者昌，逆德者亡，兵出無名，事故不成。故曰，名其為賊，敵乃可服。項羽大逆不道，放殺義帝，為天下之賊。大王今日，宜率三軍之眾，為義帝素服發喪，遍告諸侯，共興師討賊。則四海之內，莫不歸心，此乃三王之舉也！」漢王欣然採納。即為義帝大舉發喪，漢王裸衣大哭，哀臨三日，百姓莫不感動。於是發使遍告諸侯曰：「天下共立義帝，北面事之。今項羽放殺義帝於江南！大逆無道！寡人親為發喪，諸侯皆縞素，悉發關內兵，收三河之士，南浮江漢以下，願與諸侯王共擊暴楚！」檄書既出，果然四方響應，兵威大振。漢王率領塞王欣、翟王翳、魏王豹、河南王申陽、韓王信等各路諸侯，大兵五十六萬，長驅南下，所向無阻，逕自攻入彭城。這時漢王稱心得意，躊躇志滿，好不快哉！乃盡收取彭城中貨寶美人，日置酒高會，三軍將士也都晝夜作樂，全不把楚人放在心上。不料項羽率領精兵三萬，從胡陵❸❰小道，繞蕭❸❶縣，直取彭城而來。那楚軍都是百戰健兒，驍猛非常，況兼復國心切，千里急難，一個個勇不可當。軍臨彭城，天方破曉，

---

❷❾　今陝西大荔。

❸❰　今山東魚台縣東南。

❸❶　今江蘇蕭縣。

只聽得一片喊殺之聲，楚兵已衝進城來。漢軍從睡夢中驚醒，倉皇應戰，只殺得落花流水，四面逃竄，也分不出東西南北，相隨奔入榖泗水中，死者十餘萬人。大部分的漢兵，逃奔靈壁，楚軍跟蹤追擊，漢兵前為睢水所阻，紛紛擠落水中，砍殺和淹死的又十餘萬人，尸填港岸，睢水為之不流，碧血盈野，哭聲震天。這時漢王被楚兵圍困，性命危急。忽然狂風大作，飛沙折木，日色晦冥，楚陣紛亂。漢王與護從乘此左衝右突，好不容易殺出重圍，回顧隨從將士只剩下數十騎。認清方向，急急向西北逃命。行了一程，想到父母妻子❸❷尚在沛縣，趕緊迂道過沛收取家小。誰知走進沛縣，一片荒亂，人民早已逃光，家室更不知去向。漢王不敢停留，撥轉車騎，向前趕路。在那難民群中，看見兩個孩兒，啼啼哭哭，仔細一認，正是自己的女兒（魯元公主）和兒子劉盈（孝惠帝），急忙載之車上，繼續前行。車重行緩，看看後面追兵要到，漢王情急，說：「要這兩個禍害何用！」竟將兒子女兒推墜下車。滕公不忍，連忙下去，抱將上來，說道：「雖急奈何棄之！」好容易，才算脫離險境，來到下邑❸❸。呂后之兄周呂侯呂澤駐兵在此，這才稍稍收拾士卒，召集流亡，喘過一口氣來。而太公呂后始終不知下落。原來太公呂后逃出沛縣，由審食其護送，尋求漢王不著，竟被楚兵俘虜，項王即留太公呂后在軍中，做了人質。漢王繼續西行到虞城，各地將士，漸漸尋蹤來歸。漢王痛定思痛，回想這一場敗仗，如此狼狽！越想越氣，越想越惱！顧向左右說道：「我劉邦誓必滅楚，誰能為我雪恥復仇，我寧願捐關東之地，以相酬報！」左右無語，那張良從旁獻策道：「九江王英布楚之驍將也，與項王有隙。彭越聯齊反楚。這兩人一在楚之北，一在楚之南，力足以扼制項王。可分遣兩使者，說之合作。韓信大將之才，可使獨當一面。大王真欲捐地徵功，則以土地捐給這三人，必可破楚！」漢王深以為然，即遣使往聯彭越。唯英布是項王大將，如何才能說他反正，必須有一舌辯之士，久之不得其人。後來，謁者隨何自請任使，

---

❸❷　劉邦之生母早死，時尚有庶母，即楚元王之母，故《史記》每稱漢王父母妻子，參見趙翼《廿二史箚記》。

❸❸　今安徽碭山。

漢王便令隨何率同隨從二十人，前往九江。此行結果如何，暫且放下不提。

　　在紛亂的時代裡，多數的人物，都是騎牆分子，好比那原上之草，隨風傾倒，看那邊勢盛，便向那邊靠攏。可憐芸芸眾生，有幾個說得上是有正義之感？又有幾個說得上是有遠大眼光？還不是唯利是圖，苟全自我而已！當時那一班諸侯，自然也不例外。彭城一戰，劉邦大敗之後，諸侯皆紛紛背漢與楚。塞王欣，翟王翳，自漢軍亡歸楚。魏王豹假託歸視親疾，回到河東，即絕河津，反漢聯楚。那田橫、田廣、趙歇、陳餘原與楚為敵，這時也暗通往來，採取了觀望的態度。大局到這時候，又為之一變。

　　楚漢二年五月漢王回到滎陽，韓信收拾諸路軍馬來會，蕭何亦發關中老弱，悉集滎陽，於是漢軍復振。漢軍之敗，有一個原因，是缺乏騎兵。那時有故秦騎士李必、駱甲在漢軍中，專善騎戰。漢王乃集中所有的騎兵，拜灌嬰做中大夫，以李必、駱甲為左右校尉，統領訓練。鋒芒初試，便大敗楚騎兵於滎陽城東，這一戰才穩定了軍心，挽回了頹勢。滎陽西北的敖倉，地瀕黃河，是糧運轉輸之所，有前秦藏粟很多。漢軍自滎陽築甬道連敖倉，又藉河運與關中呼應，實力漸充，兵心日固。從此楚軍被扼於滎陽以南京索之間，不得進展，雙方漸成相持之勢。而漢王乃得從容收拾河北，獲得了軍事上的轉機。

　　魏王豹據河東背漢，為漢之最大威脅，漢王因遣酈食其往說魏豹重復來歸，魏王豹說：「劉邦太無禮，罵諸侯如罵奴才，我不能再受他的侮辱！」酈生回報。漢王乃拜韓信為左丞相與灌嬰、曹參率兵擊魏。魏王豹聞訊，集重兵於蒲坂，防扼臨晉渡口。韓信於臨晉岸邊，故張旗幟，陳疑兵，集中了黃河西岸所有的船隻，作擬渡之狀。卻另引精兵打從黃河上游夏陽❸地方偷渡，利用當地土產的一種罌瓿，夾以木排，人坐其上，順流急浮過河。那裡魏軍全無防備，漢軍逕襲取了安邑❸，切斷了平陽和蒲坂的聯絡。魏王急忙迎戰，大敗，被韓信所俘。韓信既破魏，請漢王益兵，俾西北擊趙代。漢王乃遣張耳率三萬人相助，九月破代，擒代相夏說（陳餘為代王，

---

❸　今陝西韓城與山西河津間。

❸　今山西安邑。

以夏說為相，令居代；自己輔助趙王歇居趙。）漢遂以魏代之地，分置河東，太原，上黨三郡。十月，韓信張耳率兵東擊趙。趙魏就是現在河北山西之地，兩國之間隔著一股太行山脈，當中有一條孔道，叫做井陘 ❸，非常險隘。趙王歇與成安君陳餘集重兵，扼守井陘東口，號稱大兵二十萬。趙名將廣武君李左車說成安君道：「聞聽漢將韓信涉西河，虜魏豹，擒夏說，欲乘勝以下趙。此所謂去國遠鬥，其鋒不可當。臣聞千里餽糧，士有饑色，樵蘇 ❸ 後爨，師不宿飽。今井陘的道路，車不得方軌，騎不得成列。以數萬之眾，列隊幾百里，糧食必在其後。願足下給臣奇兵三萬，側出後方，抄劫他的輜重。足下深溝高壘，堅壁不戰。使他前進不得戰，後退不得還，臣以兵截其供應，則不出十日，臣請致韓信、張耳兩將之頭於麾下！」成安君道：「我聞兵法云：十則圍之，倍則戰之。今韓信之兵，號稱數萬，其實不過數千人。以數千久戰疲敝之眾，千里來襲，我以大軍數十萬臨之，何患不滅。今反避而不戰，豈不示弱於諸侯，將為天下人所恥笑嗎！」遂不用廣武君之計。有間諜報知韓信，說廣武君如何獻策而成安君不用。韓信聞之大喜，遂率兵進入井陘，距井陘東口三十里止營。到了夜半時分，突然傳出號令。挑選輕騎二千，每人各持一赤幟，令從小徑登山，繞至敵後，埋伏在叢林之中，不動聲色。從高處瞭望趙軍，如見趙軍空營出戰，立即馳入趙營，拔趙幟，易漢幟。吩咐已畢，即令傳飧道：「先行小飧，待至天明破趙後，再行飽餐！」將士們口中答應，心裡納悶。兩千騎兵先行出發，大軍繼進。又令前鋒萬人先出山口，即緣綿蔓水背水為陣，趙軍在山上望見，大笑。俟天色大明，韓信、張耳大軍建大將旗幟，金鼓雷鳴，迤邐走出井陘。趙兵望見旗幟，知是主將所在，遂開營出擊。兩軍混戰良久，漢兵不支，韓信、張耳拋旗棄鼓，走入背水陣中。趙軍見漢軍敗退，乃空營出擊，爭取漢軍的旗鼓。漢軍阻水，後退無路，人人各自為戰，奮不顧身，只殺得難分勝負。這時山上伏兵，早已馳入趙營，盡易趙幟。趙兵見久戰不能取勝，便欲歸營，回見營壁之上，一片紅旗招展，都是漢兵，

---

❸　今山西井陘口。

❸　取薪為樵，取草為蘇。

大驚慌亂。漢兵乘勢前後夾擊，趙軍大敗崩潰，遂擒趙王歇，斬成安君於
泜水之上，一戰而滅趙。諸將士呈獻首級，賀功已畢，有人間韓信道：「兵
法云：右背山陵，前左水澤。今將軍令臣等背水為陣，並說破趙會食，臣
等始不信，現在果然獲勝，是何道理？」韓信說：「這自在兵法之中，但諸
君不能了解耳！兵法不云：陷之死地而後生，置之亡地而後存。信與士大
夫相處不久，情義未深，此所謂驅市人而戰之，必須置之死地，使人人各
自為戰。否則眾寡既殊，又得生路，必各自逃亡，誰肯死戰呢？」諸將聞
言，無不嘆服。韓信又下令軍中，不可殺害廣武君，凡能生得者，賞千金，
於是左右縛廣武君至。韓信一見，慌忙向前，解了繩索，納於上座，長揖
請教道：「僕欲北攻燕，東伐齊，如何方能成功？」廣武君謝道：「臣聞敗
軍之將，不可以言勇；亡國之臣，不可以圖存。今臣乃敗亡之虜，何足以
論大事！」信道：「僕聞之：百里奚在虞而虞亡，在秦而秦霸，並非在虞為
愚，在秦為智；用與不用，聽與不聽之故。假使成安君用足下之計，我韓
信早做了階下之囚，焉有今日。僕今委心聽命，願足下不吝，有以教之！」
廣武君乃道：「臣聞智者千慮，必有一失；愚者千慮，必有一得。故曰：
狂夫之言，聖人擇焉。臣計未必能用，願效愚忠。今將軍涉西河，虜魏王，
擒夏說，一舉而下井陘，不終日而破趙兵二十萬，誅成安君，名聞海內，
威震天下，這是將軍之所長。然而士眾疲勞，實難再戰，如以疲倦之兵，
北攻燕國堅城，恐將曠日竭糧而不能克。燕國不下，齊國難服，這是將軍
之所短。善用兵者，不可以短擊長，當以長擊短。方今為將軍之計，莫如
按甲休兵，安撫百姓，百里之內，牛酒日至，用以犒賞將士，養精蓄銳。
然後派遣一介之使，奉咫尺之書，宣揚兵威說服燕王，燕王不敢不聽。燕
國既降，再遣使東說齊王，齊亦必望風而來歸。是則，天下之事皆可圖也！
兵有先聲而後實者，此之謂也！」韓信大喜，拊掌稱善，即便遣使往說燕
王臧荼，臧荼果然聽命。韓信既滅趙降燕，乃奉使報告漢王，請立張耳為
趙王。於是黃河以北，完全征服，韓信便在河北，收攬人心，休養士卒，
按兵不動。這時楚漢方相持在滎陽一帶，天下成為三足鼎峙的局面，而韓
信尤有舉足輕重之勢。這在楚漢相爭中，是一個最重要的關鍵。

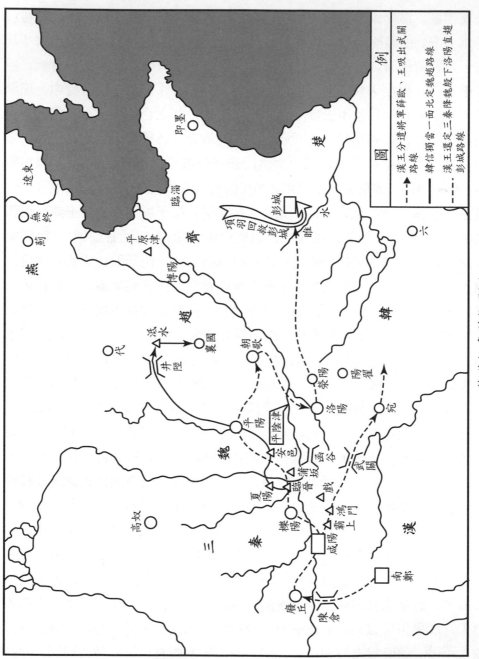

楚漢相爭形勢圖(一)

圖例

- - - 漢王分遣將軍薛軍歐、王吸出武關路線
——— 韓信獨當一面北定魏趙路線
——— 漢王還定三秦降魏殷下洛陽直趨彭城路線

第四講 楚漢之爭㈡

　　就在韓信滅趙降燕的同時，隨何奉漢王之命，率同隨從二十人，來到九江。九江王英布著太宰招待，在傳舍之中一住三日，不蒙召見。隨何乃對太宰說道：「大王所以不見隨何，必是輕視漢王，以為漢弱而楚強。我隨何此來，正是要面謁大王，說明誰弱誰強。如果臣言為是，大王必樂而聽臣；如果臣言為非，臣等二十人願伏誅於九江市上，以明大王之不背楚。」太宰當將隨何言語，轉稟英布，英布立即召見。隨何一見九江王，便問道：「漢王使臣敬奉書大王，請教大王與楚究有何親?」英布好生詫異，笑道：「項王乃是寡人北向而臣事的主上，何須相問!」隨何乃道：「大王和項王是同列的諸侯，何以要北向而臣事之? 臣竊想，大王之所以要臣事於楚者，必是以為楚強可以託國。去年田榮之反，項王伐齊，親負版築，身先士卒，那樣的艱苦。大王理當盡起九江全國之兵，親自率領為項王的前帳先鋒；但臣聽說大王只發兵四千人助戰。請問，北面臣事人者，應當這樣嗎? 又漢王攻入彭城的時候，項王在齊，倉卒不及來救，而九江正在彭城的側面，大王當率兵渡淮水，會戰於彭城之下。但臣聽說大王竟按兵不動，坐觀成敗。請問北面而臣事人者，應當這樣嗎? 足見大王徒託向楚之名，並無向楚之實。這樣態度模稜，既不能取信於楚，又無自立之道，是非常危險的。然而，大王又何以不肯明白的脫離項王呢? 我想，大王必以楚強而漢弱。今天楚人表面看來，雖然強大；但是楚背盟約，殺義帝，負不義之名，為天下人所切齒。漢王收諸侯之兵，守成皋❶之險，駐軍滎陽。蜀漢糧運源

---

❶ 今河南滎陽。

源不斷。前面深溝堅壁，以抗楚兵。楚人深入敵境八九百里，老弱轉糧千里之外；進不得攻，退不能解。故楚兵雖強實弱，不足恃也。而楚不如漢，顯而易見。今大王不從萬全之漢，而自託於危亡之楚，臣真不可解。臣並非說以九江之兵，便足以亡楚；只須大王起兵牽掣項王，不消數月功夫，漢王必可以穩取天下。到那個時候，臣請與大王，提劍歸漢，則論功行賞，裂土封王，又何愁區區九江不永為大王之所有！」這一番話說得英布連連點頭，即道：「請奉命！」遂與隨何暗中約定，尚未明白宣布。楚使不知，日夜在傳舍中催促英布發兵佐楚。這天，楚使者正坐在九江王座上。隨何看英布意志未堅，便昂然闖上堂去，大聲喝道：「九江王業已歸漢，何得發兵！」楚使大驚走出。英布不禁愕然，隨何便道：「大事既決，何得猶疑，即當殺使者，起兵佐漢伐楚！」英布到了這個田地，也不得不聽信隨何，即起兵攻楚。項王聞說英布竟然叛變，赫然大怒，立派遣項聲、龍且兩員大將，率領精兵討伐九江。九江王一戰大敗，全軍崩潰。英布隻身脫走，與隨何間道歸漢，見漢王於榮陽。漢王踞床洗足，召英布入見，英布看漢王如此無禮，又羞又悔，憤欲自殺。及回到寓所，只見帳御飲食從官之盛，和漢王一般無二，卻又受寵若驚，喜出望外，打消了自殺的念頭。於是使人回到九江，去招撫舊日部下，並接取家眷。不日使者收得散兵數千人來歸，報說九江王全家老小都被項王殺死。英布聞此噩耗，真是痛不欲生，便死心蹋地的歸服了漢王。隨奉命往南方宛城一帶，去撫輯流亡，以與漢王取犄角呼應之勢。

這時漢已立劉盈為太子，命丞相蕭何守關中，侍太子為法令約束。立宗廟社稷宮室，祠天地四方上帝，始有國家規模。又攻下廢丘，章邯自殺，改廢丘為槐里，以雍地置河上渭南中地北地隴西五郡。關中統一，後方安定。漢王乃徵發關中士卒，以充實前線，漢軍日盛。項王既破走英布，攻下九江，也集中所有兵力，大舉進攻，雙方進入主力決戰的階段。漢軍形勢雖優；但楚兵強大，驍勇善戰，又屢屢切斷敖倉的糧道，漢兵大困。漢王便遣使赴楚，願割榮陽以東之地以求和。項王意欲應允，亞父范增諫道：「滅漢就在這旦夕之間，莫使功敗垂成，後悔莫及！」項王乃拒絕和使，

繼續進攻。漢王苦惱，問計於都尉陳平。陳平道：「項王骨鯁之臣，不過亞父、鍾離眛、龍且、周殷等幾人耳。大王誠能出捐黃金數萬金，臣請為大王縱反間之計，離間他的君臣於其內，大王發兵擊其外，破楚必矣！」漢王稱善。立刻拿出黃金數萬斤，交與陳平，任憑他的處理，全不過問。陳平便運用這金錢的魔力購買楚軍的部下，展開了宣傳攻勢。時隔不久，果然在楚軍中，到處散播著亞父、鍾離眛的謠言。一日，項王遣使至漢營，由陳平款待。只見侍役捧進太牢❷一具，十分恭敬，及至抬頭看見了楚使，慌忙退出，口中自言自語道：「我以為是亞父使者，卻原來是項王使者！」等了一晌，才有侍役另行捧上一份惡劣的酒食，招待極其疏慢。使者羞惱，回來報告項王。項王大疑。便削奪亞父的權柄，拒絕他的意見。范增見項王對他竟不信任，不由大怒道：「天下事已大定矣，君王好自為之！願賜骸骨歸卒伍！」項王也不挽留，范增黯然而去。一路上悲憤交加，還沒走到彭城，發背疽而死。范增去後，項王也不免傷感，越想越後悔。乃加緊攻打滎陽。

　　滎陽被圍數重，危急萬狀，漢王君臣憂懼不知所出。漢將紀信見漢王道：「事急矣，臣請扮做漢王模樣，投降楚軍，使楚軍不備，漢王便可逃出滎陽。」漢王真不料，有這樣忠烈之士，感激落淚。緊急之中，不暇考慮，即接受了紀信之計。又用陳平獻策，集中了城中少女二千多人。大開東門，令女子在前，漢軍繼後。最後紀信扮做漢王，高坐黃屋車中，左樹大纛旗，士卒高呼：「城中食盡，漢王降！」那圍城的楚兵，聽說漢王投降，又有無數如花似玉的女子，走出城來。為好奇心所驅使，都蜂湧前來觀看。看見黃屋左纛，楚軍歡聲雷動，齊呼萬歲。項王上前仔細一看，車上坐的竟不是劉邦，便問道：「劉邦安在？」紀信答道：「漢王早已去矣！」項羽大怒，叫人把柴草堆起，將紀信活活燒死。就在這紛亂之際，漢王混在兵民之中，與數十騎人馬，逃出了西門。漢王出城之後，城中御史大夫周苛與樅公仍繼續守城。一月之後，楚軍終於攻陷滎陽，生得周苛與樅公。項王欲使周苛投降，因勸道：「你若降我，我以你為上將軍，封三萬戶！」周苛

❷　牛羊豬謂之太牢。

罵道：「你休得勸我，還是你自己趁早降漢為是，否則早晚必為亡國之虜。你絕不是漢王的敵手！」項王大怒，烹周苛，殺樅公。

漢王逃出了滎陽，一直回到了關中，收取士卒，欲出關再戰。有袁生說漢王道：「漢與楚軍在滎陽作戰以來，常是不利。不如避開正面，從側面出武關，誘楚兵南下，再聯絡韓信使東出兵擊齊。先分散楚人的兵力，讓滎陽一帶士卒獲得休息，然後再北上回兵作戰，必可破楚。」漢王用其計，遂出武關，至宛葉❸與英布兵會合。項王聞漢王南出宛葉，果然引兵南下，漢王深壘高壘拒不應戰。這時彭越在楚軍後方，往來游擊，大破楚軍於睢水之上，殺楚將薛公。項王惱怒，丟下漢王，回兵東擊彭越。及至將彭越擊走，聞說漢王竟乘虛北上，又佔據了成皋。項王乃又率兵西進，圍了成皋。成皋城小，經不住楚兵的攻打，眼看就要陷落，漢王與滕公夏侯嬰連夜開了成皋玉門，渡過黃河，倉皇逃往河北小脩武❹。項王大兵，便輕輕取了成皋，河南中原一帶又入於項王的掌握了。

卻說漢王與滕公夏侯嬰來到了小脩武，心裡非常氣悶，想自己被項羽打得東奔西跑，站腳不住，而韓信卻在河北坐觀成敗，按兵不動。實在可惱。便偕夏侯嬰從小脩武，一夜之間，馳入趙營。漢王自稱是使者，逕入韓信臥內，那時天尚未明，韓信、張耳未起。漢王就在臥內，奪取了印符，召集將士，發號施令，重新調度一番。韓信、張耳驚醒，才知道漢王來到，羞慚無地。漢王當即奪取了兩人的軍隊，命張耳嚴守趙地，訓令韓信立即發兵，東擊齊國不得淹留。漢王能在失敗的時候，困難的環境中，以非常的手段，敏捷的行動，打開僵局，闢開一條新的出路，並予強藩重臣一個棒喝。其處事的明快，馭將的權變，確為常人之所不及。

楚漢三年秋七月，漢王既取得韓信之兵，軍威復振。又採用郎中鄭忠之計，一方駐兵河濱，遙望成皋，威脅南岸；一方遣將軍劉賈、盧綰率領步卒兩萬，騎兵數百，從東面白馬津渡河，與彭越聯合，襲擊楚軍的後方，燒燬其積聚。彭越這支游擊隊，非常強悍，在梁地已有了根深蒂固的勢力，

❸ 今河南葉縣。
❹ 今河南新鄉附近。

又得到劉賈、盧綰生力軍的援助，又一連攻下梁地睢陽❺外黃等十七城，給與楚人一個嚴重的打擊。項王聞知後方動搖，大為恐慌。即留大司馬曹咎守住成皋，告誡曹咎說：「無論漢王如何挑戰，堅守毋出！只要為我守成皋十五日，我必破彭越，定梁地，復從將軍。」曹咎應諾，然後項王親率大軍東討彭越。彭越雖悍，終敵不住項王，項王大兵一到即攻下陳留。外黃不降，數日方被攻破。項王怒外黃叛楚，又復抵抗，乃令十五歲以上的男子都集中城東，準備活埋。忽然有一個十三歲的小兒，要求見項王，項王便叫他進來，原來是外黃縣令舍人之子。這個小兒長得聰明伶俐，見了項王毫不畏懼，從容向前，侃侃而談道：「彭越無道，強劫外黃，外黃人民無力抗拒，只得暫且投降，以待大王。今大王前來，竟將無辜人民一齊阬殺，別的百姓還敢歸服嗎？恐怕外黃以東的十幾個城池都要死守不降了！」這一片赤子之心，竟將項王感動，便赦了外黃之民。果然，東至睢陽十餘城，皆背梁降楚，不戰而下，彭越率領殘兵北奔穀城。項王正待追蹤掃蕩，忽報漢王已渡河破成皋，圍鍾離眛於滎陽東。項王大驚，又不得不丟下彭越，西救滎陽。

大司馬曹咎怎樣會失陷了成皋？原來項王引兵而東時，漢王便大舉渡河，襲擊成皋，曹咎奉命堅守不出。漢王命士卒在城外百般叫罵，一連五日，曹咎實在忍耐不住，開城出擊。漢兵引退，楚軍越汜水追趕，半渡，漢王突然反攻，楚軍大敗。大司馬曹咎，和長史董翳塞王司馬欣，都自刎而死。漢軍遂攻入成皋，復得敖倉，駐兵在廣武❻，獲得楚國無數金銀貨寶。漢兵前鋒追圍鍾離眛於滎陽之東，這時項王從梁地率兵來救，漢兵無不畏懼項王，聞說項王兵到，驚慌亂走，又退入西方山地。楚兵逼臨廣武，漢軍拒險扼守，雙方屢戰不能決，遂成相持之勢。

初當漢王在河北調遣韓信伐齊的時候，廣野君酈食其說漢王道：「田氏宗族強大，負海阻河，其人多變詐，現雖遣韓信發數萬之師，恐曠日持

---

❺ 今河南商丘附近。

❻ 成皋、滎陽間有山，上有兩城，東者曰東廣武，西者曰西廣武，相去百步，中隔一深澗，見《西征記》。

久，未必即能攻下。臣請得奉明詔，說齊王，使降漢，稱東藩，可不費一兵一卒之勞！」漢王稱善，便令酈生使齊。三年秋九月酈生輕車簡從，來到齊國，面見了齊王，抵掌而談天下大勢。酈生問道：「大王可知道天下人心的趨向嗎？」齊王道：「不知！」酈生道：「大王如知人心的趨向，則齊國可保；如不知人心的趨向，則齊國必亡！」齊王道：「你說，人心趨向如何？」酈生道：「今日人心歸漢！」齊王道：「何以見得？」酈生道：「當年項王和漢王，同心協力，共擊暴秦。相與約定，先入咸陽者為關中之王。後來漢王先入咸陽，項羽竟然背約，逐漢王於漢中，此乃失信於天下。項王又遷殺義帝，弒君反上，大逆不道。漢王起蜀漢之兵，擊三秦，出函谷，舉義兵為義帝發喪。於是收天下之兵，立諸侯之後，降城即以侯其將，得財即以分其士，與天下的人民同心共利。英雄豪傑，無不樂為之用。諸侯之兵，四面而至。蜀漢之粟，方船而下。項羽待人，有功不記，有罪不忘；戰勝不得賞，拔城不得封。天下畔之，賢才怨之，人不肯為之用。所以說天下人心歸於漢，這是毫無疑義。漢王在這三年之中，定三秦，涉西河，服上黨，下井陘，誅成安君，降伐北，一戰而下三十二城，此乃天命，非人力也。當今漢王據敖倉之粟，塞成皋之險，守白馬之津，杜太行之阪，距蜚狐之口。天下後服者，必先亡。臣敢勸大王，作速臣服於漢王，齊國社稷可保；不然，危亡可立而待！」一番利害，完全說服了田廣。即聽從了酈生，遣使報漢約降。並撤退邊境守兵，日與酈生縱酒取樂。

韓信奉命率兵伐齊，東至平原津。忽聞漢王已使酈食其說降了齊國，便欲停止前進。齊辯士蒯徹說韓信道：「將軍奉命擊齊，並未奉命駐軍，何得不進。且酈生一介書生，伏軾掉三寸之舌，下齊七十餘城。將軍率領數萬之眾，用兵年餘，才攻下趙地五十餘城。身為大將，難道功勞還不如一個豎儒嗎？」韓信以為然，即引兵渡河，一舉襲破齊歷城❼下駐軍，大兵乘虛而入，直迫臨淄，田廣大驚，以為酈生出賣自己，便烹殺了酈生。韓信攻陷臨淄，齊王田廣抵擋不住，東走高密。田橫走博陽，田光走城陽，齊兵四散。齊王急遣使求救於楚。項王聞知韓信破齊，兵臨楚境，便遣大

❼　今山東歷城。

將龍且，率兵號二十萬，東救齊，與田廣之兵相合。有人說龍且道：「漢兵遠來，乘勝而進，其鋒不可當。不如堅壁不戰，以消磨他的銳氣。然後令齊王分遣使者，四出宣撫人民。齊國人民聞說國王尚在，楚兵來救，必定反漢聯楚。漢兵深入二千里，四面遇敵，孤軍絕食，可不戰而降。」龍且不以為然道：「韓信匹夫，我怕他做什麼！此人我所深知，乃一懦弱無能之輩，乞食於漂母，無資身之術；受辱於胯下，無兼人之勇。何況我奉項王命，前來救齊，不戰而降敵，何足立功。今戰而勝之，齊國之半，可得而有也！」遂麾軍前進，與漢兵夾濰水而陣。韓信密遣人連夜出發，用沙囊萬餘袋，壅塞住濰水的上游。於是水流不暢，淺才沒踝。那時是十一月光景，本來天寒水淺，楚人也不在意。韓信乃引兵涉水擊龍且，鏖戰許久，漢兵大敗，回頭越水而走。龍且一見，哈哈大笑道：「我早知韓信之無能也！」即麾兵涉水進擊。待楚軍一半渡河，韓信令人急撤壅囊。只見那江水奔騰洶湧，滾滾而來，許多楚兵，都淹死水中。漢兵奮勇回擊，楚軍不得渡，大亂潰走，便在陣前斬殺了龍且。齊王田廣亡命東走，被韓信追虜於城陽。韓信分遣諸將灌嬰擊田橫於嬴下，橫亡走梁地，又擊殺齊將田吸於千乘。曹參擊殺田既於膠東。韓信用兵猛而且速，有如風掃落葉，盡定齊地，時當楚漢四年。韓信便遣使者往報告漢王，並上書陳說：「齊人偽詐多變，反覆之國也，又南邊楚，不為假王以鎮之，其勢不定，願為假王！」使者便齎書前往廣武成皋而來。

　　卻說漢王與項王，在廣武之間，相持數月之久，彼此毫無進展，兩方皆困。項王因為後方糧運艱難，軍中乏食，尤為焦急。這天在兩軍陣前，置一高俎，把漢王太公剝了衣裳，綑綁在俎上，恐嚇漢王道：「今日如不快快投降，立即烹了太公！」漢王泰然自若，從容不迫的說道：「想當年我與項羽同事懷王，約為兄弟，那麼我的父親，也就是你的父親。今天烹了你父親，請你分我一杯羹湯！」項王沒想到劉邦竟這樣的不通人情，當時大怒，叫左右：「把這老傢伙丟下鍋去！」項伯忙從旁解勸道：「天下之事尚未可料，凡爭天下者不顧家。今日縱然烹殺了太公，也只有與劉邦結下仇恨，加強他的決心，於事實是有害無益！」項王一想，也是不錯，便饒

　　了太公。

　　有一天項王在廣武山前看到了漢王，大聲喊道：「劉邦！幾年來天下匈匈，肝腦塗地，就是因為你我兩人。你如果是好漢，過來！我們今天一決雌雄；不要教那些無辜的父老兄弟，為我們再受苦難！」漢王道：「我寧鬥智，不鬥力！」項王怒，令壯士出陣挑戰。漢有善射者樓煩❽，看得真切，張弓搭箭，一箭射殺楚壯士，這樣一連射死了三個壯士。項王性起，自披甲持戟出陣，樓煩張弓欲射，只見項王虎目圓睜，大吼一聲，有如晴天霹靂。樓煩目不敢視，手不敢發，倒退入陣。項王逼近漢陣，又與漢王挑戰。這廣武山，兩峰對峙，中間隔著一條深澗，楚漢兩軍便在兩山對壘，漢王隔著山澗向項王數責道：「項羽！你有十大罪狀：你背約，王我蜀漢，其罪一也。矯詔殺死卿子冠軍，其罪二也。救趙不報命，擅劫諸侯兵入關，其罪三也。燒秦宮室，發掘始皇墳墓，其罪四也。殺秦降王子嬰，其罪五也。詐阬秦降卒二十萬，其罪六也。王諸將善地而遷逐其故主，其罪七也。逐義帝而自都彭城，並王梁楚，其罪八也。使人暗殺義帝江南，其罪九也。為政不平，立約不信，人心所共叛，天下所不容，其罪十也。你有此十大罪惡，我興義兵，誅殘賊，叫那些刑餘罪人前來殺你，何須我與你作戰！」話猶未完，突然飛來一支弩箭，射中漢王胸膛，漢王故意手捫足呼疼道：「虜射中吾指！」左右急忙將漢王救入軍中，緊閉營門，任憑楚軍如何叫罵，漢兵堅守不出，那日張良恐軍心動搖，彊漢王扶創起行，到營中慰勞士卒，以示無患。當晚漢王非常痛楚，疾馳入成皋城中，從事療治。待到箭創平癒，漢王乃西返關中。才休息了四天，又回到廣武前線。風塵僕僕，日月煎人，這番戰爭真是艱苦。就在此時，韓信使者來到。漢王聞知韓信虜田廣誅龍且，平了齊地。心中歡喜。趕忙拆開韓信來書一看，不禁勃然大怒，罵道：「我被困在此，日夜望他引兵來助，他卻要自立為王……」張良、陳平急躡漢王之足，附耳說道：「大王不可發作，現漢兵方不利，如何禁得韓信為王。莫如順勢而善遇之，讓他安心效命。如其不然，必會

---

❽　為西北方一種族名，其人最善騎射，秦漢時嘗編練之為一兵種，稱樓煩軍，又將士之善射者，往往亦稱曰樓煩。

生變!」漢王思想雖簡單，腦筋卻靈活。心機一動，接著罵道:「大丈夫建功立業平諸侯，要為王便為真王，何必要做假王呢!」就遣張良為使，往立信為齊王，並徵其兵擊楚。

　　項王得悉韓信滅齊，龍且陣亡，大恐。乃遣說客盱眙人武涉往說韓信道:「天下人民苦秦久矣，幸得諸侯協力同心，共滅暴秦。暴秦既滅，計功割地，分土而王，以為天下可以太平，士卒可以休息。誰想漢王無道，興兵作亂，侵人之分，奪人之地。既破三秦，又出關攻楚。此人貪而無厭，非盡吞天下不止。漢王幾次落在項王掌握之中，項王憐而活之。那知他一脫身，便反臉無情，攻擊項王，其忘恩無信如此! 今足下自以為與漢王交厚，為他效命，恐終有後悔之時。足下所以還能得意，因為有項王存在。當今兩王成敗，其權操在足下，足下右投則漢王勝，左投則項王勝。須知，項王今日亡，明日則取足下。足下既與項王是故人，何不反漢連楚，三分天下而王之?」韓信答道:「臣事項王，官不過郎中，位不過執戟，言不聽，計不從，故去楚而歸漢。漢王授我上將軍印，給我數萬之眾，解衣衣我，推食食我，言聽計用，故我得以至此。夫人親信我，而我背之，不祥。請為我道謝項王。」武涉不得要領而去。過了些時，齊人蒯徹自稱善相術，韓信請來問道:「先生的相法何如?」蒯徹道:「貴賤在於骨法，憂喜在於容色，成敗在於決斷，以此相人，萬無一失。」韓信道:「就請先生一相寡人何如?」蒯徹端詳了一番，低聲說道:「請屏退左右!」韓信乃斥侍從退下，然後蒯徹向前道:「相君之面，不過王侯，又危而不安;相君之背，貴乃不可言!」韓信何等聰明的人，曉得他意有所指，故意問道:「此話怎講?」蒯徹說道:「當天下發難之初，英雄豪傑，振臂一呼，風起雲湧，魚龍雜遝，在那個時候，萬眾一心，志在滅秦。如今楚漢相爭，使天下無罪的人民，肝腦塗地，暴骨原野。楚人彭城一戰，追奔逐北，及至到了滎陽，被困於京索❾之間，三年不能進。漢王擁數十萬之眾，據山河之險，一日數戰，無尺寸之功。此所謂智勇皆困也! 臣看方今天下大勢，非有聖賢，不能挽救。現在兩王之命，懸於足下。足下向漢，則漢勝;向楚，則楚勝。

---

　❾　兩地名，今滎陽縣東南。

臣願披腹心，輸肝膽，效愚計，恐足下不能用。足下誠能聽臣之計，最好兩利而俱存，三分天下，鼎足而立。然後以足下之賢明，甲兵之強，疆域之廣，西向為百姓請命，則天下一定聞風響應，誰敢不從。那時足下割大弱強，以立諸侯，懷德揚威，深拱揖讓，則天下諸侯，必相率而朝於齊。蓋聞天與弗取，反受其咎；時至不行，反受其殃。願足下深加考慮！」韓信道：「漢王待我太厚，載我以其車，衣我以其衣，食我以其食。我聞之，乘人之車者，載人之患；衣人之衣者，懷人之憂；食人之食者，死人之事。我豈可以向利而背義乎！」蒯生慨然道：「足下自以為受漢厚恩，欲為建萬世之業，臣竊以為誤矣！當年常山王與成安君為布衣的時候，相約為刎頸之交。後來因為救趙的誤會，兩人反目。常山王投奔漢王，借兵東下，殺成安君於泜水之南，身首異處。此兩人乃天下之至交，怎麼會變成仇敵，患生於多慾，而人心難測也！昔日越國，大夫種和范蠡，存亡越，霸句踐，結果功成身死。所謂野獸盡，獵狗烹。今日如以交友而言，足下之與漢王，遠不如張耳與陳餘；如以君臣忠信而言，又不及大夫種范蠡之於句踐。以此兩人為鑑，則其結果如何，足下可以自思。且臣聞勇略震主者身危，功蓋天下者不賞。臣請言足下今日之功——涉西河，虜魏王，禽夏說，下井陘，誅成安君，滅趙，降燕，定齊，摧楚兵二十萬，殺龍且於濰水，此真所謂功高蓋世，天下無二。足下今戴震主之威，挾不賞之功，歸楚，楚人不敢信，歸漢，漢人震恐。則足下將安所歸乎？」韓信謝道：「多謝先生好意，待我韓信考慮再說。」過了些時，不見韓信提起，蒯徹又說道：「夫聽者事之候也，計者事之機也，知者決之斷也，疑者事之害也。願足下能聽事決疑，當機立斷。故曰，猛虎之猶豫，不如蜂蠆之致螫；騏驥之跼躅，不如駑馬之安步。決而弗行，百事之禍。夫功者，難成而易敗，時者，難得而易失。時乎時乎不再來！」韓信終猶豫不忍背漢，又自以為功高，漢王決不能負我，遂謝絕了蒯徹。蒯徹見所說不用，就佯狂而去。

　　這時漢王兵力日盛，項王兵疲食少，形勢日蹙。彭越在梁地，不斷侵擾楚軍後方，項王也無力兼顧。武涉回頭，知道說韓信不動，眼看齊兵就要壓到楚境，心中萬般焦慮。恰好這時漢王遣侯公來見項王，請求釋放太

公、呂氏。項王便乘勢提出交換條件，與漢約和，劃鴻溝❿為界，中分天下，鴻溝以西為漢，以東為楚，漢王應允。項王即送歸漢王的父母妻子，漢兵皆歡呼萬歲，漢王封侯公為平國君。兩下約和既定，化干戈為玉帛，項王乃率兵東歸。漢王辛苦，早已厭戰，今喜得罷兵，遂亦下令收拾兵馬，準備西行。張良、陳平急來謁見漢王，說道：「楚軍兵疲食盡而求和，不得已也。我們已有天下大半，諸侯歸附，為什麼要罷兵？這正是天意亡楚之時，如若放棄了這個機會，正所謂養虎自遺患！」漢王恍然警悟，即收回成命，盡起大兵，追擊項王，一面徵調齊梁各路兵馬來會。楚漢五年冬十月，漢王大兵追到固陵⓫地方，韓信彭越之兵不至。項王見漢王背約追擊，大怒，率兵反攻。漢軍又大敗，堅壁自守。漢王焦急，對張良說：「眼看就要成功，而諸侯之兵不至，奈何？」張良道：「正因楚軍將破，所以韓信彭越不來。君王誠能與之共享天下，則二人立至，不然，事未可知！韓信之立為齊王，實非君王本意，韓信常不自安。彭越轉戰梁地，功勞最高，前拜為魏相，而魏王豹已死⓬，越頗望為王。今君王如能將自睢陽以北到穀城的地方，都封給彭越。陳郡以東到海的地方，完全封給齊王信。韓信原是楚人，如得封楚地，必然高興。讓他們兩人各自為戰，必然奮勇前來，立可破楚。」漢王立刻同意，即遣人奉印綬，封彭越為梁王，王梁地。封韓信為楚王，王楚地。兩人得命，果然親自統領大兵而來。楚大司馬周殷屠六城，舉九江之兵反楚，劉賈領兵從壽春來會。各路諸侯將士，大兵雲集，圍項王於垓下⓭。項王的士卒紛紛逃亡，糧食又盡，戰不能勝，退入營中，諸侯兵幾十萬，圍之數重。

　　項王夜深不能入寐，起出帳外，只見霜露霑野，草木殘落，月沒星稀，

<hr>

❿　在滎陽東南流入淮水。

⓫　今河南太康縣西。

⓬　魏王豹於韓信破魏時降漢，後與韓王信周苛樅公等共守滎陽，漢王出滎陽後，周苛謂豹為反國之君難與守城，遂殺之。漢王後納豹之侍姬薄氏，即薄夫人，生孝文帝。

⓭　今安徽靈壁縣東南。

旌旗隱約。遠遠可以看到四面敵人的營壘，寒風吹過，傳來一片淒厲的歌聲，仔細聽去盡是楚歌。項王大驚道：「難道漢兵已盡得楚地，何楚人之多也！」項王知大勢已去，便與美人虞姬酣飲帳中。項王有一匹駿馬，名曰烏騅，乘騎多年。此時俯仰身世，百感交集，乃悲歌忼慨，自為詩曰：

> 力拔山兮氣蓋世，時不利兮騅不逝，
> 騅不逝兮可奈何！虞兮虞兮奈若何！

歌罷，淚下數行。美人亦和而歌，歌曰：「漢兵已略地，四面楚歌聲，大王意氣盡，賤妾何聊生！」❶❹左右之人，無不低頭落淚。於是項王乃持戟上馬，率麾下壯士八百餘騎，連夜突圍南走。到了天亮，漢軍方才發覺，騎將灌嬰率騎兵五千，從後緊緊追趕。項王渡過淮水，回顧只剩了一百多騎。前行到了陰陵❶❺地界。港灣錯雜，迷失道路。看見道旁有一田父，向他問路，那田父隨口答道：「往左走」，左轉，竟陷入沼澤中。好容易曲折走出，到了東城❶❻，只剩下二十八騎。漢兵追及，幾千人圍住了項王。項王對騎士說：「我自起兵至今，已經八年。身經七十餘戰，所當者破，所擊者服，未曾敗北，遂得霸有天下。不料今日，竟困於此！此乃天之亡我，非戰之罪也。今日固當死，願為諸君決戰。看我，當三勝敵人！為諸君潰圍，斬將，刈旗，令諸君知天亡我，非戰之罪也！」於是分其騎做四隊，四向，看四面漢兵層層圍攏。項王道：「我為你等取他一將，待我令下你等四面前進，到那山腳下集做三處」，吩咐已畢，項王大呼一聲，飛馬馳下，所向披靡，便於漢軍中斬了一將。郎中騎楊喜，從項王身後殺來，項王回頭大聲一吼，楊喜連人帶馬倒退數里。項王到東山腳下，與騎士會做三處，漢軍不知項王所在，分做三隊包圍。項王乘機衝出重圍，一氣殺死兩都尉，百數十人。再集攏騎士，僅亡失兩騎，項王道：「如何？」那些騎士都伏倒在地說：「誠如大王言！」於是項王再前行，不覺到了烏江❶❼，烏

---

❶❹　見《楚漢春秋》，《史記》、《漢書》均不載。

❶❺　今安徽定遠縣東北。

❶❻　今安徽定遠縣東南。

江亭長撐著一隻小船，靠在江邊。看見項王，便招呼道：「江東雖小，尚有地方千里，眾數十萬，亦足為王。請大王趕快渡江，這裡只有小臣有船，漢兵若到，不能得渡。」項王笑道：「天之亡我，我又何必渡江！想我與江東子弟八千人，渡江而西，今竟無一人東還。縱然江東父老憐而王我，我有何面目見之！」便對亭長說：「我看你是一位長者，我騎此馬五年，所向無敵，一日能行千里，不忍殺之，今謹以奉贈。」項王令騎士都下馬步行，手執短兵接戰，項王又手殺漢兵數百人，項王亦被十數創。遠遠看見漢騎司馬呂馬童，便喊道：「那不是我的故人嗎?」馬童側過臉去，指向王翳道：「此項王也!」項王乃揚聲說：「我聽說漢購買我頭，懸賞千金，賜邑萬戶，我便以此報答故人!」說罷自刎而死。漢軍將士見項王已死，這才敢走攏來，王翳先砍下項王頭顱，眾將士紛爭項王的屍體，相殺死數十人。最後郎中騎楊喜，騎司馬呂馬童，郎中呂勝楊武各搶得一段肢體，合驗不訛。於是漢王封呂馬童為中水侯，王翳為杜衍侯，楊喜為赤泉侯，楊武為吳防侯，呂勝為涅陽侯。

項王既死，楚地皆降，獨有魯邑不下。漢王統領大兵，要屠了魯城。及至來到魯城之下，聽得魯城中弦歌之聲不輟。原來項王當年最初封為魯公，漢王感魯人能為其主守禮盡義，便持項王首級以示魯父兄，魯邑方降。漢王乃以魯公之禮，葬項王於穀城；並親為魯公發喪，灑酒致祭，大哭了一場。於是劉邦便統一了中國，結束了八年的紛亂。

從秦代的滅亡，得到的結論是「暴政必亡」。從項王的失敗，得到的教訓是「好戰必敗」。項羽自己說他的失敗，是「天亡我也!」這種解釋，也可以說是正確的。什麼是「天」?〈泰誓〉說：「天視自我民視，天聽自我民聽，」「天」，就是「民意」。所以項羽的失敗，就是因為他喪失了「民心」。為什麼當年項羽率八千子弟，渡江而東，破秦兵百萬，席捲天下?支持他勝利的，不是那微小的武力；而是全國的民心。到了六年後垓下之戰，一敗塗地，全軍覆沒。解除項羽武裝的，不是四面楚歌，也是全國的民心。這六、七年中，現實的經驗，完全喪失了人民對項羽的信任。項羽

❶ 在今安徽和縣境，長江小支流。

阬秦兵二十萬，殺子嬰，屠咸陽，喪失了秦人的信心。項羽的徙封群王，遷殺義帝，喪失了諸侯的信心。幾年中窮兵黷武，楚軍所到之處，燒掠屠殺，肝腦塗地，最後喪失了全國人民的信心。相反的，漢王劉邦與秦民約法三章，獲得了秦人的信心。為義帝發喪傳檄天下，獲得諸侯的信心。安撫百姓，不殺無辜，最後獲得全國人民的信心。於是項王所喪失的人心，便被漢王輕輕奪去。這是鐵的事實，血的教訓，告訴我們，武力和戰爭是不可恃。民意人心，看來是一個非常微弱的東西，可是在最後它會發出無比的、決定性的力量。歷史上凡是欺騙人民，蹂躪人民，屠殺人民，以人民為工具，為奴隸，為仇敵，其結果沒有不失敗的！這是從政治的觀點立論，如果僅就個人來說，項羽胸襟的坦率，態度的磊落，獨來獨往，不屑於權詐，最後慷慨贈騅，從容自刎，何等爽快！在歷史上不失為一豪傑，曾贏得多少人的惋傷。清蔣士銓過烏江項王廟有詩云：

> 暗嗚獨滅虎狼秦，絕世英雄自有真，俎上肯貽天下笑，座中唯覺沛公親。等閒割地分強敵，慷慨將頭贈故人，如此殺身猶瀟落，憐他功狗與功臣！

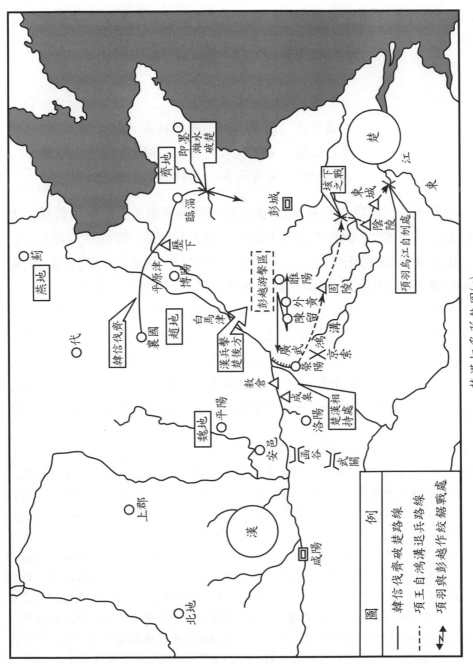

楚漢相爭形勢圖(二)

第五講　劉邦帝業

田橫死義　漢帝論功　叔孫制儀
妻敬獻策　冒頓弒父　白登突圍
韓彭俎醢　黥布起兵　高祖還鄉

　　楚漢五年（即漢高祖五年），漢王劉邦滅掉了項羽，招降了魯邑，大
敵已除，天下粗定。群臣將相齊上疏共尊漢王為皇帝，那劉邦那裡肯當，
再三的推辭，萬不得已，才於二月甲午之日即皇帝位於氾水❶之陽，是為
漢高祖❷，高祖即位之後，即封齊王韓信為楚王，封衡山王吳芮為長沙王，
封彭越為梁王，封英布為淮南王，封臧荼為燕王。張耳已死，封張耳之子
張敖為趙王，並立長女魯元公主為趙王后。高祖分封已畢，乃自氾水進駐
洛陽，看洛陽地居天下之中，城池雄壯，又是周室故都，遂定為首都。這
時四方皆已歸附，獨有故臨江王共敖的兒子共驩❸不肯臣服。高祖命盧綰、
劉賈率兵往討，不消多時，便將共驩擊滅。還有齊國田橫率同他的部下賓

---

❶　今山東曹縣北，濟水之支流。

❷　高祖為廟號（但高祖廟號又做太祖），凡開國之君，稱祖稱宗者，皆為廟號。
　　其他帝王之稱文、武、成、康、明、惠……者，皆為諡法。（唐張守節《史記
　　正義》論例中，有「諡法解」可參看）。中國史書稱帝王之號，非廟號即諡號，
　　都是在死後才有這種稱呼，但是歷史記載為方便起見，往往提前應用，將廟
　　號諡法看成帝王普通的名字，成為一種習慣了。近代人著史往往廢除諡法而
　　還用帝王的名字，但是歷代帝王名字太多太複雜，除掉幾個開國的帝王名字
　　人所共知外，其他後代帝王的名字很多非常古怪生疏，反不如「高祖」「太祖」
　　「文帝」「武帝」「先主」「後主」這一類名字，顧名思義容易記憶，且由於這
　　種名稱可以了然他在歷史上的地位。所以我這裡仍保持這種舊習慣，完全為
　　求便利，不必拘泥以為採用這類名辭，便有封建意識或是非的成見。

❸　一本作共尉。

客五百多人，逃奔到東海中一個孤島之上。高祖素聞田橫兄弟在齊國最有聲望，深得人心，唯恐不除，貽留後患，先使人召請，田橫不來。乃加派使臣齎命前往，宣稱：「田橫如來，大者為王，小者為侯，如其不來，即興師問罪。」那田橫無可奈何，只得偕同兩個親信的賓客，隨同使者，乘坐傳車，投奔洛陽而來。非止一日，走到離洛陽三十里，這個地方名叫尸鄉，大家在驛站中休息。謁見皇帝之前，不免要沐浴衣冠，修飾一番。田橫撫今思昔，百感交懷。顧謂賓客道：「想我田橫當年也是一國之主，與漢王一般的南面稱孤。今日人為天子，我為亡虜，還有何面目！又聞酈生之弟酈商，現在漢朝為將，尊寵非常，我和他有殺兄之仇，也難以相見。我想漢王所以召我，不過聞我之名，想見我一面。這裡離洛陽僅僅三十里，快馬頃刻即至，拿我的頭顱趕到洛陽，容貌還不會敗壞吧！」說罷，逕行拔劍自刎而死。那賓客揮淚不已，即與使者捧持田橫的頭顱飛馬馳至洛陽。謁見天子，說明經過。高祖嗟嘆流涕，不勝感傷。就拜那兩個賓客做都尉，調發工兵兩千人，修造了一個大大的墳墓，以王者之禮埋葬了田橫的屍體。那墳墓就在現在河南偃師城西十五里的地方。後來有田橫的門人，哀田橫之死，感人命之無常，有如那薤上之露，瞬息即逝，作了〈薤露歌〉一首流傳後世，其辭道：

> 薤上露，何易晞，露晞明朝更復落，人死一去何時歸！萬里誰家地，聚斂魂魄無賢愚，鬼伯一何相催促，人命不得少踟躕！ ❹

　　田橫下葬之後，那兩個賓客感橫之恩義，恥不獨生，偷偷在田橫冢旁掘開一個孔穴，匍伏進內，相與自殺，和田橫同穴歸終。這消息傳到了高祖的耳中，高祖大為驚嘆，奇怪田橫怎麼這樣的獲得人心，急忙遣人去海中探訪那五百多人的下落，到了那裡，才知道那島上的五百人，竟亦集體自殺。這人與人之間，能夠生死相感至此，誠為難得之事！所以唐貞元十

---

❹　傳說孝武帝時李延年將此歌分為二曲，前半〈薤露歌〉送王公貴人，自「萬里誰家地」以後一半，為〈蒿里曲〉，送士大夫庶人，使挽柩者歌之，謂之挽歌，見《古詩源》。

一年，韓退之先生過田橫墓，有文〈祭田橫墓文〉云：

> 事有曠百世而相感者，余不知其何心。非今世之所稀，孰為使余歔
> 欷而不可禁？余既博觀乎天下，曷有庶幾乎夫子之所為？死者不復
> 生，嗟余去此其從誰？當秦世之敗亂，得一士而可王；何五百人之
> 擾擾，而不能脫夫子於劍鋩？抑所寶之非賢，亦天命之有常。昔闕
> 里之多士，孔聖亦云其遑遑。苟余行之不迷，雖顛沛其何傷！自古
> 死者非一，夫子至今有耿光。跽陳辭而薦酒，魂彷彿而來享。

這時天下大定，高祖在洛陽南宮中，大擺酒席，歡宴群臣。高祖心裡
實在得意，故向諸侯將士道：「我和項羽爭奪天下，為什麼我成功而項羽
失敗，今天大家毋須隱瞞，看誰能說出這個道理？」將軍王陵、高起二人
起立說道：「陛下賞罰分明，禍福與共，那項羽妒賢嫉能，有功不賞，得
地不封，所以將士離心，終失天下。」高祖笑道：「你們也說得對，但是只
知其一而不知其二。夫運籌帷幄之中，決勝千里之外，我不如張良。鎮國
家，撫百姓，給糧餉，我不如蕭何。統百萬之軍，戰必勝，攻必取，我不
如韓信。這三人真是人中豪傑，我能用之，故得奪取天下。可憐那項羽僅
有一個范增而不用，怎麼不失敗在我的手裡呢！」群臣悅服，高呼萬歲。
於是論功行賞，分封諸侯，以蕭何的功勞最大，封為酇侯，食邑最多。有
許多功臣不服，紛紛提出抗議道：「臣等披堅執銳，攻城略地，多者百餘
戰，少者數十合，蕭何未嘗有汗馬之勞，僅持文墨議論，為什麼功勞反在
臣等之上？」高祖於是舉了個譬喻說道：「你們懂得打獵嗎？」眾人回道：
「怎麼不懂！」高祖又問：「你們可知道獵犬嗎？」眾人答道：「當然知道！」
高祖乃說道：「打獵的時候，獵犬在前面搏擊野獸，好比疆場作戰；但是
發蹤指示作獵犬的後盾的，是那獵人。如果沒有獵人在後面，那獵犬能夠
立功嗎？諸位之功，好比那獵犬，蕭何之功，好比那獵人。何況諸君隨我
作戰，多半是孤身亡命而來，唯有蕭何率領他全家宗族幾十人，和我出生
入死，共赴患難，他的犧牲和勞苦，那樣不比你們大，你們還不服氣嗎？」
大家這才沒話說。遂以蕭何為酇侯，拜丞相，賜帶劍履上殿，入朝不趨。

第二功勞，論到曹參，參作戰最勇，攻城略地最多，身被七十餘創，封為平陽侯。第三輪到張良，良亦是沒有戰功，但有運籌決策之勳，最得高祖親信，令張良自己選擇齊地三萬戶為侯。張良道：「當年，臣起義下邳，與陛下相會於留，此天意也，臣但得封留地於願已足，不敢望三萬戶。」遂封張良做留侯。那張良為何單要選擇留城這塊僻小的地方？原來張良是個深通世故，饒有涵養的人，功成身退，有意藉此避嫌遠害，以為韜晦之計。以次又封了大功臣二十多人，其餘的功勞，高低輕重，難以決定，諸將爭論不已，弄得高祖窮於應付，只得暫時擱下。這一天，高祖從南宮複道上，看見宮外沙地之上，坐著一群將士，在那裡交頭接耳，竊竊私語，神情特別緊張。高祖頗為詫異，適張良在側，便問道：「他們在那裡鬼鬼祟祟，作些什麼？」張良道：「陛下不知，他們正在謀反！」高祖一怔，說：「天下已定，還有人敢造反嗎？」張良道：「陛下起自布衣，靠著他們這班人攻城略地，得有天下。今為天子，所封賞的都是蕭曹故人，所誅殺的多是平生仇怨。還有許多功臣不能得封，心存怨望，他們又盼封賞，又怕獲罪，狐疑憂懼，所以相聚謀反。」高祖焦慮道：「可有什麼辦法使他們安心呢？」張良想了想，問道：「陛下，您最恨誰？而這個人又是人人都知道的！」高祖馬上答道：「那自然是雍齒，他多少次侮辱我，誰都知道，不看他有功，我早把他殺掉。」張良說：「好了！現在趕快封雍齒為侯，大家看雍齒尚且獲封，沒有人不心安了。」於是高祖即刻在宮中設宴，封雍齒為什方侯。大家果然歡喜，說「雍齒都封侯，我們還怕什麼！」跟著催促丞相御史作速定功行封，毋得遲延，人心乃安。用了這一個手段，才把這幕政潮消解於無形。

這天有一個老百姓，姓婁名敬，從齊地前往隴西充當戍卒，手挽鹿車❺，身披羊裘，打從洛陽經過。瞻仰一番這新都氣象，山川形勢，忽然有所感觸，託他的同鄉虞將軍，要求謁見天子。高祖聽說有一個老百姓求見，深為詫異，立即傳召。虞將軍見婁敬衣服襤褸，贈以新衣一襲令其更換，婁敬拒絕道：「臣秉赤誠忠心，求謁至尊，不在乎服裝如何。臣衣帛

❺ 以手推挽的小車子，車內空間狹小。

則帛見，衣褐則褐見，不敢易衣。」竟自入朝拜見皇帝，賜食已畢，因問婁敬有何話說。婁敬奏道：「臣特求見，願問陛下建都洛陽，是否欲與周室比隆？」高祖道：「然！」婁敬道：「臣以為陛下之取得天下，與周室不同。周朝自后稷封邰到太王居岐山，積德累善，十有餘代，及至文王為西伯，天下歸心。武王伐紂，不約而會於孟津之上者，有八百諸侯，遂滅殷即天子位。周公輔成王，乃營洛邑為東都，因為這是天下中心，便於諸侯來朝。其實洛陽形勢，四通八達，無險可守。有德易興，無德易亡。所以當周朝極盛的時候，天下和洽，四夷賓服，諸侯朝貢不絕。到了東周衰弱，諸侯強大，不來朝貢，周朝竟無法控制，形勢所使然也！陛下起兵豐沛，西入蜀漢，北定三秦，與項羽爭戰於滎陽成皋之間，大戰七十，小戰四十。天下人民，肝腦塗地，父子暴骨原野，至今人民哭聲未絕，傷痍未起，這樣力征得來的天下，怎麼能和成康相比呢？人心未定，須要隨時防制敵人，選擇一個險要的地方作為政治中心。我看秦地被山帶河，四塞為固，一旦發生了變故，擁百萬之兵，閉關而守，山東雖亂，關中可保，譬如與人相鬥，如要制服對方，必須一手扼住敵人的咽喉，一手拊敵之背。今陛下如建都關中，此乃扼天下之喉，而拊天下之背也！」高祖聽這個老百姓的一番議論，竟然很有道理，便徵求群臣的意見。那班人多半家在山東，不願遠離故鄉，都說道：「周朝立國數百年，秦二世即亡，足見關中不足恃。洛陽東有成皋之險，西有殽山澠池之固，為什麼不能建都？」高祖見張良獨默默不語，乃問：「你以為如何？」張良道：「洛陽雖有殽澠之固，那形勢不過幾百里的範圍，逾此則一片平原，四面受敵，非用武之地。關中左殽函，右隴蜀，沃野千里。南有巴蜀之富，北有湖苑之利，三面無憂，獨以一面東制諸侯。諸侯安定，河渭漕輓❻共輸京師。諸侯有變，王師可以順流而下。此所謂金城千里，天府之國，婁敬之說是也！」高祖大喜，即日車駕西幸，遷都關中，就在渭水之南，與咸陽相望處，選擇了一塊地方，建起都城，命名曰「長安」。於是拜婁敬為郎中，賜姓劉，號為「奉春君」。時在高祖六年六月。

---

❻ 從水道運輸糧食。

　　天下統一了，國都也奠定了，這長安是否「長安」呢？就要看統治者的作法了。高祖劉邦雖然功業成就，身為至尊，但是政治上所給他的考驗，正隨著他地位的增高而加劇。原來世道人心，往往共患難易，而共富貴難。因為在患難中，大敵當前，各自為戰，生死之際，不得不同心協力，赴湯蹈火。一旦敵人消滅，同享富貴，慾望既難滿足，利害尤易衝突。如何方能讋服人心，化除矛盾，這是古今社會政治上，一個極難解決的問題。所以治國較創業，尤為困難，高祖當時便面對著這個考驗。高祖出身田畝之間，為人疏慢無禮。與高祖定天下的那班功臣將士，也多半是市井流氓。這一年來，封功行賞，大家爭名奪利，各不相讓，使高祖傷透了腦筋。那班功臣，往往酒醉之後，喧呼吵鬧，甚至在朝堂之上，拔劍擊柱，全不遵從皇帝的約束。高祖開始感覺到，朝廷之上如果沒有一種嚴明的紀律，是無法維持秩序。恰好有個深通禮法的儒生，名叫叔孫通，他是魯國薛縣人，原在秦朝當博士，秦亂，隱居鄉里，項梁起兵過薛城，通率其生徒來歸，梁死，歸項羽，及漢王入彭城，通遂降漢。漢王拜叔孫通為博士，號稷嗣君，幾年來在漢軍中，沒沒無聞。跟叔孫通而來的那些書生，眼看別人一個個飛黃騰達起來，都不耐煩，嘖有怨言，叔孫通安慰他們道：「何必著急呢，機會到時，我自有辦法。」這時看高祖為朝堂秩序正在煩惱，便進謁道：「我們這些儒生，戰時無用，平時卻有用，不能進取，卻能守成。臣願徵請魯諸生與臣弟子，共定朝儀，朝儀一成，自然廟堂之上，綱紀肅然了。」高祖說：「這事辦得到嗎？」叔孫通說：「如考訂古禮，自然困難。須知五帝不同樂，三王不同禮，禮者因時因人而異。臣願略采古禮，雜以秦儀，配合古今，斟酌損益，定一個又理想又適用的標準朝儀。」高祖聽他說得頭頭是道，便說：「好吧！你試為之，千萬不要繁難，必須要體會我能做得到的才行」。叔孫通唯唯而去。於是親往魯國，徵請那些儒生。偏有兩個儒生執拗不來，並且說道：「叔孫通，你身事十主，專以阿諛為能，當今天下初定，死者未葬傷者未起，民生憔悴，那裡是制禮作樂粉飾太平的時候！我們不忍附合你那個諂媚的行為，要做你去做，不必來拖我們。」叔孫通不禁大笑道：「這兩個書呆子，真是頭腦頑固，不達時務。」

便與所徵三十人及其弟子百餘人回到長安，共同擬訂了各項儀節，並在野外先行演習，經過了幾月功夫，一切熟習了，稟奏天子得知，奉令執行。會當漢七年十月歲首，長安長樂宮成，諸侯百官朝賀。到了那天，天色甫明，由謁者掌禮，指揮百官挨次進入殿門。走到那廣廷之中，只見兩旁排滿了車騎武士，劍戟鮮明，旌旗招展，那朝陽照耀在旗幟戈矛之上，光采閃爍，氣象萬千，好不威武。聽得殿上一聲傳「趨」！殿下郎中在前領導，功臣，列侯，諸將軍，軍吏，各武官按部就班，排列在西方，面東向。丞相以下各文官，排列在東方，面西向。正是，整齊嚴肅，鴉雀無聲。於是皇帝乘輦車而出，百官傳警，皆屈身俯首。不得妄動，諸王侯以下至吏六百石，以尊卑之序，趨前稱賀，上壽觴，九行，然後謁者高呼「罷酒」！左右退下。有那行動不如儀的，立即拖將下去。自始至終，竟無人敢失禮讙譁。高祖左顧右盼，不禁拊掌歡喜道：「我今天才知道皇帝的尊貴啊！」乃拜叔孫通為太常，賜黃金五百斤。叔孫通謝恩既畢，向前稟道：「諸弟子儒生隨臣清苦多年，今與臣有共定朝儀之功，願陛下亦賜給他們一官半職。」高祖乃盡拜諸生為郎。叔孫通出得朝來，將所得五百金盡分贈諸生說：「我們有福大家享，有飯大家吃！」那些儒生無不歡喜，都說：「叔孫先生真乃聖人也！」大家的生活問題也因此解決了！

高祖五日一朝太公，行家人父子之禮。太公家令對太公說：「天無二日，地無二王，今陛下雖子，人主也；太公雖父，人臣也。怎麼能令人主拜人臣，這樣，皇帝那有威風。」太公稱是。第二天，高祖來朝，太公手執篲帚，立在當門，見了高祖，掃地卻行而相迎。高祖一見，慌忙下車，扶起太公，問太公：「何以如此？」太公道：「皇帝人主也，我人臣也，不能因我而亂天下法！」於是高祖乃尊太公為太上皇，暗中詢知是太公家令所教，心喜家令，亦賜以黃金五百斤。後來未央宮成，高祖大宴群臣，高祖手捧玉卮，為太上皇上壽，說道：「大人當年罵我無賴，不種田，不治產業，不如老二。看看，我今天的產業比老二如何？」那群臣上下，無不歡呼萬歲，高祖父子大笑為樂。從這裡看出劉邦真是躊躇志滿，他這個以天下國家為個人私產的目的，總算如願以償。這在過去君主專制時代，這

種「家天下」是一般帝王常有的觀念，在那個時候不能責備劉邦思想的腐敗，不合時代。但是這個「天下帝王事業」，不論你把它看作是自己的事業，抑或是人民的事業，都不是一件簡單的事。在你擔上了這個擔子的時候，絕不容你有一刻苟安，一息鬆懈。

就在這幾年中，高祖又何曾獲得一日的喘息。高祖五年剛剛定都長安的時候，以為天下該沒有問題了。那料到六月大赦天下，十月燕王臧荼就第一個開始造反，高祖親自將兵往征，虜臧荼，改立盧綰為燕王。接著項羽舊將利幾又反，高祖又將兵擊之，利幾亡走。到六年冬十二月，突然有人告變，說楚王韓信謀反，好似一個晴天霹靂，使高祖大為震驚！那韓信如何會謀反呢？

卻說漢高祖五年正月，韓信受封為楚王，來到王都下邳。下邳離韓信故鄉淮陰不遠。衣錦榮歸，回想到少年時落魄光景，今天總算揚眉吐氣了。不免要把舊日恩怨，清算一番。召當年在淮陰河邊贈食的漂母，賜以千金。喚來下鄉南昌亭長，賜以百錢，責道：「公小人也，為德不卒。」❼ 又找來那侮辱自己的少年，拜他為中尉，曉喻將士說：「這是一位壯士，那年他侮辱我的時候，難道我不能殺他嗎，但是我殺之無名，不值得和他拼命，隱忍奮鬥而有今日，不能不感謝他的激勵！」韓信每當巡視地方，陳兵出入，耀武揚威，頗惹人注目。項王大將鍾離眛與韓信相善，項王死後朝廷懸賞捉拿鍾離眛，眛逃奔韓信，信竟將其收留，外邊當然會有風聲。許多蛛絲馬跡，附會起來，以訛傳訛，便構成了韓信謀反的消息。這消息可謂「事出有因，查無實據」。韓信久為高祖所畏忌，聞此消息，急召左右親近將相，議謀對策。那些武將都喊道：「發兵阬豎子耳！」高祖默然不應，回顧陳平在側，便問計於平。平說：「這上書告發韓信謀反的事，韓信知道不知道？」高祖說：「這事非常秘密，現在韓信尚不得知。」陳平乃道：「方今朝廷的兵將，遠不如韓信；對付韓信只可以智取，不可以力敵。古者天子即位之後，必巡遊四方，會合諸侯，今天下一統，陛下可宣稱巡遊雲夢❽，會諸侯於陳，韓信見陛下縱情遨遊，當無惡意，必來迎候，陛下

───────────────

❼ 做好事不徹底。

即乘機將他捉住，這僅需一力士之勞，何須要勞師動眾呢！」高祖悅納，即依計而行。大駕立刻南幸，不一日，到了陳郡地方，果然看見韓信與各諸侯匍伏道旁，迎接聖駕。即令左右武士將韓信綑綁起來，放在車上，掉轉馬頭，回奔洛陽，韓信大聲喊道：「果如人言，狡兔死，走狗烹；高鳥盡，良弓藏；敵國破，謀臣亡。天下已定，我固當烹！」高祖罵道：「住口，誰教你造反來？」那韓信啞口呼冤，高祖暗想，韓信為國立功不小，這造反實無憑據，心中不忍，到了洛陽便將韓信釋放，貶為淮陰侯。又恐其生事，不令就國，一同回到了長安。韓信經此打擊，心灰意冷，知高祖畏忌其能，於是深居簡出，恥不願與周勃、灌嬰等同列，常稱病不朝。一天偶然過訪樊噲，噲跪拜送迎，口中稱臣，說：「大王乃肯臨臣！」韓信辭別出門，心想樊噲有意諷刺，冷笑道：「我不自料乃與噲等為伍！」一天高祖閒暇無事，與韓信談到用兵之道，高祖問：「如我，能將兵多少？」信答道：「陛下頂多能將十萬人。」高祖又問：「你呢？」信說：「臣多多而益善！」高祖笑道：「你說多多益善，怎麼會被我捉住？」信說：「陛下雖不能將兵，而善將將，故信被陛下所俘。況且陛下所謂天授，非人力也！」高祖大笑。這君臣二人，雖然談笑自若，其實話裡各有鋒芒，從此猜忌日深，而韓信越發怏怏不快，惶惶難安，遂埋伏了翌日謀叛之機。

韓信既徙封為淮陰侯，高祖將原楚地分為荊楚兩國。封從兄劉賈為荊王，王淮東之地。封弟劉交為楚王❾，王淮西之地。時有田肯上書稱：「齊地東有琅邪即墨之饒，南有泰山之固，西有濁河之限，北有勃海之利，地方二千里，與關中為東西兩秦，非親子弟莫可使王齊。」乃封子劉肥為齊王，王齊七十餘城。從此高祖私心漸萌，慢慢把功臣換做宗室，封諸子弟於要津，以為屏藩。韓國居天下之中，地勢衝要，不願讓外姓佔據，但是沒有理由更換分封已久的韓王信。就將北方太原郡三十一縣改為韓國，令韓王信徙都晉陽。韓王信心中自然不快，到了北方，匈奴來攻，戰於馬邑，

---

❽　古澤名，其區域範圍極大，大概在今洞庭湖以北，湖北省京山以南，枝江以東，蘄春以西，縱橫八九百里，一片沼澤之區。

❾　是漢高祖的異母幼弟，見徐廣《史記音義》及《漢書》。

韓王信兵敗，竟聯絡匈奴，並與其將曼丘臣、王黃等，共立故趙後趙利為趙王，據太原❿而獨立，北疆為之震動。

匈奴這個民族，自戰國以來，便為中國北方之大敵。秦始皇帝滅六國後，使蒙恬率大兵數十萬，擊走匈奴，收取了黃河以南河套的地方。緣河為塞，築四十四縣城，又起臨洮至遼東修萬里長城。那時匈奴的單于⓫名叫頭曼，頭曼為秦所敗，向北遷徙，東方的東胡族和西方的月氏又都強盛，匈奴遭受到三方的壓迫，一度衰落。到了秦漢之際，中國大亂，邊城破壞，戍卒皆散，於是匈奴復盛。匈奴頭曼單于的太子名叫冒頓⓬，頭曼所愛閼氏⓭又生一幼子，頭曼愛幼子，不愛冒頓，欲立幼子為太子，乃令冒頓為質於月氏⓮。後來匈奴攻打月氏，月氏欲殺冒頓。冒頓偷取了一匹千里馬，飛馳逃回匈奴。頭曼壯其英勇，分給他一萬騎兵，叫他統率。冒頓訓練軍隊的方法嚴格。作鳴鏑⓯為號令。傳令軍中道：「凡鳴鏑所射之處，眾皆射之，有不射者斬！」於是行圍射獵，冒頓發鳴鏑射鳥獸，有不射者，立即斬首。一天冒頓自射其千里馬，有人不敢發箭，冒頓斬之。又一天，冒頓突以鳴鏑自射其愛妻，這人命非同小可，部下士卒不免引弓觀望，誰知冒頓毫不留情，把那不遵令的人，一齊砍頭。這樣一來，人人震恐，無敢違命。從此冒頓無論打獵作戰，凡鳴鏑所到之處，無不飛蝗雲集，訓練得十分熟練。這一天冒頓隨同他父親頭曼出去打獵，忽發鳴鏑直射頭曼，隨聲所至，只見萬箭齊發，把那頭曼射成了一個刺蝟一般。冒頓既射死頭曼，復盡殺其後母諸弟及不聽命的大臣，遂自立為單于。匈奴武力雖強，聚散有如鳥獸，不能成為一個有高度政治組織的國家。大凡統治一個進步文明的民族國家，須賴禮義政教的維繫，除了維持這個社會的秩序之外，還要

❿　漢太原郡的郡治在晉陽，所以太原城就是晉陽城。

⓫　單音ㄔㄢˊ，匈奴的君主叫做單于。

⓬　讀為ㄇㄛˋ ㄉㄨˊ。

⓭　匈奴單于的后或妃都叫做閼氏，讀為ㄧㄢ ㄓ。

⓮　原居敦煌祁連山一帶，為匈奴所逐，西徙建國於今阿富汗地方，成為西域一大國。

⓯　就是響箭。

培養這個民族優美的情操。至於統治一個野蠻落後的民族，那只須要威權和利害，用嚴厲的刑賞來控制住這個人群的生存本能就夠了。這就是文明與野蠻的分野，前進和落後的區別。

冒頓雖然野蠻卻是厲害。那時東胡強大，威脅匈奴。東胡王聞知冒頓殺父自立，遣使向冒頓勒索，要得冒頓的千里寶馬。冒頓召問群臣，群臣一齊說道：「千里馬，國寶也，如何能輕易與人！」冒頓道：「不然，兩國相交，何愛一馬！」竟與之。那東胡王貪而無厭，又遣使謂冒頓，要單于的一閼氏。冒頓又問群臣，群臣說道：「東胡太無禮，敢要求閼氏，請擊之！」冒頓又笑道：「與人鄰國，何愛一女子！」竟將所愛一閼氏送給東胡王。東胡以為冒頓畏葸怯懦，得寸進尺。看見匈奴東方有一塊無人棄地，廣袤千餘里，東胡便使人對冒頓說：「要你們給我界外的那塊空地。」冒頓再召集群臣會議，群臣都想，單于寶馬美人尚且不惜，何愛此一塊荒涼之地，有人便道：「這一塊無用之地，與之可，不與亦可。」冒頓忽然大怒道：「尺地寸境，都是國家的土地，那個敢說給人！」竟將那主張放棄土地的人，一律斬首。立即戎裝上馬，號令域中，盡起全國之師，東擊東胡。那東胡猝不及備，一戰大敗，被匈奴冒頓虜去人畜無算。冒頓乃乘戰勝之威，西逐月氏，南併樓煩白羊，盡復前蒙恬所奪匈奴地，入居河南，侵略燕代等地。這時匈奴拓地數千里，有控弦之士三十餘萬，驕盛無比。

匈奴因為他疆域的遼闊分為左右兩部。分置左右賢王，左右谷蠡王，左右大將，左右大都尉，左右大當戶，左右骨都侯，凡二十四長，諸大臣都是世官。左部諸王居東方當中國上谷❶❻之北；右部諸王居西方當中國上郡❶❼之北。單于居中，王庭當中國雲中❶❽代郡❶❾之北。匈奴是遊牧民族，雖分疆為治，其部落人民，逐水草而居，遷徙無常，每年春正月諸部長會於單于庭，五月大會於龍城，祭天地鬼神，秋高馬肥大會於蹛林，課校人

---

❶❻　郡名，今河北懷來。

❶❼　郡名，今陝西榆林。

❶❽　郡名，今內蒙古托克托東北。

❶❾　郡名，今河北蔚縣。

畜。匈奴多馬，人人善騎，全國皆兵。作戰的時候，虜獲財物，賜給戰士，俘獲男女，以為奴婢。其人性既強悍，為了利害，人人各自為戰，極其剽猛。行動飄忽，勝如鳥集，敗如獸散，最難抵禦，所以常為中國的外患。冒頓乘北方空虛，在漢高祖七年，攻下馬邑❷，聯合韓王信進襲太原。高祖聞說韓王信竟自投降匈奴，引敵入寇，大為震怒，即率兵親征。

　　七年冬十月，高祖統領大軍大破韓王信軍於銅鞮❷，斬其將王喜，韓王信逃往匈奴。曼丘臣、王黃等收拾韓王信殘兵，與匈奴左右賢王合兵又得萬餘騎，與漢軍相遇在晉陽，一場鏖戰，曼丘臣、王黃與匈奴兵殺得大敗，匈奴狼狽而走，漢軍跟蹤追擊，一直趕到離石。那匈奴節節敗退，漢軍乘勝，追奔逐北。雖然所向無阻，但是隆冬時候，北地酷寒，雨雪紛飛，墜指裂膚，士卒不堪其苦。高祖聞冒頓單于在上谷北方，乃遣劉敬往使，藉以窺探虛實，另外又分頭著人往敵境偵察，回來都說，胡中盡是老弱殘兵，不堪一擊。高祖信以為真，遂盡發漢兵三十二萬大舉北進。走到半路遇見劉敬回頭。急勸高祖不可前進，說道：「兩國交兵，理當各示所長，今臣往使，所見的都是贏兵弱卒，我想其中必有詐謀，萬萬不可輕敵。」那時軍行在途，如何遏止，高祖自然不聽，罵道：「你不可胡說，沮喪我的軍心」，喚左右將劉敬枷鎖在廣武城中，「待我戰勝歸來，再行發落」。漢軍雖眾多是步兵，在冰天雪地中，行軍遲緩。獨有高祖所率的先鋒騎兵，向前銳進，一路攻下平城❷，一直打到白登山。與後方大軍相距很遠。漢高祖登山一望，只見無數胡騎從四面八方，漫山遍野而來。竟將高祖圍困在白登山❷上，層層疊疊，有如鐵桶一般，果然中了冒頓的誘兵之計。高祖被困了七天七夜，饑寒交迫，危急萬分。多虧陳平隨侍在側，為高祖畫了一條妙計❷，著人暗中買動了冒頓所愛寵的一位閼氏。那閼氏勸冒頓釋

---

❷　今山西朔縣附近，地瀕長城。

❷　今山西沁縣西南。

❷　今山西大同縣東。

❷　在平城東北。

❷　此計史無明文，據桓譚《新論》附會說：漢遣使告匈奴閼氏說，漢有美女，

放高祖道：「常言說兩主不相困，今縱然奪得漢地，亦不適宜我們居住，那又何必與漢家結仇。」冒頓也以為是，便在有意無意中鬆弛了防範。這日會當大霧瀰天，高祖與陳平率領敢死隊，以弓弩居前，射住敵陣，從城角空隙之處，突出重圍，馳至平城，與大軍會合。匈奴發現漢大軍，便引兵北去，高祖曉得冒頓利害，也罷兵南下，留下樊噲綏靖韓王信的餘黨，撫定代地，立兄劉仲為代王。高祖還至廣武，立刻釋放了劉敬，表示歉悔道：「我悔不聽卿言，致有平城之困！」乃封敬二千戶為建信侯。又經過曲逆❷縣，看見曲逆城垣高大，戶口繁盛，嘆道：「壯哉曲逆！」便以曲逆賜封陳平以賞其獻策之功。然後經洛陽回到長安。為時不久，韓王信的餘寇又復在東垣❷一帶猖獗起來，高祖再往親征，復將東垣平定。歸從趙國經過，走到柏人地方，駐駕行館之中，突然心情不安，顧問左右「此地何名？」左右答道：「柏人」，高祖說：「柏人者迫人也！」不宿而去。

八年，高祖回到長安。北方邊警頻傳，報道匈奴處處入寇，騷亂不已，跟著代王劉仲放棄了國土，亡歸洛陽。高祖見北地不靖，匈奴猖獗，深以為慮。因問計於劉敬。敬道：「冒頓兇頑，中國新定，士卒疲憊，對匈奴只可柔服，難以力敵；如為子孫久遠之計，臣卻有一計，只恐陛下不能行耳！」高祖道：「儘管說來，但能實行，無有不采。」劉敬乃道：「便是和親之策。陛下如肯以嫡長公主嫁與冒頓單于，冒頓單于必尊為閼氏，將來生子必為太子。陛下每歲，再遣使贈問，結以恩義，就可以維持兩國間長久的和平。冒頓在時為子婿，死後外孫做了單于，豈有外孫敢和外祖為敵的嗎。如此，則匈奴可不戰而降服。」高祖頗為首肯，便決定遣嫁長公主。不料呂后日夜啼哭，對高祖說道：「妾身僅有一子一女，奈何棄之匈奴！」高祖也覺不忍，便將這事擱置，後來匈奴為患不已，高祖打算取宗人女子

其容貌天下無雙，今困急，漢天子已遣使馳歸迎取，要進獻給單于，閼氏性妒，遂說單于令釋放漢天子免其進女，這話實離奇不足據。唯白登之計，為陳平六奇計之一，惜其事不詳。

❷ 今河北順平。

❷ 後改名真定，今河北正定縣南。

名為長公主，嫁與匈奴，而使劉敬先往匈奴結和親之約，從此便開闢了漢代對外的和親政策。其實這個政策徒損失國家的尊嚴，並無絕對的效果。國際間到了政治利害衝突尖銳的時候，即便是有文明教化的民族，也不免訴諸戰爭，絕非婚姻倫常所能維繫。所以和親政策，從沒有徹底解決過歷史上任何國際間的衝突。當時劉敬可以說只知其一，未知其二。他堅持要嫡長公主去和親單于，尤其滑稽。嫡長公主便是魯元公主，魯元公主那時已嫁與趙王張敖為王后，縱呂后捨得，張敖又如何肯呢？高祖不暇深思，居然一度應允，從這裡也可以看出那時如何視女子如兒戲了！

張敖真是倒霉，在高祖八年有人主張要奪他的妻子；在九年竟有人告他謀反，這話又是從何而來？原來當高祖七年平城敗退，南歸洛陽的時候，經過趙國。趙王張敖看見皇帝丈人來到，惶恐迎接，朝夕親自奉食，執子婿之禮恭敬萬分。高祖被匈奴所辱，心中羞憤，終日箕踞謾罵，拿張敖出氣。趙相貫高、趙午等人年紀皆在六十以上，都是先王張耳的幕僚，燕趙之人，豪俠尚義，實在看不下去。背地裡忿忿不平道：「我們的國君，真是一個懦夫！」便聯袂來說張敖道：「夫天下豪傑並起，能者先立，名為君主，其實朋友，地位縱有高低，也不可逼人太甚！今王事高祖這般恭敬，而高祖卻如此無禮，臣等願為王殺之以雪恥！」這一下可把張敖嚇慌了，連忙制止住貫高等，自己把手指咬出血來起誓道：「你們這是什麼話！先父當年亡國破家，賴皇上的力量才得報仇復國，傳位子孫。今天的富貴，那一件不是皇帝之所賜？你等何得如此亂說！」貫高、趙午等十幾人默默退出，大家商議道：「吾王真是個長者，不肯忘恩背德。但是，這口悶氣，我們可受不了。我們自作自當，不必和他商量，事成，奉他為君，事敗，我們抵命。」大家計議既定，便等待機會，恰好到了八年，高祖平東垣，過柏人，貫高等便在行館壁中埋伏下刀斧手，預定夜裡發動。也是高祖命不該死，突然心動，離開了柏人，不曾遇害。到了九年貫家有個仇人，把這事通盤告發。高祖回想起柏人的事，恰好符合。大怒，立命將趙王、貫高等一干人犯，械到京師訊辦。賓客十餘人見旨都惶恐自殺，獨貫高憤然罵道：「定計之初，大家說的什麼？今天你們一個個都死了，誰替趙王申

冤呢?」於是貫高同趙王張敖一起坐了囚車,來到長安。貫高在獄中受審,
一口咬定說:「這事是我們所為,趙王實不知情。」榜笞千數,打得體無完
膚,那貫高始終沒有第二句話。呂后也為張敖講情,說他為了我們的女兒,
也絕不會造反。高祖罵道:「張敖做了天子,你女兒不就做了皇后了嗎?」
後來聽到貫高堅持的口供,才覺這件事還有曲折,便派了一位貫高親近的
同鄉,中大夫泄公,私地去問一個實在。泄公走進監獄,貫高遍體鱗傷的
睡在地上。睜眼看見了泄公道:「泄公嗎?」泄公因向前親切的安慰了一番,
然後悄悄問道:「趙王到底有無預謀?」貫高嘆道:「人情誰不愛父母妻子,
我今認罪,三族論死,難道我為了祖護趙王一人而甘願犧牲我所有親人的
性命嗎?因為趙王實未謀反,我不能昧著良心去誣攀。」便把過去的經過
詳情說了一遍。泄公辭出,將這話原原本本稟告了高祖,高祖稱嘆不已,
十分欽佩貫高的人格,便下詔赦免了趙王,並赦免了貫高。貫高聞知趙王
獲赦,喜道:「我責任已盡,死無恨矣!」仰首絕肮而死。於是貫高俠義之
名,聞於天下。

　　代王劉仲棄國,趙王張敖廢免,北方更覺空虛。高祖乃以陽夏侯陳豨
為代相,監趙代邊兵。陳豨宛朐人,曾從高祖擊臧荼有功,最為高祖所信
任,故畀以邊疆重任。陳豨與淮陰侯韓信有舊,上任之前特過淮陰侯辭行。
淮陰侯正在苦悶之中,難得有知己來訪,便攜陳豨之手,屏退左右,步至
中庭,仰天長嘆道:「我今天心腹中的話,可以同你說嗎?」豨道:「唯將
軍命之!」淮陰侯乃道:「你今天所據之地,正是天下精兵之處,將軍你又
是陛下的幸臣,可以為所欲為。如有人告變,陛下必然不信;再至,陛下
乃疑;三至,陛下必怒而自將,那時我從中響應,天下之事可圖也!」陳
豨原也是個有野心的人,素欽服韓信之能,即答道:「謹奉教!」便將韓信
的話默默記在心中。豨常慕齊孟嘗魏無忌之養士,到了北方,就招賢納士,
收兵買馬,不久賓客盈門,將士如雲,勢力一天天的擴大。那時高祖封幼
子如意為趙王,趙王如意年方十歲,遂以強臣周昌為趙相,輔佐如意,駐
守在國都邯鄲。這一天,陳豨從北邊歸過邯鄲,隨從的賓客,車馬千餘乘,
全城的官舍都被擠滿,聲勢煊赫,人人側目。趙相周昌入朝,把這情形告

知高祖說陳豨威權太盛，久必生變。高祖暗中著人調查陳豨的賓客，果然發現許多不法之事，便欲案治。陳豨不安，在匈奴的韓王信又使王黃、曼丘臣等來誘說陳豨，十年七月太上皇駕崩櫟陽宮，諸王侯赴京送葬，獨陳豨稱病不至。到了十年九月，陳豨竟和王黃、曼丘臣等聯兵造反，陳豨自立為代王，大舉兵南下。果如韓信所料，高祖聞變，親自將兵前往討伐。聞說陳豨阻漳水為陣，高祖撫掌大喜道：「我知陳豨無能也，邯鄲為兵家必爭之地，今不據邯鄲而據漳水，大勢已去。」又聞陳豨部將多曾做過商人，高帝笑道：「對於這般人，最好應付！」便令人廣散金銀，多方賄買，不幾天，陳豨的將士，紛紛來降。十一年初，漢分兵兩路進擊，高祖親統大兵北進，大破陳豨軍，斬其將侯敞、張春，渡河圍攻東垣，月餘攻下，更名東垣為真定。活捉王黃、曼丘臣。太尉周勃另率一軍從太原北定代地，攻下馬邑，於是陳豨大敗，潰退到匈奴，後來被樊噲追殺於當城。高祖既破滅陳豨，乃立子劉恆為代王，治代地。

　　方高祖擊陳豨之初，邀約淮陰侯韓信同行，韓信稱病不從。及高祖引兵出發，韓信秘密差人連絡陳豨，暗中書信往來。相約在長安舉事，襲取呂后太子，部署已定，專待陳豨回報。豈料事機不密，淮陰侯府中舍人，因獲罪於信，將這陰謀告知呂后，呂后大驚，急和相國蕭何商議。蕭何道：「這事千萬不可走漏風聲，我有計誘殺之。」乃派人詐做使者，從東方來，報道陳豨已死，天子大軍即將還都。群臣列侯皆入朝慶賀，蕭何往約韓信道：「此乃大事，雖病亦當強疾入朝！」韓信信以為真，即行入朝，呂后突令武士將韓信綑綁，押到長樂宮中斬首於鐘室之下，韓信臨刑嘆道：「我悔不聽蒯徹之言，乃為兒女子所詐！天哉！」高祖平陳豨後回到洛陽，呂后從長安來迎接，報告韓信謀反伏誅的經過。高祖聞說淮陰侯死，且喜且憐，不勝感嘆。因問呂后：「那韓信臨死之時，有何言語？」呂后道：「信嘆說：悔不用蒯徹之言！」高祖道：「那蒯徹是齊國的辯士，聽說曾教韓信謀反！」立即下旨，到處捉拿蒯徹，不一日將蒯徹捉到，押解進京。高祖一見蒯徹，喝問道：「是你教韓信造反嗎？」徹答道：「是的！可恨韓信不用臣之計，否則焉有今日！」高祖不禁勃然大怒道：「烹了他！」左右應聲，

即將蒯徹拖下殿墀，那蒯徹大聲呼冤。高祖便叫回來問道：「你教人造反還不該殺，何以呼冤？」那蒯徹道：「天下紛紛，諸侯併起，這好比打獵一般，秦人失其鹿，天下共逐之，唯有那力大腿快的，獲得了天下。人忠其君，犬忠其主。跖犬吠堯❷，堯非不仁，當時臣的心目之中獨知有韓信，不知有陛下。況且天下養精蓄銳欲為陛下所為的人太多了，不過沒有達到目的而已，這些人，陛下你能烹得盡嗎？」高祖聽他這番話說得也頗有道理，便道：「饒了他罷！」蒯徹竟得不死。

卻說高祖之討陳豨，同時也徵兵於梁王彭越，彭越也是稱病，僅派遣了少數士卒前往邯鄲。高祖不悅，使人責讓彭越。越惶懼欲往謝罪，越將扈輒道：「王初不往，現在受責而往，往必被殺，不如索性起兵造反。」梁王遂止，但亦不敢為反。梁王有太僕某，犯罪懼誅，逃奔漢朝，告發梁王與扈輒謀反。高祖便遣人乘梁王不備，將梁王捉到洛陽。審問之後，判了反罪，高祖不忍處以死刑，乃廢為庶人，流放到蜀郡青衣縣。將彭越枷鎖押解，西行到鄭縣，路逢呂后從長安來。彭越見了呂后流涕訴冤，自言無罪，請呂后為他說情，願廢居昌邑，能死在故鄉。呂后當時欣然許諾，便將彭越仍帶回洛陽，因謁見高祖道：「彭王壯士，今徙之蜀地，豈非自遺後患，不如殺之，妾特將其帶回，聽候陛下發落。」遂令梁王的舍人再告彭越謀反，廷尉奏請族誅。使夷越三族，梟首洛陽。時在高祖十一年三月，距韓信之死，方才兩月。彭越被誅之後，懸首級在洛陽市上，詔有敢收視彭越屍首者，殺無赦。適逢梁大夫欒布，奉使齊國，事畢，回到洛陽得知梁王被害，拜倒彭越頭下，放聲大哭。看守首級的士卒，將欒布捉來見高祖。高祖便命烹之。左右將欒布提向湯鼎，那欒布扭轉頭來，喊道：「願得一言而死！」高祖問：「你還有什麼話說？」欒布把心一橫大聲說道：「陛下不想，當年困於彭城，敗於榮陽，為什麼項王不能西進，不是仗著梁王轉戰梁地，和漢兵相呼應嗎？在那個時候，梁王左顧與楚，則漢破；右顧與漢，則楚破。垓下之戰，如非梁王來會，項王尚不得亡。天下已定，論功行賞，梁王剖符受封，一樣也想傳之子孫萬世。今陛下一徵兵於梁，梁

❷ 跖是盜跖，古之大盜；堯是唐堯，古之聖君。意謂各為其主。

王病不能行，陛下便疑其反，反罪未成，便誅夷三族。這樣一來，天下的功臣，必將個個寒心，人人自危。這樣的世界我也活不下去，梁王已死，臣生不如死！現在話已說痛快，請就烹！」誰想這一篇話，反將高祖說服，覺得這人勇直可壯，竟赦了他的死罪，拜為都尉。真是，在帝王之前，喜怒難料，生死莫測！高祖既誅彭越，乃立子劉恢為梁王，子劉友為淮陽王分王梁地。

當淮陰侯韓信之死，消息傳到淮南，淮南王英布坐立不安。這天方在行圍射獵，突見一騎快馬飛奔而至，乃是皇帝欽差，手捧御賜食盒，打開一看，原來是彭越的醢肉，為之大驚失色。唇亡齒寒，心中自知不免。遂暗地裡調兵遣將，布置防務，密謀起兵。淮南王有愛姬患病，常就診於醫家，醫家與中大夫賁赫對門而居，赫得與姬相識，姬在王前數稱譽賁赫，英布疑姬與賁赫私通，欲捕赫治罪，赫得訊，急乘傳車，馳至長安，密報「英布謀反」。英布發現賁赫亡走，遂盡殺賁赫家屬，起兵反，時在十一年秋七月。高祖聞淮南王反，急召諸將計議，大家都主張發兵討伐，卻沒有個具體計劃。汝陰侯滕公夏侯嬰道：「臣客故楚令尹薛公者，這人足智多謀」，遂召問薛公。薛公對道：「英布之反，原乃意中之事，並不足怪。為英布設想，今天有三計可行，布如出上計，山東非漢之有。出中計，勝敗之數未可知。出下計，陛下可安枕而臥矣。」高祖問道：「何謂上計？」薛公道：「東取吳楚，北進兵齊魯，傳檄燕趙，如此，山東非漢之有也。」問：「何謂中計？」「中計，東取吳楚，奪取中原，併韓魏之地，據敖倉之粟，塞成皋之口，勝敗之數未可知也。」「何謂下計？」「下計，東取吳，西取下蔡，而退保長沙一帶，陛下可以安枕而臥。」高祖道：「你猜想英布，所出何計？」薛公道：「必是下計！」高祖怪道：「你何以料到他放棄上中，而取下策？」薛公道：「那英布本是驪山刑徒，不學無術，一旦做了王侯，我看他的一切措施，都是只顧目前，故我料其必無深謀遠見。」果然英布起兵，先東擊吳，荊王劉賈敗，走死富陵，乃轉而擊楚，楚王劉交亦敗走，於是英布乘勝而西。

高祖劉邦這時已年老多病，連年東征西剿，非常厭戰。到了英布造反

的時候，實在支持不住，便令太子將兵東征，呂后聞知，向高祖泣道：「英布天下之猛將也，最善用兵，今諸將都是陛下的舊臣，太子如何能駕馭得了，萬一英布得手，那還得了！陛下雖病，如能強臥輜車中，指揮將士，將士誰敢不盡力！」高祖想了想，長嘆一聲道：「我也知道靠孩子不行，那只有老子自己走一趟了！」於是力疾將兵，下旨東征。留守群臣，都送到霸上。留侯張良正在臥病，聞訊強行起身，趕到曲郵，見了高祖，一再叮嚀道：「臣病不能相從，楚人剽疾，望陛下不可輕敵，好自為之！」並勸高祖即下旨命太子為將軍，統關中之兵。遂以叔孫通為太傅，留侯為少傅，共輔太子，發上郡北地隴西車騎，及巴蜀材官三萬人為皇太子衛。把關中軍政布置停當，這才統率大兵東下，與英布軍相遇於蘄❷❽西會甀❷❾地方。高祖從城上望敵方的軍容很盛，只見那英布遠遠縱馬而來，高祖從城上召呼道：「英布，我待你不薄，你何苦要反！」英布答道：「我亦要做皇帝啊！」高祖怒，大罵，遂縱兵大戰。這一場鏖戰，英布打得大敗，南渡淮水而走。漢軍那肯放鬆，跟蹤追擊，布軍四面潰散。英布只剩下百餘人，狼狽逃到江南。因與長沙王吳臣❸❶為郎舅，奔往長沙，走到番陽地方，為人殺死在茲鄉。高祖遂平定淮南，立皇姪劉濞為吳王，立皇子劉長為淮南王。這時功臣群王，或因犯罪，或因謀逆，先後誅滅。異姓之王，只剩下長沙王吳臣和燕王盧綰。不久北方傳報，盧綰與逃在匈奴的陳豨相勾結，高祖乃命周勃和樊噲將兵擊綰，綰敗，也逃奔匈奴。遂立皇子建為燕王，於是除了吳臣之外，成了清一色的劉氏天下。高祖劉邦乾脆與大臣們，刑白馬，設盟壇，立誓約曰：「非劉氏而王，無功而侯者，天下共擊之！」

　　高祖擊滅英布之後，總算反側全平，天下大定了。北還軍，駕過沛縣，置酒沛宮，悉召故人父老子弟，縱酒作樂。又挑選沛中那長得聰明伶俐的小兒一百二十人，教以歌舞。酒酣耳熱，高祖自擊筑而歌，歌曰：

---

❷❽　今安徽宿縣西。

❷❾　在蘄縣西。

❸❶　吳臣為長沙王吳芮之子，吳芮便是番君，當年與英布同起兵，布妻為吳芮之女。

大風起兮雲飛揚，威加海內兮歸故鄉，安得猛士兮守四方。

歌罷，令小兒和唱，其聲悲愴淒涼。高祖隨聲起舞，慷慨傷懷，不禁泣下數行。顧謂沛中父老說道：「飛鳥戀舊林，遊子悲故鄉。我雖建都關中，萬歲之後，我的魂魄，依然要回到沛城。想我當年，起自沛令，誅暴秦，滅項羽，遂統一天下。今以沛縣為朕之湯沐邑，世世免其租稅。」遂與鄉里中父兄諸母故人，晝夜飲酒歡笑，道舊話故，一連十有餘日。朝中群臣一再催促，高祖只得起程。沛中父老苦苦相留，高祖婉辭道：「我的士卒太多，你們地方供給不起。」於是車駕西行，老百姓扶老攜幼，跟隨送行，一縣皆空，大家送了一程又一程，高祖又在途中留飲三日，然後勸父老們不必再送。那些父老又頓首哀求道：「沛已免租，豐縣尚未，願陛下哀憐之！」高祖道：「豐縣是我生長之地，焉能忘懷。」遂並免豐縣的賦稅，父老歡呼而去。高祖這才登上御輦，揮淚別離了故鄉，迤邐望關中而來，不知為了什麼，那心中好似有無限的淒涼。原來劉邦這一生的奮鬥，何等艱苦，到了功成業就，已是桑榆晚景，反而覺得空虛惆悵了。清黃莘田有〈過彭城詩〉云：

天子依然歸故鄉，大風歌罷轉蒼芒，當時何不憐功狗，留取韓彭守四方。

高祖的討伐英布，原是扶病作戰，不料戰時又為流矢所傷，過豐沛故里，又不免一番傷感，這病勢便日益加重，及至回到長安，已然不起。呂后為請良醫醫治，高祖自分無望，看見醫生進來，反而大罵道：「我以布衣，手提三尺劍，取得天下，此非天命乎！命乃在天，雖扁鵲何益！」賜醫生金五十斤，斥之去。於是呂后向前，跪問後事道：「蕭相國已老，陛下百歲後，蕭相國若死，誰可代之？」高祖道：「曹參可。」問其次，道：「王陵可，然而陵戇，陳平可以助之。但是陳平智有餘，難以獨任，周勃為人沉重，將來安定劉氏者必周勃也，可令為太尉。」呂后再問其次，高祖瞑目答道：「此後亦非所知了！」十二年四月甲辰之日，高祖崩於長樂宮

中（西元前 256～前 195 年）❸。計高祖起兵沛上，時二世元年，年四十八歲，五十一歲入關滅秦，五十五歲滅項羽而一有天下，跟著諸侯叛變，八年之中平定反側，兵戈戎馬，席不暇暖，終以積勞及箭創而死，臨死之時，猶念念不忘於國家身後之事，你能說這個「天下帝王事業的擔子」不沉重嗎！

漢初封建更嬗表

漢最初所封異姓諸王（功臣）		漢初更封之同姓諸王（子弟）		
齊	齊王韓信（後徙封楚王）……	齊	齊王劉肥	齊	齊王劉襄
			琅邪	呂后立劉澤為琅邪王
楚	楚王韓信（徙封淮陰侯後反誅）（分為荊楚）	楚	楚王劉交	
		荊	荊王劉賈（為英布所滅）	吳	吳王劉濞
趙	（張耳）→趙王張敖（罪廢）……	趙	趙王如意→趙王友→趙王恢（恢死呂祿為趙王）	
梁	梁王彭越（反誅）（分為梁，淮陽）	梁	梁王劉恢（恢徙為趙王、呂產為梁王）	
		淮陽	淮陽王劉友（友徙為趙王、以惠帝子武為淮陽王）	
淮南	淮南王英布（反誅）	淮南	淮南王劉長	
代	（初立劉仲為代王，為匈奴所攻，亡走）	代	代王劉恆（後立為漢文帝）	
燕	燕王臧荼（反誅）→燕王盧綰（反亡）	燕	燕王劉建（建死無後，呂通為燕王）	
長沙	長沙王吳芮 ─→ 吳臣 ─→	（漢初異姓諸王僅存者為長沙王）	

---

❸ 據《漢書》臣瓚注高祖卒年五十三歲，起兵之年為三十九，參見《十七史商榷》。

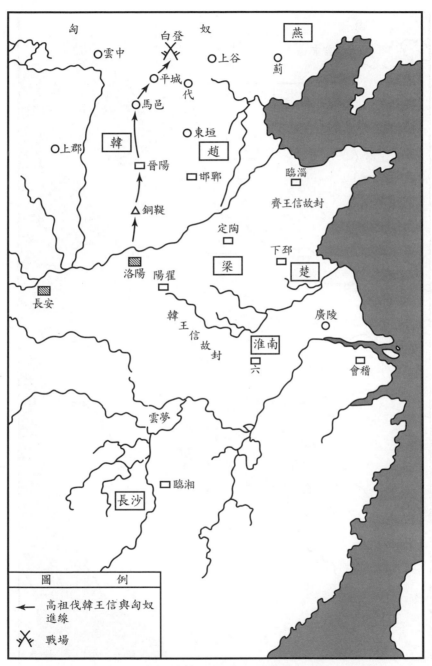

匈　　　奴

燕

白登

雲中　　　　　　　　上谷　　　　薊

平城

馬邑　　　代

韓　　　　東垣　　趙

上郡　　　　　　　臨淄

晉陽　　　邯鄲

齊王信故封

銅鞮

定陶

洛陽　陽翟　　梁　　下邳　　楚

長安

韓王信故封

廣陵

淮南

六　　　　　會稽

雲夢

臨湘

長沙

圖	例
←	高祖伐韓王信與匈奴 進線
✕	戰場

漢初所封異姓諸王形勢圖

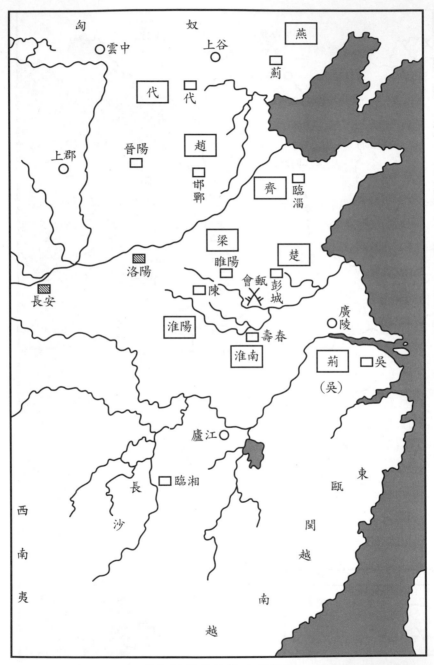

漢初所封同姓諸王形勢圖

第六講　呂后亂政

　　漢高祖劉邦當年在定陶地方，娶了一位美人，稱為戚姬，長得十分美貌，寵幸非常。自得戚姬，不免與呂后日漸疏遠，高祖晚年轉戰關東各地，唯戚姬不離左右。太子劉盈，為人懦弱無能，不得高祖歡心。後來戚姬生了一子聰明伶俐，取名如意，顧名思義，足徵鍾愛之情。高祖每撫弄如意道：「我愛如意，如意類我！」那戚姬便乘機在高祖面前，撒嬌撒痴，請立如意為太子。高祖於是決定廢立，朝中一班老臣，都堅持反對，高祖不聽。御史大夫周昌廷爭最力，高祖問他有什麼理由，那周昌口吃，又加情急，便道：「臣口不能言，然臣期期知其不可，陛下欲廢太子，臣期期不奉詔！」惹得高祖哈哈大笑，便將廢立之議，暫時擱置。呂后躲在東廂，側耳竊聽，廷罷，趕出跪謝周昌道：「非大夫之力，太子已廢，我感恩不盡！」當時周昌廷諫，並非袒護呂后太子，為的主持正義，雖然拂拗了聖旨，反而博得高祖的重視，知道周昌是骨鯁之臣。如意既為群臣反對，不得立為太子，恰好趙王張敖犯罪罷免。這趙國是個繁榮的大邦，高祖便封如意為趙王。又想如意年方十歲，自己已是垂暮之年，恐難保全。必須有一位強有力的大臣，為之輔佐，便想到了周昌，就以周昌為趙相。雖然如此，由於戚姬枕邊之言，那廢立的念頭，始終未斷。呂后不勝憂戚，知張良足智多謀，又為天子所最信任，乃託兄長建成侯呂釋之求計於張良。張良道：「當年爭取天下，皇上在患難之中，所以言聽計從。現在天下安定，情非昔比，何況這兒女之私，骨肉之愛，豈是外人言語所能進入！」呂釋之受呂后之命，一再懇求，張良實在推託不過，便道：「萬不得已，我有一計。這事

非口舌所能爭，須示以利害。皇上欲羅致天下人才，唯有四人，慕名已久而不能得，常引為遺憾。公等誠能不吝金玉，不惜說辭，卑辭厚禮，說動這四位賢人，使他們來侍奉太子。太子如能得此四賢為輔，那就聲譽十倍，而地位也就穩如泰山了。」

這四位賢人是誰？原來當秦末天下大亂之際，有四位隱士，隱居在商山❶之中，後來天下平定，還是不肯出仕。這四人，一名唐秉，人稱東園公；一名崔廣，人稱夏黃公；一名周術，人稱甪里❷先生；一姓綺里名季。四人年均在八旬以上，鬚眉皓白，人稱為商山四皓。這四皓終日在山中雲遊，不與世俗往來；任憑富貴之榮，帝王之命，他們都無動於衷。優遊方外，真同神仙一般，他們採芝而歌，其歌曰：

> 莫莫高山，深谷逶迤，曄曄紫芝，可以療饑。唐虞世遠，吾將何歸，駟馬高蓋，其憂甚大，富貴之畏人兮，不若貧賤之肆志！

呂后果然用了留侯張良之計，費了很多周折，請人往返敦聘，竟然將四皓請下山來，做了太子師傅。這四皓看太子禮賢下士，百般恭敬，便也效忠於太子。有過必規，有計必獻。英布之反，高祖原欲使太子將兵，便是四皓定計，教導呂后一番言語，保存了太子。及至討平英布歸來，箭創發作，高祖困病床蓐，自知不起。纏綿之際，又引發兒女私情，想到了愛子趙王如意，必欲立為太子，以了心願。太子太傅叔孫通苦苦諫道：「昔日晉獻公因寵愛驪姬廢太子立奚齊，晉國大亂幾十年；秦始皇不定扶蘇之位，致趙高詐立胡亥，天下崩潰，這是陛下所親見之事。當今太子仁孝，人所共知，呂后隨陛下，共苦茹辛，何能背棄！陛下必欲廢長立幼，臣不忍見亡國之禍，請先伏誅，以頸血汙地！」高祖情知理短，見叔孫通說得這般激切，便道：「我乃戲言，何苦如此！」叔孫通道：「太子乃天下的根本，本搖則天下動，陛下奈何以天下為戲言呢！」高祖答道：「我聽公之言！」高祖當時雖以理智壓制住了感情，心中還是悶悶不樂。這天在宮中飲酒解

---

❶ 在陝西商縣東南，亦名商嶺，山有七盤十二緯，林崖幽邃。

❷ 讀若ㄌㄨˋ ㄌㄧ一。

悶，因久不見太子，著人召太子入侍。太子奉命入宮，只見太子身後跟隨
著四位長者，像貌堂皇，衣冠修偉，長鬚飄胸，白髮如銀。高祖為之一驚，
問道：「那四位，從未曾見，是什麼人？」四皓向前稟道：「臣等乃唐秉、
崔廣、周術、綺里季，」高祖更為訝異道：「聞君等名已久，我幾番徵聘，
你等為何避而不來！卻在我兒左右？」那四皓道：「臣聞陛下輕士好侮人，
臣等不肯受辱，寧亡匿深山不敢奉命。今太子仁孝恭敬，禮賢下士，豈僅
臣等效命，天下之人莫不歸心！」高祖聞之不勝慨嘆，便撫諭道：「如此，
便煩公等好好保護太子！」酒宴既罷，太子叩謝回宮，高祖一直看著那四
皓，隨著太子飄飄而去。然後回頭握著戚夫人的手，淒然說道：「從今天
起，你我的念頭要打消了！我以往不知，今日天下人心既然歸順太子，又
得此四賢為輔，太子是斷斷動搖不得！」戚夫人倒入高祖懷中，熱淚盈盈。
高祖將戚姬勸起道：「不必哭了，為我楚舞，我為你作楚歌」，於是歌道：

> 鴻鵠高飛，一舉千里，羽翮已就，橫絕四海；橫絕四海，當可奈何！
> 雖有矰繳，尚安所施！

一連唱了幾闋，那戚夫人唏噓流涕，嬌啼不已。到了十二年四月甲辰，
高祖駕崩長樂宮時，正如〈薤露歌〉所謂：「鬼伯一何相催促，人命不得
稍踟躕」，連帝王事業，都顧不得，還管得了這嬌妻愛子嗎？又誰料到這
一分歡樂，正是一分痛苦；一分恩愛而種下一分怨毒呢！

高皇帝駕崩之後，十二年五月己巳之日，太子劉盈即皇帝位，是為漢
惠帝。惠帝即位年方十七歲，尊生母呂后為皇太后。呂太后與高皇帝共患
難定天下，多少地方看出她的精明強幹，不失為劉邦之內助。但是性情猜
忌冷酷，殺戮功臣，多半是呂后的主張。到了晚年，由於劉邦的寵幸戚姬，
受了些刺激，心理上更變得殘忍狠毒，劉邦剛剛去世，呂后便令人將戚夫
人剝去衫裙釵環，薙掉頭上青絲，身著赭衣，頸束鐵鉗，幽禁在永巷之中。
把一付花容月貌，弄得玉碎香殘。可憐戚夫人，想夫君身歸泉壤，愛子遠
在天涯，四顧圍牆高聳，荒草淒淒，叫天天不應，喚地地無靈，不禁肝腸
寸斷，淚下如雨，手執木舂，宛轉而歌，那聲音十分悲慘。其歌曰：

子為王，母為虜，終日舂薄暮，常與死為伍，相離三千里，當使誰
告汝！

呂太后聞之大怒道：「你還想仗恃你的兒子嗎？」便差人飛旨傳命趙王
如意即刻進京。使者往返三次，那趙相周昌不放趙王上路，對使者道：「高
皇帝在日，以趙王屬託小臣，趙王年幼無知，誠恐太后因戚姬之故加害趙
王，何況趙王方在病中，亦不能登程！」太后乃使人先召周昌，昌不敢違
命來到長安，然後再著人嚴命趙王晉京。惠帝劉盈的天性，與父母完全不
同。心腸柔軟，聞知太后怒召趙王，恐趙王遇害，乃親到霸上，迎接趙王
入宮。這兄弟二人，食則共席，臥則同床，形影不離，使呂后無隙下手。
過了些時不見動靜，大家都鬆了心。這天清晨惠帝出宮射獵，趙王年幼貪
睡，不能早起。呂后得知，立即著人持酖酒，酖殺趙王，及至惠帝還宮，
見趙王已死，悲痛不已。那呂后餘怒未消，還不甘心。復將戚夫人斷去手
足，挖眼燻耳，灌以瘖藥，放在溷廁之中，讓她輾轉呻吟，不死不活，取
名叫做「人彘」。過了兩天，太后召惠帝往觀「人彘」，只見一塊血肉模糊
的東西，在那裡打滾哀號，不忍卒睹，問明左右，才知道是戚夫人，不禁
放聲大哭。使人告太后說：「這豈是人作的事，太后如此行為，教兒怎樣
治理天下！」惠帝痛心已極，要麻醉自己，就飲酒淫樂，不理政事，因之
一病年餘不能起床。

太后無道，天子多病，幸虧國家承平，丞相蕭何治國有方，得以維持
住國家的安定。惠帝二年秋七月，蕭何病卒，遵先帝遺詔，以曹參為相。
那曹參雖出身行伍，身經百戰，到了晚年，卻治黃老之術，講清淨無為之
道。平居與人無忤，與事無爭，生活非常恬淡。雖然做了相國，政令措施，
一無更改，完全遵從蕭何的成規。選任官吏，專用那不善文辭，忠實樸厚
的人，求其做事謹慎，奉公守法。這樣一來，政清刑簡，朝中無所事事，
曹參終日在相府中飲酒取樂。有些好事的人，看曹參不理政事，便來謁見，
欲有所陳說，曹參知其來意，相見之下，慇懃勸酒，必將來人灌得酩酊大
醉，扶出門去，讓他沒有開口的機會。相府後面是一座花園，緊靠著花園

的後圍牆，就是一所官家宿舍。住在宿舍裡的這些官員們，終日飲酒叫囂，吵鬧不堪。有些人不堪其擾，很想報告相國，恰巧一日陪同曹丞相遊園，聽到喧譁之聲，他們就乘機報告說這些官員平日生活如何放縱，不守官箴，要請丞相整飭。曹參聽說，即著人將那些好飲酒取鬧的官員喚來，並不申斥，反而大張酒宴，和他們一齊縱酒歌呼，盡情歡笑，真是渾忘形跡。弄得那些告發的人們，啼笑皆非。曹參發現部下小有過失，只要不妨大體的，總是為之掩蓋，一以寬大待人，於是雍雍穆穆上下相安。惠帝看相國不甚問事，心裡納悶，這天朝中看見曹參的兒子中大夫曹窋，把他喚到一旁，告諭他說：「你回去，慢慢的和你父親說：高皇帝新棄群臣❸，天子幼沖，國家大事，正靠大人，這樣終日飲酒逍遙，怎麼治理天下人民？但是千萬不要講這話是我說的！」曹窋奉命回到家中，便把這話來勸諫父親。不料曹參竟赫然大怒，把曹窋按倒在地，重重打了二百下屁股，罵道：「你快去上朝辦公，盡你自己的責任！這國家大事，你小孩子懂得什麼？要你多嘴！」曹窋受了冤枉，便上朝向惠帝訴苦，惠帝聞言，大為不悅。便召曹參責道：「是我叫曹窋相諫，你為什麼要責打他？」曹參惶恐，免冠叩首謝罪道：「陛下自察，聖明英武可比得上高祖皇帝？」惠帝道：「我如何敢望先皇帝！」曹參又道：「陛下看臣比蕭何如何？」惠帝遲疑了一會道：「君似不如也！」曹參道：「陛下的話對了；高皇帝與蕭丞相平定天下，法令嚴明，國家大治。今天但求安定，不必多事更張。希望陛下垂拱而治，參等奉公守職，不須有功，但求無過。這就是今天治國之道了！」惠帝笑道：「你說得也是不錯！」曹參就這樣平平安安的做了三年舒服丞相，於惠帝五年秋八月薨。百姓思念，為之歌曰：

> 蕭何為法，顜若畫一❹，曹參代之，守而勿失，載其清淨，民以寧一！

後人稱為「蕭規曹隨」。曹參死後，仍遵遺詔以王陵為右丞相，陳平

---

❸　皇帝去世稱為棄群臣。

❹　顜音ㄐㄧㄤˇ，和也。顜若畫一是法律整齊一致的意思。

為左丞相，周勃為太尉。曹參為政三年，無所貢獻，且太后陰酷，君主幼弱；何以能天下承平，海內晏如？其原因有二，一由於高祖蕭何的創業政治已上軌道。一由於大亂之後，人心思治。所謂饑者易為食，渴者易為飲，只要給人民以生活上相當的自由，生存上相當的保障，與民休息，那人民沒有不奉公守法安居樂業的。所以他們對曹參的政治是一致的歌頌，此之謂「無為而治」。從這裡也可以看出人民的心理和自由政治的價值。但是這種政治態度，也要看客觀的環境來決定，並不是在任何情況之下，都可以運用的。

　　在曹丞相死後的一月，就是惠帝五年九月長安城垣完工。這是一件大事，須要加以說明。原來漢高祖卜都長安地方，後經蕭何監工建築了未央、長樂等幾座宮殿，還沒有城垣。長安城垣的建築，始於惠帝元年，其間有兩次大規模的趕工，一次是在惠帝三年春，一次是在五年春天，每次發長安附近六百里內的男女民工十四萬五千人，做工三十天。至於平時常川的工匠有二萬人，這樣不斷的建築，歷時五載，始克完成，可見其城垣規模之宏大。城方圓六十三里，縱橫各十二里，奠定了西漢二百年的首都。

　　這時內政建設，總算在安定中求其進步。唯有外交方面，有一樁不愉快的事情，那就是匈奴的驕橫。前講高祖平城之役後，建信侯劉敬獻和親之策，呂后不肯遣嫁長公主，遂以宗室女偽為長公主，令劉敬往匈奴結和親之約。後來因為國內多事，這和親之約，一直拖延，並未實行。而匈奴的寇邊，也從未休止。到了惠帝三年，匈奴又侵擾北疆。冒頓單于遣使致書於呂太后，其辭略曰：「孤僨之君，生於沮澤之中，長於平野牛馬之域，數至邊境，願遊中國。陛下獨立，孤僨獨居，兩主不樂，無以自娛，願以所有，易其所無。」言語褻嫚不堪，簡直不成體統。呂太后閱書大怒，召群臣計議，欲發兵擊匈奴。樊噲雖老，卻不服氣，大聲奏道：「臣願得十萬眾橫行匈奴中！」中郎將季布不以為然道：「樊噲可斬也！當年匈奴圍高皇帝於平城，漢兵三十二萬，樊噲身為上將軍，不能解圍退敵。今天下當大亂之後，傷夷未起，人心厭戰，樊噲卻要動搖天下，妄說以十萬眾就能橫行匈奴，豈非當面欺君嗎！臣以為那匈奴夷狄之邦，有如禽獸。禽獸之

鳴，聞其善言不足喜，聞其惡言亦不足怒！還是以國家大計要緊，不必和他負氣！」呂太后默然罷朝，退後一想深以為然。遂特派朝中大謁者❺張釋奉書復使匈奴，書中措辭，極其謙遜。並賄贈冒頓車二乘馬二駟，以資聯歡。冒頓原是挑釁，見漢朝氣度寬弘，也自覺失禮。便遣使答謝，並貢獻馬匹。呂太后乃以宗室女，飾做公主，正式嫁往匈奴實踐了和親之約，兩國之間，暫時維持了和好。

　　卻說漢惠帝，自從觀人彘驚憂成疾，一病經年。後雖病癒，身體依然孱弱不支，七年八月戊寅之日，駕崩於未央宮中，享年才二十四歲。惠帝皇后張氏，便是張敖之女（即魯元公主所生，也就是惠帝的甥女），不曾生育。呂太后便取後宮美人之子，假託是皇后所生，立為太子，而將美人殺死以滅口。太子名恭，太子諸弟劉彊，劉不疑，劉弘，劉朝，劉武皆是後宮美人所生，據說均非惠帝骨血。惠帝崩，太子即位，年幼不能聽政，呂太后遂臨朝稱制。呂太后長兄呂澤，早年死難，封為令武侯。遺兩子呂臺封酈侯，呂產封交侯。次兄呂釋之封建成侯，惠帝二年卒，亦遺兩子呂祿封胡陵侯，呂種封沛侯。太后一旦臨朝，便欲封諸呂為王，問右丞相王陵。王陵道：「當年高皇帝刑白馬為盟曰：非劉氏而王者天下共擊之，王呂氏斷斷不可！」太后當時不悅，回頭又問左丞相陳平和太尉周勃，陳平等道：「昔時高帝君臨天下，分王劉氏子弟；今天太后稱制，分王呂氏子弟有何不可。」太后喜形於色，乃罷朝。王陵大不高興，責讓陳平周勃道：「當年和高皇帝歃血為盟，你們不都在場嗎？現在高皇帝晏駕未久，呂太后便欲背盟約王呂氏，你們身為將相，但知阿諛奉承，還有何面目見高皇帝於地下！」陳平周勃笑道：「你且不要負氣，今天面折廷爭，臣不如君；明日全社稷定劉氏之後，君不如臣！」不久太后拜王陵為太傅，奪其相權，王陵也就稱病告退。乃進陳平為右丞相，以辟陽侯審食其為左丞相。這審食其原是呂氏故人，彭城之戰，太公呂后賴審食其的護送，得免於難，以後一直成了呂后心腹。這時得食其為輔佐，呂后更肆無忌憚為所欲為了。

　　呂太后稱制的第四年，小皇帝漸漸懂事，知道自己並非張皇后所生，

---

❺　官名，一名謁者僕射，掌朝廷儀節賓贊之事。

而且生母是被皇后所害。怨憤道：「她敢殺死我的母親，還要我做她的兒子。好！等我長大，看我報仇！」太后聞知，恐其作亂，便將少帝先幽禁在永巷中，隨後加以殺害。於是立劉恭之弟恆山王劉弘為帝，太后依然臨朝稱制。六年，封呂產為呂王。

趙王如意死後，徙淮陽王劉友為趙王，呂后為培植自己的勢力，強納呂氏女為趙王后。趙王偏偏不愛呂氏女，而愛別的姬妾。呂氏妒恨，讒害趙王，誣告趙王要仇殺呂氏。太后怒，召趙王到長安，將他監禁在王邸之中，絕其飲食。那趙王饑餓悲憤，作歌以自哀：

諸呂用事兮劉氏危，迫脅王侯兮彊授我妃。我妃既妒兮誣我以惡，讒女亂國兮上曾不寤。我無忠臣兮何故棄國？自決中野兮蒼天舉直！于嗟不可悔兮寧早自財。為王而餓死兮誰者憐之？呂氏絕理兮託天報仇！

可憐趙王劉友竟餓死在王邸之中，以民禮草草埋葬於長安郊外。趙王友既死，乃徙梁王劉恢為趙王，徙呂王呂產為梁王，梁王為帝太傅，不就國。梁王恢之徙為趙王，本非所願，心中忽忽不樂。呂太后又以呂產女嫁與趙王為后，王后從官都是呂氏家族，擅權用事，處處挾制趙王，使趙王言語行動，都不得自由。王后又使人酖殺趙王的愛姬，趙王傷心之餘，覺得了無生趣，作悲歌四章也自殺而死。如意，劉友，劉恢，一連三個趙王，都死在呂后手中。趙王恢死後，太后命以呂祿為趙王。七年九月燕靈王劉建薨，無後國除，十月立呂台之子東平侯呂通為燕王。幾年之中，前後封諸呂為王者四人，為侯者六人，追尊已故的呂公為呂宣王，呂澤為悼武王，呂釋之為趙昭王。又以呂產為太傅居宮中，將南軍，呂祿為上將軍，將北軍。曾幾何時，劉邦之骨未朽，而劉氏之天下，已一變為呂氏之天下。諸劉氏子弟，為呂后所殘害，一個個又死得那樣淒慘。這與殺功臣刑白馬相對照，真是一個強烈的諷刺呵！

呂太后雖王諸呂，卻也拉攏幾個劉氏子弟以為掩飾。太后有妹呂嬃，嫁與樊噲，封臨光侯，生女為營陵侯劉澤妻。劉澤是高祖劉邦的從堂兄弟，

當時在劉氏諸王中年事最長，又為大將軍。呂后深與結納，特劃分齊國南部的琅邪郡，封劉澤為琅邪王。這時齊王劉肥已死，肥子劉襄襲封齊王。齊王襄有弟名劉章，年方二十餘歲，少年英俊，孔武有力，獨獲太后寵愛，特徵入皇宮為侍衛，又以呂祿之女妻之，封為朱虛侯。朱虛侯忿恨劉氏失權，常懷不平。這一天，入宮侍衛，值逢太后與諸呂飲宴為樂。太后戲令劉章為監酒官。劉章乃佩劍登殿，請命道：「臣乃將門之子，敢請以軍法監酒」，太后笑諾。酒至半酣，劉章拔劍起舞，舞罷，向前奏道：「臣請為太后歌耕田歌！」太后笑道：「你父親還懂得耕田的道理，你身為王子，出身在富貴之中，如何知道這些事？」章答道：「臣知之！」太后道：「那麼，你且歌與我聽！」劉章乃引吭而歌曰：「深耕概種，立苗欲疏；非其種者，鋤而去之！」太后聽罷默然。諸呂中忽有一人，醉酒逃席。劉章立即拔劍追出，就庭前一劍砍下了首級。捧了首級，獻上太后道：「今有逃酒犯一人，臣奉命，已以軍法從事！」太后與左右之人，愕然大驚，但因有命在先，亦無可如何。自此以後，諸呂見了朱虛侯，都有幾分畏懼。連那朝中的大臣，也都倚賴朱虛侯為他們的保障了。

這時王陵已死，陳平雖身為右丞相，大權卻旁落在審食其之手。陳平目睹太后劫持小主，危害劉氏，自己身為大臣，欲匡扶社稷，又恐怕力不能爭，反而遇禍。常閉門憂思，心情抑鬱。這天忽報陸生來見，陳平見陸生來不禁撫掌大喜。這陸生是誰呢？

陸生名賈，楚人，曾從高祖定天下，為人多謀略擅辯才，人稱「有口辯士」。曾奉使南越（一做南粵）有功，拜為太中大夫❻。陸生常在高祖前稱說詩書之道，高祖不喜，罵道：「我在馬上得天下，這《詩》、《書》有什麼用！」陸賈道：「陛下於馬上得天下，但不能於馬上治之。」高祖因問陸生以歷代興亡之道，陸生乃著書十二篇，獻上高祖，高祖每閱一篇，無不稱善，世人稱其書曰：《新語》。到了高祖駕崩，呂后用事，陸生見朝政日非，便告病退休。陸生有五子，均已長大成人，陸生將家產變賣得千金，分散給五子，令他們各謀生產自立門戶。然後自己安車駟馬，從歌舞

❻　陸賈使南越事參見本書第七講。

侍者，遨遊各地，所以與陳平雖是老友，卻久已不見。這天陸賈回到長安，特來拜會陳平，見陳平強作笑容，不勝愁苦。坐定，左右無人，因抵掌問道：「多日不見丞相，丞相何憂之深？」陳平道：「不敢隱瞞故人，你可猜得出我的心事？」陸生道：「足下身為首相，食三萬戶侯，可謂富貴極矣。如有憂慮，必是朝廷大事。我想足下所憂在呂氏與少主耳！」陳平低聲道：「果然不錯，你道，今日之事該當如何呢？」陸生道：「孤掌難鳴，獨木難支，俗話又道：天下安，注意相；天下危，注意將。將相和調則士心歸附，士心歸附則天下縱有變亂而大權不分。今日社稷之計，端在丞相與太尉之掌中耳！君何不交驩太尉，深相結納。」於是為陳平畫了幾道計策，陳平依計而行。先以五百金置了一筆厚禮，為絳侯壽，絳侯周勃也還了一份禮物，從此兩人來往日益密切，便暗中定下了復辟的計劃。

呂后稱制的八年春三月，太后修被事❼還，經過軹道地方，看見一個動物，好像是一隻瘋狗，撲上前來，竟將太后腋下咬傷，及待捕捉，倏忽不見。回到宮中，這腋傷潰爛起來，病勢日益沉重。令人占卜，卜者說是：「趙王如意為祟，」太后更外惡心。到了七月中旬，太后自知不起，將姪兒呂產、呂祿喚到面前，誡道：「我為你等，操盡了心思。當年先帝原與大臣有約，非劉氏而王者天下共擊之。今日我封你等為王，朝中宗室大臣都不甘心，我在，他們不敢如何，我死之後，事便難料。喪亂之中，你等務必小心，掌握住兵權，保衛住宮廷，以防萬一之變！」說罷，瞑目而逝，遺詔：賜諸侯王千金，大赦天下，以呂產為相國。時在八年秋月辛巳。

呂后一死，當時長安城中人心惶惶，謠諑四起。朱虛侯劉章之妻是呂祿之女，漏出消息，說諸呂恐宗室大臣不容，計劃謀逆。朱虛侯便與弟東牟侯興居商議，決先發制人，即作書令人告知兄長齊王襄，叫他立即連絡山東諸侯，起兵申討呂氏。自己與朝中大臣為內應，事成之日，即奉齊王為帝。齊王得書大喜，即以舅父駟鈞為相，中尉魏勃為將軍，郎中令祝午為內史，盡發國中之兵，移書遍告各諸侯，略曰：

---

❼　被音ㄈㄨˊ，除惡也。被事是一種祭祀，在水濱舉行，所以除惡求福，每於春天舉行之。

高帝平定天下，王諸子弟，悼惠王王齊。悼惠王薨，孝惠帝使留侯良立臣為齊王。孝惠崩，高后用事，春秋高，聽諸呂，擅廢帝更立。又比殺三趙王，滅梁、趙、燕以王諸呂，分齊為四。忠臣進諫，上惑亂弗聽。今高后崩，而帝春秋富，未能治天下，固恃大臣諸侯。而諸呂又擅自尊官，聚兵嚴威，劫列侯忠臣，矯制以令天下，宗廟所以危。寡人率兵入誅不當為王者。

相國呂產聞變，立命大將軍穎陰侯灌嬰率兵往討。灌嬰進軍至滎陽，與諸將計議道：「諸呂擁兵權據關中，要危劉氏謀叛逆，我們如果奉命擊齊，豈不是幫助呂氏為亂！」大家一致主張不聽偽命。於是駐軍滎陽，按兵不動，一面差人和齊王諸侯連絡，坐待呂氏之變。齊王劉襄也還兵西界，觀望風色。這樣一來，關中的局面和情緒，就越外的動搖與複雜了。

相國梁王呂產和趙王呂祿都是沒有主意的人，雖然擁兵居南北軍中，感到各方面的壓力，心中忐忑不安，莫知所措。曲周侯酈商之子酈寄和呂祿交情最密，周勃、陳平和酈商商議，教他兒子去誑說呂祿，就道：「高皇帝與呂后共定天下，劉氏所立九王，呂氏所立三王，這是大臣所共議，天下所共知，沒有那一個人可以反對。現在太后去世，幼主當朝，所以天下紛紛，人心不定的原故，主要的是許多諸侯大臣忌恨呂氏的專有兵權。這兵權兇器，要它何用。為了萬全之計，足下何不歸還將印，把兵權交給太尉。然後偕同梁王一齊歸國，則諸侯必罷兵，天下皆太平。那時做一個太平的諸侯，安享尊榮，高枕無憂，何樂而不為呢！」呂祿正在苦惱，聽了這話，深以為然。周勃、陳平又暗地溝通了襄平侯紀通，紀通管符節，假託天子符節，令太尉將北軍。酈寄和典客❽劉揭趕來見呂祿道：「天子已令太尉將北軍，欲足下就國，還不快歸還將印，若再猶豫，大禍起矣！」呂祿聽說，以為外面情勢緊張，也就顧不得考慮，立即解下印綬，交與典客劉揭轉授太尉，呂祿於是離軍回府。這時太尉絳侯周勃手持符節印綬，來到北軍，集合軍隊，宣令軍中道：「凡願為呂氏效命的右袒❾，願為劉

---

❽ 官名，掌外交之事。

氏效命的左祖。」號令一出，只見滿營將士，都掀開衣襟，伸出了左臂。一時軍中齊呼萬歲。這消息傳到臨光侯呂嬃耳中，呂嬃大驚道：「那有身為上將，而放棄軍權的，我呂氏死無葬身之地了！」盡出所藏珠玉寶器，散置堂下，任人拾取，嘆道：「我何苦為別人做看財奴呢！」

太尉周勃雖奪得北軍，還有南軍在呂產掌握中。丞相陳平素知朱虛侯劉章驍勇有膽識，便令劉章往佐太尉。劉章率領甲卒千人，走到未央宮前，遇到呂產，即引兵突擊。呂產隨從士卒，倉皇迎戰，都沒有鬥志，略事抵抗，就紛紛四散。呂產慌忙逃遁，被追殺在郎中府吏的廁所之中。劉章既斬呂產，復引兵到長樂宮，殺死長樂衛尉呂更始，然後馳歸北軍，回稟太尉。周勃大喜，舉酒勞賀朱虛侯道：「所患者唯獨呂產，呂產伏誅，天下定矣！」遂遣人分頭逮捕諸呂，九月辛酉殺呂祿，笞殺呂嬃，所有呂氏家族無論男女老少，一律斬首。又遣人齎命，誅殺燕王呂通，廢魯王張偃，偃張敖之子。然後遣朱虛侯以誅呂氏事告齊王，令罷兵，灌嬰亦從滎陽罷兵回長安。這一番政變，有如狂風暴雨，一捲而過。

這時朝中諸大臣陳平、周勃、夏侯嬰、張蒼等，與諸宗室朱虛侯劉章、東牟侯劉興居、琅邪王劉澤等，共議善後。大家說，惠帝諸子少帝與淮陽王常山王都不是劉氏骨血，不當為帝，今天應當另外擁立一位賢王。遂有人提出齊王劉襄，謂襄為高皇帝長孫，理當即位。諸大臣道：「呂氏以外戚亂政這是眼面前的事，今後立君不單要選擇君主，還要選擇外戚。那齊王母舅駟鈞，是著名的『虎而冠者』，如立齊王，外戚之禍又起了。」大家紛紛議論，最後一致公認，代王劉恆是高祖現在諸子中年紀最長，性情仁孝寬厚，母家薄氏又最謹良。於是決定擁立代王劉恆為帝，即派人前往代國接駕。

代王劉恆是高祖的中子，薄姬所生。薄姬原是魏王豹的侍妾，豹被虜，高祖將薄姬納入後宮。薄姬為人謹訥，不得高祖的歡心，生了劉恆之後，未見幸，在諸姬中處境最為孤寂。高祖死後，戚夫人等一班幸姬先後均被呂后所害，獨薄姬得免於難。後來就偕弟薄昭往代國，為王太后。劉恆是

❾　就是把衣服揭開，袒露出右臂。

在高祖十一年破陳豨後，立為代王，因為不得高祖喜愛所以封在這窮寒的
北方。誰知這反而成就了劉恆，使他遠離政治漩渦，在這偏遠之地獨立建
設起一個事業的基礎，得到許多生活上的磨練。到呂后逝世時，代王在位
已十七載，年已二十四歲。北方雖寒苦，倒也過得安定自在。不料這天朝
廷專使到來，報說呂氏伏誅，要恭迎代王進京。當時代王召集群臣共同商
議。郎中令張武道：「當今朝中諸大臣，都是先帝時宿將，這些人習兵機，
多詐謀，其心不可測。現在高帝呂后先後駕崩，他們目中無人，現在突然
誅殺呂氏喋血京師，來迎大王，其事吉凶不可知。願大王稱病不往，以觀
其中變化。」中尉宋昌道：「不然，今天劉氏的地位，已安若磐石，難以動
搖。以呂太后那樣專橫，並三呂為王，然而周太尉一節入北軍，士卒皆左
祖，頃刻之間，呂氏族滅，可見天下人心的傾向。縱然大臣陰謀作亂，百
姓也絕不會附從。何況朝中有朱虛東牟之親，關外有吳楚淮陽琅邪齊代之
強，誰敢造反。方今高皇帝子，只有大王與淮南王兩人。大王居長，又賢
聖仁孝聞於天下，所以大臣順天下人心迎立大王，大王何必疑惑！」代王
不能作主，乃請命於太后，太后也猶豫難決。便著人龜卜，得「大橫」之
兆，其占辭曰：「大橫庚庚，余為天王，夏啟以光。」代王道：「寡人已經
為王了，又何必稱王？」卜者解釋說：「所謂天王者，天子是也！」代王心
中仍是疑慮，便先遣母舅薄昭晉京謁見絳侯周勃，一探虛實。薄昭回報丞
相太尉等迎立大王確是至誠，絕無歹意。代王笑對宋昌道：「果如公言！」
於是輕裝簡從，命宋昌參乘，僅攜張武等六人，乘坐傳車前往長安而來。
到了渭橋，只見群臣百官已在迎候，向前拜謁稱臣。代王慌忙下車答禮，
太尉周勃走進前來，要請代王一旁講話。宋昌大聲喊道：「太尉如有公事
即請公開講，如有私事，須知王者不受私謁！」太尉色慚，即跪倒在地，
雙手獻上天子符璽。代王推謝道：「等到了府中再行計議。」於是代王車駕
在前，百官隨後，進入長安城；來到代王府邸中。丞相陳平，太尉周勃，
大將軍陳武，御史大夫張蒼，宗正劉郢，朱虛侯劉章，東牟侯劉興居，典
客劉揭，向前勸進道：「當今少帝弘與淮陽王常山王等都不是惠帝之子，
不能奉宗廟社稷，大王是高帝現有長子，理當嗣位，願大王即天子位。」

代王遜讓道：「奉高帝宗廟重事，寡人無德，不足稱，願請楚王計議，寡人實不敢當！」群臣跪伏固請，代王西向讓者三，南向讓者再，辭不獲已乃道：「既然諸位宗室將相王侯以為非寡人莫宜，寡人不敢辭。」於是即天子位，群臣以禮順次而立。東牟侯劉興居自告奮勇道：「誅呂氏臣無功，臣請為陛下除宮！」便與太僕汝陰侯滕公，率兵入宮，直闖入內室，見了少帝道：「你不是劉氏的兒子，不能在位！」講完，不由分說便將少帝推上乘輿，載出皇宮。迺奉天子法駕迎接代王。代王即夕駕入未央宮，拜宋昌為衛將軍，鎮撫南北軍，以張武為郎中令行殿中。復命有司分部殺淮陽王常山王與少帝。是夜下詔書曰：「間者諸呂用事擅權，謀為大逆，欲以危劉氏宗廟，賴將相列侯宗室大臣誅之，皆伏其辜，朕初即位，其赦天下，賜民爵一級，女子百戶牛酒，酺五日。」於是結束了這一度政權的紛爭，在一位睿明的君主統治之下，使漢朝的政治，納入正軌，而走上了一個太平的盛世。這位睿明的新君代王劉恆，就是漢孝文皇帝。

　　計自惠帝元年到呂后八年，呂后前後掌政者凡十五年。這十五年中有一個可注意的現象，就是呂后之亂，她所亂的僅限於宮闈之內一部分政權，而非全國的政治。全國的政治在蕭規曹隨的原則下，是保持著相當的安定。在《史記呂太后本紀》的太史公曰有這樣四句話：「天下晏然，刑罰罕用，民務稼穡，衣食滋殖。」這並非溢美之辭，而是事實，這個事實，為後來文景之治奠立了一個基礎。劉邦的冷酷和呂后的殘忍，其對象是功臣與宗室──少數有利害衝突的私敵。他們對於整個人民的統治，卻是寬大為懷，絕沒有像秦二世那樣殘酷無情；所以人民對於他們的報答，也是寬大的。相反的，他們對於他們的私敵是冷酷殘忍；而他們的私敵對於他們的報復也是冷酷殘忍。你看這十五年前後，初則劉邦殺害功臣，不到十年而呂后殺害劉氏，又不到五年而群臣誅殺呂氏。因果循環，如出一轍。我們不一定要迷信宗教裡的果報觀念；但是須認識這冥冥之中，確有一個主宰人類活動的力量，這個力量就是人道和真理。一個人要維護自己的利益，保障兒孫的幸福，那除了服膺人道和真理外，沒有第二法門。

第七講　文景之治㈠

南粵稱藩　　鄧通吮疽　　淮南絕食
袁盎卻座　　賈誼上疏　　緹縈救父
馮唐論將　　新垣望氣　　細柳觀兵

　　從漢高祖劉邦殺戮功臣，到絳灌復辟誅諸呂，短短十幾年中，從君臣間的殘害，到骨肉間的仇殺，真是怵目驚心；其原因也不過為了維護皇室，爭取政權。令人深深感覺這皇帝寶座，實在不容易坐，那漢文帝劉恆，早居北藩，曾經憂患，熟知人情世故。所以在他接受群臣擁戴之時，再三考慮，再四謙讓，真是戰戰兢兢，如臨深淵，如履薄冰。以一種非常戒慎恐懼的心情來承擔這艱鉅的使命。他知道如何維繫宗室大臣，如何安撫天下百姓，以贏取民心的支持。

　　漢孝文皇帝即位之後，十月辛亥，謁見高皇帝廟，遣國舅車騎將軍薄昭，迎皇太后於代。論誅諸呂之功，詔加封太尉周勃邑萬戶，賜金五千斤；丞相陳平，將軍灌嬰，各邑三千戶，金二千斤；朱虛侯劉章，襄平侯劉通，各邑二千戶，金千斤；封典客劉揭為陽信侯，賜金千斤。趙幽王（劉友諡為幽王）死得可憐，復立趙幽王子劉遂為趙王。琅邪本是齊地，乃徙琅邪王劉澤為燕王，盡歸還呂氏所奪齊楚之地。又立朱虛侯為城陽王，東牟侯為濟北王，列侯從高帝入蜀漢中者六十八人，都各加封三百戶。宗室勳臣，人人歡喜。那年十二月，天子忽然下了一道詔書，叫左右丞相審議收帑相坐之律❶，大意說：法律是達到政治目標的一種手段，所以禁止暴行而保

---

❶　「應劭曰，帑，子也，秦法一人有罪，並坐其家室。」「顏師古曰，帑與奴同，假借字也。」這有兩個說法，按古無孥子，奴、帑、孥三字通用，這收帑就是收捕他的家小。坐是判罪，相坐是共同判罪。總起來說，就是把罪人有關的親屬，一齊判罪，一齊捉來殺頭。《史記》本紀和《漢書》本紀均作收帑相

護好人。現在犯法的人本身既經判罪，為什麼要連累那無罪的父母兄弟妻子，一齊受刑呢？我實在不能贊同，你們務必要將這條法律重加審定！❷

左右丞相奏大意說：這父母兄弟妻子連坐同收的法律，是加重一般人心理上的恐懼，使人民誰也不敢犯法。這項法律，由來已久，依愚臣之見，還是不改的為便。❸

天子又下旨道：我聽說：法律公正人民才遵守，罪名恰當人民才服從。官吏的主要責任是教養人民感化人民，使人民為善。現既不能教養感化，還要用一種不正當的法律來摧殘人民，像這樣的法律，它本身就是一種暴行，怎麼能禁止人民犯罪呢？我實在看不出它的便利何在，還是要再仔細的研究一番才是。❹

於是兩丞相大受感動，一齊奏道：「陛下加大恩於百姓，盛德非常，非臣等愚昧所能及！臣等謹奉詔，盡除收帑相坐法。」原來一人犯罪，並坐家族，父母妻子一齊殺頭，這叫做「收帑相坐法」或稱「族誅」。這是秦朝所訂的野蠻法律，到了今天，才被漢文帝所革除❺，真說得上是皇恩浩蕩，兆民感悅了！繼之，有司奏請立太子，以尊宗廟。文帝本其先公後私的精神，經過了好一番遜讓，才立長子劉哲為太子，立太子母竇氏為皇

坐，《漢書刑法志》則作相坐及收而無帑字。）

❷ 文帝初令有司議除收帑相坐律詔原文：「法者，治之正也，所以禁暴而率善人也。今犯法已論，而使母罪之父母妻子同產（兄弟姊妹謂之同產）坐之，反為收帑。朕甚不取，其議之。」

❸ 丞相覆奏原文：「父母妻子同產相坐及收，所以累其心，使重犯法也，收之之道，所由來久矣，臣之愚計，以為如其故便。」

❹ 文帝再下詔原文：「朕聞之，法正則民慤，罪當則民從。且夫牧民而道之以善者，吏也；既不能道，又以不正之法罪之，是法反害於民，為暴者也。朕未見其便，宜熟計之！」

（以上三文《史記》與《漢書》略有出入，茲從《漢書》）

❺ 收帑相坐法廢止之後，到了後元元年殺新垣平又夷三族。從此收帑之律雖未明文宣布，卻無形中又恢復了。到了武帝時刑戮很酷，這全看帝王的運用，其間伸縮性很大。

后。

丞相陳平年老多病，以絳侯周勃誅諸呂功高，奏請天子，願將右丞相之位讓與絳侯，而退居左丞相之職。周勃既為右相，位居第一，受賞賜獨多，功勞又大。每逢朝罷，得意之情，形於顏色，文帝對周勃反而優禮甚恭。郎中袁盎奏道：「諸呂大逆，幸賴朝廷大臣，同心協力，共誅無道，絳侯那時身居太尉，適逢其會，這何嘗是他一人之功。如今絳侯面有驕色，主上反而謙恭有禮，君臣上下失度，誠非朝廷之福！」文帝深以為然。從此上朝，態度莊嚴，右丞相漸覺跼促不安。文帝臨政，百事躬親。這一天早朝，突問右丞相周勃道：「天下一年決獄多少？」周勃目瞪口呆，茫然不知所對，支吾了好半晌，才囁嚅答稱：「實不得而知。」天子又問：「天下一年錢穀出入多少？」那周勃還是對答不出，又謝稱：「不知」；只逼得面紅耳赤，汗流浹背。於是文帝顧問左丞相陳平，平應聲答道：「啟稟陛下，這各有主者。」文帝問道：「主者是誰？」平道：「決獄❻之事，請問廷獄。錢穀之事，請問治粟內史。」文帝又問道：「那麼既然各有所主，請問你所主何事？」平道：「主臣！」文帝不解，問說：「何謂主臣？」平答道：「丞相者，上佐天子理陰陽，順四時；下育萬物之宜；外鎮撫四夷諸侯，內親附百姓；使群臣百官，各稱其職，各盡其責，這就是主臣之道！」文帝大喜，撫掌稱善。這相形之下，弄得右丞相羞慚滿面，無言而退。好在周勃與陳平是老朋友，埋怨陳平道：「你為什麼不先教我，使我受窘？」陳平忍不住笑道：「你身居首相，難道不知道自己的任務嗎？朝廷對答，要深明大體。假如天子問你，這長安城中有盜賊多少？你也能說得出數目來嗎？」周勃乃自慚不如陳平，難居高位。有人乘機勸周勃道：「君侯誅諸呂，迎代王，功蓋天下。今又受上賞，居高位，這是招忌惹禍的根由，應當及時引退保全福祿！」於是周勃乃稱病辭職。天子也不挽留，即以陳平專為丞相。不料未到一年陳平一病身亡，周勃以資望復為丞相。這時文帝詔令各諸侯就國，多觀望不肯奉詔。於是文帝對丞相說：「前日我遣派列侯就國，多不肯走。丞相，你是我的親信大臣，官位最高，如丞相肯作表率，先行就國，

❻　處決獄囚，通指判死罪者。

那些諸侯誰敢不遵命！」周勃無話可說，只得辭了丞相，率領家小前往絳邑，遂以太尉潁陰侯灌嬰繼為丞相。這絳邑是一個小小的縣城，周勃回到國中，悒悒不樂，又心中狐疑，生怕有什麼不測之禍，時加防備。每接見過往大吏，總是身披鎧甲，環執兵器。誰知這樣一來，招出許多謠言，傳說絳侯謀反。天子便將絳侯拿捕進京，下廷尉嚴加審訊。周勃心實口拙，倉卒不知所對，竟大受獄吏的折辱。幸而太后弟車騎將軍薄昭是周勃的好友，受勃恩惠最多，忙將這事，報知太后，太后聞言大怒。適文帝進宮，太后罵道：「你不想，當年絳侯縋皇帝璽綬，身居北軍，手掌兵符，不在那時謀反；現在只剩下了一個小小的縣城，難道他會造反嗎？」文帝最孝順太后，惶恐謝過，驗明絳侯無罪，便將絳侯釋放，並恢復了爵邑。那絳侯周勃出得獄來，長嘆一聲道：「想我周勃當年，身為太尉，統領百萬大軍，何等威風！今天才知道，這獄吏的威風比我還大呢！」經此打擊，周勃再回到絳邑，忍氣吞聲，小心謹慎，過了幾年，總算壽終正寢。勃長子勝之，因犯罪除國。次子亞夫，為人英明，後因討平吳楚之亂封為條侯，這是後話。

　　漢文帝對內對外，總是講究息事寧人。那時南越王趙佗脫離中央，抗命稱尊，是從呂后以來，不曾解決的一個嚴重問題。這趙佗原是中國北方真定人氏，自幼流落南越。做了南海郡龍川縣的縣令，為人精明能幹，深得守尉的信任。秦朝末年，天下大亂，南海郡郡尉任囂病將死，召趙佗至前，說道：「中國陳勝作亂，豪傑紛起。這南海地方雖僻遠，負山阻險，形勢雄壯，東西有幾千里之廣，如能據地自守，可以建設一個獨立的國家。可惜郡中除君之外，無人能共心腹，我死之後望君好自為之！」不久，任囂病卒，秦朝亦亡。趙佗乃統兵西擊桂林，南併象郡，自稱為南越武王。到了漢高祖統一天下，獨有這南越一隅之地，沒有臣服。中原人民久苦戰爭，南越地方又僻遠。漢高祖不願用兵。乃遣派辯士陸賈，奉黃金印，往封趙佗為南越王，使說服南越，免為邊患。陸賈跋山涉水，來到了南越，稱漢天子使者，謁見趙佗。那知趙佗椎髻箕踞，傲慢非常。陸賈因前說道：「聞足下本是中國人氏，父母兄弟，祖宗墳墓，都在真定，為什麼甘心要

抛棄上國衣冠，為蠻夷之民？還想以區區之越，和祖國為敵，我看足下大
禍不遠矣！」趙佗聞言肅然正色！陸賈接著說道：「夫暴秦無道，豪傑並起，
唯有漢王先入關，據咸陽。不料那項羽背約，自立為西楚霸王，威劫諸侯，
霸有天下。然而漢王起兵巴蜀，還定三秦，五年之間，誅滅項羽，平定海
內，這是天意之所歸，非人力也！天子聽說足下自王南越，本想興兵前來
討伐，但念百姓勞苦，不忍用兵。特遣臣來，奉送印綬，要和足下剖符通
使，以修君臣之好。足下便當親自郊迎，北面稱臣，才是道理！為什麼這
般倨傲。如果你打算倔強抗命，漢天子一怒，掘燬足下的廬墓，夷滅足下
的宗族，只須遣一偏將軍，將十萬之眾，踰嶺南來，滅南越，取足下之首
級，那易如反掌耳！」趙佗愕然起坐，改容謝陸賈道：「我居蠻夷已久，有
失禮節，足下何必介意！」因問陸賈中國情形，不勝感慨。佗乃問：「足下
看我比蕭何、曹參、韓信如何？」陸賈道：「足下似賢於蕭、曹。」趙佗又
道：「那麼我比皇帝如何？」陸賈大聲道：「皇帝起豐沛，討暴秦，誅強楚，
繼五帝三王之業，統有中國。中國人口億計，地方萬里，物產殷富，政由
一家，自開天闢地以來，未有之盛也！今足下，兵不過數萬，地方不過千
里，又都是崎嶇海隅之地，還不及中原一郡，足下豈能與漢天子相比擬！」
趙佗大笑道：「我不在中國，故而王此，如我在中國，安知便不如漢王？」
遂和陸賈傾心暢談，不覺盤桓了數月之久，趙佗嘆道：「這越中沒有人可
以談心，陸生來，使我頓開茅塞」，於是趙佗受封為南越王，稱臣奉漢約，
送陸賈還國，為置裝贈千金。陸生報命，高祖大喜，拜賈為太中大夫。到
了呂后的時候，因為邊境不寧，有司奏請禁止與南越販賣鐵器，趙佗大怒，
再自稱南越武帝，發兵攻長沙王邊境，呂后派遣隆慮侯將軍周竈率兵討伐，
行至五嶺之北，溽暑瘟疫，士卒死亡大半，只好罷兵。趙佗更加自恃，便
乘黃屋左纛，稱制為尊。孝文帝對南越，仍決心用懷柔的手段。先為趙佗
在真定修理祖墳，置守塚之官，歲時奉祀。又召其本族兄弟，贈以官爵。
再拜陸賈為太中大夫，往使南越，寫了一封極其委婉的國書，賜與趙佗。
這時陸生已老，但為國宣勞，義不容辭，再度來到南越，見了趙佗獻上國
書。趙佗展開一看，書中的大意說：皇帝拜問南越王辛苦，朕乃高皇帝側

室之子，從小封在北藩，居住代國。只因道路遙遠，山川阻隔，沒能致書問候。自高皇帝駕崩，孝惠皇帝去世，高后臨朝不久，不幸一病不起。諸呂乘勢作亂，變更法度，又冒取外姓之子，假充惠帝後嗣，朝廷大亂。幸賴祖宗之靈，功臣之力，誅殺諸呂，恢復了社稷。我為王侯故吏所擁戴，不得不即位問政。臨朝以來，聽說大王曾致書與隆慮侯，請撤退長沙駐兵，要求得見故鄉的兄弟。我已下旨，即罷退博陽侯軍，分別遣人往真定，去慰問大王的手足，又為大王修治祖先墳冢。但是前日邊郡報告，大王發兵入侵，長沙南郡一帶的人民，不堪其苦。這樣必要惹起戰爭，並不是兩國的幸福。如果兵連禍結，士卒死傷，製造無數的孤兒寡婦，在國家也得不償失，朕實在於心不忍。我本想放棄那犬牙相錯的邊境地方，群臣奏說，這是高皇帝所釐定的長沙國境，朕不能擅自變更。群臣又奏稱：得到王的土地，不足以為大，得到王的財產，不足以為富。領土以南，可以聽憑大王自去治理。但是，大王擁號稱尊，這兩帝之間，如果沒有一使來往，便成了戰爭的狀態。相爭而不相讓，這是仁者所不為。朕願與大王共棄前嫌，重訂盟好，從此以後，通使如故。特遣陸賈為使，代達朕意，望大王諒解，為兩國造福免生災患。謹奉上上等衣裝五十件，中等衣裝三十件，下等衣裝二十件。願大王聽樂消憂，並代為慰問鄰國。❼

---

❼ 文帝賜南越王趙佗書原文：「皇帝謹問南粵王，甚苦心勞意，朕，高皇帝側室之子，棄外奉北藩于代。道里遼遠，壅蔽樸愚，未嘗致書，高皇帝棄群臣，孝惠皇帝即世，高后自臨事。不幸有疾、日進不衰，以故誖暴乎治，諸呂為變故亂法，不能獨制，乃取他姓子為孝惠皇帝嗣，賴宗廟之靈，功臣之力，誅之已畢。朕以王侯吏不釋之故，不得不立，今即位。乃者聞王遺將軍隆慮侯書，求親昆弟，請罷長沙兩將軍（兩將軍是漢遣派駐在長沙郡邊往討南越的軍隊，兩將軍之名不詳）朕以王書罷將軍博陽侯（通鑑胡注高祖功臣表有博陽侯陳濞）。親昆弟在真定者，已遣人存問，脩治先人冢。前日聞王發兵於邊，為寇災不止。當其時長沙苦之，南郡尤甚，雖王之國，庸獨利乎？必多殺士卒，傷良將吏，寡人之妻，孤人之子，獨人父母，得一亡十，朕不忍為也，朕欲定地犬牙相入者，以問吏，吏曰：高皇帝所以介長沙土也，朕不得擅變焉。吏曰：得王之地不足以為大，得王之財不足以為富，服領以南，王

趙佗讀罷，不禁感激涕零，頓首謝罪。自稱願奉明詔，長為藩臣。於是下令國中道：「吾聞兩雄不俱立，兩賢不並世，漢皇帝是賢天子，自今以後，悉取消帝制黃屋左纛❽。」作書復上漢天子。書中自稱，「蠻夷大長老夫臣佗，昧死再拜上書皇帝陛下。」末了說：「老夫處粵四十九年，於今抱孫焉。然夙興夜寐，寢不安席，食不甘味，目不視靡曼之色，耳不聽鐘鼓之音者，以不得事漢也。今陛下幸哀憐，復故號，通使漢如故，老夫死骨不腐，改號不敢為帝矣！」隨因使貢獻白璧，翠鳥，犀角，紫貝，柱蠹，孔雀等珍禽奇物。陸賈回報，文帝大為喜悅。竟不勞一兵一卒，而綏靖了南越。這也是歷史上一個奇蹟。

　　漢文帝即位的頭一年，這一切措施都重在收拾人心，使這個經過一度紛擾的國家，獲得安定，獲得休息。從第二年，才開始他政治上的種種建設。第一件值得稱述的是他開放言論的自由，二年十一月癸卯，日食，文帝下詔，大意說：朕聽說，天生眾民，所以要設置一個君長，乃是為人民服務。如果這個君主無德，政治不良，那上天就要降災，以示懲戒。今十一月晦，日食，這明明是上天降下嚴重的責罰，還有比這更大的災禍嗎！朕負宗廟之責，以微眇之身，託於士民君王之上，這天下的治亂，在我一人。所靠諸位執政的大臣，是我的左右膀臂。如果朕下不能治育百姓，上對不住日月三光，那我的罪過就太大了。望令到之日，你們當盡量尋出我的過失，以及我見知不到的地方，絲毫不得隱瞞。並希望推舉賢良方正能直言極諫者，以匡扶我的無能……。❾

自治之。雖然，王之號為帝，兩帝並立，亡一乘之使以通其道，是爭也。爭而不讓，仁者不為也，願與王分棄前患，終今以來，通使如故。故使賈馳諭告王朕意，王亦受之，毋為寇災矣。上褚（《漢書補註》沈欽韓曰，褚同貯，上貯就是藏貯的上等衣裝）五十衣，中褚三十衣，下褚二十衣，遺王。願王聽樂娛憂，存問鄰國。」

❽ 天子車以黃繒做傘蓋叫做黃屋，車前左旁樹立一支毛羽幢叫做纛，非天子不能有此制度。

❾ 文帝二年十一月詔原文：「朕聞之。天生蒸民，為之置君以養治之。人主不德，布政不均，則天示之以菑，以誡不治，乃十一月晦，日有食之，適見于天，

其後又下詔，大意說：古時聖人治天下，在朝堂之上，設有進善之旌，誹謗之木，為了達到政治的目的而獎勵人們對於政治的批評。但是今天的法律，卻訂有誹謗妖言之罪，這是不准臣子講話，使做君主的無從知道自己的錯誤，又如何能招致四方賢良，必須除去這條法律。人民往往有彼此控訴說是呪詛朝廷，官吏不問虛實，就斷為大逆，其他語言稍一不慎，又論做誹謗之罪，多少無知的愚民因此陷於死刑。朕以為不當，從今後，有犯這項法條的，不得治罪。❿

於是盡除誹謗妖言之律，在永明殿上設進善旌，誹謗木，敢諫鼓。這樣一來，群臣紛紛上書，言路大開。他能給臣民以言論的自由，批評政治的自由，這不就是今天民權的觀念嗎！他的第二件事是獎勵農業，改進人民的生活。二年秋九月下詔，大意說：農業是天下的根本，人民所賴以生存；而百姓或有不務農耕而從事其他不正當的工作，以致民生不暢，朕頗以為憂。故從今親率群臣勸獎農耕，並賜天下人民，今年的田租減收一半。⓫

文帝不單實行減租，並且開闢籍田⓬，親自率領大臣耕種，以為表率。

蕃熾大焉。朕獲保宗廟，以微眇之身託于兆民君王之上。天下治亂，在朕一人。唯二三執政猶吾股肱也。朕下不能理育群生，上以累三光之明，其不德大矣。令至，其悉思朕之過失，及知見思之所不及，匄以告朕，及舉賢良方正，能直言極諫者，以匡朕之不逮⋯⋯」

❿ 文帝三年三月詔原文：「古之治天下，朝有進善之旌（堯時樹立一支旗幡在道路當中，凡有要進言的人，便立在幡下，叫做進善旌），誹謗之木（堯時又於橋梁柱頭，或道路當中，立一木牌，上面書明各種告示或是關於政治得失的評語，叫做誹謗之木），所以通治道而來諫者。今法有誹謗妖言之罪，是使眾臣不敢盡情，而上無由聞過失也，將何以來遠方之賢良，其除之，民或祝詛上以相約而後相謾；吏以為大逆。其有他言，吏又以為誹謗，此細民之愚，無知抵死，朕甚不取。自今以來，有犯此者，勿聽治。」

⓫ 文帝二年九月詔原文：「農，天下之大本也，民所恃以生也；而民或不務本而事末，故生不遂。朕憂其然，故今茲親率群臣農以勸之，其賜天下民今年田租之半。」

⓬ 皇帝有籍田，所以親自耕種以勸農奉宗廟者。

當時太中大夫賈誼，太子家令鼂錯，先後上書言重農貴粟之道，均為皇帝所悅納。像這樣重視人民的生活，這不就是今天民生的觀念嗎？解決民生，不僅在口頭上的宣傳，而在當政者能身體力行。漢文帝就是最能身體力行的一個人，他一方面從事獎勵生產，一方面又從事領導節約。文帝身衣弋綈❸，他的愛姬慎夫人，衣不曳地，帷帳無文繡，在位二十三年，宮室苑囿，車騎服御，無所增加。文帝二年，打算建造一座露臺，召匠人計算，需要百金。文帝說：「百金中人十家之產也！我奉享先帝的宮室，已覺慚愧，那敢再增加人民的負擔！」竟打消了露臺的計劃。自古帝王的生活，很少有漢文帝那般儉樸的。第三件是他關於統一軍令和禦外戡亂的措施。二年九月始頒給地方各郡守國相「銅虎符」「竹使符」，銅虎符是銅製虎形的兵符，從第一到第五號，長各六寸，一半留在京師，一半留在地方，國家有事，遣使者到地方合符便發兵。竹符以竹為之，其形似箭，亦有五枚，各長五寸，上刻篆書，其用途次於銅符。這原是古制，秦漢以來曠廢已久，現在重新加以規定，加強軍政的連繫，免得地方擅兵作亂，藉以鞏固國防。看來是小事，意義卻很大。

　　三年五月匈奴右賢王入居北地❹，寇掠河南，侵略上郡，殺戮人民。文帝乃親幸甘泉宮，遣丞相灌嬰發車騎士八萬五千人北伐匈奴。大軍進至高奴❺，右賢王聞漢出兵，即回走出塞，漢軍亦未追趕。文帝乘視師之便，巡閱北邊，從甘泉北幸高奴，東渡河到太原，召見故日群臣，論功行賞，慰勉有加。又賞賜百姓牛酒，免晉陽中都兩縣三年田租，以撫恤邊民，在太原盤桓了十有餘日。濟北王劉興居自以誅諸呂功高，封賞未愜，嘗心懷憤懟，這時乘天子北巡突然發兵造反，擬進襲滎陽。文帝聞變，立刻回轉長安，遣棘蒲侯陳武❻為大將軍，與祁侯繒賀，將兵十萬往討。陳軍進至滎陽，濟北吏民紛紛反正，濟北王自殺，這一個小小的波瀾，瞬歸平息。

---

❸　黑色厚繒，最樸素的衣料。

❹　郡名，今甘肅寧縣。

❺　今陝西延安。

❻　《漢書文帝紀》作柴武，但《史記》、《漢書》兩表皆作陳武。

明年，匈奴遣使奉書要求和漢朝繼續和親，並進獻了一匹駱駝十匹駿馬。文帝遂亦遣使答書，和匈奴約為兄弟，餽贈匈奴繡袷，長襦，錦袍，比疏，黃金飾具，及錦繡絺繒等物，兩國復歸和好。文帝能夠從容不迫的內平反側，外和強敵，這不就是他保障民族的工作嗎！

漢文帝那時也有幾件不愉快的事，足證人無至人，政難全美。漢初原禁止人民私自鑄錢，文帝以為不必與民爭利，五年夏，除盜鑄錢令，並更造四銖錢❶聽民自鑄。當時賈誼、賈山曾上書切諫，文帝不聽。這鑄錢的利，是多麼優厚，於是一些有權有勢有資源的人，都大發其財。吳地有銅山❶，吳王因山鑄錢而大富；蜀地也有銅山，蜀人鄧通，也以鑄錢而大富。原來人民雖有自由鑄錢的權利，但銅山卻非人民所能有，吳王是一國之主，自然有開山採鑛之權，那鄧通卻是一個老百姓，怎麼也能據有銅山之利呢？原來這其中有一段奇怪的因緣。這鄧通原是蜀郡南安縣人氏，出身貧賤，後來在長安城漸臺下蒼池中充當一名刺船的水手。舟子例著黃帽，俗稱黃頭郎。漢文帝雖為人精明，但卻迷信鬼神因果之說。有一日恍惚之中，覺得自己的身體飄飄凌空而起，看看要升上雲霄，卻又沉沉下墜，正在焦急掙扎的時候，忽然來了一個黃頭郎，將自己一推上天，好不愉快。回看那黃頭郎，衣服後頭破了一個窟窿，正覺好笑，突被驚醒，原來是南柯一夢，心中好不詫異。方在尋思之際，左右宮嬪前來，擁奉皇帝到未央殿西漸臺遊幸。俯看那蒼池中碧波盪漾，許多黃頭郎刺船往來，不禁憶起夢境。旋忽發現一個黃頭郎那狀貌竟和夢中所見一模無二，再看他衣後也有一塊破綻，更覺奇怪。便叫左右把那黃頭郎喚進前來，詢問他的姓名，他道姓鄧名通。皇帝一聽這「鄧通」二字聲音和「登天」相近，真是驚奇之至，認為此必天意，立加寵幸。偏巧這鄧通雖是個貧賤小人，性情卻十分乖巧，最能低聲下氣伺候主人的顏色，於是大得文帝的歡心。終日隨侍，賞賜鉅萬，官至上大夫。文帝以鄧通際遇非常，必有貴相。叫了個相術家為通看

相，不料那相士說「鄧大夫雖貴，相上註定要餓死！」文帝不信，說他的貧富死生，其權在我，我教他富貴，他如何能餓死，便將最著名的蜀郡嚴道銅山賜與鄧通。於是通據山鑄錢，富貴無比，時人稱道：「鄧氏之錢遍天下！」有一天文帝身上害了一個癰瘡，流膿流血，痛癢難熬。鄧通見了，不顧一切，跪伏在皇帝身旁，用嘴來吮齱，齱得皇帝委實舒服。但覺一個做臣子的這樣侍候自己，心中反而不安，便搭訕問道：「你這樣忠心侍朕，實在難得！但不知這天下除你之外，誰最愛朕？」那鄧通答道：「天地之間，莫若孝子之事親，我想最愛陛下的，當然是太子了！」說話之間，恰巧太子進宮問疾，鄧通避開一旁。文帝便命太子吮癰。太子不敢違拗，只得愁眉苦臉的吮齱了幾下。太子退出宮外，詢知其故，慚恨交加，從此深銜鄧通。以文帝那樣的賢明，尚不免墜入鄧通術中，可見小人狐媚的手段真是無所不至，無微不入！

其實文帝天性仁厚，是一個比較富於情感的人，遇下慈，事親孝，對待兄弟也很友愛。這時高帝之子，只剩下文帝劉恆和淮南王劉長兩人。所以手足之間感情最篤。劉長的母親是趙王張敖所蓄的美人，漢高帝八年經過趙國時，張敖以美人侍奉高帝，被幸，遂有身孕，但是趙王不敢將美人納入宮中。後來貫高謀反事發，美人隨同趙王家人一同被捕。美人私自將這事告知獄吏，哀求獄吏轉奏天子，高祖方在盛怒之中，竟置之不理。美人有舅父名叫趙兼，又託辟陽侯審食其向呂后說情，呂后亦不睬。可憐那美人在獄中分娩之後，就哀傷自殺而死。獄吏看她死得悽慘，心中不忍，便將這嬰兒獻上天子，奏明經過，高祖聞知不勝傷感。就將這孩兒託付與呂后撫養成人，後來封為淮南王。到了漢文帝即位時，憐憫淮南王的身世，常另眼看待。但是淮南王早失父母，長大於宮廷之中，一個無管無教的孩子，自幼養成一種驕縱的性情，好勇鬥狠，無法無天。文帝三年，王自淮南入朝，態度非常橫蠻，可是天子曲意優容，與上食同席，行同輦，兄弟相呼。淮南王自稱力能扛鼎，這天突然去尋找辟陽侯，辟陽出見，淮南王即從袖中掏出鐵椎，一椎將審食其打死，然後叫隨從割下了頭顱。騎馬提頭逕投奔闕下自首，說是當年審食其為他母親求情不力，致冤死在牢獄之

中，今天特為先母報仇，情甘認罪。文帝哀憐其志，赦不治罪。這樣一來，朝中人人側目，而淮南王更肆無忌憚。淮南王回到國中日益驕恣，不奉朝廷法律，出入稱警蹕，擬制如天子。文帝使將軍薄昭作書相勸，淮南王不聽。六年，淮南王使人北連匈奴，南連閩越，便有人控告淮南王謀反。文帝乃將淮南王召進京師，拘捕起來，命丞相張蒼（時灌嬰已死，蒼繼為丞相。）典客馮敬和宗正廷尉等共同審問。奏稱淮南王比擬天子，擅為法令，收聚罪人，謀危社稷，所犯不軌，罪當棄市。文帝下旨說：「朕不忍加罪於王，其與列侯吏二千石議。」結果，赦淮南王死罪，徙處蜀郡嚴道邛郵。將淮南王載在一輛轀車中，從長安出發，挨縣傳送，令沿路供應飲食，日給酒二斗肉五斤，王所寵幸的美人材人十幾人得以從行，中郎將袁盎進諫道：「淮南王的犯法，實在由於陛下平時過於驕縱，沒有嚴師教管。既不能防患於未然，今事後加以摧辱，淮南王性情剛烈，萬一有變，陛下恐將負殺弟之名！」文帝也覺為難，但是聖旨已下，勢難追回，便道：「我不過給他一點痛苦，令其反省耳！」果然一路之上，淮南王恨恨不已，對左右侍從道：「誰說我勇敢，勇敢，會有今天嗎！」於是憤不飲食。及至轀車走到雍縣，開封一看，那淮南王劉長早已死在車中。地方急忙奏聞天子，天子聞訊失聲痛哭，嚴令丞相御史考問諸縣何以傳送無狀，皆論棄市。雖然如此，也挽回不了社會的輿論。一時民間傳誦出三句歌謠：

　　一尺布尚可縫，一斗粟尚可舂，兄弟二人不相容！

　　自淮南王死後，文帝哀傷不已，時時流涕，及至聽到這歌謠，更加悔恨。適逢袁盎入朝，帝泣道：「我悔不聽公言，以致喪失了淮南，教天下人罵我！」袁盎乃寬慰天子道：「這既往之事，悔之無益，但陛下還可以自慰，因為陛下有高世之行三，這淮南之事，無妨聖譽。」文帝遒問：「何謂高世之行三？」袁盎道：「陛下當年在代國，太后一病三年，陛下目不交睫，衣不解帶，湯藥非口嘗不敢進，雖曾參之孝所不及，此其一。諸呂用事，大臣專制，陛下從代乘了傳車，深入不測，雖孟賁夏育之勇所不及，此其二。陛下來到長安代邸，西向讓天下者三，南向讓天下者再，昔許由只有

一讓，而陛下乃有五讓，遠過許由，此其三。陛下有此三德，天下無人不知。何況淮南之死，乃是有司不慎，非陛下之過也！」文帝乃展開憂容，繼而又嘆道：「事既如此，怎樣善後呢？」袁盎奏道：「淮南王尚有三子，唯在陛下耳！」文帝點頭不語，遂封淮南王三子，長子劉安為淮南王，次子劉勃為衡山王，三子劉賜為廬江王，三分淮南故地❿，這三個孩子年紀都還不滿十歲，又以列侯之禮葬淮南王於雍，置守塚三十家。從此袁盎說話深得皇帝信任，名重朝廷。這袁盎又號袁絲，楚人，賦性耿直，好正言疾諫，不避權貴。遂為宦官趙談所忌，常毀謗袁盎。被袁盎知道，要給趙談一個教訓。這天天子乘輦，駕往東宮，趙談驂乘。袁盎跪在車前，攔住乘輿，大聲奏道：「臣聞與天子共輿的，都是天下豪傑；今漢朝雖然缺乏人才，陛下何至於同一個刑餘之人共車」；文帝乃笑遣趙談下車，當著群臣百官，羞得趙談面紅落淚。又一天，文帝偕同皇后與慎夫人，一齊到上林苑中遊玩，夫人與皇后同席而坐。袁盎正在苑中侍奉供帳，突然走上前去請夫人下坐。夫人不肯，袁盎固請，文帝大怒，拂袖而起。袁盎忙向天子奏道：「臣聞尊卑有序則上下和，今陛下既已立了皇后，慎夫人乃是妃妾，豈有妃妾與帝后同坐之理，這不失了尊卑之序。陛下寵愛夫人，儘可厚加賞賜，這綱常秩序，是斷斷破壞不得。否則陛下愛夫人，適所以害夫人，難道陛下不知人彘之禍嗎？」文帝悚然大悟，即曉喻慎夫人，令夫人賜盎金五十斤。袁盎雖屢蒙君主的優容，終以言論激切，不能久居衝要，後被調為隴西都尉。袁盎到了隴西，仁愛士卒，士卒爭為效死，成為一位地方重臣。

　　那時得文帝尊寵的，還有一位賈生，賈生名誼，乃是洛陽人氏，十八歲便能誦詩書，以文名著於郡中。河南太守吳公，知其才，特為推薦，文帝就徵聘賈誼為博士。賈誼時才二十幾歲，在諸博士中，年紀最輕，故人

---

❿　淮南三王，淮南王劉長共有四子，安，勃，賜，良，文帝於劉長死後，先封四子為侯（安阜陵侯，勃安陽侯，賜陽周侯，良東城侯），不久，劉良即死，然後再封三子為王。在兩封之間，有一段考慮的時間，賈誼上書諫淮南封王，是在封侯之後封王之前。

稱之為賈生。每逢朝廷議事，諸老臣講不出的道理，唯有賈生說來，卻頭頭是道，無人不欽佩，尤其贏得文帝的賞識。一年之中，連升到太中大夫。賈誼乃上書，請改正朔，易服色，立制度，興禮樂，擬具了種種的辦法，要求朝廷大大的改革一番。當時文帝初即位，謙讓不遑，周勃、灌嬰、馮敬一班老臣尚在，都討厭賈誼。說那個洛陽少年，年輕逞能，專好生事。文帝也怕賈誼惹出是非，便遣賈誼出為長沙王太傅。賈生少年意氣，稍受打擊，就發牢騷。聞長沙地方卑溼，自以壽不得長，過湘江時，做了一篇〈弔屈原賦〉。到了長沙，又做〈鵩鳥賦〉以自傷，憂思憔悴，不能自已。其實賈生雖去，文帝並未忘懷。四年之後，再召賈生回朝，賈生奉命喜悅，急忙趕回長安。適逢天子受釐❷，便召見於未央殿前宣室之中。文帝正對鬼神的問題，感覺興趣，便問賈生以鬼神之道。賈生乃廣徵博引，娓娓而談，文帝聽得出了神，不覺湊近賈生席前，促膝深談到半夜才罷。文帝嘆道：「我久不見賈生，自以為過之，今日一席談，方知我不如！」這君臣二人分別四年，一夕相見，卻談了一段鬼神之事，足見文帝為人，還是不夠灑脫。無怪唐李商隱有詩嘲文帝道：

> 宣室求賢訪逐臣，賈生才調更無倫，可憐夜半虛前席，不問蒼生問鬼神！

文帝最愛少子梁懷王揖，以賈生博學多才，遂命為梁懷王太傅。賈生既為梁太傅，以受天子知遇，屢上書言政事，議論非常剴切，略曰：「臣竊惟事勢，可為痛哭者一，可為流涕者二，可為長太息者六。……進言者皆曰天下已安已治矣，臣獨以為未也。曰安且治者，非愚則諛，皆非事實知治亂之體者也。夫抱火厝之積薪之下而寢其上，火未及燃，因謂之安，方今之勢，何以異此！……」他在那太平時代能有這種態度，可以說是居安思危。能在禍患未萌之前，指出政府的危機，有獨到的見解，可以說是先知先覺。他的奏章洋洋數千言，人稱為〈治安策〉。大體說來，他對於政治方面，主張提高中央權力，節制地方。節制的方法是推恩分封諸王子

❷　在祭祀後撤下來的牲肉歸天子享用，叫做釐，釐讀ㄒㄧ。

弟，不妨增加諸侯的數字，而削弱他們的勢力，這叫做「眾建諸侯而少其力」。關於經濟方面，他主張獎勵農業而抑制商人；不許商人衣絲乘車，不許市井子孫，仕宦為吏。他對於禮教的看法，特別主張提高士大夫的人格尊嚴，他強調「禮不下庶人，刑不上大夫」，他又主張禮教須與刑罰兼施，而以禮教為主，刑罰為輔。因為禮是積極的，「禁於未然之前」；法是消極的，「禁於已然之後」。並且「道之以德教者，德教洽而民氣樂；毆之以法令者，法令極而民風哀。」至於對付匈奴，他主張攘夷，反對甘辭厚幣的和親政策❷。文帝對於賈誼的意見，都表示嘉許。當時雖未積極的採納，但事後卻逐漸推行。所以賈誼是影響前漢政治，最有力的一位人物。十一年梁懷王楫墜馬死，賈誼自恨為傅無狀，常常痛哭流涕，過了一年竟悒鬱而死，死時年才三十三歲，時人無不惋惜。其後齊文王劉則（齊哀王劉襄之子）死無後，漢文帝遂將齊國分為七國，分封悼惠王諸子之現在者六人為王，加上城陽王共為七國。和前面所說三分淮南，王劉長三子，這都是採用賈生的遺言。

　漢文帝最大的長處，在於能體恤人民的疾苦，政尚仁儉。在梁懷王死後的第二年，便是文帝十二年，盡釋放孝惠帝時後宮美人，令得出嫁。再下詔勸農，教民種樹，人民有困苦，都得上奏。賜天下的「三老」「孝悌」「力田」「廉吏」以布帛，從事基層社會的培育。十三年下詔廢肉刑，這是繼除收帑相坐律後，另一個非常的改革。所以促成這一改革的動機，其中也有一段動人的故事。卻說那時有一位名醫，姓淳于名意，是齊國臨淄人氏，為齊國的太倉令，人稱為倉公。倉公少學醫於元里公乘陽慶，傳受扁鵲脈書。最善診斷，能知人生死，治病多驗。嘗遊行於諸侯貴族之家，凡遇有不治之病，就拒絕下藥，因此結怨了病家。被人上書誣陷，判了肉刑❷之罪，要押解到長安去受刑。這倉公膝下無男，只有五女，都圍著倉

---

❷　賈誼〈陳政事疏〉這篇文章富有價值，不僅說明賈誼的政治見解和後來對於漢代政治的影響，並且看出當時政治社會的情形，但因原文太長，不便附錄，可參看《漢書賈誼傳》。

❷　凡是摧殘人身體肌膚的刑法，都叫做肉刑，古代肉刑種類極多極複雜，大致

公哭泣。倉公憤恚罵道：「我不幸生了你們這一群女孩子，到了患難的時候，一點用處都沒有。」他那最小的女兒名叫緹縈，聽了這話，格外傷心，哭哭啼啼，一定要跟隨父親同往長安。到了長安，她竟奮不顧身，跪到皇宮門口去上書天子，情願入身為奴，以贖父罪。書中大意說道：

> 妾父為官，齊國的人民都說他廉潔正直，不知怎的會犯法被判了肉刑。妾非常痛心，這人死不能復生，身體被刑不能復原，縱然想要改過自新，也不能再做個完人。妾情願獻身做官婢，以贖父罪，求給我父親一個自新的機會！❷❸

　　文帝見書，大為緹縈孝思所感動。就赦免了淳于意，並且下了一道聖旨，將從古以來的肉刑，一旦廢除❷❹，大意說道：曾聞在虞舜的時候，繪畫衣冠，更換章服，就代替了刑戮，可是人民並不犯罪，何以政治會那樣的成功。現在有肉刑三種，而人民還是作惡不止，這個錯誤在什麼地方呢？是不是我德行的淺薄，或是教化的不明，我真是非常慚愧。這國家的教化不夠，才會使愚民陷於法網。《詩經》說：「愷悌君子，民之父母！」現在人民有了過失，教育未到，而刑法已加，你叫他們怎樣的去改行為善呢？我是非常同情這些可憐的罪人！一種刑法，到了斷肢體，刻肌膚，一生痛苦，這是多麼的殘酷不人道。難道為民父母的，就是這樣的心腸嗎？立刻取消肉刑！❷❺

　　說來古有墨（鑿面以墨涅之）、劓（斷鼻）、刖（斷足，刖刑或作剕或作臏——去膝骨）、宮（男子去勢婦人幽閉）、大辟（死刑），謂之五刑，除大辟外，都是肉刑。到了秦朝用法殘酷，造三夷之誅（父母，兄弟，妻子，或謂父族母族妻族）增加肉刑有鑿顛，抽脅，鑊烹之刑。高祖入關，雖約法三章。到了平定天下，蕭何據秦法，作律九章，又恢復五刑與夷三族之令。（當三族者，先黥，劓，斬左右趾，笞殺，梟首，菹其骨肉於市，叫做具五刑。）

❷❸　緹縈上書原文：「妾父為吏，齊中稱其廉平，今坐法當刑。妾傷夫死者不可復生，刑者不可復屬，雖欲改過自新，其道無由也，終不可得。妾願沒入為官婢，贖父刑罪，使得自新！」

❷❹　文帝所除的是墨（即黥）、劓、刖三刑，犯者，代以笞，宮刑未廢。

文帝種種虛心求治，可是這個安定的局面，到了十四年，被匈奴的入寇所打破。匈奴在六年和漢朝約和之後，冒頓單于忽死，子稽粥❷單于繼立。文帝如約，遣宗室女嫁單于為閼氏，使宦官燕人中行說陪奉前往。中行說不肯行，被朝廷所強迫，說憤恨道：「一定強迫我，我就和漢朝過不去！」這沒良心的中行說到了匈奴，竟做了漢奸。教單于左右學習疏記，課計牲畜人眾。又教唆單于答漢書，措辭倨傲，並教單于日夜窺伺中國，因此匈奴日益驕狂。十四年冬，稽粥單于率騎兵十四萬，攻入蕭關❷，殺死北地都尉，虜獲人畜很多。前鋒深入雍地，焚燒秦時所建回中宮❷，偵騎一直到了甘泉宮❷外。漢文帝聞警大為震怒，即拜昌侯盧卿為上郡將軍，甯侯魏遫為北地將軍，隆慮侯周竈為隴西將軍，將兵分駐三郡。又發兵車千乘，騎卒十萬，以中尉周舍為衛將軍，郎中令張武為車騎將軍，統領之，駐軍渭北。文帝親自到渭北勞軍，預備御駕親征，經皇太后與群臣苦苦勸止。於是改命東陽侯張相如為大將軍，與成侯董赤將軍欒布，將大軍北征。不料大軍到了北邊，匈奴業已遁走，無所得而還。這匈奴之兵，來去飄忽，出沒無常，從此騷擾邊境不絕，使文帝大為困惱。想起賈誼的話確是不錯，這和親懷柔之術，並非長策；但用兵又不得力，如何才能根絕邊患，想不出一個妥當的辦法，為之悶悶不樂。這一天，文帝乘輦經過郎署，見郎署長馮唐年已七十餘歲，鬚髮皆白。文帝召問道：「老先生，你偌大年紀，何時為郎，家在那裡？」馮唐對道：「小臣祖父原是趙人，臣父遷居代城，

---

❷ 文帝除肉刑詔原文：「蓋聞有虞氏之時，畫衣冠異章服以為僇而民不犯，何則？至治也！今法有肉刑三，而姦不止，其咎安在？非乃朕德薄而教不明歟！吾甚自愧！故夫馴道不純，而愚民陷焉。《詩》曰：愷悌君子，民之父母，今人有過，教未施而刑加焉；或欲改行為善，而道毋由也，朕甚憐之。夫刑至斷支體，刻肌膚，終身不息，何其楚痛而不德也！豈稱為民父母之意哉，其除肉刑！」

❷ 讀若ㄐㄩˋ，號稱老上單于。

❷ 今寧夏固原縣東。

❷ 秦建，今寧夏固原縣境。

❷ 宮名，今陝西淳化縣北甘泉山上。

後來又搬到安陵居住，以孝被選為郎。」文帝慨然道：「想我當年住在代國，我尚食監[30]高袪，侍候我用膳時，常常和我講述趙將李齊，在鉅鹿之戰時，如何的英勇。直到現在，每逢飲食，便想起李齊。你既是趙人，可聽說過李齊的故事嗎？」馮唐答道：「那李齊遠不如廉頗李牧啊！」帝問：「何以不如？」唐道：「臣祖父在趙時為將，和李牧相善。臣父曾為代相，又和李齊相善。所以熟知他們的掌故。」於是為文帝敘說那廉頗李牧用兵之神。文帝聞聽，不禁撫髀長嘆道：「我恨不得如廉頗李牧之將，不然，我何憂匈奴！」馮唐道：「陛下縱得廉頗李牧，亦不能用也！」文帝勃然大怒，拂袖而去，回入禁中，越想越氣悶，便著人再召馮唐進宮，責道：「你為什麼要當著群臣羞辱我？」馮唐惶恐謝罪道：「小臣實不知忌諱！」文帝又問道：「你為什麼說我不能用廉頗李牧呢？」馮唐叩首對道：「主上任用邊將，必須要推心置腹，給他以軍事上的全權，有權才有能。臣聞上古王者，在遣命大將時，跪而推轂曰：閫以內者，寡人制之；閫以外者，將軍制之。在外的軍功爵賞，完全委任邊將以全權辦理。臣祖父說：李牧為趙將居邊境，軍市租稅，統統收歸軍用，軍中的賞賜糧餉，取用於是，不必再呈報朝廷多費周折。所以李牧才能充分發揮他的才能，選車千三百乘，轂騎[31]萬三千匹，勇士十萬人。於是北逐單于，東破林胡，西抑強秦，南拒韓魏，趙國幾乎稱霸。後不幸趙襄王死，趙王遷聽信奸人郭開的讒言，害死李牧，趙遂為秦所滅。今臣聽說魏尚做雲中太守，除以軍市租稅養給士卒外，並出其私錢，五天一殺牛，犒賞軍吏，士卒效命，匈奴不敢近雲中。曾經一度入塞，尚率車騎迎擊，大破敵虜，後因報功，差首級六枚，陛下責有司議處，竟將魏尚削爵免職。愚臣以為陛下罰太重，賞太輕，故雖得李牧不能用也。臣蒙下問，不得不大膽妄言，請死罪！」文帝釋然，立嘉慰馮唐，令唐持節赦魏尚，復官爵，仍為雲中太守。而拜馮唐為車騎都尉。同時太子家令鼂錯聞天子憂匈奴，亦上書詳言兵事，主張對待匈奴要慎選良將；用兵臨戰之際，要得地形，重選練，利器用。要以我之所長，擊敵之所短。

---

[30] 掌膳羞之官，始置於秦。

[31] 能挽強弓的騎兵。

又提出募民徙邊，用屯田築城的方法，為長久制胡之計。論列極其詳盡。文帝見書喜悅，優旨嘉納。賜錯璽書。並采用鼂錯之議，募民徙邊，這鼂錯馬上成了天子的寵臣。鼂錯潁川人，初學申商刑名之學於張恢，為人峭直深刻，以文學為太常掌故❸❷。文帝初年徵求經博士，缺《尚書》。聞說齊國有伏生，故秦時博士，治《尚書》。但年已九十餘歲不能就徵。太常乃派鼂錯往就伏生傳受，受畢，回到長安，詔以為太子舍人，又遷博士，再拜太子家令。錯能辯論擅文章，常上書言事，不僅受天子寵信，更得太子的歡心，太子家中人稱他做智囊。他和賈誼袁盎都是文帝時的政論家。文帝十五年，詔有司舉賢良文學，錯被選舉，天子親自策問，應對稱旨，遂升做了太中大夫。

那年春天，在隴西成紀地方，出現黃龍，天子以為祥瑞。四月，駕幸雍郊，祭祀五帝（五帝是白帝，青帝，黃帝，赤帝，黑帝，祀典始於漢高祖時）。有趙人新垣平求見，說他望見長安城東北有神氣，狀如人的冠冕，色成五采，這適與五帝相符應。於是天子下詔，在長安東北方，渭水之陽，建築了一座五帝廟，廟有五門，門各一色。明年，廟成，文帝親臨郊祀，拜新垣平為上大夫，賞賜千金，榮華無比。天子又命諸博士，議巡狩封禪之事。大概人到了晚景，格外相信這神仙符瑞之事，便有一班方士來投其所好了。又明年，新垣平奏稱，看見皇城之下又有一股寶光玉氣，必有寶物出現。話猶未了，果然外面報道，有人進獻玉杯一只。呈將上來，只見那只玉杯光采非常，上面鐫著「人主延壽」四個篆字。天子大喜，即下詔令天下大酺❸❸，明年改元，以符延年之祚，是為後元元年。這成為中國歷史上改元之始。原來這玉杯竟是新垣平的詐術，新垣平見文帝易欺，乃又奏道：「臣望見東北汾陽一帶，一片金寶之氣，想必是沉沒在泗水中的周鼎要出現了！」於是天子使人建廟在汾水之陽，朝夕祈禱，但始終不見周鼎的出現。後來新垣平多少預言，都不能符驗，天子漸漸懷疑。恰好有人上書，指控新垣平欺詐，便將新垣平下獄審驗，果然把一套魔術完全揭穿。

❸❷　官名，掌故六百石吏，主故事，屬太常。

❸❸　准許人民相聚飲酒叫做大酺。

這一下，可把漢文帝氣壞，赫然震怒之下，竟恢復收帑相坐之律，將新垣平三族斬首。漢文帝三年來的興致，有如冷水澆頭，心灰意冷。才知道這鬼神之事，實不可信。而這時邊警頻傳，匈奴寇擾又急，不得不丟開這虛無的幻想，重新面對現實了。

匈奴自十四年以來，時時入寇，以遼東雲中兩郡受患最大。後元四年稽粥單于死，子軍臣單于繼立，漢奸中行說仍然從中用事。後元六年，軍臣單于大舉入寇，三萬騎侵雲中，三萬騎侵上郡。胡騎竄入句注❸❹邊，烽火照耀甘泉宮。於是命三將軍發兵屯邊，以中大夫令勉為車騎將軍出駐飛狐口❸❺，將軍蘇意出駐句注，將軍張武出駐北地。又命三將軍分駐長安外圍，將軍劉禮軍霸上，將軍徐屬軍棘門，將軍周亞夫軍細柳❸❻。漢大兵分頭出發，到了邊塞，匈奴又遠蕩。漢文帝特別重視這長安外圍的防務，親自去到各處檢閱。天子乘車，到了霸上棘門❸❼，一直馳入軍中。大將軍以下，急忙出來拜跪迎送，執禮甚恭。然後到了細柳營，只見那景象卻全然不同。營前衛士一個個弓上弦，刀出鞘。天子前驅。馳至營門外，報告天子到，令軍尉開門接駕。那軍尉答道：「軍中但聞將軍令，不聞天子詔！」即令使者持節召將軍，少頃，裡面傳出將軍命令，才見營門大開。門衛又對車騎說道：「將軍有約，軍中不得驅馳！」天子只得按轡徐行，緩緩走到中營，看見將軍周亞夫，全身甲冑，跨劍倚戟，拱手肅立道：「介冑之士，不能拜，請以軍禮見！」天子不覺為之動容，即俛身答禮，使人宣旨慰勞將軍。然後巡視一匝，成禮而去。人人屏息，不敢喧譁。出得營門，隨侍群臣，無不相顧失色，驚訝非常。文帝長嘆道：「這才是大將軍啊，霸上棘門，有如兒戲，那些將軍，隨便可以被人俘虜。至於周亞夫，真是凜然不可侵犯！」為之稱讚不已，就拜周亞夫為中尉。明年復拜亞夫為車騎將軍。到了六月，文帝病篤，召太子到前道：「將來一旦國家有事，周亞夫

---

❸❹　今山西雁門山。

❸❺　今河北淶源縣北，為太行山八徑之一。

❸❻　在長安西北。

❸❼　今陝西咸陽市東北。

可用也！」是月己亥日，文帝崩於未央宮中。遺詔大意說道：朕聞說，天下萬物之生，無不有死，這死，是天地自然的道理，不必悲哀！當今世界的人，都喜生而惡死。或因厚葬而破產，或重服以傷生，我都不贊成。朕既無德行，又無功於百姓，今日死後，又使百姓重服哭喪，罹寒受暑，傷人身體，損人飲食，豈不更增加我的罪過，怎樣對得起天下。朕倖得保宗廟，以微眇之身，託於兆民之上，二十多年。賴上天保佑，社稷福庇，使得國內平安，未遭兵革。朕既無能，常恐有過，羞辱了祖先。歲月攸長，唯怕不得善終。今得保天年，復能供養於高廟，這已是非常幸福，還有什麼哀念的呢！即令天下吏民於聖旨到時，臨哭三天，即行釋服。不禁人民嫁娶，祭祀，飲酒，食肉，凡服役喪事哭臨者，都不必赤腳。絰帶不過三寸，送葬不用衣車，不用兵仗，更不要徵發人民到宮中來哭泣。殿中當哭臨的，都在早晚只要十五個人舉哀。不在哭臨時，不得亂哭。下葬之後，臣民服大功十五日，小功十四日，纖服七日，然後釋服。其他不在旨中者，都按此類推行事，布告天下，使明知朕意！……㊳

　　漢孝文帝崩時，享年四十六歲，在位凡二十三年。政治以敦樸為先，寬舒為治，能以身作則，與民休息。二十三年中，五穀豐登，百姓富庶。

㊳　文帝遺詔原文：「朕聞蓋天下萬物之萌生，靡不有死。死者天地之理，物之自然，奚可甚哀！當今之時，世咸嘉生而惡死，厚葬以破業，重服以傷生，吾甚不取。且朕既不德，無以佐百姓；今崩，又使重服久臨，以離寒暑之數，哀人之父子，傷長幼之志，損其飲食，絕鬼神之祭祀，以重吾不德也，謂天下何！朕獲保宗廟，以眇眇之身託于天下君王之上，二十有餘年矣。賴天地之靈，社稷之福，方內安寧，靡有兵革。朕既不敏，常畏過行以羞先帝之遺德，維年之久長，懼于不終。今乃幸以天年，得復供養于高廟，朕之不明與嘉之，其奚哀悲之有！其令天下吏民，令到出臨三日，皆釋服。毋禁取婦嫁女祠祀飲酒食肉者。自當給喪事服臨者，皆無踐（赤足曰踐）。絰帶無過三寸，毋布車及兵器，毋發民男女哭臨宮殿。宮殿中當臨者，皆以旦夕各十五舉聲，禮畢罷，非旦夕臨時，禁無得擅哭。已下（已下葬也），服大紅（紅同功，大紅就是大功服）十五日，小紅十四日，纖（細布喪服）七日，釋服。佗不在令中者，皆以此令比率從事。布告天下，使明知朕意。……」

天下判死罪的不過幾百人，幾致刑措。其間雖然也有匈奴的寇擾，淮南的變亂，和鄧通、新垣平幾個佞倖小人，但並沒有動搖大局，影響民生。所以太史公司馬遷論曰：「漢興至孝文四十有餘載，德至盛也！」

第八講　文景之治⑵

申屠為相　吳王謀反　穆生知幾
七國起兵　鼂錯受誅　亞夫定難
鄒陽上書　袁盎遇刺　田叔治魯

　　孝文帝駕崩，太子劉啟即位，就是漢孝景皇帝。景帝當朝，尊薄太后為太皇太后，母竇氏為皇太后，文帝廟為太宗之廟❶。申屠嘉做丞相、陶青做御史大夫。

　　這申屠嘉，乃是梁地人氏，勇武多力，出身材官，當年跟隨高皇帝擊項羽、英布有功，惠帝時為淮陽守，文帝時為關內侯，遷御史大夫。張蒼年老免相，耆宿凋零，朝中老臣，只剩下了申屠嘉一人，便以申屠嘉為相。申屠嘉雖是一個武夫，但為人正直，絕不趨炎附勢。他就任之初，正當文帝寵幸鄧通之時。大凡小人得志，便自忘形，那鄧通在朝堂上，態度傲慢，申屠嘉向前奏道：「陛下幸愛群臣，儘可令其富貴，至於這朝廷大禮，不可以不整肅！」文帝笑道：「那鄧通原是不懂事的人，卿何須計較。」申屠嘉回到丞相府中，還是憤憤不平。漢初丞相權大，可以裁制百官，當時下了一道手令，著人喚鄧通前來丞相府中答話，不來者斬。鄧通惶恐，忙報告皇上。天子說：「丞相之命你不可不往，如有好歹，我著人來救你。」鄧通來到丞相府中，只見申屠丞相，坐在堂上，怒氣不息。鄧通連忙免冠徒跣，叩頭請罪。申屠嘉大聲喝道：「夫朝廷者，乃是高皇帝的朝廷，你區區小臣，竟敢戲弄殿上，大不敬！當斬！左右，與我推出砍了！」只嚇得鄧通雙膝點地，叩頭有如搗蒜，血流如注。正在緊急關頭，果然天子使者持節召回鄧通，慰諭丞相道：「此吾弄臣，望君釋之！」鄧通回到天子宮中

---

❶　丞相申屠嘉等以高皇帝文皇帝功高，請為高帝立廟，叫做太祖廟，文帝立廟叫做太宗廟，於是皇帝死後，除去諡法之外，又有了廟號。

泣不成聲道：「小臣幾乎不得見陛下！」天子笑而不語。文帝為維持綱紀，也是有意叫鄧通受一個小小的教訓❷。從此申屠嘉威重朝廷，格外莊持。隴西都尉袁盎，後來調做吳王國相，這一日告歸還朝，在道中迎面遇到申屠嘉丞相，袁盎急忙下車見禮，申屠嘉從車上頷首而過。袁盎心中大為不快，跟到府中，要謁見丞相。等了好半晌才見丞相慢吞吞的擺了出來。袁盎向前跪稟道：「願屏退左右，臣有要事稟報！」申屠嘉把臉色一沉，說道：「君所說的如果是公事的話，可請到我的公府中，報告府掾長史，我當為代奏天子。如果你所說的是私事的話，對不起，我向來不和人談私情！」袁盎立即站起，岸然問道：「敢問丞相，丞相自度比陳平、周勃如何？」申屠嘉沉吟片刻，不得不答道：「不如也！」袁盎道：「是了！我也以為足下不如。想那陳丞相，周太尉，當年輔助高皇帝平定天下，又誅諸呂，存劉氏，有再造社稷之功。足下不過一個材官的出身，靠著一點汗馬的功勞，和當今陛下的提拔，積陞到丞相。丞相請看，當今陛下身為至尊，每逢上朝，遇有臣下上書，不論他的官職大小，未嘗不停輦受言。又不論他的意見是否可採，未嘗不和顏稱善。陛下所以這樣的謙虛，才能招致天下的英雄豪傑，才能夠開拓自己的心胸見聞，這樣才稱得上是聖君。今足下剛剛做了一個丞相，就這樣妄自尊大，拒人於千里之外。從此皇上一天比一天的聖明，足下將一天比一天的愚昧，以聖主責愚相，我誠為足下擔憂，恐大禍不遠矣！」一席話說得申屠嘉改容謝過，再拜道：「嘉鄙陋無知，幸先生教之！」遂請袁盎升座，從此做了丞相的上客。其實這兩人氣味正復相同，都是性情剛強，疾惡如仇。這兩人同和一個大臣不睦。這位大臣就是前太子家令鼂錯。因為鼂錯為人尖刻，好作議論，自負不凡，目中無人。現在景帝即位，便任鼂錯為內史，鼂錯原是天子舊日心腹，所以言無不聽，計無不從，丞相申屠嘉反而沒說話的餘地。申屠嘉氣憤不過，總想運用丞相職權，給鼂錯一個狠狠的打擊。這內史府在長安香室街太上皇廟的後身，平時車馬出入不便。鼂錯作主，將太上皇廟的外圍牆打了一個便門。丞相申屠嘉聞聽大怒，即奏報天子說：「內史鼂錯膽敢摧毀太上皇廟牆，罪大

---

❷　文帝歿後，景帝罷免通官，又盡沒其財產，鄧通竟致餓死。

不敬。當誅！」誰知鼂錯早已得到消息，先在皇帝面前通了關節。天子於
是批旨答道：「此非廟垣，乃外圍牆，鼂錯不犯法。」申屠嘉不曾出氣，反
碰了一個軟釘子，好不懊惱！恨道：「我當先斬後奏，現在反上了他的當！」
越想越氣悶，竟嘔血而死，時在景帝二年夏六月。嘉死，詔以御史大夫陶
青為丞相，而升內史鼂錯為御史大夫。鼂錯做了御史大夫，更尊寵用事。
他的第二個對頭就是袁盎，這兩人在朝中見面，總是互相迴避，從不講話。
袁盎素好直諫，鼂錯生怕他在天子面前說長道短，便彈劾袁盎，說他私受
吳王財貨，有不臣之心，詔將袁盎廢為庶人。袁盎廢退之後，鼂錯更無忌
憚，屢上書言事，天子曲從，群臣側目。鼂錯又以為諸侯強大，恐其為亂，
請削奪諸侯的藩地。這是一件非常的措施，朝廷不得不斟酌了。

　　卻說漢朝的地方制度，是封建郡縣並存制。原來漢高祖鑑於周以封建
而亡，秦又以郡縣而亡；乃斟酌得失，來了一個折衷辦法。原則上維持秦
朝中央集權的郡縣制度，卻另封功臣子弟為侯王，作為王室的屏藩，以與
郡縣相間制，這又叫做「郡國制」。周朝的諸侯有公侯伯子男五等爵，漢
朝卻只有王侯兩等，這又是一個不同的地方。單說這個部分的封建局面，
從漢高祖到文景之時，中間又經過數度的變化。漢高祖殺戮功臣，刑白馬
為誓之後，成了清一色的劉氏之王❸，這是第一度的變化。呂后稱制時，
封王諸呂，破壞了白馬之誓，這是第二度的變化。絳灌誅諸呂，又恢復了
劉氏之王，這是第三度的變化。文帝時賈誼獻策，主張分散諸侯的勢力，
文帝採用了他的政策，把許多大國分成若干小國，分王諸王的子孫，名為
「推恩」，實是削弱。譬如把齊國分為七國❹，淮南分為三國。王國的數
目增加了，土地卻減少了，這是第四度的變化。到了景帝的時候，大國有
吳王濞❺，楚王戊❻，齊王將閭❼，梁王武❽（景帝弟），趙王遂❾。次

❸　非劉氏而王的在漢高祖時還剩下了一個長沙王吳芮，這吳芮傳了三代，到了
　　長沙靖王產死後，無子國除。

❹　孝文帝六年，分齊地為七，王悼惠王諸子將閭為齊王，志為濟北王，賢為菑
　　川王，雄渠為膠東王，卬為膠西王，辟光為濟南王，再加城陽王劉章共為七
　　王。

等的國家有代王參（景帝弟），淮南王安，衡山王勃，廬江王賜，濟北王志❿，濟南王辟光⓫，膠東王雄渠⓬，膠西王印⓭，菑川王賢⓮等。這群王之中，以吳王輩分最高，年事最長，而梁王則與景帝最親。吳王濞是高祖二哥，劉仲之子，高祖十二年，討平英布後，封濞為吳王，王三郡五十三城。吳國在各國之中，最是富饒，西有豫章郡銅山，東濱大海。吳王因銅山鑄錢，煮海水為鹽，又招致天下亡命之徒，國用既足，人才又多，儼然有如一個獨立的國家。孝文帝後元五年，吳太子賢到長安來遊玩，陪奉太子飲酒博弈，這天博弈的時候，突然爭吵起來，雙方的賓客又跟著起鬨，太子一時火起，兩手舉起博局攔頭打來，立刻腦漿迸濺，吳太子賢一命嗚呼。朝廷將吳太子賢忽忽裝殮，送喪還吳。吳王勃然大怒道：「你將我兒打死，死在長安，就葬在長安好了，反正天下一家，又何必假做情義，送來歸葬。」叫人把棺材仍抬回長安。從此吳王怨恨，不盡藩臣之禮，稱病不朝。文帝心中也有些歉然，未加深究。後來覺得吳王意見日深，行動可疑，有吳國使者晉京，天子仔細盤問吳王的動態。那使者坦白的說道：「陛下又何必追問呢，諺云：察見淵中魚，不祥⓯，希望陛下能棄嫌修好，與

---

❺　劉濞封吳，地約當今江蘇南部，浙江北部，與安徽東南部，都廣陵，今之江都。

❻　劉交封楚，地約當今江蘇北部，山東南部與安徽北部，都彭城，今之銅山。楚王戊為楚元王交的孫子。

❼　（原來封劉肥為齊王，是個大國，包括今山東省之大部，到文帝時封地縮小。）劉將閭封齊，都臨淄，今山東臨淄，王臨淄附近地。

❽　初劉恢封梁，景帝時劉武封梁，地約當今河南東隅，都睢陽，今河南商丘。

❾　劉遂封趙，地約當今河北省南部，都邯鄲，今河北邯鄲。

❿　劉志封濟北，都盧，今長清，王泰山西北一帶地。

⓫　劉辟光封濟南，都東平陵，即今山東歷城，王今濟南歷城一帶地。

⓬　劉雄渠封膠東，都即墨，今山東即墨。王即墨一帶地。

⓭　劉印封膠西，都高苑，今山東高苑。王高苑西北一帶地。

⓮　劉賢封菑川，都劇，今山東壽光，王劇東地方。

⓯　就是說凡事不必太認真，這是周朝的一句諺語。和後來的「水太清則無魚」「不痴不聾不做家翁」，是一類的意思。

吳王相更始⓰。」文帝一向是寬大為懷，以德感人。聽了這話，心中完全
了然。就溫旨撫慰，賜吳王以几杖，說吳王年高，可以不必上朝。吳王受
了感動，便打消了謀反的計劃。誰知到了景帝即位，彼此夙怨在心，加以
鼂錯從中挑撥，言文帝太寬大，縱使吳王驕橫。果然吳王態度大變，反謀
日亟。鼂錯做了御史大夫乃上書道：「昔高皇帝初定天下，兄弟稀少，諸
子幼弱，所以大封同姓，以為屛藩。封悼惠王王齊地七十二城，封楚元王
王楚地四十城，封吳王王吳地五十餘城，三王據有半個天下，以吳王最為
驕縱，前詐病不朝，按古法當斬首，文皇帝不忍，還要恩賜几杖，吳王非
但不改過自新，越發狂傲，公然開山鑄錢，煮海水為鹽，囂聚天下亡命罪
人，謀作亂逆。現在削地亦反，不削地亦反；唯削地其反速，其禍小，不
削地，其反遲，其禍大。」景帝也以為然，便召朝中重臣商議，大家面面
相覷，一言不發。只有太后之兄詹事竇嬰力持不可，因吳王勢大，便暫從
緩議。鼂錯又奏楚王戊有罪，詔削東海郡；奏趙王遂有罪，詔削常山郡；
膠西王卬有罪，詔削六縣。又亟請削吳之豫章會稽兩郡。鼂錯不僅動搖諸
侯，前後更改的法令有三十多章，弄得怨聲載道，朝野譁然。鼂錯的父親，
在家鄉潁川地方，已經聽到風聲，不分晝夜趕到長安，戒斥鼂錯道：「天
子即位不久，你身為朝廷大臣，不輔佐天子多行善政；卻專門挑撥人家的
骨肉，製造仇恨，這是何苦？」鼂錯分辯道：「我這正是盡忠天子，非如此
天子不尊，宗廟不安！」鼂錯的父親嘆道：「劉氏安，鼂氏危矣！」見他兒
子執意不從，憤然回家，飲藥自殺，臨死時說道：「我不忍眼看大禍及身，
不如先行自盡！」果然，錯父死後不到十幾天，吳楚七國之亂起。

　　實在說來，鼂錯的判斷，也並不錯。吳王早蓄反意，不過隱忍未發，
而在暗地裡陰謀計劃。吳王好客，招致四方遊士。齊人鄒陽，吳人嚴忌枚
乘等，皆一時英俊，博學多才，都在吳王門下。他們發現了吳王的野心，
皆為文諷勸。枚乘的文章詳徵博引，說得最懇切，他說：「臣乘願披腹心
而效愚忠，唯大王少加意……夫以一縷之任係千鈞之重，上懸無極之高，
下垂不測之淵，雖甚愚之人猶知哀其將絕也……」又說：「……必若所欲

⓰　更始之意就是既往不咎，重新做人。

為，危於累卵，難於上天。變所欲為，易於反掌，安於泰山……不出反掌之易，以居泰山之安，而欲乘累卵之危，走上天之難，此愚臣之所以為大王惑也……」吳王不聽。鄒陽、嚴忌、枚乘等，料知吳王必歸失敗，便悄然離去。鄒陽等走後，吳王反謀日亟。及至看到楚、趙、膠西都被罪削地，更覺迫不及待，必須要先發制人了。聽說膠西王勇而好兵，被削奪國土正在氣憤不平。乃派遣中大夫應高密往膠西，說膠西王道：「吳王有心腹之憂，機密大事，特遣臣來謁見大王！」膠西王因問：「有何見教？」應高道：「當今主上，任用邪臣，聽信讒言，變更法令，侵削諸侯，徵求無厭，刑罰日重。俗語說，舐糠及米。吳國和膠西，同是知名的諸侯，最惹朝廷的注意。我們吳王，身有內疾，二十多年不能上朝，嘗被朝廷懷疑，難以自白。聽說大王所犯的是賣官鬻爵的罪名，按這罪名，恐尚不止於削地的懲罰，大王可曾考慮過？」膠西王惶恐道：「確是如此，那麼如何是好呢？」應高道：「俗語說：同好相留，同情相求，同欲相趨，同利相死。今大王與吳王既有同憂，吳王願與大王，共同捨身赴難，以為國家除患！不知大王可有此決心？」膠西王駭然道：「那如何使得，萬一主上逼迫，寡人唯有一死耳！」應高道：「不然！今天御史大夫鼂錯，熒惑天子，陷害忠良，人人怨恨，個個想反。看彗星出，蝗蟲起，這不是說天下要亂了嗎，這真是千載一時之事。今吳王起兵聲討鼂錯，與大王縱橫天下，那一定是戰無不降，攻無不下，誰敢不服！只須大王一言許諾，吳王立偕楚王西攻函谷關，據滎陽敖倉之粟，以等待大王。大王來臨，那時兩主平分天下，有何不可！」膠西王這才表示同意。應高欣然回報，吳王還不放心，親往膠西和劉卬當面約定。又分遣使往連結齊、菑川、膠東、濟南、濟北五王，都紛紛響應（七齊中唯城陽王未參加）。膠西王的臣下，有人諫勸膠西王道：「諸侯所統治的地方，還不及漢天子十分之二，怎麼能夠成事呢？現在共奉一個皇帝，還有這些問題，將來兩個皇帝，豈不更加糾紛了！」膠西王不聽。

　　再說楚王戊和趙王遂，這兩個心浮氣躁的人，因為削地之恨，早已和吳王有了勾結。楚王戊是楚元王交的孫子，元王在日，好《詩經》，魯人申公為詩博士❶，與儒士穆生白生都是元王的上賓。穆生不能飲酒，每天

置酒款待的時候，總為穆生特設一樽醴酒⓳，習以為常。元王死後，夷王繼立，在位四年中，禮待還是一樣。現在到了王戊即位，不再為穆生設醴。穆生嘆道：「醴酒不設，我將去矣！」遂高臥不起。申公白生拉他出來道：「你這人也太小氣了，今王一旦小小失禮，何至如此；你難道忘記了先王的恩惠嗎？」穆生道：「不是這個意思！《易經》上說：『知幾其神乎！』幾就是一件事情的動機，我們在發現一個動機的時候，就能判斷出它吉凶禍福的結果。君子要能見機而作，何必要等到那最後的關頭。先王的優禮我們，正是表示他的『重道』，今天的失禮，乃是表示『無道』。一個無道的人，怎能和他相處？你難道以為我真的就在乎那一杯小小的醴酒嗎？」他說完這話就稱病隱退，不知所往。剩下申公和白生，戀戀不忍離去。果然這楚王戊一天天淫荒起來，那景帝二年四月，太皇太后薄氏去世，國喪之期，劉戊竟在喪宮中和宮女宣淫，法當大不敬，天子下詔赦免了死罪，削東海郡以示懲戒。楚王心中不服，便日夜和吳王信使往來，密謀造反。申公和白生苦苦的哀勸，楚王一怒，將這兩位老者，用鐵鍊鎖在一起，押赴街頭，罰令舂粟。楚國相張尚和太傅趙夷吾也來勸諫，楚王竟將張趙兩人斬首。卻說那北方的趙王遂，竟和楚王是一個作風，趙王也和吳王連謀，趙相建德和內史王悍也是勸阻，趙王竟將建德王悍活活燒死。這些諸侯，大家積極遣兵調將，就專待吳王的發動了。

　　這一天，吳王果然接到天子詔書，削奪會稽、豫章兩郡，吳王赫然震怒。立即下令國中道：「寡人今年已經六十二歲，要親自為將，寡人幼子年方十四歲，亦令其身先士卒。國中的男子，上與老夫等歲，下與我兒同年，一齊出戰！」於是盡發全國壯丁，得大兵二十萬。然後遍發檄書，歷數奸臣鼂錯之罪，號召天下，共清君側。又分遣使者，南連閩越，北結匈奴。於是楚王戊，趙王遂，膠西王卬，膠東王雄渠，菑川王賢，濟南王辟光，紛紛起兵。一時天下震動，四海騷然，時當景帝三年春正月乙巳。

⓲　申公曾為《詩經》作傳，謂之魯詩，和齊人轅固生的詩傳，燕人韓嬰的詩傳，合稱三家詩，參見《漢書藝文志》。

⓳　一名甘醴，製法麴少米多，俗謂甜酒。

　　吳王濞起兵之前，原與六齊有約在先，不料起兵後，發生了意外的變化。濟北王劉志先自態度不明，諉稱城池破壞，被部下所劫持，不得發兵。第二個是齊王將閭臨事反悔，守城不出兵。膠西膠東兩王大怒，竟偕同菑川王，進攻齊王，將臨淄城團團圍困。還沒有和吳王會師，齊國境內卻先自發生了內閧，幾個兄弟打做一團。而趙國從北方南下之師，也因此受到了阻礙。這裡只有吳王濞一支大兵，向前猛進，吳以田祿伯為大將軍，從廣陵西渡淮水，與楚兵會合，攻入梁國境界。大破梁兵於棘壁❶，死者數萬人，圍梁王於睢陽。

　　卻說朝廷得到七國的反書，大為震驚。到了這步田地，非用兵不可了。景帝想起先帝的遺囑，立拜周亞夫為太尉，將三十六將軍往擊吳楚。天子又想，必須要一位得力的親戚為大將，協同作戰，便想到詹事竇嬰。竇嬰是竇太后的內姪，在竇氏族中最稱賢德。在朝廷中持正不阿，與太后意見不合，又與鼂錯不睦，所以稱病家居，閉門謝客。景帝知道竇嬰做事負責，又有人望，於是令人傳召，竇嬰謝稱有病不能任使，天子慰諭道：「國家正在危難之中，豈是王孫謙讓的時候嗎？」竇嬰不得已，乃入朝受命，天子拜嬰為大將軍，令監北方齊趙之兵，先賜黃金五十斤。竇嬰將黃金陳於廊廡之下，分賜將士，一文不入私囊，於是人心歡騰，無不效命。竇嬰又在帝前稱說欒布之能，於是另拜欒布為將軍，率兵救齊。這一共是三路大兵，次第從長安出動，正在整軍待發之時，突然袁盎深夜來求見竇嬰。

　　原來吳楚七國兵變，鼂錯十分憂懼，對左右丞史道：「吳王早有陰謀，袁盎為吳相，因為受吳王的賄賂，為吳王隱飾，現在果然大禍暴發，要知道吳王作亂的底細，一定要拿問袁盎。」有人把這話告知袁盎，袁盎大恐。心想竇嬰與鼂錯有隙，現在受命為大將軍，尊寵無比，如得這人為我疏通，必然有效，於是暗生一計。連夜來謁見竇大將軍，自稱前為吳王國相，深知底裡，願面見皇上有機密事稟告。竇嬰聞說，立刻轉奏天子，天子立即召見。袁盎奉旨，趕緊入宮。只見天子與鼂錯同席用膳，正在密議軍情。見了袁盎，賜坐一旁，垂問道：「君曾為吳相，聽說你盡知吳國底蘊，那

❶　今河南永城縣西北。

麼你看吳楚之反，結果如何，那吳將田祿伯的用兵怎樣?」袁盎奏道:「不足憂也! 我看吳楚之兵，不久即破!」天子道:「我看不能這般輕視! 吳王因山鑄錢，煮海為鹽，聚集天下英雄豪傑，白頭舉事，如沒有萬全之計，他怎敢起兵造反!」袁盎對道:「吳國銅鹽之利則有之，卻沒有英雄豪傑，如果有英雄豪傑的輔佐，他也不會造反了。吳王平時所招誘的，都是些無賴子弟，亡命姦人，才相聚為亂!」鼂錯忍不住，一旁插嘴道:「袁盎既然把吳國看得這樣平凡，想必有破敵妙策?」天子道:「是了! 卿可有破敵之計?」袁盎應聲答道:「臣正有一計在此，請陛下屏退左右。」於是天子叫左右侍從退下，只留下鼂錯一人。袁盎又奏道:「臣今所奏，乃機密大事，任何人臣所不能得聞!」天子乃令鼂錯迴避，鼂錯只得退避到東廂，心中恨恨不已。袁盎四顧無人，這才向前跪倒，低聲奏道:「臣敢直言無忌，那吳楚起兵時，彼此書信往來，並沒有造反之意。他們自己訴苦說，高皇帝當年分王子弟，各有一定的地域。不料賊臣鼂錯，離間骨肉，擅奪諸侯的藩地，他們痛恨鼂錯入於骨髓，他們實在為了保全自己，不得已而起兵。方今之計，唯有斬鼂錯，遣使赦免吳楚七國之罪，恢復其故土，則兵不血刃而亂平。否則兵連禍結，難以想像了!」天子半天默然不響，然後深深長嘆一聲道:「我為什麼要愛惜一個人，而教天下受難呢!」袁盎又道:「愚臣大膽妄言，還望陛下深思!」天子點點頭，即拜袁盎為奉常，密令治裝，往使吳國說和。這時鼂錯猜想袁盎可能搞鬼，但不能斷定葫蘆裡是什麼藥。過了十幾天，丞相陶青和中尉廷尉等，突然聯名劾奏鼂錯疏離臣民，大逆無道，罪當腰斬，父母妻子兄弟皆當棄市。景帝遂派中尉宣召鼂錯進朝，鼂錯還在夢中，奉召急忙身著朝服，登車入朝。詎知走到半路，便被人拉下車來，腰斬在東市之上，全家老小也都一齊被殺。當鼂錯受誅，也正是東方展開了戰事的時候。謁者僕射鄧公，時隨軍為校尉，從前方回來，謁見天子報告軍情。天子焦急問道:「吳楚聽說鼂錯伏誅，是否罷兵?」鄧公嘆道:「吳國陰謀造反，已經幾十年，豈是旦夕之故。今以削地而發怒，藉誅錯以為名，他們的目標何嘗在錯。從此以後，臣竊恐天下之人都不敢說話了!」天子驚問:「何故?」鄧公道:「夫鼂錯患諸侯強大不可制，故請

削地，以尊京師，這實在是朝廷萬世之利。沒想到，計劃初行，便冤枉被殺，這樣不是內塞忠臣之口，外替諸侯報仇，臣實在為陛下惋惜！」景帝恍然大悟，喟然長嘆，為之痛悔不已，於是拜鄧公為城陽中尉。

　　且說奉常袁盎奉旨，偕同吳王的姪兒宗正德侯劉通，前往曉諭吳王。那時吳王方駐兵睢陽城外，袁盎等不一日來到軍前。先著劉通入吳王軍中，謁見吳王敘叔姪之禮後，傳諭吳王拜接聖旨。吳王笑道：「我已做了東帝，還拜那個！」竟不奉詔。又脅迫袁盎歸降，袁盎執死不從。吳王派了一名都尉，率領五百兵丁，看守袁盎。那時正是隆冬嚴寒，只見一校尉司馬，抬進兩石醇醴，分給軍士取暖。那些兵丁，你一杯，我一杯，一霎時，都東倒西歪，酩酊大醉。夜幕低垂，帳中漆黑，但聽得呼呼一片鼾睡之聲。卻有一人悄悄走進身邊，附耳說道：「袁公還不快走，明早便不得活命了！」聽聲音正是那個校尉司馬。袁盎好生詫異，問道：「你是什麼人？」那司馬道：「公貴人健忘，不記得，臣便是我公從史，當年盜公的侍兒的。」袁盎驚悟，憶起前為吳相之時，手下有一名從史，和侍婢私通，盎雖發覺卻裝做不知。後來有人泄露消息，那從史畏罪逃走，盎親自將他追回，以侍婢賜之，那從史感激非常，不想竟是今天眼前的救命恩人。那司馬說罷，引袁盎匍匐到帳邊，用刀割開營帳，即曳盎走出帳外。摸索前進，行了一程，天色微曛，已可分辨出道路，那司馬分別了袁盎，逕自去逃生。這裡袁盎一人踽踽前行，約莫走出七十里路，遇見了一隊梁國的游騎。袁盎說明自己的身分，這才輾轉逃出，後來終於返回了長安，使命既未完成，險些送了性命。這吳楚七國之亂，還是要靠軍事來解決。

　　回頭來說這討伐七國的三路大軍。第一路是太尉周亞夫，他統領大軍，進兵至霸上，打算東出函谷，直趨中原。忽然看見一個老百姓，攔住車騎，拜倒在地，說道：「將軍東討吳楚，勝則宗廟安，敗則天下危！不知將軍能聽小民的一句話嗎？」亞夫連忙下車，扶起那人，請問他的姓名，並有何見教。那人自稱姓趙名涉，說道：「吳王國富，畜養俠客最多，黨羽遍於天下。他料知將軍，必東出殽函，他可能在那山險之地，布下了埋伏。將軍若從正面出兵，難保不中他的陰謀，縱不失敗，也要經過一番戰鬥。

為將軍設想，兵貴神秘，將軍何不南走藍田，出武關，繞宛葉而抵洛陽。在時間上，不過相差一二日。到了洛陽，擊鼓召見諸侯，必以為將軍從天而降也！」太尉稱善，便採用了他的路線，沿途無阻，直趨洛陽。派人到殽澠一帶去搜索，果然有吳國的伏兵。周亞夫乃拜趙涉為護軍。亞夫到了洛陽，遇見大俠劇孟，亞夫撫掌大喜道：「七國起兵，竟不用劇孟，我知他們無能為也！」原來劇孟是洛陽一個賭徒，為人行俠仗義，能急人之難，交遊滿天下。母死之日，各地來送喪的，車千餘乘，是個民間最有潛在勢力的人物。亞夫由洛陽經滎陽，西南進至淮陽地方，遇到絳侯的舊日賓客鄧都尉，說亞夫道：「吳楚兵銳，難與爭鋒，但是其勢不能持久。為將軍計，不如避重就輕，引兵東北駐守昌邑❷，暫時放棄梁地，一方面消耗吳楚的兵力，一方面換取時間。然後將軍，遣猛將率奇兵去偷襲淮泗口❷，切斷他的糧道。吳楚之兵轉鬥於前，糧絕於後，他必不能忍耐，要以全力來攻取昌邑解除威脅，將軍深溝高壘避不與戰。他進不敢前，退不得後，待其敝而擊之，我保管吳楚之兵，片甲不歸。」不想這一番話，正和亞夫的心計不謀而合。遂引兵東北走昌邑，堅守不戰。梁王正被吳楚圍攻得緊急，盼到亞夫兵到，歡喜得救，那知道亞夫竟按兵不動。無論梁王怎樣催促，亞夫總是不理，梁王情急，上書景帝乞援。天子詔令太尉進兵，亞夫依然不奉詔。虧得將軍張羽和韓安國拼命死戰，守住了睢陽，但不知折失了多少士卒。因此梁王深恨周亞夫，兩人從此有了嫌隙。

　　吳王出兵之初，大將軍田祿伯請別率五萬人，溯江淮而上直取武關，吳王不肯。桓將軍又說吳王不必攻城略地，損傷士卒，當直趨洛陽，據敖倉之粟，吳王又不聽。果然大兵膠著在睢陽一地，久攻不下，又受到周亞夫大軍的遏制，陷於進退維谷之境。亞夫看吳兵銳氣漸消，乃遣將軍韓頹當率輕騎繞出淮泗，襲擊吳楚的糧道。吳楚兵乏糧，求急戰，任憑如何挑戰，亞夫總是不出。這一日，軍中夜驚，大家自相紛擾，一直鬧到中軍帳下，亞夫高臥不起。過了一陣，自歸安靜。又一日，吳兵急攻東南隅，亞

---

❷　今山東金鄉。

❷　泗水入淮之口，約當今泗縣東地。

夫命軍士嚴備西北角，果然敵人的精兵集中到西北。這亞夫的軍營，竟如鋼鐵一般，百般攻打不破。吳楚的兵士，饑困交加，紛紛叛離，看看支持不住，便引兵撤退，亞夫乃盡出精兵奮勇追擊，這一戰只殺得屍橫遍野，吳楚大軍有如山崩瓦解，全體潰敗，楚王戊在陣前自殺。吳王濞收拾殘兵得數千人，退保江南丹徒㉒，漢兵窮追，又攻下丹徒，吳兵皆降。吳王濞隻身亡命東越，被越人殺死。吳王太子劉駒逃往閩越，於是吳楚兩國平。從起兵到滅亡，前後僅僅三個月。吳楚既破，朝廷乃徵調擊吳楚之兵，北與欒布會合，共擊齊趙。

膠西膠東菑川三王圍攻臨淄，三月不曾攻下。初，齊王將閭使路中大夫求救於朝廷。及至朝廷發兵，路中大夫回報齊王。走到臨淄城外，正在圍攻之中，無法得入，反被三國所俘。三國脅迫路中大夫，叫他到城下告訴城內守兵，說漢朝已破，快投降，不然，就要屠城。路中大夫只得許諾，及至走到城下，抬頭望見齊王，路中大夫高聲喊道：「漢已發兵百萬，使太尉周亞夫為將，現已擊破吳楚，馬上就來救齊，務必堅守城池不要投降！」話猶未了，路中大夫便被砍死在城下。過不幾天，欒布大兵到，三王便解圍而去。欒布聽說齊王當初也和各國謀反，將引兵伐齊，齊王得訊恐懼，遂飲藥自殺。韓頹當引兵到，與欒布合兵進擊膠西，膠西王卬自殺。膠東王雄渠，菑川王賢，濟南王辟光聞膠西王死，亦皆自殺。曲周侯酈寄奉命將兵擊趙，圍趙王於邯鄲，攻打了七個月沒能攻下。欒布破齊後，引兵北上，與酈將軍合兵，掘引河水灌邯鄲，城破，趙王遂亦自殺。於是五國皆平。

濟北王劉志雖未起兵，事前與吳王曾有聯絡，眼看齊國六王皆死，心中惶恐也想自殺。有賓客齊人公孫玃勸濟北王道：「大王無罪，何必自裁。臣與梁王有舊，梁王和天子是嫡親兄弟。臣願往梁，說梁王請他在天子面前替大王解釋，如果不行，再死未晚。」濟北王遂遣公孫玃前往梁國，公孫玃謁見了梁王，說道：「夫濟北之地，東接強齊，南界吳越，北鄰燕趙，這是塊四面受威脅的地方。而濟北國小，力不能自守。當初如果明白拒絕

㉒　今江蘇鎮江。

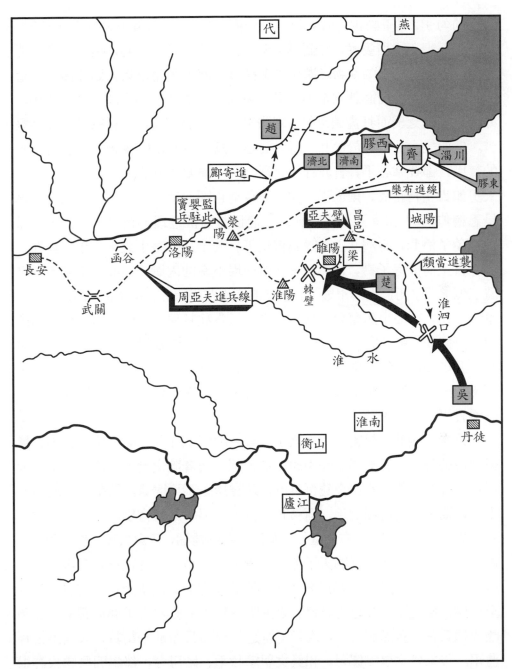

吳楚七國之亂形勢圖

吳王的勾引，吳王必定先滅濟北，和燕趙打成一片，山東地方就完全變色。濟北王不得不虛與委蛇，待到吳王發兵，濟北王獨立不動，隔斷了齊趙的連繫，引起了四王的糾紛。漢兵才得從容收服了吳楚之兵，如非濟北王這番苦心奮鬥，那局面就完全不同了。夫以區區濟北一個小國，力遏強鄰，好比以羔犢之弱而扞虎狼之敵，守職不屈，精誠報國，這種精神，多麼堅苦。但聽說主上，對於濟北，還有疑心，萬一降罪，臣竊恐天下忠心守土的藩臣，都要寒心了，實非社稷之福。今天能為濟北表白的，只有大王，大王如肯主持正義，則大王一言，上有全亡國之功，下有安百姓之惠，真是恩德無窮。」梁孝王大為感動，立遣使將這番道理，馳奏天子。天子果然釋免了濟北，將濟北王改封為菑川王。天子又憐齊王之死，也是無罪，詔立齊王將閭之子壽，仍為齊王。這一場不幸的內戰，到此完全結束，歷時三個多月。死亡士卒十幾萬，總算事態沒有擴大，一番風波，瞬歸平息。事後論功，竇嬰坐鎮滎陽，指揮若定，封為魏其侯。周亞夫破吳楚，功最大，封條侯。從此魏其侯、條侯聲威大震，每逢朝廷議事，列侯莫敢與抗禮。五年後，周亞夫便代陶青為丞相。亞夫雖然尊寵，卻與梁孝王有一個深深的誤會。在吳楚七國之亂後，為時未久，又發生了梁王的問題，真是一波方平，一潮復起。

　　梁孝王劉武，是竇太后的次子，景帝的同胞兄弟，諸王中為最親，最得太后的鍾愛。所封梁地是中原一個大國，居膏腴之地，有四十多城。太后年年都有賞賜，府庫金錢百萬計，珠寶珍玩不可勝算。國都睢陽城周七十里，關東苑為遊獵之地，面積方三百里。那一帶離宮別館，鶴汀鳧渚，有落猨巖，有棲龍岫，有兔園，有雁池。奇葉佳樹，珍禽異獸，無不俱備，真是窮天下之富麗。又賜天子旌旗，梁王每出遊，前呼後擁，千乘萬騎，威風不減天子。梁王又好招攬賓客，於是四方的文人學士，政客名流，以至遊俠擊劍之士，都趨之若鶩。梁王所最寵愛的有齊人羊勝公孫詭，公孫詭深通兵法，多深謀奇計，為梁王製造了弩弓兵器數十萬具，人稱為公孫將軍。後來齊文學家鄒陽，和吳文學家枚乘、嚴忌等，都離開吳國投奔梁王，又有蜀人司馬相如，梁王都以為上賓。真是人才濟濟，極一時之盛。

梁王每入朝，與天子行同輦，坐同席，共獵於上林之中，親愛無比。景帝二年，那時還未立太子，天子與梁王飲宴之間，從容說道：「朕千秋萬歲後，傳位我弟。」原是一句無意的話，梁王和太后都記在心中。吳楚亂定，天下太平，景帝四年，正式立皇子劉榮為太子。太后與梁王，大失所望。太子榮是栗姬所生，太子既立，栗姬原可立為皇后。但是栗姬好妒，脾氣又壞，景帝所幸諸美人，栗姬總是嫉恨不容，因此漸漸失寵。景帝告誡栗姬道：「我既立你子為太子，則我百年之後，諸姬所生之子，你也要一樣的看待才是！」栗姬竟然不睬，加以長公主，王夫人等從旁挑撥，景帝越發不快。正在氣頭上，偏有一個不知趣的大臣，奏請立栗姬為皇后，說「母應以子貴」，景帝道：「這是我家事，也是你大臣該多嘴的嗎！」一怒之下，竟將太子廢為臨江王，不久栗姬也憂憤而死，這是景帝七年的事。到中元二年，臨江王又犯法，徵赴中尉府對質，王恐懼自殺。梁孝王聽說太子被廢，便日夜和羊勝公孫詭等秘密計畫，如何謀取儲位。聯絡竇太后從中關說，勸天子以梁王為嗣。景帝便徵求朝中諸大臣的意見，大臣都說：「子承父統，這是宗法，沒有立弟為嗣的道理！」這時袁盎病免，家居長安。景帝雖因誅鼂錯，不懌於盎，究以盎是先朝老臣，又負時望，仍然尊重。遂遣使者再以立儲的事去訪問袁盎，盎上書道：「昔宋宣公不立子而立弟，以生禍亂，五世不絕，小不忍則害大義！」❷❸景帝乃將立梁王之議，完全打消。梁王又請求修築一條馳道，通到長安，以便隨時朝見天子太后，袁盎又議以為不可。於是梁王憤恨，羊勝公孫詭等煽撥道：「太后天子都沒有問題，就是這一班朝臣多事，離間人家兄弟母子的感情，這必須給他們一個厲害看看！」教梁王派遣刺客到都中去刺殺這班大臣。齊人鄒陽素來與羊勝、公孫詭意見不合，極力勸阻。梁王大怒，將鄒陽拿下監牢，要處以死刑。鄒陽在獄中，寫了一篇極沉切委婉的書信，為自己表白❷❹，託人送陳梁王，梁王見書感動，終將鄒陽釋放。

---

❷❸　春秋時，宋宣公卒，其弟和立，是為宋穆公。穆公卒，還立宣公之子與夷，是為殤公。殤公即位後，與穆公之子公子馮相攻，從此宋國大亂。

❷❹　可參看《漢書》鄒陽傳。

　　就在鄒陽入獄的時候，梁王已派遣刺客入關，去刺殺袁盎等諸大臣。其中有一個刺客，到處訪問袁盎，聽到市井上的議論，無人不說袁盎的好處。那刺客於心不忍，訪到袁盎家中，面見袁盎，自己說明是梁王的刺客，聞盎是長者，不忍相刺。又道：「在我之後，還有刺客十幾人，將軍務須好自防備！」袁盎遂不敢外出，過了些時見無動靜，也就鬆了心。這一天走到安陵門外，突然後面有人高喊袁將軍，不覺回顧，那人一劍刺來，袁盎竟被刺死。跟著都中議事大臣十餘人，都先後遇刺。一時鬧得滿城風雨，人心惶惶。大家都傳說是梁王所為，天子震怒，派使者田叔呂季主等，往梁國去調查，又詔捕羊勝公孫詭。羊勝公孫詭嚇得躲在梁王的後宮，漢使者在睢陽城中，四出搜捉，那情勢十分緊急。梁內史韓安國入見梁王道：「今天事情鬧得這樣嚴重，使大王受辱，皆是臣等輔佐無狀，即請賜死。」王道：「何至於此！」安國流淚道：「敢問大王自度與皇帝的關係，較比太子榮與皇帝的關係，那個親近？」梁王道：「自然兄弟不如父子之親！」安國道：「那就是了！以太子榮之親，聖上一怒而廢為臨江王，再怒而臨江王自殺於中尉府。這是什麼道理呢？王法不容情，就是天子亦不能以私害公。俗話說，『雖有親父，安知其不為虎；雖有親兄，安知其不為狼！』今大王身為諸侯，因聽信一邪臣的浮言，犯上亂法。天子因太后之故，不忍加罪於王。臣聞太后日夜涕泣，盼望大王能自改過，而大王終不覺悟。萬一太后晏駕，大王，您還依賴誰呢？」話猶未了，梁王已經落淚。即交出羊勝、公孫詭，兩人伏罪自殺。梁王恐懼朝廷追究，想起當年鄒陽確有先見之明，而鄒陽也能言善辯，便請出他往長安去遊說。

　　卻說七年廢太子榮後，就立膠東王劉徹為太子。這劉徹是王夫人所生。王夫人之父名王仲，母名臧兒，所生王夫人等一男兩女，男名王信。後來王夫人母臧兒又改嫁長陵田氏，又生兩男，田蚡，田勝。王夫人是臧兒長女，初嫁金王孫，生一女。臧兒為王夫人算命，說命當大貴，臧兒便託人將王夫人納入太子宮中。那時景帝方為太子，深加寵幸，生了三女一男，男即劉徹。王夫人為人圓通，和長公主深相結納，劉榮之廢，劉徹之立，都得力於長公主。太子徹立後不久，王夫人便立為皇后，而夫人之兄王信

封蓋侯，人尊稱為王長君，成為朝廷新貴，尊寵用事。鄒陽到了長安，揣摩這人情疏通必須要走內線。於是輾轉託人，見了王長君，和王長君盤桓了數日。這一天談得投機，鄒陽說道：「令妹貴為皇后，專寵後宮，長君正在尊顯得意中，但是安不忘危，我覺得長君目前卻有一個危機，不可不防！」長君悚然請教。鄒陽道：「聞說袁盎事發，天子震怒，梁王恐將獲罪。太后為此晝夜哭泣，憂慮懊惱，時時發怒。又聞說長君近來行為頗有放縱的地方，很惹人議論，太后很容易拿貴臣出氣，竊為長君擔心！」長君道：「那麼，怎麼辦呢？」鄒陽道：「如果長君能抓住這機會，加以運用，可以做件一舉兩得之事。這事情十分簡單，就是你可以在天子面前，多方為梁王解說，把這事挽轉過來，讓他們兄弟言歸於好。太后必定感謝長君，那時長君得兩宮的支持，真是金城之固也。何況存亡繼絕，功德無量，又何樂而不為呢？」長君欣然答道：「那麼如何在天子面前進言呢？」鄒陽道：「這太容易了！」便教導他：「你可這般說法：昔者舜有弟象，天天想謀害舜，後來舜做了天子，不咎既往，反封象於有卑。夫仁人之於兄弟，無藏怒，無宿怨，唯有親愛而已，所以後世稱之為大聖人。」長君道：「諾！」即入見天子，乘間進言，天子果然感動。恰巧在這同時，田叔從梁國查案回來，謁見天子覆命。景帝忙問道：「怎麼樣！梁王有罪嗎？」對道：「豈僅有罪，並有死罪！」天子道：「你可查出什麼證據？」田叔道：「證據多得很，我把它一齊燒掉了，陛下可以放心，不必追究了！」景帝不解道：「你這是什麼意思？」田叔道：「陛下要曉得，今天這事情，難以處理。如果今天拿出證據，而梁王不伏誅，那是漢朝沒有王法。如果認真執行，陛下只有這一個同胞兄弟，不僅有傷手足之義。而太后將食不甘味，臥不安席，亦將傷母子之情。我們只希望，梁王能悔悟自新，這既往只可不究了。」景帝喟然長嘆，頷首不已。因遣田叔往謁見太后，就說：「這都是羊勝、公孫詭等之過，業已伏誅，梁王無罪。」太后聞言，蹶然坐起，立即加餐！旋召梁王入朝。梁王因上書自陳罪過，率領從官晉京，到了長安，身負斧鑕，伏闕請罪。天子親將梁王拉起，召入宮中，和太后相見，這母子三人，哭做一團，遂復為手足如初。這一場風波，總算化凶為吉，沒有造成第二

個吳楚之亂。後來梁王病故，景帝將梁地分為五國，分王梁王五子，免蹈強藩坐大的覆轍。

因為這件事處理妥當，景帝深愛田叔。田叔，趙陘城人，為齊田氏之後。原為趙王張敖之臣，貫高之獄，他曾隨趙王被押解進京，貫高獄解，田叔也獲赦，高祖見田叔能幹，曾任為漢中守十餘年。現到景帝時，田叔已老，其為人喜劍術，學黃老，賦性精明而硬直。吳楚平後，景帝徙封淮陽王劉餘為魯王，須要一位年高德重的老臣為輔，便拜田叔為魯國國相。魯王好治宮室苑囿，鬥雞走狗。田叔剛剛到任，就有許多老百姓來喊冤，說魯王奪取他們的財物。田叔將那首告的二十多人，各責打了二十大板，故作震怒道：「王不是你們的主子嗎？你們怎麼能夠控告主子呢？並且那裡會有主子奪取人民財物的道理！這分明是誣告！」一方面卻暗中稟告魯王。魯王慚愧，便出府中錢，叫田叔作主償還人民。田叔道：「你拿的錢該你去還，不必要我去討好人民。」魯王只得直接著人拿錢還了那班物主，老百姓無不歡喜。魯王好獵，每逢打獵的時候，田叔總是跟在後面，曝坐在獵苑中。魯王覺得過意不去，總請田叔回府去休息。田叔道：「王這般勞苦，老臣豈敢偷閒。」魯王又覺慚愧，便不常遊獵，得田叔種種的感導，魯王日益檢束。過了幾年，田叔卒於任所，魯王贈以百金為賻，田叔之子田仁，堅持不受道：「臣不敢以百金傷先人之遺德！」

景帝七年周亞夫代陶青為相，天子以亞夫功高，深為敬重。後來廢太子榮事，亞夫力爭不可，因此君臣漸疏。梁孝王積前恨每在太后前，說亞夫的短話。又一次，正欲封王信為侯，天子以問丞相，丞相回奏道：「高皇帝約，非劉氏不得王。非有功不得侯，不如約，天下共擊之。今王信雖是皇后長兄，無功，不可侯！」天子當時不快。禁不住這種種的誤會，信任日衰，周亞夫自覺不安於朝，便謝病家居。過了些時，天子召亞夫入宮賜食，在亞夫席前放了一塊大肉，卻沒有刀箸。亞夫便顧問尚食取箸，天子笑道，「你不滿意這宴席嗎？」說罷，忽然拂袖而起，亞夫大為惶恐，立即俯身趨出，而面上卻有憤憤不平之色。天子又怒道：「像這樣子，那是做臣子的態度！」又過了些時，發生了一件事情。原來在那個時候，有一

種風俗，武將之家，死時恆以兵器殉葬，這種葬器又往往在生前很早就預備下來，好像後時人準備壽材一般。這時亞夫退休在家，他兒子設法從官家買了一批甲楯，共有五百具，用做葬器。就有人告發，說他盜買公家兵器，有造反的嫌疑。有司立責亞夫到廷尉處去對質，廷尉問：「君侯何故謀反？」亞夫道：「臣所買乃是葬器，怎麼說是造反？」那廷尉不相信，笑道：「那裡什麼葬器！分明是謀反，如果不謀反地上，那你是要謀反地下！」亞夫堅不承認，廷尉逼迫很急，亞夫悲憤，便絕食，五天後嘔血而死。時在後元元年，這是一件令人不愉快的事。

　　景帝一朝，唯一的大事，即是吳楚七國之亂，這亂事為時也很短暫。此外內政外交，都沒有什麼重大的變化。景帝對北方匈奴，仍遵前朝的遺策，以和親撫綏為原則。在即位之初，即派遣御史大夫陶青，往代下與匈奴重結和親之約，五年遣公主嫁單于。邊境維持安定，差不多十幾年。後來在中元六年，和後元二年，匈奴曾有兩次入寇雁門關。雁門太守馮敬戰死，士卒死者數千人。雖未引起大難；說明匈奴是個難絕的邊患，這是後來武帝所以決心要大張討伐的原因。景帝為人，雖無文帝明睿；但是內政上一切措施，亦本前朝的原則。吏治嚴肅，國內承平。中元五年六年兩次詔天下重審疑獄，唯恐冤枉人民。自文帝時廢肉刑，把應得肉刑的，都改為笞，結果笞責無度往往將人打死，所以六年時下旨重訂笞法。五百減三百，三百減一百。並規定捶制，捶長五尺，本大一寸，末大半寸，從此便再沒有打死人的事了。後元三年春，詔令八歲以下，八十以上者，雖犯法不繫獄，這是「省刑」。後元二年三年，又兩度下詔勸農。後元三年春正月甲子，景帝薨於未央宮，卒時年四十八歲，在位凡十六年。太子徹繼位，是為漢武帝。景帝十六年，加文帝二十三年，共三十九年。這三十九年太平的結果，天下殷富，家給人足。京師裡國庫中的錢累百億，貫朽不可校。太倉裡的粟米都流到倉外，腐敗不能食。中國本來缺少馬匹，到了景帝末年街巷阡陌之間的馬匹成群。閭閻間的平民，都能食粱肉。人人自愛，很少犯法。這是一段黃金時代，史稱「文景之治」。

第九講　漢武政治

天人三策　　五經博士　　公孫拜相
汲黯直言　　東方譎諫　　主父推恩
瓠子治河　　均輸鹽鐵　　封禪求仙

　　漢景帝劉啟逝世，太子劉徹即位，這就是中國歷史上，鼎鼎大名的漢武帝。武帝在位時間最久，做事的魄力最大。他憑藉著文景兩代，在人力物力上幾十年的積蓄，發揮出雄厚的力量。無論在政治上，軍事上，以及學術思想上，都有卓越的表現，寫出一頁燦爛的歷史。

　　漢武帝即位之初，下詔令選舉賢良方正，直言極諫之士，天子親自策問古今治亂之道。奉詔對策的，有一百餘人，以博士董仲舒的對策，最為稱旨。仲舒是信都廣川縣人氏，少治《春秋》之學。在景帝時為博士，下帷講業，三年不窺園，言語行動，非禮不為，學生們無不尊敬，是一位品術兼優的學者。當時天子的策問，大意說❶：朕獲為至尊，責任多麼重大；每每想起國家大事，夙夜不安。故特廣延四方豪傑，賢良博學之士，想要知道這天下之大道。曾聞五帝三王，制禮作樂，天下和睦，百姓康樂。歷代為君執政的人，沒有不想效法先王，郅治太平。但事實上，永難實現這種理想。這究竟是人為的過失；還是天命一去不復返呢？如果說是天命，那麼三代怎麼會獲得天命，後世又怎麼發生災變的呢？如果講到人事，同是一個人，怎樣就壽，怎樣就夭，怎樣就仁，怎樣就鄙？這一切問題，都很難解釋。如何能使政治符合天道與人事？怎麼樣就做到刑輕政舉，百姓

---

❶　按董仲舒〈天人三策〉，究在漢初何時，難以確定，後人多有異辭。仲舒本傳不詳其年，《通鑑》載之建元元年，《漢書武帝紀》載於元光元年，《通鑑考異》與補註沈欽韓氏皆論定為建元元年，然仍多疑義，姑寫作即位之初。原文冗長不能備錄，茲節擇意譯。

和樂，膏露降，百穀登，德潤四海，澤被草木？

　　仲舒對策大意說：陛下下明詔，問天命與人事之理，非臣愚昧所能盡知。謹案《春秋》中的記載，根據前人的經驗，來觀察這天人之際。大凡國家失道，上天必先有災害的譴責；如不知覺悟，就有怪異的警告；再不知悔改，最後就要滅亡。可是天心仁慈，愛護人君，總是給他以最大的支持。除非人君十分無道，非至萬不得已，不會教他滅亡。所以人君儘有為善的機會，不過必須把握時間，警惕奮勉。《詩經》上說「夙夜匪懈！」《書經》上說「茂哉茂哉！」就是勸人君自勉，要戒慎恐懼的意思。所謂「道」者，就是政治所應遵循的途徑；而「仁義禮樂」，是走上這個途徑，所必備的工具。歷代的君主，那一個不想他的國家治理，為什麼不能達到目的？就是因為他為政不由其道。周道衰於幽厲，並不是道亡，乃是幽厲不由其道。到了周宣王，努力修先王之德，改過自新，周道立刻復興，為後世稱揚，詩人歌誦。所以孔子說：「人能弘道，非道弘人。」就是說，治亂興衰的樞機，完全握在人的手裡，苟能盡人事，天道自來歸。君主能得到人民的愛戴，那符瑞便應運而至。《書經》上寫著：「白魚入於王舟，有火復於王屋，流為烏。」這白魚赤烏之瑞，不就是周文王積德行善的象徵嗎？孔子又說：「德不孤，必有鄰。」那積德行善的，豈單天助，還要得到人助。末世一般君主，淫佚放蕩，不顧人民的苦樂，弄得諸侯背叛，百姓作亂。到了無可如何，乃放棄德教，依賴刑罰的制裁。這刑罰是很難用得適當，於是製造出無數人民的怨怒。其結果，上下不和，陰陽錯亂，而妖孽叢生，災異紛起了！再講到人事，臣聞，命者，是天之令；性者，是生之質；情者，是人之慾。或夭，或壽，或仁，或鄙，這性質情慾，不能盡同，難以全美；全賴教化陶冶，使其就緒。孔子說：「君子之德風，小人之德草，草上之風必偃。」君子德教，對於人民的影響，好比風吹草偃一般。故堯舜行德，則人民仁壽；桀紂行暴，則人民夭鄙。這上下的教化，又好像在模子裡的泥土，鎔鑪裡的銅鐵，任憑陶人冶工的鑄製，絲毫不爽。又案《春秋》之義，王道要合乎天道。天道之大者，莫如陰陽。陽為「德」，陰為「刑」。陽在一歲之中，譬如春夏，主萬物之生；陰在一歲之中，譬如秋

冬，主萬物之殺。春夏居前，而秋冬在後；那就是說，德教居前，而刑罰在後。以德教為主，刑罰為輔，如只任刑罰，沒有德教，豈不是只有秋冬，沒有春夏，那萬物如何生長呢？怎麼合乎天道呢？今天，廢德教之官，專任執法之吏，這是先王所不肯為。孔子說：「不教而誅，謂之虐！」現在對人民施行虐政，如何能德被四海？又《春秋》有一元之義，萬物由一而始，說是天下萬事萬物，必有一個中心的出發點。為人君者，要以正心為出發點。自己的心放正了，才能正朝廷，朝廷正，而百官正；百官正，而萬民正；萬民正，而四方正；四方正，而遠近莫不正。那麼天地四方都充滿了正氣，邪氣還敢作祟嗎！自然陰陽調，風兩時，群生和洽，萬民快樂。孔子為什麼要嘆息：「鳳鳥不至，河不出圖，吾已矣夫！」因為孔子雖有德行，可以致祥，但恨身不在位，有能無權，所以自怨自艾！今陛下貴為天子，富有四海，有位有權，又能愛民好士，正可以大有所為，為什麼祥瑞不至呢？就是因為教化未立，萬民不正。一般人民的心理，沒有不自私自利的，好像河水，沒有不泛濫的，非用堤防，不能遏止。這教化，就是人民心理上的一道堤防。先王最了解這道理，故以教化為大務。國有大學，邑有庠序；用仁義禮樂，慢慢的來教導人民。人民受了感化，刑罰雖輕，民不犯罪，因為已經培養成了一個優美的風俗。風俗既淳，子孫相守，五六百年，其德不衰。到了周末無道，天下大亂，秦朝不知挽救，反而變本加厲，倒行逆施，焚書阬儒，盡滅先王之道。所以秦始皇做天子，僅僅十四年就國破身亡。造成互古以來未有的大亂。遺留在社會人心中的餘毒，至今未滅。今繼秦之後，漢興已七十餘年，必須要徹底改變亡秦的政策。譬如琴瑟之音不調，必須另行張弦，才能彈奏。否則，雖有良工，不能善調；雖有大賢，不能為治。現在如能厲行政治改革，則災害日去，福祿日來。《詩》云：「宜民宜人，受祿於天！」國家政治能合乎人民的要求，就會接受上天的福祿。怎樣才合乎人民的要求呢？那就是，仁義禮知信，五常之道，不可不整飭；五常整飭，則德施四方，普及群生，皇天庇佑，鬼神降靈！

　　武帝又降下了第二道策問，其大意說：蓋聞虞舜之時，垂拱無為，而天下太平；周文王日昃不食，而宇內亦治。難道先王的治道沒有一定的原

則，何以勞逸不同呢？儉者不造玄黃旌旗之飾，為什麼周朝設兩觀❷，乘大路❸，朱干玉戚，八佾❹陳於庭？或曰，良玉不瑑❺，為什麼又說，非文無以輔德？殷人執五刑以督姦，何以成康四十幾年刑罰不用？而到了秦朝，又嚴刑峻法，朕夙寐晨興，總想以先聖帝王做榜樣。親耕籍田，獎勵農耕，任賢人，勸孝弟，崇德行，恤孤獨。為什麼還是陰陽不調，民生不遂？諸大夫待詔，勿庸忌諱，明白說出其中道理，以稱朕意。

仲舒奉旨，又呈上第二篇對策，大意說：臣聞堯受天命，以天下人民為憂，而不以在位為樂。誅逐亂臣，徵求賢人，得到舜稷的輔佐，經過一番艱苦的奮鬥，在位七十年，才教化大行，天下和洽。孔子說：「如有王者，必世❻而後仁。」王者要經過三十年長久的治理，才能完成一個仁政；所以唐堯用了兩倍三十年的努力，方使萬民康樂。及至遜位於舜，這時政治已經上了軌道，天下太平，無所事事，自然垂拱而治了，故孔子聞韶❼說：「韶盡美矣，又盡善也！」那時的政治，真是盡美盡善了。到了殷紂時，逆天行道，殺戮賢臣，殘害百姓，弄得天下紛亂，萬民不安。文王起來，一方面要解救那些百姓的痛苦，一方面要應付那紂王的昏暴，所以萬幾交錯，忙得連吃飯的工夫都沒有。由此看來，政治的原則原是一貫，只因時代環境不同，勞逸乃異。至於衣冠文物的制度，是用以表示尊卑貴賤的秩序，帝王受命，必先改正朔，易服色。宮室旌旗，也都有一定的規則，孔子說：「奢則不遜，儉則固」，奢侈誇張自然是不對；過於儉嗇，也可不必，這是一個法度的問題。所謂「良玉不瑑」，是說那品質優秀的人，不加修飾，已經很美了。如「達巷❽黨人，不學而自知也」，雖然如此，究竟不

❷　觀即城樓。

❸　一作大輅，大車也。

❹　朱干是朱紅色的盾，玉戚是玉柄之鉞，佾是舞的行列，佾音逸，天子舞時每列八人，八佾六十四人，舞者叫做佾生。

❺　瑑音ㄓㄨㄢˋ，玉上彫刻花紋。

❻　三十年謂之一世。

❼　韶是舜樂，從韶樂裡可以表現出虞舜時政治的優美。

❽　魯地，在今山東滋陽。參見《論語》。

教育，還是不能成為完人。「常玉不琢，不成文章；君子不學，不成其德。」單靠資質之美，還是不夠的。就是聖王之治天下，也還是要多多學習。禮樂教化，是所以培養人的情操。人民懂得了禮義，他會以犯法為恥，自然就不需要刑罰的制裁。所以周公制禮作樂，到了成康之世，囹圄空虛，刑措四十幾年，能說這不是禮教的效果嗎？那殷人的傷肌膚執五刑，實不值得模仿。試觀秦朝，師申商之法，行韓非之說，破壞仁愛，獎勵貪狠。殺人是責名而不察實，往往好人被害，而惡人得意，逼得人人欺騙，刑法雖酷，而姦邪不止。所以孔子說：「導之以政，齊之以刑，民免而無恥。」今陛下並有天下，海內率服，又親耕籍田，獎勵農桑，夙寐晨興，憂念萬民，這正是堯舜之用心。為什麼不能招致賢材，加功於百姓呢？是因為教化的工夫不夠，不能施教而欲求賢，正好比美玉不琢，而求文采。願陛下速興太學，置明師，以教養天下的士子。郡守縣令，是人民的師帥，師帥不賢，何以教訓人民。當令諸列侯，郡守，二千石，各選拔賢能的官吏，推薦到中央。由朝廷再施以考核，賢者有賞，不肖者有罰。量材而授官，錄德而定位，務使好人和壞人有所區別。則三王之盛易為，而堯舜之名可致！

武帝又降策問道：蓋聞善言天者，必有徵於人；善言古者，必有驗於今。故朕垂問這天人之應。上以唐虞為法，下以桀紂為戒。要徹底的明白，其間興亡昌滅的因果，虛心求治。然而三王之教，所祖不同，而各有得失。諸大夫，既已說明大道之要，治亂之端；但條理不清，意思未盡，望更加研究，朕將親覽。《詩》云：「嗟爾君子，毋常安息，神之聽之，介爾景福！」[9]

於是董仲舒又獻上了第三篇對策，大意說：臣聞，天者，萬物之所祖。無所不包，無所不育。日月風雨的調節，陰陽寒暑的配合，使萬物各得其宜。聖人以天為法而立道，所以是博愛無私。春者，天所以生，仁者，君所以愛。夏者，天所以長；德者，君所以養。霜者，天所以殺；刑者，君所以罰。由此說來，這天道就是人道，古道就是今道。真理一貫，無分於空間與時間。天令叫做命，命非聖人不能推行。資質叫做性，性非教化不能完成。人欲叫做情，情非禮法不能節制。所以先王上承天意以順自然，

---

❾　此《詩經小雅小明篇》，說人君不肯苟安，能努力修德，天神得知，必降幸福。

下明教化以敦人性，再規定禮儀法度種種秩序，以節制人的情欲，這三點是政治的根本。人和其他的生物不同，在家庭有父子兄弟之親，在朝堂有君臣上下之誼，在社會有尊卑長幼之序。要使人類的生活美麗，乃有文化；要使人類的生活歡樂，乃有恩愛，這就是人之可貴。人又能利用自然，役使禽獸。植五穀以為食，製桑麻以為衣，飼六畜以為養，又駕牛騎馬，伏虎獵豹，這就是人所以為萬物之靈，也就是人之所以異於禽獸。故孔子說：「天地之性，人為貴！」明於天性，方知物理。明白人之所以貴於萬物，才了解仁義禮樂的價值，人類才能共存共榮和平相處。這樣的人，才叫做君子。故孔子說：「不知命，無以為君子。」——不懂得天理人道的人，是不配做君子。策問說，要以唐虞為法，桀紂為戒，俾知興亡昌滅之道。臣聞：眾少成多，積小致鉅。聖人之所以成為聖人，是一點一滴，累積而成。由暗而明，由微而顯。堯發跡之初，不過是一個小小的諸侯。舜當年，不過是歷山的一個農夫。及至他積行累善，遂名聞天下。所以《詩經》說：「惟此文王，小心翼翼！」必須要小心翼翼，一點一點的努力，一天一天的為善，才能興盛昌明。積善在身，好比人體的發育，在不知不覺中，就壯大起來。積惡在身，好比燈火裡的膏油，在不知不覺中，就消耗下去。唐虞之德，非一日而興；桀紂之暴，非一日而亡；天地之間，絕沒有奇蹟和突變。策命又問，三王之教，所祖不同，各有得失，是否有一貫之道？臣始終認為這「道」是絕對不變的。道原出於天，天不變，道亦不變。如果變的話，那是道走錯了，須要糾正。譬如禹繼舜，舜繼堯，三聖相承政治一貫，這道何嘗變呢？到了桀紂失道，把道路走錯了，所以湯武就要變。變的不是道的原則，而是把桀紂所走錯的，糾正過來。所以孔子說：「殷因於夏禮，所損益可知也；周因於殷禮，所損益可知也。」損益，就是糾正。由此看來，繼治世，其道同；繼亂世，其道變。漢繼秦代大亂之後，應當有所糾正。今陛下愍世俗之靡薄，悼王道之不明；故舉賢良方正之士，欲建太平之業。臣愚不肖，僅就所知，說明這政治的原則。至於政事的得失，那是三公九卿的責任，非臣仲舒所當論。然而臣亦嘗推想，古時的天下，就是今日的天下；今日的天下，亦就是古時的天下。為什麼同是一個

天下，古時就能那樣的治理，今天就何以不能呢？必是今天的社會，有許多不合天理的地方。臣發現這最不合理的，就是權利的不公平。按天道對於萬物權利的分配，最公平。拿禽獸來說，那有爪牙的，便缺少觭角；有羽翼的便缺少爪牙。得於此，必缺於彼，以維持公平。人的權利，也是如此。古代做官有俸祿的，絕不與民爭利。如果有了這種權利，還要享受那種權利，這社會一定要紛爭不息。現在許多人，身寵居高位，家溫食厚祿，還要仗著富貴的勢力，和人民奪利，人民怎麼受得了呢？其結果，富者益富，窮者更窮。人民窮苦而不得救，便失掉了生活的樂趣。到了民不樂生的時候，也就是民不畏死的時候。死且不懼，他們還怕刑罰嗎？這就是刑重而姦不止的原因。今天第一件事，是要禁止受祿之家，與民爭利。在上者好義，則人民鄉仁而風俗善；在上者好利，則人民好邪而風俗壞。天子大夫，是四方人民的表率；豈可以居君子之位，而為小人之行呢？居君子之位為小人之行，禍患立至；居君子之位為君子之行，則太平可致。第二件事，是今天社會人心，要有一個統一的思想觀念，這就是春秋大一統的道理。今天師各異道，人各異論，弄得思想混亂，是非不清。在上沒有一個統一的目標，在下沒有一個共同的信念，社會怎麼會不亂。臣愚以為那些諸子百家的思想，凡不在六經之科，不合孔子之道的，都要加以罷黜。這樣才可以「定於一」；這樣才君知所守，民知所從。

　　這就是著名的〈天人三策〉。武帝閱罷董仲舒這三篇對策，讚嘆不已。即升仲舒為江都國相。並將他的議論，默默記在心中，作為政治的參考。從此提倡經學，尊重儒術。將那些治刑名縱橫之說的賢良，一齊罷退。建元元年六月，丞相衛綰免，以魏其侯竇嬰為丞相，武安侯田蚡（王太后同母弟）為太尉，趙綰為御史大夫，王臧為郎中令。原來竇嬰、田蚡都好經學，尊儒生。王臧是皇帝的老師，又與趙綰同學，同受《詩經》於魯申公。申公在文帝時，就是詩博士，為宇內碩儒。七國之亂，被楚王戊所凌辱，大亂之後，申公逃回魯國，謝絕賓客，閉門教授生徒。建元初，申公已經八十多歲。王臧、趙綰二人，在天子面前，盛稱申公學行之高。於是漢武帝特派了一位專使，安車駟馬，束帛加璧❿，往魯國去迎接申公入朝。這

樣優禮儒生，在當時真是一件破天荒的舉動。申公到了長安，謁見天子，天子特問以天下治道，申公僅僅說了兩句話：「為政不在多言，顧力行如何耳！」武帝點頭稱是。便拜申公為太中大夫，尊養在魯邸中。和王臧、趙綰等討論立明堂，巡狩，易服色，改正朔等事。不意竇老太后相信黃老的清淨無為，討厭這班儒生的改制，硬逼迫武帝將王臧、趙綰罷免。那時武帝還年輕，不敢違拗老太后的意旨，王臧、趙綰廢後，憤而自殺。丞相竇嬰和太尉田蚡，亦跟著免職，申公亦告老還鄉，這尊儒之事，一度挫折。到建元五年，太后去世，田蚡做了丞相。於是明令罷黜黃老刑名百家之言，表章《詩》《書》六經之藝，定孔孟一尊，並置五經博士，完全實現了董仲舒的主張。

　　所謂經，就是《詩》、《書》、《禮》、《樂》、《易》、《春秋》，這六部書，或是孔子所作，或經孔子整理。弟子們輾轉傳授，奉為至理明言，稱之為經，經者「常道也」，就是一種永恆的道理。後來秦始皇一把火，楚項羽又一把火，把這六經之書，燒得精光。這兩把火使中國固有文化遭受了一個浩劫。到了漢初，文帝時經陸賈、賈誼等貢獻意見，知道要治理國家，這文化不可廢，經書不可亡。於是搜求遺書，或出於埋藏❶，或出於宿儒的默誦，漸漸的，這些遺書次第發現。單單缺少了《樂經》無從尋找，於是這六經乃變成了五經。國家為了整理這固有文化，經太常❷卿負責，敦聘那些專家碩學，來傳授這經書，俸祿每年六百石，謂之經博士。（博士原秦官，掌通古今之事。）文景之時，先立《詩經》、《春秋》兩家博士，《詩經》有魯人申培公，燕人韓嬰，齊人轅固生，叫做三家之詩。《春秋》所傳的是《公羊春秋》❸，博士有董仲舒、胡母生。這時到了漢武帝建元

---

❶　古人乘車皆立乘，唯優待老人的車可坐乘，叫做安車。以四匹馬駕的安車去迎接，並贈賜絲帛和玉璧（圓玉為璧）。

❶　秦時禁書，伏生壁藏之，漢定，伏生求其書，亡數十篇，獨得二十九篇。

❷　官名，自秦至漢初皆名奉常，景帝五年改名太常，職掌宗廟禮儀等事。

❸　孔子弟子子夏傳《春秋》之學於公羊高，高傳與其子平，平傳子地，地傳子敢，敢傳子壽，至景帝時，壽與其弟子胡母子都，將所說著於竹帛，是為《公羊春秋》。

五年，增立《書經》，以伏生❹的弟子歐陽生為博士。增立《易經》，以楊何為博士。增立《禮經》，以后倉為博士。於是五經俱備，儒學大昌。在田蚡丞相任內，以儒學進身的，多到幾百人。後來又為博士官置弟子五十人，由太常卿選擇人民年十八歲以上，儀表清秀，品學端正的，以補弟子，免其稅役。又郡國縣邑，有好文學，敬長上，肅政教的，令地方長官挑選出來，送到太常，亦可受業和博士弟子一般，每年一次考試，能通一經以上，補文學掌故❺，那名列前茅的，為郎中官，於是開了後代明經取士之典。以文學為取士的標準，以功利為獎勵的手段，是前代之所無。從此公卿士大夫，彬彬多文學之士，從此孔子成為中國人的萬世師表，儒術經學成為中國二千多年學術思想的中心，這是歷史上一件大事。

漢武的罷黜百家，表彰五經，所謂「罷黜」，並不是明令加以禁止，乃是消極的對於百家雜說不予提倡。反之，對儒術經學，卻予以多方的宣揚，這是一個最合理的政治手段。其實，秦皇漢武，同是企圖統制思想的，不過所用的手段不同。秦始皇是用的暴力摧殘的手段，而漢武帝是用的自由鼓勵的手段。結果，一個失敗；一個成功。可知為達到目的，不能不選擇手段，不人道的手段，絕不能達到人道的目的。

江都王名劉非，是武帝之兄，驕而好勇。武帝所以拜董仲舒為江都王相，正是給他一個現實的政治考試。果然仲舒為相，屢以禮義匡正得失，深得江都王的敬重。後來又調為膠西王相。膠西王劉端又是一個蠻橫之徒，董仲舒以一介儒生，兩事驕王煞費苦心，而不能暢有所為。抑抑不快，便告病還鄉，在家裡從事讀書著述。然而武帝對仲舒始終尊重，每逢朝廷有大事，總遣使者到他家中去請教，可以說是政府中一位高等顧問。不僅表章經術，是出自仲舒的主張；後來廣設學校，元光元年令郡國各舉孝廉一人，也都是採納仲舒的意見。仲舒晚年，集說《春秋》得失，為文百二十三篇，叫做《春秋繁露篇》。老年，壽終於家。他是影響漢代政治最大的

───────────────────

❹　伏生名勝，故秦時博士，專治《尚書》，孝文時，伏生年已九十餘歲，帝使鼂錯往受《尚書》。

❺　官名，屬太常。

一位思想家。以董仲舒的受知於武帝，原可大用；何以未能置身通顯，這是受了另一個政治家公孫弘的影響。

公孫弘與董仲舒，同治《公羊春秋》之學；同於建元初被舉賢良文學，又同以對策受知。但兩人的政治作風，個人遭際，卻截然不同。公孫弘是菑川薛城人氏，家境貧寒，少時曾為獄吏，犯過免職。乃在海濱之上，牧豕為生。歲月蹉跎，到了四十歲，才發憤讀書。在建元初被舉賢良時，年已六十。被舉後，奉命以博士銜出使匈奴，因為失職，受到朝廷的譴責，弘乃託病辭職還鄉。受了這次打擊，心灰意冷，也就無心進取。沒想到，過了幾年，那是元光五年時候，朝廷再徵賢良文學，地方當局又將公孫弘舉薦上去。公孫弘已無興趣，推辭不就，禁不住地方上一再敦促，同鄉富人鄒氏，又送他許多盤纏衣裳，他只得沒精打采的來到長安，在太常衙門報了到。這天奉旨對策，公孫弘提筆一揮而就。不料策文送上，漢武帝擊節嘆賞，在一百多篇策文中，擢取了第一。從此時來運轉，老運亨通。天子在金殿傳見，見公孫弘年紀雖高，卻是儀表出眾，像貌堂堂，應對之間尤其得體。蒙天子特別賞識，再拜為博士，命待詔金馬門❶，不到一年，就陞到了左內史，又三年，做到了御史大夫，位列三公。真是一帆風順，扶搖直上。公孫弘雖治《公羊》之學，以《春秋》論政；但因出身獄吏，明習文法，並不是一個醇儒。他的見解和董仲舒略有不同，董仲舒主張篤行禮教，公孫弘則主張兼行法治。他曾經上疏說：「陛下有先聖之位，而無先聖之名；有先聖之民，而無先聖之吏；是以勢同而治異。先世之吏正，故其民篤；今世之吏邪，故其民薄。政弊而不行，令倦而不聽；夫使邪吏，行弊政，用倦令，治薄民，民不可得而化，此治之所以異也。」所以他主張申法紀，肅吏治，加強政治的威力，以和教化相配合。這個意見很合漢武帝的思想，故得武帝之信任，來協助武帝推行了一種儒法兼用的政治。從殺郭解一事，可以顯然看出這種政風。

從戰國到漢代初年，社會上流行著一種遊俠之風。這類俠客，往往是亡命之徒，或受權門的豢養，或為社會所庇護。這種人物有其特長，是輕

---

❶ 宦者署，在未央宮前，前有銅馬，故名。

死生，重然諾，疏財尚義，不惜犧牲自己的生命，為朋友打抱不平，很能博得社會的同情。但是它最大的流弊，是作姦犯科，目無法紀，淆惑視聽，破壞秩序。他們犧牲的對象，往往私情重於公誼，個人觀念重於國家觀念。所以韓非子痛斥遊俠，說「俠以武亂禁」是五蠹之一。這原是亂世社會一種畸形現象，在國家政治上軌道的時候，不應存在。可是孝惠文景之時，政尚清淨，寬大為懷，仍然允許這班人，逍遙法外，如朱家、劇孟、郭解之徒，都是橫行一時，權傾帝王。那朱家、劇孟已成過去，現在武帝時，還有一個郭解。郭解是河內軹縣人，長得短小精悍，為人沉默寡言而心狠手辣。少年時殺人不眨眼，收聚亡命，鑄錢掘冢，無惡不作。因此黨羽眾多，勢力豪強。到了中年以後，忽然改行為善，輕財仗義，以德報怨。救人之命，濟人之急，而不居功。這樣一來，名聞遐邇，聲勢更大。郭解有一個外甥，仗勢欺人，被人所殺。兇手畏罪，來見郭解自首，郭道：「是我甥兒無理，其罪當死。」竟將那兇手好言釋放，贏得市井人人稱頌。郭解每逢走到街上，來往的人，無不避道致敬，獨有一人，箕踞傲視出言不遜。郭解的隨從，便要拔刀去問罪，郭解連忙制止道：「我居鄉邑，不被人恭敬，這是我的無德，於人何干呢！」後來過了些時，地方徵兵，那人獨獲免役。他不解何故，暗地訪問，才知是郭解替他說了人情，那人感激惶愧，趕緊買了許多酒肉，來見郭解磕頭謝罪。一時轟動鄉里，都來巴結郭解。洛陽城中有兩家大戶結仇，多少達官貴人從中勸說不開，郭解聞知，連夜趕來洛陽排解，一言既出，兩家俛首聽命。郭解所住的地方，四方豪傑，車馬絡繹不絕。真是座上客常滿，樽中酒不空。元朔二年詔遷郡國富豪於茂陵❶❼，郭解亦在被遷之列。大將軍衛青替郭解說情道：「郭解家貧，不夠遷徙的資格。」漢武帝詫異道：「一個老百姓，他居然能令大將軍為他說情，這人的權勢還了得嗎！」嚴命郭解非遷不可。郭解離別河內，河內一班富豪，紛紛贈送旅費，多達千萬錢。到了關中，關中的賢豪，識與不識，都慕名前往交歡。當時主辦選送郭解這椿公事的，是軹❶❽縣縣政府裡

---

❶❼　武帝於長安西北八十里預築陵寢，謂之茂陵，並置茂陵邑，徙天下富豪實之。

❶❽　今河南濟源縣南。

一位姓楊的掾史。在郭解走後，突被人暗殺。過不幾天，楊掾史的父親楊季主，又被人殺害。季主家派人進京告狀，告狀人走到長安附近，又被人砍死，一連出了三條人命案。武帝聞知，大為震怒，立命捉拿郭解，郭解聞風逃遁，所過之處，都有人捨命為之掩護。公差到了軹縣，士紳出來招待。居然有人於廣座中，為郭解辯護，說他如何賢德，旁邊一位儒生不平道：「郭解作姦犯法，何賢之有？」那人大怒，公然拔出佩刀，砍死儒生，並將他的舌頭割下，這案子越鬧越大。後來經過很久時間，好不容易才將郭解拿辦到案。經加審問，那郭解堅稱這些殺人案子，他都不知情。法吏也竟判稱郭解無罪，朝廷許多大臣也都附和法吏的主張。獨有御史大夫公孫弘，堅持非殺郭解不可。他說：「無論他知與不知，無論他所作的事是否值得同情。一個布衣，居然目無王法，威權大過朝廷，動輒傷害人命。這是大逆無道，罪不容誅。」漢武帝也深以為是，便將郭解斬首，誅三族。這在當時是一件斷然的措施，是一樁扭轉人心改革社會的措施，從此遊俠之風漸斂。後來荀悅作《漢紀》，有感於此，寫了一篇〈三遊論〉痛論其得失。

　　公孫弘為人機巧，朝廷議論，每被人主采納，但是很少面折廷爭。常列陳許多意見，任憑君主選擇。主爵都尉汲黯，為人正直，最討厭公孫弘這種作風，指責他「姦詐無情」。武帝乃責問公孫弘，弘謝罪說：「夫知臣者以臣為忠，不知臣者以臣為不忠。」武帝微笑點頭。公孫弘生活儉嗇，作布被，食脫粟飯**⑲**，汲黯又奏道：「公孫弘位列三公，俸祿很多，然為布被，足證其詐！」武帝又以問公孫弘，弘答道：「以三公的俸祿，實在不必蓋布被，這近乎沽名釣譽。但好名尚儉，並非罪惡。臣聞管仲相齊，身娶三姓之女為妻，奢侈擬於君王，而輔桓公成霸業。晏嬰相齊景公，食不重肉，妾不衣絲，一樣的使齊國大治。足證臣之事君，只問他是否忠誠，與他私生活的奢儉無關。然而汲黯能對君主與朋友，這樣的直言無隱，亦是難得的忠臣。」武帝以公孫弘有廉讓之風，更加親信。弘外表雖謙虛，其實內心狹隘。他最忌妒董仲舒，仲舒便因公孫弘暗中的排擠，一直不能

---

⑲　才脫粟的糙米。

入朝。田蚡為相，元光四年病卒，薛澤繼任。到了元朔五年，遂以公孫弘代薛澤為相。以一布衣，七年之間，由博士陞到了丞相，是從來沒有的事。漢朝故事，大臣必先有功封侯，然後才能拜相。唯獨公孫弘，先拜相，而後封平津侯，開了漢代拜相封侯的創例，這尤其是殊榮。不過這時年已七十七歲，好景難常，為相三年，便死在任上。

這和公孫弘專門作對的汲黯也是漢武帝一個得力的輔弼。但其為政做人，又和公孫弘不同了。汲黯初為謁者，河內地方發生火災，焚燒了一千多家。武帝派遣汲黯去勘察，汲黯回報說：「地方人家偶然失火，不足為慮。倒是經過河內地方，發現遭水災的難民有一萬多家，父子相食，慘不忍睹。這情形非常嚴重。臣未奉旨，自作主張，假節發河內倉粟，賑濟災民。即請陛下置臣以矯詔之罪。」武帝聞言，不加罪責，反溫言嘉勉。後來拜為中大夫，遷東海太守。黯治黃老之學，治民以清淨無為。但注意於選任丞史，凡事只責大體，不問細節。黯體弱多病，平時臥養，雖不勤政，而東海大治。武帝聞其能，乃召為主爵都尉。黯為人性情剛直，嫉惡如仇，最好直言疾諫。當時武帝屢稱，欲效法堯舜。汲黯當朝指責天子說：「陛下內心多欲，而外表假作仁義，如何能效法唐堯之治呢！」武帝怫然大怒，變色罷朝。朝廷群臣，無不為汲黯擔心，責備他說話太放肆。汲黯大聲道：「天子置公卿輔弼，所為何事！難道教我阿諛承旨，去欺騙人主嗎？我不能只愛自己的生命，而不顧朝廷國家的得失！」事後，武帝常對人嘆道：「汲黯之戇可愛，真古社稷之臣也！」武帝對待大臣，常不拘禮節，唯遇汲黯，不冠帶，不敢相見。那時朝中權貴，如公孫弘，張湯，以至大將軍衛青等，無不畏敬汲黯。公孫弘、張湯原與汲黯同列，後來一個做了丞相，一個做了御史大夫。汲黯為之不平，抱怨天子道：「陛下之用群臣，有如積薪，後來者居上！」武帝心中雖然不快，依然曲意優容，漢武帝威權最大，手段厲害，動不動就殺人。可是獨有接受政治批評的雅量，這是他所以成功的地方。與汲黯同朝的有一個東方朔，一莊一諧；汲黯好直諫，東方朔善譎諫，而兩人同為武帝所賞識。

在建元初年徵舉賢良文學時，得了不少人才，看見許多奇文。其中有

一篇妙論，署名叫做東方朔，他寫了一篇自傳。其文曰：「臣朔，少失父母，長養於兄嫂，年十三學書，十五學劍，十六學《詩》、《書》，誦二十二萬言。十九學孫吳兵法，戰陣之具，鉦鼓之教，亦誦二十二萬言，凡臣朔固已誦四十四萬言。臣朔年二十二，身長九尺三寸，目若懸珠，齒若編貝，勇若孟賁❷，捷若慶忌❷，廉若鮑叔❷，信若尾生❷；若此，可以為天子大臣矣……」，武帝閱罷，不禁哈哈大笑。說這真是個趣人，便以為郎中之官。郎中俸祿微薄，久不陞遷，又無緣進見。那時漢宮中養著一班矮人，供優戲之用，謂之侏儒。這天東方朔無意中遇見了一夥侏儒，忽然計上心頭，乃故作驚慌道：「報告你們，大事不好了，最近朝廷要節省開支，說你們這班侏儒，只能遊戲，不能生產，白白耗費糧食，要把你們統統殺掉。」嚇得侏儒們哭哭啼啼。東方朔又教道：「你們趕快去哀求皇帝，說不定可以獲得恩典，饒恕不死。」適逢聖駕出宮，這群侏儒一齊跪倒塵埃，放聲大哭。武帝看了莫名其妙，仔細問明情由，不禁大怒。立即傳呼東方朔，罵道：「你為什麼胡造謠言？」東方朔趕忙跪下奏道：「臣朔謊語，罪該萬死；但有一言，不敢不啟奏陛下。侏儒身長三尺，俸米一囊，錢二百四十；臣朔身長九尺三寸，亦是俸米一囊，錢二百四十。那侏儒吃得會撐死，臣會餓瘦。陛下如不趕緊設法調整待遇，臣實在無法維持生活！」說得漢武帝又哈哈大笑，即令朔待詔金馬門。從此漸蒙親近。又一天，內廷賜下官肉，須等主管官來分配。這時天氣炎熱，宮門口圍著一群人，久候主管不到，大家焦急。東方朔不耐煩，拔出寶劍，自作主張，將肉切碎，分贈諸人持歸。及至主管官來到，一看肉不見了，大為生氣，即劾奏東方朔無禮。漢武帝乃將東方朔召來責問。東方朔免冠叩首，武帝責他自作一篇罪狀。東方朔應聲奏道：「朔來朔來，受賜不待詔，何無禮也！拔劍割

---

❷ 衛人，古之勇士。

❷ 春秋吳王僚之子，以勇捷著名，古稱，射之不能中，馳馬追之不能及。吳公子光既殺王僚，使要離刺殺之。

❷ 齊大夫，與管仲友善，分財自取其少者。

❷ 古之信士，傳說尾生與女子期於橋下，待之不至，遇水而死。

肉，壹何壯也！割之不多，又何廉也！歸遺細君❷，又何仁也！」武帝忍不住，笑道：「我叫你自責，誰讓你自譽。」說罷，反而賜酒一石，肉百斤，以嘉獎他的幽默。這東方朔言語滑稽，而心地忠誠，自從進倖，每遇朝政得失，常為文諷諫。建元三年，武帝要開闢阿城以南，盩厔以東，宜春以西的地方為上林苑。東方朔上書諫道：「今取民膏腴之地，上乏國家之用，下奪農桑之業，其不可一也。壞人冢墓，發人室廬，使者老泣涕而悲，其不可二也。車駕馳驅，有深溝大渠之險，其不可三也。務苑囿之大，不恤農時，非所以強國富民。夫殷作九市之宮而諸侯叛，靈王起章華之臺而楚民散，秦興阿房之殿而天下亂……」武帝以朔直言，又賜黃金百斤，拜為太中大夫給事中。後來帝姊隆慮公主之子昭平君，犯法當死，武帝揮淚斬之，左右皆悲。東方朔突然奉觴上壽道：「臣聞聖王為政，賞不避仇讎，誅不擇骨肉。《書》曰：不偏不黨，王道蕩蕩。此五帝三王所難，而陛下行之，天下幸甚！」武帝大不高興，拂袖入內。晚間召東方朔進宮責道：「《傳》曰：時然後言。今天這件事，亦是你上壽的時候嗎？」東方朔免冠頓首道：「臣聞消憂者莫若酒，今日奉觴上壽，一則慶陛下執政的大公無私，再則為陛下消憂解愁。」又一天，漢武帝在宣室之中，召宴館陶公主的孌童董偃❷，東方朔上殿奏道：「董偃有斬罪三，安得入殿？」武帝道：「這話怎講？」朔道：「董偃以人臣私事公主，其罪一也。敗男女之化，亂婚姻之禮，其罪二也。陛下富於春秋，方積思六經，偃不遵經勸學，反引誘人主行邪枉之道，走淫辟之路，為國家之大賊，其罪三。」武帝默然道：「我已設酒相召，下不為例好了。」朔道：「不可！宣室是先帝之正殿，非議論國家大事不得入內。陛下不見，豎貂為淫，而易牙作患；慶父死而魯國全；管蔡誅而周室安！」武帝乃罷酒宣室，賜朔黃金三十斤。

　　從這些地方，可以看出漢武帝能夠多方面容納人才，又能夠客觀的接受政見。所以那時朝堂之上，人文蔚起，單說文學之士，除公孫弘，東方

---

❷　妻子也。

❷　武帝姑館陶公主為竇太后之女，號竇太主，嫁堂邑侯陳午，午早死，主寡居，私幸孌童董偃。後武帝至公主家見偃，亦寵幸之。

朔之外如夏侯始昌，司馬相如，吾丘壽王，主父偃，朱買臣，莊助，終軍，嚴安，徐樂，司馬遷等，真是濟濟滄滄極一時之盛。形成一個人才的中樞，恢弘的政治。但同時，他亦能駕馭和控制人才，恩威並用，建立一個法紀。須知法治與自由並不衝突，沒有法律也無從保障自由。這裡要說他對於諸侯與士大夫的約束手段。

　　自吳楚七國亂後，諸侯勢力，大為削弱。但是宗室子弟，良莠不齊，日久怠生。到了武帝時，諸侯中很多行為荒謬的。如淮南王安❷❻好養士，迷信神仙，招致賓客方術之士數千人，謀為不軌。如江都王建，荒淫暴虐。宮女犯過，罰令裸體擊鼓，或吊在樹上展覽，或縱狼齧人，拿來開心取樂。元朔二年，中大夫主父偃建議道：「古代諸侯的封域不過百里，容易控制。今天的諸侯，大者連城數十，地方千里，容易驕奢淫暴。如加以硬性的制裁，叛變立起，比如鼂錯便是一個例子。現在諸侯的子弟，多至十數，只有嫡嗣繼承，其餘的不得尺地寸土之封。陛下何不就現有的藩域，廣封諸侯的子弟，使他們人人有土，個個為侯。陛下可無削土之名，而有削土之實。」武帝深以為然，於是下詔裂土分封諸藩國子弟為侯，這叫做推恩之令。這原是賈誼的主張，更加以擴充而已。後來元狩元年，淮南王安和衡山王賜謀反不成自殺。明年，江都王建亦因罪自殺。其他因罪而死的，還有燕王定國，齊王次昌等。幾個比較大的諸侯，或死或分。到了元鼎五年，又發生了一件酎金的案子。酎是祭祀用的一種醇酒，正月釀製八月乃成，天子以酎酒薦於宗廟。諸侯各按其戶口之多寡，納金助祭，謂之酎金。漢時有酎金律，凡獻金量少色惡，王削地，侯免國。那年按驗酎金，因違律而受處分，被削奪侯爵的達一百零六人之多。這也是漢武帝用的一種手段。封建制度原是政治上一個極不合理的制度，多少罪惡，由於這種制度而產生。漢代的封建，經過幾次波折，到了漢武帝的推恩分割，酎金奪爵之後，諸侯已名存而實亡了。為了建立一個強大而統一的中央政府，這也是應有的措施。這也是政治上的一種改進。

---

❷❻　為淮南屬王長子，為人好書鼓琴，招致賓客，研究神仙黃白之術，著書數十萬言，號《淮南子》。

　　武帝何以能斷然完成這種改革，因為他用法嚴厲。他曾特別賞識一個法吏，此人姓張名湯，杜陵人氏。兒童時候，父親做長安縣丞，一天出門，留湯看守家宅。回來發現肉肴被老鼠偷食，一怒之下，將張湯責打了一頓。張湯懷恨在心，想盡方法，從穴中捉到了老鼠，還有吃剩下來的殘肉。一看贓證分明，先將老鼠非刑拷治一番，然後寫下審問狀，作了判決書。最後將老鼠寸磔殺死。父親看到他所寫的獄辭，居然是老吏斷案，大為驚訝，遂使張湯學獄。後來由掾史，一直做到侍御史，遷太中大夫，成為一個天才的法律家。奉命與趙禹共定律令，成律令三百五十九章，大辟四百零九條，千八百八十二事，條文非常苛刻嚴酷。（漢蕭何，趙禹，張湯，謂之三家律。）淮南、衡山、江都諸王的反獄，都是張湯所承辦，窮根究底極盡嚴酷，事後升任為御史大夫。張湯有病，天子親往視疾，其寵信如此。中央重法治，地方亦任酷吏。河內都尉義縱，不避權貴，族滅豪強，河內道不拾遺。遷定襄太守，一日報殺四百人，郡中不寒而慄。王溫舒為河內太守，搜捕郡中豪猾，連坐的有一千多家，論刑之日，流血十餘里，而郡中盜匪絕跡。可是這些酷吏本身的結局也是很悲慘，沒有一個得善終的。張湯、義縱、王溫舒都是因罪自殺。張湯為御史七年而事敗，由於結怨太深，被仇人控告，張湯不服。漢武帝即遣趙禹去案治，禹對湯說：「足下也當知足了，不想想你所殺的人有多少，今天被人所告，都有狀證，天子叫你趁早自裁！」張湯於是自盡。湯死後他的兒子籌備厚葬，張湯的母親怒道：「湯身為天子大臣，獲罪而死，那得厚葬！」結果一口薄板，載以牛車，草草入土。再舉一個統計，武帝一朝，從竇嬰到劉屈氂，前後十一任丞相，除田蚡，薛澤，公孫弘，石慶外，沒有一個終於天年。重臣如主父偃，張湯，朱買臣；佞倖如李延年，齊少翁，欒大等先後被誅。武帝的對待朝臣，無論關係如何親切，稍一不法，立刻治罪，毫不容情，絕無假借。所以在朝群臣上下，沒有一個不戰戰兢兢，奉公守職。後人常譏武帝是「陽尊儒術陰事申韓」。汲黯罵武帝是「假作仁義」。實在說來，武帝有許多行為，確偏於冷酷；那麼他何以還能成功呢？第一，他用法雖嚴，在另一方面還是提倡文學表彰經術，並不是純任法治。第二，他用法雖嚴，很少偏

私，不論親疏，一樣治罪。刑雖酷，恩亦重，有功立賞，有罪立誅。第三，他用法雖嚴，絕不摧殘思想和言論，像汲黯、東方朔那樣的言無忌憚，從未獲罪。有這三點長處，所以武帝的政治，還是一個恩威並立，儒法兼施的政治，與秦皇的暴政是絕然不同。再有一點，武帝用法的對象，主要的是約束官吏，不是約束人民；而約束官吏的目的，有時候正是為了保障人民。武帝對於地方民政，是非常關切。元狩六年遣博士六人，分別巡行天下，慰問那些鰥寡廢疾和無食無業之人，調查地方有無姦民猾吏，和冤屈的案件，隨地舉奏。如發現有隱居獨行的君子，立徵詣行在❷，元封五年分天下為冀、幽、并、兗、徐、青、揚、荊、豫、益、涼、交及朔方十三州，置十三州刺史。刺史年俸六百石，俸少而權大。乘傳車巡行所屬地方，以六條❷察州，凡是太守縣令有違法瀆職，欺凌百姓的，立即彈劾。後來到征和四年，又增設司隸校尉，督察三輔❷，這是一種地方監察制度，好像民國以來的監察使。把中央的御史制度，擴充到地方，這不能不說是一種政治上的進步，而其目的，在於解除人民的痛苦。

　　從政治再說到實際的建設，那時人民曾遭遇到一次極大的災難，就是黃河水災。黃河是中國一個大害，自大禹治洪水以來，到漢初，已經過兩次改道。漢初的黃河故道和今天的不同，那時河道從現在河南武陟縣起向東北流，經過濬縣，濮陽，清豐之北，也就是漢朝東郡的地方。到了清豐附近，分為兩股，一股北走，經現在河北省境，從天津東入海，這是黃河主流。另一股南經朝城，聯城，平原一帶東入海，叫做漯河，這兩股河道又叫做二渠。在黃河分岔的東郡一帶，是最容易泛濫的地方。漢文帝時就

---

❷　聖駕所在之處謂之行在。

❷　六條是：一、強宗豪右，田宅踰制，以強凌弱，以眾暴寡。二、二千石不奉詔書，遵承典制，倍公向私，旁詔守利，侵漁百姓，聚斂為姦。三、二千石不卹疑獄，風屬殺人，怒則任刑，喜則淫賞，煩擾刻暴，剝截黎元，為百姓所疾，山崩石裂，祅祥訛言。四、二千石選署不平，苟阿所愛，蔽賢寵頑。五、二千石子弟恃怙榮勢，請託所監。六、二千石違公下比，阿附豪強，通行貨賂，割損正令也。

❷　京兆尹，左馮翊，右扶風，謂之三輔，即京師附近之地，約當今陝西中部。

在那裡，鬧過一次水災。漢武帝元光三年春，河水從頓丘縣（就在清豐附近）泛濫，到夏五月，突然在濮陽瓠子地方，大規模的決了口。這河水阻攔不住，浩浩蕩蕩的南流，經過鉅野地方，和泗水相合，再流入淮水。一片汪洋，淹沒了東郡東南一帶十六郡的地方。漢武帝派汲黯和大司農鄭當時，發卒十萬去堵治，隨堵隨壞，始終沒有成工，只好聽其奔潰。人民顛沛流離，死者極多。經過了二十幾年，到了元封二年，漢武帝從泰山回頭，親自監工，派汲仁、郭昌，發卒數萬，塞瓠子決口。沉白馬玉璧於河，令群臣從官，自將軍以下，皆負薪填土，這才把決口堵塞。使黃河復歸二渠之道，築宮於瓠子河上，名曰宣防宮，以資紀念。武帝悼治水之艱苦，作了〈瓠子之歌〉兩章，其辭曰：

> 瓠子決兮將奈何，浩浩旿旿兮閭殫為河，殫為河兮地不得寧，功無已時兮吾山平。吾山平兮鉅野溢，魚沸鬱兮柏冬日，延道弛兮離常流，蛟龍騁兮方遠遊。歸舊川兮神哉沛，不封禪兮安知外。為我謂河伯兮何不仁，泛濫不止兮愁吾人，齧桑浮兮淮泗滿，久不反兮水維緩。
>
> 河湯湯兮激潺湲，北渡污兮浚流難，搴長茭兮沉美玉，河伯許兮薪不屬。薪不屬兮衛人罪，燒蕭條兮噫乎何以御水，積林竹兮楗石菑，宣防塞兮萬福來。（參見《史記河渠書》）

從此梁楚之地，無復水災，人民莫不歡悅。這一切，都是漢武在政治方面積極性的建設。但是政難全美，武帝好大喜功，累年用兵，又大營宮室，加以巡幸、治河等費用，用了極大的人力和物力。把文景四十年的積蓄，消耗殆盡。在元狩以後，社會上已漸漸顯出窮困的現象。元狩四年春，有司奏稱關東貧民有七十二萬五千人，徙往隴西北地西河上郡與會稽等地，衣食都需國家的賑濟。這時國庫不足，乃不得不從財政上打主意，於是徵用了桑弘羊、孔僅東、郭咸陽這一班理財家，為政府籌款。

桑弘羊是洛陽一個商人的兒子，十三歲為侍中，從小就利害分明，精於盤算。這時上書請天子，於郡國各置均輸之官，中央置平準之官。收買

天下的貨物，賤時買進，貴時賣出，既可增加國庫的收入，又可平抑物價。又請置鹽鐵之官，將鹽鐵收歸國家經營，不需增加賦稅，國家自然富饒。武帝即用弘羊為大司農爵左庶長，主持財政。而以大鹽商東郭咸陽，與大冶孔僅為大農丞，分領鹽鐵公賣之事。詔嚴禁人民私自鑄鐵煮鹽。又發行皮幣共值四十萬，這是最早的一種鈔票，又以銀錫為質造白金幣三種，價值從三千到三百不等。武帝時錢幣幾次改鑄，初用三銖錢，繼用半兩錢，又用三銖錢，最後規定五銖錢，錢幣一律由政府鑄造，人民盜鑄錢者死罪。這一切經濟權利全操諸朝廷，還不能彌補赤字。又規定「入物補官」「納粟贖罪」「以錢買爵」種種惡例，其流弊極大，而朝廷一意行之，足以說明政府的經濟如何困難。政府更進一步，希望諸侯貴族或人民，向國家慷慨捐輸，漢武帝曾一再下詔鼓勵。那些諸侯豪富之家，都是一毛不拔，唯有河南地方有一個牧場主人名叫卜式的，自動捐出二十萬錢，幫助國家討伐匈奴。天子大為嘉獎，賜以官爵，那卜式辭謝道：「臣一無所能，但知牧羊！」於是武帝令居上林中，為天子牧羊。卜式布衣草履，勤作不息。過了一年多，武帝偶然走到上林苑中，看見卜式所牧之羊，又多又肥又大。乃問卜式牧羊的方法，卜式回稟道：「這牧羊的原則，第一讓羊生活有一定的秩序，第二要剔去壞種不教牠害群。不僅牧羊，這治民也是如此啊！」武帝聞言，為之嗟嘆不已。遂拜卜式為齊王國相，後來做到御史大夫，太子太傅。

　　中國帝王之有年號始於漢武帝，大抵以祥瑞為號，譬如元狩時獲白麟，元鼎時得寶鼎，元封時封泰山。從建元到元封是每六年一改元，從元封以後，則四年一改元。也是事有巧合，元狩元鼎之際，屢有祥瑞，這時的國運正是如日中天。在元鼎以前，武帝方當英年，是漢朝國力最強，政治最隆的時候。元鼎以降，尤其到了太初天漢以後，武帝入於晚景，國家雖然隆盛，實際上已是外強中乾，政治漸漸走向下坡了。造成這個情形，漢武帝本身也不能不負責。武帝劉徹是個英雄典型的人物，大凡英雄典型的人常犯著一個通病，往好裡說，是好大喜功；往壞裡說，是縱情極欲。武帝在中年以前，勇於事功，及至事功完成，到了中年以後，乃耽於宴樂，他

有三件最勞民傷財的弊政，一是縱遊幸，一是營宮室，一是求神仙，而這三件事，又是互相連帶的。

武帝即位以來，功業恢宏，國力強大，認為這是承天啟運，一直計劃著要祀天地，行封禪。但以群臣議論未定，萬幾不遑。到了元鼎四年夏六月，忽然在汾水之陰，后土祠旁，從水中發現了一只寶鼎，據說這就是那傳國之寶的九鼎之一，這是從漢文帝以來，帝王心目中多年所憧憬的一件奇蹟，居然實現了，真是國之大瑞。就有一個投機拍馬的方士，齊人公孫卿，求見天子，奏道：「臣得天書，那天書上分明說著，漢朝當承黃帝之運，大運應在高祖皇帝的曾孫身上，到那時當有寶鼎出現，今日果然。臣聞黃帝采首山之銅，鑄鼎於荊山之下。寶鼎既成，忽然有一條神龍從天而降，那神龍張牙舞爪，好不威靈。龍髯下垂於地，黃帝乃手援龍髯，攀登在龍背之上。神龍馱起黃帝，飄飄而上。左右群臣和後宮妃嬪，有的扳角，有的捉髯，跟隨而上的有七十多人，那些跟不上去的，急得流淚，紛紛望雲膜拜。」武帝聽了，十分歡喜，笑道：「朕誠得如黃帝，則視妻子富貴如敝屣耳！」乃拜卿為郎，作寶鼎之歌。武帝心中著實高興，乃將寶鼎藏於甘泉宮中。明年帝祠五畤 ❸⓿ 於雍，西踰隴坻，登崆峒山。然後幸甘泉宮，建泰一祠壇 ❸①，壇下環設五帝壇，天子親行郊祀。只見壇上燈火輝煌，香煙繚繞，有司奏道，有黃氣上屬於天。太史令司馬談，祠官寬舒等上表，請天子三年一郊祀，詔稱准。又明年，南越東甌均降服，西通西域，北逐匈奴。漢武帝御駕北巡，自雲陽 ❸②，北歷上郡西河五原，出朔方。回經上郡，過陽周縣黃帝冢，武帝詫異，顧問公孫卿道：「你說黃帝不死，那裡來的墳墓呢？」公孫卿奏道：「陛下不知，黃帝陞天之後，群臣思慕不已，乃葬其衣冠，為冢墓以資追念。」武帝乃喟然嘆道：「朕升天之後，諸臣亦當葬我衣冠於茂陵。」群臣皆俯伏稱萬歲。那年夏四月，遂東至海上，登泰山梁父，行封禪之禮，禮儀十分隆重。禮畢，天子還坐明堂，群臣上壽

❸⓿ 畤是古代祭祀天地、五帝的祭壇。
❸① 古代用來祭祀的高臺。
❸② 秦闟縣邑，漢仍之，今陝西淳化附近。

大頌功德，遂以是年為元封元年。於是緣海北至碣石山，經遼西，歷北邊，到九原，又西至甘泉山，周行了一萬八千里。從此之後，展開了大規模的巡幸，幾乎無年不出巡。車跡所至，南至江漢，北出長城；西踰隴坻，求河源；東臨滄海，觀日出。僕僕風塵，不遑寧息。不過這巡幸除去遊覽的目的之外，兼有政治作用，未可厚非，譬如塞瓠子河就在第二次巡祠泰山之後。最無意義的是建宮室，求神仙。武帝的營宮室苑囿，開始於建元三年的關上林苑，雖經東方朔的勸諫，但並未停止。此後元鼎二年，起柏梁臺，臺以香柏木造成，工程浩大，完工的時候，聚集群臣百官作〈柏梁臺詩〉，傳誦一時。公孫卿說，仙人好樓居。武帝想招致仙人乃大營樓臺。元封二年，在長安造蜚廉之觀，在甘泉宮中作通天之臺，臺高五十丈。距離長安二百里之遠。登臺可以望見長安城，太初元年，柏梁臺忽被火災，又在未央宮西，建築了一所極大的宮庭，名叫建章宮。周圍二十里路，其中屋宇鱗比，樓閣參差，極盡曲奧，號稱千門萬戶。東闕之上有一銅鳳凰，名曰鳳凰闕，闕高二十五丈。西有虎圈，圈廣數十里。其北為舊日的太液池，池中增築蓬萊，方丈，瀛洲諸島，以象海中神山。其南有玉堂，璧門，神明臺，井幹樓。臺高五十丈上有九室；樓高亦五十丈，四角八稜，複疊百層，形如井幹。都是雕梁畫棟，極盡奇巧。其他零星的宮室建築，真是不可勝述，無不窮奢極侈。至於後宮佳麗，數以千計，其生活的奢靡，誠如東方朔所描寫的：「土木衣綺繡，犬馬被繢罽，宮人簪瑇瑁，垂珠璣，設戲車，教馳逐，飾文彩，撞萬石之鐘，擊雷霆之鼓，作俳優，舞鄭女……」極人間之淫樂，一反文景的作風。這物質的享受還不夠，同時希望要長生不死，求神仙，覓丹藥。於是那些騙人的方士，相繼倖進，如前面所說的公孫卿，就是其中之一。最初有一個李少君，謁見天子，說祠竈可以長生不死，鍊丹砂可以化為黃金。又說曾遊海上，親眼看見仙人安期生❸，安期生食棗，其大如瓜。安期生住在海上蓬萊山中。有緣則現，無緣則隱。天子聽得神往，於是祭竈，化丹，遣方士入海求仙，都沒有結果。後來李

---

❸ 傳說秦琅邪人，海邊賣藥，人稱為千歲公，秦始皇東遊，曾與語，自稱將入海至蓬萊山，始皇遣使入海求之，不果。

少君突然失蹤，有人說他病死，也有人說他成仙而去。元狩時，又有齊人少翁，勸武帝在甘泉宮中，闢室，畫天地太一諸鬼神，祭之可以致神。又勸帝作甲乙帳，雲氣車，可以致仙。武帝拜少翁為文成將軍，久之神仙都不到來。後來文成將軍指說牛腹中有天書，剖牛，果然發現了一本天書。武帝拿來仔細一看，那文字完全是少翁的筆跡，大怒，遂誅少翁。然而武帝並未覺悟。又聽方士之言，在宮中造承露盤，柱高二十丈，大七圍，上有銅人以手托盤承露。說是接露水，和玉屑飲之，可以長生，也不見有什麼效驗。元鼎四年樂成侯丁義，舉薦了一位方士，這人姓欒名大，長得身長玉立，談笑風生。武帝一見心喜，向他求成仙之術，那欒大奏道：「臣不敢妄說，恐效文成將軍耳！」武帝笑道：「只要你真有靈驗，我怎不尊愛。」欒大乃誇說他常往來海上，和安期生同遊。又說他的老師如何神通廣大，能化黃金，致不死之藥，只要天子有誠意，他願為使者，去邀致仙人。武帝乃先試驗他的法力如何，欒大在殿前樹立了旗子數百枝，口中念念有辭，只見那些旗子都在地上自己跳起舞來。於是天子大為驚異，立拜欒大為五利將軍，封樂通侯，食邑二千戶。賜甲第，僮僕，乘輿，車馬。又將衛后所生長公主，下嫁欒大賜金十萬斤。天子親臨五利府第，公侯將相，皆置酒其家，一時貴震天下，人人羨慕。第二年五利將軍奉命為天子使者，去入海求仙。那知到了東海之濱，始終留在宮觀裡，徘徊不敢入海。這才發現，那欒大完全是一派胡言，天子赫然震怒，即將欒大腰斬。元封元年天子臨東海，望海上神山不可得，神色惆悵。東方朔一旁勸道：「仙者，得之自然，不可躁求。若其有道，不憂不得，若其無道，雖至蓬萊見了仙人，也是無益！」武帝為之不樂，從此對於求仙之事，乃日益厭倦。更由於這求神仙招方士，製造了宮廷間的迷信風氣，釀成了巫蠱之禍。骨肉慘殺，血流京畿，鬧得天翻地覆。這巫蠱之禍，留在第十二講中再說，現在暫且不提。武帝禁不住這種種失望，心上浮起一片空虛。征和四年，最後一次東臨大海，風雨晦冥，海水沸湧，東望白浪拍天，那裡有什麼神山仙人。逗留十餘日，回過泰山，在石閭中召見群臣，慘然說道：「朕即位以來，有很多不合理的舉動，使得天下愁苦，不可追悔。從今以後，凡有傷害百

姓，靡費天下的事，一律罷去。」又對左右嘆道：「我往時真是愚昧，被方士所欺騙，天下那有仙人，都是胡說。要求長生，只有節食服藥，差可少病耳！」

雖然，武帝的雄才大略，和他在政治上的豐功偉業，是不可磨滅的。至於他個人的行為則有得有失，瑕瑜互見，大凡一個魄力大慾望強的人，往往以雄圖始，而以蕭條終，這也是人情之自然。清吳梅村〈讀漢武帝紀〉，有詩云：

岱觀東望日，河源西問天；晚來雄略盡，巫蠱是神仙！

第十講　漢武武功㈠

閩越構兵　馬邑誘胡　張騫奉使
通西南夷　置朔方郡　買臣驕婦
衛霍立功　平定兩越　揚威匈奴

漢武帝最大的勳業是武功，故後世稱之為武帝。武帝一朝，為中華民族，建立了三大不朽之業。第一、他北逐匈奴，為祖先報仇雪恥，使民族之威力，遠震漠北。第二、西通西域，打通河西走廊，建立四郡，溝通了中西的文化和交通，為後來新疆收入中國版圖之本。第三、他南平東甌、閩越、南越，通西南夷，政治力量直達南海，深入滇黔，擴大而確立了南疆的版圖。為了完成這偉大的事業，曾付出極大的人力物力，雖不免有人惋惜和非議；但他在民族發展史上，所留下的豐功偉烈，是永不能磨滅的。

中國南方有一道天然的阻礙，就是南嶺山脈；為了這道阻礙，周末政治文化的發展，便限於長江流域。秦朝憑藉著雄厚的武力，才越過南嶺，建立了閩中、南海、桂林和象郡。不久秦朝崩潰，這嶺南之地，便又淪為化外之邦，而與中原脫離了。這閩中郡地方，有兩個越王句踐的後裔，一名無諸，一名搖。楚漢之際，曾跟隨吳芮幫助漢高祖擊項羽有功。後來便封無諸為閩越王，王故閩中郡地，就是今之福建。封搖為東甌王，王東甌，就是今浙南甌江流域。於是這兩塊地方，乃由郡縣變為藩屬，成為獨立狀態。閩越以南，原南海桂林象郡，漢初成為南越王趙佗的領城，前講已經說過。趙佗雖稱藩納貢，還是獨霸一方，到漢武帝時已兩傳至孫趙胡，仍自稱南越王。南越之西，今貴州、雲南到四川西南一帶，叢山峻嶺，在那時和內地隔絕，統名為西南夷。西南夷大小國家無數，較大的有夜郎（今貴州西南），滇國（今雲南昆明），與邛❶、筰❷、冉駹❸、白馬❹等國（今

<hr>

❶　今四川西昌。

四川西南一帶）。西南夷的西北，今青海地方，那時是西羌之地。再往北，由今甘肅西部，沿祁連陰山直抵遼東，這一大片廣闊的沙漠草原，是匈奴戎馬之地。遼東之東，朝鮮半島的北端，漢初有燕人衛滿建立的一個朝鮮王國，到武帝時傳了兩代，衛滿之孫右渠為王。這朝鮮和中國，以浿水為界。這是漢武帝初年，中國的四裔情形。

　　吳楚七國之亂時，吳楚曾勾結東甌一起造反。吳楚失敗，吳王濞亡命東甌，誰料東甌突然翻臉，將吳王濞殺死，傳首長安去領封賞。後來吳王濞的兒子劉駒，逃到閩越，念念不忘殺父之仇，便煽動閩越去攻擊東甌。從此東甌、閩越之間，時生衝突。漢武帝三年，閩越大舉北進，圍攻東甌城。東甌情急，乃遣使求救於漢。那時漢武帝臨朝未久，凡事審慎。聞說東甌告急，乃集群臣商議。太尉田蚡奏道：「越人相攻，此乃常事，何勞中國興師！這些蠻貊之邦，早在秦朝的時候，已經棄之不問了！」中大夫吳人莊助❺出班奏道：「不然！夫小國窮急而來求救，正是他尊敬朝廷，天子置之不問，何以臣服萬國。今天所論的是能救不能救，不是問當救不當救。大漢天朝為什麼要和暴秦相比？暴秦無道，他連國都咸陽都保不住了，豈僅閩越之地！」武帝嘆道：「大夫之言是也，唯朕新即位，不便勞師動眾，騷擾百姓，卿即持我符節，去往會稽郡，就地發兵，速往援助東甌。」莊助奉旨，急急來到會稽，便徵發壯丁，調遣船隻，浮海南下。尚未抵達東甌，閩越聞知大漢興兵，惶恐解圍而去。莊助見戰事平息，也就罷兵還朝。東甌久為閩越所苦，這次敵人撤退，生怕他再來侵略，乃上表朝廷，自願舉國內徙。天子詔准，便將東甌的人民，完全遷移到江淮一帶。這甌江流域乃剩下了一塊空地，後來慢慢的復為閩越所侵佔。閩越得勢，過了三年，又發兵西侵南越。南越王趙胡也向漢朝乞援，武帝聞閩越屢生事端，赫然震怒，即下旨大舉討伐。分令大行❻王恢率軍出豫章❼，大司農韓安

---

❷　今四川漢源。

❸　今四川阿壩州一帶。

❹　今甘肅南部與四川連接地帶。

❺　《漢書》作嚴助，蓋避漢明帝諱，改莊為嚴。

國❽率軍出會稽，兩道會攻閩越。大軍迫近五嶺，閩越震恐，閩越王郢之弟餘善，殺郢請和。王恢遣使者奉王郢頭顱馳報天子，武帝見王郢既死，便詔令罷兵。封餘善為東越王，另立無諸之孫繇君丑❾為粵繇王，分領閩越之地。再命中大夫莊助前往南越宣諭朝廷的威德，那趙胡感激惶恐，頓首謝恩道：「天子為臣興兵討閩越，死無以報！」為了表明心跡，乃派遣他的太子嬰齊入侍，隨同莊助來到長安，天子大喜，賞賜有加。嬰齊自幼生長南蠻，那曾見過這上國風光。一旦看到這都市的繁華，人物的富麗，為之心醉神馳，樂不思歸，為時不久便結識了一位邯鄲姓摎❿的女子，長得風流活潑，遂娶作妻室。結婚之後，生下一子，取名趙興，就住在長安城中，組織了一個小家庭，為久居之計。

　　卻說王恢韓安國平閩越有功，深得天子嘉獎。兩人都是朝廷的名將，但見解卻不相同。閩越的糾紛，甫告一段落，北方的匈奴問題又起。匈奴之患，是歷高、惠、文、景四朝以來，使漢朝最傷腦筋的一個問題。建元六年，匈奴又來請求和親。王恢是北方燕地人氏，深惡匈奴，奏道：「過去漢朝和匈奴和親，最多不過維持幾年的苟安，胡人不講信義，反覆無常，最好還是以武力解決！」韓安國道：「不然，匈奴來去飄忽有如鳥獸，難以控制。漢朝興兵須出塞數千里，人馬疲乏，主客易形，不易取勝，損兵折將，徒喪失國家的顏面。還不如和親之便！」朝廷一般大臣多附和安國的主張。武帝便詔許和親，卻一方面加強北邊的防衛。以衛尉李廣為驍騎將軍，屯兵於雲中，中尉程不識為車騎將軍，屯兵於雁門。這李廣是隴西成紀人氏，秦名將李信之後。勇武善騎射，早在文帝時便以世家子從軍擊匈奴，官至武騎常侍。每作戰衝鋒陷陣，或手格猛獸，文帝嘗嘆道：「可惜

---

❻　官名，即秦之典客，掌歸義蠻夷。

❼　今江西南昌。

❽　景帝末，安國失官家居，武帝初即位，田蚡為太尉，以安國為北地都尉，旋遷大司農。

❾　繇音一ㄠˊ，縣邑名。繇君丑既立為粵繇王，使奉閩越之祭祀。

❿　音ㄐㄧㄡ，姓氏。

李廣生不逢辰，如在高皇帝時，萬戶侯何足道!」景帝時，從周亞夫擊吳楚有功，以後歷官上谷、上郡、隴西、北地、雁門、代郡、雲中各邊郡太守，每深入匈奴，奮不顧身，名震邊陲，為匈奴所畏懼。到武帝時，李廣已老，為隴西太守，未央衛尉，和程不識都是邊疆名將。兩人用兵各有不同，程不識治軍以猛，部伍整齊，紀律嚴肅。李廣治軍以寬，部伍散漫，人人自便。但是兩人都善作戰，都得士心。邊疆得這兩員大將坐鎮，匈奴未敢入寇，原可相安一時。可是大行王恢一直堅持，要對匈奴用兵，認為這種暫時的苟安不足恃。雁門郡馬邑❶縣，是個胡漢交易的地方，那裡有一個土豪，名叫聶壹，財力雄厚。元光二年，他託王恢上書，自願設計引誘匈奴入塞，請朝廷伏兵襲擊，謂必可一舉而殲滅匈奴的主力。武帝為這事，召集群臣開了個御前會議，韓安國與王恢爭論得非常激烈。安國奏道：「臣聞當年高皇帝被圍於平城，七日不食，及至解圍還朝，面無忿怒之色。蓋聖人恢弘大度，絕不因個人的憤怒，犧牲百姓的生命。所以遣劉敬結和親之約，以敦睦邦交，這政策維持到現在，已經五代，臣竊以為不可妄動干戈。」王恢道：「不然，臣聞五帝不相襲，三王不相復，這政治因時因地而不同。當年高皇帝披堅執銳，征戰了幾十年，百姓疲敝，所以不能再動兵革。而今海內一統，國家強盛，只有邊境不寧，士卒死傷，槥車相望，這是仁人所痛心，那能不報仇雪恥!」安國道：「以三代之盛，夷狄還是存在，難道那時沒有討伐的力量嗎？誠以遠方殊俗之民，不須要煩勞中國。何況匈奴以遊牧為業，逐水草而居，來如飆風，去如掣電，很難制勝。如今要使邊郡之民，荒廢耕織，從事戰爭，誠恐得不償失。」王恢道：「不然，當年秦繆公，西取西戎，闢地千里，蒙恬北逐匈奴，以河為境，可見得這夷狄之眾，只可威服，不能感化，誰說不可以制勝。拿今天中國的強大，去討伐匈奴，那只需百分之一的力量，好比強弩之射潰癰，勢所必克!」安國道：「不然，臣聞用兵者，以飽待饑，以治待亂，以逸待勞。又聞，衝風之衰，不能起毛羽，強弩之末，不能穿魯縞。盛必有衰，好比朝必有暮，怎麼能憑恃力量。如今去討伐匈奴深入長驅，疾行則乏糧，徐行則失

❶　今山西朔縣西北。

利。不到千里，人困馬乏。兵法道：『以軍遺敵，為人所獲』，臣不知如何能夠克敵制勝？」王恢又道：「今臣所言出擊匈奴，並不是長驅深入，輕舉妄動。乃是設下計謀，埋伏下壯士，將敵人誘入我的陷阱，到那時一聲號令，或當其前，或斷其後，或出其左，或擊其右，從四面八方有如排山倒海之勢，包管一舉殲滅匈奴，活捉單于，萬無一失，百全必勝！」漢武帝見他說得這麼有把握，便聽信了王恢之計，令聶壹前去誘敵。這裡調兵遣將，命衛尉李廣為驍騎將軍，太僕公孫賀為輕車將軍，御史大夫韓安國為護軍將軍，發車騎材官三十餘萬，埋伏在馬邑四方山谷之中，布置得有如銅牆鐵壁。另以大行王恢為將屯將軍，太中大夫李息為材官將軍，率領一支大軍繞出代郡，只待匈奴單于進入馬邑，從後截擊輜重，切斷其歸路，務教他一個也不能逃脫。真是張下天羅網，靜待飛鳥來。這在歷史上謂之「馬邑之謀」。

　　聶壹暗地裡奉了朝廷之命，巧裝改扮，潛入匈奴，面見了單于。自稱心懷仇恨，願與匈奴裡應外合共取馬邑，平分財物。單于信以為真，便道：「你以何為信？」聶壹道：「我此番回到城中，先行殺死縣令，只看城頭邊掛出人頭，立即進兵！」單于許諾。雙方約束既定，聶壹匆匆趕回了馬邑。這裡單于率兵前進，先令人往城邊探望。果然看見城頭上懸著一顆血淋淋的人頭，急忙飛馬回報。於是單于催趕人馬，迤邐而前。走離馬邑城還有一百多里，但見漫山遍野的牛羊牲畜，卻不見牧人，好生奇怪，不免狐疑，便勒馬駐軍，派人四出搜索。在亭塞中發現了兩名形色慌張的尉史，將其捉住，一番拷問，這尉史竟供出漢兵的行蹤。單于大驚道：「我險些中了漢人之計，真乃天祐我也！」急忙引軍還走出塞。及至王恢率兵出擊，那匈奴早已走得無影無蹤，只得全師而回。不料這一次勞師動眾，枉費心機，徒徒喪失了國家的信譽，並沒有捉到匈奴一兵一卒。武帝大怒，痛斥王恢，王恢惶恐，託丞相田蚡求王太后說情。武帝向太后忿忿說道：「今日不誅王恢，我無以謝天下！」王恢聞言乃拔劍自刎而死。從此胡漢邦交破裂，斷絕和親，緣邊各地，匈奴寇擾不已。由於這次失敗的經驗，朝中一班文臣如主父偃、徐樂、嚴安與公孫弘等，先後上書諫伐匈奴，漢武帝為了安

慰人心，雖加獎許，可是心中實在憤懣。知道這匈奴問題，既弄到這個局面，也非從根本解決不可了，於是暗暗下了徹底討伐的決心。他的作法，是政治與軍事雙管齊下。

在政治上制敵有一種策略，叫做遠交近攻，又有一種策略，叫做以夷制夷。在建元年中，捉到了一個匈奴的俘虜。他說當年匈奴破月氏，把月氏王的頭顱做飲器。月氏逃到西方，切齒椎心，無日不想報仇。武帝乃想到，如果能聯絡月氏夾攻匈奴，豈不是以夷制夷的一條上策。於是懸賞格，徵募誰能出使月氏。這時有一位英雄，漢中人氏，姓張名騫，時為郎官，前來應募。天子見這人長得儀表非凡，心中歡喜，即派做專使，往赴月氏，張騫奉命，偕同一個胡奴名叫堂邑父❶，另隨從一百多人，西出隴西。不料經過匈奴的地界，被匈奴所俘虜，羈留了十年，並娶妻生子。可是張騫忠心耿耿，十年來手持漢節，心如鐵石，始終不忘國家的使命，這一日乘匈奴不備，逃出了國界。西向那茫茫的沙漠中走去，餐風飲露，百般辛苦，非止一日走到了一個國家名叫大宛。這大宛是西域的一個大國，大宛久慕漢朝的聲名，欲通使而不得。知張騫是漢朝的使者，熱烈款待，問騫意欲何往？張騫說明來意，請求大宛王，派人嚮導，說如能到達月氏，將來回到漢朝，必重禮酬謝。大宛王貪慕漢朝財物，果然遣人護送，一路上輾轉傳譯，經過康居，到達大月氏。這時大月氏王早死，太子為王，並降滅了大夏。新建的國家，土地肥沃，人民安樂，已無報仇雪恥之志。張騫用盡苦心，不得要領。住了一年多，只得廢然而返。這番回頭，為了躲避匈奴，繞經南山，取道羌中。那知走過羌中，又被匈奴的游騎所俘。再扣留了一年多，恰巧匈奴發生內亂。張騫乘機脫逃，偕同胡妻與堂邑父，居然奔回長安，謁見天子復命。武帝拜張騫為大中大夫，堂邑父為奉使君，時在元朔三年。計自建元奉使，前後歷時十三年，出發一百餘人，回來才得兩人。張騫雖沒有完成使命，卻為武帝帶來了許多新聞。武帝詳問張騫西域的情形，張騫說道：「這西域的範圍很大，據臣所知，有三十多個國家，都在

❶　堂邑，漢姓，有姓堂邑的漢人，所畜之胡奴名甘父者，簡稱堂邑父。（胡奴無姓氏，以其主人的姓氏為姓。）

匈奴之西，烏孫之南，南北有大山，中央有大河❸。那河東西長有六千多里，有東西兩源，西源出蔥嶺，東源出于闐，于闐是西域的一個小國，在南山之下，這南山之上終年積雪，又叫做雪山。這塊地方，地勢很高，好像一座房頂，于闐以西的河水都向西流，于闐以東的河水都向東流，流入一個大湖，湖水都是鹹的，叫做鹽澤。這鹽澤中的水，好不奇怪，春夏不增，秋冬不減。原來鹽澤之東，有一條伏流，從地底下潛行東南由積石山流出，那就是黃河的源泉❹。這裡就是胡馬羌人活動的地方，從隴西往西域，必須要經過這胡羌之地。到西域有兩條路，沿大河南岸，南山北麓，一直通到莎車，這是南道。沿大河北岸，經北山之麓，一直通到疏勒，再翻過幾層大山，就是大宛、康居，這是北道。臣從匈奴逃出，就是沿著這北道走到大宛王城，距離長安有一萬二千多里，人口三十多萬，地方富庶，北連康居，南通月氏。土地風俗，和月氏相同，人民也多以耕種為業。俗好飲酒，他們那裡的富人，往往藏酒到萬石，幾十年也飲不完。那裡出一種菓實，甜蜜可口，纍纍有如珍珠一般，叫做葡萄。又有一種草，青翠芬香，遍地皆是，叫做苜蓿。他們平時，人食葡萄，馬餵苜蓿。講到大宛的馬，那真是可愛，一丈多高，兩丈多長，渾身椶赤，火練一般。鬣毛高聳，長尾拂地，馳驟如飛，一日可行千里。還有一個特點，那馬每到日中出汗，汗下如血，故叫做汗血馬。據說此乃天馬的種子，非人間物也！……」漢武帝聽得神往，嘆道：「像這般好的地方，可惜道路遙遠，又為匈奴、羌人所阻隔，不得交通！」張騫道：「臣此行，發現了一條新的道路，可不須穿越匈奴、羌中而逕達西域。」武帝忙問道：「怎樣走法？」張騫道：「臣在大夏的時候，看見邛竹杖和蜀布，我很詫異，這邛、蜀的東西，怎會到了大夏。他們說，這些東西來自身毒國，身毒國在大夏東南數千里。臣揣想，大夏在漢西南萬二千里，而身毒在大夏的東南數千里，其地又有蜀物，可以斷定這個國家在大夏與蜀之間，而且離蜀地不遠，方能互通貿易。我們如能打通這條路，經由蜀地、身毒而往大夏、月氏、大宛，豈不是一條捷

---

❸　即今新疆之塔里木河。

❹　鹽澤就是今之羅布泊，謂有伏流通黃河之源，這是很早的一種傳說。

徑嗎！這大宛、月氏、大夏和安息等都是西方的大國，地大物博，風俗與中國略同，人民富庶而兵力薄弱，誠得以為屬國，則開地萬里，重九譯，致殊俗，威德被於四海，豈非我國家曠古之盛事！」武帝不禁撫掌大喜，旋封張騫為博望侯。由於這一番報導，加強武帝兩個決心，一是通西域，一是通西南夷。

當王恢討伐閩越的那年，王恢曾派遣豫章郡番陽縣縣令唐蒙為使者，去宣慰南越。南越王設宴款待，酒席上發現了蜀郡的枸醬，問知是從牂牁江❶上販運而來。後來唐蒙回到長安，又遇到蜀中商人，談將起來，才知道蜀商常販賣枸醬到夜郎國，夜郎國就在牂牁江的上游，可順流而直達南越的番禺。唐蒙乃上書武帝陳說：「臣在南越，見南越王黃屋左纛，地方東西萬餘里，名為外臣，儼然是一國之主，對南越早晚不免用兵。從長沙豫章兩郡南下，要越過南嶺，山道險阻；如能取得夜郎，以精兵浮牂牁江順流而下，直襲番禺，豈不是出奇制勝之道。」武帝嘉納。即拜唐蒙為中郎將，令他率領士卒千人，多帶糧食財帛。從巴蜀筰關，直抵夜郎。見了夜郎侯多同，宣揚漢朝的威德，夜郎國初不知有漢朝，乃問漢使，漢比夜郎誰大？漢使大笑，乃將漢朝的國力大大誇述了一番。那夜郎侯多同半信半疑，但見漢使者金寶既多，兵力又盛，便曲意結納。夜郎附近許多蠻夷，也都紛紛來與唐蒙修好。唐蒙回報天子，說夜郎諸國如何傾慕天威，只是從巴蜀往西南夷的道路還是不便，必加以開闢。於是武帝大發巴蜀民工數萬人，命從僰道修一條公路直通到牂牁江上。這一帶，山嶺重疊，蠻煙瘴雨，工程非常艱鉅，人民不堪其苦，頗多逃亡，唐蒙受命監工，動以軍法從事，幾乎激起暴動。武帝聞訊，急遣蜀人司馬相如為使者，寫了篇動人的文章，便是有名的〈告巴蜀檄〉，前往僰道去斥責唐蒙，慰勞百姓。總算司馬相如處理有方，沒有釀成民變。相如復旨，深得天子嘉勉。那時邛筰一班西夷，聽說南夷得到漢朝的賞賜，也遣使來請為附庸。武帝便問司馬相如，相如說：「邛、筰、冉駹離我家鄉很近，原來是秦朝郡縣，這裡交通比南夷方便得多，應當許其內附。」武帝即派司馬相如為中郎將，王

---

❶ 上流就是今之北盤江，下流就是今之西江。

然于、壺充國、呂越人為副使，四人持節乘傳車，去宣慰西夷。到了那裡，邛、莋、冉駹、斯榆等君長，都頓首稱臣，於是開關邊關，西至沬若水，增設了一都尉十幾縣邑，這是元光五年的事情。可是通夜郎的公路，一直建造了兩年，不能完成，耗費了金錢億萬，死傷百姓無數，弄得民情沸騰，怨聲載道。元朔三年，武帝特派公孫弘前往調查，回來報告說這僰道實在修不成，西南夷不易通，武帝不得已，只好下旨停工，可是心中一直悶悶不樂。及至聽到張騫敘說大宛、身毒之事，遂又鼓起通西南夷的勇氣。元狩元年，武帝又派遣王然于、柏始昌、呂越人等十幾位專使，從冉駹邛莋與僰道，向西南兩個方向，分頭前進，去探尋身毒。西邊各路，走出一、二千里，都被高山急湍所阻，無法前進。只有南路使者走得較遠，他們經過夜郎靡莫滇國一直走到昆明以西，在滇國一帶，困留了四年，始終越不過這橫斷山脈。各路使者，先後折返，通身毒的計劃，竟歸失敗。武帝這才暫時放下西南的問題，而集中全力去經營西北，討伐匈奴了。

　　討伐匈奴，早在張騫通西域的時候已經開始。在馬邑之謀後的四年——元光六年，匈奴入寇上谷，殺死吏民。武帝派遣車騎將軍衛青出上谷，騎將軍公孫敖出代郡，輕車將軍公孫賀出雲中，驍騎將軍李廣出雁門，各率騎兵一萬，分四路人馬，出擊匈奴。公孫賀沒有遇到敵兵，一無所獲。公孫敖為匈奴所敗，喪失了七千人馬。李廣孤軍深入，被匈奴所俘。單于久聞李廣之名，必欲活捉李廣。李廣受傷，匈奴把他放在一張繩床上，拴在兩馬之間，挾之而馳。約莫走了十幾里路，李廣閉眼裝死，偷見路旁有一胡兒騎著一匹快馬，打從身邊經過。李廣乘匈奴不備騰身一躍，飛跨上馬，順勢將胡兒推落塵埃，一手奪過弓箭，一手揮鞭策馬。一陣塵沙滾滾，轉眼已失李廣所在。匈奴騎兵數百，從後拼命追趕，只見李廣彎弓搭箭，一箭一個，翻身落馬，匈奴嚇得不敢逼迫，讓他逃脫。李廣回到塞下，因為喪師遇俘，論律當斬，饒了死罪，廢為庶人。這四路兵馬，唯有車騎將軍衛青獲得了勝利，直進至龍城，擊走匈奴，得首級七百，論功賜爵關內侯。衛青字仲卿，河東平陽人氏，原是平陽侯曹壽的家奴，母親衛氏，是曹家的婢女，所生衛青等兄弟姊妹七人，都從母姓。曹壽尚武帝姊陽信長

公主，富貴有權勢。衛青從小膂力過人，勇武善騎射，稍長，為曹家的騎
衛，嘗隨從公主。後來建元二年春，衛青的三姊衛子夫受天子寵幸，做了
夫人。大姊衛君儒，嫁與太僕公孫賀。靠著這些關係，被調入宮中，派為
建章宮監侍中，也是他為人能幹，不久便做到太中大夫。元光六年，剛拜
車騎將軍，出擊匈奴，居然旗開得勝，一戰成名。和李廣相比，一個是少
年得志，一個是老運蹉跎。卻說李廣自廢為庶人，便隱居在藍田山裡，平
時無聊，以射獵消遣。這一天，帶著一騎隨從，射獵回頭，路過友人家，
吃了幾杯悶酒，不覺酩酊大醉。走到亭子上，已是滿天星斗，午夜時分，
忽然前面閃出幾個人影，原是霸陵守尉，率領幾個兵丁查夜到此。那霸陵
尉也是醉意醺醺，見了李廣喝道：「這般時分！你是什麼人？」李廣的從騎
一旁答道：「此乃前任李將軍！」那守尉一聲怪笑道：「前任將軍，就是現
任將軍也不許夜行！你不認識朝廷的王法嗎？」李廣自想在失意之中，難
和他們嘔氣，只得在半山亭上，蹲到天亮。回家以後，心中十分懊惱，正
在苦悶當中，忽然天子聖旨到來，再拜李廣為右北平太守，著即日赴任。
原來那年匈奴入寇遼西，殺死太守，擊破將軍韓安國，安國徙屯右北平，
嘔血將死，防務空虛，軍情緊急。武帝念邊陲宿將，無過李廣，所以再度
起用。李廣奉旨起程，請准調用霸陵尉同行，到了軍中，即將其斬首，然
後呈報天子自請處分。武帝溫旨撫慰道：「將軍者國之爪牙也，司馬法曰：
登車不式，遭喪不服，振旅撫師，以征不服；若能報忿除害，正是朕之所
望於將軍，何必稽顙請罪哉！」李廣到了右北平，軍威復振。李廣嘗率眾
出獵，遠遠望見一隻老虎，伏在草中，廣滿弓發矢，恰恰射中，走近一看，
卻是一塊巨石，矢鏃已沒入石中，只剩羽尾在外，左右無不稱奇。匈奴畏
懼李廣，稱之為飛將軍，幾年不敢入塞。

　　李廣出守右北平的第二年，就是元朔二年，車騎將軍衛青再奉命伐匈
奴，大舉從雲中出擊，經高闕，到隴西，和匈奴幾番接觸，將匈奴殺得大
敗。俘虜首級數千，牛羊牲畜數十萬頭，把白羊、樓煩❶❻趕出塞外。收復
了淪陷幾十年的河南❶❼地方，建立朔方郡❶❽，這是自伐匈奴以來最大的一

---

　❶❻　匈奴兩個部落，久居在河套地方。

次勝利。武帝大喜，下旨述功，以三千八百戶封衛青為長平侯。復繕秦時故塞，命校尉蘇建監工，築朔方城於黃河之上。這朔方遠在極北，雪地冰天，工程艱鉅，動員民工十餘萬人，發府帑百萬，四方為之騷動。公孫弘時為御史大夫，力陳城朔方之弊，而中大夫朱買臣力說城朔方有利，武帝便叫他們當朝論辯，提出了十條問題。朱買臣竟將公孫弘逐條駁倒，說得他啞口無言。公孫弘朝中權貴，擅於辭令，沒想到會輸給這朱買臣。

說起朱買臣，是漢武帝一個新進幸的人物。他是武帝寵臣莊助的同鄉，會稽吳縣人，別號翁子。家中夫妻二人，一貧如洗，靠著採樵度日。可是買臣嗜好讀書，手不釋卷。每日砍柴下山，一路行走，一路把卷吟哦。他妻子氣憤不過，勸他放下這死書本，去到外面做點人事活動。不料朱買臣頭腦頑固，執意不肯。兩人越說越僵，一怒之下，他妻子斷然提出了離婚要求，買臣道：「我行年五十當富貴，今已四十有餘，可憐你跟我吃苦，這多的日子已經熬過，何在乎這最後幾年呢！」妻子破口大罵道：「你這個沒出息的蠢材，想起過去受的活罪，傷透了心，再跟你下去，那只有活活的餓死！」逼得買臣無法，只好聽其改嫁。這書呆子自從妻子走後，更過得不成樣子，一日三餐不繼。這一天樵採回來，竟餓倒在郊外，偏巧遇到妻子陪著新婚丈夫上墳，看買臣這般光景，過意不去，將那上祭的菜飯，撥了些給他充饑。又捱了幾年，買臣在家鄉委實混不下去，便隨同朋友來到長安。也是時來運轉，遇到故人莊助，正在朝中得意。得莊助的推薦，說買臣擅《春秋》能《楚辭》，武帝方徵文學，一見喜悅，立拜為中大夫。也是湊巧，竟應驗了他自己所說五十富貴的預言。後來過了若干年，東越地方常不聽命，天子懊惱，買臣每為天子畫策，自稱東越靠近他的家鄉，深悉其情形。於是武帝乃拜朱買臣為會稽太守，臨行之時，武帝笑道：「俗語說：富貴不歸故鄉，如衣錦夜行，你今日可得意嗎？」買臣連忙頓首謝恩。買臣到了會稽郡界，故意消聲匿跡，裝做曩日寒酸模樣，走進舍亭，見了舊日的朋友，大家詫異道：「聽說你升官發財，怎麼還是一寒如此！」

⑰ 就是黃河套內，今綏遠地方。

⑱ 黃河南綏遠鄂爾多斯地方（即伊克昭盟）。

買臣也不多語，便與他們飲酒敘舊，酒至半酣，面紅耳熱，故意解開袍帶，腰間露出印綬。左右一看，竟是太守印信，盡座皆驚。郡中聞說太守到，縣吏紛紛來迎，發動百姓打掃街道，前呼後擁，車輛有一百多乘，好不威風。買臣昂然乘車，走進吳城，忽然在人叢中發現他的前妻夫婦，也在掃除道路，便叫左右將他們帶進太守府邸，關在後花園裡，每日給以三餐。他妻子羞憤不過，懸梁自縊而死。後來買臣又被徵入朝，拜主爵都尉，一度免官。又為丞相長史，和廷尉張湯不睦，互相排軋。與右內史王朝，濟南相邊通共陷張湯。及湯被罪自殺，臨死時憤道：「陷湯者，三長史也！」張湯既死，武帝後悔，並誅買臣，這也由於朱買臣的心胸狹隘使然。所以清吳梅村有詩輓之云：

> 翁子窮經自不貧，會稽連守拜為真。是非難免三長史，富貴徒誇一婦人。小吏張湯看踞傲，故交莊助歎沉淪。行年五十功名晚，何似空山長負薪！

自從元朔二年漢奪匈奴河南地，築朔方城，匈奴怨恨，連年入寇。雁門、代郡、定襄到朔方一帶，烽煙不絕，雙方戰鬥轉趨激烈。元朔五年車騎將軍衛青率領三萬騎兵出高闕❶❾，衛尉蘇建為游擊將軍，左內史李沮為強弩將軍，太僕公孫賀為騎將軍，代相李蔡為輕車將軍，並出朔方。大行李息，岸頭侯張次公為將軍，並出右北平。分三路出擊，而車騎將軍一路最銳，直前取匈奴右賢王。右賢王方在穹廬中飲酒取樂，漢兵驟至，將穹廬四面包圍。右賢王倉皇應戰，左衝右突，僅得與愛妾一人，從騎數百，闖出重圍，狼狽北走。這一場鏖戰，只殺得血染黃沙，屍橫草野。漢兵大獲全勝，活捉到裨王十餘人，男女一萬五千人，那牲畜更是不計其數，奏凱而還。這是伐匈奴以來，第二次最大的勝利，天子得訊，好不歡喜。不待衛青還朝，立遣使者奉黃金印，迎到邊關，就在那邊塞之上，拜衛青為大將軍，命諸將統歸大將軍節制。加封食邑六千戶，封青三子衛伉為宜春侯，不疑陰安侯，登發干侯。這真是曠古以來未有之榮典，三軍振奮，齊

---

❶❾　在朔方之北。

呼萬歲。衛青上表謝恩道：「臣待罪行伍，賴陛下威靈，三軍用命，乃得殲滅醜虜，非臣之力也！臣青三子都是孩童，毫無勳勞，如何能裂地受封，非僅加臣之罪，並將使將士不平，臣三子不敢受封！」武帝慰勉道：「將軍大功，蔭及子孫，此乃理所當然；至於諸將士勞苦功高，朕不敢忘！」於是立封公孫敖、韓說、公孫賀、李蔡、李朔、趙不虞、公孫戎奴、李沮、李息等，均為列侯，皆大歡喜。衛青回到長安，真是大將軍八面威風，百官恭敬，萬民仰慕，成為朝中首要人物。那時平陽侯曹壽病死❷⓿，長公主中年守寡生活單調，要物色朝中一位大人物，做終身伴侶，左右一齊舉薦大將軍。公主笑道：「他是我家的侍從，如今和他結婚，那多麼難為情！」這消息傳到武帝耳中，武帝硬代他姊姊作主，立詔大將軍衛青尚陽信公主，一時這佳話，傳遍了長安。武帝之所以能得人死力，正因他能不次用人，不吝重賞，作事明朗而爽快。所謂重賞之下，必有勇夫，這樣的精神物質的鼓勵，誰不肯替國家拼命呢！果然不到一年，又出了一位民族英雄。到元朔六年，這年中大將軍兩次出擊匈奴。第一次是春二月，大將軍率領公孫敖、公孫賀、趙信、蘇建、李廣、李沮六將軍，出定襄，斬首級數千而還。第二次在夏四月，再率六將軍出擊，斬首虜一萬餘。右將軍蘇建與前將軍信率領三千人馬，與單于主力遭遇，一番激戰，三千人馬，損失殆盡，趙信反降匈奴，蘇建隻身亡歸。軍議郎周霸請大將軍斬蘇建以立軍威。大將軍道：「蘇建以數千人敵單于數萬之眾，力盡而歸，足見忠誠。如今殺之，豈非逼人降敵，我衛青治軍，但以肺腑待人，不患無威！」眾皆感服。這次隨同大將軍作戰，有一剽姚校尉，年方十八歲，身先士卒，勇不可當。他一人獨率八百騎兵，長驅深入，離大軍數百里，斬獲首級兩千多級而還，軍中無不咋舌。天子下詔嘉獎，特封為冠軍侯，這人姓霍名去病，就是衛青的外甥，是個私生子。當初平陽縣令霍仲孺，供職平陽侯家，與衛青二姊衛少兒私通所生。後來少兒嫁與詹事陳掌，霍去病便一直跟在衛青身旁長大。自幼出入軍旅，加以衛青的薰陶，成了一員勇將。自從這一戰封侯之後，大受天子賞識，元狩二年春，拜霍去病為驃騎將軍，率領一萬騎兵，

❷⓿　史稱壽有惡疾，早與長公主（即陽信公主）分居，其死在元光四年。

從隴西出擊匈奴。踰烏盩山，涉狐奴水，歷五王國，深入漠北，與匈奴遭遇，交戰了六天，將匈奴擊敗。追過焉支山❷❶北一千餘里，再與匈奴短兵相接，大戰於皋蘭山，殺得匈奴狼奔豕突而走。殺折蘭王，斬盧侯王，俘渾邪王子，得休屠王祭天金人❷❷，斬首八千九百六十餘級。詔加封霍去病二千二百戶，這是伐匈奴以來第三次最大的勝利。那年夏天，霍去病再率師出北地，冒暑熱，出塞二千餘里，涉居延水❷❸，至小月氏，大戰於祁連山，俘酋涂等五王，閼氏，王子等五十九人，相國將軍當戶都尉等六十三人，斬首級三萬二百餘級，這是伐匈奴以來第四次最大的勝利。於是再加封去病五千四百戶，其他隨戰將士，賞賜有加。霍去病作戰，總是奮勇當先，長驅深入，因為天子的寵幸，他所選的都是精兵壯騎，故所向無敵。從此一班老成宿將，逐漸沒落，而驃騎將軍聲威大振，名比大將軍。這隴西北地以北，是屬於匈奴渾邪王的轄境，渾邪王為驃騎將軍所攻，屢次損兵折將，單于大怒，要誅殺渾邪王。渾邪王懼，和休屠王商議，派使者來漢投降。漢武帝恐怕他們是詐降，就派霍去病率兵往邊塞去武裝受降。大兵渡過黃河，與匈奴相望，休屠王反悔，被渾邪王所殺，匈奴駭亂，許多裨王將尉，紛紛要逃亡，去病率兵直入匈奴軍中，一氣砍殺了八千多反動分子，匈奴懾服，無敢抵抗。這一次受降了匈奴四萬多人，號稱十萬，把渾邪王送到長安。武帝大喜，賞賜了幾十萬，封渾邪王為漯陰萬戶侯。益封驃騎將軍千七百戶。將渾邪王所部，遷到河南一帶，設置了五屬國。河西地空，而將隴右關中一帶的貧民移往那裡去屯墾，這一番交換移民，使民族搏和，疆域擴大。便在河西之地建置了武威、酒泉兩郡，後來又分置張掖、敦煌，叫做河西四郡。這是自伐匈奴以來第五次的勝利，而這次勝利的意義最大，因至此匈奴的右方切斷，不能與羌人聯絡，而河西西到鹽澤，沒有匈奴的敵蹤，打通了這條甘肅走廊，從玉門關可以暢通西域了。

---

❷❶　又作燕支山，在今甘肅省山丹縣東南，匈奴失焉支山作歌曰：「失我焉支山，使我婦女無顏色！」

❷❷　為匈奴人所祭祀的一種偶像，或傳言即是佛像。

❷❸　今寧夏之弱水，即額濟納河。

　　漢武帝對於匈奴的撻伐，真是再接再厲，到了元狩四年，發動了一次空前大規模的軍事行動，大將軍，驃騎將軍，和許多宿將一齊出馬。共發騎兵十萬，步兵與運輸隊數十萬，分東西兩路。大將軍衛青率領李廣、公孫敖、公孫賀、趙食其等騎兵五萬西出定襄；驃騎將軍率領路博德、衛山、復陸支等東出代郡。準備從東西兩路深入包抄，一舉而活捉單于，殲滅匈奴。李廣雖為邊鎮名將，這些年來幾番出戰，總不得志，眼看著許多無名後輩，一個個都封侯拜將，心中實在不平，這次聽說大舉出擊，是一顯身手的機會，乃自告奮勇。武帝憐他年老，不允其請，李廣更不服氣，一定要去，不得已，乃將李廣派在大將軍的麾下，他又自請要做前鋒將軍。臨行之時天子暗地囑付大將軍說：「李廣年老又數奇❷，千萬不要讓他抵擋單于。」大將軍率兵出塞，捉到匈奴，發現了單于的所在，在大漠西北方。衛青乃自率精兵前進，令前將軍李廣與右將軍趙食其，從東道繞擊匈奴，這條路迂遠而水草甚少，行軍最困難。李廣道：「臣為前鋒將軍，為什麼叫我跟右將軍一齊。臣自束髮與匈奴作戰，今天才得一當單于，願為前帳先鋒，萬死不辭！」衛青默默不語。卻頒下手諭，遣人送到李廣幕中，叫他不得違抗軍令，即率部前進。李廣怒氣填膺，只得憤憤與右將軍合兵出東道。這裡大將軍衛青與中將軍公孫敖等，引兵前進走出一千多里，果然發現單于的大軍。衛青乃擺下陣勢，將主力集中，用武剛車❷環繞為營，駐紮既定，選出精騎五千，突擊匈奴，匈奴以萬騎迎戰。一時殺聲震天，從中午殺到紅日西沉，忽然狂風大起，沙石飛揚，天昏地暗，對面不見人。大將軍乘勢引兵從左右圍攻，單于隱隱約約看見漢軍無數人馬從四面八方而來，慌了手腳，連忙率領隨騎數百人奪圍而出。一場混戰，雖沒捉到單于，卻將匈奴打得大敗，俘虜殺傷無數。漢軍不肯放鬆，縱輕騎連夜追趕，趕到天明，又深入漠北二百里，不見單于，未敢窮追，引兵回走。走到闐顏山❷趙信城，發現了匈奴的積聚所在，看那糧秣堆積如山。攻進城中，

❷　命運不好，謂之數奇。

❷　一種裝甲的兵車，有巾有蓋，謂之武剛車，人伏其中，刀槍不得入。

❷　今蒙古杭愛山南。

殺死了守兵，放起一把大火，塞外風高，只見烈燄沖天，頃刻之間，這座糧山和土城，化為一片灰爐。大軍乃奏凱而還，卻始終沒有遇見前將軍與右將軍的軍隊。一直走到沙漠以南，才碰到了李廣和趙食其，原來這一支軍隊，竟在沙漠中迷失了道路。衛青大怒，遣長史責問李廣怎樣失道，叫他到軍法處來對質。李廣長嘆一聲，對他手下的將士道：「想我李廣，自結髮即與匈奴廝殺，平生大小七十餘戰。今天幸得隨大將軍出擊單于，沒料到臨時改變了路線，又迷失了道途，這不是天意嗎！我李廣已六十多歲，還去受那刀筆吏的侮辱嗎！」說罷拔劍自刎而死。廣死，士卒痛哭，百姓流涕。李廣一生，歷任七郡太守，在邊郡四十餘年，每得賞賜，分給部下，不治生產，家無餘財。為人訥訥少言，而與士卒共甘苦，在邊塞行軍，遇水，士卒不盡飲，廣不飲；用餐，士卒不盡食，廣不食，所以人人願為效死。乃竟時違運蹇，無功受屈而死。故後人說：「衛青不敗由天幸，李廣無功緣數奇！」李廣死，趙食其廢為庶人，衛青入塞獻首虜萬九千級。大將軍雖然獲得勝利，但因走脫了單于，又損失了李廣，功過相抵，沒有增封爵邑。卻說驃騎將軍霍去病，獨率大軍自代郡北出塞二千餘里，越大漠，涉弓閭水，獲屯頭等三王，將軍，相國，當戶，都尉等八十三人，斬首七萬四百餘級。軍行最遠，一直達到狼居胥山❷❼，舉行封禪，臨瀚海而回。天子益封驃騎將軍五千八百戶，將士賞賜有差。這是伐匈奴以來第六次的勝利，也是最大規模的一次勝利。匈奴自經這次打擊，乃遠走沙漠以北，漠南無王庭，可以說是一次決定性的戰爭。但是這次用兵，雙方的損失，都非常慘重，匈奴死的幾乎有九萬人，而漢軍出塞時，馬十四萬匹，回來不到三萬，士卒死傷更多，其犧牲之大，可以想見。自經這六次撻伐，單于遠遁，邊患肅清，討伐匈奴的工作告一段落。匈奴從此不敢南下牧馬，漢朝也無力再事遠征，北境乃獲得一個長時間的休息。可是年年用兵，國力消耗至鉅。兵員馬匹的損失不說，國庫也跟著空虛，不得不用種種的方法來籌餉，令民納資買爵，叫做武功爵，爵高者得為吏。從此經濟與吏治都漸破壞，民生也受到很大的影響。可見兵戰，究竟是一件危道，非不得

---

❷❼　今蒙古肯特山。

已而用之。雖然漢伐匈奴，是一樁極大的武功，可是它另一方面的影響，我們也不得不正視。

元狩四年的大勝利之後，武帝特置大司馬之位，以酬大勳、大將軍與驃騎將軍，均加大司馬銜，這是後來有大司馬官爵之始。並增驃騎將軍秩祿，與大將軍等，從此衛青的名望日衰，而霍去病的尊寵日隆，衛青的門客多往投驃騎將軍。霍去病為人，不好說話，做事沉著勇敢，忠心耿耿。不怕死，不愛財。在他出征的時候，天子特為他修建一所府第，去病看見嘆道：「匈奴未滅，何以家為！」過了三年，去病竟病卒，死時還不到三十歲。武帝哀慟不已，在茂陵的東北，摹仿祁連山的形象，為霍去病起了一座大墳。送殯的時候，派軍隊護喪，從長安一直排列到茂陵。其後十一年，衛青亦卒，這兩位民族英雄，竟先後凋零，永為世人所追思，凡談到伐匈奴，沒有不想到衛青、霍去病的。

北方的軍事甫告一結束，而南方的問題又起。卻說前建元六年，隨同莊助到長安入質的南越王太子嬰齊，在都中娶妻生子。光陰過得好快，忽忽十幾年，摎氏所生之子趙興亦長大成人。這時南越王趙胡病篤，嬰齊請求歸國，天子詔准。嬰齊偕同妻兒，回到南國，趙胡已薨，嬰齊乃即位為王，立摎氏為后。詎為時不久，嬰齊也一病身亡，於是太子興繼位，而摎氏竟做了南越王太后。前面說過，這摎氏是位風流女郎，早年在內地時便有一個情人。這人複姓安國字少季，是霸陵人氏。自從摎氏到了南越，這兩人風流雲散，一在天之涯，一在海之角。不知是事有湊巧呢，還是當時國家的外交手段。在元鼎四年，也就是霍去病去世的第四年。朝廷特派安國少季做專使，往南越曉諭摎太后入朝述職，藉此將南越收歸治下。並且派了一位能言善辯的少年才子，隨同前往。這人姓終名軍，字子雲，乃是濟南人氏。自幼博學能文，年十八，選為博士弟子，西入長安。走過關口，關吏照例給他一張軍繻，終軍不識何用。那關吏道：「這是證明你的身分的，你要帶在身邊，將來回頭出關的時候，要繳驗的。」終軍道：「我不得志，絕不出關，大丈夫要此何用。」棄繻而去。到了長安，上書天子，武帝稱賞其文，拜他做謁者給事中。元狩元年，武帝獲白麟，終軍為文頌揚

功德，深得武帝歡心，遂派遣終軍與諸博士巡視郡國。終軍仗節出關，威風凜然，那關吏看這青年使者好生面善，忽然想起，驚道：「這不就是那棄繻生嗎！」終軍巡行郡國，還奏稱旨，更得天子寵信，擢為諫大夫。這番派使者往宣慰南越，終軍自動請命，上書說：「願得長纓，繫南越王致之闕下！」武帝壯之，便命為副使。這兩位翩翩使者，率領隨員人等，來到南越，謁見太后。太后一見安國少季，那真是「久旱逢甘雨，他鄉遇故知」，重溫舊話，暢敘幽懷。立即勸告幼王和群臣內附中國，並整飭行裝，準備入朝。原來南越的政權，並不在幼王和太后，而在國相呂嘉手中。呂嘉身相三王，宗族子弟布滿朝廷，耳目眾多，勢力強大。他見太后和漢使私通，心中憤恨，乃稱病不見漢使，並阻止國王內附。太后見呂嘉作鯁，謀誅呂嘉，被呂嘉發覺，大怒。即宣示國人道：「太后和中國使者勾通，不顧趙氏社稷，要出賣南越。」於是全國譁然，呂嘉即率兵入宮。弒太后國王。又攻入使館，將漢使者一齊殺死，安國少季和終軍同時被害。終軍死時，年方二十餘歲。呂嘉別立嬰齊越妻所生之子趙建德為王，派兵扼守緣邊要害，和中國絕裂。這消息傳到了長安，漢武帝勃然震怒。即調集水陸大軍十萬，前往討伐南越。遣路博德為伏波將軍，率步卒出桂陽❷⑧。楊僕為樓船將軍，率水師出豫章。歸義粵侯兩人（一名嚴，一名甲，都是越中降將），為戈船下瀨將軍，率軍出零陵❷⑨。又遣馳義侯遺，發巴蜀罪人與夜郎兵，從牂牁江而下。四路會兵番禺，時在元鼎五年秋。大軍團穿山越嶺，行軍困難，直到元鼎六年，才越過五嶺。樓船將軍楊僕從尋陿❸⓪先攻破石門，伏波將軍路博德繼至，兩路會師，直抵番禺城下，將番禺城團團圍困，縱火燒城，城中大亂。呂嘉和建德王，夜率數百人突出重圍，亡命入海，終被追捕斬首。南越王既死，地方不敢抵抗，紛紛投降，於是南越全平。武帝以其地分建儋耳、珠崖、南海、蒼梧、鬱林、合浦、交阯、九真、日南九郡❸①。這北從今之兩廣，南到越南北部，都收歸中國的版圖，

---

❷⑧　今湖南郴州市。

❷⑨　今湖南零陵。

❸⓪　今廣東南雄始興之間，地在大庾嶺南。

直接受中央政府的統轄了。

　　南越一帶地方，所以能擁號稱尊，完全靠的山勢的險阻，其兵力是不堪一擊的。南越之被削平，只用了兩路軍隊。戈船下瀨兩將軍，始終沒有達到；而馳義侯遺所發巴蜀之兵，卻被堵截在夜郎以北。原來馳義侯從巴蜀起兵，南過犍為，沿途徵發夷民，引起了騷動，且蘭王率夷民叛變，殺死犍為太守，狙擊漢軍，地方大亂。直到南越平定，武帝遣中郎將郭昌衛廣與八校尉之兵，合討南夷，斬首數萬，誅且蘭王。夜郎王見南越且蘭都被漢兵所滅，恐懼來朝。時西夷也反覆無常，漢軍復西擊西夷，誅邛君筰侯，冉駹震恐稱臣，這一番掃蕩，西南夷❷悉平。於是以且蘭至夜郎一帶置牂牁郡，以邛都置越嶲郡，以筰都置沈黎郡，白馬置武都郡。然後遣使者王然于乘誅南夷之兵威，仗節西南入滇國，曉諭滇王，令稱臣入朝。滇國東北勞深靡莫諸夷，不知漢朝虛實，沿途襲擊漢使，並阻止滇王內附。武帝大怒，於元封二年，再發巴蜀兵，經犍為牂牁，西伐勞深靡莫，兵臨滇國，滇王大恐，舉國請降，於是以滇地置益州郡。從此今之貴州雲南，收歸中國版圖。

　　前說東越王餘善，霸據閩越之地，態度不明，時常為患，武帝曾派朱買臣為會稽太守就近撫綏。元鼎五年南越之反，東越王餘善上書，自請出兵助漢擊呂嘉，及至漢兵南下，餘善率兵逗留不進，騎牆觀望，暗地仍和南越往來。南越平滅，樓船將軍楊僕上書，請就近引兵進討東越，武帝以

❸ 南海——今廣東中部，治番禺，今廣州。蒼梧——今廣西東部，治廣信，今梧州。鬱林——今廣西南部，治布山，今桂平。合浦——今廣西東部，治合浦，今合浦。珠崖——今海南島北端，治日亶都，今瓊山。儋耳——今海南島西端，治義倫，今儋縣。交阯治贏陸、九真治胥浦、日南治西捲——以上三郡皆在今越南北部。

❷ 西南夷諸郡：犍為——治僰道，今四川宜賓。牂牁——貴州南部，治故且蘭。（以上南夷）越嶲——治邛都。沈黎——治筰都。汶山——治汶山，今四川茂縣。武都——治武都，今甘肅西和。（以上西夷）益州——治滇池，今雲南晉寧。句章——今浙江慈谿。梅嶺——今江西東南寧都境過武夷山入福建之道。武林——今江西鄱陽西南。

士卒疲勞，不許再戰，令諸校尉率兵留駐豫章梅嶺一帶待命。餘善見漢軍壓境，便遣將把守關塞，並發兵偷襲，殺死漢軍三校尉。武帝聞訊，即遣橫海將軍韓說，率兵從會稽句章縣，浮海南下；樓船將軍楊僕出武林，中尉王溫舒出梅嶺。一東南，一西北，兩路夾攻。東越不支，餘善為其部下所殺。武帝以東越民風強悍，反覆無常，乃仿照昔年東甌的辦法，將該地人民統統遷移到江淮一帶，於是閩越全平，從此今福建地方，也收入中國版圖。

這幾年，真如風掃落葉一般，東起閩越，西迄滇黔，大小滅掉了幾十個國家，五嶺以南，悉入王畿，不能說武帝的魄力不大。這南越的獨立將近百年，閩越的叛擾，西南諸夷的開闢，都是最棘手的問題，現在全迎刃而解，真是一件莫大的快事。漢武帝心中十分愉快，同時在北方的匈奴，自經衛、霍的大舉撻伐之後，也有十幾年不曾入寇了。元鼎六年，特遣浮沮將軍公孫賀出九原，匈河將軍趙破奴出令居，去搜索匈奴。出塞二千多里，不見匈奴的蹤影，武帝著實歡喜。明年是元封元年，漢武帝親自巡邊，率十二部將軍，勒兵十八萬騎，旌旗連綿千餘里。御駕自雲陽，北歷上郡，西河，五原，出長城朔方，登單于臺。看那沙漠草原，在日光照耀之下，一望無垠，天蒼蒼，地茫茫，風吹草低見群羊。卻看不見一個胡騎的蹤跡，武帝此時，躊躇志滿，真有囊括宇內，氣吞八荒之概。顧左右道：「朕今日可以報嫚書之辱，雪平城之恥了！」遂遣使者郭吉，北渡絕漠，去見單于，單于問其來意。吉乃宣譯聖旨道：「告單于，南越王頭已懸於漢北闕下，天子自將兵，相待塞上。問單于，能戰則來戰，不能戰則來降，何苦躲到那漠北無水草之地，去忍饑挨凍呢！」單于聞言大怒，但終不敢南下。記得清詩人王曇詠漢武帝詩中，有這樣四句：

　　掃空瀚海長城外，斷得匈奴右臂來，和議終非中國計，窮兵才是帝
　　王才。

第十一講　漢武武功(二)

東滅朝鮮　西結烏孫　遠征大宛
再伐匈奴　李陵奮戰　司馬被刑
輪臺罷戍　北海牧羊　蘇卿歸國

　　漢武帝在北伐匈奴，南平南越的工作完成之後，又展開了東西兩面的發展，那就是東滅朝鮮，西征西域。

　　漢代的朝鮮，是僅指現在朝鮮半島的北部而言。這塊地方早在周朝，就是箕子的封地。到秦朝時，箕氏已經傳了四十幾代，國勢微弱。楚漢之際，燕王盧綰之反，有燕人衛滿，囂聚了亡命之徒一千多人，流竄到塞外，趕走了箕準❶，建都於王險城❷，遂自稱朝鮮王。到漢武帝時已經兩傳到衛滿之孫右渠為王。武帝平南越後的兩年，時當元封二年，武帝遣派使者涉何，往譙諭右渠，右渠拒不奉詔。涉何回報，天子便命涉何為遼東東部都尉，防禦朝鮮。過了不久，邊疆地方，發生了糾紛，朝鮮發兵襲殺涉何。武帝聞訊，震怒，那年秋天，遣派樓船將軍楊僕，率領舟師，從齊地（現在的山東半島）跨海東征。另遣左將軍荀彘，率領步騎，從陸路出遼東，會攻朝鮮。兩路大兵一齊攻到王險城，將王險城團團圍困，右渠拼命死守，城堅，久攻不下。樓船將軍部下的士卒，多數是齊人，思鄉厭戰。左將軍所率，皆燕代驕悍之卒，氣勢凌人，兩下裡士卒不和，互相埋怨。偏巧朝鮮王右渠，暗地裡遣人和樓船將軍議和，樓船將軍乃與左將軍商議，準備接受和談。左將軍不肯，堅持速戰，並懷疑樓船將軍的態度。由於士卒不和，發展到將帥的爭執，影響到軍事的進展，武帝聞知，大為焦慮，急遣濟南太守公孫遂為使，前往調處。公孫遂到了朝鮮，左將軍趕來迎接，將

---

❶　朝鮮王名。

❷　朝鮮平壤。

公孫遂請到密室，屏退左右，稱樓船將軍如何掣肘，說道:「若不是樓船將軍，早已攻下朝鮮。我看樓船將軍如此態度曖昧，心中必有姦詐，若不動手，必生後患!」公孫遂深以為然。便以天子使節，往召樓船將軍，樓船將軍進帳，未及交言，左右蜂湧而上，將樓船將軍拖翻在地，綑綁起來，囚入後帳。號令軍中，有敢不服命者斬首，乃將樓船將軍的士卒，併歸左將軍統轄。於是左將軍嚴申約束，率領三軍，全面進攻。朝鮮抵擋不住，城中大亂，城中人殺死右渠，獻上首級請降，於是征服了朝鮮。漢朝以朝鮮之地，分置臨屯、真番、樂浪、玄菟四郡❸，從此，朝鮮之地，亦劃入中國的版圖了。左將軍從朝鮮得勝還朝，以為可以封侯受賞，不料天子惱怒，要徹查前方將帥不和的原因，認為這紀律問題更重於軍事的勝敗。廷臣奉旨查辦的結果，謂左將軍馭下無方，不能和友軍合作，忌賢爭功，擅自行權，劫制命官，目無天子，樓船將軍遲疑不進，貽誤戎機。兩人論律，均當死罪。結果，荀彘斬首，楊僕贖做庶人。從這裡看出，漢武帝的用法是多麼嚴厲。

　　漢武帝的用人和用法，毫無顧忌，不論你過去的地位高低，功勞大小，一旦獲罪，嚴懲不貸。所以人人奮勉，不敢懈怠。拿張騫來說，元朔六年封博望侯，何等尊寵。不到兩年，元狩二年，奉命與李廣共擊匈奴，因為失道誤期，也論成死罪，贖做庶人，張騫回想那十三年通西域的辛苦，好容易掙來的功爵，一朝喪盡，心中不平。便想再立功報效，恢復榮譽。恰巧，那年收降渾邪王，闢河西，置兩郡❹，西域大通，武帝為了要聯絡西域諸國，又想起張騫，一再召張騫入宮，垂問西域的情形，張騫心想，這正是立功贖罪的機會到了。這天，乃為漢武帝敘述了一個西域的故事，他說:「匈奴之西，大宛的東北，有一個國家，叫做烏孫，烏孫王名昆莫。昆莫的父親難兜靡，原住在祁連山和敦煌之間，與大月氏比鄰。大月氏攻

---

❸　臨屯——治東施，今平壤東南。樂浪——治朝鮮，今平壤。玄菟——治高句麗，今遼寧新賓縣西南。真番——治霅，今平壤西北。(以上四郡治，昭帝以後皆有變遷。)

❹　初建武威、酒泉兩郡。

擊烏孫，將難兜靡殺死。那時昆莫還在懷抱之中，烏孫翎侯❺抱著昆莫，倉皇逃命，伏在草棵之中一晝一夜，得免於難，腹中饑餓難忍，便將昆莫藏在亂草裡，自出尋覓食物。及至回頭，只見草上烏鴉亂飛，草裡悉索作響。慌忙去看，不知那裡來的一隻母狼，在哺乳昆莫。翎侯乃將昆莫抱起，輾轉投奔了匈奴，匈奴單于聽以為神，便將昆莫收下撫養❻，後來長大，果然英武非常，隨著單于東征西討，戰無不勝。單于便撥給他一支軍馬，聽其復國。昆莫乃號召國人為父報仇，一戰將大月氏擊破，大月氏就因為這原因，才被趕到西方。可是烏孫的故地已被匈奴所佔，昆莫乃在現在的地方，重新建立起國家，可是每每眷念故土。自從匈奴老單于死後，這匈奴和烏孫的情感日疏，常生衝突。這些西域的小國，無不貪戀中國的子女玉帛。我們只須遣一介之使，賜以金幣，約為婚姻，那烏孫必來歸誠。現在敦煌之地既空，何不約烏孫還居故地，和我們攜手共制匈奴。匈奴目前雖然斂跡，難保不為後患，這樣連烏孫以制匈奴，才真是斷匈奴之右臂，一勞永逸之計！」武帝歡喜，接受了張騫之計，想這使者的人選，自非張騫莫屬。就再派騫出使烏孫，隨從三百人，馬六百匹，牛羊萬頭，金銀千萬，威風凜凜，與前番出使的姿態大不相同。他們登山涉水，度越沙漠來到了烏孫。烏孫昆莫接見漢使者，態度異常倨傲。張騫大聲道：「漢天子賞賜，大王如不下拜，臣請將原禮帶回。」昆莫貪愛金寶，不得已，才下了幾拜。張騫乃宣諭昆莫道：「烏孫王如肯東居故地，和漢朝結為兄弟之邦共制匈奴，漢天子願遣公主為昆莫夫人。」誰知昆莫年老，對這婚姻之事，已不感覺興趣。又久受匈奴的控制，朝臣上下但知畏懼匈奴，而不知漢朝虛實。對於漢朝的要求，不願接受。張騫交涉既無結果，便利用留居烏孫的機會，派遣了許多副使，持節分頭前往大宛、康居、月氏、大夏各國展開了一個大規模的外交活動。因為財力雄厚，人才眾多，這一番活動，頗有效果，各國都遣使答聘，一齊集中到烏孫，烏孫也派了使者數十人，駿馬數十匹，隨著張騫等一同來到中國。這些使者，久聞漢名，尚不曾目

---

❺　烏孫官名。

❻　以上採《漢書》之說，《史記》所載與此略異。

睹。今日一見那長安城中宮殿的崔巍，人物的富麗，帝王的尊嚴，兵馬的雄壯，無不驚心怵目，使者們朝見漢天子之後，各自回到國中，繪聲繪色，把漢朝說得如天堂一般。從此西域諸國，都傾服漢威，以結交中國為榮。張騫回朝，天子拜為太常卿，過了一年，張騫去世。張騫雖死，但他的英名，正隨著漢朝的國威而遠播西域。凡出使的人，無不稱博望侯之名，以為榮。這時河西四郡❼ 相次建立，西域之路暢通。漢朝的使者，來往於烏孫、大宛等國之間，相望於道。每次使節隨從，多者數百人，少者百餘人，一年之中，出使多者十餘次，少者五、六次。遠者留西域八、九年，近者往返兩三歲。在西域東方有兩個小國，一在南，一在北。在南者叫做樓蘭，在北者叫做車師（即姑師）。樓蘭據《漢書西域傳》說，西距陽關❽ 一千六百里，離長安六千一百里，僅有一萬多人口。車師在樓蘭西北一千八百餘里，民以牧畜為生，多畜驢馬駱駝。這兩個小國，恰當東西交通之中心，為往西域必經之路。漢使絡繹於途，樓蘭、車師送往迎來，不勝其苦。又受匈奴的指使，便出兵遮擊漢使，或殺傷人命，劫奪財物。漢使大困，回來奏稟天子。武帝明白，對待西域這些國家，單靠金錢言語還是不行，必須要配合武力，給他們一個厲害才行。元封三年遣將軍趙破奴，偕同使者王恢❾ 發西方屬國郡兵數萬人，前往討伐。趙破奴獨率輕騎七百，長驅深入，一戰而虜樓蘭王，再戰而破車師。乃從酒泉郡列置亭障❿ 直到玉門關，西方各國，無不震恐。大宛、康居等，紛紛遣使貢獻。烏孫也決心和漢朝修好，元封六年，昆莫遣使上表，請尚漢公主，與漢長為兄弟之邦。天子令烏孫先納聘禮，烏孫獻上駿馬千匹，武帝大喜。遂以江都王建的女兒細君為公主，下嫁烏孫。賜與妝奩珍寶，車輿服御，與隨從人馬，宦官侍婢數百人。樂妓騎在馬上，彈著琵琶，吹吹打打，一路送到烏孫。昆莫一見，公主長得天仙一般，又有這麼多的嬪從嫁妝，好不歡喜。原來匈奴聞說漢

---

❼　即武威、酒泉、張掖、敦煌。

❽　在玉門關南，西距敦煌一百五十里。

❾　此乃另一王恢，非前所述大行王恢。

❿　築亭堡遣戍卒守望之。

與烏孫結親，亦想拉攏昆莫，亦送來一位匈奴公主。於是昆莫以漢公主為右夫人，匈奴公主為左夫人。左顧右盼，真是豔福不淺。只可憐了這位如花似玉的細君，自幼生長深閨，一旦來在這荒漠絕境，四顧無親。陪著一個年邁龍鍾的老昆莫，既不解風情，又不通言語。春光易去，年華逝水，好不悲愁。公主寂寞哀傷，撫弦作歌曰：

> 吾家嫁我兮天一方，遠託異國兮烏孫王。穹廬為室兮氈為牆，以肉為食兮酪為漿。居常土思兮心內傷，願為黃鵠兮歸故鄉！

這一曲幽怨的歌辭，竟傳到漢武帝的耳中，武帝也為之淒然。便派遣專使，饋賜了許多錦繡帷帳之物，以慰公主的寂寞。其實這物質的享受，如何能填補得那精神上的空虛呢？歲月悠悠，昆莫老病將死。按著那時西方的野蠻習俗，這妻室可以父子祖孫相繼承。昆莫之子早死，孫兒岑陬應當繼位，昆莫乃遺囑令岑陬尚公主。公主不肯，上書訴告天子，天子回復道：「在其國從其俗，我欲與烏孫共滅胡。」公主奉旨，只得忍淚含辱，與岑陬成婚，這是後話。

武帝前後得烏孫貢馬很多，愛之，名為天馬。西方來人說，烏孫馬遠不如大宛的汗血馬，那汗血馬才真正是天馬之種。武帝對於汗血馬，嚮往已久。遂遣使往大宛取馬，取來一看，並不如理想。使者道：「大宛有七十餘城，其汗血天馬，獨在貳師城中，大宛王矜惜不肯出獻。」武帝道：「他這般小器，我不惜以金馬相換如何。」便著工匠照著馬身大小，鑄了一座金馬。遣使者與壯士，抬著這座金馬，到了大宛，指名要換取貳師城中的天馬。誰知大宛王看漢天子如此情急，他卻越發的居奇不與。使者氣憤不過，破口大罵，椎碎金馬，雙方衝突起來，大宛竟將漢使劫殺。武帝聞訊，勃然震怒。立即派遣將軍李廣利[11]率騎兵六千，步卒數萬，遠征大宛，限令必到貳師城中取來天馬，號稱李廣利為貳師將軍，時在太初元年。這大宛距中國比烏孫還遠，離陽關有七千餘里，國家富庶，兵力雄厚。從敦煌到大宛，要經過許多國家，道路險遠，行軍艱難。沿途國家，看見漢

[11] 乃武帝寵姬李夫人之兄。

軍過境，都恐懼閉城不出。漢軍一路飲食缺乏，饑病死亡，行至大宛東郁成地方，只剩下幾千士卒。郁成王奉大宛之命，引兵拒戰，漢兵疲敝，攻之不勝，死傷枕藉，貳師將軍乃與左右計議道，這區區郁成，尚且攻打不下，何況大宛的王城呢。於是引軍而回，這一來一往已經走了兩年。及至回到邊塞之上，所餘殘兵病卒，不到十之一二。貳師將軍上表道：「道遠乏食，士卒不患戰而患饑，人少不足以拔宛，請暫罷兵。」天子覽書，拍案大怒。立即遣軍使，持節攔住玉門關口傳旨道：「不奉命而擅自撤兵，有敢入關者，一律斬首！」那時朝中群臣，都同情李廣利，紛紛替他說情請求罷兵，武帝道：「朕之用兵，並非必欲勞苦將士，不顧人情。誠以國家既然出兵，那只許成功，不容失敗。一個小小的宛國還攻打不下，那西域的大夏、康居等，都要輕視漢朝，將永被外國人所恥笑。豈僅宛馬絕不能得，漢使從此也不能再往西域。無論犧牲多大，這國家的體面，朝廷的威風，斷斷不可喪失！」於是大調邊郡步騎兵六萬人，給役負從不計，載運輜重糧秣的牛十萬，馬三萬匹，橐駝一萬，其他弓箭兵弩，不可數計。派校尉五十餘人統率之。聞說宛城沒有井水，又徵發了許多水工隨行。還恐兵力不夠，再下令，增發甲卒十八萬，扼守在酒泉、張掖一帶，以為後備。拜馬師兩人，一為執馬校尉，一為驅馬校尉，準備破宛之後，選取他們的好馬。這一番徵發調動，使得天下振奮。貳師將軍得到了這大量的援軍，聲勢無比。又知道國法森嚴，有進無退，乃鼓起最大的勇氣，下了最大的決心，率軍西進。這番用兵卻與前次不同了，仗著兵力強大，所過之處，遇城破城，見國攻國。這些西域的小國那裡抵擋得住，莫不開城迎接，簞食壺漿。於是大軍一路不虞饑渴，又獲得休養。這樣非止一日，到了輪臺⓬，輪臺忽然拒守。貳師將軍下令攻擊，不消幾天，將輪臺攻下，把那裡的人民不分男女老小，一齊屠殺，嚇得輪臺以西的城域，都望風而降，於是一路無阻，到了大宛城下。雖然如此，近十萬的兵馬，到這裡也只剩下三萬之眾了。在大宛城外，經過一場血戰，宛兵大敗，退入城中，堅守不出。貳師將軍乃將宛城圍困，晝夜攻打了四十多天。又派水工將城外水

⓬　今新疆輪臺。

源切斷，城內溝渠皆竭，宛民饑渴交加，支持不住。城中貴人相議，殺死宛王毋寡，持頭請降，貳師將軍許之。宛貴人乃開城，出飲食犒勞漢軍，將城中好馬一齊牽出，任憑漢軍選擇。兩校尉選了神駒數十匹，中等以下的馬三千餘匹。貳師將軍特別立了一位與漢人親善的貴族名叫昧蔡的為宛王，和宛王結盟而罷兵。回途經過郁成，再攻下郁成，殺死郁成王以雪前恥。於是貳師將軍大獲全勝，振旅而還。西域各國聞聽漢朝萬里興師，擊破大宛，無不震駭，各遣使入貢，並送質子和漢朝訂約，隨同貳師大軍一同東來。武帝大喜，封李廣利為海西侯，食邑八千戶。這次武帝真的得到了大宛的天馬，乃作〈西極天馬之歌〉，以誌其盛，歌曰：（一曰，〈蒲梢天馬歌〉）

　　天馬來兮從西極，經萬里兮歸有德，承靈威兮降外國，涉流沙兮四夷服。

　　從此不僅大宛、烏孫，所有西域各國，皆年年入貢，歲歲來朝。這西域道上，使節往還不絕，從敦煌西到鹽澤，一路之上，都有亭障旅舍。大宛長遣質子住在長安，約定每年獻天馬兩匹，漢使又陸續採擇了許多葡萄、苜蓿、石榴之類，種滿了長安離宮別館之旁。西域又進貢大鳥卵，犁靬眩人❸等珍物奇藝。從此漢室天威，遠震殊域。雖然這番用兵自太初元年至太初四年，動員幾十萬，犧牲重大；可是樹立中華的聲威，溝通中西的文化，有它不可磨滅的價值。並由於這個堅苦卓絕的戰鬥，可以看出漢武帝的決心和魄力；只要有決心，有魄力，天下沒有不能完成的事業。明左光斗有〈入塞曲〉一首，寫得多麼風光：

　　大漠空高塵不飛，新秋塞上草猶肥；石榴紅綻葡萄紫，博望遙馳宛馬歸！

　　西域的經營，總算告一段落，而北方匈奴的糾紛又起。原來匈奴這些年，遠居漠北，經過一番休養，又復蠢蠢欲動。漢朝對於匈奴雖未事征伐，

---

❸　大鳥卵即駝鳥蛋，犁靬為西域地名，眩人即魔術師。

而信使往還，並未斷絕，並且由於和親烏孫，遠征大宛，這西域和匈奴是息息相關，連帶的和匈奴的接觸更繁，問題更多，漢朝仍不能不以匈奴為軍事外交，最大的一個對象。這裡要將匈奴的情形，從頭再做一番簡單的追述。匈奴的強盛，是在冒頓單于時代，時當漢高惠之世。文帝時冒頓死，子稽粥立，號稱老上單于，漢朝曾遣宗人女與之和親。文帝末年，老上單于死，子軍臣單于繼立。文帝崩，景帝立，漢復遣宗女翁主❶和親如舊。到武帝馬邑之謀以後，和親斷絕，國交破裂，漢軍北伐，收河南地，築朔方城，到了漢元朔二年冬軍臣單于死，軍臣之弟伊稚斜，趕走單于的太子，自立為單于。就在匈奴這內部動亂的時候，武帝展開大規模的撻伐，追奔逐北，犁庭掃穴，把匈奴趕到了漠北。元鼎三年，伊稚斜單于死，子烏維單于繼立。元封元年天子大舉巡邊，不見匈奴，遣派郭吉，往諭匈奴投降，烏維單于一怒，把郭吉扣留，這都在前面說過。

　　烏維單于自經郭吉這番刺激，一面遣使赴漢，甘言再求和親，一面卻休養士馬，演習射獵，以圖再舉。漢遣使者楊信往見單于，叫單于先遣太子入質，然後送翁主前來，烏維單于道：「向來漢嫁公主，還要陪贈玉帛，不聞說要單于的太子入質，這與從前的條約不合，斷斷辦不到。」楊信不得要領而回。漢朝乃遣使者王烏等，再往交涉。王烏是北方邊地人，和匈奴熟習，說得投洽。單于高興道：「如果漢天子真有誠意，我願親自前往漢朝，晉謁天子，與漢約為兄弟，永相友好。」王烏回報，武帝大喜，先在長安城中為匈奴單于，修建了一所大大的府邸，準備款待單于。接著單于果然派了一位匈奴的貴人，先來修好。誰知那貴人不服水土，到了長安就害起病來，偏又吃錯了藥，一命嗚呼。武帝覺得過意不去，為了表示大國的氣度，特派路充國佩二千石印綬為專使，攜帶幣物千金，護送貴人之喪，前往匈奴道歉。烏維單于勃然大怒，認為漢朝是有意謀殺貴人，竟將路充國等一干使者，扣留在匈奴。漢朝亦將匈奴的使者，扣留在長安，以示報復。這番外交，終於不歡而散。單于於是漸漸南下，分兵寇掠邊境，兩國情勢又復緊張。就在這個時候，烏維單于忽然病卒，子詹師廬單于繼

❶　宗室王侯之女，謂之翁主，以別於公主。

立，詹師廬年幼，號稱兒單于，時當漢元封六年。漢朝聞說匈奴國喪，使用了一個外交手段，打算分化匈奴，製造他們的矛盾，派了兩員弔喪的專使一弔單于，一弔右賢王。單于發覺，大怒，將這一干使者，又扣留在匈奴，前後被扣留的漢使，達十幾位之多。兩國的關係，便越發的惡劣了。漢太初元年，匈奴大雪，人畜死亡，兒單于又無道，國中不安。有一個左大都尉，暗遣人來約，說欲刺殺單于，率眾來歸，請漢發兵出塞相應。武帝大喜，即派因杅將軍公孫敖，在那朔方的西北，築了一座「受降城」❶，等候匈奴來降。再遣浞野侯趙破奴，將二萬騎兵，遠出朔方二千餘里去接應。走到沙漠之北，不見蹤跡。原來匈奴大都尉謀反敗露，被單于所殺，並發兵迎擊漢軍。浞野侯看情勢不妙，急忙撤兵，回至受降城北四百里地方，為匈奴八萬騎所包圍。一場血戰，打得全軍覆沒，浞野侯竟被俘虜。單于獲此勝利，大為得意，親自率領大軍，欲來攻打受降城。乃行至中途，突然病亡。單于子幼，不能即位，眾擁單于叔父右賢王句黎湖為單于，時當漢太初三年。從此匈奴不斷騷擾北境，漢亦數遣將出邊，這平靜多年的長城一帶，又復烽火不絕了。句黎湖單于在位一年而死，其弟左大都尉且鞮侯立為單于。那時正當太初四年，李廣利誅大宛王，威震西北，單于新立，恐怕漢朝出兵。乃遣使者護送漢使路充國等返漢，願與漢敦睦修好，並藉此窺探漢朝的動態。武帝亦派遣平陵侯蘇建之子蘇武為中郎將，與副中郎將張勝，及假吏常惠等為使，率領斥候隨從一百餘人，護送所留匈奴使者北還。並餽贈單于一份厚禮以示酬答。不料單于不識抬舉，以為漢朝畏怯，態度大變，竟又將蘇武等羈押在匈奴，這是天漢元年的事。

武帝憤匈奴之不可理喻，適浞野侯趙破奴自匈奴逃回，得知匈奴虛實。乃於天漢二年，遣貳師將軍李廣利率領三萬騎兵出酒泉，因杅將軍公孫敖率兵出西河，兩路去討伐匈奴。李廣有孫，名叫李陵，字少卿，為人謙恭下士，勇武絕倫，頗有李廣之風。時為騎都尉，統領勇士五千人，駐紮在酒泉、張掖一帶，教練騎射，防禦匈奴。武帝聞其能，召令輔佐貳師將軍，率領輜重。李陵少年氣盛，立功情切，叩頭自請道：「臣所統領的部下，

---

❶　今內蒙古烏拉特旗西北。

皆是荊、楚勇士，奇材劍客，力能扼虎，射無不中。願自將一隊，獨當單于！」武帝道：「你願獨立作戰也無不可，只是沒有多餘的馬匹，分撥給你。」李陵道：「臣無須騎兵，願以少擊眾，但得步卒五千，保為陛下橫掃單于庭。」武帝壯而許之，因詔令西出遮虜障❶，至東浚稽山上搜索單于。這三路兵馬出發之後：因杅將軍，北行至涿邪山❶，無所得而回。貳師將軍李廣利，行至天山，先勝後敗，被匈奴大兵圍困。假司馬隴西人趙充國，率領壯士一百餘人，殺出一條血路，將李廣利救出重圍，漢兵死傷了十之五六。武帝聞說充國驍勇，親自傳見，只見充國身被二十餘創，嗟嘆不已，拜為中郎。單說李陵率領步卒五千，西北出居延塞，走了三十多天，來到浚稽山❶安營紮寨。就山川地勢，畫了圖形，命麾下陳步樂攜圖歸奏天子，奏稱李陵如何能得士心，軍行一路順利，天子大喜。李陵就在浚稽山前，與單于遭遇。單于率領騎兵三萬，將李陵圍困在兩山之間。李陵以兵車環繞為營，令士卒戟盾在前，弓弩在後，聞鼓前進，鳴金收兵，布置既定。匈奴欺李陵兵少，猛撲向前。陵率眾死戰，麾殺正酣，只聽一陣鼓聲，營中千弩齊發，四面虜兵應弦而倒。紛紛後退，漢軍奮勇追擊，一片殺聲震天，匈奴死者數千人。於是李陵得突出重圍，引兵緩緩而退。單于震驚，集合了八萬餘人，再從後面追來，李陵且戰且走，南行數日，走進一座山谷之中。士兵死傷已多，令三創者載於車中，兩創者挽車而行，一創者持兵再戰。李陵道：「今天聞鼓聲不起，士氣少衰，莫非軍中藏有婦人嗎？」令左右搜查，果然發現了幾個女子，即引出斬首。明日再戰，無不奮勇，又殺死敵人三千餘。然後東南走，走抵一帶葦潭，匈奴從後順風縱火，那火勢沖天，葦枯風急，劈劈拍拍地燒將起來，李陵情急智生，下令自行放火將前面的蘆草燒平，得免於難。再往南走，前面一派大山。匈奴追兵迫近，李陵將兵散開，憑藉樹林掩蔽，連弩齊發，匈奴又被射殺數千人。單于見陵軍兇猛，又懷疑李陵是誘敵之計，不想窮追。單于左右的當戶都尉

❶ 在酒泉縣北二百四十里，今內蒙古額濟納旗。
❶ 今蒙古阿爾泰山東。
❶ 在蒙古阿爾泰山。

道：「單于親將大兵數萬，不能破漢兵數千，豈不為漢人所恥笑！」同時李陵部下有一個叛將，亡降匈奴，說李陵並無後援，糧矢將盡。於是單于率兵，迫進山谷。匈奴居高臨下，矢如雨下，漢兵死傷枕藉，弓矢皆盡。李陵率領殘兵，或持車輻，或執刀尺，短兵接戰，直殺到暮色沉沉，走進一條陬谷之中，才停止了戰鬥。夜深人靜，但聽得四壁輾轉呻吟之聲，慘不忍聞。李陵步出帳外，胡馬悲鳴，朔風淒厲，仰視山影幢幢，星斗參差，不禁長嘆一聲道：「大丈夫，兵敗死耳！」軍吏道：「將軍威震匈奴，朝廷所欽重，如浞野侯被俘幾年，後得亡歸，尚且無罪，況將軍乎！」李陵道：「毋得多言，我李陵不死，非壯士也！」說罷走入帳中，喚起眾人，將旌旗砍斷，連同金銀珍寶一齊埋於地下。陵又嘆道：「如每人再有弓矢數十，可以脫險，今兵矢皆無，待到天明，豈不束手被擒。」命將軍糧拿出，每人分給二升乾糧，一片薄冰。趁此黑夜，叫各自分頭逃命，萬一不死，在遮虜障下相見。大家抱頭痛哭，不忍分手，經李陵相勸，才各忍淚而去。看看東方漸白，這裡李陵偕同校尉韓延年等十餘人，尋路而走，虜騎數千緊緊追趕，轉眼之間，韓延年已死於刀下，李陵無法脫身，嘆道：「我何面目再見陛下！」遂投降了匈奴，殘兵逃回邊塞的，只有四百多人。武帝聞說李陵敗降匈奴，大為震怒，立召陳步樂責問，步樂惶恐，拔劍自殺。群臣見天子發怒，無人敢為李陵辯護。武帝這一天，在宮中因事傳見太史令司馬遷。談及李陵之事，司馬遷素重李陵之為人，乃極力為李陵申辯，說他有功而無罪。武帝一怒，竟將司馬遷判了宮刑。

　　司馬遷字子長，乃是太史令司馬談之子，其家世為史官。遷生於夏陽縣龍門山地方，十歲即能誦古文。性情倜儻才氣非常。二十歲時，南遊江淮，東登會稽，探禹穴❶，窺九疑❷，北涉汶泗，觀齊魯之都。又曾奉使巴蜀，到過邛筰昆明一帶，足跡走遍了天下的名山大川，學識豐富，成為當代一個大文豪，大學者。元封元年司馬談死，遷襲父職，繼續他父親的工作，從事史書的整理和著述。不料橫遭李陵之禍，受了宮刑。這宮刑是

❶ 禹穴在會稽山，傳禹巡狩至會稽而崩，因葬焉，上有穴名禹穴。

❷ 會稽山有九峰，名九疑。

一種最殘酷羞辱的刑法，僅次死刑一等。司馬遷被刑之後，痛苦非常，乃決心著書立名，以補償這終身大恨。終於完成了一部偉大的著作，踵法《春秋》，將古今興亡之事，寫了《史記》一百三十篇❷，這就是中國的第一部正史。司馬遷後來又做了中書令，抑鬱寡歡，在朝上只是隨聲附合，不敢再多管閒事。他有一位好友，益州刺史任安，寫信勸他，人臣事君，不可這樣消極。後來任安因巫蠱之禍下獄，問成了死罪，在這朋友生離死別的最後關頭，司馬遷寫了一封極沉痛的信，回報任安，表明自己的心跡。這就是文學史上最著名的〈報任少卿書〉。

　　其實李陵的投降，別有苦心，漢武帝於判司馬遷宮刑之後，也覺後悔，並時時思念李陵。天漢四年，武帝再遣貳師將軍李廣利，將騎兵六萬，步兵七萬出朔方，游擊將軍韓說將步兵三萬出五原，因杅將軍公孫敖將騎兵一萬步兵三萬出雁門，三道大舉出擊匈奴。這是自元狩之後，最大規模的一次軍事行動。臨出發時，天子告公孫敖，叫他深入匈奴，將李陵援救回來。匈奴聞聽漢大軍出擊，盡將其輜重人馬，撤到漠北，然後單于自領十萬精騎，伏在要害之處，邀擊貳師將軍。游擊將軍這一路兵馬撲了個空，一無所得而還。貳師將軍和單于接戰，大戰了十幾天，殺傷慘重，亦復引退。公孫敖這一路，又被左賢王打得大敗而歸。三路一齊失利，武帝非常懊喪，復責問公孫敖以李陵的下落。敖稱捕得胡虜，說李陵在匈奴，極得單于的信任，正在教練匈奴如何抵制漢軍。武帝聞言，積怒之下，立將李陵的老母妻子，滿門老小，捉來一齊斬首。這消息傳到匈奴，李陵聞之痛哭，心灰意冷，便真的歸順了匈奴。單于最敬愛李陵，特將女兒嫁給他，並封為右校王。那時還有一個投降匈奴的漢人名叫衛律，他父親本是長水胡人，自幼生長在漢，和漢協律都尉李延年最要好，延年薦使匈奴。後來延年獲罪被誅，衛律恐被連累，便投降了匈奴，他為人巧佞，善於逢迎，深得單于的歡心，封為丁靈王。李陵和衛律在單于左右，都尊寵用事。後有漢朝使者到匈奴，遇見了李陵，李陵問道：「我帶步卒五千，橫行匈奴，

---

❷ 《漢書藝文志》稱太史公一百三十篇，晉以後始有《史記》之名，見於《隋書經籍志》。

兵盡援絕而敗，何負於漢，漢天子為什麼要殺死我滿門老小？」漢使道：
「聞說少卿教導匈奴練兵拒漢」，李陵恚道：「那是李緒❷，何嘗是我！」
說罷，懊恨不已。

　　太始元年，匈奴且鞮侯單于死，子狐鹿姑單于繼立，這其間有四年，
兩國沒有交兵。到了征和二年，匈奴又入寇上谷五原，殺掠吏民，三年正
月，入寇五原酒泉，殺兩都尉。武帝不能忍耐，再遣貳師將軍發大兵七萬
出五原，商丘成將兵二萬出西河，馬通將兵四萬出酒泉，還是三路進討。
李廣利奉旨出發，丞相劉屈氂親送至渭橋邊。貳師將軍之女是劉屈氂的子
婦，兩人乃是兒女親家。這時天子春秋已高，太子死於巫蠱。李廣利執丞
相之手道：「望君侯早請朝廷立昌邑王為太子，昌邑如得為帝，則君侯何
憂富貴！」丞相點頭許諾，兩人叮嚀而別。原來昌邑王髆，是貳師將軍妹
李夫人所生之子。卻說匈奴聞漢又大舉出擊，仍用他的慣技，將輜重人民
後撤到郅居水北，單于自將精兵居姑且水上。商丘成和馬通兩路兵，都無
所得而還。獨貳師將軍進至夫羊句山❷，遇匈奴右大都尉與衛律所率五千
騎，進擊大破之。漢軍乘勝追逐，進至范夫人城❷。忽有漢人從內地奔來
軍中，報告朝中消息說：「大事不好，長安城中巫蠱禍又起，有人告發丞
相夫人咒詛聖上。又告丞相與貳師將軍共祈禱，欲天子早死，得立昌邑王
為帝。天子震怒，已將丞相腰斬，夫人梟首，將軍的夫人公子，也都捉拿
下獄了。」貳師將軍聞信大驚，不敢回朝。打算多立戰功，可以贖罪。乃
率兵北進，渡郅居水❷，大破匈奴，殺死匈奴左大將，然後回至燕然山❷，
士卒已疲憊不堪。突然單于率大軍五萬人，潮湧而至，將李廣利圍困在核
心，漢軍已無鬥志，士卒大亂，李廣利走投無路，只得投降了匈奴。單于
知道李廣利是漢朝大將，特別優禮。後單于母老閼氏患病，胡巫降神說，

❷　李緒，漢塞外都尉，居奚侯城，降匈奴，曾教匈奴兵法。
❷　約在今蒙古達蘭扎達加德。
❷　在今蒙古達蘭扎達加德城西北。
❷　今蒙古色楞格河。
❷　今蒙古杭愛山脈。

要以漢貳師將軍祭神，病方得癒。匈奴竟將李廣利屠殺，廣利大罵而死。

　　這屢次的挫折，漢武帝實在懊喪，再加以宮廷之變，巫蠱之禍，事事傷心。以武帝那樣心高氣傲的人，也不免傷感。眼看著人民的死亡，物力的消耗，國家元氣日損，深悔窮兵黷武之太過。那時正當搜粟都尉桑弘羊，與丞相御史等，奏請在西域輪臺附近，駐兵屯田，鎮壓西方。武帝不願再勞苦人民，多事邊陲，遂下旨罷屯田。其中有這樣的幾句話：「乃者貳師敗，軍士死略離散，悲痛常在朕心，今請遠田輪臺，欲起亭隧，是擾勞天下，非所以優民也，今朕不忍聞……當今務在禁苛暴，止擅賦，力本農，脩馬復令，以補缺，毋乏武備而已。」從此一意安撫百姓，不再出兵。時丞相劉屈氂死，拜田千秋為相，封為富民侯，隱寓與民休息之意。

　　再說蘇武、張勝和常惠等，在天漢元年奉使匈奴，何以一直沒有回國？原來蘇武等到匈奴不久，出了一樁意外的變故。渾邪王當年有個外甥，初與渾邪王同降漢朝，後隨浞野侯趙破奴討伐匈奴被俘，就留在匈奴，稱為緱王。緱王思念渾邪，常欲南返，和長水漢人虞常，合謀刺殺衛律一同歸漢。因虞常原與張勝有舊，彼此暗通消息。事機洩漏，匈奴殺死緱王，捉起虞常，拷打審問，口供裡牽到了漢使張勝等，單于即命衛律查辦這件公案。衛律便傳問蘇武、張勝、常惠等，蘇武認為一個堂堂上國的使者，竟被人看做罪犯，這真是莫大的恥辱。回頭對常惠說道：「我等奉國家之命，出使匈奴，今日如屈節受辱，有何面目歸漢！」說罷，拔刀自刺，血如泉湧。衛律一見，慌忙向前抱住蘇武，奪開佩刀。蘇武受創，倒在地下不能言語。胡中天氣寒冷，蘇武的血液已經凝固，呼吸已經迫促。衛律召來一位匈奴醫生，就地掘了一個坑坎，在坑裡燒起柴火，將蘇武身體攔在坑上，經這熱氣薰蒸，血液溶流，喘出一口氣來，蘇武竟得復活。單于聞知，壯蘇武之忠烈，著人看護蘇武，朝夕問候。及至蘇武痊癒，衛律又來相逼，其目的要逼蘇武等歸順匈奴。張勝被迫不過，先自投降，只有蘇武不屈。衛律拔刀相向，蘇武神色不動。律見武非威武所能屈，乃轉為溫言相勸道：「你看我衛律，自從歸順匈奴以來，蒙單于見喜，賜號稱王，擁眾數萬，牛馬滿山，富貴無比。蘇君，你今日投降，明日也和我一般。何必這樣頑

固，身死塞外，誰人得知！」蘇武不理。衛律又道：「我現好意相勸，你若應允，我與君約為兄弟。錯過了這個機會，如再想見我求情，就辦不到了！」蘇武一聽破口大罵道：「你為人臣子，不顧恩義，叛主背親，投降蠻夷，還有何面目同我講話？單于竟相信你這般奴才，敢迫害大漢的使者，破壞兩國的邦交。我可警告你，南越王殺漢使者，屠為九郡；大宛王殺漢使者，頭懸北闕；朝鮮王殺漢使者，即時誅滅。今匈奴敢危害漢使，那大禍就在眼前！」衛律看蘇武威脅利誘，都無法動搖，只得回覆了單于。單于乃令人將蘇武幽禁在一個地窖之中，絕其飲食。蘇武乃撿取地上的旃毛和雪吞噬，竟得不死，匈奴以為奇怪。遂將蘇武遠遷到北海❷⑦之上，那無人的地方，叫他牧養羝羊。告訴他，待到羝羊生乳，方許歸來。蘇武來在那冰天雪地之中，四顧茫茫，舉目無親，又沒有糧食，終日掘野鼠草實以充饑。牧羊之時，手持漢節，節旄盡落，不忍釋手。這一枝節杖，就代表了國家的使命，個人的操守。就這樣茹苦含辛，幾年如一日，真是志比松柏，心如鐵石。後來李陵投降了匈奴，李陵在朝與蘇武原是好友，兩人意氣相投。聽說蘇武在北海牧羊，想去看望，單于也就託李陵順便勸說蘇武歸附。不一日，李陵來到北海，在這窮荒絕漠之地，故人相逢，悲歡交集。李陵為蘇武置酒作樂，飲至半酣，李陵從容說道：「單于知陵與子卿交厚，特遣陵來相勸。單于委實虛心相待，足下又何苦固執。足下既永無歸漢之期，死在這無人之地，你這忠義精神，誰人知道！我不瞞足下說：長君（稱蘇武之兄蘇嘉）奉車都尉，從陛下幸棫陽宮，扶輦除道之際，偶一不慎，觸柱折轅。被劾大不敬，扶劍自刎而死。令弟孺卿從祠河東后土，有宦騎和黃門駙馬爭船，將駙馬推墜河中溺死。宦騎逃走，詔使孺卿追捕不得，惶恐飲藥而死。陵來時，太夫人已去世，陵親送喪至陽陵。嫂夫人聞已改嫁，令妹和令郎令愛，則存亡不知。唉！人生如朝露，何自苦如此！就拿我李陵來說，初降匈奴時，忽忽欲狂，痛心辜負漢朝；後來老母被戮，妻子全死，我也就心灰意冷了！當今陛下春秋已高，法令無常，大臣往往無罪而死，朝廷的恩義何在？子卿子卿，你為的誰呢？願你今日聽我之言！」蘇

❷⑦　蘇武牧羊處，一般認為即今之外蒙古北貝加爾湖。

武道：「我父子兄弟，並無多大功德，蒙朝廷厚恩，身居重任，位列通侯，常願肝腦塗地，殺身效命，雖斧鉞湯鑊，視之如飴。臣之事君，猶如子之事父，子為父死，死無所恨！少卿，請你不必再說！」李陵默然，只得放下這話與蘇武飲酒解愁。一連過了幾天，李陵實在忍耐不住，又懇勸蘇武道：「子卿，你為什麼這樣執拗，硬不肯聽我的忠言相勸呢？」蘇武憤然道：「我蘇武久已決死，你一定要苦苦逼迫的話，請畢今日之歡，我就死在你的面前！」李陵大為感動，喟然嘆曰：「子卿真乃義士，我李陵與衛律之罪上通於天矣！」說罷，淚下露襟，辭別蘇武而去。李陵回去，叫他妻子送給蘇武牛羊幾十頭，維持他的生活。光陰荏苒，忽忽又是若干年。這一日，李陵又來到北海之上，會晤蘇武。李陵說：「最近捉到雲中生口❷❽說太守以下，吏民都白衣戴孝，天子已崩。」蘇武聞言，南向叩首，放聲大哭，一連哭了幾天，口中吐出血來。原來這時武帝已死，昭帝即位，大將軍霍光輔政，與民更始。匈奴與漢再議和親，恢復邦交。漢使奉命要求匈奴，遣送蘇武等返國，單于詭稱蘇武已死。常惠夜見漢使，告他蘇武所在之地，並說單于信神，「你可騙單于說，漢天子在上林中射落一隻鴻雁，雁腳上繫著一封書信，乃是蘇武親筆所寫，說明現在北海某地，故知蘇武未死，特遣臣來迎接。」使者果然依照常惠的語言，和單于說了一遍，單于顧視左右，驚嘆不已。乃向漢使遜謝，承認蘇武確在北海之上，因即著人往迎回蘇武。李陵聞知蘇武將還漢，乃置酒餞行，舉觴相賀道：今足下還歸，揚名於匈奴，功顯於漢室，雖古竹帛所載，丹青所畫，何以過子卿！陵雖駑怯，當年漢如諒陵之罪，全我老母，陵願效曹劌之劫齊桓公❷❾以報朝廷之恩。不料漢竟將我全家斬首，教我還有什麼眷念！唉！唯有子卿知我之心耳！異域之人，從此一別永絕了！說罷，李陵起舞而歌，歌曰：

徑萬里兮度沙幕，為君將兮奮匈奴，路窮絕兮矢刃摧，士眾滅兮名

---

❷❽ 稱敵人活的俘虜為生口。

❷❾ 《史記》作曹沫，〈刺客傳〉載曹沫事魯莊公，與齊戰三敗，後莊公與齊桓公會盟於柯，沫執匕首劫桓公，使返魯侵地。（《左傳》作曹劌）

已隕；老母已死，雖欲報恩將安歸！

歌罷，陵泣下數行，嗚咽不能成聲。這時單于令蘇武召集舊日僚屬，那當年同來的一百多人，只剩下常惠等九個人，好不淒涼。李陵不捨，又來相送，行了一程復一程，一直送到河梁之上，李陵又作詩三章，然後揮淚而別。其詩道：❸⓿

良時不再至，離別在須臾。屏營衢路側，執手野踟躕。仰視浮雲馳，
奄忽互相逾。風波一失所，各在天一隅。長當從此別，且復立斯須。
欲因晨風發，送子以賤軀。

嘉會難再遇，三載為千秋。臨河濯長纓，念子悵悠悠。遠望悲風至，
對酒不能酬。行人懷往路，何以慰我愁。獨有盈觴酒，與子結綢繆。

攜手上河梁，遊子暮何之。徘徊蹊路側，恨恨不能辭。行人難久留，
各言長相思。安知非日月，弦望自有時。努力崇明德，皓首以為期！

蘇武等回到京師長安，時在始元六年春。昭帝拜蘇武為典屬國，賜錢二百萬，公田二頃，宅一區。常惠、徐聖等，皆拜為中郎，賜帛各二百匹。詔賜蘇武一太牢，令往祭祀武帝園廟。蘇武拜倒武帝陵前，不免痛哭一番。武留胡前後十九年，歸來鬢髮皆白，人事全非。後人感蘇武之忠節，曾建廟奉祀，香火不絕。唐溫庭筠有〈蘇武廟詩〉云：

蘇武魂銷漢使前，古祠高樹兩茫然，雲邊雁斷胡天月，隴上羊歸塞草煙。回日樓臺非甲帳，去時冠劍是丁年。茂陵不見封侯印，空向秋波哭逝川！

---

❸⓿ 李陵別蘇武詩，或謂是後人所作，蓋此詩並不見《漢書》。因其為文學名著，人所習知，推為五言詩之祖，故附述於此。

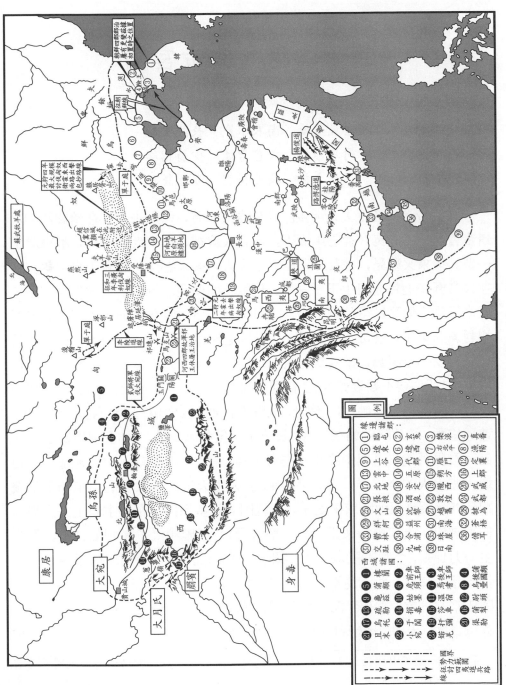

漢武帝時疆域形勢略圖

第十二講　武帝宮闈

金屋藏嬌　　尚衣承寵　　長門生怨
司馬琴挑　　文君當爐　　少翁招魂
巫蠱之禍　　鉤弋捐軀　　五柞託孤

漢武帝是景帝王夫人所生。景帝為太子時，和王夫人住在猗蘭殿中，景帝曾見一隻赤彘，從雲中而下，直奔入殿裡，不禁大吃一驚，醒來原是一夢。後來又夢見，神女捧日以授王夫人，夫人吞之，遂有了身孕❶。就在景帝元年七月七日生下了一子，便取名叫彘兒。景帝對於這個小兒子，非常鍾愛，偏又長得伶俐活潑，討得後宮上下，沒有一個人不喜歡。彘兒初封為膠東王。景帝之姊劉嫖，嫁陳嬰之孫堂邑侯陳午，稱為長公主。長公主有女小字阿嬌，是其掌上明珠。長公主有一天把彘兒抱在懷中，和他取笑道：「你要不要娶媳婦？」彘兒應聲道：「我要！」長公主指著左右那些花枝招展的侍御姑娘說：「你瞧，誰好看，你要娶那個？」彘兒把小嘴一撇，連連搖頭。恰巧阿嬌站在一旁，長公主便笑指阿嬌道：「你娶阿嬌，好嗎？」彘兒看見阿嬌，高興得把小手舉得多高，說：「我要有阿嬌做媳婦，我要造一座大大的金屋子，把她藏起來。」公主大笑。後來便將這事和景帝談起，以阿嬌許配做膠東王妃子。也就因為這些原因，長公主和王夫人過往得很密切，大家排擠栗姬（太子榮之母），栗姬和太子榮相繼被廢，長公主一力保舉，立膠東王為太子，那時年方七歲。一天，景帝抱著太子上朝，恰巧廷尉奏稟一件大逆不道的案子，說，罪犯防年，母死，父娶繼室陳氏，陳氏不安於室，害死了防年的父親，防年痛憤，便將繼母陳氏殺死，親子弒母，當論大辟。景帝對這件案子的判決，頗有疑問，便試問太子道：「你

---

❶　武帝故事中神話最多，正史亦有記載，茲姑錄一節，聊供參考，說明當時宮
　　廷中的一種附會。

看這個兒子，說他有罪吧，他是替父報仇；說他沒罪吧，他是兒子殺母親，你說這件事，該當如何判決？」太子毫不猶疑的說道：「這個做兒子的沒有罪！」景帝問：「為什麼？」太子道：「繼母又有一個稱呼叫做如母，為什麼叫如母呢；因為子女跟繼母本沒有關係；這母子的關係，是跟著父親來的。好像是母子，其實並不是母子。在她殺死他父親的時候，這層如母的關係也完全沒有了，怎麼能判他是殺母呢？我認為這個兒子，非僅無罪，而且是個孝子呢！」景帝大悅，覺得太子真是聰明果斷，與他起了一個和彘字聲音相近的名字，叫做徹，徹者，明徹也。過了十年，景帝駕崩，太子劉徹即位，是為漢武帝。武帝即位，尊王夫人為太后，立陳阿嬌為皇后，真的實踐了金屋藏嬌的諾言。王夫人所生三女一子，長女平陽公主，次女南宮公主，三女隆慮公主，平陽公主就是前面所說曹壽之妻。還有一個大女兒，是王夫人當年和前夫金王孫❷所生，留在民間，宮廷中諱莫如深。武帝年輕時，天性秉厚，即位之初，才十七歲，事奉母親很孝順，三位舅舅❸都封了侯爵，姊妹之間，尤其友愛。武帝有一個幼年玩伴，乃是弓高侯韓頹當之孫，名叫韓嫣，自幼和武帝在一起讀書玩耍。武帝即位，韓嫣格外親貴，每騎馬挾彈弓，在長安近郊遊獵。他以黃金做彈丸，射擊鳥獸。所到之處，那長安小兒，成群結隊，歡逐於後，流行著一句歌謠說：「苦饑寒，逐彈丸。」這一天，韓嫣告訴武帝說，「您還有一位大姊，住在民間，您不知道嗎？」武帝道：「你為什麼不早說呢？」就帶著韓嫣，乘車駕，親往訪問，訪到長陵小市那家門前。那家看見天子突然駕臨，以為出了什麼滔天大禍，嚇得一家人跳牆而走，大姊是女流，逃走不及，躲在床底下，經人拖將出來迎見，武帝看見大姊，下車泣道：「大姊，你為什麼躲得這麼深密！」大姊又驚又喜，悲歡交集。遂迎入長樂宮中，謁見了太后，這母女二人相抱大哭。武帝乃奉酒上壽，獻錢千萬。又賜湯沐邑，奴婢甲第，封大姊為修成君，其姊弟間之敦睦如此。武帝和二姊平陽公主，尤是親切。武帝和陳阿嬌，雖然恩愛，結婚幾年，並未生育，其他後宮，也無子女。

---

❷　王夫人原是金王孫婦，後來改嫁，納入宮中為太子（景帝）妃。

❸　武帝的三位舅舅是王信封蓋侯，田蚡封武安侯，田勝封周陽侯。

這後嗣問題，是帝王的一件大事。平陽公主是個好事的人，對弟弟特別關切，同時也為了方便自己討好弟弟，便在自己的府中，選養了一班年輕貌美的妙齡女子，都會彈唱歌舞，準備獻與皇帝。建元二年，春三月上巳之辰，漢武帝到灞水之濱，去修禊事。沿途之上，桃花放豔，柳色呈青，真是春意中人如酒醉。回過曹壽之府，平陽公主邀留聖駕。於是擺開宴席，獻上歌舞，姊弟一齊，說說笑笑，武帝飲了幾杯酒，環顧左右，粉黛如雲，盡態極妍，特別欣賞一個歌女，名叫衛子夫，凝眸之際，顧盼留情。武帝起立欲更衣，平陽識趣，便命衛子夫，侍候皇帝到尚衣軒中更衣。人孰無情，誰能遣此，遂承恩幸。回到席前，武帝歡不自勝。臨行之時，平陽公主奏准天子，隨將衛子夫送入宮中，上車的時候，衛子夫心頭沉重，神情慘淡。公主手拊子夫之肩道：「這一去，望你珍重，好自為之！將來貴寵幸勿相忘！」其實武帝在平陽公主家中，原是一時興會，他和衛子夫又有什麼恩愛，所謂落花有意，流水無情。這武帝後宮之中，佳麗數千人。子夫到了宮中，竟如石沉大海，一年多不曾見幸，早被武帝忘在九霄雲外。也是緣分未盡，這時宮女太多，要挑些不中用的送出宮外，衛子夫這一年來，嘗盡了冷宮的滋味，啼啼哭哭，請求出宮。照例這些被淘汰的宮女，要經過皇帝親自檢定一遍，武帝看到衛子夫那楚楚可憐之狀，似曾相識，猛地憶起當年尚衣軒中之事。舊情觸動，便將衛子夫留下，即夕引入宮中。久別新婚，情意綢繆，武帝歡然對子夫道：「朕昨夜夢見庭中生了一棵梓樹，今天竟和你重逢，這不是天意嗎！」從此恩愛非常，不久有了身孕，寵遇更隆。兄衛長君，弟衛青都相繼召入宮中為侍從。

　　卻說陳皇后阿嬌前後擅寵十幾年。武帝之立是陳后母長公主的力量，這母女二人時時在武帝前居功要索，阿嬌更恃寵嬌縱，漸漸引起武帝的厭惡。武帝年事漸長，寵遇漸多，加以阿嬌無子，這種種的原因，感情一天比一天的壞起來。到了衛子夫承寵，更被冷落。陳后幽憤，尋死覓活，在母親面前訴冤，長公主大怒，去質問平陽公主：「皇帝非我不得立。你為什麼弄一個女人，來破壞皇帝和我女兒的感情，你們這些人，真是忘恩負義。」平陽公主道：「您說這話真是不識大體，皇后至今無子，儲位不能久

虛，如何能怪皇帝不寵愛。至於皇帝的後宮妃嬪幾千人，他愛那個不愛那個，我干涉的了嗎！」長公主想了想，也是不錯。便找遍了天下名醫，求來了多少宜男之藥，花了九千多萬錢，皇后吃下藥去，竟無效驗。陳后見藥石無靈，又請來了一個女巫，名叫楚服，她自稱有媚術，可以令男人回心轉意。方法神秘，每到深夜之時，服藥祭祀，楚服又穿著男子的衣服，和皇后寢處，行蹤鬼鬼祟祟。便有人報告，皇后在宮中挾巫蠱祝詛，說明種種情狀。武帝聞言大怒，說：「這樣還成什麼皇后的體統！」即令有司下策道：「皇后失序。惑於巫祝，不可以承天命，其上璽綬，罷退居長門宮。」竟將陳后廢退，打入了冷宮。可憐陳阿嬌住在這寂寞的長門宮裡，歲月悠悠度日如年，每當苦雨淒風，梧桐落葉，有說不盡的淒涼悲酸。忽然聽說，天子寵愛司馬相如、東方朔、徐樂、嚴安之輩，尤其司馬相如最得天子的歡心，他的文章馳名天下，極能感人。陳阿嬌一片痴心，特託人奉上百金，送與司馬相如，請他寫一篇文章去感動武帝，說不定可以回心轉意。相如接到陳后的贈金，便殫思竭慮，寫了一篇〈長門賦〉，這是馳譽古今，一篇文學上的名著。

　　前文也曾提到過司馬相如。他是蜀郡成都人氏，字長卿，小名犬子。少時好讀書，學擊劍，慕古藺相如之為人，遂名相如。景帝時與鄒陽、枚乘、嚴忌等，同遊於梁孝王之門。梁孝王死，相如鬱鬱不得志，回到長安，家境貧寒，無以為業。他有一個舊友，名叫王吉，做臨邛縣令。聞知相如潦倒，寫信給相如說：「長卿久宦遊，如不得志，來過我。」相如正在無聊，得信便來到臨邛，王吉招待住下。相如雖窮困，卻負有時譽，自視很高，住在臨邛，深居簡出，不屑和世俗往來。這臨邛雖是蜀西一個小邑，卻有幾戶大富之家，尤其卓王孫以冶鐵致富，家中有僮僕八百人，田池射獵之樂，比擬人君。一天家中大宴賓客，縣令王吉在座，談起司馬相如來到臨邛，王孫久慕相如，必欲一見。便派車駕前往迎迓。相如稱病不往，卓王孫又煩王縣令親往敦請。相如拂不過情面，只得赴宴。大家看相如雍容閑雅，文采翩翩，一座傾倒。酒過數巡，王吉雙手捧琴，走到相如的面前，顧謂賓客道：「聞說長卿雅擅鼓琴，今盛會難逢，敢請長卿為我等一奏何

如!」大家一致稱善。司馬相如難以推卻，便隨意彈了一曲，錚錚然有金石之聲，這一下驚動了卓王孫的女兒，名叫文君，年方十七歲。眉如遠山，臉若芙蓉，長得綽約多姿。時方新寡家居，最好音樂。聞聽琴聲悠揚，不由走到簾前來窺聽。這裡司馬相如彈完一曲，正待放手。抬頭忽見簾後站著一位少女，雖然隔著疏簾，看得出儀容絕代，皎若春華，不覺心弦震盪，情不自禁，便又彈了一曲，隨著琴聲，唱了一曲琴歌，其辭曰：

> 鳳兮鳳兮歸故鄉，遊遨四海求其凰。有一豔女在此堂，室邇人遐毒我腸，何由交接為鴛鴦！

相如意猶未盡，又歌一闋：

> 鳳兮鳳兮從凰棲，得託孳尾永為妃，交情通意必和諧，中夜相從知者誰！

那文君在簾中看見相如的丰采，聽到這纏綿的琴歌，怎不芳心怦怦。相如歡宴既罷，私地裡找到了文君的侍者，餽以重金，託她暗通款曲。卓文君這一夜在深閨之中，輾轉反側，再也不能入眠。終於不顧一切，偷越重闈，連夜私奔相如。司馬相如萬想不到，在這羈旅之中，獲此豔遇。司馬相如和卓文君不好意思再在臨邛住下，第二天兩人便趕回成都。卓王孫發現女兒跟著司馬相如跑了，這一下，真是氣沖牛斗，發誓和女兒從此斷絕關係，也再不和這一班無恥的文人來往。文君跟隨相如來到成都，不料司馬郎君竟是個窮措大，家中四壁蕭然，生活維艱。文君倉皇出奔，也沒有帶出什麼細軟。相如無奈，將他身上一襲鷫鸘裘典當，酤酒與文君澆愁。文君投在相如的懷中，抱著相如的頸項哭道：「我生平不曾受過這樣苦，今天窮到賣裘賒酒，這日子怎麼過的下去呢？」相如愁眉苦臉，說不出一句話來。還是文君說：「我們還是到臨邛去吧，我家裡有的是錢，無論如何，父女兄妹之間，總有骨肉之情；又何苦怕了難為情而自討罪受呢！」相如無法，遂偕文君又來到臨邛。那知卓王孫硬是不認女兒，一毛不拔。相如和文君打了一個主意，把僅有的一份財產，一輛破車和一匹羸馬賣掉，

換來一點本錢，就在這臨邛市上，開了一家小酒館。文君親自當爐，做了個女侍，相如身穿犢鼻褌❹跑堂遞菜。於是轟動了臨邛，一班富貴公子，無人不來觀光。卓王孫有錢有勢，是個好面子的人，羞惱得躲在家裡，杜門不出。卓文君一班兄弟伯叔便勸卓王孫道：「文君既失身於長卿，長卿一時倦遊貧困，他並不是一個沒有名望的人。我們家中有的是僮僕錢財，何苦這樣固執，弄得大家丟臉，傷感情，有什麼好處呢！」到底是父女之情，卓王孫終於轉念，分了家僮一百，銅錢百萬，並衣飾財物，作為文君的嫁妝，贈與相如夫婦，兩下聯姻，言歸於好。司馬相如遂與卓文君又回到成都置田地房屋，悠哉遊哉。一個人，在走運的時候，那富貴榮譽，會相繼而來。司馬相如既然生活優裕，閒暇無事，便專意於詩文。多少文章傳誦了出去，騰譽遐邇，漸漸傳到了宮廷之中。有一天漢武帝讀到了一篇〈子虛賦〉，武帝擊節嘆賞道：「我恨不得見這文章的作者！」旁邊有狗監❺蜀人楊得意，奏道：「此文乃臣邑人司馬相如所作，相如現在成都。」武帝聞言，立即召相如進京。相如奉旨，便從成都趕到長安，謁見天子，伏奏道：「前文雖是小臣所作，所述皆諸侯之事誠不足觀，臣請為陛下再為天子遊獵之賦。」武帝即令尚書，授以筆札，相如洋洋灑灑另寫了一篇長賦，仍名〈子虛〉。先鋪陳天子苑囿之盛，最後歸於節儉，寓諫於諷。真是字字珠璣，言言金石，武帝覽文大悅，即拜司馬相如為郎。過了幾年，會逢修築棧道，引起蜀民的變亂，武帝遣司馬相如，作檄書諭告巴蜀，這一篇文字的力量，竟然感服了蜀民，平定了亂事。武帝大為嘉獎。復拜相如為使者中郎將，王然于、壺充國、呂越人為副使，持節往使西夷，去曉諭邛筰冉駹之君。出使之時威風好大，經過蜀郡，太守以下，親出郊迎，縣令負弩矢先驅。走到臨邛，卓王孫驚訝，連忙偕同全城的紳士，俯伏道旁殺牛獻酒。王孫看著自己有這樣一位貴婿好不得意，喟然嘆道：「我女兒真的有見識啊！」再分送了許多財物與相如夫婦。司馬相如降服了西夷回朝復旨，天子格外喜悅。司馬相如既富貴，因為身體不好，患有消渴病，平

---

❹　有襠的袴子，古人短裝時所著。
❺　在宮中管理養狗的官。

時稱疾家居，以文章自娛，不慕官爵，但是每成一賦，無不獲天子的稱嘆。就在這個時候，又為陳皇后寫了這篇〈長門賦〉獻上天子。武帝覽賦，深為感動，曾經一度去慰問陳后。可是過了些時，又冷淡下去，失歡究難挽回。幾年之後，陳后終於悲悲慘慘的死在了長門宮中。司馬相如晚年，卜居在茂陵地方，喜愛一個茂陵的女子，想納來作妾。對卓文君的態度大變，文君傷感，作了一篇〈白頭吟〉，要和相如絕決，其辭非常悽怨：

> 皚如山上雪，皎若雲間月。聞君有兩意，故來相決絕。今日斗酒會，明旦溝水頭。躞蹀御溝上，溝水東西流。淒淒復淒淒，嫁娶不須啼。願得一心人，白頭不相離。竹竿何嫋嫋，魚尾何簁簁。男兒重意氣，何用錢刀為！

相如見詞感悔，便向文君謝罪，復為夫婦如初。又過了幾年，相如終因消渴疾而卒。這是後話不提。

陳皇后被廢，衛子夫更加寵幸，元朔元年，立為皇后。總算不負平陽公主的苦心，衛子夫自入宮之後，一連生了三女一男，三女是衛長公主、諸邑公主、陽石公主，一子取名曰據，不久便立為太子。衛皇后之兄早死，弟青擊匈奴立大功，拜大將軍，封長平侯。後來平陽公主守寡，武帝故意令衛青尚平陽公主，衛青三子，同日封侯，而衛后的外甥霍去病，拜驃騎將軍，封冠軍侯。一門富貴煊赫，世人誰不羨慕。這是衛家的黃金時代，當時民間有一首歌謠：

> 生男無喜，生女無怒，君獨不見衛子夫！

衛后生太子據時，武帝年已二十九歲，中年得子，十分珍惜。後來太子長大，性情慈祥柔懦，不肖乃父。接著武帝所幸王夫人、李夫人，相繼生子，不免對於太子有些冷落。衛后心中不安，武帝發覺，便對大將軍道：「漢家草創，四夷侵凌。朕不嚴加約束，後世無法；朕不出師征伐，天下不安，可是這樣作法，不免勞役人民，也是不得已而為之，可一不可再。如果後世還是繼續的窮兵黷武，那就成了亡秦之續。太子敦重好靜，必能

安撫天下，不使朕憂。欲求守文之主，還有賢於太子的嗎？最近聽說皇后和太子有不安之意，實是過慮。望你將我的意思，告慰他們。」大將軍頓首稱謝，皇后聞之，脫簪請罪。武帝每出巡幸，必以朝廷之事，託付太子。太子既不喜武功，又不善逢迎，一班軍人法吏，多與太子不和，背後裡讒言很多，武帝的觀念總不能不受影響。元封以後，大將軍衛青死，衛后年長色衰，於是門戶冷落，宮廷寂寞，衛子夫竟也步上陳阿嬌的後塵。那時繼衛子夫而得幸者，有王夫人和李夫人，尤以李夫人最受寵。

李夫人是李延年之妹。延年中山人，父母兄弟一門皆倡優，延年曾犯法受過腐刑，供職於狗監。武帝喜好音樂，延年最解音律，善歌舞，每製一新曲，聽者無不動容，以此進幸左右，一日起舞而歌曰：

> 北方有佳人，絕世而獨立；一顧傾人城，再顧傾人國；寧不知傾城與傾國，佳人難再得！

武帝稱嘆道：「歌卻是好，只是世間之上，那會有這樣的佳人呢？」平陽公主在側，便悄悄告武帝說：「延年有一個妹妹，絕色美貌，又善歌舞，真稱得起這歌中之人。」武帝驚道：「有這等事！」立即著人召入宮中，果然姿容絕代，妙麗無雙。天子一見，大為寵幸。誰知這李夫人，嬌弱多病，入宮未久，生了一子，便臥病不起，這病勢日益沉重。武帝親臨視疾，李夫人聽說皇上到來，急忙以被掩面道：「妾久病，形貌毀壞，不敢見至尊。願以王❻及兄弟後事相託！」武帝慘然道：「夫人既知不起，為什麼不見這最後一面，託付後事！」夫人還是說：「婦人貌不修飾，不見君父！」武帝道：「夫人，你就見我一面，我即賜千金，賞你兄弟尊官厚爵！」夫人道：「尊官在陛下的恩典，何在此一見。」說罷，索性轉身向內，抽抽噎噎的哭起來。武帝不悅而去。夫人的姊妹埋怨道：「你為什麼吝此一面，不囑託兄弟呢？」夫人泣道：「我所以不肯見皇帝，正為的是要託付兄弟。我以容貌之好，得蒙愛寵，夫以色事人者，色衰則愛弛，愛弛則恩絕。方才皇上所以戀戀要見我一面，還是戀的我平日容貌，果真看見了我這付憔悴的

---

❻ 李夫人生子封昌邑王。

樣子，他一定會失望厭惡，還有什麼恩情來照顧我的兄弟呢！」沒有幾天，夫人病卒。後來武帝拜夫人兄李廣利為貳師將軍，封海西侯；李延年為協律都尉，果如李夫人所說。自從夫人死後，武帝朝思暮想，廢寢忘餐。有方士齊少翁，說有法術可以招致夫人的魂魄。在夜闌人靜之時，少翁在庭中，張燈燭，設帷帳，前面供奉菓肴酒食。於是方士作起法來，請武帝在遠遠的坐著，但不得迫近驚動。坐定之後，過了半晌，只見一陣陰風，燭光搖曳，在那半明半暗，若隱若顯之中，果然看見一個美女的模樣，髣髴是李夫人，姍姍走到帳中，看卻又看不真切，恍惚已沒。武帝越發的悲感，作詩曰：

> 是邪、非邪，立而望之，偏何姍姍其來遲！

令樂府按弦歌之。武帝更是幽思不已，令人畫了李夫人的圖像，懸掛在甘泉宮中，時時憑望。秋天到了，武帝在長安，昆靈池中泛舟，日色西傾，涼風激水，武帝坐在船裡，看落葉飄飄，聽蟬聲斷續，又作了一首落葉哀蟬之曲，以悼思夫人。其辭曰：

> 羅袂兮無聲，玉墀兮塵生，虛房冷而寂寞，落葉依於重扃。望彼美之女兮，安得感餘心之未寧！

自從李夫人死後，武帝顧左右粉色如土，鬱鬱寡歡。後來總算得到了尹、邢兩夫人，聊慰寂寞。兩夫人同時並寵，但有詔不准相見。這一天，尹夫人哀求武帝，必欲一見邢夫人。皇帝應允，令另外一個女子，裝作邢夫人模樣，隨從侍御數十人，盛裝而來。尹夫人見了，說：「這絕不是邢夫人。」武帝問：「你怎見得？」尹夫人道：「我看她身貌形態，不配侍奉人主。」於是再命邢夫人身著敝衣，獨自走過，尹夫人一見驚道：「這莫不是邢夫人嗎！」不禁俯首啜泣，自痛其不如也！

歲月易逝，人事無常，這些王夫人、李夫人、尹夫人、邢夫人等，一個個死的死，散的散，都成了過去。武帝行幸河東時感慨歲華，曾有〈秋風辭〉一首，其辭曰：

秋風起兮白雲飛，草木黃落兮雁南歸。蘭有秀兮菊有芳，懷佳人兮
不能忘。泛樓船兮濟汾河，橫中流兮揚素波。簫鼓鳴兮發棹歌，歡
樂極兮哀情多。少壯幾時兮奈老何！

　這種感傷，說明武帝已入於晚景，精神特別空虛。常想有一位賢淑的
女子，陪奉暮年。天漢年間，武帝巡幸，經過河間地方。有望氣者，說這
裡有一個奇女子，便命人到處訪問，訪到有一姓趙的女子，生有殊色，曾
經一病六年，病後兩手皆拳，無人能開。召來進見，果然眉目娟秀，容貌
端麗，只是兩拳緊握。武帝將她喚至身旁，親擘其手，兩拳竟隨擘而開，
由是得幸。回到長安，便進為婕妤，住在鉤弋宮中，大獲寵幸，稱做鉤弋
夫人。進幸不久，即有了身孕。懷孕十四月，生了一子。武帝說：「聞昔
日堯皇十四月而生，今鉤弋夫人生子亦然」，就命名所生之處，曰堯母門。
那時是太始三年，武帝年已六十三歲，老年得的兒子，特別疼愛。這個小
兒子，宮中稱為鉤弋子，後取名弗陵。武帝自從得了鉤弋母子，對於衛皇
后，衛太子更為疏遠了。就在這個時候，宮廷中出了一椿大禍。

　征和元年夏天，漢武帝一日坐在建章宮中，忽然看見一個男子，腰跨
寶劍走進中龍華門，形色張皇，武帝疑是歹徒，急命逮捕。那男子倉皇棄
劍而走，倏忽不見，到處捉拿不到。武帝大怒，立將門候斬首。從此疑神
疑鬼，謠言紛紛，那年十一月，又發三輔騎士，搜查上林苑，關閉長安城
門十一天，挨戶檢查。武帝年老，特多顧忌，或者是一種心理上的變態，
喜怒無常，總怕有人暗算。就從那時候起，長安城中，屢興大獄。當時丞
相公孫賀和武帝是連襟，丞相夫人，便是衛后的姊姊衛君孺，生子敬聲為
太僕。公孫敬聲驕奢無度，盜用北軍公款一千九百萬錢，拿辦下獄。又有
人控告，敬聲和陽石公主私通，並咒詛皇上，牽連到丞相，並將公孫賀下
獄案驗，父子一齊死在獄中。明年，諸邑公主，陽石公主，和衛皇后姪兒
長平侯衛伉，都犯巫蠱之罪被殺。宮廷之中，人心皇皇。到底什麼是巫蠱
之禍呢，說起來這也是武帝自己惹出來的事。由於武帝的信方士求神仙，
招來許多古古怪怪的人物，和鬼鬼祟祟的行動。所謂上有好者，下必有甚

為，在宮廷貴族之間，也流行著這一類的習慣。許多方士巫婆，左道旁門，出入宮掖王府，教導這些宮人貴婦們，許多祈禳之術，又叫她們在地下埋些木人，可以求福又可以咒人。這些宮廷中的婦女們，生活圈子小，心情狹隘兼以寂寞無聊，特別迷信這一套，有時候因為猜嫌忌妒，彼此之間互相告訐，互相咒詛，弄得亂糟糟。這一類邪術，當時謂之巫蠱，本是一件無聊舉動，被人們看得嚴重了，竟釀成了大禍。為了這巫蠱之事，前後殺死宮人大臣，在幾百人之上。疑心生鬼，武帝總是心神不寧，一天白日裡打盹，忽然看見有幾千個木人，拿著棒椎從四面打來，把武帝驚醒，出了一身冷汗。從此身體總不舒服，精神恍惚，心裡非常厭惡。直指繡衣使者江充，乘機奏稱，這是巫蠱作祟，武帝大為震怒，立命江充嚴格的查辦。

這江充本是一個小人，心狠手辣，又善逢迎，但是長得像貌魁梧，氣宇軒昂，很得武帝的信任。他做起事來，無所忌憚，不避權貴，武帝又誤以為他是一個忠臣，便派他做「直指繡衣使者」，專教他督察貴戚近臣的行動。他有了這一個生殺的特權，於是作威作福，橫行無忌，朝中親貴，誰不側目。當時奉旨查辦巫蠱之案，他就率領著幾個胡巫，到處掘地求蠱，捉到了嫌疑人犯，用火鉗鐵烙，種種非刑拷訊，受刑的熬不過，便輾轉誣攀。被攀的也不問青紅皂白，概以大逆論罪。於是從京師到三輔，以至牽連到外郡外縣，因巫蠱而死者，到幾萬人之多，這真是一個嚇人的數字。因為那時武帝心情煩躁多疑，人分明知道冤枉，也不敢申訴。衛皇后自從弟弟衛青死後，門庭衰落，女兒姪兒，相繼被殺，自己孤孤單單，長年累月，不能得見天子一面，便和太子相依為命，人在得意之時，大家頌揚，倒楣時，人人來欺，這衛后母子，也不例外。衛太子本與武帝左右大臣不融洽，平時毀多於譽，這些年更常被人家指摘，黃門、蘇文就常說太子的短話。這期間，江充和太子的嫌隙最深，江充害怕天子死後，太子一旦即位，自己性命難保，存心要陷害太子。於是又奏稱，宮廷之中，蠱氣最大。武帝特准江充去往宮中查驗，並遣按道侯韓說，御史章贛和黃門、蘇文，幫助江充。這幾個使者，率同隨從人等，掘遍了後宮各處，挨次走到了皇后和太子的宮中，大規模的發掘，連床榻都弄翻，滿地狼藉。江充聲稱，

太子宮中，木人最多，又有帛書不道之語。這一下，可把太子嚇得面色如
土，料知大禍臨頭。急忙問計於少傅石德，石德道：「前些時，丞相父子
和兩位公主怎樣死的！今天這巫蠱之事真假無法分辨，事到如今，也顧不
了了。只有矯詔，先將江充拿下，再全面揭發他的姦狀，何況皇上病臥甘
泉宮中，多日不朝，存亡未知，聽憑奸臣用事，你難道不曉得秦皇扶蘇的
故事嗎！」太子逼得無法，只得聽了石德之計，七月壬午，太子使人詐做
天子使者，收捕江充按道侯韓說等。韓說疑有詐，拒捕，被使者格殺，太
子親臨將江充斬首。又將胡巫，囚在上林苑中，用火燒死。太子一看，這
事情鬧大了，索性一不做，二不休。使舍人持節，夜入未央宮，尋到一長
御❼倚華叫她急奏白皇后。由皇后下手諭，發廄中車馬，載射士，出武庫
兵器，又調發長樂宮衛卒，兵馬騷動，長安大亂。蘇文逃回甘泉宮中，慌
忙奏稟天子，說：「大事不好，太子造反了！」武帝初還不信，急遣使者往
召太子，使者還報，「太子確反？」武帝大怒，急召丞相劉屈氂，屈氂嚇得
躲在家中，不敢露面。武帝加緊著人喚來道：「事到如今，你怕什麼，周
公還誅管蔡呢！造反按造反辦，何論父子兄弟！」便賜丞相璽書，給以平
亂誅反大權。這時長安城中宣稱天子病困，姦臣作亂。武帝乃親扶疾至城
西建章宮，詔發三輔近縣兵，統由丞相率領。這裡太子矯詔發長安囚徒，
胡騎，令少傅石德，賓客張光等率領。又使人持節，發北軍兵，北軍使者
任安拜受節，卻閉門不出。太子偕石德張光率領宮衛，胡騎，囚徒，與市
民等眾數萬人，蜂擁而前，行至長樂宮西，與丞相大軍相遇，雙方展開激
戰。亂殺了三天三夜，死了幾萬人，血流成河。後來大家發覺，有人喊說，
皇上沒死，是太子造反，於是太子部下，紛紛棄兵四散。石德、張光被擒，
太子從覆盎門逃走。一場父子交兵，宮廷大變，乃告結束。事後石德、張
光與太子賓客侍從從反者，一律斬首，任安雖未發兵，受偽節，有觀望之
意，亦論成死罪，又殺了不少的人。皇后通同造反，罪在不赦，詔遣宗正
劉長，執金吾劉敢，奉天子策書，往收皇后璽綬。皇后哀傷惶恐，宛轉自
殺而死。黃門、蘇文、姚定漢，找到一口薄棺，將皇后屍體，草草埋葬在

---

❼ 侍御之長或謂年長的侍御，即宮女。

城南桐柏亭旁。一坏黃土，長埋香骨。回首尚衣軒中承恩之日，何啻一場春夢。

巫蠱事了，因為太子失蹤，令於長安諸城門上，置兵屯守，以防變亂。武帝餘怒未息，群臣憂懼，不知所出。這時壺關三老令狐茂，以一個老百姓的身分，想要感悟天子，上了一書，其大意道：臣聞，父者好比天，母者好比地，兒女猶如萬物。夫天平地安，萬物茂盛。父慈母愛，兒女孝順。今皇太子，原是漢朝嫡嗣，身承萬世之統，為皇帝的宗子。那江充一個閭閻裡的小人，陛下寵而用之，給他以生殺的大權，叫他去逼迫太子。可憐太子，進不能得見君父，退為亂臣所困，走投無路，冤結難伸。遂起忿怒之心，殺死江充。又畏罪惶恐乃子盜父兵以自救。《詩經》上說：「營營青蠅，止於藩；愷悌君子，無信讒言；讒言罔極，交亂四國。」往年江充譖害賢良，天下誰人不知，唯獨陛下不省耳。臣為陛下痛之！還望陛下，寬心慰意，不必防患太子，乘早罷兵休息。不要逼得太子久亡不歸。

武帝覽奏，深為感動。卻說太子亡命到長安東方湖縣地方，躲在泉鳩里一家賣草鞋的人家。後來走漏了風聲，縣官派人來捉，太子情急，懸梁自盡❽。皇孫二人，一同遇害。武帝聞知太子已死，痛定思痛，非常傷感。這時各地吏民，紛紛告溯以前巫蠱之冤，武帝深為悔悟。會高寢郎田千秋上書為太子訴冤道：「子弄父兵，罪當笞，天子之子，過誤殺人，又當何罪。臣夜夢白頭翁教臣如此言！」武帝喜道：「這父子之間的事，是人所難言。這莫非我祖宗的神靈顯聖，叫你來警告我嗎！你當為我的輔佐才是！」立拜千秋為大鴻臚，並誅殺蘇文。後來武帝心中種種的難過，思念太子不已，造了一座思子之宮，又命人於湖縣築歸來望思之臺。

這些年來，漢武帝妻喪子亡，諸名臣大將也先後凋零，雖鐵石硬漢，也不免有些淒然。夕陽無限好，已是近黃昏。武帝年老多病，太子又死，不得不注意到這儲君的問題。武帝幾個兒子中，王夫人所生齊懷王早死，李夫人所生昌邑王髆，遭劉屈氂之獄，不能立。年長的只有燕王旦和廣陵王胥，可是武帝都不喜歡。只有幼子弗陵，長得壯苗聰明，最得武帝歡心。

❽　太子死謚為「戾太子」。

武帝命人畫了一幅「周公負成王圖」，左右親近漸知皇帝有立少主之意。
這一天，鉤弋夫人在甘泉宮侍候武帝，無原無故，武帝突然發怒。叫左右
將夫人送掖廷獄，嚇得夫人脫簪散髮，伏地請罪，左右不容分說，將夫人
拖走，夫人臨去，凝睇回顧，眼淚汪汪。武帝皺著眉頭道：「你不必看我，
反正你活不成了！」就在那天夜晚，鉤弋夫人不明不白的死於獄中。就埋
在雲陽宮外。第二天狂風蔽日，飛沙揚塵，宮廷內外聞之，無不酸楚。事
過幾天，武帝微問左右道：「這樁事情，外邊人有什麼批評？」有那敢說話
的就說：「既愛其子，何殺其母！」武帝道：「你們這些心軟見短的人，那
裡懂得這朝廷大事。大凡幼主在位，母后年輕，不免驕淫亂政，歷史上多
少女禍，便是由此而起。我這個作法，乃是根絕後患。」武帝雖然殺死鉤
弋，其實心中不忍，後於甘泉宮中築通靈之臺，以悼望鉤弋。又一天，武
帝召奉車都尉霍光進宮，交給他圖畫一軸，叫他回去再看。霍光回到家中，
展開一看，原來就是那幅「周公負成王圖」，霍光心中不勝納悶，卻也不
敢多問。

　　霍光乃是驃騎將軍霍去病的幼弟，武帝晚年最親信的一位近臣。當年
平陽縣令霍仲孺，在平陽公主家與衛子夫姊少兒私通，生下了霍去病。後
來霍仲孺歸家娶婦，又生了一個小兒子，就是霍光，而衛霍兩家久已不通
消息。霍去病貴顯，自己知道是霍仲孺之子。有一次出擊匈奴，道出河東，
特著河東太守召仲孺來見。仲孺趨前拜謁，驃騎將軍慌忙扶起仲孺，跪稱：
「我去病乃是大人遺體，今日特地覲見！」便為仲孺買奴婢，置田宅而去。
後來第二次經過河東，便將幼弟霍光攜走。那時霍光不過十幾歲，初為郎，
後遷侍中。去病死後，光官至奉車都尉光祿大夫，出則陪奉車駕，入則隨
侍左右。出入禁闥，二十幾年，小心謹慎，從無過失，極蒙天子親信。霍
光之外，還有兩個近臣，一個是金日磾。日磾原是匈奴休屠王的太子，元
狩時，休屠王死，日磾隨著渾邪王投降，沒入宮中，為黃門養馬。一日被
武帝看見，見他身長八尺，容貌雄偉，便拜為馬監，旋遷侍中駙馬都尉光
祿大夫，其為人也是恭謹忠誠。再一人是上官桀，隴西人氏，初為羽林期
門郎。嘗從武帝幸甘泉宮，狂風大雨，車蓋被吹落，桀雙手持蓋，逆風隨

車而行，武帝喜其忠勇，遷未央廐令，官至太僕。這三人常在天子的左右，奉侍唯謹。後元二年春正月，武帝朝諸侯於甘泉宮，二月，駕幸盩厔五柞宮，遂病篤，召霍光等進前囑後事。霍光涕泣奏道：「陛下如有不諱，誰承大統？」武帝道：「卿不明朕前日賜畫的意思嗎？立少子，望卿行周公之事！」光頓首道：「臣痴愚不敢奉此大任，不如金日磾！」日磾亦慌忙跪道：「臣外國人，不如光！」武帝道：「你們不必推讓了，聽我之命！」遂以霍光為大司馬大將軍，金日磾為車騎將軍，太僕上官桀為左將軍，與御史大夫桑弘羊，共受詔輔幼主。群臣一齊拜倒床前，流淚不已。乙丑，詔立皇子弗陵為皇太子，時年八歲。丁卯，武帝駕崩於五柞宮中，計在位五十四年，享壽七十一歲。這五柞宮在扶風盩厔縣，宮中有五棵柞樹，皆大可合抱，枝葉扶疏，蔭覆數畝。武帝死後，入殯於未央宮前殿，三月甲申，葬於茂陵。此蓋世英主，終以一棺附身，長眠九泉。後人有詩❾悼武帝云：

> 壺關一悔奈匆匆，思子歸來僅有宮。命將不曾封李廣，愛才畢竟誤江充。神仙大藥無消息，方士招魂又鑿空。不有茂陵遺恨事，怎教人士哭秋風！

---

❾ 此清王曇詩。

第十三講　霍光輔政

燕蓋謀逆　京兆決疑　將軍執政
介子立功　討伐烏桓　廢退昌邑
宣帝即位　霍氏伏誅　徐福上書

漢武帝以一代雄才大略之主，當朝五十四年，作了一番轟轟烈烈的事業。卻不該縱情肆慾，給人民帶來些無辜的災禍。到頭來，落得妻死子亡，一片空虛，傳位給一個八歲的孩童，託政於大司馬大將軍霍光。那身後無窮之事，一朝瞑目，也只得以不了了之。這八歲的小皇帝，名叫劉弗陵，我們根據諡法，稱他做漢昭帝。

昭帝即位之初，同受遺詔輔政的，除霍光之外，還有左將軍上官桀、車騎將軍金日磾、丞相田千秋、御史桑弘羊。金日磾輔政不到一年而歿，田千秋年老多病，不問政事，偶爾入朝，特蒙恩許，乘坐小車一輛，出入宮廷之中。時人以為榮，稱他做車丞相❶，丞相在位數年，也一病身亡。所以那時實際執政的，只是霍光、上官桀、桑弘羊三人，而大權都攬在霍光手裡。霍光字子孟封博陸侯，身長七尺三寸，眉疏目秀，美髯當胸，生就一付清俊的儀表。輔政之時，年已四旬，為人持重謹慎，沉默有度。起初和上官桀相結納，兩人聯為兒女姻親。上官桀之子上官安，娶霍光長女為妻，結婚之後，生下一位小千金，始元元年，這女孩才不過三歲。上官安忽然異想天開，打算把女兒納入宮中，給昭帝做皇后，如果攀成這門高親，那還愁終身的榮華富貴嗎？於是想要尋找一條內廷的引線，忽然想起了兩個人物。

原來昭帝在宮廷之中有一位看護人，乃是昭帝的長姊，稱為蓋長公主。當年嫁與蓋侯王充為妻，蓋侯早死，公主守寡，長年住在宮中，撫視昭帝。

---

❶　田千秋《漢書》一作車千秋。

生活寂寞，便和河間丁外人私通。這事朝廷內外，也無人不知，成了件公開的秘密。事也湊巧，恰好丁外人和上官安相善，於是上官安想出了這條門路。這日酒後，上官安同丁外人說道：「足下和長公主私相往來，鬧得滿城風雨，外面閒話很多，這終非長久之計。」丁外人蹙眉不語，上官安乘勢說道：「近日聞說長公主要為天子選立皇后，臣安有小女，雖然年幼，卻也長得容貌端正，若仗足下在公主前一言，使小女入宮，願與足下共享富貴。到那時，臣父子當朝，兼以椒房之重。當聯絡朝中公卿，為足下共請封事。漢朝的故例，非列侯不能尚主；足下封侯之後，就可與公主正式結婚，豈不名正言順。」這一番話，說得丁外人心中歡喜，立刻入宮，勸說長公主，即召安女入宮，封為婕妤。始元四年春，冊立為皇后，那時皇后年方六歲。上官安居然如願以償，做了皇帝的老丈人，受封為桑樂侯，食祿千五百戶，遷車騎將軍。為了實踐諾言，上官安在霍光面前，屢為丁外人請封侯。霍光做事審慎，以高祖有約，無功不能封侯，何況丁外人又素為霍光所不齒，故霍光堅持不許。上官桀亦為丁外人說情，請拜外人做光祿大夫，霍光還是不肯。上官桀父子和丁外人、蓋長公主都羞惱成怒，一齊怨恨霍光。加以上官桀與霍光同朝秉政，權力的衝突，更不免相互傾軋。另外一個人，也深忌霍光，那就是御史大夫桑弘羊。弘羊是武帝舊臣，朝中元老，不甘居霍光之下，就與上官桀父子相結，謀排斥霍光。又暗地裡派人和燕王劉旦相聯絡，形成一個反霍的大集團。這一幕由私人利害而構成的政治鬥爭，日趨嚴重。

燕王劉旦，乃是昭帝的長兄，武帝的中子。自從戾太子劉據死後，要算劉旦年紀最長，照情理說來，他早該繼承做太子。只因他自幼不得武帝歡心，其為人喜好星曆數術，倡優射獵之事，在燕國境內，又招聚賓客，收養亡命，很多不法的行動，頗為武帝所不滿。那年巫蠱之禍，太子慘死，事後武帝悔恨交集，心情煩躁。燕王旦偏不知趣，遣使上書，自請入衛，言外之意是要求立為太子。武帝見書大怒，說他不安分守己，擲書大罵，將使者推出宮門斬首。從此燕王旦不敢說話，可是心中一直抑抑不平。後來突聞天子駕崩，昭帝即位，霍光輔政，燕王旦奉到璽書，並不哀哭，反

疑惑京師有變亂。派遣使者孫縱之、王孺等到長安，以問禮儀為名，去探聽虛實。孫縱之等回來報道：「朝中大臣，也都不明真象，只是說：一夕五柞宮中傳說駕崩，諸將軍共立太子為帝，太子年才八九歲。」燕王旦更加懷疑。霍光為了安撫燕王，詔賜燕王錢三千萬，增封戶萬三千。燕王旦奉詔大怒道：「我應當做皇帝，誰要他們的賞賜，這簡直是侮辱！」於是暗地裡和宗室中山哀王子劉長，齊孝王孫劉澤等謀反，訓練軍隊，整飭武備。召集國中群臣說道：「想當年呂太后亂政，立假皇帝劉弘，諸侯不知，竟事奉了八年之久，若不是絳灌復辟，迎立文帝，這事還不知被蒙蔽到什麼時候。當今武帝駕崩，死得不清不楚，我乃皇帝的長子，為什麼不能繼承？偏要立這麼個小皇帝，這小皇帝是那裡來的，誰知道他是不是劉氏的骨血？」遂派人傳書郡國，宣稱少帝非武帝子。一時，謠言紛起，人心騷動。漢朝自武帝以後，藩國削弱，封建勢力，名存而實亡。各諸侯土地狹小，兵力有限，很不容易造反。劉澤謀自臨淄起兵，機關洩漏，立被青州刺史雋不疑所收捕。奏知朝廷，審明口供，斬首正法。在劉澤口供裡招出了謀首燕王旦，霍光看燕王勢大，又是蓋長公主的胞弟，怕事情擴大，難以收拾，便詔令不必追究。劉旦遭此打擊，暫時消聲斂跡。這是始元元年八月的事。青州刺史雋不疑也就因功擢升為京兆尹，賜錢一百萬。

　　雋不疑字曼倩，勃海人氏，少治《春秋》，名聞州郡。做事有果斷，有魄力，他主張政治必須恩威並用，常謂：「凡為吏，太剛則折，太柔則廢；威行施之以恩，然後樹功揚名，永終天祿。」自為京兆尹，果然威行信立，地方肅然。不料始元五年，首都地方，發生一件驚人的怪事。原來武帝征和二年，巫蠱之禍，戾太子自殺在湖縣，這原是根據地方的報告，究竟真象如何，始終是一個疑案。就在始元五年這一天，突然有一個男子，身著黃衣，頭戴黃帽，乘坐一輛黃犢車，車前插著一面黃旗，自稱是衛太子❷，來在未央宮北門下，傳報進去，朝中大臣無不駭然。立詔使公卿將軍二千石以上，凡是前朝的舊臣，都前往宮外去察認。一時，驚動了長安城中的老百姓，圍看的有幾萬人。那些公卿將相不看則已，一看之下，嚇

────────────────

❷　即武帝太子劉據，為衛后所生，故一稱衛太子。死後諡法為戾太子。

得目瞪口呆，面面相覷，誰也說不出一句話來。原來那人，千真萬確，竟是衛太子！這時京兆尹雋不疑來到，率領兵吏，排開眾人。抬頭一看，大聲喝道：「是那裡來的歹徒！左右，與我綑了！」旁邊有人阻止道：「是非尚不得知，未可造次。」不疑道：「這真是荒唐，衛太子死了八九年，那裡還來的衛太子，這分明是招搖撞騙。就真是衛太子，你們又怕什麼。當年衛蒯聵❸出奔，靈公卒，太子輒即位，蒯聵欲還，太子輒不納，《春秋》是之，衛太子得罪先帝亡命出走，果真不死回來，也是國家的罪人。」終於將那男子綑綁下獄，奏明聖上。這一個明斷果敢的處置，博得大將軍霍光的特別嘉獎，說道：「足見公卿大臣必用經術之士，才明白大義。」從此雋不疑名重朝廷。後來審問明白，那男子，果然不是太子，他姓張名延年，湖縣人氏，以卜筮為業。容貌長得酷似衛太子，窮極無賴，想入非非，乃冒充太子企圖詐騙。結果判了誣罔不道之罪，腰斬東市。從這些事情，可以看出，霍光輔政的初年，主少國疑，一般人心的浮動。

就因人心浮動，上官桀父子、桑弘羊、蓋長公主等，和霍光的傾軋也日盛。他們知燕王旦謀反不成，隱恨在心，便與其暗中勾結，信使往還。約共殺霍光，廢昭帝而立燕王。籌謀既定，待機而動。恰好始元六年，蘇武歸國，霍光拜蘇武為典屬國，賜錢二百萬，功高酬薄，大家都為蘇武不平。元鳳元年，燕王旦乃上書彈劾霍光，略謂：「臣聞武帝使中郎將蘇武使匈奴，見留二十年不降。還壹為典屬國。今大將軍長史敞，無勞，為搜粟都尉。又將軍都郎羽林，道上移蹕，太官先置❹，臣旦願歸符璽，入宿衛，察姦臣之變。」那時霍光與上官桀輪流值朝，書先上到上官桀手中，俟霍光例休的時候，上官桀遞上彈章，欲促皇帝立即下旨查辦。昭帝這時年已十四歲，漸通事理，他對於霍光的感情很好。看到奏章，不肯下旨，立召霍光入見。霍光聞知有人彈劾，上殿免冠頓首，口稱死罪。昭帝叫左

---

❸　參見《公羊傳》魯哀公三年。

❹　天子出入時，在道路上設置警戒謂之警，斷絕行人清除道路謂之蹕，通稱警蹕。太官，天子用以供張飲食之官。先置，先供設於道路之上。此皆言霍光擅用天子之禮，大不敬也。

右扶起霍光道:「將軍著冠,朕知此書是詐,將軍無罪。」霍光叩首請問道:
「陛下何以得知上書是詐?」昭帝道:「燕王控告將軍檢閱羽林軍,道上稱
蹕,朕知將軍最近在長安東門外廣明亭舉行檢閱大典,這事還不到十天,
燕王他何從得知? 這不分明是詐嗎?」尚書左右無不驚服,遂下旨捕上書
使者,使者果畏罪逃亡。原來這封彈章,確是上官桀和燕王旦串通所作,
並非燕王的直接上書。這事洩露之後,上官桀情急,遂著丁外人秘密和蓋
長公主定計,謀令長公主在宮中設宴,邀請霍光,就酒席宴前伏兵殺死霍
光,然後迎立燕王旦。誰知事機不密,有蓋長公主的舍人走漏了消息,告
知大司農楊敞,楊敞告知諫議大夫杜延年,延年奏稟霍光。霍光對上官桀
等早已暗中監視,得訊後,立遣人分頭逮捕了上官桀父子、桑弘羊、丁外
人及燕王留京使者孫縱之等。奏明天子,即將上官桀父子、桑弘羊、丁外
人並三家宗族斬首,蓋長公主羞懼自殺。這消息傳到燕國,燕王旦大為惶
恐,召國相商議道:「事已至此,只有起兵。」國相道:「目今天下皆知,
國家有備,起兵絕不能成事,徒徒殺傷士卒,苦害百姓而已。」燕王旦長
嘆一聲,即置酒萬載宮中,會賓客群臣妃妾,狂飲澆愁。酒酣,王自作歌
曰:

> 歸空城兮,狗不吠,雞不鳴,橫術❺何廣廣兮,固知國中之無人!

王所愛華容夫人也起舞而歌曰:

> 髮紛紛兮寘渠,骨籍籍兮亡居;母求死子兮,妻求死夫,裴回兩渠
> 間兮,君子獨安居!

那歌聲淒楚悲酸,四座之人,無不掩泣。忽傳赦旨到,王奉旨展讀,慘然
道:「獨赦吏民,不赦我!」乃偕同后姬諸夫人,走入明光殿中,便欲自殺。
諸姬啼泣相勸道:「現在還沒奉到正式的聖旨,或者削奪國籍,貸免死罪,
也未可知。」正在遲疑之時,果然天子賜燕王璽書至。書辭曰:

---

❺　大街也。

昔高皇帝王天下，建立子弟以藩屏社稷。先日諸呂陰謀大逆，劉氏
不絕若髮。賴絳侯等誅討賊亂，尊立孝文，以安宗廟，非以中外有
人，表裡相應故邪？樊、酈、曹、灌，攜劍推鋒，從高皇帝墾菑除
害，耘鉏海內，當此之時，頭如蓬葆，勤苦至矣，然其賞不過封侯。
今宗室子弟曾無暴衣露冠之勞，裂地而王之，分財而賜之，父死子
繼，兄終弟及。今王骨肉至親，敵吾一體，乃與他姓異族謀害社稷，
親其所疏，疏其所親，有逆悖之心，無忠愛之義。如使古人有知，
當何面目復奉齊酎見高祖之廟乎！

燕王讀書慚惶，知無生理。遂再拜謝罪，解下綬帶，自縊而死。后夫人隨
旦自殺的，有二十餘人。這次政變，幾家皆族滅，唯上官安女上官皇后得
免。反霍之黨，完全失敗，霍光乃大權獨握，威震海內。更引用朝中幾位
大臣，做股肱輔弼。以光祿勳張安世為右將軍，諫議大夫杜延年為太僕，
和大司農楊敞等，都是霍光的心腹。霍光名為輔政，事實上政令一由己出，
與皇帝一般無二。他雖然專權，但對於政治的處理，卻是小心謹慎，有條
不紊，能繼前朝之盛，完成一段治績。

霍光不好大喜功，一反武帝的作風，以休養生息為原則。始元六年，
詔有司問民疾苦，罷鹽鐵榷酤❻以示不與民爭利。元平元年，減除武帝時
所加的口賦錢十分之三，以示撫恤人民。數度詔郡國舉賢良方正文學之士，
以拔擢人才。在霍光任內，從沒有大規模的遊幸、營造等勞民之事。漢武
一朝，消耗國力太過，財賦人口的損失極大，這種損失，經霍光的輕繇薄
賦，而慢慢喘息過來，這不能不說是一種仁政。至於對外，雖沒有大規模
的征伐，卻仍能保持武帝時強盛的國威。

大宛和西域諸國，自從太初年間貳師將軍誅大宛王後，都震恐來朝。
到了征和以後，又漸漸與中國疏遠。其間樓蘭、龜茲幾個小國，因為地當
中西交通孔道，苦於迎送漢使，又受匈奴的指使，幾次劫殺漢使。元鳳中，
霍光遣北地義渠人傅介子出使大宛，道經樓蘭、龜茲，介子奉命責備他們

❻ 鹽鐵酒的官賣制度。

不該和匈奴勾結，兩王惶恐謝過。介子從大宛回頭，歸途再經過龜茲。龜茲王告介子說：「匈奴使者適從烏孫來，在此地。」介子遂率其吏士，誅殺了匈奴使者，然後返國述職。詔拜介子為中郎，遷平樂監。介子對大將軍霍光道：「樓蘭龜茲貌雖恭服，其實反覆無常，幾次劫殺漢使，邈視朝廷，如不加誅，無以懲後。臣介子過龜茲時，看他們的國王平時毫無戒備，容易下手，臣願往刺之，以示威於諸國。」霍光壯之，乃道：「龜茲太遠，將軍既有此勇敢，敢煩將軍小試於樓蘭如何？」介子欣然奉旨，即齎金銀幣帛，率領士卒，再往西域。揚言奉天子命攜金寶賞賜西域諸國王，來到了樓蘭，樓蘭王不來謁見。介子行至西界，將出國境，對譯人道：「大漢特遣使者，持黃金錦繡，行賜諸國。這是朝廷一番好意，莫要錯此機會，王如不來我即西行。」說罷故將金銀財寶，羅列滿前，金玉輝煌，光彩耀目。那譯人忙去報知樓蘭王安歸，安歸果然來見，介子便與歡飲，將樓蘭王安歸灌得酩酊大醉。私謂安歸道：「漢天子有機密事，使我告王」，即將樓蘭王引到僻靜之處，一聲暗號，左右埋伏的壯士，拔刀向前，白刃穿胸，血如泉湧，可憐這樓蘭王竟糊裡糊塗地死在帳中。傅介子斬下樓蘭王首級，持出示眾道：「王有罪負漢，漢天子先遣我來誅討。大兵隨後就至，那個敢反，就把樓蘭踏做齏粉。」那樓蘭人不明虛實，都嚇得戰戰兢兢，莫敢違抗。傅介子奉樓蘭王首級回到京師，懸首於北闕之下。霍光大為嘉獎，滿朝公卿無不驚嘆，立封介子為義陽侯，食祿七百戶，名聞域中，時當元鳳四年。這傅介子從小便自不凡，十四歲時初學書，忽然一日，投觚❼而嘆曰：「大丈夫當立功絕域，何能坐事散儒！」今日果然成名，不辱其志。漢既誅樓蘭王安歸，安歸有弟，名尉屠耆，先降漢留在長安。便立尉屠耆為樓蘭王，而更樓蘭國名為鄯善，為刻印章，又賜宮女為王夫人。備車騎輜重護送尉屠耆前往樓蘭，丞相率百官送至橫門以外，設宴祖餞。尉屠耆感激涕零，請於天子道：「身在漢久，今一旦歸國為王，誠恐被前王臣子所害，臣國中有伊循城，土地肥美，宜於耕種，願漢遣將軍率軍屯田積穀，長為保護，不勝感激之至！」漢依其請，派遣了司馬一人，吏士四十人，

---

❼　木板，與簡略同，習書之具。

駐屯伊循以鎮撫鄯善，這是漢兵屯田伊循之始。從此西域之路復通。

再說北方的匈奴，狐鹿姑單于死後，始元二年壺衍鞮單于即位，欲與中國修好，故在始元六年歸還漢使蘇武等，這前面已經說過。後來匈奴欲謀和親不成，在元鳳元年發左右部二萬騎，分四路入寇，被漢兵打得大敗，斬首虜九千，匈奴甌脫王被俘。其後元鳳二年，匈奴右賢王犁汗王率四千騎再度入寇，又為漢兵擊退，犁汗王陣亡。這時中國防務鞏固，烽火嚴明，邊疆把守得如鐵桶一般。匈奴的東鄰烏桓與匈奴有世仇，匈奴既不能南下，單于便大發兵東擊烏桓。霍光恨匈奴屢入寇，聞其與烏桓相攻，認為有機可乘，欲遣兵出塞去邀擊匈奴。先問計於護軍都護趙充國，充國認為蠻夷自相攻擊，正給中國以休養之機，不必發兵遠征，招事生非。光更問中郎將范明友，明友附合霍光，極言機會難得，不可不擊。霍光便拜范明友為度遼將軍，將騎兵二萬出遼東邀擊匈奴。並誡明友，此行非見虜立功不得還。原來范明友是霍光的女婿，光有意使其立功成名。范明友引兵出塞之後，匈奴聞漢兵北來，即引軍遠蕩。明友沒有遇到匈奴，不肯空還，乃引兵去突擊烏桓，烏桓無備，被范明友打得大敗，獲三王，斬首六千級。凱旋還朝，霍光封范明友為平陵侯。由此烏桓和漢朝結怨，所以三年後烏桓入寇，仍為范明友所擊退。匈奴鑑於漢兵屢破烏桓，知漢朝強盛，恐懼不敢南犯，中國北境在霍光當政之時，竟然維持了一段長期的太平。

霍光內平反側，安撫人民；外禦戎狄，綏靖邊陲。政績輝煌，聲望日隆，自然權威日大。丞相田千秋在元鳳四年去世，以御史大夫王訢為相，王訢為相一年而卒，遂以楊敞為相。楊敞，華陰人，原是霍光的幕府，其為人膽小謹慎，緘默寡言，經霍光一手提拔，由軍司馬大司農御史大夫，而做到丞相，自然唯霍光之命是從。霍光子霍禹，姪孫霍雲，皆為中郎將，雲弟霍山為奉車都尉侍中。光三女婿，中婿范明友為度遼將軍平陵侯，長婿鄧廣漢次婿任勝為衛尉。昆弟，諸婿，外孫皆為諸曹大夫，騎都尉，給事中。滿門富貴，親黨遍於朝廷。

卻說漢昭帝，自八歲登基，一直生長在宮廷之中，早失雙親，缺乏撫育，雖也長得聰明韶秀，但是體弱多病。霍光想要他的外孫女上官皇后，

專寵椒房，便假借聖躬體弱為由，著令宮中女子一律穿著窮袴❽，多方防範她們和昭帝接觸。卻不知皇后年紀太小，不能生育，到了元平元年四月，昭帝一病嗚呼，竟然絕嗣。昭帝死時年二十一歲，而上官皇后，才不過十五歲，便尊為皇太后。這時群臣議立嗣君，武帝六子，還有廣陵王劉胥存在，但是劉胥無道，為先王所不立。霍光乃提出昌邑王賀為帝，公卿百官也都無異議。昌邑王賀乃昌邑王髆之子，李夫人之孫。於是以皇太后詔書，遣少府樂成，宗正劉德，光祿大夫丙吉等，乘了七輛傳車，將昌邑王賀迎至都中。襲皇帝璽綬，即天子位。劉賀年不過十七八歲，即位之後，縱情遊樂，荒嬉無度。日飲啗歌舞，弄彘鬥虎，與昭帝宮人淫亂，又與皇太后御小馬車，隨宮奴騎乘，遊戲掖庭中。取璽綬濫賜官爵，遣使者持節往諸官署，二十幾日中調遣徵發一千一百二十七事，弄得禮儀失常，制度大亂。昌邑王的舊臣，都不聽霍光節制，結黨傾軋，欲謀害霍光。霍光焦慮，這日和他的親信大司農田延年密議，延年道：「將軍是國家柱石，一切可以作主。此人可輔則輔之，不可輔則稟奏太后，更立新君。」霍光道：「我意如此，不知古代，可有臣子廢立君主的事嗎?」延年道：「何嘗沒有，當年伊尹相殷，廢太甲安宗廟，後世稱為大聖人。將軍如能行廢立之事，則今之伊尹也!」霍光大喜，與田延年及車騎將軍張安世計議，此事還須得丞相同意，便著田延年往見楊敞。楊敞是個膽小的人，一聽此話，嚇得汗流浹背，不知所答。楊敞夫人在屏後偷聽，適延年起更衣，夫人急出謂楊敞道：「今天的事還有猶豫的餘地嗎? 你不許大將軍，那你的頭顱難保!」延年更衣還，楊敞立即許諾。延年回報霍光，光即召丞相，御史，將軍，列侯，二千石，大夫博士，大會未央宮中。坐定，霍光起立，申述昌邑王行為昏亂，危害社稷，當如何? 群臣相顧，驚愕失色，半晌沒有一個人敢說話。田延年看局面要僵，即離席向前，一手按劍，大聲道：「諸君皆朝廷大臣，共濟艱危。先皇帝託孤於大將軍，寄以天下重任。將軍盡忠輔國，志在安存劉氏。現在主上昏亂，眼看社稷將傾，如不改圖，令漢家絕祀，將軍雖死，何面目見先帝於地下! 今日之議，不可不決，那個還執迷不悟，

❽　古人男女皆穿開襠袴，縫襠之袴謂之窮袴。

臣請得斬之!」霍光趕緊向前,改容遜謝道:「今日之事,都是我霍光之罪,輔政無能,使天下洶洶,國家不寧!」於是百官一齊匍伏在地,叩頭道:「萬姓之命,在於大將軍,唯大將軍之令是從!」霍光就率同群臣百官,入宮謁見太后,具奏昌邑王無道,不可以承宗廟。所謂太后者,就是霍光的外孫女,一個十五歲的女孩子,她能有什麼主張,自然聽憑霍光的擺布。將太后前呼後擁,擁到未央宮承明殿中坐下。這裡昌邑王劉賀聞說太后御駕升殿。必有什麼大事,即率領故昌邑群臣,前來朝謁。劉賀方走進宮門,只聽得砰的一聲,宮門緊閉,將昌邑群臣都關在宮外。一旁閃出大將軍霍光,向前奏道:「奉皇太后詔,不許納昌邑群臣!」劉賀感覺情況不對,故示鎮靜道:「什麼事,值得如此!」那些昌邑群臣有兩百多人被關在宮外,紛紛攘攘,但見車騎將軍張安世帶領著羽林軍到來,不容分說,將那兩百多人拖翻在地,一個個綁起來,送到廷尉獄中。過不一刻,宮中傳出聖旨,說太后召見皇帝。劉賀便由霍光及黃門侍中等挾扶進去,抬頭一看,只見今日太后裝束與往日大不相同,身被珠襦,盛服高坐,兩旁侍御數百人,手持兵刃。左右期門武士,劍戟燦耀,寒光四射。群臣百官依次上殿,排列既定。然後令劉賀跪伏階下,靜聽宣詔。上面尚書高聲朗誦,宣讀丞相楊敞大將軍、霍光車騎將軍、張安世等大臣三十六人的聯名奏章,列舉罪狀,陳述皇帝如何無道,不可以承天序奉宗廟,當廢為藩臣。讀罷,皇太后詔曰:「可!」霍光即令左右,扶劉賀起拜受詔。劉賀滿頭大汗,站將起來說道:「聞天子有爭臣七人,雖無道不失天下。」❾霍光一旁怒道:「太后有旨廢退,那還能自稱天子!」即從劉賀手中解奪印綬,回身獻上太后。叫左右扶王下殿,出金馬門,仍廢賀為昌邑王。霍光又假惺惺,親送至昌邑王邸,再拜道:「此乃王自絕於天下,非臣等之罪,臣寧負王,不敢負社稷;願王自愛,臣長不復見左右!」說罷,涕泣而去。那二百多昌邑故臣,坐無輔導之誼,陷王於惡,都論成死罪。臨刑那天,二百人牽到法場,都大哭大嚷說:「當斷不斷,反受其亂!」

　　這場不愉快的政變,總算過去,但後事如何呢?於是大將軍霍光,在

---

❾　語見《孝經》。

朝堂之中，會集丞相百官，再開了個政治會議。這繼任的皇帝人選，大家想來想去，再也想不出一個適當的人物。光祿大夫丙吉，本大將軍長史，也是霍光的一個心腹。這時他忽然提出一個人選，霍光馬上同意，大家也一齊贊同。這人是誰，就是衛太子之孫，小字病已，人稱為皇曾孫，現在民間，年已十八歲。講到這裡，我們要追述一段往事。原來當年衛太子劉據納史良娣❿生子劉進，稱史皇孫。皇孫納王夫人，生子稱皇曾孫。生才數月，便遭巫蠱之禍，太子、良娣、皇孫、王夫人一齊慘死。可憐這皇曾孫，在襁褓裡就收入獄中。那時便是丙吉做廷尉監，憐嬰兒無辜，便令獄中女囚趙氏、胡氏，更番哺乳。這巫蠱之獄，牽延不決。到了後元二年，漢武帝病重，有望氣者，說長安獄中有天子氣。武帝厭惡，分遣使者到官獄中，將獄因不分少長皆殺之。獨曾孫因丙吉保護得以不死，不久逢大赦。丙吉乃派人將曾孫護送往其祖母史良娣家，良娣兄史恭與母貞君還在，貞君年老，特別疼愛這個外曾孫兒，便收留下來親自撫養。曾孫自幼多病又大難不死，便取名叫做病已。到昭帝時，聞說曾孫流落民間，特詔掖庭收養。掖庭令張賀便是張安世之兄，昔嘗事戾太子。感念舊恩，盡力看護曾孫，不惜出私錢，為請師教讀，及至長大，身長八尺二寸相貌堂堂，暴室嗇夫許廣漢看重曾孫，有女年十四五，也長得娟秀賢淑，便託人做媒納與曾孫為妻，並生一子。曾孫便依靠外祖史氏，和張賀、許廣漢等的教養成人，性好讀書，又喜遊俠，鬥雞走馬，出入閭巷。大部分的時間生活在民間，所以熟識民情深知疾苦。這時正卜居在長安城尚冠里中。霍光奏明太后，遣宗正劉德與太僕奉車駕往尚冠里，迎曾孫入未央宮謁見太后，先封陽武侯。七月庚申之日，群臣奉上璽綬，即皇帝位，是為漢宣帝。宣帝即位之初，遜讓不遑，百事謙抑。對於大將軍內懷畏忌，外示尊崇。本始元年，大將軍稽首請歸政，帝一再嘉勉慰留，仍請攝政如初。並下詔褒獎曰：

> 夫褒有德，賞元功，古今通誼也。大司馬大將軍光宿衛忠正，宣德明恩，守節秉誼，以安宗廟。其以河北、東武陽益封光萬七千戶。

---

❿　太子妃妾三等，一曰妃，二曰良娣，三曰孺子。

與故所食凡二萬戶。前後賞賜大將軍黃金七千斤，錢六千萬，雜繒三萬疋，奴婢百七十人，馬二千匹，甲第一區。朝中大事小事，必先關白大將軍，然後奏稟天子。霍光每朝見，宣帝虛己斂容，執禮甚恭。帝嘗謁見高廟，大將軍驂乘，帝心中忐忑不安，對人說：「如有芒刺在背。」後來改以車騎將軍張安世驂乘，帝乃從容不迫了。

霍光前妻早死，後妻名顯，為人驕淫狠毒。生有一個小女兒，名叫成君，年齡和宣帝相當，有意納入宮中。朝中大臣受了暗示，議立霍氏為皇后。宣帝聞知，乃下詔徵求微時故劍。大臣們明白了皇帝的意思，乃請立許廣漢之女許婕妤為后，並詔封許廣漢為昌成君，霍顯心中大為不快。明年，許皇后有孕當分娩，詔令女醫淳于衍入侍。這淳于衍乃是一個諂佞的婦人，專門出入宮廷府邸，巴結有權有勢的人。入宮之前，來謁見霍夫人，為她的丈夫求官。霍顯將淳于衍引進內室，屏退左右，低聲說道：「郎君之事，你都包在我的身上，不必耽憂。但我有一事，你可能為我幫忙？」衍誓道：「夫人有命，妾雖赴湯蹈火，在所不辭！」霍顯說：「大將軍最愛小女成君，盼她日後成為貴人，望你助一臂之力。」淳于衍聽了不解，霍顯繼道：「婦人分娩，乃是九死一生之事。方今皇后當免身，但需一劑毒藥，大事便成。皇后死，成君便可望為皇后。如蒙相助成功，富貴與共。」淳于衍沒想到是這樣一件事，暗吃一驚，皺著眉頭說道：「宮中獻藥，必須先嘗，這事如何下手？」霍顯道：「這就看你的手段了！你但放手去作，萬有一差二錯，大將軍總領天下，你還怕什麼呢？」淳于衍遲疑了一會，只得應承。到了宮中，侍候許皇后免身之後，乘人不覺，暗將附子和入藥丸獻上。皇后吞下，過不一刻，頭上好像有千鈞之重，肚裡有如刀絞，呻吟道：「為什麼我頭重岑岑這麼難過……」一句話不曾說完，氣絕身亡。皇帝聞說皇后暴死，立將侍疾的男女醫生收繫下獄，嚴加拷問。霍顯聞訊著慌，生怕拷出口供，就不得了。只好把這事，一五一十和霍光說了，霍光聽了，大驚失色，默然無語。事到如今，霍光只得硬著頭皮，親到宮中面謁宣帝，解釋諸醫無罪，勸皇帝息事寧人，不必追究，這才將淳于衍一干醫生釋放。霍顯隨即勸霍光納成君入宮，本始四年三月冊封為皇后，距

許后之死，僅僅一年。當初許后因為出身寒微，生活極其儉樸，對待皇太后五日一朝，親奉案上食，克盡婦道。如今霍皇后入宮，便大不相同了，行為放縱，生活豪侈，每賞賜宮中官屬，動以千萬計。而皇太后是霍后的姨姪女，也就不再修朝見之禮。霍顯計成之後，聞說她餽送淳于衍蒲桃錦二十四匹，散花綾二十五匹，綠綾百端，走珠一排，黃金百斤，銅錢百萬，又為起第宅，置奴婢。而淳于衍猶不滿意，怨恨道：「我為你作的是什麼事，你就這樣報酬我！」

　　在冊立霍皇后後兩年，地節二年春，大將軍霍光病篤，御駕親臨視疾。霍光伏枕涕泣道：「願分國邑三千戶，以封兄去病之孫奉車都尉霍山為列侯，奉兄驃騎將軍去病祀。」天子亦垂淚，即日拜光子霍禹為右將軍，後封霍山為樂平侯，霍雲為冠陽侯。三月庚午，霍光卒，諡曰宣成侯，天子與皇太后親臨喪，詔太中大夫任宣與侍御史五人，持節護理喪事。御賜梓宮❶，載以輼輬車，黃屋左纛，發材官輕車北軍五校軍士，列隊送喪直到茂陵。儀制之盛，侔於天子，極盡哀榮。又發三河士卒，穿土起冢，置祠堂，守冢奉祀三百家。天子又下詔褒揚霍光之功德曰：

> 故大司馬大將軍博陸侯宿衛孝武皇帝三十有餘年，輔孝昭皇帝十有餘年，遭大難，躬秉誼，率三公九卿大夫定萬世策以安社稷，天下蒸庶咸以康寧。功德茂盛，朕甚嘉之。復其後世，疇其爵邑，世世無有所與，功如蕭相國。

　　其實說來，霍光之死，對於漢宣帝真是如釋重負。從此宣帝乃親理政事，做了名副其實的君主。以張安世繼霍光為大司馬，封富平侯，魏相為丞相，蕭望之為諫議大夫，丙吉為御史大夫。其中魏相蕭望之平素最憎惡霍氏，這時朝中人事局面，煥然一新，而霍氏親黨的權勢陡然衰落。

　　霍光後妻霍顯，全然是個淫狠無知的小婦人。她曾作惡多端，並不因光之死而斂跡，地節三年，宣帝立前許后所生子為皇太子，封昌成君許廣漢為平恩侯。霍顯聞知大怒道：「這在民間生的孩子，怎麼能立為太子。

---

❶　梓木所作之棺，謂之梓宮，通稱天子之屍柩曰梓宮。

將來皇后生子，難道還做王嗎！」便教唆她女兒下毒毒死太子。皇后幾番召見太子，都有保姆在側，遇食先嘗，防護周到，始終不得下手。霍顯自霍光死後，生活更加驕縱，廣治第室，擅作乘輿，畫繡塗金，韋絮薦輪❶，令侍婢以五彩絲繩牽挽，遊戲於府邸花園之中。又和監奴馮子都私通淫亂，毫無顧忌。霍禹、霍山、霍雲這班年輕子弟，也都生活驕淫，大起府第。日率從賓客，張圍射獵，鬥雞走馬，無所不為。甚至霍家的奴才如馮子都、王子方等，也都仗勢欺人，目無法紀。有一次霍家奴才與御史家人在街道上爭吵起來，霍家奴闖進御史府，把御史的大門都砸塌，嚇得御史親自出來叩頭謝罪，其氣燄之兇如此。後辛延年，作〈羽林郎詩〉說：「昔有霍家奴，姓馮名子都，依倚將軍勢，調笑酒家胡……」就是描寫這時的故事。所以當時社會對於霍氏是朝野側目，人人切齒。但是天地間的道理，所謂「惡貫滿盈，物極必反」，凡是作壞事的，到頭來沒有不自取滅亡，自食其果的。漢宣帝微時在民間，就頗聞霍氏種種驕橫不法之事。今親自臨政，察得其實，最初礙於霍光有所顧忌，待霍光一死，遂逐步對霍氏要加以制裁了。當時朝中大臣，多上書指責霍氏。魏相上書說：

> 自後元以來，祿去王室，政繇冢宰。今光死，子復為大將軍，兄子秉樞機，昆弟諸婿據權勢，在兵官。光夫人顯及諸女皆通籍長信宮，或夜詔門出入。驕奢放縱，恐寖不制。宜有以損奪其權，破散陰謀，以固萬世之基，全功臣之世。

本來霍山領尚書事，宣帝詔令吏民得直接奏事，不須經過尚書。於是天子親覽奏章，更發現霍氏陰私。詔以右將軍霍禹為大司馬，徙霍光女婿度遼將軍范明友為光祿勳，長樂衛尉鄧廣漢為少府，都解除了兵權。又盡徙霍氏諸子婿在中央者出為地方官吏：中郎將任勝為安定太守，給事中王漢為蜀郡太守，中郎將張朔為武威太守。霍氏大為惶恐，霍禹尤其憤懣，自為大司馬，便稱病在家。禹故長史任宣前來候問，禹恨道：「主上若不是大

---

❶　天子御輦，有以皮革與絲絮墊在車輪周緣，取其安穩。其作用好像今日之橡皮輪帶。

將軍，他能做皇帝嗎？今大將軍墳墓未乾，就疏斥我家，重用小人，奪我印綬。教人氣死！」任宣勸道：「如今怎能和大將軍在時相比，這所謂彼一時此一時。」霍禹默默無言。霍顯在家，常與禹山雲等相對啼泣。這天霍山憤道：「方今丞相用事，主上信任，盡變更大將軍的法度，還要發揚大將軍的過失。又有一班無聊的窮書生，最好妄生是非，胡說八道，而天子偏好和他們接近，聽他們的壞話。他們為了討好皇帝，毫無忌憚，專門造我家的謠言。以前臣子上書，都要經過我尚書批閱，現在他們竟然直接奏事，把我撇在一邊，完全不顧朝廷的法度了。」霍顯忙追問道：「他們說我家的壞話，你可知道，到底說些什麼？」霍山道：「那話可多了，甚至說許皇后是我們害死的，這真是荒謬絕倫！」霍顯聽到這裡暗暗吃驚，料想外面一定風聲很大，知此事難以隱瞞，不如講出來大家想一個對策。乃將當年之事與霍禹霍山等和盤托出。禹、山等大駭道：「那就難怪朝廷要削奪兵權，拆散我家勢力了，那一定就是為的此事。此事如發作，罪名可不小，將有滅門之禍，這可怎麼辦！」凡是人到了情急的時候，便要倒行逆施不擇手段了。宣帝母王夫人早年慘死，宣帝一直思念外家，在地節三年，忽然訪到外祖母，王媼尚在，迎入宮中，封為博平君，內外稱慶。於是霍家陰謀，令太后在宮中為博平君設宴，召丞相平恩侯以下做陪。使范明友鄧廣漢伏兵殺之，再廢天子立霍禹。計畫已定，正待發動。有長安男子張章，和霍雲的家卒相識，得到了消息，告知期門董忠，董忠告知左曹楊惲，輾轉揭發，奏聞了天子。連同以前毒殺許后，謀害太子，三罪並發，宣帝大怒。大發兵分捕霍氏親黨，霍雲、霍山、范明友畏罪自殺，霍禹腰斬，霍顯，鄧廣漢及諸女昆弟皆棄市。與霍氏連坐誅滅者，幾十家，血流長安市上。獨霍后得免於死，詔廢居昭臺宮，後十二年，也終於自殺，可嘆霍氏，這一代權門，幾十年的榮華富貴，變做了一陣腥風血雨，化為烏有。

　　霍氏誅滅之後，諸上書告發的人，都受封賞。男子張章封博成侯、期門董忠封高昌侯、左曹楊惲封平通侯、侍中金安上封都成侯、侍中史高封樂陵侯。方當霍氏全盛的時候，有茂陵徐福說道：「霍氏必亡，夫奢則不遜，不遜必侮上。侮上者，逆道也。在人之右，眾必害之。霍氏秉權日久，

害之者多矣。天下害之，而又行以逆道，不亡何待！」乃上疏力陳，霍氏驕盛，朝廷須要及時加以節制，莫令滅絕。連上三書，朝廷不睬。到現在果然霍氏誅滅，告發霍氏的都封侯受賞，獨徐生無功。有人為徐福不平，上書朝廷，大意說：臣聞有一客人，經過一家人家，發現他家竈突❸是直的，竈旁又堆著很多柴薪。便勸那家主人，改建曲突，徙移柴薪，不然必有火災，主人默然不應。過了不久，那家果然失火，鄰里共來搶救，幸而火熄。主人感激，於是殺牛置酒，酬謝鄰人，那些焦頭爛額的救火人，都請在上座。有人對主人道，假使主人當日聽從過客之言，可以不費牛酒，也無火災。今論功酬賓，曲突徙薪無恩澤，而焦頭爛額為上客，主人悔悟。如今茂陵徐福，屢番上書言霍氏有變，宜加防範。設使福說得行，國家不須裂土授爵之費，臣子無逆亂誅滅之禍。往事既已，而徐福獨不蒙其功，唯陛下察之，貴徙薪曲突之策，使居焦頭爛額之右！

　　宣帝覽奏嗟嘆，即下旨賜徐福帛十匹，拜為郎。我們讀史至此，深感古今興亡成敗之理，都要能曲突徙薪，不要弄到焦頭爛額才是。

---

❸　就是煙囪。

第十四講　漢宣之治

　　孫中山先生解釋「政治」，就是「管理眾人的事」。所以一個政治的得失，就是看這個政治，是否符合眾人的要求，是否能為人民解除痛苦。那麼怎樣才能符合眾人的要求，必須這個政府、這個統治者，他能和人民接近，他能體察，他能認識人民的要求；然後才能做到，以民眾的利害為利害，以民眾的苦樂為苦樂。換句話說，就是統治者要和人民保持最短的距離。但是可惋惜的，在歷史上很多的政府、很多的統治者，在他取得政權的日子，也就是和人民疏遠的日子。否則，如果他常是和人民能保持密切的聯繫，時時處處為人民著想，那就是一個真正賢明的領袖，偉大的君王。我們以這個標準來衡量，漢宣帝乃不愧為一代之明君。

　　漢宣帝生長在民間，他是一個多災多難，無父無母，苦難的孩子。少時被困在蓮勺縣鹽池中，受過流氓的侮辱。後來鬥雞走馬，結交不少地方豪傑。走遍上下諸陵，左右三輔，認識了許多閭里奸邪，豪滑官吏的面目，深知人情炎涼，民間疾苦。他由於俠義朋友的協助，也曾受過相當的教育。他曾從東海澓仲翁受《詩經》，又習《論語》、《孝經》。學問的修養和生活的經驗，鍛鍊出一種堅強沉毅機警的性格。他即位之時，年方十八歲。你看他應付霍光的手段，是多麼沉著鎮定，機敏果斷。其他應人處事，也都胸有成竹。他是從地節二年霍光死後，開始親政，這時他才二十三歲，我們講漢宣帝的政治，就從這個時候講起。

　　宣帝親政之後，他有四個基本的作風：第一是勤政事，第二是明刑賞，第三是嚴吏治，第四是敦教化。漢代朝政，早自漢武帝末年，就習於懈弛。

武帝晚年多病，深居宮中，不親視朝，所以才鬧出那樣荒唐絕倫的巫蠱之禍。昭帝時幼主在位，權臣秉政，那朝廷更等於虛設。你看霍光廢昌邑王那幕把戲，簡直朝廷成了舞臺，任人舞弄。到地節二年後，宣帝臨朝，嚴肅朝綱，天子至少五日一朝，躬親萬機，當面裁答奏章，晤對群臣。令群臣奉職奏事，暢所欲言；有功者厚加賞賜，有過者絕不寬貸，樞機周密，上下相勉，不許有苟且之意，他自己嘗說：「我的政治是雜霸王道」，那就是說，他是恩威並用，要形成一個強有力的政府。地節三年，他下詔書，劈頭的兩句話便是說：「蓋聞有功不賞，有罪不誅；雖唐虞猶不能化天下！」膠東相王成有治績，立賜秩二千石，封爵關內侯。四年，霍氏謀逆，立刻誅殺，絕不猶豫。這些地方，說明他的勤政事，明刑賞。因為宣帝出身民間，特別注意於解除人民的痛苦，憐恤那些老弱貧困的人民。地節三年詔曰：「鰥寡孤獨，高年貧困之民，朕所憐也。前下詔假公田貸種食，其加賜鰥寡孤獨高年帛。二千石嚴教吏，謹視遇，毋令失職。」與人民生命財產息息有關的是地方司法問題。法律所以保障人民的權利，但執法不平或造成冤獄，反而增加人民的痛苦，引起人民的反感。所以宣帝特別重視刑獄的澄清，斷不許可誣虐善良。嚴禁繫掠無辜，或令獄囚瘐死在獄中。若有這樣情形，便要查辦主管官吏。他在地節四年下詔曰：「死者不可生，刑者不可息，此先帝之所重，而吏未稱。今繫者或以掠無辜，或飢寒瘐死獄中，何用心逆人道也，朕甚痛之。其令郡國歲上繫囚，以掠笞若瘐死者，所坐名縣爵里，丞相御史，課殿最以聞。」法治要做到不枉不縱，那就是盡了保護人民的責任。元康二年正月詔曰：「《書》云『父王作罰，刑茲無赦。』今吏修身奉法，未有能稱朕意，朕甚愍焉！其赦天下，與士大夫厲精更始。」夏五月詔曰：「獄者萬民之命，所以禁暴止邪，養育群生也。能使生者不怨，死者不恨，則可謂文吏矣。今則不然，用法或持巧心，析律貳端，深淺不平，增辭飾非，以成其罪，奏不如實，上亦亡繇知。此朕之不明，吏之不稱，四方黎民將何仰哉！二千石各察官屬，勿用此人，吏務平法。」他竟然把當時一般司法界的黑幕揭穿，予以嚴厲的糾正，說明他的明察。當時法律嚴禁犯諱，謂之大不敬，宣帝諱病已，這是兩個習用之

字，一時百姓觸諱者甚多。為此，宣帝不惜更改自己的名字，把病已改為「詢」字，並赦免所有觸諱之人。從這一類的小事，也可以看出他處處在為老百姓設想，說明他的仁慈。他更知道，任何一個聖明的君主絕不是萬能的，絕不能事事躬親。直接握人民生死禍福的，不在君主而在地方行政長官，所以他特別強調吏治。他常這麼說：「庶民所以能安其田里，而無嘆息愁恨之聲，在於政平訟理，能與我共此者，其唯良二千石乎！」每逢拜命州刺史，郡太守，國相，必親自召見，仔細觀察，詢問他們的履歷身世學問思想，退後還要嚴格考核他的行政措施，是否言行相符。他認為人事制度，不可多變，多變則百姓不安。他對於長吏的選擇，儘管嚴格，一旦任得其人，治績卓著，就要延長其任期，保障其職位。下璽書褒勉，增秩賜金，封為通侯，使不離任。朝中公卿有缺，例以守（郡太守）相（國相）在職久者遞補，譬如御史大夫蕭望之、黃霸、杜延年、于定國，衛尉韋玄成、大司農朱邑等，都是出身郡守。國家對於官吏，有一種合理的考核、保障和鼓勵；那麼官吏們自然奉公守法，努力職守，形成一個有力量有效能的政治。與法治相輔而行的是教化，法治是消極的要求，教化是積極的要求。宣帝認為敦行教化，應以培養人民的倫常道德為中心，這正是儒家思想之真諦。地節三年令郡國舉孝弟，詔曰：「《傳》曰『孝弟也者，其為仁之本與！』其令郡國舉孝弟有行義聞於鄉里者各一人。」地節四年，令子孫在守喪期中，免其繇役，詔曰：「導民以孝，則天下順。今百姓或遭衰絰凶災，而吏繇事，使不從葬，傷孝子之心，朕甚憐之。自今諸有大父母，父母喪者勿繇事，使得收斂送終，盡其道。」又免妻子連坐之罪，詔曰：「父子之親，夫婦之道，天性也。雖有禍患，猶蒙死而存之。誠愛結於心，仁厚之至也，豈能違之哉！自今子首匿父母，妻匿夫，孫匿大父母，皆勿坐。其父母匿子，夫匿妻，大父母匿孫，罪殊死，皆上請廷尉以聞。」❶ 這都是一種極人道的措施。神爵四年，賜潁川吏民，行義者爵人二級，力田一級，貞婦順女帛，以獎勵德行。宣帝政治，是以教化人民為目的，而以督責吏治為手段。所以在宣帝一朝最顯著的事實，是民生安泰，

---

❶　謂將權衡輕重以行法，或直原宥之也。

吏治嚴肅。我們來看，那時幾個著名的大吏，怎樣治理地方？

在地節四年，特別受天子嘉獎的，有渤海太守龔遂。遂字少卿，山陽郡人，原是昌邑王的僚屬，官至郎中令。為人忠厚正直，見昌邑王失道，每引經義諫爭，言辭激切。昌邑王每見龔遂來，就掩耳而走，說：「郎中令專教我難堪！」龔遂見諫爭不從，往往流涕，昌邑王見了詫異道：「郎中令為何這般傷心？」遂道：「臣傷心社稷傾危也！」後來昌邑王之廢，昌邑群臣二百餘皆被殺。獨龔遂與中尉王吉因屢諫諍得免死。宣帝即位之初，渤海一帶地方饑荒，盜賊群起，官吏不能制。宣帝徵求能吏，當時丞相魏相和御史丙吉，共舉龔遂可為渤海太守。於是天子召見，這時龔遂年已七旬，宣帝看他年紀衰邁，更兼身材短小，形容猥瑣，大失所望。便問道：「渤海地方不靖，朕甚憂慮，不知卿有何法，可以平治盜賊，以稱朕心？」龔遂當即奏道：「那渤海乃是濱海之區，地方僻遠，不霑聖化。無知愚民，為饑寒所迫，為官吏者又不知體恤，他們乃鋌而走險。這好比是陛下的赤子，盜弄陛下之兵於潢池中耳❷，不知陛下欲令臣以威力去鎮服，還是叫臣以恩義去安撫呢？」這句話說得龍顏大悅，宣帝答道：「國家選用賢良，正要安撫人民，何用威力！」龔遂稽首道：「臣聞治亂民如治亂絲，不可躁急，須得緩緩治之。願丞相御史，不拘文法，能賦臣以全權，使臣得便宜從事！」皇帝點頭允許。龔遂即乘坐傳車，不一日來到渤海邊界。郡中聽說新太守到，發兵迎接，龔遂斥令退回，不許地方上舉行任何儀式。自己輕車簡從，來到了府中。隨即下書各屬縣，著令捕盜官兵，不得騷擾百姓，濫殺無辜。凡持鋤鉤在田裡耕種的，那都是良民，不可傷害，如有拿著刀兵，橫行鄉里的，那才是盜賊。一般流民，看到這個教令，都紛紛放下兵刃，拿起鋤頭，到田地裡去耕作，盜賊完全平息。龔遂第二步的辦法，大開倉廩賑濟，又出資借貸與平民謀生，再選用良吏，安撫人民，於是都安居樂業，不再作亂。齊俗奢侈，一般少年，遊手好閒，不務正業。龔遂親

❷　積水之池叫做潢池。這裡說人民都是天子的赤子，他們不能生活被逼做強盜，好像小孩子盜弄兵器在水池中玩耍，並不能把他們看做敵人。這一句話，後來便成為典故。

率吏卒，督民耕種，令每一男子種榆樹一棵，薤百本，慈五十本，韭一畦，每家養豬兩頭，雞五隻。遇少年有持刀跨劍者，勸令賣劍買牛，賣刀買犢，說道：「你為什麼帶牛佩犢呢？」幾年之後，郡中大治。地方有積蓄，吏民皆富實，路不拾遺，人無獄訟。天子特徵遂入朝，當面嘉獎，論功當擢為公卿，因為龔遂年老，遂拜為水衡都尉，這水衡都尉管理上林禁苑宗廟之事，是一個清貴之職，年八十餘壽終在任所。

　　大凡偏遠的地方，為教化所不及，其民風鄙悍；而中原庶富之區，則民風又容易流於狡滑。那渤海多盜，便因為是偏遠之地。我們再舉一個地方，便是潁川郡，自古以來，這是河南繁盛之區。那裡的惡勢力最大，宣帝時，有原、褚兩姓豪族。他們宗族親黨極多，相互通婚，盤根錯節，把持地方，結交官府。上通朝中權貴，下面欺壓人民。甚至和土匪盜賊，都有勾結，真是無惡不作。歷任的郡守縣令，都莫奈他何。宣帝便任用趙廣漢為潁川太守，廣漢字子都，涿郡人氏，素以正直剛強著名。他到任後先略施手段，利用那班土豪們本身的矛盾，分化他們的團結，教他們互相控告。根據罪名，將那些惡霸抓來，一律斬首。雷厲風行，人人震慄，趙廣漢三字威名，一直傳入了匈奴。大為宣帝嘉獎，便把他升做了京兆尹。緊接做潁川太守的是韓延壽，延壽作風卻又與廣漢不同。一則以剛，一則以柔。在廣漢治理潁川之後，人民戰戰兢兢，膽小謹慎。韓延壽到來，大擺酒宴，歡宴郡中的鄉長父老。和顏悅色的詳細詢問他們地方上的風俗，人民的疾苦。於是規定婚喪嫁娶的儀式，令學校諸生弟子演習禮樂。閭里中置鄉正里正伍長，勸民孝弟，防止姦邪，幾年教化大行。後來徙為東郡太守，遂以黃霸為潁川太守。霸字次公，淮陽人，少學律令，拔取做河南太守丞。宣帝即位，召為廷尉正，遷丞相長史。在本始二年，朝議要尊孝武皇帝為世宗，立世宗廟，有長信少府夏侯勝獨持異議，他批評武帝多殺士卒，竭民財力，奢侈無道，不宜立廟。黃霸也附和夏侯勝的主張。當時朝廷公卿，認為他們二人膽敢誹謗先皇帝，大逆不敬，交下廷尉，論成了死罪。黃霸久仰夏侯勝是當代名儒，世治《尚書》，在獄中無事，便拜求夏侯勝傳授《尚書》。勝道：「你我死在眼前，還講什麼《尚書》呢？」霸道：

「朝聞道而夕死可矣!」勝大為感動,就在獄中,傳授與黃霸《書經》。也是吉人天相,不久遇逢赦令,兩人一同釋放出獄,從此成為生死之交,夏侯勝復任諫議大夫,便在宣帝面前極力褒舉黃霸。宣帝就任霸為揚州刺史,繼授潁川太守。這時潁川人民,既畏法令,也懂得禮義,黃霸便從民生上著眼。他督促人民耕桑節用,種樹養畜。令郵亭鄉官,皆蓄雞豚,以贍養鰥寡貧窮。雖柴米油鹽,日常生活瑣碎細事,一一立有教條,為老百姓想得無微不至。又恐怕下級地方官吏執法不公,保民不周,特別選派了一批老成清廉的幹吏,四出督察。再叫他左右心腹耳目,暗中私訪各級官吏的動態。曾有一員幹吏,奉命出差,不敢投宿郵亭,那一天在路旁樹下休息用膳,突然飛來一隻烏鴉攫走肴肉。後來差事完畢,回頭述職,黃霸慰勞道:「你這趟辛苦了,為了辦公,在路邊吃飯,連肉都被烏鴉抓走了。」那差吏大驚,便一切不敢隱瞞,都據實直稟。又有鰥寡孤獨,身死無以為殮的。黃霸親往視喪,指出某地有餘材可以為棺,某亭有豬子可以為祭。差役前往,果如其言。他是事事躬親,明察秋毫,督吏嚴,而治民寬,深得人心。幾年之間,潁川郡五穀豐登,戶口大增,黃霸治績為天下第一。黃霸後來一度徵為京兆尹,再歸任潁川太守。前後在任八年,郡中孝弟貞女,日以眾多,天子下詔褒獎,賜爵關內侯,黃金百斤。五鳳二年,徵為太子太傅,遷御史大夫,三年代丙吉為丞相。

那時地方長官中,以京兆尹為最難當,以京兆地方最難治。天子腳下,權貴所在,做事重不得,輕不得,卻又要為天下的表率。本始三年,趙廣漢從潁川太守擢為京兆尹。到任後,勵精圖治,接見吏民,批閱案卷,常至深夜不寢。他為人精明,能窺察隱私,無論什麼社會黑幕,不能瞞過他的耳目;尤其善於治辦盜賊。長安城中,有幾個流氓,窮極無賴,那一天躲在窮巷空舍中,商量打劫。計議未畢,捕役已到。又有郎官蘇回,家裡頗有錢財,被票匪綁走。那一天有兩個綁匪到蘇家來說票,正在勒索的時候,趙廣漢突然率同縣丞府吏一干人等到來。先由縣丞龔奢向前指著綁匪說道:「蘇回乃是朝廷命官,你斷斷不能傷害。我告訴你,現在京兆尹已親身到此,你難逃法網,趕快放回人質,投案自首,說不定遇逢大赦,還

有一線活命的希望!」綁匪絕不料京兆尹會突然來到，惶恐無地，連忙匍
伏在地，磕頭認罪，同時著人放回了蘇回。廣漢向匪稱謝道：「感謝足下
全活蘇回之德!」說罷，即飭令獄吏，將匪收在獄中：「好生看待，他能知
罪就法，每日三餐，要給他好酒好肉，不可虐待。」後來判了死罪，也沒
遇到赦令，到了冬天該當行刑了。廣漢先為他們料理後事，辦好衣冠裝斂，
然後提出監獄，問他們有無遺囑。匪等感激叩頭，口中只稱：「犯人死而
無恨! 別無他話!」其感人如此。這樣一來，京兆地方，路不拾遺，盜匪
斂跡。但另有一班朝中親貴，作威作福，目無法紀。霍光死後，光子博陸
侯霍禹，在府中私營屠酤❸，趙廣漢得訊，率領了長安兵吏，直闖入侯府，
大肆搜索，找到了私貨，將盧罌打碎，斬關破門而去。霍禹之妹就是霍皇
后，在宣帝面前啼哭喊冤；宣帝不睬，反而嘉獎廣漢。廣漢經此鼓勵，越
發摧折權貴，毫無顧忌，京師風氣，為之肅然。後來也怪趙廣漢做得過火，
刑威太酷，虐及無辜，被人彈劾，也論成了死罪。論罪之日，京兆吏民，
不約而聚者幾萬人，圍集在皇宮門口，放聲號泣，或稱願代趙京兆一死。
然而那時法律森嚴，終於未能挽回廣漢死刑。其後，百姓追念，歌思不絕。

　　自從趙廣漢死後，繼任京兆尹，皆不稱職，連黃霸那般精明能幹，也
都做不下去，一連掉換了好幾個京兆尹，當時人稱「五日京兆」。於是刁
民四起，竊賊橫行。天子聞說膠東相張敞，善於治盜，便徵張敞為京兆尹。
敞字子高，河東平陽人，富心計，多智謀。上任視事，暫且不動聲色。暗
地裡到處調查。查得長安城裡的小偷，都有組織，有頭目。那盜賊頭，平
時衣冠楚楚，溫文儒雅，出門時車騎僮僕，前呼後擁，外人都以為是紳士
長者。張敞把他們的行蹤調查清楚，一齊捉來，一訊而服。這些賊頭，都
表示要改邪歸正，願將功折罪。張敞答應，只要他們能協助官府，肅清竊
賊，都把他們補做官差。賊頭歡喜，都具結而去。他們各自回家，分別邀
宴手下的黨羽，小偷們不知是計，都來赴宴。一個個被灌得酩酊大醉，賊
頭在他們的衣裾上，一一做了記號。酒席散後，那些小偷，東倒西歪的走

---

❸　昭宣之時，已解弛屠酤之禁，不由國家專利。但在京兆長安一帶，仍由公營，
　　不許百姓屠酤。

到街頭，只見四面的官兵差役，一擁而前，幾百個小偷，這一天的工夫，一網打盡。張敞辦案，手段敏捷，賞罰分明。許多地方，頗似趙廣漢，而與廣漢比較，又互有短長。他的魄力不及廣漢，而較廣漢為圓通。他治《春秋》，以經學自輔，作事兼用儒術，不純任誅罰。所以做京兆尹竟達九年之久，打破了以前的記錄。他博學多才、談論恢宏，每逢朝廷大議，引古證今，令公卿折服，天子悅從。只是有一個小小的缺點，他身為太尹，毫無威儀。平時風流自賞，常朝罷，走馬章臺街❹，生怕被別人看見，叫御吏前驅，自己拿著一把扇子掩面而行。又在閨房之中，為嬌妻畫眉，這些私事，傳遍了長安，人家引為笑柄。便有人在宣帝面前，指斥張敞，說他這樣浪漫的生活，實不足為人民儀表。宣帝便責備張敞，問他可有為婦畫眉之事。張敞也毫不隱瞞，坦然奏道：「臣不敢欺瞞陛下，實有此事；只是閨房之內，夫婦之私，尚有過於畫眉者！」天子聽他說得有理，不禁大笑，也就不加深究了。

　　從這一類的事情，我們可以看出，漢宣帝如何重視吏治，如何選用人才。而其目的，在於為老百姓造福除害，以期完成一個嚴肅的法治。他的法治，是恩威並用，寬猛兼施。而是以恩為主，以寬為輔。你看他重用循吏，不得已而用酷吏。他所用循吏，委任終身，位至通顯，如龔遂、黃霸等；而酷吏則每不令善終，趙廣漢就是一個顯例。那時還有一個出名的酷吏，名叫嚴延年。延年初為涿郡太守，那涿郡好比渤海，也是一個王化不及的偏遠地方。那裡有兩家惡霸，都姓高，一號東高氏，一號西高氏。從郡吏以下，都畏之如虎，人言：「寧負二千石，無負豪大家！」兩家都豢養了許多流氓惡棍，公然出為盜賊，地方不敢捕捉。因此盜匪日積，旅客不張弓矢，不敢行路。延年到了郡中，立命掾史趙繡前往調查高氏的罪狀。那趙繡看嚴太守鐵面無情，又不敢得罪高家惡霸，心中著實為難。想了想，用了個偷巧的辦法，分寫了兩份報告。一份輕描淡寫，一份寫得沉重些，揣在懷中，預備看延年的神色行事。不料兩份報告書，一齊被延年查出。勃然大怒，說他是個刁吏，收送入獄。也不審問，過了一夜，第二日天明

❹　章臺街是秦朝章臺宮遺址所在之地，漢朝的風月場所。

即將趙繡拖出斬首。闔府官吏，無不股慄。隨後再派掾史去查辦，誰也不敢懈怠。於是窮究其姦，兩家各殺數十人，全郡震恐，地方遂得平靜。延年治涿郡三年，調任河南太守。河南豪強屏息，盜賊絕跡。他疾惡如仇，嗜殺成性。為人喜怒不可預測，論囚生死不得先知。所以手下的人，都是戰戰兢兢，唯恐獲罪。那年冬月，傳命所有屬縣，將獄囚一齊押解到郡府，這一天，同時論斬，血流數里，河南人號為屠伯。延年素與張敞交好，敞聞之，頗不以為然。作書與延年曰：「若韓盧❺之取兔也，上觀下獲，不甚多殺❻，願次卿少緩誅罰。」延年覆書道：「河南天下咽喉，二周餘孽，莠苗甚多，何可不鋤！」延年的老母在年終之時，特從東海郡趕來河南探看兒子。適逢延年論囚，見狀大駭，便停留在都亭中，不肯入府。延年聞說母親來到，忙到都亭拜謁，母親閉閣不見。延年免冠跪在閣前，好半晌，母親才打開閣門，數責延年道：「你蒙聖恩，得為郡守，專治千里之地。不聽說你以仁愛教化，感導百姓，卻任刑殺人，以立威嚴。這豈是為民父母之意！」延年匍伏頓首請罪，親自駕著馬車，將老母載回府中。侍候度過了殘臘新年，他母親終於悶悶不樂的辭別延年，仍回東海。臨走時慘然對延年道：「天道神明，凡人不可嗜殺，我真不忍在這殘年晚景，還要眼睜睜的看我的兒子受刑！我從此去矣！」她回到故鄉，即為延年掃除墓地，料理後事，別人都笑她老痴。果然，過了一年，延年被控十大罪，論不道棄市。可見漢宣帝為了剷除惡勢力，有時不惜借用重典，但終以仁愛為本，不專尚誅伐。

　　政治之能走上軌道，必須政府機構，層層健全，配搭整齊，方有效率。漢宣帝何以能樹立這樣的吏治，單靠他個人的明察，是不夠的，他還得力於一班宰輔，能為他培養人材，總持綱紀。宣帝執政後，幾任首輔，都是賢相，第一任丞相魏相，字弱翁，濟陰人。出身河南太守，因丙吉薦為大司農，遷御史大夫。他曾極力主張制裁霍氏，霍氏傾滅，他便做了丞相。他熟識漢朝故事❼，每論政事，都能源源有本，措施得體。為人嚴毅忠勤，

---

❺　黑色善走的獵犬，叫做韓盧。

❻　獵犬捕獸，也要看主人的意思，不要任意殘殺。此指要觀察皇帝的態度。

和御史大夫丙吉私交最篤，兩人協力同心，共輔朝政，猶如漢宣帝的兩隻膀臂。魏相在位八年，老死在任上，丙吉遂繼任為相。丙吉為漢宣帝的大恩人，宣帝非丙吉不得生，非丙吉不得立。可是丙吉為人忠厚，自宣帝即位，他絕口不道往事，深自謙抑，外邊很多人不曉得他和皇帝的關係。他度量恢弘，待人寬大。部屬如不稱職，給他們長假休息，不加罪責。務掩人之過，揚人之善。做事不計小節，但求大體。有一天，他乘車出門，在大街上遇到一群人鬥毆，死傷橫藉。他好像沒有瞧見一樣，逕自馳過。再往前走，看見一個鄉下人，趕著一頭牛，那牛張口吐舌，氣喘不已。丙吉連忙叫車站住，親自下車，詳細盤問那鄉民，是從那裡而來，行路幾何，牛可有疾病？婆婆媽媽的，說了半天才上車。隨從掾史，都莫名其妙，因問丞相，為什麼看見人命關天大事，反而不管，卻問道旁牛喘。丙吉道：「你們那裡曉得！人民鬥毆，殺傷性命，這是長安令京兆尹職責之事，不歸我管。我但考核令尹是否盡職，然後奏明天子，課以賞罰。政治是要層層負責，各有任務，斷不可越職去代管別人之事，那就破壞了組織。今方新春，少陽用事，天氣不熱，牛不當喘。如果那牛身無病，行程不遠，此中必有時氣失節，陰陽錯亂之象。我三公職典陰陽，這正是我責任以內的事，看是小節，卻是大事，我焉得不問！」掾史等無不嘆服。丙吉不僅懂得調節陰陽的道理；他這種寬仁持大體的作風，正與宣帝的嚴肅明察相配合，在天子和守相之間，造成一種非常微妙的調節作用。丙吉為相四年，也壽終任所。繼任黃霸為相，也是四年而卒。再繼任于定國，這是宣帝朝最後的一任丞相。定國字曼倩，東海郯城人，少習法律，曾為獄吏。後官至廷尉，師學《春秋》，乃尊重經術。為人謙恭端重，善於治獄。又能飲酒，數石不醉。其父于公，是東海郡獄吏。斷案如神，公平清正，從沒冤害過好人，地方上為他建立生祠。于公自嘆道：「我生平雖無特長，但治獄多積陰德，想我子孫，必有興者。」於是將里中閭門改建高大，預備可容駟馬高蓋。後來于定國果然做了朝中首相，位極人臣。時人為于定國之父和嚴延年之母，撰了一付對聯道：

❼　漢朝的政治，往往要根據前朝的例子來作，這種例子叫做故事。

于公高門以待封；嚴母除地以望喪。

從魏相到于定國，歷任首輔，構成了一貫的賢明中樞。由這個中樞進而構成一個賢明的吏治。上下協調，才完成漢宣帝綜核名實的政治。政治健全，才能在軍事外交上，發揮出強大的力量。漢武帝時所建立的武功，許多是在漢宣帝時才告完成。宣帝一朝，對外有三件大事：一是討平西羌，一是設西域都護，一是收降匈奴單于。

羌人是漢代西方一大患，據說是三苗的後裔。散居在賜支河首❽黃河發源地與湟水❾一帶，部落繁多，南接蜀漢，北抵河西四郡，西北界樓蘭車師，廣袤千里。從前當匈奴盛時，諸羌臣服於匈奴，及至漢降渾邪王，置河西四郡。諸羌被漢兵所逐，從湟中竄回賜支一帶，時常騷擾邊境。宣帝初即位時，命光祿大夫義渠、安國安撫諸羌。有先零羌（羌之一種）人，請求徙居在湟水北那塊無人田牧之處。安國不明利害，竟然應允。羌人乃紛紛渡越湟水，有羌豪❿兩百多人，解仇交質為盟⓫，那時後將軍隴西趙充國統騎兵四萬，分屯在緣邊九郡，防制匈奴。充國生長西北，熟知羌胡動態，上書奏道：「羌人雖眾，部落繁多，各自有豪，而互相自殘不能統一，所以易制。如果他們解仇交質，必有合力對外之心，不可不防。記得西羌在三十年前，曾經解仇交質，不久便反。現在北還湟中，說不定又與匈奴勾結，須有未然之備。」後來果然發覺，羌人計劃與匈奴呼應，切斷西域敦煌之路。朝廷急命義渠、安國，前往監視。不料安國作事魯莽，到了那裡，設計詿誘，將三十餘先零羌豪一齊斬首。又乘其不備發兵縱擊，殺死先零種羌一千多人，於是將羌人激怒。原先歸化封為歸義侯的羌豪楊玉，召聚各種羌部落，全面叛亂。其勢洶洶，攻城劫邑，誅殺長吏，安國所率三千屯騎，被打得落花流水，損失輜重無算，敗回令居⓬。西北邊疆

❽　地在黃河發源處，今青海東南部地。

❾　即今之湟水，發源青海境，流入黃河。

❿　羌人的領袖，叫做豪。大的領袖，叫做大豪。

⓫　這是羌人的一種行為。解仇是解除仇恨，交質是各種族間彼此交換質子。就是化仇為友，團結禦侮的意思。

大亂，時當神爵元年。天子遣使徵詢趙充國：「欲平西羌，何人可使！」充國自告奮勇道：「沒有過於老臣者！」天子乃召充國入朝。充國年已七十餘歲，鬢髮皆白，真是老當益壯。天子問道：「老將軍，度量羌虜情勢如何，出征當用兵力多少？」充國道：「百聞不如一見，軍情難以預度。待老臣到了金城⑬，把山川地勢，繪成圖形，稟奏陛下。總之，羌夷小醜，逆天作亂，滅亡不久。願陛下相信老臣，不必耽憂！」天子笑諾。趙充國到了金城，將兵萬騎，渡過河水，安營紮寨。只見羌虜數十百騎，馳驟而來，出沒陣前。充國道：「此乃敵人游騎，恐是誘兵。」誡三軍勿動。在前面有一條狹谷，四面皆山，謂之四望狹，形勢兇險。黃昏時分，遣偵騎往狹中探望，不見敵蹤。充國引軍銜枚疾走，一夜功夫，穿過了山谷。翌晨，至落都⑭。充國欣然顧謂左右道：「我這才知羌虜無能為也！他們只消數千人，埋伏在四望狹中，我兵豈得入哉！」充國用兵謹慎，穩紮穩打，計而後戰，從不行險僥倖。步步為營，進到西部都尉府所在地。日日犒饗軍士，養精蓄銳，暫按兵不動。不管那羌虜如何挑戰，充國只是不理。在先零羌的西方，有羌種名罕开，罕开豪靡當兒有弟雕庫在漢軍中為質。充國知道那些羌種雖然解仇交質，都是面和心不和。乃將雕庫釋放，叫他告訴罕开種豪，天子有旨漢兵只誅有罪的先零，對於安分守法的羌人，絕不侵害。並懸賞獎勵他們立功贖罪，斬大豪一人，賜錢四十萬，中豪十五萬，下豪二萬。這樣來製造他們的矛盾，瓦解他們的團結。那時漢宣帝恐怕充國兵力不足，大發三輔刑徒，五郡材官，合邊地騎士，集中在隴西、金城、武威、張掖、酒泉一帶，以為奧援。酒泉太守辛武賢，見趙充國逗留不進，奏請天子略稱：「漢大兵屯邊，不可久留，應當速戰速決，邊地苦寒，待到嚴冬馬羸，便難用兵。願引兵西出張掖酒泉，夾擊鮮水上的罕开羌。」天子即拜酒泉太守辛武賢為破羌將軍，樂成侯許延壽為強弩將軍，而下聖旨責讓充國。充國即上書謝罪，並陳述當前利害，大意說：「前蒙天子賜書，謂朝廷不

---

⑫　今甘肅永登縣西北。

⑬　今甘肅蘭州市西北。

⑭　今青海樂都地。

罪罕幵令其立功。臣已遣雕庫宣揚天子盛德，罕幵之屬，皆奉明詔。今又
發兵西討罕幵，豈非失信於羌胡，反而促其團結。方今抗命作亂的，是先
零豪帥楊玉，罕幵從無過失。現在置先零，擊罕幵；釋有罪，誅無辜，起
壹難，就兩害，誠非國家之計。臣聞兵法云：攻不足者，守有餘；又曰，
善戰者致人不致於人。今遠出張掖、酒泉，千里襲敵，殊失致敵之道。今
羌虜馬肥，糧食足，不能猝破。再促成罕幵、先零的團結，他們必更誘合
其他羌種，羌人種落極多，越聚越眾，誅滅須用數倍之力。臣恐國家累十
數年，也不易解決。臣得蒙天子厚恩，位至上卿，爵為列侯，犬馬之齒，
七十有六，死無所顧念，唯獨國家利害，不敢不熟計。以臣之計，先誅先
零，罕幵可不煩兵而服。目前屯兵不進，正是瓦解羌虜之計。」宣帝見充
國說得有理，便從其計。充國待先零羌久持懈怠的時候，出其不備，發兵
突擊，先零大敗，拋棄輜重，狼狽逃渡湟水。那湟水兩岸是山，道路險狹，
充國帶兵從後慢慢的追趕。有人問，為什麼不快追？充國道：「此窮寇不
可迫，緩之則潰散，迫之則拼命。」果然，這一次斬首五百人，虜獲馬牛
羊十萬多頭。渡湟水而西，便來到罕幵之地。嚴令軍士，恪守紀律，不得
燒毀聚落，田中芻牧，騷擾人民。罕幵歡喜，罕幵豪靡當兒親來謁見，充
國賜以飲食，好言撫慰，罕幵竟不戰而下。這時已至深秋，充國忽然病倒
軍中。天子焦慮，詔書慰問，並遣破羌將軍辛武賢為充國副。著充國休養，
令破羌將軍發兵急擊羌人，俾軍事早日解決。這時羌人陸續投降的，已有
一萬多人。趙充國又擬好一套屯田制敵之策，作書未上而天子聖旨到，充
國恐怕辛武賢一旦出擊，壞了大事，即欲上書爭論。充國子中郎將趙卬派
人勸他父親說：「天子既令破羌將軍出兵，勝敗與老將軍無干，老將軍佀
好生保重身體，何必和皇上爭論。萬一天子發怒，派繡衣御史❺來，將軍
身且不保，何論國家！」充國怒道：「這是什麼話！我已七十六歲，生死何
足惜！那能為了自己的生命就不顧國家的利害！你竟勸我不忠不義嗎！」
老將軍就在枕邊簽上了奏章，章中大意說：「臣聞兵者，所以明德除害，
不在用力邀功。現在羌虜已開始崩潰，然待其解決，還須相當時日，斷不

❺　漢制，直指使者身著繡衣，代表天子行事，有生殺之權，謂之繡衣御史。

可操切，操切則生變。可是臣所將吏士馬牛，但糧穀一項，每月需用十九萬九千六百三十斛，曠日持久，人民繇役不息，國家負擔不住，萬一邊疆再有外患，無法應付。臣見自臨羌❶至浩亹❶一帶，有羌虜故田及公田未墾者，約有二千頃以上，其間還有敗壞的郵亭房屋。臣前率部入山伐材木，大小六萬餘枚，可供建築。臣願請罷退騎兵，但留下刑徒及淮陽汝南步兵合吏士私從共一萬二百八十人，在此屯田。每月只需穀二萬七千三百六十三斛，可以節省十七萬斛軍糧。將屯卒分屯在要害之處，叫他們繕治鄉亭，疏濬溝渠，治理湟狹，修造橋梁，西面可以通到鮮水❶。平均每人可闢荒二十畝，一面防虜，一面從事生產，將來的利益無窮。」天子覽書，覆旨問道：「後將軍言欲罷騎兵，留萬人屯田，如將軍之計，不知虜當於何時伏誅，兵當於何時得決？」充國復奏道：「臣聞帝王之兵，以全取勝，是以貴謀而賤戰；戰而百勝，非善之善者也；故先為不可勝，以待敵之可勝。蠻夷習俗雖與中國不同，但是趨利避害，貪生怕死，則是人同此心。目前羌虜喪失了美土良田，求歸不得，欲戰不能，人人離心，各自為謀。今明主班師罷軍，留兵屯田，順天時，因地利，立於不敗之地，以待可勝之虜。雖未即伏辜，軍事不出一年，可望羌虜徹底解決⋯⋯」因列舉屯田十二利。當時宣帝與趙充國往返議論，充國每上一書，輒召朝廷公卿研究，最初附議者不過什之二三，最後什之八九，凡前言不便者，都拊掌嘆服。天子終於采納了充國之議。但是破羌強弩兩將軍一再請命出擊，天子乃兩從其計。一面令充國布置屯田，一面令兩將軍與中郎將趙卬分頭出擊，各斬殺數千人。俟取得勝利，即命所有各路一齊罷兵，獨留充國所部步卒屯田監守。明年（神爵二年）五月，先零羌總數五萬，前後投降三萬一千二百人，斬首七千六百級，饑餓溺死者五六千，流亡逃走者四千人，乃全部解決。於是趙充國奏請班師，振旅遷朝。充國老友浩星賜，前來迎迓，悄悄說道：「這次討伐西羌，朝中人士看法不一。你如見了天子，千萬不必居功，只

❶ 今西寧湟中。

❶ 水名，即大通河。漢之浩亹在今甘肅。

❶ 流入青海，即今之青海湖。

說，此乃兩將軍出擊之功，非愚臣之力，可以討得大家的歡喜！」充國憤道：「我這大年紀，還叫我去阿諛敷衍，違背自己的意志欺騙明主嗎！這兵國大事，一言一計都要留為後世之法，我誓以此餘命，要為陛下說明這千秋利害之計，誰敢來阻攔我！」他終於在皇帝面前說了個痛快，宣帝稱嘆不已。過不一月，殘餘的羌人部落四千餘人，殺死罪魁大豪楊玉猶非，將首級來降。朝廷將那為首幾人，都封為君侯，關置金城屬國❶，以處降羌，拜辛武賢之弟辛臨眾為護羌校尉。從此一勞永逸，羌人多年不敢再亂。趙充國平羌的計劃，不僅說明一種軍事方略，並且說明一種人道政治的哲理，這是宣帝時一件大事，其價值不在漢武帝討伐匈奴之下。充國年老退休，詔賜安車馴馬黃金就第，遇有四夷大事，常就問策，活到八十六歲，富貴壽考。後來漢成帝時，西羌又亂，思念充國，特令黃門郎楊雄為充國作像贊，流傳於世，其辭曰：

> 明靈惟宣，戎有先零。先零昌狂，侵漢西疆。漢命虎臣，惟後將軍，
> 整我六師，是討是震。既臨其域，諭以威德，有守矜功，謂之弗克。
> 請奮其旅，于罕之羌，天子命我，從之鮮陽。營平守節，妻奏封章，
> 料敵制勝，威謀靡亢。遂克西戎，還師於京，鬼方賓服，罔有不庭。
> 昔周之宣，有方有虎，詩人歌功，乃列於《雅》。在漢中興，充國
> 作武，赳赳桓桓，亦紹厥後。

這幾年漢朝幾乎集中全力解決西羌之叛，使西羌問題告一段落。西羌問題之發生，是由於西羌打算北竄和匈奴勾結，隔絕漢通西域之路，而引起漢朝的用兵。所以漢朝的討伐西羌，其主要的目的還在西域與匈奴。講到這裡，我們要來敘述，這些年來西域和匈奴情形為如何。前文曾說當匈奴壺衍鞮單于即位後，漢昭帝元鳳三年時，霍光遣范明友出擊烏桓，將烏桓打得大敗。匈奴畏懼漢威，乃向西北遠蕩。壺衍鞮在東方受了打擊，又憎恨漢朝，乃向西方發展企圖取得報償。他乃連絡車師去侵略烏孫，並威脅烏孫必須獻出漢公主，和中國斷絕關係。在烏孫的漢公主，便遣使返國

---

❶　在金城郡西，轄湟水流域羌人之地。

乞援，說烏孫王願意出兵與漢朝夾擊匈奴，這是在昭帝崩宣帝即位之初的事情。這時在烏孫的漢公主，已不是元封六年嫁烏孫的細君公主，而是另一位叫解憂公主的。這解憂公主是何人，這話又須要從頭說起了。

原來當年，細君公主含淚忍辱，和昆莫孫兒岑陬結婚之後，過了幾年，生下一個女孩，就憂傷而死。岑陬又向漢朝請婚，漢朝再命楚王戊的孫女，出嫁烏孫，便是解憂公主，時當漢武帝末年。岑陬昆彌也照樣有兩位夫人，一位漢夫人，一位匈奴夫人，這也成了當時烏孫國中一種傳統的習慣。匈奴夫人生有一子，名叫泥靡。不久，岑陬一病身亡，兒子泥靡還小，便將國位傳與族弟翁歸靡。臨終遺囑說道：「俟泥靡長大，仍以國位歸之。」這翁歸靡長得肥頭大耳，綽號人稱肥王。即位之後，照他國中習俗，繼尚解憂公主。結婚之後，公主生下三男一女，長男名叫元貴靡，次男名叫萬年，三男名叫大樂。公主和肥王，夫婦間感情還算敦篤。因之和漢朝的邦交，維持親睦。不料匈奴發兵侵略，要威脅公主，破壞烏孫和中國的聯盟。肥王和公主一齊震怒，便遣使邀漢朝共同出兵。

時當宣帝本始三年，還是霍光當朝之時，應公主之請，大發兵討伐匈奴，遣祁連將軍田廣明將騎兵四萬出西河，度遼將軍范明友將騎兵三萬出張掖，前將軍韓增將騎兵三萬出雲中，後將軍趙充國將騎兵三萬出酒泉，虎牙將軍田順將騎兵三萬出五原。五將軍共發大兵十餘萬，分道出塞。另遣校尉常惠[20]持天子節，前往烏孫，監護烏孫兵。匈奴聞知漢朝大舉出擊，引眾向西北遁逃。漢五路大兵，出塞千里，竟撲了一空，無功而還。可是匈奴往西北閃避的時候，卻與烏孫大兵遭遇，一場混戰，匈奴打得大敗，死亡三萬九千多人，損失了馬、牛、羊、驢、橐駝七十幾萬頭。漢朝得訊大喜，拜封常惠為長羅侯，令他持金幣分賜烏孫諸貴人。壺衍鞮單于遭此敗仗，心不服氣，收拾人馬，就在那年冬天，發騎兵數萬去襲擊烏孫，要報仇雪恥。不料逢狂風大雪，一日一夜之間，平地雪深一丈，人畜凍死無算，又被烏孫打敗，狼狽而走，生還者不到十分之一。烏孫不放，從後追擊，烏桓聞訊，攻其東；丁令乘勢攻其北，三面夾攻，又殺死匈奴好幾萬

---

[20] 此常惠就是隨蘇武同出使匈奴的常惠，他的壽命特長。

人。加以饑餓流離，匈奴大衰。不久壺衍鞮單于便憂憤而死，弟虛閭權渠單于即位，時當地節二年。從此匈奴虧弱，不敢入寇，中國北邊為之平靖。匈奴既衰，漢朝鑑於西域車師反覆無常，屢次勾結匈奴作亂。為了聯絡烏孫，保持西域交通，非討伐車師不可。那時會稽人，侍郎鄭吉與校尉司馬喜，率領免刑罪人，在渠犁❷一帶地方，屯田積穀。就在地節三年，漢宣帝命鄭吉等，發屯田兵一千五百人，聯絡附近西域諸國兵共萬餘人，突擊車師。車師一部分投降，一部分遠走。鄭吉以車師地方迫近匈奴，地距渠犁千里，難以控制，在元康二年徙車師降民於渠犁。漢宣帝拜鄭吉為衛司馬，使保護鄯善西南通西域之路。漢與匈奴和西域的糾紛，到此時告一階段。神爵二年，匈奴虛閭權渠單于死，握衍朐鞮單于即位。單于暴虐，盡殺前朝貴人子弟，朝中人心離叛。居匈奴西部的日逐王先賢撣，與單于不和，就率眾投降漢朝。遣使者到渠犁與鄭吉接洽，鄭吉發渠犁、龜茲諸國大兵五萬人，迎接日逐王南下，並遣兵護送日逐王至京師，受封為歸德侯。鄭吉既破車師，降日逐王，威鎮西域。宣帝拜鄭吉為西域都護，封安遠侯，令其兼護車師西北道。這是漢設西域都護之始。都護設幕府在烏壘城❷，烏壘西去陽關二千七百里，督察西域三十六國的動靜。於是漢朝的政治力量，直接控制了西域，號令班行無阻。西域之通，是始於張騫而成於鄭吉，是始於漢武帝而成於漢宣帝時。

　　原來匈奴握衍朐鞮單于乃是虛閭權渠的右賢王，他和虛閭權渠的閼氏私通，虛閭權渠一死，握衍朐鞮自立為單于。自然朝中不服，他就殺人立威，一時匈奴陷於混亂狀態。虛閭權渠單于之子稽侯狦，為避單于的迫害，逃奔其岳父烏禪幕。烏禪幕立稽侯狦為單于，號稱呼韓邪單于。呼韓邪為報父仇，引兵擊握衍朐鞮，握衍朐鞮兵敗自殺，其眾歸降呼韓邪。握衍朐鞮有從兄，名叫薄胥堂，也被部眾擁立為單于，稱為屠耆單于。投降中國的日逐王先賢撣，有兄奧鞬王，自立為車犁單于。又有烏藉都尉，自立為烏藉單于。西方有呼揭王，自立為呼揭單于。於是五單于爭位，匈奴大亂，

---

❷　地在今新疆庫爾勒城北。

❷　在今新疆輪臺附近。

時為五鳳二年。結果，一番混戰，呼韓邪擊敗了四單于，還都於單于庭。但是所餘傷病之眾，只剩下了幾萬人，兵力大衰。到五鳳四年，屠耆單于從弟休旬王，自立為閏振單于於西部。呼韓邪兄左賢王呼屠吾斯，自立為郅支骨都侯單于，簡稱做郅支單于。於是又釀成為三單于爭立的局面。後來閏振為郅支所殺，郅支乘勝進攻呼韓邪。呼韓邪戰敗困乏，遂與群臣商議，決定歸降漢朝，請求漢朝的保護。乃先遣子右賢王銖婁渠堂入侍；郅支單于聞訊，亦遣子右大將駒于利受入侍，時在甘露元年。明年是甘露二年，呼韓邪到五原塞上，請求入朝謁見天子。朝廷聽說單于居然要來朝見漢天子，這真乃是空前盛事，自然表示歡迎。漢朝為了擺威風，排開一個極大的場面。在甘露三年正月，遣派車騎都尉韓昌，為歡迎代表。自長安，馮翊，北地西北到五原，發緣途七郡騎兵二千騎，排列在道上。迎接呼韓邪單于，朝見天子於甘泉宮。待單于以殊禮，位在諸侯王上。賜以冠帶衣裳，黃金璽綬，玉劍佩刀，弓矢棨戟，車馬黃金，錦繡綺縠。這邊排列著漢朝公卿百官，那邊排列著蠻夷君長，只見渭橋左右，人如潮湧。萬歲的呼聲，響徹雲霄。謁見之後，賜單于就邸，休息了一個多月，送遣單于歸國。單于震炫漢朝的威德，請願留居塞下，為漢朝保護受降城。朝廷乃遣派長樂衛尉高昌侯董忠，車騎都尉韓昌，率領騎兵一萬六千，護送單于出朔方雞鹿塞。就駐兵在邊塞之上，保衛單于，誅殺不服。又轉輸邊郡穀米，前後三萬四千多斛，以贍助單于。明年，呼韓邪與郅支兩單于，都各遣使入貢，漢朝一樣的優禮相待，以示大國之風。又過了一年，那是黃龍元年。呼韓邪單于再度入朝，朝廷禮賜有加。郅支單于見漢朝種種幫助呼韓邪，不敢南逼，就引兵西走。遣使往見烏孫昆彌，要和烏孫修好。烏孫為了討好漢朝，竟殺死郅支使者，將頭顱送往西域都護，並發兵攻打郅支，郅支只得再向西北遠走。那時的漢朝，真是威服絕域，聲震八荒。

　　卻說烏孫肥王翁歸靡，在元康年間身死。國人遵岑陬昆彌的遺囑，立泥靡為昆彌。泥靡暴虐無道，綽號叫做狂王，狂王又尚解憂公主，並生一子，名叫鴟靡。解憂之嫁狂王，出於無可奈何，夫婦間感情非常惡劣。後來狂王被翁歸靡胡婦子烏就屠所殺，烏就屠自立為昆彌，烏孫大亂。漢遣

長羅侯常惠與辛武賢，將兵一萬五千人，前往討伐。常惠先行至烏孫，辛武賢屯兵在敦煌境上，整軍待發。一面和西域都護鄭吉聯繫，研究進兵的方略。楚公主解憂當年嫁往烏孫的時候，攜有一個侍女，名叫馮嫽。馮嫽知書識字，精明能幹。嘗持漢節代表公主，賞賜西域諸國，西域之人無不尊敬，稱她做馮夫人。馮夫人嫁烏孫右大將為妻，而右大將與烏就屠相好。當時西域都護鄭吉，知道在西域用兵不易，便想了一個計策。請馮夫人先用言語，去威說烏就屠，告漢朝大兵已出發，如果一旦兵臨烏孫，那就有滅門之禍。烏就屠果然驚慌，表示只要漢朝饒恕，封他一個爵位，他願歸依漢朝，唯命是從。鄭吉便即轉奏天子，天子乃下旨命漢軍暫停前進，特召馮夫人入朝，當面問個明白。天子見馮夫人對答如流，心中歡喜。即遣期門甘延壽為副使，護送馮夫人錦車持節，代表朝廷，去宣撫烏孫。馮夫人到了烏孫，宣布朝廷威德。即命烏就屠到赤谷城中，謁見長羅侯，拜受朝命。於是漢封解憂公主所生長子元貴靡為大昆彌，烏就屠為小昆彌。大昆彌統治六萬戶，小昆彌統治四萬戶。又令長羅侯常惠，將三校尉兵屯駐赤谷城中，監視烏孫。於是辛武賢罷兵回朝。那知道，為時不久，元貴靡和鴟靡相繼病死，烏孫國人都歸附了小昆彌。這時解憂公主在烏孫，舉目無親，滿目淒涼。便上書言：「年老思故土，願得骸骨歸漢地」，說得萬分哀切，天子為之動容。就遣人迎接公主還朝。時當甘露三年，公主偕同孫兒男女三人，回到了長安。白髮盈顛，年已七十多歲了。天子賜公主田宅奴婢，奉養之禮儀比公主。可憐楚公主解憂，自武帝太初年間遠嫁烏孫，身歷三朝，前後在異域五十餘年，紅顏出國，皓首而歸。其艱苦卓絕之精神，豈在張騫、蘇武、常惠、鄭吉之下。漢代的強盛絕不是偶然，就靠著這班英勇的中華兒女，他們為了國家，不惜犧牲個人一切的幸福，以至於生命，才寫出這樣一頁輝煌的歷史。

在解憂公主返國之時，正是呼韓邪單于來朝之年。漢宣帝見國運之隆，國威之盛，心中無限的興奮。想到這都是一班股肱忠賢的力量，不可不有一番表揚，以供後世的追思景仰。乃將當朝功臣十一人的像貌，圖畫在未央宮中麒麟閣上。這十一位元勳乃是：大司馬大將軍博陸侯霍光、衛將軍

富平侯張安世、車騎將軍龍額侯韓增、後將軍營平侯趙充國、丞相高平侯魏相、丞相博陽侯丙吉、御史大夫建平侯杜延年、宗正陽城侯劉德、少府梁丘賀、太子太傅蕭望之和典屬國蘇武。漢宣帝嘗將他這一班輔弼，比做方叔召虎，蓋以周宣王自況。明年，甘露四年冬十月，忽然未央宮宣室火災，亦許是個不幸的預兆。再明年，黃龍元年，呼韓邪單于再度來朝之後，漢宣帝突然一病不起。十二月甲戌之日，駕崩於未央宮中，享年四十三歲。

《漢書宣帝紀贊》略曰：「孝宣之治，信賞必罰，綜核名實，政事文學法理之士咸精其能，至于技巧工匠器械，自元、成間鮮能及之，亦足以知。吏稱其職，民安其業也。遭值匈奴乖亂，推亡固存，信威北夷，單于慕義，稽首稱藩。功光祖宗，業垂後嗣，可謂中興，侔德殷宗、周宣矣。」這幾句論斷，極其正確。

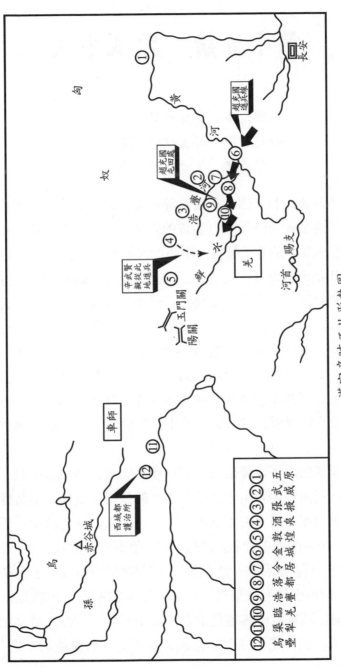

漢宣帝時西北形勢圖

① 五原
② 威武
③ 張掖
④ 酒泉
⑤ 敦煌
⑥ 金城
⑦ 令居
⑧ 落都
⑨ 浩亹
⑩ 臨羌
⑪ 渠犁
⑫ 烏壘

第十五講　元成中衰

恭顯用事　　京房亟諫　　匡衡鑿壁
婕妤當熊　　郅支伏誅　　昭君和番
五侯驕侈　　朱雲折檻　　飛燕承寵

　　漢宣帝十八歲即位，四十三歲壽終。臨朝二十五年中，在武功和政治方面，完成了許多武帝時所沒有完成的事業。從漢武帝到漢宣帝，前後恰好一百年。這一百年是前漢歷史的中心，是漢朝的黃金時代。尤其漢宣帝，他強調民主和法治的精神，完成了一個刑賞兼施、綜核名實、強有力的政治。可是這個政治，到了宣帝死後，就慢慢的衰落下去，歷史總是一條起伏不平的曲線。漢宣帝雖然一生精明強幹，卻也留下三件事，令人惋惜！頭一件事，由於他幼年身世的悽慘，追思他母家的苦難，為了報恩和懷故而引用許史，造成外戚干政之端。第二件事，由於他個性的剛強，不甚信任大臣，把宮廷裡的機密文件，交給兩個親信的宦官掌管，一名石顯，一名弘恭，造成宦官弄權之端。第三件事，是他把帝位傳給一個懦弱無能不爭氣的兒子。

　　這個不爭氣的兒子，就是太子劉奭❶。劉奭是漢宣帝的長子，當年落難時同許氏在民間結婚，生下此子。後來許氏做了皇后，不久就被霍顯害死，宣帝懷念故妻，便立劉奭為太子。太子長大，倒也讀書好學，只是性情十分柔懦，全不像他的父親。曾有一日，他看宣帝誅殺大臣，惻然不忍，便在一旁勸道：「陛下用刑未免太過，何不用儒生行仁政。」宣帝馬上把臉色一沉道：「你小小年紀，懂得什麼事？漢家的制度，本雜以霸王道；如何能純任德教。國家完全靠感化的力量是不行的。現在有許多俗儒，他們只曉得發空論，往往是古非今，教人莫知所從；怎麼能夠全憑信他們。」

❶　音ㄕˋ，盛也。

說罷長嘆了一聲道:「亂我家者太子也!」從此心中不快,幾番要廢掉太子,但想到亡妻之情,也就算了。黃龍元年三月,宣帝病勢沉重,自知不起,便把侍中樂陵侯史高,太子太傅蕭望之,太子少傅周堪,叫到身邊,囑以後事,要他們好生輔佐太子。就拜史高為大司馬車騎將軍,蕭望之為前將軍光祿勳,周堪為光祿大夫,共領尚書事。及至駕崩,太子奭即位,就是漢孝元皇帝。

大司馬史高是史良娣之兄史恭的長子,和他的兩個弟弟史曾、史玄,都以外戚封侯。還有許廣漢的姪兒許嘉,也襲封平恩侯,這兩家皇親,尊寵當權,一般人稱為許史。蕭望之字長倩,東海蘭陵人,少習《詩經》、《論語》,為人正直無私,是一位醇儒,他和光祿大夫周堪都是元帝的老師。兩人共同保舉諫大夫劉更生為給事中,劉更生是楚元王劉交之後,是皇帝的宗室,也是一位經學家。還有侍中金敞。這四人意氣相投,同心輔政。可是他們看不起史高,說他不學無術,只是靠著外戚的關係作了親貴。史高自己感覺孤單,便和中書令弘恭、石顯相結納,朝中成為兩派。弘恭、石顯,雖然是兩個宦官,自從宣帝時,就掌管樞密。元帝即位之初,體弱多病,又不諳政事,宮廷機要,一直握在他兩人手中。這兩個小人,公事老練,心地狡猾,極懂得逢迎諂媚之術,不消多時,便把漢元帝誆哄得事事依從。蕭望之自然看不過去,便稟奏元帝說:「中書掌管機密,是國家的根本,應選任賢才,怎麼能用那閹宦小人!」語氣之間,指斥弘恭、石顯。弘恭、石顯懷恨在心,教唆兩個小臣鄭朋、華龍,上書控告蕭望之、周堪等,陰謀要陷害車騎將軍,元帝便交給弘恭、石顯去查辦。弘恭、石顯覆奏道:「蕭望之、周堪、劉更生等,互為朋黨,讒毀大臣,離間親戚,企圖專權竊政,為臣不忠,當交付廷尉。」元帝也未加深思,就提起御筆,在奏章上批了一個可字。弘恭、石顯乃傳下聖旨,雷屬風行,將蕭、周拿下廷尉獄。過了幾天,元帝不見蕭望之等上朝,大為詫異。問左右,太傅何往?左右奏稱,奉陛下聖旨已拿辦下獄了。元帝大驚,將弘恭、石顯喚上前來,拍案大罵道:「你們說要請蕭太傅往廷尉去談話,怎麼把太傅拿下了監獄,真是豈有此理!」弘恭、石顯慌忙跪倒,免冠叩頭道:「啟稟陛

下，付廷尉就是下監獄，小臣無知，罪該萬死！」元帝臉漲得通紅，命恭、顯下旨，趕快釋放蕭太傅，不得延誤！恭、顯連聲應諾，走出宮來，急忙找到車騎將軍史高，如此這般，教了他一個主意。於是史高進宮奏道：「聽說要釋放蕭太傅，這事斷斷使不得。陛下新即位，突將師傅下獄，已經內外震駭，如再無故釋放，必惹笑天下。」元帝聽了，也覺不錯。只是要把老師辦罪，實在於心不忍，真是左右為難。想來想去，乃下了一道莫名其妙的聖旨，略謂：「按前將軍蕭望之，傅朕八年，雖無大過，但事已久遠，也記憶不清。今暫赦望之之罪，但免去前將軍光祿勳之職。至於周堪、劉更生，罪無可貸，皆免為庶人。」過了些時，元帝忽然心中懊悔，思念望之等不已。下詔再賜望之為關內侯，每逢朔望入朝，又徵周堪、劉更生為中郎。那時丞相于定國年老，元帝有意要拜望之為相。弘恭、石顯和許史之黨，大為惶恐。恰好那年初元二年忽然發生地震之災，劉更生教他的一個親戚，上書陳說災異，略稱：「臣聞《春秋》云，地震者，在位執政專權太盛也。前將軍蕭望之等，都是忠正無私之臣，因為得罪了貴戚尚書弘恭、石顯等，獄決三月，就發生地震。足證地震之災，正為恭等專權之故。臣愚以為，宜斥退恭顯，以章蔽善之罰；進望之等，以通賢者之路。如此，則太平之門開，災異之源塞矣」。書為弘恭、石顯所見，明知是劉更生所作。同時望之子散騎中郎蕭汲上書，為他父親前番獲罪之事訴冤，不免有怨懟之辭。恭、顯大恨；暗中先著人把劉更生捉拿下獄，問明口供。然後奏稱，這些書章，顯然是毀謗朝廷，應交有司嚴格查究。詔付廷尉，廷尉覆奏：「經查明前書是劉更生所指使，按更生前為九卿，與蕭望之、周堪共謀傾軋車騎將軍許侍中，毀離親戚，圖奪政權。為臣不忠，幸不伏誅，復蒙徵用，不悔前過，反教人假借災變，誣罔不道，更生應免為庶人」。又奏：「望之前事，並無冤枉，卻教子上書，出言不遜，有失大臣體統，大不敬，應詔付有司訊問。」元帝認為廷尉所論甚是，只是要責問蕭老師，有些為難。石顯從旁奏道：「前將軍他自己有錯，卻教兒子上書，歸罪於天子，實有失為臣之道。他自恃是天子的老師，所以肆無忌憚。陛下如不過問，人家會說陛下有所偏私，何以示大公於天下！」元帝道：「蕭太傅性

情剛強，如有一差二錯，怎麼辦?」石顯道:「這只要前將軍去到有司對答幾句話，在朝廷上有一個交代，並不是什麼大不了的事，陛下又何必多慮!」元帝於是詔許。恭、顯故意要摧辱望之，令太常卿發執金吾車騎兵丁，將太傅府團團圍住，聲勢洶洶，好像蕭太傅犯了什麼滔天大罪。使者拿著詔書，責令望之就捕。望之看情形嚴重，便欲自殺。夫人勸道:「這事真象不明，未必是天子之意，不妨去到有司走一趟，何必就尋短見呢。」望之回頭顧問門生朱雲，朱雲好俠尚義，是個節烈之士，勸望之自裁。望之仰天嘆道:「我年過六旬，身至將相，還要受牢獄之辱，去乞活求命嗎! 朱雲，拿藥來!」乃飲酖而死。這消息傳到宮中，元帝聞之大驚，搥胸頓足道:「是不是! 我早就料到，師傅性情剛強，今天果殺死我師傅，這可怎麼好!」適太官端上御膳，元帝揮手令去，淚如雨下。馬上令左右把石顯叫來，大罵道:「你怎樣把我老師逼死!」石顯免冠叩頭稱罪道:「此乃太傅情急自殺，與小臣何干。」元帝想了想，事已如此，追究無益，亦只得罷了。既然辜負了蕭望之，便想在另一位老師身上彌補過失，乃提升周堪為光祿勳，又用周堪弟子張猛為光祿大夫。師徒二人，尊寵用事。劉更生雖然被廢，因是宗室名儒，在朝中仍有聲望。他看天子有悔過之意，政治上又露出了一線曙光。他於是鼓起勇氣，作了一篇洋洋灑灑的文章，上奏天子，痛論朝廷的得失。其大意說:「臣前幸以骨肉備九卿，奉法不謹，蒙陛下寬宥，雖在田畝，不忘君恩。今陛下開三代之業，招文學之士，使人材並進，誠為盛事。但賢不肖渾淆，白黑不分，邪正雜揉，忠讒並進。更相毀謗，亂生是非，熒惑天子耳目，動搖天子心意，分曹結黨，陷害正臣。夫讒邪之所以得進，由於在上者之多疑;執狐疑之心者，來讒賊之口;持不斷之意者，開群枉之門。讒邪進，則賢人退;群枉盛，則正士消。小人道長，君子道消，則政日亂;君子道長，小人道消，則政日治。當年共工與舜禹共事堯皇，堯舉舜禹而誅共工，所以大治。孔子與季孫孟孫俱仕於魯，魯定公用季孟而斥孔子;李斯與叔孫通俱宦於秦，秦始皇用李斯而斥叔孫通，所以大亂。故治亂之道，在於用賢，用賢在於堅定不移。《詩》云:我心匪石，不可轉也，言守善不可動搖。《易》曰:渙汗其大號。言

法令如汗，出不可反。今出令不踰時而反，用賢不三旬而退，而姦人在位，歷年不能去。出令如反汗，用賢如轉石，去佞如拔山；如此而望陰陽之調，不亦難乎！自然群小乘隙而入。《詩》云憂心悄悄，慍於群小。小人成群，誠足慍也。以陛下之明，願能遠佞邪之黨，開眾正之路，決狐疑，去猶豫，使是非判然，自然百害消除，天下太平。」這篇奏章雖然寫得十分沉切，但對於那優柔寡斷的漢元帝，並沒有發生作用，只是徒徒結怨於小人。光祿勳周堪自蒙天子親信，便直道孤行，無所顧忌，因此得罪了不少權貴。石顯為了劉更生之書，懷恨在心，就暗地裡和許史等，散布謠言，到處攻擊周堪，弄得元帝亦疑信無主。那時適當盛暑，突有一天日寒無光，群臣奏稱，此乃有重臣干政蒙蔽天子之象，應在堪、猛專權，天子大惑。適朝中有一新進，乃是長安縣令楊興，素稱足智多才。那天入宮謁見，天子垂問道：「朝中上下都指責光祿勳，究竟光祿勳為人如何？」那楊興原是個傾巧之士，便順著皇帝話風答道：「不瞞陛下，光祿勳豈僅不容於朝廷，就是州里地方上的老百姓，也都怨聲載道！」元帝皺著眉頭道：「你說，我現在該怎麼辦呢？」楊興乃獻策道：「臣愚以為，可賜爵關內侯，食邑三百戶，免掉他的現行職務。如此既塞眾人之口，也不失師傅之恩，此策之上者也！」元帝點頭不語。恰好城門校尉諸葛豐上書控告周堪、張猛，元帝就順勢下了一道詔書，將周堪調出做河東太守，貶張猛為槐里縣令。及至周、張斥退，元帝慢慢的又有些後悔。事過兩年，到永光四年夏六月，宣帝祖廟東闕火災，過了四天又發生日食之象。元帝想起堪猛，責備群臣道：「你們當年說日寒無光，應在堪、猛當權，朕將堪猛斥居朝外，為什麼今天又有火災日食之象，足證這天變與堪、猛無關，顯見得你們是欺騙！」那些言事之臣，都免冠謝罪。於是元帝又下了一道詔書，再將周堪徵回，拜為光祿大夫領尚書事；張猛為太中大夫給事中。並且在詔書裡，把周老師大大的頌揚了一番。周堪再度回到中樞，可是尚書五人，都是石顯的黨羽，和石顯朋比為奸，把持機密，周堪竟不得執行職權。石顯尤恐周堪報復，用盡心機，隔絕內外，不教周堪和天子見面。周堪悲恚焦急，竟得了一個瘖啞之疾，口不能言而死。石顯又誣陷張猛，著人逼猛自殺。原來小人做事

不擇手段，所以君子往往被小人所害。堪、猛一死，劉更生傷感不已，寫了〈疾讒摘要救危世頌〉等八篇文章，依古悼今，以抒悲憤。從此隱居不仕，廢退了十有餘年。

那時弘恭已死，石顯專為中書令。石顯非常狡猾，其害人往往不落形跡，在表面上，也做些沽名釣譽之事，以拉攏人心，培植勢力。時逢天子要徵聘明經潔行之士，他就舉薦鴻儒琅邪人貢禹為諫議大夫，歷位九卿，他和貢禹深相結納。藉著貢禹的招牌，以自標榜。車騎將軍史高也是個老實人，處處受石顯的擺布。他勸史高徵聘幾位名士，以樹立人望，於是聘平原文學士匡衡為郎中。他這些作法，頗能博得天子的好感，和一部分輿論的支持，這正是他欺世盜名的手段。在另一方面，他同朝中幾個小人，中書僕射牢梁，少府五鹿充宗結為黨友，暗中賣官鬻爵。凡走他們門路的，無不高官得坐，駿馬得騎，這又是他竊權圖利的手段。當時民間流行著幾句歌謠道：

牢邪，石邪，五鹿客邪！印何纍纍，綬若若邪！

卻說那時有個學者，姓京名房，字君明，東郡頓丘人。事梁人焦延壽為師，專習《易經》，深有心得。他用六十四卦，演釋災變之象，常有奇驗。以孝廉舉為郎官，常上書陳說災異的道理，元帝很感興趣，每每召見問話。有一天，在內廷宴見，左右無人，這君臣二人談得投機。京房從容說道：「陛下，您看古幽、厲❷之君，何以危亡？」元帝道：「這事很明顯，為君不明，任用姦佞。」京房道：「陛下，您看幽、厲對於那些姦佞之臣，是明知其姦而用之；還是不知，而誤以為是賢臣呢？」元帝道：「這自然是他不知道！」京房道：「那麼何以後世今日，我們知道那些人是姦佞呢！」元帝道：「這是根據那時君主危亡國家紛亂的事實，證明出來。」京房道：「由此看來，任賢必治，用姦必亂，為千古不變之理了。可嘆幽、厲那班昏君，他們為什麼不去訪求賢人，被姦佞所蒙蔽竟不覺悟！」元帝笑道：「如果他們都覺悟，歷史上那有亡國之君，又那有這些興亡得失，供人憑

❷ 周幽王和周厲王是周朝兩個最無道的君主。

弔的故事呢！」京房道：「這些失敗不足奇，奇怪的是歷史上的人君永不會覺悟。眼看前面的倒下去，後面的還要走上覆轍。我想齊桓公、秦二世，他們一定也笑過周幽王、周厲王；可是齊桓公偏偏要喜歡豎刁❸，秦二世偏偏要聽信趙高，這又是什麼道理呢？」元帝想了想道：「這知人之明，不是件容易的事，當局者迷，旁觀者清，唯有那大知大慧的有道明君，才能鑑往知來耳！」談到這裡，那京房突然雙膝跪落，免冠頓首道：「孔子《春秋》紀二百四十二年災異之事，那是興亡得失最好的懲戒。今陛下即位以來，日月失明，山崩泉湧，水旱蝗蟲，人民饑疫，《春秋》所載的災異，無不具備。陛下，您看方今天下是治呢，還是亂呢？」元帝不禁失色嘆道：「亂之極矣！」京房逼著問道：「陛下趕緊要反省一下，今日任用的臣子如何？」元帝沉吟道：「今天的災異，在前朝也有；我平素用人十分謹慎，不能斷定這天象一定就是用人之過！」京房道：「前代那些失敗的君主，他們也是如此說法；臣恐後之視今，亦猶今之視昔！」元帝默默無言，停了半晌，囁嚅說道：「那麼，你說，今天亂政者是誰？」京房道：「明主應自知之！」元帝道：「我如果知道，何以要問你？」京房道：「陛下請自思，今日在陛下左右，圖謀帷幄之中，進退天下之士者，是誰人？」元帝點頭道：「我明白了，你去吧！」京房這才復冠，辭退出朝，心裡捏著一把汗，靜待消息。那知竟如石沉大海，毫無反應，到底不知道皇帝是否明白。那時京房奏上考功課吏之法，主張嚴格考核地方官吏的功績，以為黜陟的標準，並且提出詳細的辦法，朝臣多以為不便。石顯、五鹿、充宗等討厭京房，就提議讓京房自己去當地方官，先為大家做一個榜樣。元帝頗以為然，就派京房去做魏郡太守，試行考功之法。就這樣，被攛出了朝廷。京房心中悶悶不樂，在家中不免和妻室張氏發了些牢騷，又談了些宮廷中的內幕。張氏是個長舌婦，把許多不可告人的話，都一五一十說與她的父親張博。誰曉得張博又是一個冒失鬼，把這些話語添枝加葉，到處傳播，惹下多少是非。正好給石顯找到了口實，上書控告京房張博誹謗朝廷，洩漏宮廷祕密，這是大逆不敬之事，立捕京房張博下獄，都論成了死罪。御史大夫鄭

❸　春秋時齊桓公的寵臣，桓公死後，他與易牙開方等一同作亂。

弘因為幫京房講說，也被免為庶人。

　　從此石顯威權日盛，公卿側目。他自知冤家太多，防備人家的報復，他心生一計。這日奉命出宮，有所差遣。他奏稱今晚回宮當在漏盡之時，請求皇帝預頒一道詔書，特許夜開宮門。果然那晚夜深方回，宮門已閉。石顯故意在宮外大聲呼喊，奉有聖旨，請開宮門。把門宦官見旨不訛，便放他進宮。第二天突然有人上書控告石顯，說他深夜詐詔，擅開宮門，大不道。元帝大笑，將書示顯。石顯看罷，淚如雨下。元帝慌忙問故，石顯泣道：「小臣微賤，蒙陛下寵愛太過，朝中內外，無不嫉妒。他們處心積慮，想陷害小臣，不止一事。幸賴陛下聖明，未遭讒毒。但是以微臣一命，如何抵擋得了千萬人的怨恨。懇求陛下，免掉臣的一切職務，讓臣回到後宮，服掃除之役。救臣一命，感恩不盡！」元帝極力的安慰了一番，特賞錢一萬萬，嘉獎他的忠誠。

　　石顯這般弄權，那時中樞的情形如何呢？自從蕭望之、周堪先後被害，正士吞聲。在永光元年，丞相于定國、大司馬車騎將軍史高和御史大夫薛廣德，一同告老。皆賜安車駟馬，免歸就第。明年，以御史大夫韋玄成為丞相。韋玄成做了七年丞相，到建昭三年病死。玄成是宣帝時名相韋賢之子，他也是一位宿儒。在元帝時年紀已老，文章雖好，在政治上並沒有什麼建樹，七年之中，保身持重而已。玄成死後，便起用御史大夫匡衡為相。匡衡自經大將軍史高的提拔，幾年來，由郎中而博士、給事中、光祿大夫、太子少傅、御史大夫，一帆風順做到了當朝首相。這匡衡字稚圭，東海承縣人。世代業農，家境貧寒。匡衡自幼好讀書，到了晚間，買不起蠟燭。看見鄰家燭光輝煌，他就在牆上挖了一個洞，讓隔壁燭光射入，借光而讀。又發現同邑有一大戶人家，家中富有，藏書很多。他自動到那家去當傭工，申明不需報酬，但求在工餘之暇，允許讀他家的藏書。主人大為感嘆，遂將藏書完全拿出，任憑他閱讀。如此苦學，果然成了一代鴻儒。他讀詩書，精力過人，記憶特強。尤其善於議論，引經據典，沒有那個說得過他。一般讀書人綴了兩句話道：「無說詩，匡鼎來；匡說詩，解人頤。」遂舉太常掌故，補平原文學，由此進身入朝，朝中諸儒，無不敬仰。自從做了光祿

大夫以後，元帝時常召見，問以政治得失。他常勸皇帝，事事要以身作則，教化要從朝廷推廣到四方。要減宮室之度，省靡麗之飾。要開直言，任賢良，匡失俗，易民視。他措辭委婉，每為天子悅納。可是這些意見，也都空疏抽象，儘管是好文章，也沒有什麼真作用。這丞相是朝中行政首腦，從于定國、韋玄成到匡衡，這三個人不能不說是好人，可是他們都與石顯等委曲合作，不能有所糾正，反而有時在無形中做了姦佞們掩飾的工具。這說明正義的逐漸消沉，政治的逐漸沒落。雖然如此，元帝繼武宣之後，國家的威力還在。儘管朝政不綱，軍事和外交上，仍然保持著一個強大的局面。

　　西羌自從宣帝神爵二年被趙充國所平，安定了十八年。到元帝永光二年秋七月，隴西乡❹姐羌又反。適逢邊郡饑饉，朝廷憂惶。右將軍光祿勳馮奉世，自告奮勇，願率師往討。元帝問他用兵多少？馮奉世道：「臣聞善用兵者，役不再興，糧不三載，師不久暴；不須顧慮兵數多寡，要在一戰成功。現在反虜約有三萬人，軍法倍之，需用六萬人；可是羌戎兵器不利，可用四萬人，保一月決勝。」丞相御史都說民力艱難，只許發兵一萬二千人。命任立韓昌兩將為副，隨同馮奉世，進兵隴西分屯在白石臨洮首陽三處，同羌人接戰，果然寡不敵眾，損兵折將，連打了幾個敗仗。奉世亟請增援，元帝情急，這才發大兵六萬，派奮武將軍任千秋率往增援。大軍於十月抵達前方，十一月諸路並進，大破羌虜，斬首數千級。殘羌都狼狽逃出了塞外，留兵分屯諸要害。永光三年春二月，馮奉世凱旋還朝，官拜左將軍，賜爵關內侯。奉世字子明，上黨潞縣人，乃是馮唐之後。宣帝時曾奉命使西域，誅莎車王立大功，右將軍常惠死，他便代常惠為右將軍。馮奉世有九男四女，長女馮媛，選入後庭為婕妤，頗受元帝的愛幸。有一天，元帝偕同後宮嬪妃，到上林虎圈，觀看鬥獸。一時不慎，突有一隻大熊，逸出圈欄，直奔向御座而來，左右貴人、傅昭儀等嚇得四散奔走。獨有馮婕妤挺身向前，當熊而立，幸而左右護衛手快，斧鉞齊下，將熊砍死。事後帝問婕妤：「你為什麼見熊不怕？」婕妤道：「妾聞猛獸得人而止，恐

❹　音ㄕㄢ。

牠傷害了聖上，故而以身抵擋。」元帝嗟嘆不已。奉世長子馮譚，跟隨奉世討伐西羌，病死在軍中。次子馮野王，官至左馮翊大鴻臚，治行第一，負有盛名。三子馮逡、四子馮立、五子馮參，都是名臣，可謂一門賢俊。馮奉世平西羌時，年紀已經六十多歲，到建昭元年病卒。卒後兩年，而有陳湯、甘延壽誅郅支單于的一件轟轟烈烈大事。

　　我們在前文說過，當甘露年間呼韓邪單于來降的時候，郅支單于遠走西北。他怨恨漢朝優待呼韓邪，就在初元五年，特遣使者來要求中國送還他的侍子。朝廷之對待外夷，素持寬大。當即放回他的侍子，並著衛司馬谷吉一路護送。御史大夫貢禹和匡衡反對，說夷狄之心不可測。谷吉道：「我中國與夷狄羈縻不絕，既已養活他的兒子十年，為什麼仁義不做到底。臣情願護送到匈奴王庭，以明聖朝之天恩。他縱懷禽獸之心，加害於臣，臣亦在所不懼。」及至谷吉送侍子到了匈奴，果然被郅支所害。郅支自知得罪了漢朝，便再向西北遠颺。那時康居正被烏孫所困，遣使者邀約郅支共抗烏孫。郅支大喜，便率眾直往康居。康居王將郅支迎入城中，熱烈款待。並把他的愛女嫁與郅支，郅支也把他的女兒嫁與康居王，彼此交歡。於是郅支康居合兵，襲擊烏孫，直攻入赤谷城中，劫奪了許多人畜而去。郅支恃勝而驕，欺壓康居。康居王的禮遇稍疏，郅支惱怒，殺死康居王女與貴人數百。又強使康居人民作苦工造城牆，那些康居的臣民迫於郅支的淫威，不敢反抗。郅支竟然喧賓奪主，霸佔了康居。中國不見谷吉還朝，陸續派遣使者到西方去尋找谷吉的下落，一直找到康居，才知谷吉已死。使者們請求搬回谷吉的屍體，郅支不許。並且故意嘲弄漢使，說他住在康居不耐煩，想東遷故土。如果漢朝有誠意，派軍隊前去迎接，像迎接呼韓邪那樣，他仍願和漢朝修好，送子入侍。

　　中國置有西域都護駐兵烏壘城，專司監視西域諸國的動靜。那時西域都護乃是甘延壽。副校尉陳湯字公山，山陽瑕丘人，為人勇而多謀，氣概非常。他聞說郅支單于如此驕橫，便和甘延壽計議道：「夷狄之性，欺弱怕強。西域諸國，從來畏服匈奴。如今郅支單于霸佔了康居，侵略烏孫，威脅大宛，又藐視漢朝。烏孫、大宛、康居是西方的大國，都被郅支鎮服，

這樣不出數年，西域之地但知有郅支，不知有漢朝，我們在這裡也立足不住了。西域地方雖遼闊，兵力很薄弱，何況康居與郅支也是貌合神離。我果發屯田吏士，聯合烏孫之兵，出其不意，直擣康居城下，保可一戰而擒郅支，此千載一時不世之功也！」延壽也以為然，但認為須奏明朝廷，得到聖旨，方能用兵。陳湯反對道：「事貴機密，兵須神速。若先奏稟朝廷，再交給那些書生去討論，必定是議論盈廷，曠日持久。徒徒誤了大事！」延壽持重猶豫，陳湯心急不耐。會當延壽患病，陳湯遂自矯命，盡調屯田吏士和車師附近城郭之兵，整裝待發。延壽大驚，急忙制止。陳湯按劍大喝道：「這是什麼時候，你還要沮喪軍心嗎？」延壽見勢已如此，只得順從了陳湯。於是集合胡漢大兵四萬人，一面上疏朝廷，一面剋日行軍。共六校尉，兵分兩路。一路從南道，越蔥嶺，出大宛。一路從北道，由甘延壽、陳湯親自率領，從溫宿出發，經烏孫赤谷城，會同烏孫士卒，直趨康居。恰逢康居副王，將數千騎兵入寇烏孫，發現漢朝大軍，慌忙逃走。陳湯率眾追擊，跟蹤掩殺，奪得人馬牛羊無數，一直追入康居，緣途擄得幾個康居貴人，盡悉康居城中虛實。大軍進至距康居王城三十里處，安營紮寨。著人報告郅支單于，詭稱說漢天子垂念單于寂寞，特遣都護將軍，率兵前來迎接單于妻子，願與單于重修舊好。又遣使問單于，說漢兵遠來，人馬疲敝，糧食不足，為何不派名王大人前來慰勞，殊失主客之禮。單于初聞漢兵忽至，頗為惶恐。後見漢軍屯兵不進，遣使修好，也就鬆弛了戒備。突然一天，漢軍會合了兩路大兵，掩殺至城下，郅支單于倉皇閉城拒戰。那城有兩重，外面一重是木城，裡面乃是土城。漢軍播鼓吶喊，四面縱火，塞外風高，只見那火仗風威，風助火勢，瞬息之間，已將木城燒燬，大軍一湧而入。抬頭看見城上樹著五采幡旗，旗下站著郅支單于。左右幾十個關氏夫人，也都戎裝打扮，手中拿著弓箭向城下亂射。這時天色已晚，火光中照得單于面目逼真，城下萬弩齊發，一箭射中單于鼻梁，左右夫人忙將單于扶下。但聽得城邊一片喊殺之聲，有如山崩地裂一般，漢軍已攻入土城。康居兵有一萬多人，分屯幾處，他們只在一旁搖旗吶喊，並不助戰。匈奴兵被殺得屍橫遍地，郅支單于也死在亂軍之中。這一場鏖戰，計斬關

氏太子名王以下一千五百一十八人，俘虜一百四十五人，降虜一千多人。威服西域，聲震天下。時在建昭三年冬，四年春正月，郅支首級送到長安，甘延壽、陳湯上疏曰：

> 臣聞天下之大義，當混為一，昔有唐虞，今有彊漢。匈奴呼韓邪單于已稱北藩，唯郅支單于叛逆，未伏其辜，大夏之西，以為彊漢不能臣也。郅支單于慘毒行於民，大惡通于天。臣延壽、臣湯將義兵，行天誅，賴陛下神靈，陰陽並應，天氣精明，陷陣克敵，斬郅支首及名王以下。宜縣頭槀街蠻夷邸□間，以示萬里，明犯彊漢者，雖遠必誅。

漢元帝覽奏大喜，即告功太廟，滿朝文武都奉觴上壽，齊呼萬歲。元帝與群臣商議，如何獎賞甘延壽、陳湯之功。這時獨有一人，心中不快，這人就是石顯。原來當初石顯，看中甘延壽儀表不凡，託人說媒，要將他姊姊嫁給延壽為妻。延壽鄙視石顯，嚴辭拒絕，石顯羞惱成怒，遂與延壽不睦。這時乃聯絡朝中公卿，指責甘延壽、陳湯有矯詔之罪，不可論功。又說陳湯貪婪，軍紀極壞，這次作戰，假公濟私，將士都發了洋財。表面上打了勝仗，實際丟了國家的顏面。元帝聽了大怒，即命司隸校尉，派人攔住西方關卡，嚴格的盤查。這一下氣壞了陳湯，上疏自訴道：「臣與吏士共誅郅支單于，幸得擒滅，萬里振旅，應有使者迎勞道路。今司隸校尉反收繫按驗，是為郅支報仇也！」元帝見疏，也自悔孟浪，急忙下旨將前命收回，並令沿途地方長官，供應酒食，以慰勞凱旋之師。只是論功之事，朝中大臣一直議論紛紜。石顯、匡衡堅持的說：「按矯詔之罪，該當殺頭。今不論罪，反加爵封土，那麼以後的疆臣，都可以自由行動，目無朝廷了。無論他的勝敗如何，為了維護綱紀，此例斷不可開！」元帝一心想嘉獎甘延壽、陳湯，但覺石顯的話，也很有道理，朝議久久不決。那緘默了多少年的劉更生，為了這事，再也忍耐不住。乃以宗室的身分，又上了一道表章，大意說：「郅支單于前後囚殺漢使者吏士以百數，國之大辱，陛下時欲誅討未嘗有忘。今西域都護延壽，副校尉湯，承奉聖旨，興師伐罪。出

百死，入絕域，斬郅支之首，雪谷吉之恥，縣旌萬里外，揚威崑崙山，立千載之功，建萬世之業。凡論大功者，不錄小過；舉大美者，不計細疵。昔齊桓公前有尊周之功，後有滅項之罪；君子計其前功不論其後過。貳師將軍李廣利，捐五萬之師，靡億萬之資，經時四年，僅獲駿馬數十匹。雖斬大宛王，而得不償失。孝武帝錄功不責罪，封兩侯三卿。今康居之國強於大宛，郅支之號重於宛王，殺使者之罪甚於留馬。今延壽湯，不勞漢士，不費斗糧，比於貳師，功德百倍。乃大功未著，小惡數布，臣竊為之痛心！」漢元帝這才恍然大悟。於是封甘延壽為義成侯，賜陳湯爵關內侯，食邑各三百戶，加賜黃金百斤。

呼韓邪單于聽說漢朝殺死郅支單于，又喜又懼，連忙上書請求入朝，以盡藩臣之禮，元帝下旨嘉許。就在竟寧元年春正月，呼韓邪單于再度來朝，朝廷特別優禮，比黃龍時候的儀式還要隆重。呼韓邪單于也百般恭敬，情緒熱烈。他為了表示親切，要求娶漢公主為妻，願做天朝之婿。元帝不便拒絕，卻也捨不得叫公主遠嫁，就想了個變通的辦法，在後宮選一良家子與匈奴和親。於是叫左右拿過圖畫名冊，挑了個像貌平平的，叫做王嬙的宮女，去嫁單于。原來那時漢元帝的後宮妃嬪，鶯鶯燕燕有兩三千人，他自然應付不暇。於是請了許多畫工，都是當代的名手。叫他們把所有的宮人，都畫了圖像，造成名冊。元帝就憑著這畫冊，選召入幸。那些青春的宮娥，長年住在深宮之中，不見天日，誰不想蒙皇帝見幸。大家都爭著賄賂畫工，誰的錢多，就把誰畫得美貌。這王嬙，小字昭君，麗質天生但秉性高傲，不肯賄賂畫工，畫工就把她畫得十分平庸，不料竟因此中了和番之選。臨嫁之日，上殿辭謁天子。昭君打扮得花枝招展，容光煥發，漢元帝一見，不禁大吃一驚，心中懊悔不已。只是事成定局，當著百官藩王，也無法挽回。只得忍痛割愛，叫昭君前往和番。那呼韓邪單于，歡天喜地的載著王嬙北去。可憐昭君，含悲忍淚，伴著胡雁琵琶，淒淒楚楚的走向塞上。她在道途中作了怨歌一首，其辭道：

秋木萋萋，其葉萋黃。有鳥處山，集於苞桑。養育毛羽，形容生光。

既得升雲，上遊曲房。離宮絕曠，身體摧藏。志念抑沉，不得頡頏。
雖得委食，心有彷徨。我獨伊何，來往變常。翩翩之燕，遠集西羌。
高山峩峩，河水泱泱。父兮母兮，道路悠長。鳴呼哀哉，憂心惻傷。

王昭君嫁到匈奴，號稱寧胡閼氏，生一子，名伊屠智牙師，為右日逐
王。呼韓邪兩年後即死，昭君隨著匈奴的習慣，繼嫁復株纍若鞮單于，又
生兩女。終老死於塞外，有遺冢，在今綏遠省歸化城南三十里，冢上草色
長青，人稱為青冢。清吳天章有詩詠昭君云：

不把黃金買畫工，進身羞與自媒同。始知絕代佳人意，即有千秋國
士風。環佩幾曾歸夜月，琵琶惟許託賓鴻；天心特為留青冢，青草
年年似漢宮。

自昭君嫁了單于，漢元帝越想越惱，把那些畫師捉來一齊殺掉。其中
最著名的畫師，有毛延壽、陳敞、劉白、龔寬等，京師畫工為之一空。可
笑漢元帝，一生胡塗事事後悔，最後連一個漂亮的宮人，也不明不白的送
給了匈奴，都是自己作事差錯，怎麼能拿畫師出氣呢！無怪劉獻廷嘲元帝
道：「漢主曾聞殺畫師，畫師何足定妍媸，宮中多少如花女，不嫁單于君
不知！」元帝劉奭，就從那時染病不起，到了五月壬辰，駕崩在未央宮中。
六月己未，太子劉驁即位，時年二十歲，是為漢孝成帝。明年改元建
始，建始元年春正月，遷石顯為長信宮太僕。自從元帝一死，石顯失掉了
靠山，牆倒眾人推，一時成了眾矢之的。丞相御史聯名彈劾，說石顯、牢
梁和五鹿充宗等，結黨營私，作惡多端。詔將石顯等一齊免官，石顯與妻
子發遣，押還本郡。行至中途，石顯畏罪，憂懼絕食自殺。五鹿充宗被貶
往邊荒遠郡，去做玄菟太守。所謂一朝天子一朝臣，這時外戚王氏，成了
朝中的新貴。成帝是漢元帝王皇后所生，皇后名政君，魏郡元城人王禁之
女，為人端莊賢淑，深蒙元帝敬愛。成帝即位，尊王皇后為皇太后。太后
有兄弟八人：王鳳、王曼、王譚、王崇、王商、王立、王根、王逢時，只
有王曼早年去世。王鳳最長，與王崇和太后乃是一母所生同胞兄妹，特別

親切。王鳳封陽平侯，官拜大司馬，大將軍，領尚書事。王崇封為安成侯。建始二年，立皇后許氏，許氏乃是平恩侯許嘉之女，這是親上做親。許嘉亦拜大司馬車騎將軍，於是王許兩家外戚，兩大司馬，同朝秉政。幸而許嘉為人敦厚，凡事謙讓，沒有發生任何傾軋。不久許嘉病歿，成帝又荒於酒色，不問政事，於是王鳳獨攬大權。建始三年冬十二月戊申，那天白晝日蝕，夜晚地震。天子憂惶，詔求直言極諫。就有谷吉之子太常丞谷永上書對策，略稱：「災異之發，各有其因。日蝕地震，同日俱發，其咎不遠，宜求諸身。陛下志在闈閣，不邮政事，舉措失中，內寵太盛。誠宜放淫溺之樂，罷倡優之笑；起居有常，循禮而動；躬親政事，力行不倦；未有身正而臣下邪者。昔舜正二女，以崇至德；楚莊絕丹姬以成伯業。後宮親屬，勿令干預政事，以減損妻黨之權；未有閨門治而天下亂者。治遠自近始，習善在左右。昔龍篤納言，帝命唯允；四輔既備，成王無過❺，未有左右正而百官枉者。治天下者，尊賢孜功則治；慢賢違功則亂。未有功賞明於前，眾賢布於官而不治者。堯遭洪水之災，天下無叛者，德厚恩深，無怨於天下也。秦居平土，一夫大呼而天下分崩離析者，刑罰深酷，吏行殘賊也。《書經》曰：懷保小民，惠於鰥寡；未有德厚吏良而民叛者。此五者，王政之綱紀，唯陛下留神。」成帝看了這篇文章，深為感嘆，即拜谷永為光祿大夫。可是成帝也和他父親一樣的優柔寡斷，儘管采求臣下的意見，卻沒有實踐的勇氣。議論徒然是議論，事實依然還是事實。建始三年十二月，丞相匡衡老免，明年，即拜王商為丞相。河平二年六月，在一日之間，大封諸舅父，王譚為平阿侯，王商為成都侯，王立為紅陽侯，王根為曲陽侯，王逢時為高平侯，世人謂之「一日五侯」。一時王氏子弟，都做到卿，大夫，侍中，分據要津，勢滿朝廷，那大將軍王鳳的氣燄，更不可一世。皇帝大權旁落，反而處處要承大將軍的顏色。前朝給事中劉更生，自從石顯廢死，復被擢用。這時更名劉向，官拜光祿大夫。成帝愛重劉向的文章學識，著領校中五經秘書，整理國家的圖籍。劉向乃集合自上古歷春秋戰

---

❺　語參見《尚書虞書舜典》，與《周書洛誥》。篤同管，龍是舜的賢臣，納言官名。

國至秦漢，所有符瑞災異，推論其禍福，列為十一篇目，題名《洪範五行傳論》，獻上天子。成帝閱罷，明知他意在諷諭王氏當權，心中亦有同感，卻是拿不出一個辦法。有人舉薦說劉向的少子劉歆，有異才。成帝特於便殿召見，問以經義詩賦，那劉歆小小年紀，卻應對如流，出口成章，成帝大為賞悅。即命左右拿出衣冠印綬，立拜劉歆為中常侍。左右跪奏道：「事未通知大將軍，不能拜命。」成帝道：「這些須小事，何必關白大將軍。」左右叩頭力爭，成帝不得已，只得著人去通知王鳳。王鳳聞知，堅持以為不可，成帝竟不敢違拗，只得收回成命。那時到了陽朔元年，成帝即位已八載，後嗣猶虛，而成帝一直體弱多病，時常憂慮身後之事。適逢定陶共王劉康來朝。兄弟相見，手足情深，成帝謂定陶王道：「我年近三十，尚無一子。這人事無常，萬一不諱，永無相見之日。望你長留待我！」便留定陶王住在京師，不遣歸國。原來這定陶王劉康，乃是傅昭儀所生，聰明多才藝，元帝在時，幾番欲立為太子，因王鳳、史丹❻的反對而罷。這時看成帝頗有傳弟之意，王鳳大不高興，便從中極力挑撥離間，造謠攻擊。適會日蝕，王鳳乃上書說：「日蝕者陰盛逼陽，臣盛逼主之象。如今群王都留在藩國，定陶王雖是天子至親，終是藩臣，留住京師於理不合，應遣返國，免犯天戒！」群臣也跟著附合。成帝被逼不得已，只得准如所奏。定陶王上朝辭行，成帝對之揮淚不已。時有京兆尹王章，看得氣憤，便暗地裡遞了一道表章。指說日蝕之象，應在王鳳專權蔽主，並非是定陶王之過。成帝見章，深為感動，即於便殿秘密傳見王章。王章奏道：「天道是獎善而懲惡。今陛下因無後嗣，所以親近定陶王，欲以承繼宗廟社稷，正是上順天心，下安百姓。應有祥瑞之兆，何致發生災異。這日蝕之災，分明是大臣專權，威逼人主之象。大將軍王鳳偏要歸咎定陶王，把定陶王趕走，為的是孤立天子，他好專權自私，顯然不是忠臣。現在朝中政事，無論大小，都要取決於王鳳，天子那有一點主張。而且王鳳欺君之事，何止一端。他最近獻入宮中的張美人，是他小老婆的妹妹，還是個有夫之婦。像這樣的下賤女人，如何能上配至尊，王鳳還說她有宜男之相，這簡直是

❻　史高之子。

和皇帝開玩笑。聞說羌胡娶婦，生下的頭一個兒子，定要殺死，叫做洗腹，怕的是這個婦人不貞。何況大漢天子，怎麼能近再嫁之婦。王鳳行事如此，其為人可以想見。斷不能讓他久典機要，須要另選忠賢以代之。」漢成帝聽罷，恍然大悟，嘆道：「非京兆尹直言，朕不聞社稷之計！且唯賢者知賢，就煩京兆尹舉薦一位賢才輔朕大計。」王章即舉薦馮奉世之子，琅邪太守馮野王。帝久聞馮野王之名，便欲徵聘入朝，用代王鳳。不料這一番君臣密談，被殿裡侍中王音所偷聽。王音是王太后叔父長樂衛尉王弘之子，王鳳的從弟。王音便將這話告知王鳳，王鳳憤懣，即上疏乞退，辭意非常哀切。王太后聞知，終日涕泣，不肯進食。成帝大為惶恐，心想從小靠著舅父長大，又靠著舅父輔政，七八年來，舅父也並沒有什麼過失，自己不該信讒言。即下詔慰勉王鳳，並引咎自責道：「朕秉事不明，政事多闕，天變屢臻，咸在朕躬。將軍引咎而退，朕將何嚮焉！」王鳳見天子誠意挽留，亦就銷假視事。他經過這次以退為進的手法，把握住皇帝的心理。即授意尚書彈劾王章，說他妄引羌胡殺子之喻，把至尊比做夷狄，欲使天子絕嗣，大不敬。詔將王章捉拿下獄，竟論成死罪。王章字仲卿，泰山鉅平縣人，為人性情剛強正直。少年時，在長安太學讀書，貧病交加，睡在牛衣❼之中，對著妻子涕泣。他妻子罵道：「人不怕貧病，就怕沒有志氣。你為什麼不自振作，這樣啼啼哭哭，一點丈夫氣概都沒有！」王章乃霍然奮起，折節讀書。果然成名得意，歷仕兩朝，一直做到京兆尹。及至見王鳳專權，要上書指斥，他妻子從旁勸道：「人當知足，你又何必去多管閒事，不記得牛衣對泣時事嗎？」王章道：「你們婦人女子，懂得什麼！」不料，果以此被禍。當王章下獄，妻子一同被收，與王章分囚在兩處。王章有個小女兒，年才十二歲，天天晚上伏在牆壁上，偷聽隔壁的動靜。這夜忽然放聲大哭，她母親問她為什麼，她道：「我天天聽見隔壁點名，總是點到第九號，可是今晚僅點到第八號，少了一個人，我想那一定是爸爸死了！」明天問獄吏，果是王章被害。王章死後不久，馮野王也被罪免官。從此朝中公卿百官，見了王鳳，人人側目而視。郡國守相刺史入朝，先拜

❼　編麻織成，同養衣髣髴，有時用來蓋牛，故稱牛衣。

謁大將軍。王鳳又提拔王音升做了御史大夫，位列三公。王氏五侯，賄賂盈門，競尚豪侈，大修府第。家家姬妾僮僕，以千百數，倡優雜陳，狗馬馳逐。五家王府，樓臺相望，遊廊閣道，曲折鉤連。成都侯王商，想要避暑，向皇帝借用明光宮。又穿長安城牆，引灃水注入府中以行船。曲陽侯府中，起造土山漸臺，仿照宮中的白虎殿。當時百姓流傳著一首歌辭道：

　　五侯俱起，曲陽最怒。壞決高都，連境外杜。土山漸臺，象西白虎。

　　五侯雖然驕侈，他們亦有一個長處，他們都好客養士，傾財結交，也能攏絡一部分的人心。尤其王鳳為人精明強幹，處事有方，雖專權弄勢，尚不失大體；所以能獲得成帝的委任，也並非偶然。陽朔三年王鳳疾篤，成帝親臨視疾，坐在病榻之旁，牽著王鳳的手，流涕道：「將軍病重，如有不諱，平阿侯譚是否可以繼任？」王鳳在榻上頓首道：「平阿侯雖是臣的親兄弟，驕侈放縱，不能領導百姓；不如御史大夫王音，臣願以死保之。」王鳳又稱其姪兒王莽之賢，叮嚀託付，成帝都一一應允。原來王莽是王曼之子，父親早死，從小陪著寡母，寄住在東宮侍奉王太后。王莽侍母至孝，讀書勤苦。王家子弟，無不驕奢，獨有王莽謙恭儉樸，循循然如醇儒。王鳳病中，莽晝夜侍疾，藥必親嘗，衣不解帶。不僅博得王鳳愛憐，內外之人，人人稱讚。及至王鳳死後，成帝遂拜王音為大司馬車騎將軍。拜王莽為黃門郎，遷射聲校尉。永始元年，遷騎都尉，拜光祿大夫，侍中宿衛，封新都侯。

　　永始二年，王音卒，以成都侯王商為大司馬衛將軍。王商做了三年大司馬而卒，繼以曲陽侯王根為大司馬驃騎將軍。在這王氏專政的朝廷之中，有一位異姓的元老重臣，參與其中，而與王氏相表裡。這人就是皇帝的老師，安昌侯張禹。張禹字子文，河內軹縣人，初為博士，當成帝為太子時，教授太子《論語》。成帝即位之初，張禹與大將軍王鳳同領尚書事。後來從河平四年起，做了六年的丞相，到了鴻嘉元年，老年告退。賜安車駟馬，黃金百斤，歸就第。天子恩禮有加，前後賞賜，錢數千萬。張禹對待王氏權貴，一味敷衍，自己毫無表樹。為人外表敦厚，而內慾很重。家本業農，

自從富貴，收買涇渭一帶的良田，有四百多頃。家中貨寶，不計其數，後堂妻妾成群，絲竹雜陳。他有兩個得意弟子，一名彭宣，官至大司空。一名戴崇，官至少府九卿。這兩個弟子性格不同，戴崇為人圓通，得禹歡心；彭宣為人持重，禹敬而遠之。崇每到府拜候，常勸老師，年高德劭，須要及時行樂。張禹大喜，便手挽戴崇進入後堂，姬妾環侍，倡優歌舞，飲酒取樂，非到夜深不罷。若是彭宣來謁，便在客堂相見，談論經義，不過數語。偶然賜食，肉不過一豆，酒不過一卮，從未得入後堂。漢成帝最尊重張禹，每逢禹病，御駕親臨慰問。這一天，天子來到，張禹頓首謝恩，談起年老多病，嘆道：「老臣膝下有四男一女，愛女甚於愛男，可是她遠嫁給張掖太守蕭咸，不知何時能夠相見！」說罷，老淚縱橫。成帝即時徙蕭咸為弘農太守。張禹雖然退休，遇有國家大事，必與計議。永始以後，災異屢見，吏民上書，多譏諷王氏專政。成帝為了這事，特駕臨禹第，屏退左右，向老師請教。張禹道：「災異之事，深遠難明，故聖人罕言性命與天道。一般俗儒淺見，好妄引附會，望陛下不必聽信。」因此，成帝乃信用王氏不疑。時有前蕭望之學生博士朱雲突然上書求謁天子，成帝特於朝堂傳召，問他有何意見。那朱雲當著滿朝文武，大聲奏道：「方今朝廷大臣，上不能匡正君主，下無益於人民，都是些尸位素餐之輩。願陛下賜臣尚方斬馬劍，臣要先斬佞臣一人，以儆其餘！」成帝吃了一驚，問道：「你說的是誰？」朱雲道：「就是安昌侯張禹！」成帝不禁赫然大怒道：「小臣如此無禮，竟敢訕謗朝廷，侮辱師尊，左右，與我推出斬首！」就有御史上前，牽雲下階。那朱雲兩手攀著殿上欄干，抵死不走。只聽得喀喳一聲，欄干折斷，朱雲被倒拖下去。他口中高呼道：「臣得從龍逢比干遊於地下，死而無愧！但未知聖朝如何耳！」這時突有一位大臣，從班中走出，一手持印綬，一手免冠，跪倒殿下，奏道：「此臣素以狂直著稱，如其說得是，不可加誅；如其說得不是，聖天子亦當寬容。臣願以死力爭！」說罷叩頭不已，血流如注。成帝低頭一看，乃是左將軍辛慶忌。此時怒氣已平，便命左右饒恕了朱雲。事後成帝回想，朱雲雖然出言無狀，實在戇直可嘉。會當修理殿檻，成帝詔命不必修理，仍其原狀，用以旌勵直臣。後來一直

傳為習慣，宮中正殿，欄干獨缺一角，謂之折檻。到了綏和元年，大司馬驃騎將軍王根病免，根舉薦王莽自代，遂以王莽為大司馬，王莽那時年方三十八歲。綜計王氏一家，凡十侯❽、五司馬❾，與成帝一朝相終始。漢雖未亡，政權實已移於王氏，當時長安城中流行著幾句童謠：

> 邪徑敗良田，讒巧害忠賢；桂樹花不實，黃雀巢其顛；故為人所羨，今為人所憐！

　　大凡一個朝代，天子大權旁移，自然要影響到政治的衰落。政治衰落，會發生兩種現象，就是天災與人禍。在成帝時，最大的天災，就是黃河水患。建始四年，大雨十餘日，河水暴漲，從東郡金堤決口。大水沖入平原，千乘，濟南，淹沒了四郡三十二縣，壞良田十五萬頃，官亭廬舍四萬餘所。平地水深三丈，人民死傷流離不計其數。詔發河南船隻五百餘艘，載救難民九萬七千餘口，移居丘陵之地。明年春，大將軍武庫令杜欽，薦舉犍為人王延世，善於治水，遂以延世為河堤使者。王延世編竹絡，長四丈大九圍，內盛石子，用兩船夾載而下，堵塞決口。三十六日河堤成，成帝大喜，詔拜延世為光祿大夫，改年號為河平元年。過了兩年，到河平三年秋八月，黃河又從平原郡地方決口，流入濟南千乘，再使王延世與將作大匠許商堵治，歷時六月方成，再賜延世黃金百斤。不料過了八年，到鴻嘉四年，黃河北道，從勃海清河信都三郡地方，一齊泛濫，一時淹沒了三十一縣，到處一片汪洋。有御史平陵人李尋奏稱：「前人治河，每欲尋九河故跡而不能得，水勢居高就下，現正可利用其泛濫，以觀水勢所趨，使自成川。如此順其自然，用力少而易於成功。」朝廷也感覺治河的艱難，上下顧頇，就采納了李尋的建議，一任河水泛濫。於是冀州緣河一帶，城郭房屋，全被沖毀。可憐老百姓，扶老攜幼，拖兒帶女，顛沛流離，四處逃亡。像這樣的政治與天災，民不聊生，自然要鋌而走險。就在永始三年十一月，有

---

❽　陽平頃侯王禁、禁子敬侯王鳳、安成侯王崇、平阿侯王譚、成都侯王商、紅陽侯王立、曲陽侯王根、高平侯王逢時、新都侯王莽、安陽侯王音。

❾　王鳳、王音、王商、王根、王莽。

尉氏民樊並等十三人造反，殺死陳留太守。十二月，又有山陽民蘇令等二百二十八人造反，殺死東郡太守。雖然不久皆被討平，而安定的社會，從此日趨紊亂。不僅州郡地方，秩序不靖；就是長安首都所在之地，也盜賊縱橫。每日天色一晚，道路之上，公然劫殺行人，無論怎樣，捕治不清。朝廷就挑選了一個著名的酷吏，鉅鹿人尹賞，充當長安縣令。尹賞到任，先修治長安牢獄。在獄中地下，掘了一個極大的地牢，深廣各數丈，上面用一塊大石覆壓洞口，取名叫做虎穴。然後調查長安縣境內所有的遊民。就在一日之中，突然發動全縣兵吏，率領大車幾百輛，分頭出發，把那些流氓地痞，輕薄少年，及形跡可疑之人，一齊捉來。亦不問青紅皂白，統統囚入虎穴，外面用大石壓住洞口。過了幾天，叫人把石蓋掀開，只見裡面屍身枕藉，一個個齜牙瞪眼，慘不忍睹。那尹賞看了，毫不動容，叫人把那些屍身，丟在東門外桓表之旁，任人認領。那幾天長安附近，多少人家的子弟失蹤，這時都來認屍，只聽得道路上哭成了一片，好不悽慘。長安人為之歌曰：

安所求子死，桓東少年場。生時諒不謹，枯骨後何葬！

孟子說：「行一不義，殺一不辜，以得天下，不為也。」一個時代的政治，到了運用暴力和恐怖的時候，也就是強弩之末了！

漢成帝為什麼會大權旁落，弄得政治日非？最主要的原因，是他的生活糜爛，不問政事。成帝在做太子時，就以好色著名，即位之初，一班老臣多以宮中女寵太盛為勸諫，成帝不聽。成帝最初的浪漫生活，還僅限於宮廷之內，後來日益放縱。到了鴻嘉以後，時常微服私行。率領隨身侍從十幾人，或騎馬，或乘車，出入市里之中。尋花折柳，鬥雞走馬。有人相問，自稱是富平侯家人。富平侯者，富平侯張安世四世孫張放，襲封祖爵，娶許皇后之妹為妻，和漢成帝是連襟，從小同成帝一起玩耍，行蹤不離，貴幸無比。先前成帝寵愛許皇后、班婕妤和衛婕妤，其後，相繼寵衰。鴻嘉三年秋，這一日成帝微服私行，走到陽阿公主家。她家有一歌妓，長得窈窕動人，綽約多姿。因她身輕如燕，能作掌上之舞，故取名趙飛燕。成

帝一見傾心，即納入宮中，大為寵幸。飛燕有一妹，尤其豔麗，也相繼入宮。宮中人看見，無不嘖嘖稱嘆。唯有宣帝時的老宮人，女博士淖方成，唾道：「此乃禍水也！」進幸之夕，成帝歡不自勝，喜謂左右道：「這真是溫柔鄉啊！可笑我家武皇帝，為什麼要求白雲鄉？那白雲鄉遠在天邊，如何得到！我這溫柔鄉，就在眼前，我願終老是鄉也！」左右皆呼萬歲。於是趙氏姊妹，並封為婕妤。從此許皇后、班婕妤等，更被冷落。趙飛燕還不甘心，譖害許皇后、班婕妤，說她們在後宮咒詛皇帝。成帝大怒，即將許后廢居昭臺宮。又拷問班婕妤，婕妤泣道：「妾聞死生有命，富貴在天。我修善尚未獲報，作惡就能得福嗎？如果鬼神有知，絕不受不臣之愬；如其無知，愬之何益！」成帝聽她說得委婉，憐而赦之。婕妤恐終遇禍，自動請求到長信宮中，侍候老太后。從此深宮寂寂，歲月悠悠，曾作賦以自傷，又作紈扇詩曰：

> 新裂齊紈素，鮮潔如霜雪，裁為合歡扇，團團似明月。出入君懷袖，動搖微風發，常恐秋節至，涼飆奪炎熱。棄捐篋笥中，恩情中道絕！

趙飛燕進宮，不到兩年，就冊封為皇后，進封其妹為昭儀。昭儀之寵，尤在皇后之上。所居昭陽宮，白玉為臺階，黃金做門限，牆壁之上，飾金釭，藍田玉，明珠翠羽。昭儀沐浴，用荳蔻湯，傅露華粉，通體皆香。帳中懸掛萬年之蛤，不夜之珠，長夜如晝。又在太液池中，起瀛洲榭，作千人舟。有一日，成帝與趙飛燕泛舟池中，那日金風滌暑，玉露生涼。飛燕在舟中高歌〈歸風送遠〉之曲，成帝以玉簪擊節，令皇后所愛的侍郎馮無方吹笙相和。舟至中流，忽然一陣風來，把皇后的衣袂吹起。飛燕歌得興起，迎風站將起來，舉袖揚音。只見那衣袖裙帶，隨風飛舞，飄飄欲去。這一下，可把皇帝嚇慌，連忙叫馮無方扯住皇后。嘩啦一聲，竟將羅裙撕裂了一塊。俄而風定，趙飛燕倒入皇帝懷中，哭著埋怨道：「不是你拉住我，我已經成了仙了！」後來宮中婦女的裝束，都將裙後留一缺口，以為時髦，名曰「留仙裙」。趙飛燕姊妹，前後擅寵十年，卻有一事遺憾，一直不曾生育。趙飛燕竟然異想天開，在那迷宮曲館之中，收藏了許多年輕

壯健的侍郎宮奴，以求得子。恐怕被人泄漏，叫她妹妹為之掩蔽。趙昭儀這天在枕邊向成帝訴苦說：「我姊姊脾氣剛強，得罪的人太多，我們姊妹過蒙陛下恩寵，誰不忌妒。總有一天，會被人陷害，不知道能活幾天！」話沒說完，撲簌簌，淚如雨下。成帝慌忙安慰道：「你何必哭呢！那個敢說你姊妹的壞話，我就將他斬首！」過了些時，果然有人告發，說皇后與人通姦。成帝大怒，立將那人斬首。從此誰也不敢說話，趙飛燕乃得肆無忌憚。可是事也奇怪，她用盡了人工的方法，依然不能受孕。那時光祿大夫劉向，看宮廷如此穢亂，女德如此敗壞，不勝憤慨。就采摭詩書所載，古賢妃貞婦，興家保國之事，寫了《列女傳》八篇，獻上天子，以為諷勸。可是漢成帝正在沉迷之中，他如何能夠覺悟。飛燕姊妹無子，卻偏忌妒人家生子。凡發覺後宮有懷孕或生子的，就暗中遣人害死。漢成帝竟因此絕後。又因荒淫過度，身體日衰。綏和二年三月丙戌，那日住在未央宮中，昭儀侍寢。早晨起床著衣，忽然一陣天旋地轉，兩眼發黑，雙手一鬆，龍袍落地，一跤栽倒榻旁，三魂縹緲，聖駕升天。在成帝自己，也算是如願以償，終老於溫柔鄉裡，只是苦了兩個人。這消息傳出，一剎間，宮中譁然，大家都歸罪於趙昭儀。皇太后詔大司馬王莽與御史丞相廷尉等，查問皇帝起居發病情狀，趙昭儀羞愧惶恐自殺。富平侯張放聽說天子駕崩，晝夜哭泣而死。那時都城中又流行著幾句童謠道：

燕燕尾涎涎，張公子，時相見。木門倉琅根，燕飛來，啄皇孫，皇孫死，燕啄矢！

第十六講　哀平之亂

　　王太后政君是漢元帝的嫡配，在元帝當年，還有兩個寵愛的妃子，一個是傅昭儀，一個是馮婕妤。傅昭儀為人機巧有權術，馮婕妤卻心地忠厚，自從擋熊救駕，蒙元帝嘉獎，就被傅昭儀看做了眼中之釘，這兩人一向不和。後來傅昭儀生下定陶恭王劉康，昭儀隨王就國，稱為定陶傅太后。馮婕妤生下中山孝王劉興，亦隨王就國，稱為中山馮太后。在漢成帝去世的前兩年，元延四年。那時定陶恭王已死，子劉欣嗣為定陶王，年已十七歲，與中山孝王一同入朝。天子召見賜食，這小定陶王應對如流，頗得成帝的歡喜。成帝因為身體一天天不行，正為後嗣之事憂慮。當時傅太后陪著她孫兒一齊進京，她是個有心機的人，就把握著這機會，作了一番人事工夫。用金銀珍寶，賄賂趙飛燕姊妹，與王氏兄弟，加以她能言善辯，手腕靈活，宮中朝中裡裡外外，都被她買通。於是眾口交譽，請立定陶王為儲君，成帝也同意，就在綏和元年，立姪兒定陶王劉欣為太子。王太后特許傅太后與定陶王母丁姬，婆媳二人，十日一至未央宮，探視太子。到了綏和二年，成帝駕崩，於是太子劉欣即位，是為漢孝哀帝。

　　哀帝即位，尊王皇太后為太皇太后，趙皇后為皇太后，追謚父親定陶恭王為恭皇帝。詔曰：「春秋母以子貴。」因尊祖母傅太后為恭皇太后，母親丁氏為恭皇后。封傅太后從弟傅晏為孔鄉侯，傅喜為高武侯，傅商為汝昌侯。封母舅丁明為陽安侯，表兄丁滿為平周侯，立傅晏之女為皇后。那時孔光為丞相，何武為大司空，太傅師丹為左將軍，王莽為大司馬。孔光、何武、師丹都是朝中老臣，獨有王莽年輕後進，可是聲望最隆。他雖貴為

大司馬，卻虛懷克己，禮賢下士，輿馬衣裘，都與朋友相共，家中生活非常儉樸。有一次王莽的太夫人得病，朝中公卿夫人前往探病。只見一個婦人，蓬頭短衣，腰間繫著一條圍裙，出入殷勤，向前問明，才知是司馬夫人，大家無不驚訝。於是朝中上下，人人推重王莽。可是王莽的姑母，王太皇太后，是個飽經世故，胸有城府的人。她看丁、傅日貴，而王莽的虛名太盛，唯恐招忌惹禍，乃示意王莽，叫他上疏告退。經天子與百官，一致慰留，方才打消辭意。過不多時，有一日，天子設宴未央宮。內者令❶為傅太后張幄設席，與王太皇太后並肩而坐。王莽上前，申斥內者令道：「定陶太后乃是藩妾身分，怎能與至尊並坐，有失宮廷之禮，你趕快撤去座位！」傅太后聞言大怒，拂袖而去，就在哀帝面前大罵王莽。王莽看情形不妙，就再上書乞退，這次哀帝不再挽留，詔賜安車駟馬，著令歸第，而以太傅左將軍師丹為大司馬。世態炎涼，看風轉舵。王莽退位才一個月，就有建平侯杜業，司隸校尉解光奏劾曲陽侯王根，說他家三世據權，五將秉政，行為貪汙，家私鉅萬，內塞王路，外交藩臣，驕奢僭上，壞亂制度。又說成都侯王況（成都侯商子）聘娶掖庭貴人為妻，無人臣之禮，大不敬。於是天子詔遣王根就國，廢王況為庶人，凡曲陽成都所薦舉的官吏，一齊罷免。過了一年，又將王莽和平阿侯王仁（平阿侯譚子）斥逐出京，遣令歸國。遂尊傅太后為帝太太后，又稱皇太太后；尊丁后為帝太后。與太皇太后王氏，太后趙氏，分居四宮，並列為四太后，而傅太后最尊。傅太后自從趕走了王莽，對待王太皇太后非常傲慢。宮中相見，呼為老嫗，王太皇太后，卻忍氣吞聲，百事退讓。又暗中招呼娘家王氏，在外邊不可招搖生事，叫他們把家中田地財產，儘量的轉讓給親友，多結人緣。社會一般人，都為王氏抱不平。

在建平元年冬，那時中山孝王劉興已死，遺有一子，中山小王箕子，自幼患了一種毛病，十指發青。馮太后疼愛這個孫兒，親自照護醫藥，早晚祈禱。哀帝聞知，特遣謁者張由偕醫前往診視。張由看病回頭到了長安，稱說馮太后在背地裡咒詛傅太后和皇上。太后大怒，立派御史丁玄去查辦。

❶　屬少府，宮中官屬，以宦者為之。

丁玄盡收中山官吏，與馮太后家屬一百餘人，審問了幾十天，不得要領。傅太后再派中宮謁者令史立前往，史立受傅太后的指使，用嚴刑拷訊，一時被逼死幾十人，有些人熬刑不過，屈打成招。唯有馮太后沒有口供，史立問道：「當年擋熊的時候，何等勇敢，今天為什麼如此膽怯怕死！」太后回頭對人說：「這是當年宮裡頭的私話，他如何得知，這分明是有人主使，非逼死我不可！」乃飲藥自殺。案定之後，連坐被誅死者十七人。張由論功，賜關內侯，史立升中太僕。當時傅太后的氣燄，真不可一世。

　　哀帝劉欣從小由傅太后教養長大，所以對於傅太后特別孝順，他的性格，也和傅太后一樣的冷酷無情。他鑑於元、成兩帝的懦弱無能，想要振作君威，效法武宣。可是他那有武宣的英斷，結果舉措乖張，反而形成了一種荒暴。當王莽告退時，太傅師丹為大司馬，孔光為丞相，何武為司空。為時不久，有人說何武事親不孝，便將何武策免，以師丹為司空，光祿大夫傅喜為司馬。建平元年，有人告師丹洩漏朝中機密，大不敬，又詔免師丹，而以京兆尹朱博為司空。傅喜雖是傅太后從弟，為人正直，不肯阿從傅太后意旨，在建平二年又被免職，而以陽安侯丁明為大司馬。同年，丞相孔光，亦因忤犯了傅太后，被免為庶人，乃以司空朱博為丞相，拜少府趙玄為御史大夫。這朱博由京兆尹一步步升到了丞相，該受皇帝的寵信了。那知上任不到四個月，竟因一點小事，與趙玄同被免職下獄，朱博自殺。於是以光祿勳平當為相，京兆尹王嘉為御史大夫。建平三年，平當為相時，年紀已老，在任三月而病卒，遂升王嘉為丞相，以河南太守王崇為御史大夫。哀帝即位不過三年，就換了四個大司馬，四個丞相，六個御史大夫。做天子的，固然不可太阿倒持，大權旁落；但也不可猜忌群臣，朝進夕退，弄得中樞無主，政令失常。

　　在東平國境無鹽縣地方（今山東東平縣），瓠山之旁，突然有一塊大石頭自動豎起，那石高九尺，旁廣一丈，轟動了附近地方，傳為奇事。東平王劉雲，偕同王后，前往參觀。回來就仿照那瓠山石頭形狀，在花園裡造了一座假山，朝夕禮拜，這原是一件小事。就有兩個諂巧的小人，一名息夫躬，一名孫寵，與中郎右師譚等，告說東平王行為鬼祟。時在建平三

年，哀帝正當病中，疑神疑鬼。聽了這事，就派人將劉雲夫婦捉拿下獄，有司拷問結果，奏稱：劉雲夫婦使巫女咒詛皇帝，盼皇帝早死。前者元鳳三年，泰山石起，宣帝發跡，這次瓠山石起，劉雲認為自己要做天子，所以朝夕祈禱，此乃大逆不敬。於是詔廢劉雲，貶徙房陵，雲自殺，王后棄市。論功封孫寵為方陽侯，拜南陽太守。封息夫躬為宜陵侯，拜左光祿大夫。賜右師譚，爵關內侯。又詔稱事因侍中駙馬都尉董賢奏聞，故封董賢為高安侯。當劉雲未死之時，廷尉梁相認為雲獄有冤，啟奏朝廷將雲等一干人犯調至京師復審，尚書令鞫譚，僕射宗伯鳳也一致主張。哀帝竟然震怒，說相等三人坦護劉雲，不忠君愛主，立將三人免為庶人。丞相王嘉上書為梁相等辯護，說：「梁相計謀深沉，鞫譚頗知文雅，宗伯鳳經明行修，臣竊為朝廷惜此三人！」哀帝見書，心中大為不快。到了元壽元年正月，傅太后死。哀帝令與漢元帝合葬於渭陵，稱孝元傅皇后。那時元帝嫡配王太皇太后尚健在，這也是個荒唐的舉動。哀帝又稱傅太后的遺旨，下了一道手諭，交給丞相王嘉，叫他增封董賢二千戶。王嘉將聖旨封還，附上了一本諫章，大意說道：「《書》云：天命有德，王者是代天爵人。封地不慎，下則庶民不服，上則皇天示懲。今聖體久不和，正臣所深懼！高安侯賢是佞幸之臣，陛下傾爵位以貴之，殫財貨以富之，損至尊以寵之，四方同怨。諺曰：千人所指，無病而死，臣常為之寒心！陛下寢疾已久，繼嗣未立，宜思順天人之心，以求福祐，奈何輕身肆意，不念高祖立國之苦，欲傳之於無窮哉！」其措辭異常激切，哀帝看了不禁勃然大怒，說他公然咒罵天子。立詔嘉往詣廷尉，想要迫他自殺。使者奉命來到丞相府中，就有左右掾史，涕泣和藥以進道：「我漢朝故事，將相不對理，君侯應引決自裁！」王嘉性情剛烈，一掌把藥杯打落在地，摔得粉碎，大聲道：「我身為丞相，位列三公，要對朝廷國家負責。我做事向來清清楚楚，就是死，也要死得明明白白！我寧可伏屍法場，也不能效法兒女子委委屈屈的自殺。」說罷，穿起朝服，昂然直出，拜見使者，接受了詔書，登車直往廷尉。廷尉即將王嘉上了刑具，下在獄中。哀帝聞知王嘉竟敢生詣廷尉，越發怒不可遏。即派遣將軍以下，朝中五個二千石大吏，會同查辦王嘉，必欲置之死地。

獄吏翻起舊案審問王嘉，問他前者為什麼坦護叛逆東平王劉雲，幫梁相鞠譚等講情？王嘉答道：「東平王死得冤枉，梁相等都是忠臣，他們認為人命關天，不可不慎重。請求朝廷復審，這正是合乎天理人情，我為什麼不該主持公道？」獄吏聽他說得義正辭嚴，也為之動容。遲遲對王嘉道：「你總不認錯，教我們怎麼定罪！這案子如何了結！」王嘉喟然仰天長嘆道：「我知罪，我認罪，我罪該萬死！」獄吏喜道：「如你供出罪狀，也免得我們麻煩！」王嘉道：「我有兩項大罪！」獄吏道：「是那兩項大罪？」王嘉道：「我備位丞相，一不能進賢，二不能退不肖！」獄吏詫道：「何謂賢不肖？」王嘉道：「賢者，是故丞相孔光，故大司空何武，我不能進！不肖者，是高安侯董賢父子，穢亂朝廷而我不能退。我有此兩大罪，罪當萬死，死有餘辜！」獄吏為之駭然。可憐王嘉在獄中二十餘日，備受刑辱，飲食不進，嘔血而死。帝舅大司馬丁明，為王嘉求情，惱怒了哀帝，也被免職，哀帝索性拜侍中董賢為大司馬。

　　這董賢究竟是個什麼樣人，竟會被天子如此垂青，說來實在可醜！原來董賢字聖卿，雲陽人，乃是御史董恭之子，初為太子舍人，哀帝即位，隨侍為郎，年紀不過十來歲。長得容貌俊秀，又好修飾。一日夜晚，在宮中傳漏❷，哀帝顧問左右時刻，董賢上前答話。在燭光之下，看見董賢眉目若畫，有如好女子，便叫到身邊，問長問短，覺他溫柔可愛，當即恩幸。第二天，就拜董賢為黃門郎，升遷他父親董恭為光祿大夫。從此寵愛日甚，不幾天，又拜駙馬都尉侍中。旬月之間，賞賜鉅萬，貴震朝廷。出則參乘，入則同席，與皇帝坐臥不離。有一天陪同哀帝晝寢，哀帝一覺醒來，衣袖被壓在董賢身下。看董賢睡得正酣，不忍將他驚醒，乃偷偷將衣袖割斷，其恩愛如此。董賢非常乖巧，處處討皇帝的歡心，到了休假之日，都不肯回家，說是捨不得聖上。於是哀帝特許董賢將妻子接到宮中，一同居住。過了些時，又將董賢的妹妹納入宮中為昭儀。董賢夫婦兄妹三人，朝夕陪奉在皇帝左右。又賞賜昭儀及賢妻，各錢千萬。再遷賢父為衛尉，賜爵關內侯。拜賢弟為執金吾，拜賢岳丈為將作大匠。命將作大匠，為董賢起造

❷　漏是古時一種時計，傳漏就是傳報時刻。

了一所大大的府邸。六重洞戶，五層大殿。牆壁上圖畫五采，柱檻上裝飾金玉。樓閣臺榭，鉤連相通，土木之工，窮極技巧。下至董賢家裡畜養的僮僕，都獲恩賜。武庫禁兵，上方珍寶，以至東園秘器，珠襦玉柙，在董賢府中無不俱備。東平王劉雲之獄，本與董賢無關，哀帝故意說事由董賢奏聞，硬給他安上一個功名，好封董賢為高安侯。就這樣平步青雲，做到了大司馬。年紀才不過二十二歲。王嘉死後，獄中的對辭，漸漸透進漢哀帝的耳中，哀帝也不免有些傷悔。就重復起用王嘉所欲推進的孔光，再為丞相。後來不久，改丞相為司徒，重定三公。於是董賢為大司馬，孔光為大司徒，彭宣為大司空。孔光字子夏，乃是孔子十四世孫，歷仕元成哀三朝。經明行修，德高望重，雖為朝堂耆宿，其實是個膽小怕事，沒有骨氣的人。當初孔光做御史大夫時，董賢的父親董恭在孔光手下做御史。及董賢為大司馬，竟然與父親的上司並列為三公。天子故意要尊貴董賢，偏命董賢去過訪孔光。孔光聞說董大司馬駕臨，慌忙整齊衣冠，迎至大門以外，站立道旁，將車駕一直迎進中門。親扶董賢下車，匍伏拜謁，恭敬非常。那董賢十分得意，回來告知哀帝，哀帝大喜，立拜孔光的兩個姪兒為諫大夫中常侍。由是董賢貴倖人主，誰不側目。有一天，漢哀帝設宴於未央宮麒麟閣上，歡宴董賢父子家人，朝臣作陪。哀帝吃得酩酊大醉，看著董賢是越看越有趣。覺得他真是人中奇才，天上少有，地下無雙。不禁慨然嘆道：「我臨朝已倦，當得賢而讓之。大司馬如此賢能，我想效法唐堯之讓虞舜，諸卿以為如何？」群臣聽了，面面相覷，不知如何對答。中常侍王閎實在忍耐不住，起立奏道：「天下迺高皇帝的天下，非陛下之天下。陛下承嗣宗廟，當傳之子孫。社稷至重，天子怎能妄出戲言！」哀帝怫然不悅，叫左右推出王閎，於是不歡而散。

漢哀帝的生活舉措，如此荒唐，那政治怎麼會不紊亂。從成帝時漫延不治的黃河水患，一直未平。建平年間，關東又發生旱災。老百姓在生活苦痛，找不到出路的時候，往往會迷信鬼神，於是那些姦人歹徒，就乘機起來煽惑作亂。在建平四年，關東百姓，無故奔走，各人手執禾稈一根，轉相傳遞，叫做西王母籌。道路相聚，多至數千人。這些人披髮赤足，斬

關踰牆，如醉如狂。經歷二十六郡國，一直跑到京師，又聚集廬巷男女，設西王母祭。畫符念咒，說可以長生不死，消災延壽。紛紛攘攘，從春天鬧到秋天，地方無法禁止。雖然沒有引起大亂，卻充分顯示人心的浮動。那年諫大夫鮑宣曾上書痛論政事，這篇議論，不啻是對哀帝時政治一個全面的說明，他說：「今民有七亡：陰陽不和，水旱為災，一亡也。縣官❸重責賦稅，二亡也。貪吏假公濟私，受取不已，三亡也。豪強大姓，蠶食無厭，四亡也。苛吏繇役，民失農桑，五亡也。部落鼓鳴，男女遮列，六亡也。盜賊劫略，取民財物，七亡也。七亡尚可，還有七死：酷吏毆殺，一死也。治獄深刻，二死也。冤陷無辜，三死也。盜賊橫發，四死也。怨仇相殘，五死也。歲惡饑餓，六死也。時氣疾疫，七死也。民有七亡，而無一得，欲望國安誠難。民有七死，而無一生，欲望刑措誠難。群臣居尊官，食重祿，不肯惻隱人民，但求營私自利。以苟容曲從為賢，以拱默尸祿為智。陛下上為皇天子，下為黎民父母。今人民食不果腹，衣不蔽體，父子夫婦不能相保，陛下不救，將安所歸命！陛下奈何獨養外親與幸臣董賢，賞賜萬數，使其賓客奴僕，皆致富貴。陛下取非其官，官非其人，而望天悅民服，豈不難哉！治天下者，當用天下人之心為心，不得自專快意，上之皇天見譴，下之黎庶怨恨！臣雖愚戇，寧不知受爵祿做大官，賜良田住美宅，不與惡人結怨仇，可以安身享福；誠以職居諫諍，迫於大義，不敢不謁愚誠，盡死節！」鮑宣字子都，渤海高城人，為人與王嘉一般耿直。哀帝見書，心中也不愉快，看他是當代名儒，特別予以優容。後來鮑宣做了司隸。有一天，出外巡查，適逢丞相孔光謁視陵園。碰見丞相的掾屬，乘騎馳驟於天子馳道，有違禁令。他就叫手下的差役，把那掾史捉下，沒收了他的車馬。孔光不服氣，奏知天子，說鮑宣摧辱宰相。哀帝就命御史中丞往司隸府中，捉拏那差役，鮑宣閉門不納。哀帝大怒，責鮑宣抗旨，無人臣之禮，詔下宣廷尉。這消息傳出，驚動了長安的士子。就有博士弟子，濟南人王咸，扯起一張旗幟，站在太學門口，高聲喊道：「願救鮑司隸者來此！」頃刻之間，聚集了一千多人。會逢上朝之時，大家一齊攔住

---

❸　就是朝廷。

丞相孔光請願，孔光答應入朝去和天子解釋。哀帝乃詔減宣死罪一等，將鮑宣髡鉗，徙往上黨。這可以說是中國歷史上，第一次的學生運動。佞邪當道，忠義摧殘，民心浮動，正氣消沉。這處處說明，漢哀帝妄用權威的結果，不僅未能改良元成的衰敝，反而使國事更加敗壞。

建平四年，匈奴呼韓邪之子，烏珠留若鞮單于又上書請朝。有人說，匈奴單于每次入朝，國家總是發生大故❹，而且為了招待單于，耗費太多，對於國家真是有害無益。唯黃門郎揚雄以為不然，上書力陳說：「今單于歸義，懷款誠之心，欲離其庭，陳見於前；此乃上世之遺策，神靈之所想望，國家雖費，不得已者也。奈何距以來厭❺之辭，疏以無日之期；消往昔之恩，開將來之隙。夫百年勞之，一日失之。費十而愛一，臣竊為國不安也！」於是哀帝復書，優許單于。單于因病，捱延到元壽二年春正月，方才來朝。同時來朝的，還有烏孫大昆彌伊秩靡。招待單于的禮儀隆重，一切仿照前朝故事，賞賜錦繡繒絮有加。並於朝中歡宴單于，天子三公百官作陪。單于看見董大司馬如此年輕，深為驚訝。天子特命翻譯官與單于解釋說：「莫看司馬年輕，卻是才德超群。」單于乃起立拜賀。單于在上林苑蒲萄宮中，住了些時，告辭回國，特遣中郎將韓況，一直送到塞外。漢哀帝自幼患痿痺之症，即位以來，常日在病中。偏偏元壽二年正月單于來朝，六月戊午哀帝就駕崩在未央宮中，這也是巧事。綜計他十九歲即位，二十五歲去世，在位僅僅六年。六年之中，政事敗壞，一無足述，謚為哀帝，實在是名副其實。

卻說新都侯王莽，自被罷遣歸國，消聲匿跡，平日杜門謝客，不與外界來往。中子王獲，打死了一個家奴，王莽恐遭物議，硬逼獲自殺。王莽在國三年，地方吏民上書，為王莽訴冤者，有一百多起。王太皇太后住在長信宮中，也深居緘默。諫大夫楊宣曾上書說：「太皇太后春秋七十，數更憂傷，親屬引退，以避丁傅，行道之人，為之隕涕！」就在元壽元年，王莽復被徵還京師，服侍太后。現在哀帝一死，這深居後宮六年的太皇太

---

❹　大故就是國喪，按自漢宣帝以來，每當單于入朝，那年天子就駕崩。

❺　厭同壓，一種迷信的話，說是被剋制的意思。

后，突然駕臨未央前殿。先收取了皇帝的璽綬，然後召大司馬董賢，引見東廂，問他如何調度喪事。董賢那裡懂得這些事，一時瞠目結舌，不知所對。太后乃道：「新都侯王莽前為大司馬，曾奉送先帝大行，懂得一切儀制，我喚他入宮來幫你如何？」董賢連忙頓首稱謝。太后即遣使者，往召王莽。又下手諭給尚書，發符節禁兵，一切聽莽節制。王莽奉命，迅即入宮，先著尚書奏劾：「先帝病時，大司馬賢不侍醫藥，為臣不忠，不得入宮殿！」董賢惶懼不知所為，嚇得跪在宮門口，免冠叩首不已。太皇太后即令謁者，在宮門前降旨道：「董賢少不更事，為大司馬不合人心，即收大司馬印綬，罷歸第！」當天晚上，董賢夫婦在家中一齊被逼自殺。他家惶恐，連夜將屍體草草收斂埋葬。王莽恐怕他是詐死，叫人掘墳剖棺，驗明正身不訛。又把屍體上的衣服剝光，丟在阬中，用土掩蓋了事。賢父董恭和兄弟董寬、董信與家屬，一齊被流放到廣州合浦。全部家產變賣充公，值錢四十三萬萬，長安城裡的百姓，無不稱快。董賢一死，太皇太后詔公卿舉薦繼任的大司馬。自大司徒孔光以下，滿朝公卿，共舉王莽。於是太皇太后詔復用王莽為大司馬領尚書事。計從哀帝駕崩，太后臨朝，逼死董賢，到王莽復職，前後不過三天。這姑姪二人的行動，有如迅雷疾雨。哀帝無後，又沒立太子，當前天子之位不能久虛，太后與群臣議立嗣君。王太后憤恨傅昭儀，同情馮婕妤，就提出馮婕妤的孫兒，中山小王箕子，大家也無異議。乃拜王莽的從弟安陽侯王舜為車騎將軍，往迎中山王箕子入朝即位。這裡王莽又奏明太后，說皇太后趙飛燕和她的妹妹趙昭儀，以前穢亂宮廷，殘害皇嗣。定陶恭王傅太后，以前和孔鄉侯傅晏，內外勾結，專權亂政。乃詔貶皇太后為孝成皇后，徙居北宮。徙孝哀傅皇后退居桂宮。朝中丁傅兩氏，一齊免官。傅晏罪大，全家流放於合浦。過了兩月，再廢孝成皇后孝哀皇后為庶人，同日迫令自殺。這時傅太后、丁太后早死，追貶傅太后尊號為定陶共王母，丁太后號為丁姬。又發掘傅太后和丁太后的墳冢，剖其棺木，剝除衣冠，藉以洩憤。

中山王箕子迎接到長安，於元壽二年九月辛酉即皇帝位，是為漢孝平帝。時平帝年方九歲，由太皇太后王氏臨朝。大司馬王莽秉政，百官聽命。

這次王莽當政，忽然作風大變。專權立威，排斥異己，凡附順者拔擢，忤慢者誅滅。那時朝中幾位元老，是孔光、何武、彭宣與公孫祿。他先奏劾前將軍何武與左將軍公孫祿，說他們互相標榜，詔皆免官。彭宣心慌，上書告老，說：「三公鼎足，一足不任則覆，臣資性淺薄，年齒老眊，願上大司空長平侯印綬，乞骸骨歸鄉里，待填溝壑。」遂免宣司空，聽令就國。王莽對孔光，在表面上非常奉承，卻是利用他在朝中的資望，以為工具。凡要打擊那個，或有什麼行動，自己不便出頭，就奏請太皇太后，叫司徒孔光去執行。孔光膽小如鼠，只得遵命辦理，可是又怕得罪了別人，種下了後禍。真是如坐針氈，憂懼不知所出。乃亦上書乞骸骨，說得可憐萬分。太后遂詔遷孔光為太傅。於是王莽大權獨攬，以王舜、王邑為腹心，甄豐、甄邯主擊斷，平晏領機密，孫建為爪牙，而劉秀典文章。劉秀就是劉向之子，初名劉歆，後改名秀，博學能文章，特蒙王莽所賞識。原來王莽是個內懷姦詐，外以儒飾，最善偽裝的人。他以前的種種謙虛克己，都是造作。他心裡有什麼慾望，全不形諸辭色，卻暗示左右，叫別人替他請求，他還要涕泣推讓，種種作態。許多老實的人，都被他騙過。

漢平帝即帝位後，改元元始。王莽最喜歡符瑞，為了顯示他的功績，在元始元年春正月，他諷諭益州，令塞外蠻夷自稱越裳氏，入朝貢獻白雉一，黑雉二，太后詔以白雉上薦宗廟。於是群臣順風承旨，上書盛陳王莽的功德，說他致白雉之瑞。請增封王莽爵邑，宜賜號安漢公。王莽上書說：「臣與孔光、王舜、甄豐、甄邯共同定策，臣不能獨受功賞。」太后下詔褒獎道：「無偏無黨，王道蕩蕩，君有安宗廟之功，不可隱蔽不揚，君其勿辭！」王莽再四上書辭讓，竟稱病不起，那辭意好像非常懇摯。左右有明白王莽心理的，密奏太后說，王莽不好意思大功獨居，如並封孔光等，王莽就肯受詔了。於是太后再下詔：以太傅博山侯孔光為太師，車騎將軍安陽侯王舜為太保，左將軍光祿勳甄豐為少傅封廣陽侯，而以大司馬新都侯王莽為太傅，號安漢公，增封二萬八千戶，謂之四輔。王莽看孔光、王舜、甄豐等都受詔謝恩，自己不好再辭，乃惶恐起而受命。他又建議，應褒賞宗室群臣，於是大封宣帝曾孫三十餘人為列侯，太僕王惲等二十五人

為關內侯，表示皇恩浩蕩。太后春秋已高，不能躬親萬機，乃下詔：「從今以後，唯封爵奏聞，其他一切朝中大事，全由安漢公四輔平決。」王莽之權，竟與天子一般無二了。

　　元始二年，漢平帝更名為衎❻，以馬宮為司徒，甄豐為司空，孫建、甄邯為左右將軍。這年春天，又有南海黃支國獻犀牛，越巂郡奏稱黃龍游於江中，種種祥瑞之事，象徵國家太平。其實這都是粉飾附會，國家何嘗太平。那年四月，關東大旱，青州地方災情尤重，蝗蟲滿天，五穀皆盡。王莽對這事，並沒提出具體的辦法，只懂得沽名釣譽。自動上書，願出錢一百萬，獻田三十頃，以助賑災民。又縗衣素食，深居憂思，太后聞知，下詔道：「聞公菜食，憂民深矣，今秋幸熟，宜以時食肉，為國家保重身體為要！」秋九月，王莽上書說，皇帝即位已三年，應選立后妃。於是廣采列侯世家，諸名門閨秀，呈上名冊，而王家的女子最多。王莽故意謙辭，說自身無德，子女下材，不應與眾女並采。可是公卿大夫，諸生郎吏，伏闕上書的，有一千多人。都說：「安漢公聖德巍巍，今選皇后，如沒有安漢公之女參加，天下安所歸命！願得公女為天下母！」太后不得已，乃下詔采莽女。並遣少府、宗正，到安漢公府中納采觀女。回頭奏稱，安漢公女果然深沐德化，有窈窕之容，宜承大序，奉祭祀。遂逕選莽女為后，其餘諸女，都成了陪襯，這樣一來，正中王莽下懷。四年春二月，遣大司徒馬宮、大司空甄豐，奉乘輿法駕，迎皇后於安漢公第，授皇后璽綬。那時漢平帝年方十三歲，皇后年十四歲。皇后聘禮，黃金二萬斤，銅錢二萬萬，王莽苦苦推讓，受錢四千萬，而以三千三百萬，分贈十一媵❼家，大司徒司直陳崇，請他的秘書孫竦寫了一篇幾千言的大文章，廣徵博引，極盡歌功頌德之能事，上奏朝廷，請加賞於安漢公。太保王舜及吏民八千餘人，上書請如陳崇之言。於是加封安漢公召陵新息二縣，及黃郵聚新野之田。昔伊尹稱阿衡，周公位冢宰，今加號安漢公曰「宰衡」，位居三公之上。又封安漢公的兩子，王安為襃新侯，王臨為賞都侯，太后親臨前殿行封拜

❻　音ㄎㄢˋ，樂也。
❼　古天子一娶十二女，嫡配是皇后，其餘為十一媵。

之禮。王莽又一再辭讓，謝卻召陵黃郵新野之田，又以所賜錢千萬，贈送太后左右的侍御，贏得人人歡喜。安漢公看姑母老太后，長年住在深宮之中，未免寂寞。乃請太后四時車駕巡遊郊外，太后大悅。那時長安城中，讀書人最多，王莽本又是一個儒生。為了表示提倡儒術，奏起明堂、辟雍、靈臺❽，為學者築學舍萬區。於五經博士外，增設樂經博士，益博士員，經各五人。徵天下學人，凡身通一藝及奇材異能之士，都禮聘到京師，前後來者數千人，蹌蹌蹌蹌，頗極一時之盛。群臣奏稱：「當年周公攝政，七年制度方定，今安漢公輔政才四年，大功畢成，宜更加封榮。」這時王莽已經位極人臣，無可再封，太后乃詔令群臣議九錫之禮。什麼叫九錫之禮？就是九種儀制：一是車馬，二是衣服，三是樂懸，四是朱戶，五是納陛，六是武賁，七是鈇鉞，八是弓矢，九是秬鬯。這原是天子的制度，如果賜給大臣，那就是無上的榮典。五年春正月，因為安漢公一再卻封地謝賜錢，吏民伏闕上書，頌揚王莽功德的有四十八萬七千五百七十二人之多。王莽可以說是中國歷史上最善於製造民意的一個人。是年五月，遂詔賜安漢公莽受九錫之典，又宣讀了一篇九錫策文，把王莽大大的獎飾了一番。從此創了一個例子，以後權臣當政，到了登峰造極的時候，都要行九錫之禮，而九錫竟然成為篡位的一個先奏。那年又派太僕王惲等八人，為觀風俗使者，巡行郡國。回來同聲奏稱，四境太平，百姓康樂，風俗醇厚，獻上了各地頌揚政治的歌謠三萬餘言。太后大喜，封王惲等八人為列侯，又命各地續獻祥瑞與歌謠。獨有廣平相班穉不睬，琅邪太守公孫閎上書，報告災害。王莽大怒，劾公孫閎妄造不祥毀謗聖政，竟將公孫閎下獄斬首，將班穉免職。然後王莽奏稱：「今日天下，市無二價，官無獄訟，邑無盜賊，野無饑民，道不拾遺，男女異路。」這真是自欺欺人。

當平帝即位之初，王莽恐怕平帝的外家得權，又蹈上哀帝時丁傅用事的覆轍。其實平帝為中山王時，幼遭慘禍，祖母早死，外家凋零，只有母親衛姬，和舅舅衛寶、衛玄。王莽遣派甄豐，銜旨奉璽綬，往封衛氏為中

---

❽ 明堂是一種禮堂，上圓下方，八窗四達，有九室，十二重。辟雍是講學之所，其形如璧，圜之以水。靈臺，可以上登觀望雲氣。

山孝王后，賜衛寶衛玄爵關內侯。勒令留在中山，不准入京探望皇帝。衛后思念平帝，日夜啼哭不已。王莽的兒子王宇，很同情衛氏，他和他父親的看法不同。他覺得母子天性，無法隔絕，難保將來衛氏不得勢，何必與人結恨，他就著人告訴衛姬，叫她上書求進京師，他可從中疏通，誰知王莽執意不許。王宇焦慮，便和老師吳章與妻舅呂寬，商量這事。吳章認為王莽的個性不是言語所能說服，但他迷信鬼神，如警以怪異，或可使他轉變態度；王宇也以為然。那天夜晚，王宇叫人用鮮血灑在王莽的府門之上。不料被門吏發覺，將那人捉住，審出情由。王莽勃然大怒，說自己的兒子竟敢勾通外人，造反生事，不忠不孝。立將王宇下獄賜死，可憐媳婦呂氏，身懷六甲，也一同死在獄中。王莽餘怒未已，著人往中山將衛氏滿門家屬，一齊殺掉，單留下衛后一人未死。又將吳章腰斬在東市之上。吳章為當代名儒，門生有一千多人，王莽稱為惡人之黨，一律禁錮終身，不許仕宦。同時誅殺呂寬，窮治呂寬之獄。王莽趁著這個機會，雷厲風行，凡是平時與王莽不睦的，都羅織在案中，處以死刑。先後被害的有漢元帝妹敬武長公主、前司空何武、前司隸鮑宣、護羌校尉辛通、函谷都尉辛遵、水衡都尉辛茂等。連王莽的尊親紅陽侯王立、平阿侯王仁，也都被迫自殺。這其中包括皇親貴戚，朝堂耆宿，死了好幾百人，海內為之大震，這是平帝元始三年之事。北海人逢萌，正在長安讀書，嘆道：「三綱已絕，天下大亂將至，我若不走，必將受禍！」就將帽子掛在城門口，帶著妻子，浮海逃往遼東。一時朝中賢人引去的，有光祿大夫龔勝、太中大夫邴漢等。漢平帝一年年長大懂事，知道母親的全家被害，懷恨王莽，背地裡時有怨言。王莽恐懼，就在元始五年十二月，因臘日上椒酒，在酒中下了緩性的毒藥，平帝飲酒中毒而病。王莽還裝模作樣，仿照當年周公輔成王的故事，作了一道告天策書，說願以身替代皇帝，把策書也放在金匱之中，策文方才作完，漢平帝已經一命嗚呼。王莽慟哭流涕，令天下官吏六百石以上者，皆服喪三年。太后與群臣再議立嗣君，當時漢宣帝曾孫在的，有王五人列侯四十八人。可是王莽不願立長君，說是同輩兄弟不可繼承，乃徵立宣帝玄孫，廣戚侯劉顯之子嬰為帝，年方兩歲。

　　那時長安附近，於左馮翊、右扶風之外，又增闢了前輝光，後丞烈兩郡。前輝光太守謝囂奏稱，所屬武功縣長孟通在境內浚井，從井中撈出白石一塊。那石頭上圓下方，刻有丹書篆文，文曰：「告安漢公莽為皇帝。」於是朝野騰說，這是天降符命。太后說：「這種荒誕之事，不足為信。」但是群臣都上書請安漢公俯順天命即皇帝位。太保王舜承王莽意旨，奏請太后說：「天意如此，非人力所能阻攔，安漢公也絕沒有做皇帝的意思，打算稱作攝皇帝，則上合天心下順民情，這也是無可如何之事！」太后不得已，乃下詔曰：「孝平皇帝短命而崩，徵孝宣帝玄孫以嗣孝平皇帝。玄孫年在襁褓，不得至德君子，孰能安之。安漢公莽，輔政三世，與周公異世同符。今前輝光囂武功長通，上言丹石之符，朕深思為皇帝者，乃攝行皇帝之事。其令安漢公居攝踐祚，如周公故事。」於是群臣奏稱：「太后聖德，深見天意！」安漢公乃服天子黻冕，南面朝群臣聽政事。車服出入稱警蹕，郊祀天地宗廟，一切皆如天子之制，號曰攝皇帝。改年號為居攝元年。群臣奏請，稱安漢公廬為攝省，府為攝殿，第為攝宮。這時孔光已死，尊馬宮為太師，以王舜為太傅左輔，甄豐為太阿右拂，甄邯為太保後承，這是四太。四太之外，又置少師、少傅、少阿、少保、謂之四少。這四太四少，共輔攝皇帝。

　　居攝二年，東郡太守翟義，和他的外甥陳豐謀道：「新都侯王莽挾持孺子，依託周公輔成王的名義，號稱攝皇帝，其實就是篡位。眼看得漢家不保，可是宗室衰弱，外無強藩，誰能來挽救國難。我為宰相之子❾，身居大郡，父子受漢厚恩，誓當討賊以安社稷！」遂與東郡都尉劉宇，聯絡宗室嚴鄉侯劉信，武平侯劉璜，信子東平王劉匡，共同起兵。立信為天子，翟義自號大司馬柱天大將軍。移檄郡國，聲討王莽，蜂擁進至山陽郡，各地響應，聚眾到十幾萬人。王莽聞訊大驚，急拜成武侯孫建為奮武將軍，成都侯王邑為虎牙將軍，明義侯王駿為彊弩將軍，城門校尉王況為震威將軍，忠孝侯劉宏為奮衝將軍，建威侯王昌為中堅將軍，震羌侯竇況為奮威將軍，共發七路大兵往討翟義。關中三輔一帶，聽說翟義起兵，二十三縣

❾　翟義是丞相翟方進之子。

盜賊並起。以趙朋、霍鴻為首，自稱將軍，焚燒官府，殺死長吏。亦聚眾至十幾萬人，迫近京師，火光照到未央宮前殿。把王莽嚇慌，趕緊拜衛尉王級為虎賁將軍，望鄉侯閻遷為折衝將軍，發兵往討趙朋、霍鴻。拜常鄉侯王惲為車騎將軍，騎都尉王晏為建威將軍，城門校尉趙恢為城門將軍，承陽侯甄邯為大將軍，領兵保衛京師。王舜甄豐晝夜巡行殿中，王莽抱著孺子嬰，跪在廟裡禱告。愴然顧謂群臣道：「當年周公輔成王，遭管蔡之亂；我今輔孺子，又逢翟義劉信之亂，做聖賢真不容易。」群臣稽首道：「不遇大難，不彰聖德！」亦是這時王莽命不該亡，當年十二月，孫建、王邑等大破翟義劉信軍於圉城，翟義亡命到固始，被捕斬首，劉信不知下落。明年二月，王級等又討滅趙朋霍鴻之亂，諸縣皆平。各路大兵，振旅還朝，王莽大喜，置酒白虎殿，犒勞將帥。大封功臣，侯伯子男，三百九十五人。既滅翟義，王莽更無所顧忌，自謂威德已盛，遂決心篡漢。廣饒侯劉京上書說：「在七月中旬，齊郡臨淄縣昌興亭長辛當，一夜連做數夢，夢見天宮使者告他說，攝皇帝當為真皇帝。」王莽將這事奏稟太后，說：「孔子曰：『畏天命，畏大人，畏聖人之言。』臣莽敢不接受天命，請共事神祇宗廟，號令天下，毋言攝，改居攝三年為始初元年。」過了幾天，有一個妄人，名叫哀章，是梓潼人氏。說是從地下發現了一只銅匱，上面有兩個題籤。一個題著，「天帝金匱圖」，一個題著，「赤帝劉邦傳於黃帝金策書。」匱中策文說明王莽是真天子，並有佐命大臣的名姓。這日黃昏時分，哀章抬著金匱送到高皇太廟，交給廟中僕射，僕射趕緊奏聞王莽。那天是始初元年十一月戊辰之日，王莽慌忙來到高廟，拜受金匱，回頭進宮謁見太后說明經過。然後御王冠，升坐未央前殿，召見百官，頒下手諭，略稱：「皇天上帝頒下符契圖文，金匱策書，神明詔告，屬予以天下兆民。予甚祇畏，敢不欽受。茲以戊辰之日，御王冠，即真天子位，定有天下，國號曰新。」百官皆呼萬歲。王莽既做了真天子，承天應命，當然需用傳國玉璽。這傳國玉璽，一直藏在長樂宮中由王太后保管。原來王太后，自從哀帝去世，她雖然起用王莽打擊丁傅，以報傅太后之恨，可是始終忠於漢室，不忘元帝。起初，她很器重王莽，授以大權。後來看王莽的措施，

日益乖張，心中業已不快。對於符命之事，她尤其反對。這天安陽侯王舜特奉王莽之命，入宮拜謁太后，奏說王莽已在前殿即真，並向太后索取傳國玉璽。太后大怒罵道：「你們一家父子兄弟，蒙漢家厚恩，才有今天的富貴。一旦得勢，就要奪取人家的國家。如此忘恩負義，豬狗不如！我看你們兄弟，也絕不能長久。你們既相信金匱符命，要做新皇帝，改變正朔服色，便當另作新璽傳之後世，要這亡國不祥之物何用！我是漢家老寡婦，早晚將死，要留著這塊石頭與我殉葬！」說罷淚如雨下，左右侍御一齊垂淚。王舜亦覺難過，捱了半晌，還是要求玉璽，說王莽非得此璽不可。太后乃將玉璽，摔在地下，叫王舜拿去。王舜低頭將玉璽撿起，一看玲瓏發光，果然是傳國寶物，只可惜崩壞了一個小角。連忙抱在懷中，趕奔前殿，獻與王莽。王莽大喜，即設宴未央宮漸臺之上，縱酒大樂。明年春正月朔，王莽率百官卿士，御正殿，順符命去漢號。當朝宣讀一篇策文，說明了應命代漢之意。策命孺子嬰為定安公，封萬戶，地方百里，立漢祖宗之廟於其國。又封自己的女兒，孝平皇后，為定安太后。讀完策文，叫左右扶著這個六歲的小孩，走出殿來。王莽上前，牽著孺子的小手，滿臉流淚，顧左右嘆道：「昔周公攝位，終復歸政成王。獨我王莽命苦，迫於皇天威命，不能自由，可不哀哉！」然後扶著孺子，令轉過身來，北面稱臣而退。當時百官陪位，有那些良心未死的人，都暗暗流淚。那朝堂之上，一片黯然。可憐那個小孺子，瞪著兩隻小眼睛，由著人家，推推搡搡，走出殿去。漢自劉邦入關收降秦王子嬰，到此時整整二百一十四年而亡，史稱前漢。

西漢帝系表

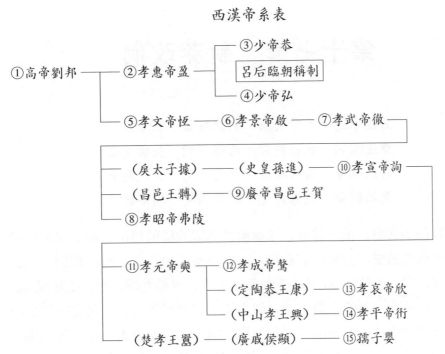

（以上帝系中如不計兩少帝劉恭、劉弘，則為十三帝，如再不計廢帝昌邑王賀則為十二帝，如再不計孺子嬰，則為十一帝矣。）

第十七講　新莽改制

五德承運　元后哭廟　劉歆校書　太常論道
變法改制　獻符興獄　揚雄解嘲　龔勝絕食
匈奴抗命　西域紛擾　天災示懲　饑民起義
更始稱帝　隗囂討逆　南郊痛哭　漸臺伏誅

王莽假借民意，依託符命，以達到他竊取政權的目的，而美其名曰禪讓。他的竊取政權，也有一套程序：一、專權用事，二、排斥異己，三、擅行廢立，四、頌揚功德，五、獻納符瑞，六、榮加九錫，七、接受禪讓。

他這套程序，為後來野心家，創立了一個例行的公式。他之所以能順利的完成這套公式，主要的有兩個原因：第一是他攏絡人心的手段高明；第二是他在迎合著一種思想潮流。明白這個道理，就知道他的一時成功，並非偶然。你看他在漢平帝時，五年輔政當中，也作了許多惠政。他前後封賞宗室功臣的後裔，有二百多人。令官吏二千石以上，年老退休的，仍得支給原俸三分之一為養老金。時逢災荒，他捐獻私田三十頃，錢一百萬，朝中大臣跟著效法的，有二百三十人。他又在長安城中，起造房屋二百棟，給貧民居住。他又振興教育，於全國郡縣鄉聚，普遍設立學校庠序，每所學校，聘請一位《孝經》老師。擴大長安的太學，增建校舍一萬間，太學生增加到一萬多人。五經博士之外，增設《樂經》，成為六經，每經置博士五人。又徵求全國通曉逸經，古記，天文，曆算，樂律，文字訓詁，醫藥方技，《論語》、《孝經》、《爾雅》和五經的學者，優禮聘請到京師，前後應徵的有幾千人。所以朝野上下，尤其一般讀書的人，誰不稱讚王莽。元始五年，有四十八萬七千五百多人，上書頌揚王莽的功德，不能說這些人都是被動。再說到符命和禪讓，在當時，也有一個思想的依據。原來漢儒老早認為古今沒有萬世一統的王朝，天命代興，唯有德者居之。這種說

法，最早始於董仲舒。其後甚至有人主張，漢德已衰，應當避位讓賢。如昭帝時的眭弘，宣帝時的蓋寬饒，成帝時的谷永❶。加上一班方士們的附會渲染，把天命和人事連在一起，就成了符命之說。他們相信，一位有德的聖人出世，是受命於天。一方面天降符瑞，表示新聖人當運；一方面天降災異，表示舊王朝德衰。到了這時，便要禪國讓賢。及至新聖人受命建國，就要推德定制，改正朔，易服色，更制度，一切重新作起，以應天命。這套思想，在西漢末年，是一個很有力量的理論。王莽的依託符命受禪改制，都是根據這套理論而來。他既接受皇天符命，又接受萬民擁戴，豈不是天與人歸嗎！

另外在歷史上，還有一個傳統的迷信學說，淵源於戰國時的鄒衍，而盛行於秦漢之際，這就是「五德說」。五德者，金木水火土，又叫做五行。這五行相生相剋，循環不已。金生水，水生木，木生火，火生土，土又生金。反之，金剋木，木剋土，土剋水，水剋火，火又剋金。如此，周而復始，謂之五德終始。歷代帝王的受命於天，也是符合著這五德之運。漢朝有一本書，叫做《五帝德》，是司馬遷作〈五帝本紀〉的藍本，後來傳說的古史都是說：「太昊伏羲氏以木德王，炎帝神農氏以火德王，黃帝有熊氏以土德王，少昊金天氏以金德王」，他們說，帝王的改朝換代，有兩種方式。一是征伐，如湯武，乃是相剋之德；一是禪讓，如堯舜，乃相生之德。譬如堯是火德，舜是土德，火生土，於是堯讓舜。這類學說，非常牽強附會，可是漢代許多儒生，卻信之不疑。王莽也就藉此學說，以欺人耳目。他宣傳他的受禪，正同堯舜禪讓一樣。堯是火德，漢朝也是火德；舜是土德，自己也是土德。因為漢是火德，所以稱漢高祖為赤帝，劉氏為炎

❶ 眭弘在昭帝時，因天變上書曰：「先師董仲舒有言，雖有繼體守文之君，不害聖人之受命。漢家堯後，有傳國之運。漢帝宜誰差天下，求索賢人，禪以帝位，而退自封百里，如殷周二王後，以承順天命。」以妖言誅。宣帝時，蓋寬饒上書稱：「五帝官天下，三王家天下，家以傳子，官以傳賢，若四時之運，功成者去，不得其人則不居其位。」下獄死。成帝時谷永亦因天變上書曰：「白氣起東方，賤人將興之表也；黃濁冒京師，王道微絕之應也。」

劉；那哀章的銅櫃上，不是明明白白的題著赤帝劉邦嗎？所以王莽即位後，改正朔，易服色，色尚黃，以象徵土德，以符合天命。他不僅以舜德自居，更自稱是虞舜的後裔。為了證明這點，他特自編了一部家譜，名曰《自本》。敘述他自己的家世，說得有源有本，他說：「虞舜是黃帝的八世孫。虞舜的後代，有名嬀滿的，周武王時封為陳侯，始姓陳。陳侯嬀滿傳了十三世，到陳完時，因為國家大亂，逃奔齊國，為齊桓公所收納，做了齊國的卿士。後來又改姓為田，傳了十一代到田和，就篡了齊國。一直傳到齊王建，被秦始皇所滅。項羽起兵，封齊王建的孫兒田安為濟北王。田安亡國，齊人稱他為王家，於是又由田改姓為王。傳了三代到王賀，在漢武帝時做繡衣御史，家居魏郡❷元城縣。王賀為人有盛德，那裡有位會風鑑的老者，說此地八十年後，有女聖人出。果然八十年後，王賀之子王禁，生下女兒王政君，這就是王莽的姑母王老太后。」王莽就靠著這位女聖人扶植，步步青雲，做到了承天啟運的開國大聖人。王莽為了追念先德，乃尊黃帝、虞舜、陳胡王（嬀滿）、齊敬王（陳完字敬仲）、濟北愍王（田安）、濟南伯王（田安孫田遂字伯紀）、元城孺王（王賀子翁孺）、陽平頃王（莽祖父王禁）、新都顯王（莽父王曼），為九代始祖。而封姚（黃帝姓）嬀（舜姓）陳田王五姓皆為宗室，世世免除他們的租稅。封陳崇為統睦侯，奉祀胡王之後，封田豐為世睦侯，奉祀敬王之後。王莽特別要尊敬他的姑母，就有一個逢迎的小人，叫做張永，獻上一塊圓形的銅符，上面隱隱約約刻著「新室文母」幾個篆字。王莽一見大喜，下詔道：「伏念皇天命予為子，更命太皇太后為新室文母，協於新室，昭然著明。予祇畏天命，敢不欽承！」即奉上璽綬，尊太皇太后為「新室文母太皇太后」，封張永為貴符子。又把漢孝元皇帝的廟宇拆毀，就廟址為文母起造生祠，取名曰長壽宮。即以孝元皇帝的正殿，改建為文母饌食堂。為了討好，這天王莽特邀請太后出外遊玩，順道駕臨長壽宮，設宴作樂。太后下車，仰見那宮殿巍峨，丹堊一新，旁邊堆著許多磚瓦木材，尚未全部完工。心裡納悶，髣髴這地方什麼時候曾經來過。及至走進內殿，四面一看，這才恍然大悟，原來這裡就

❷ 今河北臨漳縣西南。

是先夫孝元皇帝的寢廟。不禁勃然大怒，對左右罵道：「你們竟敢拆毀漢家的祖廟，也不怕得罪神靈。如果鬼神無知，你們又何必為我造廟。如果鬼神有知，我是人家的妻妾，如此欺慢，教我怎樣去見先帝於地下！」說到傷心處，忍不住老淚縱橫。也無心歡宴，即命擺駕回宮。她對於王莽的種種行為，並不贊同。她在後宮裡，仍自奉行漢家正朔，每逢臘日，總要飲幾杯悶酒。就這樣過了幾年，鬱鬱而歿，享年八十四歲。王莽遵從遺囑，將太后與元帝合葬渭陵，卻偏將兩棺隔離。又在太后廟中，立元帝靈位，配享於太后床下。這些行為，足以說明王莽的心胸和意識。

　　放下閒話不談，卻說王莽承天啟運做了新朝天子，改年號為始建國元年。依照符命，參酌《周禮》，建立他的新室皇朝。按著金匱策書上所開列的名字，拜王舜為太師，封安新公，平晏為太傅，封就新公，劉秀（即劉歆）為國師，封嘉新公，哀章為國將，封美新公，是為四輔，位上公。拜甄邯為大司馬，封承新公，王尋為大司徒，封章新公，王邑為大司空，封隆新公，是為三公。拜甄豐為更始將軍，封廣新公，王興為衛將軍，封奉新公，孫建為立國將軍，封成新公，王盛為前將軍，封崇新公，是為四將。凡四輔，三公，四將，共十一列公。王舜、平晏、劉秀、甄邯、甄豐、王尋、王邑與孫建，原是王莽的心腹舊臣，哀章是獻匱之人，都名列策書，巧合天意。獨有王興、王盛這兩個吉祥的名字，朝中並無其人，乃著人四出尋訪，尋來十幾個名姓相同的。其中有一個王興，為故城門令史；有一個王盛，是長安市上賣餅的。這兩人身材魁梧，儀表出眾。經卜筮占驗，斷定是符命真人，立即接受朝命。這兩個窮百姓，他們做夢也沒想到，鴻福臨頭，一步登天，好不歡喜。在正月朔日這一天之中，拜卿大夫，侍中，尚書等官，凡數百人。王莽遵經復古，認為三代以上，古諸侯無封王之制，他下詔道：「天無二日，土無二王，百王不易之道也。漢氏諸侯或稱王，至于四夷亦如之，違於古典，繆於一統。其定諸侯王之號皆稱公，及四夷僭號稱王者皆更為侯。」乃廢除王號，恢復公侯伯子男五等之爵，所以十一位輔命大臣，一律封公。他王氏宗族，也依遠近，列封五等。那遜位的小皇帝孺子嬰，也封為定安公❸。王莽的女兒漢孝平皇后，封為定安太后，

後來又改號為黃皇室主。漢劉氏宗室前封王者二十二人，皆改封為公；封侯者百八十一人，皆改封為子。可是過了不到一年，迫令劉氏宗室一律獻上璽綬，廢免為民。唯有明德侯劉龔，率禮侯劉嘉等三十二人，因為獻符瑞，識天命，效忠新朝，沒有罷免官爵，但皆賜姓為王。這其中獨有一個特殊人物，既保持了官爵，又保持了宗姓，這人就是國師劉秀。原來劉秀的女兒乃是王莽的兒媳，為了這層兒女親家的關係，當然不便改為同姓。

劉秀就是劉向的幼子劉歆。他是王莽時代的一個重要核心人物。他對於當時的學術思想，與王莽的變法改制，有重大的影響。劉歆字子駿，由於家學淵源，博洽能文。在漢成帝時，待詔宦者署，與王莽同為黃門郎。河平三年，朝廷使謁者陳農搜求天下遺書，並令劉歆和他父親劉向共同校讎群書於秘閣，將當時書籍作了一番徹底的整理工作。每整理完一部書籍，便編列一個條目，撮述大意，奏陳天子。這是前漢末年，也是中國學術史上的一件大事。劉向活到七十二歲，在成帝建平元年去世。劉向死後，劉歆奉命繼領父職，他把所有的書，編了一個總目錄，分做七個部門，叫做《七略》。一是《輯略》（全書通論），二是《六藝略》（六經與傳記），三是《諸子略》，四是《詩賦略》，五是《兵書略》，六是《術數略》，七是《方技略》。這是中國第一部正式的目錄書，後來東漢的班固，就根據《七略》寫成《漢書藝文志》。據《漢書藝文志》所錄，計有六藝之書一百零三家，三千一百二十三篇；諸子之書一百八十九家，四千三百二十四篇；詩賦一百零六家，一千三百一十八篇；兵書五十三家，七百九十篇；術數一百九十家，二千五百二十八卷；方技三十六家，八百六十八卷。總計六百七十七家，九千五百五十五篇，三千三百九十六卷。從這個數字，使我們對於前漢書籍的情形，有一個概念；使秦火劫後的書籍，獲得一個整理。這項工作歷成哀兩代二十餘年才完成，不能不說是劉氏父子對於學術的大貢獻。同時在劉歆整理書籍的時候，發生了許多學術上的問題。我們知道，漢朝的文字是隸書，漢朝以前的文字是篆書。隸書簡單清楚，當時稱為今

---

❸　王莽封孺子嬰為定安公後，以大鴻臚府為定安公第，派人嚴密監視，命乳母不許和孺子交談，後來孺子長大，六畜不名，人事不知。

文字；篆書複雜難識，當時稱為古文字。漢初的經書，都是用隸書今文寫
的。劉歆從那些搜求的遺書中，發現許多篆書古文字的經書。他覺得這些
書非常珍貴，大加揄揚。尤其那一部古文的《春秋左氏傳》，他認為是孔
子同時的左丘明所著。他說左丘明曾親見孔子，他的記載和思想，是完全
可以解釋《春秋》的，這部書比當時立於學官的《公羊傳》、《穀梁傳》好
得多了。他又發現古文《毛詩》❹，古文《尚書》，古文《逸禮》等，他
都非常欣賞。他乃請求把這些古文經書與今文經學一同列入學官，叫讀書
人學習。可是這些書，和當時通行的今文經書出入太大了，不僅文字不同，
連內容也不同。這樣一來，許多舊的學說，都要推翻了。許多老先生，都
表示反對。漢哀帝認為茲事體大，便叫劉歆和太常衙門裡那些博士專家們，
慎重的討論一番。有些人礙著劉歆的面子不開口，有些人便大肆攻擊，說
他離經叛道，說這些書都靠不住，不值得研究，這個討論會不歡而散。事
後劉歆氣憤不過，他就寫了一封公開的信，申述自己的意見，駁斥這班博
士，這就是中國學術史上著名的〈讓太常博士書〉，其大意說道：從前周
室衰微，禮樂廢弛，孔子憂念大道之不行，乃正《禮》、《樂》，修《詩》、
《書》，明《易》作《春秋》，以紀先王之道。等到孔子去世，七十子也不
在了，他們的道理思想也就沒人注意。戰國的時代，但講霸道，不重儒術。
及至暴秦，索性焚書殺儒生，使學術思想完全毀滅。漢興之初，雖有一叔
孫通制禮儀；那時天下經書完整的只有一部《易經》。公卿大臣如周勃灌
嬰這班人，都是糾糾武夫，那懂得學問。到了孝文皇帝，才派遣鼂錯去從
伏生傳受《尚書》，跟著又有人講習《詩經》。朝廷為立學官置博士，其實
都是一種口頭上的傳授，真實有點學問的，只有一個賈誼。到了孝武皇帝，
在鄒魯梁趙一帶地方，出了許多研究《詩》《禮》《春秋》的老師，他們所
知道的也都支離破碎，或懂得一節《詩經》，或懂得一段《尚書》。在武帝
末年，從牆壁中發現了一篇〈泰誓〉❺集合博士們共同研究怎樣的讀法。
所以當時皇帝感慨的下詔書說：「禮壞樂崩，書缺簡脫，朕甚閔焉！」那時，

---

❹　《毛詩》即毛公所傳《詩經》。

❺　《書經》篇名。

漢朝立國已經七八十年了，一個文化的復興好不容易。後來魯恭王❻要修建房子，無意中拆毀了孔子的故居，從破牆裡發現了《逸禮》三十九篇，《書經》十六篇，及《春秋左氏傳》等。天漢年後，孔安國❼將這些書獻給朝廷，適逢巫蠱之禍，遂被擱置，這些書籍，一齊收藏在秘府之中，也無人過問。孝成皇帝感傷學術之殘缺，乃開秘府出藏書，從事整理，於是獲得這三部珍貴的藏書。我們同時考察得知，民間有魯國桓公，趙國貫公，膠東庸生所傳習的正是此書，足見這是真本。我們為什麼不拿出來公諸於世，不是學術上的一件憾事嗎！以往講經學的人，大都因陋就簡，信口傳誦，說些瑣碎的問題，不能作深一步的研究。一遇國家大事，如立辟雍，議封禪，要找一點根據的資料，竟沒有一個人知道。我們還要抱殘守缺，懷忌妒之心，挾自私之見；不肯開明的接受新的資料，好的意見，硬要說現在的《書經》已經完備，左氏從沒寫過《春秋》，這是何苦呢！

今聖上德通神明，繼統揚業，樂與諸君共弘儒術。故特下明詔，試問《左氏》可否立於學官，意在繼絕存亡。不料諸君竟然深閉固距，必欲杜絕聖學。所謂「民可與樂成，難與慮始。」這是說的一般無知的愚民，沒想到諸位飽學之士也是如此。夫禮失還要求諸野？這古文總是自己的文字，拿出來研究研究又有何妨。當初博士之官，《書經》僅有歐陽，《春秋》僅有公羊，《易經》僅有施孟；然而漢宣帝復曾立穀梁《春秋》，梁邱《易》，大小夏侯《尚書》。和以前幾家義理相反，尚且並置；可見得學問是相互參證，不是一毫不變的。《論語》說：「文武之道未墜於地，在人；賢者志其大者，不賢者志其小者。」我認為這幾家經學，實兼包大小之義，不可偏廢。若必欲守門戶之見，黨同伐異，則有違明詔，傷失聖意；深為諸君惋惜！」❽

---

❻　一作魯共王，漢景帝第五子，好治宮室。

❼　孔子第十二世孫，武帝時官諫議大夫，臨淮太守，受《詩》於申公，受《尚書》於伏生。

❽　劉歆〈讓太常博士書〉原文云：「昔唐虞既衰，而三代迭興，聖帝明王，累起相襲，其道甚著。周室既微而禮樂不正，道之難全也如此。是故孔子憂道之

不行，歷國應聘，自衛反魯，然後樂正，《雅》《頌》乃得其所。修《易》，序《書》，制作《春秋》，以紀帝王之道。及夫子沒而微言絕，七十子終而大義乖。重遭戰國，棄籩豆之禮，理軍旅之陳，孔氏之道抑，至孫吳之術興。陵夷至于暴秦，燔經書，殺儒士，設挾書之法，行是古之罪，道術由是遂滅。漢興，去聖帝明王遐遠，仲尼之道又絕，法度無所因襲。時獨有一叔孫通略定禮儀，天下唯有《易》卜，未有它書。至孝惠之世，乃除挾書之律，然公卿大臣絳、灌之屬咸介冑武夫，莫以為意。至孝文皇帝，始使掌故鼂錯從伏生受《尚書》。《尚書》初出于屋壁，朽折散絕，今其書見在，時師傳讀而已。《詩》始萌牙，天下眾書，往往頗出，皆諸子傳說，猶廣立於學官，為置博士。在漢朝之儒，唯賈生而已。至孝武皇帝，然後鄒、魯、梁、趙頗有《詩》、《禮》、《春秋》先師，皆起於建元之間。當此之時，一人不能獨盡其經，或為《雅》，或為《頌》，相合而成。〈泰誓〉後得，博士集而讀之。故詔書稱曰：『禮壞樂崩，書缺簡脫，朕甚閔焉。』時漢興已七八十年，離於全經，固已遠矣。及魯恭王壞孔子宅，欲以為宮，而得古文於壞壁之中，《逸禮》有三十九，《書》十六篇。天漢之後，孔安國獻之。遭巫蠱倉卒之難，未及施行。及《春秋》左氏丘明所修，皆古文舊書，多者二十餘通，臧於祕府，伏而未發。孝成皇帝閔學殘文缺，稍離其真，乃陳發祕藏，校理舊文，得此三事，以考學官所傳，經或脫簡，傳或間編。傳問民間，則有魯國桓公、趙國貫公、膠東庸生之遺學與此同，抑而未施，此乃有識者之所惜閔，士君子之所嗟痛也。往者綴學之士不思廢絕之闕，苟因陋就寡，分文析字，煩言碎辭，學者罷老且不能究其一藝。信口說而背傳記，是末師而非往古。至於國家將有大事，若立辟雍封禪巡狩之儀，則幽冥而莫知其原。猶欲保殘守缺，挾恐見破之私意，而無從善服義之公心，或懷妒嫉，不考情實，雷同相從，隨聲是非，抑此三學，以《尚書》為備，謂《左氏》為不傳《春秋》，豈不哀哉！今聖上德通神明，繼統揚業，亦閔文學錯亂，學士若茲，雖昭其情，猶依違謙讓，樂與士君子同之。故下明詔，試《左氏》可立不，遣近臣奉指銜命，將以輔弱扶微，與二三君子比意同力，冀得廢遺。今則不然，深閉固距，而不肯試，猥以不誦絕之，欲以杜塞餘道，絕滅微學。夫可與樂成，難與慮始，此乃眾庶之所為耳，非所望士君子也。且此數家之事，皆先帝所親論，今上所考視，其古文舊事，皆有徵驗，外內相應，豈苟而已哉！夫禮失求之於野，古文不猶愈於野乎？往者博士《書》有歐陽，《春秋》公羊，《易》則施、孟，然孝宣皇帝猶復廣立穀梁《春秋》，梁丘《易》，大小夏侯《尚書》，義雖相反，猶並置之。何則？與其過而廢之也，寧過而立之。《傳》曰：『文武之道未墜於

　　那曉得這封書發表之後，非特沒有獲得支持，反而引起公憤。那些博士們，群起而攻之。連名儒光祿大夫龔勝，和大司空師丹都彈劾劉歆。劉歆一看情形不對，在朝中站不住，遂自請外放，出為郡太守，在外邊躲了幾年風勢。可是劉歆的意見，單得一個人的同情，那人就是王莽。及至哀帝駕崩，王莽執政，立即重用劉歆，命為右曹太中大夫，繼升京兆尹。又叫他主持一切興禮作樂之大典，治明堂，建辟雍，定律曆。劉歆的意見，王莽什九採納，從此劉歆成為王莽的心腹紅人。於是就在平帝時候，奏請王莽將《左氏春秋》，古文《尚書》、《逸禮》、《毛詩》等都列入了學官。當年反對他的那些博士們，迫於王莽的勢炎，也只得忍氣吞聲，唯命是從。也就從這時起，引起中國經學上近兩千年的古今文的論爭。在當時便有人懷疑古文經書的成分，直到後來清代許多學者們，更提出證據，說劉歆作偽，成為考據學上一件最複雜的問題，難以細述。這些也都是劉歆過去的事，因為是學術史上一件大事，所以附帶一談。劉歆學問雖好，他的人品卻不如他父親那麼端正。他父親疾惡如仇，他卻一味阿附王莽，那獻符瑞頌功德，也都有劉歆在內。靠著他的逢迎，遂由京兆尹做到了國師，又和王莽攀了兒女親家。在劉氏亡國滅家的時候，獨他能保存門戶。他在建平元年就改名劉秀，改字穎叔，歷史上為了他和漢光武帝同名，通常仍稱劉歆以便區別。劉歆知道王莽好誇大附會，尤好以周公自居。所以他特別提出古《周官禮》，說是周公所作。書中分〈天官〉、〈地官〉、〈春官〉、〈夏官〉、〈秋官〉、〈冬官〉六篇，詳載周朝的職官制度。王莽既以新聖人受命建國，就要推德定制，於是大規模的改制變法。他的變法不是維新，而是復古，就以《周禮》為他主要的參考資料。譬如《周禮》裡說「九命作伯」，他就受九錫之典；《周禮》裡有嘉量，他也製造嘉量，種種改制，都根據《周禮》。所以劉歆實在是助成王莽改制的一位幕後有力人物。

　　王莽從始建國元年起，就開始變法改制，改制的詔令是陸陸續續頒布

　　　地，在人；賢者志其大者，不賢者志其小者。』今此數家之言，所以兼包大小之義，豈可偏絕哉！若必專己守殘，黨同門，妒道真，違明詔，失聖意，以陷於文吏之議，甚為二三君子不取也。」

的。為了解釋方便，歸納為四項來說明。他的第一項措施，是改革官制。中央置四輔三公四將之外，又置三孤九卿之官——設大司馬司允，大司徒司直，大司空司若，謂之三孤卿。改前漢的大司農為羲和，大理為作士，太常為秩宗，大鴻臚為典樂，少府為共工，水衡都尉為予虞，合上三孤，謂之九卿。九卿之下，置二十七大夫，八十一元士。另改前漢的光祿勳為司中，太僕為太御，衛尉為太衛，執金吾為奮武，中尉為軍正，加置大贅官，謂之六監。地方官制，改郡太守為大尹，都尉為太尉，縣令長為宰。又改稱御史為執法公車，司馬為王路。官名既變，連帶的把許多地方，城邑及宮室的名稱，都加以改變。譬如，改長樂宮為常樂室，未央宮為壽成室，長安為常安。仿周制，以洛陽為新室東都，常安為新室西都。東都附近，劃設六隊郡——以南陽❾為前隊郡，河內為後隊郡，潁川❿為左隊郡，弘農為右隊郡，河東為兆隊郡，滎陽為新隊郡。西都除左馮翊右扶風前輝光後丞烈外，又劃設六尉郡——渭城以北十縣為京尉郡，高陵以北十縣為師尉郡，新豐以東十縣為翊尉郡，霸陵以東十縣為光尉郡，茂陵以西十縣為扶尉郡，長陵以北十縣為列尉郡。各隊郡尉郡均置大夫，職如太守大尹。合天下為百二十五郡，二千二百有三縣，與諸侯封畿，總稱萬國。其組織極龐雜，名目極繁多，不勝列舉。

　　他的第二項措施，是改革土地制度與奴婢制度。原來周朝的井田制度，一直是漢儒心目中的一個美麗理想，王莽憧憬已久。今天做了皇帝，他自信可以憑藉他的威力，來實現這個制度；同時對於販賣奴婢的不合理現象，加以取締，乃於始建國元年下詔曰：

> 古者，設廬井八家，一夫一婦田百畝，什一而稅，則國給民富而頌
> 聲作。此唐虞之道，三代所遵行也。秦為無道，厚賦稅以自供奉，
> 罷民力以極欲，壞聖制，廢井田，是以兼并起，貪鄙生，強者規田
> 以千數，弱者曾無立錐之居。又置奴婢之市，與牛馬同蘭，制於民

---

❾　今河南南陽。

❿　郡名，今河南東南許昌禹縣一帶。

臣，顓斷其命，姦虐之人因緣為利，至略賣人妻子，逆天心，詩人倫，繆於「天地之性人為貴」之義。《書》曰：「予則奴戮女」，唯不用命者，然後被此辜矣。漢氏減輕田租，三十而稅一，常有更賦，罷癃咸出，而豪民侵陵，分田劫假，厥名三十稅一，實什稅五也。父子夫婦終年耕芸，所得不足以自存。故富者犬馬餘菽粟，驕而為邪；貧者不厭糟糠，窮而為姦。俱陷于辜，刑用不錯。予前在大麓，始令天下公田口井，時則有嘉禾之祥，遭反虜逆賊且止。今更名天下田曰「王田」，奴婢曰「私屬」，皆不得買賣。其男口不盈八，而田過一井者，分餘田予九族鄰里鄉黨。故無田，今當受田者，如制度。敢有非井田聖制，無法惑眾者，投諸四裔，以禦魑魅❶❶，如皇始祖考虞帝故事。

這個新行的制度，其原則是：⑴將土地收歸國有，不許私人買賣。⑵按照古井田的制度，將土地重新調整分配，男丁一人（代表一夫一婦）配一百畝，八丁合耕九百畝。八丁以下之家，佔田不得超過九百畝（一井）。⑶沒有和田地不足的人由政府配給，佔田過分的分餘田給宗族鄉鄰。⑷規定奴婢不准像貨物般自由買賣。這項改制推行的詳細辦法，史無明文，我們不得而知。

他的第三項措施，是經濟上的改革。在始建國二年二月，下六筦（同管）之令，詔曰：

夫《周禮》有賒貸，《樂語》有五均，傳記各有幹❶❷焉。今開賒貸，張五均，設諸幹者，所以齊眾庶，抑並兼也。

以後對於六筦的詔令，陸續頒布了很多，內容也很複雜。總而言之，六筦就是六種經濟事業，統由國家經營。這六種事業是：鹽、酒、鐵、名山大澤、泉布銅冶，與五均賒貸。鹽、酒、鐵三種東西，是人民日常生活

---

❶❶　就是流放到那邊疆沒有人煙的地方，讓他和鬼怪在一起。

❶❷　音ㄍㄨㄢˇ。

所必需。名山大澤是開礦伐林等資源的開採。泉布銅冶就是銅錢貨幣的鑄造。這些關乎國計民生的企業，都由政府直接來管理。什麼叫做五均賒貸呢？五均兩字出自《逸周書》❸，這是平衡物價，周濟民生的一種制度，內容包括五個方法，一是平抑物價：五穀、布帛、絲綿等衣食日用品，遇滯銷落價的時候，由政府平價收購。缺貨抬價的時候，再由政府按平價出售。二是徵收所得稅：普通本輕利重的工商業如畜獵、蠶桑、紡織、縫補、工匠、醫巫、卜祝、方技等，皆須向政府登記按期徵收純利的十分之一為貢。三是政府放款：窮人喪祭或經營小本生意都可以向政府貸款。祭祀限十天償還，喪事限三個月償還，都不收利錢。經營生意則納利息十分之一。四是徵收荒地稅：凡人民有荒地不耕者，都要徵稅，以鼓勵人民從事生產。五是懲罰無業遊民：凡是遊手無業的流氓，都要納捐，繳不起捐的迫令為公家服勞役。王莽令於京師常安、洛陽、邯鄲、臨淄、宛城和成都，這六大都市中心，各置五均司市官、交易丞、錢府丞，掌管五均賒貸之事。

　　他的第四項措施，是幣制的改革。漢朝行使五銖錢，通用已久，從漢武帝時開始鑄造，到漢平帝時，流通在社會上的五銖錢有二百八十萬萬之多。王莽攝政，附會經義，說《周書》上稱錢有子母，乃加造大錢，重十二銖，文曰大錢五十，令大錢與五銖並行。後來又造契刀與錯刀，其形如刀。契刀有文曰「契刀五百」，錯刀有文曰「一刀直五千」，那字是金質的，故稱金錯刀。契刀、錯刀、大錢與五銖錢，同時並行，謂之四品。到了王莽稱帝之後，認為王氏既代劉氏，劉字拆開是卯金刀三字，不宜通用金錯刀。於是罷廢金錯刀、契刀，並前漢五銖錢。人民有敢挾五銖錢，或私鑄錢的，一律治罪。重新規定幣制，定金、銀、龜、貝、錢、布為貨幣。造小錢重一銖，文曰小錢直一；次七分，三銖，曰幺錢一十；次八分，五銖，曰幼錢二十；次九分，七銖，曰中錢三十；次一寸，九銖，曰壯錢四十，與前鑄之大錢五十，共為錢貨六品。黃金重一斤，價值錢一萬。白銀分為兩種，朱提銀一流（八兩），值錢一千五百八十；普通銀一流，值錢一千，

---

❸　一稱《汲冢周書》，其中〈大聚解篇〉有：「市有五均，早暮如一，送行逆來，振乏救窮。」五均是周朝平衡物價的一種制度。

是為銀貨二品。龜有四種：元龜岠冉長一尺二寸，值錢二千一百六十，值大貝十朋；公龜九寸，值錢五百，值壯貝十朋；侯龜七寸以上，值錢三百，值幺貝十朋；子龜五寸以上，值錢一百，值小貝十朋，是為龜寶四品。貝有五種：大貝四寸八分以上，二枚為一朋，值錢二百一十六；壯貝三寸六分以上，二枚為一朋，值錢五十；幺貝二寸四分以上，二枚為一朋，值錢三十；小貝寸二分以上，二枚為一朋，值錢十；凡貝在寸二分以下者，不以朋計，每枚值三錢，是為貝貨五品。布也是一種銅質幣，有十種：曰大布、次布、弟布、壯布、中布、差布、厚布、幼布、幺布、小布，小布長一寸五分重十五銖，文曰小布一百。自小布以上，挨著次序，各加長一分，加重一銖，加值一百。到大布長二寸四分，重一兩，價值錢一千，是為布貨十品。這以上總稱五物，六名（錢與布為一物兩名），二十八品。幣制到了這種情形，已夠複雜，後來到天鳳元年，又製造貨布與貨泉兩品。貨布形長二寸五分廣一寸，重二十五銖，值貨泉二十五，文曰貨布。貨泉直徑一寸，重五銖，枚值一，文曰貨泉。這又另是一種單行的幣制了。

王莽變法改制的主要動機，一是為了配合符命，以遂行其遵經復古的思想；一是好大喜功，要建立一個新鮮的理想政制。他的改制經過和結果如何呢？我們再來分別說明。他的第一項改革官制，不是在制度本身原則上有什麼改進；而是在形式上名目上亂變花樣。他要緣飾經義，恢復古代的官制。這完全是個不切實際，毫無意義的行動。弄得五花八門，增加行政上許多不必要的困難，惹出許多意外的糾紛。一個地方的名稱官制，往往在很短期間，改變到五次之多；不僅老百姓記不清楚，連政府自己也搞胡塗了。後來朝廷每下詔書，常在新名稱之後，附註一串舊名辭，這不是自找麻煩嗎！其結果是錯誤百出，行政效率大減。他的第二項土地制度和奴婢制度的改革，志在平均土地，保障人權，立意極好，未可非議。不過他規定奴婢不得買賣，並沒有根本廢除奴隸制度，還是個消極的辦法。他要平均土地，革除兼併，當體察實際情形，釐定一個合理而行得通的制度；何必要恢復那模糊不清的井田古制呢？他究竟怎麼樣來推行這項政令，我們不得而知。僅知他在變法之初，是志在必行。那詔令是非常嚴厲，說有

那個敢反對井田聖制的，把他流放到邊疆。可是從始建國元年以後，上自公卿大夫下至庶人，因為買賣田宅奴婢而獲罪的，不可勝數。政府一再三令五申，強制執行。到了始建國四年，有一個中郎官名叫區博，實在忍抑不住，上了一個諫章道：

> 井田雖聖王法，其廢久矣。周道既衰，而民不從。秦知順民之心，可以獲大利也，故滅廬井而置阡陌，遂王諸夏，訖今海內未厭其敝。今欲違民心，追復千載絕迹；雖堯舜復起，而無百年之漸，弗能行也。天下初定，萬民新附，誠未可施行。

王莽看了這本奏章，默然不語，就下了一道詔書說：「諸名食王田，皆得賣之，勿拘以法，犯私買賣庶人者，且一切勿治。」竟將四年來雷厲風行的法令，一朝撤消。從這裡看出，如不是遭遇到極大的阻難，他怎肯收回成命。所以這項改制，我們推斷它事實上從未曾貫徹。他的第三項經濟改革，六筦五均，這誠然是一項最合理想的措施。不過這項措施，在行政技術上必須審慎；做好了，是造福，做壞了，是殃民。因為一則經濟法令繁苛，不是一般老百姓所能了解；再則經辦其事的官吏，最易作姦舞弊。果然，六筦五均頒布之後，引起許多反響。王莽不自檢討，反認為是人民不肯合作，不惜以嚴刑峻法來執行這項法令。他又用了一批貪官小人主持其事，如洛陽薛子仲、張長叔，就是兩個著名的奸商。這班人坐著傳車，周行天下，狐假虎威，到處和地方上的官吏相勾結，上下其手，以變法為名，來搾取百姓，弄得家家憤怨，民不聊生。最荒唐而不可思議的，是王莽第四項幣制的改革。貨幣是交易之媒介，與人民生計關係最大。漢朝通用五銖錢已成習慣，人民並無不便，沒有理由要改革。但王莽偏要增鑄大錢契刀錯刀與五銖並行，這已經擾亂幣制了。剛剛行了不久，卻又罷廢，連行使上百年的五銖也禁止了；要改以小錢直一為單位，又有金、銀、龜、貝、錢、布貨幣，老百姓莫說使用不便，連認都認不清楚。而王莽硬要強制通行，下詔說，如有挾五銖錢不用新貨幣的，和非議井田一樣，投諸四裔，以禦魑魅。甚至鄰居家有犯錢禁的都要治罪。這新貨幣推行了幾年，

到天鳳元年，又罷大小錢而改作貨布、貨泉。前後不出十年，貨幣制度改變了三次，名目多到幾十種，弄得老百姓頭昏眼花，無所適從。每逢一次改制，總有無數人民為之破產犯法，以致農商失業，老幼涕泣於道路，無法生活。天鳳元年，王莽看因錢犯法的太多，無法盡投四裔。乃詔令罪人與妻子一同沒入為官奴婢，一時地方郡國犯法的囚徒，用檻車鐵鎖押送到長安絡繹不絕，沿途愁苦而死者什之六七。綜合說來，王莽的變法改制，是通盤的失敗。不管他法制的本身是否合理，他犯了三個大錯。第一、是純任理想，不切實際。第二、是用法繁苛，民難適從。第三、是為達目的，不擇手段。我們從歷史上看，大凡太平之世，總是政清刑簡，與民休息。相反的，無論什麼理想的政治，如果不恤民情，一意孤行，弄得天怒人怨，沒有不失敗的。結果，漢朝兩百年所奠立的社會秩序，乃因王莽之改制，而全面破壞。

王莽改制的失敗，與他的性格也有關係。他的性格是狂妄，虛偽，而又頑固。別人的意見，他不肯接受；別人的做事，他也不敢信任。他不能推心置腹，任賢用能，以建立一個層層負責的政府。他大權獨攬，事必躬親，百官等於虛設。他又怕人家謀反，鼓勵奴控其主，子控其父，臣民都可以直接上書。這些書章，王莽叫左右宦官當著他的面拆閱，有時尚書都不經手。宮殿之中，徹夜燈火達旦，王莽常通宵不寐。那積壓的公文，多得無法處理；刑獄案件，累年不能判決；官吏更調，三年不能交代，百務為之壅滯。可是那些中郎將，繡衣御史，為了傳達旨意，奔走道路，忙得不可開交。一班乖巧的官僚，率性袖手旁觀，不負責任，而以阿諛取容，有了機會就渾水摸魚。王莽雖然如此勤政，並不能親民，真正老百姓有了委屈，也無從申訴。他是累垮了自己，跑壞了差人，餵飽了貪官，逼死了百姓。

王莽長得大嘴短下巴，兩隻通紅的火眼暴露著，說起話來一付嘶啞的喉嚨。有一個相士，在黃門待詔，和人說：「王莽一副兇相，所謂鴟目虎吻，豺狼之聲，能食人，亦當為人所食。」王莽聞知大怒，立將那人斬首。從此王莽深居簡出，不願露面，上朝接見群臣，常持雲母扇自遮。每逢聖

駕出宮，先遣人緣街挨戶搜索一番，叫做橫搜。在這猜忌提防的心理下，忽然發生一件符命的案子，那是始建國二年秋天的事情。自從王莽以符命受禪，舉凡封功建制，無不依據符命。那時一班投機分子，憑一紙符命，就可拜官受爵。有些老實人沒官做，別人就嘲笑他說：「你為什麼不作符命呢？」這成了一時的風氣。更始將軍甄豐，原是王莽的心腹，自恃為開國元勛，竟與賣餅兒王盛同列為四輔將軍，心中抑鬱不快。他的兒子甄尋，時為侍中京兆大尹，為了幫老子爭氣，想出一個方法。他就假造了一道符命，上說新室比隆姬周，亦當如周室之分陝而治❹，甄豐當為右伯，治理東方；太傅平晏當為左伯，治理西方。王莽果信以為真，立拜甄豐為右伯。甄尋計售，得意忘形，忽然想入非非，想到王莽的女兒黃皇室主身上。聞說室主年輕貌美，王莽有意將她再醮。乃又假造一道符命，上說：「故漢氏平帝后黃皇室主，應為甄尋之妻。」王莽見了詫異道：「怎麼兩道符命都應在甄家？並且黃皇室主乃是天下之母，何能下配小臣，這其中必定有詐。」便命人查究，果然查出前後兩道符命都是甄尋偽造。王莽赫然震怒，嚴命懲辦。甄豐正待上任，奉旨惶恐自殺，甄尋亡命逃走。過了一年多，才把甄尋捉拿到案，審訊之下，攀供出許多有關人物。牽帶公卿列侯，處死罪的達數百人，構成一次符命之獄，並且株連到當代一位大文學家揚雄❺。這揚雄字子雲，乃是蜀郡成都人，少而好學，博覽群書。只是口吃不喜談吐，而為人清靜寡欲，沉默深思，自稱不汲汲於富貴，不戚戚於貧賤。他嚮慕司馬相如，每作詩賦，必摹仿相如。在漢成帝時，就有人把他舉薦與天子，說他文章比美相如。天子特召見於甘泉宮，揚雄獻〈甘泉之賦〉，天子一見讚賞。即命給事黃門，與王莽、劉歆並為郎。哀帝初年，又與董賢同事。後來董賢、王莽等位列三公，聲勢喧赫，人人攀龍附鳳；獨揚雄閉門著書，草述《太玄經》。有人譏嘲揚雄，說他矯情偽飾，揚雄乃作〈解嘲〉，其文曰：

---

❹　周成王時，周公旦、召公奭分陝而治，自陝城以東歸周公統治；陝城以西歸召公統治，謂之分陝。

❺　或作楊雄。

客嘲揚子曰：「吾聞上世之士，人綱人紀，不生則已，生則上尊人君，下榮父母，析人之珪，儋人之爵，懷人之符，分人之祿，紆青拖紫，朱丹其轂。今子幸得遭明盛之世，處不諱之朝，與群賢同行，歷金門上玉堂有日矣，曾不能畫一奇，出一策，上說人主，下談公卿。目如曜星，舌如電光，壹縱壹衡，論者莫當，顧而作《太玄》五千文，支葉扶疏，獨說十餘萬言。深者入黃泉，高者出蒼天，大者含元氣，纖者入無倫，然而位不過侍郎，擢纔給事黃門。意者玄得母尚白乎？何為官之拓落也？」揚子笑而應之曰：「客徒欲朱丹吾轂，不知一跌將赤吾之族也！往者周罔解結，群鹿爭逸，離為十二，合為六七，四分五剖，並為戰國。士無常君，國亡定臣，得士者富，失士者貧，矯翼屬翩，恣意所存，故士或自盛以橐，或鑿坏之遁。是故騶衍以頡亢而取世資，孟軻雖連蹇，猶為萬乘師。今大漢左東海，右渠搜，前番禺，後陶塗。東南一尉，西北一候。徽以糾墨，製以質鈇，散以《禮》《樂》，風以《詩》《書》，曠以歲月，結以倚廬。天下之士，雷動雲合，魚鱗雜襲，咸營于八區。家家自以為稷契，人人自以為咎繇，戴縰垂纓而談者皆擬於阿衡，五尺童子羞比晏嬰與夷吾；當塗者入青雲，失路者委溝渠，旦握權則為卿相，夕失勢則為匹夫；譬若江湖之雀，勃解之鳥，乘雁集不為之多，雙鳧飛不為之少。昔三仁去而殷虛，二老歸而周熾，子胥死而吳亡，種、蠡存而越伯，五羖入而秦喜，樂毅出而燕懼，范雎以折摺而危穰侯，蔡澤雖噤吟而笑唐舉。故當其有事也，非蕭、曹、子房、平、勃、樊、霍則不能安；當其亡事也，章句之徒相與坐而守之，亦亡所患。故世亂，則聖哲馳騖而不足；世治，則庸夫高枕而有餘。夫上世之士，或解縛而相，或釋褐而傅，或倚夷門而笑，或橫江潭而漁；或七十說而不遇，或立談間而封侯；或枉千乘於陋巷，或擁彗而先驅。是以士頗得信其舌而奮其筆，窒隙蹈瑕而無所詘也。當今縣令不請士，郡守不迎師，群卿不揖客，將相不俛眉；言奇者見疑，行殊者得辟，是以欲談者宛舌而固聲，欲行者擬足而投跡。鄉使上世

之士處虖今，策非甲科，行非孝廉，舉非方正；獨可抗疏，時道是非，高得待詔，下觸聞罷，又安得青紫。且吾聞之，炎炎者滅，隆隆者絕；觀雷觀火，為盈為實，天收其聲，地藏其熱。高明之家，鬼瞰其室。攫拏者亡，默默者存；位極者宗危，自守者身全。是故知玄知默，守道之極；爰清爰靜，游神之廷；惟寂惟寞，守德之宅。世異事變，人道不殊，彼我易時，未知何如。今子乃以鴟梟而笑鳳皇，執螻蜓而嘲龜龍，不亦病乎！子徒笑我玄之尚白，吾亦笑子之病甚，不遭史龥、扁鵲，悲夫！」客曰：「然則靡玄無所成名乎？范、蔡以下，何必玄哉？」揚子曰：「范雎，魏之亡命也。折脅拉髂，免於徽索，翁肩蹈背，扶服入橐，激卬萬乘之主，界涇陽抵穰侯而代之，當也。蔡澤，山東之匹夫也，鎮頤折頞，涕涶流沫，西揖彊秦之相，搤其咽，炕其氣，附其背而奪其位，時也。天下已定，金革已平，都於雒陽，婁敬委輅脫輓，掉三寸之舌，建不拔之策，舉中國徙之長安，適也。五帝垂典，三王傳禮，百世不易。叔孫通起於枹鼓之間，解甲投戈，遂作君臣之儀，得也。甫刑靡敝，秦法酷烈，聖漢權制，而蕭何造律，宜也。故有造蕭何律於唐虞之世，則詩矣；有作叔孫通儀於夏殷之時，則惑矣；有建婁敬之策於成周之世，則繆矣；有談范、蔡之說於金、張、許、史之間，則狂矣。夫蕭規曹隨，留侯畫策，陳平出奇，功若泰山，嚮若阺隤，唯其人之贍知哉，亦會其時之可為也。故為可為於可為之時，則從；為不可為於不可為之時，則凶。夫藺先生收功於章臺，四皓采榮於南山，公孫創業於金馬，票騎發迹於祁連，司馬長卿竊訾於卓氏，東方朔割炙於細君，僕誠不能與此數公者並，故默然獨守吾太玄！」**⓰**

　　他認為五經以《易》為首，書傳以《論語》最精，故作《太玄經》以仿照《易經》，作《法言》以仿照《論語》，自以為是不朽之作。到王莽篡

⓰ 從這篇文章可以看出當時的社會風氣和揚雄的人生觀，所以全文介紹於此。此文重在辭章，所以沒有翻譯，僅供大家欣賞。

位的時候，揚雄已經六十多歲，竟然四朝不曾遷官。王莽憐他年老，命為大夫，在天祿閣中校閱群書。揚雄不僅性格與人落落寡合，連他的文章也是曲高和寡。能夠欣賞他的，只有劉歆、范逡、桓譚數人而已。連劉歆也批評他的《太玄》太深，沒人能了解，他對揚雄說：「你這不是白費心思，誰看得懂呢？將來人家還不是拿它當草紙去蓋醬罐子。」❶揚雄笑而不語。可是揚雄對王莽非常頌揚，在他的〈法言劇秦美新〉文中，對王莽稱讚備至，這也許是他的明哲保身之道。就這樣的清靜韜晦，與世無忤，沒想到竟有橫禍飛來。這一天，揚雄正在天祿閣低頭看書，忽見閣下來了一群公差，手執鎖索，其勢洶洶，說符命事犯，前來捉拿揚雄。那些時為了甄尋的符命案子，正鬧得滿城風雨，揚雄一聽，想自己小心一生，到了偌大年紀，還是不免要受牢獄之災。一時情急，從閣上奮身躍下，當時摔了個半死。就有人把這事報知王莽，王莽想揚雄安分守己，不該有犯法的事。派人仔細調查，原來揚雄曾教人寫古文奇字，被誤作是製造天書符命，於是就宥免了揚雄。揚雄年近古稀的人，那經得起這番連急帶摔，臥病了幾年，就一命嗚呼！究竟揚雄是否曾作符命，還是件胡塗的公案。當時京師流行著幾句話語道：

　　惟寂寞，自投閣；愛清靜，作符命！

　　王莽何以要小題大作，把這件符命案子辦得如此嚴屬，這正是他的政治手段。他是以符命起家，假借符命推翻了漢朝的政權；他唯恐別人也假借符命來推翻他的政權，所以來一個下馬威。他一方面鎮壓反動，一方面也要收買人心，他想聘請幾位德高望重的耆儒，以表示朝廷的尊賢禮士。就在符命之獄的第二年，為太子臨置四師四友。以故大司徒馬宮為師疑，故少府宗伯鳳為傅丞，博士袁聖為阿輔，京兆尹王嘉為保拂，是為四師。故尚書令唐林為胥附，博士李充為奔走，諫大夫趙襄為先後，中郎將廉丹為禦侮，是為四友。又置師友祭酒，侍中祭酒，諫議祭酒，與六經祭酒，共為九祭酒。聘琅邪左咸為《春秋》祭酒，潁川滿昌為《詩經》祭酒，長

----

❶　原文為「用覆醬瓿」，成為文章上應用的一句成語。

安國由為《易經》祭酒，平陽唐昌為《書經》祭酒，沛郡陳咸為《禮經》祭酒，崔發為《樂經》祭酒。其中以師友祭酒位最尊，特遣使者奉璽書印綬安車駟馬，前往楚國迎接龔勝。龔勝字君賓，楚國彭城人，乃是漢末名儒。自平帝元始年間，告老還鄉，閉門謝客，不問世事，這時年已七十餘歲。使者到了彭城，邀同郡尹縣宰，鄉官三老，及地方上儒生千餘人，前呼後擁來到龔勝里門。龔勝高睡在床上，自稱病篤，不能接詔。使者先將安車駟馬，引入庭院，然後躬身走進龔勝的寢室，就在榻前宣讀了詔書。敦勸道：「聖朝未嘗一日相忘，制作未定，待君為政，以安海內。」龔勝答道：「我愚蠢無能，況年老病重，命在旦夕，縱隨使君上路，亦必死在道中。」使者再要說時，龔勝閉目不語。使者無可奈何，乃將印綬放在龔勝的身旁，對他的家人說道：「方今盛夏暑熱，先生又在病中，待到秋涼康復，再來敦請先生上道。」從此使者每隔五天，必和大尹來龔勝的家中，一問起居，龔勝不勝其煩。使者又對龔勝的兒子說：「朝廷虛心相待，待尊君以茅土之封，雖有疾病，亦當奉旨。縱不為本身計，獨不為兒孫設想嗎？」他們把這話告知龔勝，龔勝明瞭話中有威脅之意，自知不能免。長嘆一聲道：「我受漢家厚恩，無以為報，如今年老，早晚入地，再以一身事二姓，尚何面目見故主於地下！」說罷，即分付兒女料理衣棺後事。遂眼目閉口，不言不語，不飲不食，積十四日而死。使者聞訊特與太尹縣宰，親臨設奠，驚動了遠近，來弔喪者，絡繹於途。這天，有一位老者，撫棺慟哭道：「嗟虖！薰以香自燒，膏以明自銷，龔生竟夭天年，非吾徒也。」宋朝義士謝枋得最慕龔勝之為人，有詩云：

> 平生愛讀龔勝傳，進退存亡斷得明。范叔綈袍雖見意，大顛衣服莫留行。此時要看英雄樣，好漢應無兒女情。只願諸賢扶世教，餓夫含笑死猶生！

　　王莽又以安車駟馬往迎齊郡名儒薛方，薛方也婉言拒徵。王莽知道這世上還有氣節之士，非富貴威武所能動搖，他也只得罷了。從這類事，也可看出當時政治上的暗潮和人心的趨向。

　　王莽這幾年來，不僅內政上處處失敗，更製造了外交上無窮的糾紛。在始建國元年廢除王號恢復五等爵的時候，宣布四夷君長凡受漢封為王的，也都要降號為侯。為了掉換他們的璽綬，並宣揚新室威德，乃按照金木水火土五行之德，派遣五威將軍十二人，分往四夷，宣頒符命四十二通，說明新室受禪的經過，並收回夷王印綬。這五威將軍，乘乾文車，駕坤六馬❽，背插野雞毛，自稱為太一之使。每一將軍統率左右前後中五帥，帥持幢，自稱五帝使者。每六人為一組，各組衣冠車服旗幟，自為一色。儀從如雲，威風凜凜。一共十二組，將帥七十二人，分頭出發。東至玄菟、樂浪、高句麗，南越五嶺至西南夷，西出西域，北至匈奴，所到之處，無不惹起風波。先說這北頭的一路，由五威將軍王駿，率領著甄阜、王颯、陳饒、帛敞、丁業等五位元帥，帶著金銀幣帛，隨從人等，不日來到匈奴王庭。這時的匈奴單于乃是囊知牙斯，號稱烏珠留若鞮單于。五威將軍見了單于，道明來意，宣布了新室威德，並請單于調換了印綬。單于即留五威將軍歡宴，飲至夜深方罷。席散後，王駿等回到幕中，談起今天的經過，十分草率，單于接受新印時，漫不經心，並未檢視，好像對於更換印綬的意思未曾了然。萬一明天單于發現印文不對，生了後悔，他要拒受新印索取舊印，如何應付。右元帥陳饒是個心粗氣壯的人，說叫他絕了這個念頭，把那玉璽拿過手中一斧頭擊個粉碎。果然單于懵懵懂懂，第二天展玩印璽，忽見印文與舊璽不同，仔細一看乃是「新匈奴單于章」六個字，前漢印是「匈奴單于璽」。左右人說，璽乃天子諸侯的符號，章是群臣百官的印信，尊卑大不相同。單于立即著人向王駿索回舊璽，不料已被陳饒打碎。單于大為氣惱，即遣其弟右賢王輿隨同王駿入朝，硬要求故封，王莽不許，從此匈奴遂與新室失和。就在這同時，西域地方，也起了一陣騷亂。前漢戊己校尉史陳良、終帶，殺死戊己校尉刁護，率領吏士男女二千餘人，亡入匈奴，自稱為大漢將軍。烏珠留若鞮單于當即收留了陳良、終帶，並封為烏桓都將軍。王莽聞知大怒，貶匈奴單于之號為「降奴服于」，說：「降奴服于囊知牙斯不該收納叛臣，侵犯邊陲，罪當夷滅。」命將匈奴分為十五

❽　車上圖畫天文象，六為地數，坤者地也。

部，拜呼韓邪單于稽侯狦的子孫十五人為單于。派遣中郎將藺苞，副校尉戴級，攜帶金銀珍寶，到邊塞之下去招誘呼韓邪的子孫。獲得右犁汗王咸及其子登助，就在塞上拜咸為孝單于，賜黃金千斤；拜助為順單于，賜黃金五百斤。烏珠留若鞮單于得悉，大怒道：「王莽何敢如此！我世受漢恩，王莽篡漢，我當為漢家報仇。」即遣兵，分頭入寇雲中、雁門、朔方一帶，殺死太守都尉，虜掠人民牲畜。王莽乃決志討伐匈奴，於始建國三年，派遣立國將軍孫建，率領十二部將軍，發武庫精兵，北邊勇士。要徵集三百日的糧食，動員三十萬大兵，分十道出征，務求一舉而殲滅匈奴。各路兵糧，一時難集，命先頭部隊先屯在邊塞待命。當時將軍嚴尤上書切諫，大意說道：臣聞匈奴之為害，所從來久矣。上世征討，皆未得策。周宣王時，獫狁內侵，命將征伐，將獫狁逐出邊境而止，天下稱為明舉。秦始皇輕視民力，轉輸海內，築城萬里，國力消竭，社稷乃亡。漢武帝選將練兵，深入遠戍。雖有克敵之功，然兵連禍結三十餘年，中國與匈奴兩敗俱傷。今天下多難，邊疆饑饉，乃發三十萬眾，攜三百日糧以伐匈奴。以道路計算，江淮之兵，須一年方能集合，是後軍未到，前師已老，此一難也。邊塞屯兵既多，地方供應無術，內郡接濟為難，此二難也。三十萬人三百日的糧秣，其數可觀，馬數不足，非用牛力載運不可。胡地缺乏水草，以往經驗，牛出塞外，不滿百日必死，此三難也。胡地秋冬甚寒，春夏多風。多帶炊具，不便行軍；盡食乾糧，易生疾病，此四難也。軍中輜重既多，勢不能輕騎急趨，遇胡騎追逐，難以作戰。行至險塞之地，又易受襲擊，此五難也。有此五難不顧，而強用人力，臣竊為陛下憂之。

　　嚴尤這篇議論，不僅說出當時的困難，更說出歷來討伐匈奴的困難，這是一篇很珍貴的意見，可惜王莽不能採納。王莽無論做什麼事，總是固執己見，不顧現實。果然留屯在邊塞的大軍，因為糧餉兵源的一時難集，久久不能出塞，而邊民為之大苦。中國北邊自漢宣帝以後，幾代不見烽火，人口繁盛，牛馬遍郊。從王莽和匈奴失和，僅僅一兩年的工夫，民多流亡，野有餓莩了。建國五年，烏珠留若鞮單于死，匈奴用事大臣王昭君的女婿右骨都侯須卜當，擁立孝單于咸，稱烏累若鞮單于。須卜當勸新單于與中

國罷戰言和，遣使者入朝請求和親。王莽提出條件，要匈奴交出叛臣陳良、終帶。匈奴依允，將陳良、終帶等二十七人捉起械送長安。王莽大喜，即召集長安市民齊集北郊，將陳良、終帶綑綁在法場上，用火活活燒死，稱為焚如之刑。王莽喜單于恭順，乃改封匈奴為恭奴，單于為善于。遣散屯兵，詔罷北征。沒想到，到天鳳五年，烏累若鞮單于又死，單于弟右賢王輿繼立，稱呼都而尸道皋若鞮單于。王莽對於這個單于不放心，又仿照當年立單于咸故事。誘致須卜當入塞，另拜為須卜單于。這事將呼都而尸道皋若鞮單于激惱，大舉入寇。王莽亦怒，準備再伐匈奴，這次規模，比上次還大。徵發天下壯丁，出獄囚奴隸編了一支敢死隊，叫做「豬突豨勇」。令朝廷公卿至郡縣守吏，皆保養軍馬。又懸重賞，募奇材異能之士。果然有許多奇人，前來應募。有人自稱能渡水不用舟楫，有人自稱能行軍不齎食糧。更有一人，他說能一日飛行千里，如鷹隼一般，可從天空之上，窺探匈奴。王莽頗感興趣，即命那人，當面試驗。只見那人，取了兩隻大鳥的翅膀，縛在身上，裝束停當，站立高處，縱身一躍，果然凌風飄飄而起。那知飄了不到幾百步，突地墜落在地，一看那人雙眼上翻，兩腿筆挺，只有出的氣，沒有入的氣。王莽又是好氣，又是好笑，心中正不自在。忽然接到夙夜連率（即太守）韓博奏稱：「茲有一奇人，身長一丈，腰大十圍，來至臣府。自稱名巨毋霸，生長在蓬萊東南，志願投軍去奮擊匈奴。那巨毋霸，輺車不能載，三馬不能勝。故特派高車駟馬，建虎牙之旗，送來闕下，此皇天所以輔新室也。願陛下作大甲高車，賁育之衣，遣大將一員，虎賁百名，迎於道路。恐京師城門小，不能容納，當開闢高大，以示威於天下。」王莽認為他出言不莊，有意譏諷。詔留巨毋霸於新豐，無庸來京師；而徵韓博入朝，論罪下獄棄市。這樣一來，弄得人心紛擾，天下大亂。王莽又徵調高句驪之兵，共擊匈奴，高句驪不奉命，和遼東西地方發生衝突，遼西大尹田譚為高句驪兵所殺。王莽因遣嚴尤往討高句驪，嚴尤用計，誘殺高句驪王騶，詔改高句驪為下句驪。高句驪人大憤，緣邊寇擾不已。於是東北自遼東、遼西，北至雲中、朔方，東西綿亙數千里的地方，到處烽煙，沒有一塊乾淨之土。我們從東北說到西南，那西南夷中有許多小國，

其中有一個鉤町王國。五威將軍到了西南夷，奉命將鉤町王貶為侯。鉤町王邯不服，怨謗，王莽命牂牁大尹周欽誘殺邯。邯弟承被逼造反，攻殺周欽。附近州郡出兵討擊不能平，反而引起益州一帶蠻夷的憤怒，紛紛叛變，又殺死益州大尹程隆。天鳳元年，王莽特派平蠻將軍馮茂前往討伐，打了三年苦仗，士卒罹疾疫而死者什之六七，仍然無功。王莽怒，將馮茂調回斬首。再遣寧始將軍廉丹與庸部牧（王莽改益州為庸部）史熊大舉討伐鉤町，發天水、隴西騎士，及廣漢、巴、蜀、犍為等四郡吏民十萬人，加上轉輸糧食輜重的民丁共二十萬人。所到徵發賦斂，地方百姓不堪其苦。連兵數年，死者數萬，而亂事一直不能解決。再講西域，自陳良、終帶之叛，西域秩序大亂。始建國五年，焉耆殺死都護但欽。到天鳳三年，王莽派遣五威將軍王駿、西域都護李崇與戊己校尉郭欽，將兵往討。到了西域，焉耆詐降，與姑墨尉犁危須伏兵襲殺王駿，郭欽將殘兵退還入塞。西域竟與中國斷絕。

俗話說：天下本無事，庸人自擾之。那匈奴、西域和西南夷，經西漢兩百年來的經營，本已晏然賓服。王莽偏要無事生非，派遣五威將軍去貶奪王號，惹起了全面的叛亂。國內是民不聊生，國外是四境騷然。王莽並不覺悟，反更殘暴荒淫，倒行逆施。在天鳳三年，他捉到翟義的餘黨王孫慶，王莽命太醫與巧屠，將王孫慶活活的解剖，剖視其五臟位置，用竹籤挑開脈管，說研究生理衛生。地皇元年，王莽博徵天下工匠，在長安城西南闢地百頃，建九祖之廟。九祖者，前面說過，就是黃帝太初祖、虞帝始祖、陳胡王統祖、齊敬王世祖、濟北愍王王祖，與濟南伯王、元城孺王、陽平頃王、新都顯王。太初祖廟，東西南北各四十丈高十七丈，餘廟半之。以銅為薄櫨，飾以金銀，窮極工巧。在開工建廟的那天，偏偏天降大雨，一連下了六十幾天。工匠們在泥水中晝夜工作不息，因勞苦疾病而死者達一萬多人。王莽念念不忘祖德，可是對於自己的家室兒女如何呢？王莽結髮之妻也姓王，王氏所生四子一女，四子是王宇、王護、王安、王臨。王安早年病死，王護、王宇先後被王莽所殺，剩下王臨，立為太子。一個女兒就是先為平帝皇后，後稱黃皇室主的。可憐這個女孩子，從小就做了她

父親的政治工具。十幾歲就開始守寡，無情的歲月，使她極端厭世，她憎惡王莽，立志要為劉家守節。王莽打算再利用她來攏絡自己的部下，想讓她改嫁給立國將軍孫建的世子，叫世子以探病為名，前往調情，不料被她大罵一頓，將世子趕出。可憐她，從此變得瘋瘋癲癲，被軟禁在承明宮中。更可憐的是莽妻王氏，為了思念兒女，晝夜哭泣，哭得雙目失明，長年在病榻之上，延至地皇二年，一命嗚呼。莽妻有一個侍婢，名喚原碧，頗有幾分姿色，曾被王莽寵幸。後來王莽發覺，太子也和她私通，並聽說太子有怨謗之辭。王莽大怒，立賜藥迫令王臨自盡，王臨不肯飲藥，拔刀自刎而死。連王臨的妻室劉愔也被逼自殺，這劉愔就是太師劉歆之女。你說王莽何等冷酷殘暴。

天下事情也是奇怪，大凡政治無道，必然會發生天災，此所謂人怨天怒。這並不是什麼迷信，這是從歷史上的事實來說明，自然的災害常與人為的災害互為因果。黃河的水災從漢成帝時就多年不治。平帝時，王莽曾徵集治河專家多人，研究治河之術；議論很多，卻未實行。到了新朝始建國三年，黃河又在魏郡決口。王莽恐怕河水淹沒了他的元城祖墳，頗為焦慮，後來聽說河水東流，元城無恙，他也就聽其自然，不予堵治。於是魏郡以東，沿河一帶的居民，顛沛流離。從天鳳四年以後，國內又連年發生大規模的旱災。災情最重的，是青州、徐州和荊州一帶。地皇二年，關東大旱，蝗蟲蔽天，五穀俱盡，以至人吃人。王莽派遣使者到各地，教老百姓煮草根樹皮為「酪」以充饑。老百姓吃了不中用，更生疾病。從地皇二年到地皇三年，幾十萬饑民，跟隨著許多犯罪的囚徒，一批批流入關中。又遭遇奸人欺詐，歹徒拐騙，兒女被遺棄，夫婦被拆散。朝廷派人在關中放賑，那些差吏，還要從中私飽，百姓饑病倒斃者，不計其數。到處只聽到哭聲一片，真是慘絕人寰。民生到了這步田地，老百姓還不造反嗎？

饑民的暴動，在很早就開始了。最初是天鳳四年，在琅邪郡海曲縣，那縣官貪汙無道，冤殺了一名縣吏。這縣吏姓呂，他母親人稱呂母，性情剛烈，家中又富有資財。她氣憤不過，要為兒子報仇。她乃廣散家財，收買兵刃，結交地方豪傑。聚集了一百多人，打進海曲縣城，殺死了縣宰。

總算出了胸中一口悶氣，可是事情鬧大，不可收拾。呂母乃帶著這些亡命
之徒，逃往海濱，公然做了強盜。從此琅邪地方大亂，不久，有琅邪人力
子都、樊崇等起兵。其中樊崇最勇猛，黨徒最多，從莒縣起事，轉入泰山。
又有琅邪人逢安，東海人徐宣、謝祿、楊音等，各聚眾萬人，與樊崇相合。
他們在和官兵打仗的時候為了區別，都把眉毛染紅，裝扮得妖形怪象，老
百姓叫他們做赤眉賊。後來呂母病死，呂母的黨羽也加入了赤眉，於是赤
眉聲勢浩大，竄擾於青、徐一帶。另外在荊州地方，有饑民群聚在野田裡
挖荸薺吃，打起架來，有新市人王匡❶、王鳳，為他們排難解紛，就被推
為領袖。饑民有了組織，越聚越多。又有幾個亡命之徒，南陽人馬武，潁
川人王常成丹等，先後入夥，聚眾數千人盤據在綠林山中為盜，人稱為綠
林賊。王莽聞說赤眉、綠林作亂，就命官兵就地剿撫。可是兵來賊散，兵
去賊合，反而越剿越多。有使者從關東進京，奏稟王莽說：「老百姓並非
有意造反，實在是法令太苛，逼得他們活不下去。他們說：『年歲這麼壞，
田地裡沒有收成，官家還要逼著繳租。閉門家居，說不定鄰居犯法，要跟
著受罪。隨時隨地，搖手觸禁，實在無路可走。橫豎是死，不如去做強盜！』」
王莽聽了大怒，說他公然誹謗，立即將他下獄治罪。那些乖巧的就阿諛著
說：「這些刁民作亂，不久就要伏誅。」王莽乃歡喜嘉慰。於是地方實情，
更蒙蔽不得上達。雖然如此，王莽自己何嘗不心虛。就在天鳳四年八月，
他製造了一件鎮壓反動的法寶，名叫「威斗」，形如北斗，用五色銅作成。
叫司命之官，背在身上，出入不離左右，謂可袪除百邪。每當王莽出宮，
前後四員大將，四面大旗，左蒼龍，右白虎，前朱雀，後玄武；左右兩位
使者，右持符節，左負威斗。遠遠望去，有如天神一般。他聞說黃帝作「華
蓋」，他也造了一種東西，叫做華蓋。高八丈一尺，分為九重，金瑵羽葆，
載以秘機四輪車，駕六馬。力士三百人，身穿黃衣，前後推輓。車上人擊
鼓如雷，力士們大呼登仙。這華蓋走在御駕的前面，更顯得威風。又聞說
黃帝定天下，自將兵為上將軍，於全國遍置大司馬將軍之號。他也置前後
左右中五大司馬，諸州牧皆賜號大將軍，郡卒正連帥大尹皆賜號偏將軍，

❶ 當時有兩個王匡，一為綠林賊王匡，一為王莽的太師王匡。

屬令長皆賜號裨將軍，縣宰皆為校尉，以示武功。又從三皇之紀，改元地皇，謂將傳國三萬六千歲。須知要挽救天災人禍，必須面對現實，從政治上徹底反省。王莽徒知從形式上，作威作福以自欺欺人，這何濟於事！果然，那天災一天比一天嚴重，叛亂一天比一天擴大。地皇元年秋七月，鉅鹿人馬適求謀反，事發被捕，地方豪傑株連斬首者有幾千人之多。地皇二年，平原女子遲昭平聚眾數千為亂，南郡❷人秦豐聚眾萬人為亂。綠林賊又擊敗荊州牧，殺死官兵數千，攻陷竟陵❷城。到處官兵討賊，無不失敗，只有翼平連率田況擊赤眉有功，王莽乃傳旨嘉獎，令田況領青、徐二州牧。田況乘機上書，說盜賊原不足畏，由於地方層層蒙蔽，朝廷種種失策，遂致猖獗。王莽覽書不快，隨又將田況撤職。田況一去，赤眉復盛，而青、徐一帶大亂。王莽不得已，於地皇三年，特遣太師王匡與更始將軍廉丹，率領朝廷大軍前往討伐。出發之時，特在都門之外，為將士餞行，忽然陰雲四合，大雨如注，三軍衣甲盡溼。父老嘆息，稱為泣軍。王匡、廉丹將大兵十餘萬，出關而東。這些官兵毫無紀律，到處騷擾，弄得雞犬不寧。百姓作了幾句歌謠道：

　　寧逢赤眉，莫逢太師；太師尚可，更始殺我！

　　王匡、廉丹來到東方，滿目瘡痍，盜賊如毛，不知從何著手。乃按兵觀望，逗留了兩個月沒有前進。王莽下詔切責廉丹曰：「倉廩盡矣，府庫空矣，可以怒矣！可以戰矣！將軍受國重任，不捐身於中野，何以報恩塞責！」廉丹奉詔惶恐，以書示幕掾馮衍。這馮衍乃是忠臣之後，漢左將馮奉世的曾孫。當時勸廉丹道：「昔張良因五世相韓，故為韓王報仇，椎秦始皇於博浪沙中。將軍祖先世為漢臣，方今新室無道，海內大亂。人心思漢，甚於詩人之思召公。人心之向背，代表天道之順逆。今為將軍計，莫如佔據大郡，鎮撫吏民，招納英雄豪傑，共興社稷之利，除萬人之害，將來福祿無窮。否則，身死草莽，功敗名裂，反為天下人所恥笑！」廉丹不

---

❷　今湖北西南江陵一帶地方，郡治即今之江陵。

❷　今湖北天門縣北。

聽。遂與王匡進攻無鹽，將無鹽城攻下，殺死賊黨甚眾。乘勝進攻梁郡，那時赤眉別帥董憲眾數萬人，盤據在梁郡。董憲驍勇善戰，一戰，將王匡、廉丹打得大敗。王匡亡命而走，廉丹將印綬解下，著左右帶與王匡，自己持槍縱馬，衝入賊陣，力戰而死。廉丹手下二十幾員大將，一齊陣亡。王莽得訊大駭，顧問左右群臣，那個還能前往？大家面面相覷，都不作聲。只有國將哀章出班奏道：「臣聞當年皇祖考黃帝之時，大將中黃直大破蚩尤。臣今居中黃直之位，亦願為陛下破賊立功！」王莽聽了大喜，即命哀章前往援助太師王匡。另遣大將軍楊浚守敖倉，司徒王尋將十萬兵屯守洛陽以為後應。哀章到了前方，見了王匡，連兵反攻董憲，一連又是幾個敗仗。沒有辦法，只得退守洛陽，與王尋合兵在一起。不料這時，荊州一帶的局面，發生了大大的變化。

原來荊州綠林賊王匡、王鳳、馬武等，雖在地皇二年，打敗官兵，攻下竟陵。第二年，軍中發生了瘟疫。人死了一半，大家又意見不合，就拆夥分成了兩股。一股由王常、成丹率領，竄至南郡，號稱下江兵。一股由王匡、王鳳、馬武等率領，竄至南陽，號稱新市兵。又有平林人陳牧、廖湛聚眾千餘人，號稱平林兵。地皇三年秋，在南陽舂陵㉒縣有漢室後裔劉縯、劉秀（與國師劉秀同名）兄弟與宛人李通等，率領宗室子弟起事。聯合新市、平林兵，一舉而攻下棘陽㉓城。王莽派遣納言將軍嚴尤與秩宗將軍陳茂，討伐荊州群盜。嚴尤、陳茂進兵南郡，將下江兵擊破。王常、成丹等北走，竄入南陽境界，便與劉縯等合兵，擊殺前隊大夫甄阜，屬正梁丘賜。嚴尤、陳茂跟蹤追擊至南陽，與劉縯及下江、新市、平林聯軍激戰，官兵大敗，劉縯等遂乘勝進圍宛城。這時劉縯與新市、平林、下江兵，共同擁戴宗室劉玄為皇帝，稱漢軍，改元更始，拜置百官。起初各地盜匪作亂，皆為饑寒所迫，到處抄家劫舍，攻城掠地，並沒有部曲番號，都是些烏合之眾。唯有劉縯等起兵，皆自稱漢將軍，又立帝封官，打起興漢滅莽的鮮明旗幟。這時人心無不思漢，這一個響亮的口號，喚起天下人心之共

㉒　地屬南陽郡，在今湖北棗陽縣東北。

㉓　今河南新野縣東北。

鳴。所以連戰連勝，各地聞風響應，那聲勢與眾不同。這個消息傳至關中，王莽聽了真的害起怕來。他這才覺悟到，這一切的紛亂是由於他政治的措施失策，於是下詔盡除井田奴婢山澤六筦之禁；可是事到如今，一切也都來不及了。那劉玄、劉縯自擊潰嚴尤、陳茂，接連攻下昆陽❷❹定陵❷❺郾縣❷❻幾個重要城市，兵勢如火如荼，東南為之大震。王莽急遣大司空王邑，馳赴洛陽，調發司徒王尋的大兵，會合州郡之兵共四十二萬人，去收復昆陽，殲滅漢兵。不料在昆陽一戰，被劉秀以三千人，打得落花流水。王尋陣亡，王邑收拾殘兵，敗回關中。這一戰，王莽的主力完全潰滅，是漢莽興亡之關鍵。其經過詳情，留待後文再為細述。

　　一個人的心理非常奇怪，在他日暮途窮的時候，不是倒行逆施，便是自我陶醉。王莽這時已是將近七十歲的人了，他想要選一位年輕美貌的皇后，以娛晚景。只是鶴髮龍鍾，怎得佳人心儀。乃將鬚髮一齊染黑，攬鏡自照，儼然少年。便下詔徵選天下淑女，選得杜陵史氏女為皇后。納聘黃金三萬斤，車服奴婢錦帛珍寶以萬計。王莽親迎前殿，與皇后成同牢之禮。據說黃帝娶百二十女而成仙，乃於皇后之外，更置三和人（和嬪，美御，和人），九嬪，二十七美人，八十一御妻，又娶了一百二十個美女。王莽正在歡樂，忽然接到緊急文書，報告昆陽大敗，王尋陣亡，四十二萬人馬被殺得片甲不歸，大驚失色。好似一個霹靂，把那旖旎春夢，打得無影無蹤。王莽心慌意亂，坐立不安。旋又接到漢軍檄書，其中指控王莽鴆殺漢平帝，這又似一把利刃，正刺在王莽的心病之處。王莽忍耐不住，便召集百官，叫人抬出一只金匱，從金匱中取出那當年偽造的金縢策書，當眾宣讀。讀畢，王莽道：「我這般忠心耿耿，那些強盜還要造我謠言！」說罷，淚如雨下。這些年，王莽的所作所為，早已把他的偽裝拆穿。大家心裡都明白，看王莽那付嘴臉，暗中都覺好笑。王莽一生想學周公，可惜他禁不住時間的考驗，所以後人有詩道：

❷❹　今河南葉縣。
❷❺　今河南郾城縣西。
❷❻　今河南郾城縣南。

周公恐懼流言日，王莽謙恭下士時。若使當年身便死，一生真偽有誰知！

王莽有一個族兄名叫王涉，官居衛將軍。迷信天文符讖之說，家中養著許多方士。其中有一位方士，人稱西門君，王涉奉若神明。他對王涉說：看天象符讖，王氏當亡，劉氏當復興，而天命所在，應在國師公身上。因為那時關中流傳著許多神秘的讖語，其中有這樣兩句話道：

劉秀發兵捕不道，卯金修德為天子。

王涉見天下已亂，遂信之不疑。暗地裡邀同大司馬董忠，偕至國師府中，誘勸劉歆。起初劉歆不應，王涉泣道：「我是出自至誠，因為天意已定，難以挽回。願與公早日起事，免得他日覆滅時，玉石俱焚，使我家受滅門之禍！」劉歆被他感動，說道：「我非符命中人，看天文人事，應在東方南陽！」遂合謀劫持王莽，共降南陽大漢天子。那知事機不秘，洩漏了消息。王莽令虎賁格殺董忠，將劉歆王涉捉起，因係心腹至親，不便聲張，皆勒令自殺。王莽本自多疑，經此打擊，更覺處處芒刺，如坐針氈。心神不寧，寢食俱廢。那後宮粉黛，更無心一顧了。終日只是飲醇酒，啗鰒魚，讀兵書，倦則憑几而寐。

國師公劉歆有一位門客，姓隗名囂，字季孟，隴西成紀人，博涉經史，頗知韜略。當劉歆遇害，隗囂畏禍，亡命逃回故鄉。這隗家是成紀地方一個大族，他叔父隗崔、隗義都是當地紳梁。見關東大亂，就聚合豪傑，起兵響應漢軍。因為隗囂負有時望，公推囂為上將軍，聘平陵人方望為軍師。望勸囂當承天意順民心，輔漢立功。為漢三祖（高祖、太宗、世宗）立廟，奉璧告祝。召集諸部十六姓三十一將，割牲歃血為盟。攻殺雍州牧陳慶和安定大尹王向，聚兵至十萬人。傳檄郡國，歷數王莽之罪，其文曰：

漢復元年七月己酉朔。己巳，上將軍隗囂、白虎將軍隗崔、左將軍隗義、右將軍楊廣、明威將軍王遵、雲旗將軍周宗等，告州牧、部監、郡牢正、連率、大尹、尹、尉隊大夫、屬正、屬令：故新都侯

王莽，慢侮天地，悖道逆理。鴆殺孝平皇帝，篡奪其位。矯託天命，偽作符書，欺惑眾庶，震怒上帝。反戾飾文，以為祥瑞，戲弄神祇，歌頌禍殃。楚、越之竹，不足以書其惡。天下昭然，所共聞見。今略舉大端，以喻吏民。蓋天為父，地為母，禍福之應，各以事降。莽明知之。而冥昧觸冒，不顧大忌，詭亂天術，援引史傳。昔秦始皇毀壞諡法，以一二數欲至萬世，而莽下三萬六千歲之歷，言身當盡此度。循亡秦之軌，推無窮之數，是其逆天之大罪也。分裂郡國，斷截地絡。田為王田，賣買不得。規錮山澤，奪民本業。造起九廟，窮極土作。發冢河東，攻劫丘壟。此其逆地之大罪也。尊任殘賊，信用姦佞，誅戮忠正，覆按口語，赤車奔馳，法冠晨夜，冤繫無辜，妄族眾庶。行炮格之刑，除順時之法，灌以醇醯，裂以五毒。政令日變，官名月易，貨幣歲改，吏民昏亂，不知所從，商旅窮窘，號泣市道。設為六筦，增重賦斂，刻剝百姓，厚自奉養，苞苴流行，財入公輔，上下貪賄，莫相檢考。民坐挾銅炭，沒入鍾官❷❼，徒隸殷積，數十萬人，工匠饑死，長安皆臭。既亂諸夏，狂心益悖，北攻強胡，南擾勁越，西侵羌戎，東摘滅貊。使四境之外，並入為害，緣邊之郡，江海之瀕，滌地無類。故攻戰之所敗，苛法之所陷，饑饉之所夭，疾疫之所及，以萬萬計。其死者則露屍不掩；生者則奔亡流散，幼孤婦女，流離係虜。此其逆人之大罪也。是故上帝哀矜，降罰于莽，妻子顛殞，還自誅刈。大臣反據，亡形已成。大司馬董忠，國師劉歆，衛將軍王涉，皆結謀內潰；司命孔仁，納言嚴尤，秩宗陳茂，舉眾外降。今山東之兵二百餘萬，已平齊、楚，下蜀、漢，定宛、洛，據敖倉，守函谷。威命四布，宣風中岳。興滅繼絕，封定萬國，遵高祖之舊制，修孝文之遺德。有不從命，武軍平之。馳使四夷，復其爵號。然後還師振旅，橐弓臥鼓。申命百姓，各安其所，庶無負子之責。❷❽

---

❷❼ 主鑄錢之官也。

❷❽ 這是一篇著名的文章，從這篇文章裡可以顯著看出當時社會對於王莽的看法，

這檄書到處，各地紛紛響應，戰火乃由關東燒到隴西，長安已陷入四面楚歌。王莽憂懼不知所出，有侍臣崔發奏道：「《周禮》和《春秋左氏傳》都說，國有大災，哭以禳之。所以《易經》有云：先號咷而後笑。事到如今，當號咷痛哭，告天以求救。」王莽乃率同群臣到南郊，作祭天策文，陳述符命始末。禱告說：「皇天既授命於臣莽，便當助臣殄滅群賊。如臣莽有罪，願受雷霆之誅！」禱罷，捶胸大哭，伏地叩頭不已。叫那隨來的群臣百姓，也跟著一齊放聲大哭。務使那哭聲達於雲霄，感動上蒼。只哭得天昏地暗，日月無光。王莽叫人緣途備下飱粥，供給那哭得接不過氣來的，可以啜食充饑，吃飽了好再哭。凡是哭得悲痛的，都拜為郎官，一時拜郎者達五千人，號為「呼嗟郎」。

這時是地皇四年，也就是漢更始元年秋八月，更始皇帝劉玄，一面派遣定國上公王匡，攻打洛陽。一面派遣西屛大將軍申屠建，和丞相司直李松，直趨武關。先有析縣人鄧曄于匡，起義南鄉，自稱輔漢大將軍，起兵響應更始，擊殺右隊大夫宋綱，已經先行攻進了武關。王莽得知前方軍情緊急，武關不守，急忙挑選了九員大將，都冠以虎號，號稱九虎，命往東方迎敵。他又怕九虎叛變，把他們的妻子都扣留在皇宮中，以為人質。王莽宮裡，藏有黃金六十櫃，每櫃萬斤，其他錢帛珠寶不計其數，他卻捨不得拿出來犒賞將士。當九虎大將出發的時候，每人僅發給四千個銅錢，無不垂頭喪氣，未曾交鋒，已無鬥志。這九虎到了華陰回谿隘，與敵人遭遇。于匡在正面挑戰，鄧曄從側面襲擊，一場混戰，把九虎打得大敗。六虎敗走，其中兩虎自刎，四虎逃亡。剩下三虎，扼守華陰、永豐京師倉。鄧曄于匡擊破九虎，即迎接李松、申屠建大軍入關。李松與鄧曄合攻京師倉，急切沒有攻下。乃分兵由校尉王憲與偏將軍韓臣率領，緣渭水兩岸，長驅西進，勢如破竹，一直打到長安。這時長安附近各縣大族，如櫟陽申碭，下邽王大，茂陵董喜，藍田王孟，槐里汝臣，盩厔王扶，陽陵嚴本，杜陵屠門少等，皆聚眾響應，各自號稱漢將軍。紛紛亂成了一片，有如野火燎原一般。長安城外，四方民兵雲集，傳說隴西隗囂的大兵即將來到，人人

可與王莽的變法相參證。原文太長，未譯，錄入以供參考。

貪功，爭先入城。王莽在長安城中，慌了手腳，急命赦出獄囚，授以兵器，歃血為誓。叫他們戴罪立功，共匡新室。這些囚犯，好像脫籠的鳥獸一般，走出長安，到了渭橋邊，一鬨而散。城外那些土匪流氓，都乘勢而起，大家都憎惡王莽，將王莽祖父妻子的墳墓，一齊發掘，剖棺露屍。又放了一把大火，把那雄巍壯麗的九廟明堂辟雍，一齊燒掉。煙燄漲天，火光照入城中。就在十月戊申那天，宣平門破，那城外的兵民，有如決了堤的洪水一般，一湧而入。莽將王邑、王林、王巡、䜭惲等，帶兵到處堵截，展開激烈的巷戰。這些城外的兵民，也全無紀律，逢人就殺，乘火打劫，只殺得城中鬼哭人號。到第二天，掖庭、承明宮火起，承明宮乃是黃皇室主所居，室主仰天嘆道：「我何面目，再見漢家！」說罷，縱身投火而死。王莽走入宣室前殿，許多宮人，跟著哭哭啼啼。王莽還強自鎮定，胸懷天子韍璽，手持虞帝匕首，天文郎按式❷❾於前。王莽按著斗柄的方向坐下，模仿孔夫子的語氣，自言自語道：「天生德於予，漢兵其如予何！」捱過了一夜，到了第三天，天色甫明，宮外人聲喊成了一片。左右擁扶著王莽，偷偷走出白虎門，乘車奔往漸臺。那漸臺面臨太液池，三面環水，欲藉水勢阻住亂兵。王莽在臺上，還是抱著符命威斗。那王邑、王巡在宮外血戰了兩天兩夜，左右士卒死傷殆盡，剩下些殘兵，也跟隨來到漸臺。這裡兵民已經攻入皇宮，大喊「反賊王莽何在？」到處搜索，不見了王莽。有宮人揮手指道：「已往漸臺！」於是大家呼嘯來到漸臺，隔著水池把漸臺圍了幾十重。弓弩互發，飛矢如蝗。不久，臺上矢盡。亂兵繞到臺後，雙方短兵相接，王邑、王巡都死在亂刀之下。群眾擁上漸臺，還是不見王莽。有一個屠戶，名叫杜虞❸⓿，發現旁邊有一間暗室，闖將進去，果然看見一個老人手裡抱著些古怪的東西，躲在那牆角下，渾身戰抖。心想這必是王莽，上前一刀，將王莽刺死。就懷中取下了印綬，回頭走出，迎面遇見校尉公賓就。問道：「你這璽綬從何而來？」杜虞回身向後一指，公賓就順著他指處，看見王莽倒在血泊之中，就上前將王莽首級割下。外面的人，發現了王莽，都蜂

❷❾　形如羅盤，以楓木為天，棗心為地，上刻十二星辰，用占天時吉凶。

❸⓿　《漢書》作杜吳，而〈三輔故事〉與〈東觀漢記〉皆作杜虞，又虞吳古字通。

擁進來，你一刀我一刀，把王莽的屍身砍成了多少段。為了搶功，那些人爭鬥起來，一時相互砍殺而死者數十人。公賓就將王莽頭顱送上王憲。王憲因為首先入城，將城中幾十萬雜牌軍隊，都收入掌握。自稱為漢大將軍，住在東宮之中，收納王莽的嬪妃，乘用王莽的車服，好不威風。過了幾天，李松、鄧曄、申屠建等，先後進入長安，維持秩序，出示安眾。責王憲隱匿璽綬，奸淫宮女，建天子旗鼓，將王憲收執斬首。然後遣人送王莽頭顱到宛城，更始皇帝將王莽頭顱懸掛街頭示眾。老百姓看了，你一拳我一棍，把那顆頭顱打得稀爛。後來，連舌頭也不見了，不知被誰割掉。從這裡看出，老百姓對王莽的痛恨，到了什麼地步。為王莽守京師倉的將士，和守洛陽的太師王匡、國將哀章，聞說長安不守，王莽伏誅；也都相率投降。王莽三十八歲為大司馬，五十一歲居攝，五十四歲稱帝，建國十五年而亡，死年六十八歲。可嘆王莽，讀書識禮，少年得志，只因一念之妄，弄得身敗名裂，死無葬身之地。這又是一個證據，說明建立在暴力和詐術上的政權，終必滅亡！

第十八講　光武中興(一)

　　春陵起事　　昆陽大戰　　司馬奉使
　　更始亂政　　邯鄲生變　　薊城突圍
　　降服銅馬　　掃蕩河北　　定都洛陽

　　當年漢景帝之子長沙定王劉發生子劉買，封在春陵（今湖南寧遠境），稱為春陵節侯。節侯傳了兩代，到孫兒劉仁，以春陵地方卑溼，上書請求內徙。漢元帝乃徙封劉仁於南陽白水鄉，即以白水為春陵，國名不改，於是春陵反變成了南陽郡❶的一個地名（在今湖北棗陽境）。自從徙封之後，春陵這一支劉氏宗親，都搬到南陽來住。其中有一個人是劉仁的從姪，劉買的曾孫，名叫劉欽，官拜南頓縣令。所生三男三女，三男長名劉縯，次名劉仲，三名劉秀。南頓公早卒，遺下這兄妹六人，住在老家南陽春陵，靠著他們的叔父劉良撫養長大。兄弟之中，以老大和老三，兩個人才出眾。老大劉縯字伯升，性情倜儻，遊俠好士，結交地方豪傑，聲聞鄉里。老三劉秀字文叔，身長七尺三寸，生得日角隆準，相貌堂堂。而性格溫柔勤儉，在家循規蹈矩，種田讀書，並曾一度遊學於長安。他哥哥伯升，有時嘲笑文叔道：「像你這樣斯文儒雅，安分守己，在太平時候真是一個好人；可惜生在這個亂世，怎麼能創功立業！」文叔總是笑而不語。文叔的二姊劉元嫁給新野縣❷一個世家鄧晨為妻，因此劉秀每到新野就住在姊夫家裡。有一天他遇到一位美貌的女郎，名叫陰麗華，不禁一見傾心。又想起前在長安遊學時，看見那執金吾❸何等威風；乃嘆道：「仕宦當做執金吾，娶

---

❶　漢南陽郡包括今河南西南與湖北北，範圍極廣，治宛城，即今河南南陽。

❷　今河南新野。

❸　官名，職二千石，主領北軍，並率提騎巡行宮外，掌戒備非常之事，猶如今之警備司令。

妻當得陰麗華！」又一天，他姊夫請客，酒酣耳熱，在座有穰人蔡少公，談起符讖之事，說道：「關中傳說劉秀當為天子，這名字恰巧應在國師公身上，說不定劉歆要當皇帝呢。」文叔便插嘴道：「怎麼就知道不是在下呢？」合坐為之撫掌大笑。轉瞬到了地皇三年，果然天下大亂。尤其荊、襄、南陽一帶，地方饑饉，盜賊蜂起，新市平林下江諸兵先後舉事。真是少壯流亡四方，老弱轉死溝壑。劉伯升心懷大志，便乘此收納亡命，積草屯糧，而官家捕賊緊急，往往一夕數驚。劉文叔是個謹慎人，看這樣家裡住不下去，便收拾了一點糧食，以賣穀為名，前往宛城避難，這宛城乃是南陽的首府。那知道到了宛城，宛城也不安定，才曉得紛亂之世，沒有那裡可以安身。他在宛城結識一家好友，這是兄弟二人，長兄李通字次元，次弟李軼字季文，乃是南陽一個大戶。他們的封翁李守，好星曆讖記之學，事王莽為宗卿師，住在關中長安。有時回到老家，常和家人私下談起讖文有云：「劉氏復興，李氏為輔。」他兄弟二人便牢記在心。這時劉文叔來至李家，說起他哥哥伯升如何好事，弄得家裡雞犬不寧。不料李氏兄弟聽了，反而勸文叔道：「你老兄所做未嘗不是，目今天下大亂，正是英雄出頭之日，所謂識時務者為俊傑，你這樣一味逃避是不行的！何況讖文分明說：劉氏復興，李氏為輔，說不定就應在你我兄弟的身上！」文叔初時不肯，禁不住他兄弟一再鼓勵，終於把文叔說動，文叔問道：「兄等若要起事，怎奈宗卿師在長安如何？」李通道：「這個不妨，我等早有準備了。」於是就約定，乘九月立秋，南陽材官都試騎士❹之日，劫殺前隊大夫（即南陽太守）號令大眾。劉秀回舂陵，李通在宛城，並邀約鄧晨在新野，三地同時起事。計議停當，李通著他兄弟李軼伴同文叔回到舂陵。那知他兄長伯升已經起兵了，看老三回家相助，越發高興。宗族中有些膽子小的子弟們，原不敢造反。及至見文叔回家，也身穿絳衣頭戴高冠，自稱大將軍，都詫道：「連這個素來最謹慎安分的人都出頭了，我們還怕什麼呢！」大家為之勇氣百倍，那時劉文叔年方二十七歲。劉伯升集合全族子弟賓客，得壯丁七、八

---

❹　漢法於九月立秋之日，在都市中考試騎士，是一種盛大的典禮，地方長官都要蒞臨。

千人，部署既定，號所部為柱天都部。又派人和新市、平林諸軍聯合，王匡、陳牧等欣然應允，這三支兵乃合夥在一起。即攻下長聚鄉、唐子鄉，殺死湖陽兩尉。軍中分財不均，發生爭奪，文叔乃命宗族將所得之物，悉數拿出分散給眾人。於是皆大歡喜，踴躍前進，一舉而攻下棘陽❺縣城。不料宛城的李通和新野的鄧晨，兩路都失敗了。李通因為事機不密，走漏了消息，全家宗族六十四人一齊遇害，連在長安的宗卿師也被王莽所誅，只有李通一人偕同少數賓客逃脫出城。鄧晨在新野也安身不住，帶同妻子家小，與李通先後都來投奔劉文叔。大家都聚會在棘陽，商議如何進攻宛城。南陽前隊大夫甄阜，破了李通陰謀，又聞說春陵起兵，立即率同屬正梁丘賜將領大兵前來進剿。走到小長安❻地方，雙方遭遇。那日漫天大霧，在迷茫之中，一場混戰，春陵子弟打得大敗。劉文叔單騎奪路而走，途遇妹妹伯姬，趕忙抱上馬來。行了一程，看見一婦人牽著三個孩子在道旁啼哭，正是姊姊劉元，急招呼她也跨上馬來。她見馬上已經有了兩人，揮手道：「你們去吧，不要死在一起。」話沒說完，後面追兵已到，可憐劉元和她三個女兒，轉瞬之間，死在亂軍之中。劉文叔忍淚揮鞭，長驅得脫。事後才知，二哥劉仲也陣亡，宗族中死了好幾十人。劉伯升與文叔收拾殘兵，退保棘陽。那新市、平林看劉家打敗，見風轉舵，各謀自保，收兵欲走。伯升兄弟正在為難，忽然聽說，下江兵被嚴尤、陳茂所逐，從南郡❼流竄到棘陽附近，有兵五千多人皆久經慣戰之士。伯升兄弟商議邀請他們相助。這天，伯升兄弟與李通，三人來到下江營寨，見了下江兵的首領王常，伯升說以利害，王常當即慨然允諾。伯升喜道：「事成之後，我們有福共享」，遂結約而去。可是下江其他諸將，如張卬、成丹都表示反對道：「大丈夫起事，各自為主，何苦要受別人的牽制？」王常道：「不然，王莽殘暴，早失民心，百姓謳吟思漢，非止一日。大凡舉事，必須要下順民心，上合天意。如徒仗恃勇力，縱得天下，也必失敗。歷史上的秦始皇、楚霸王不是

❺　今河南新野縣東北。

❻　地在南陽棘陽之間。

❼　湖北江陵一帶，郡治江陵。

很好的榜樣嗎? 如今南陽劉氏宗室起兵，以興漢滅莽號召天下，此名正言順也。方才前來議事的劉氏兄弟，我看他們都有深謀遠慮，王公之才。得與共事，必能成功，諸君何必多疑。」下江諸將，平素尊重王常，聽他說得有理，也就不再堅持，便發兵來助。新市、平林見劉氏兄弟得下江之助，兵勢復振，便也表示合作。劉伯升大喜，即椎牛饗士，休兵三日，以備決戰。那甄阜、梁丘賜一勝而驕，輕敵疾進，臨沘水為陣，卻留輜重糧秣於側翼藍鄉❽。劉伯升探聽明白，分遣一支奇兵，夜從小路去襲擊藍鄉，盡獲其輜重，於是士氣大旺。麾軍猛攻，擊殺甄阜、梁丘賜，斬首二萬餘級。王莽的納言將軍嚴尤與秩宗將軍陳茂，聞訊趕到增援，在淯陽❾城下，又展開一場血戰，結果嚴尤、陳茂大敗而走，士卒死者三千餘人。這一連三個勝仗，造成了一個決定性的勝利，劉伯升的威名大震。把王莽嚇慌，到處畫影圖形，購捉劉縯，懸賞格，邑萬戶，黃金十萬斤，位上公。又令各官署郵亭，把劉縯的像，畫作箭靶子，藉以洩憤。

　　劉伯升三勝之後，便進兵圍攻宛城。這時春陵子弟，和新市、平林、下江四部分軍隊，加上收降的士卒，總共有十幾萬人，聲勢浩大。可是群龍無首，號令紛歧。劉伯升在這些友軍當中，也不能以領袖自居，而事實上必須要有一個統一的組織，大家商議，要共奉一位劉氏宗室做皇帝，以號令天下。那時在軍中的南陽宗室子弟很多，有名望的，除了伯升兄弟外，還有文叔的一位族兄，名玄字聖公，也是春陵節侯之後。隨從陳牧、廖湛在平林軍中為安集掾，號稱更始將軍。他為人平庸和易，不似劉伯升那麼鋒芒。一般人樂於放任，又畏忌伯升兄弟，便共推劉聖公為漢帝。劉伯升心中自然不快，但他也不便公然反對，便道：「諸位將軍欲尊立宗室，誠然是番好意。不過今天起兵的，何止南陽一處。勢力最大的，要算赤眉，在青徐一帶有兵數十萬。聽說南陽立了皇帝，他們也會擁立一位宗室。一時群帝並立，恐怕王莽未滅，而宗室已先相攻，這對於我們反而不利。何如暫且稱王，亦足以統轄號令。待滅了王莽降服赤眉之後，我們再正尊號，

❽　在河南泌陽境內。

❾　地在淯水之陽，河南南陽縣東南。

亦未為晚。」他這番話，引起許多人的爭論。張卬拔劍擊地道：「疑事無成！今天大計已定，不得再有二議！」大家一時無語。就在地皇四年，二月辛巳朔日，在淯水之旁沙灘上草草搭了一座壇場，共立更始將軍劉聖公為皇帝，就改元為更始元年，大家稱聖公為更始皇帝。更始性情懦弱，坐在高壇上接受群臣歡呼的時候，不禁汗出如漿，乃忽忽成禮。就拜族父劉良為國三老，王匡為定國上公，王鳳為成國上公，朱鮪為大司馬，劉伯升為大司徒，陳牧為大司空，劉文叔為太常偏將軍，餘各拜九卿將軍不等。就此建立了一個規復漢朝的臨時軍政府，正式稱為漢軍。漢軍攻打宛城，棘陽縣宰岑彭與前隊貳❿嚴說堅守宛城，城池又鞏固，急切攻打不下。更始乃遣成國上公王鳳與偏將軍劉文叔等，別率一軍，進取潁川。一連攻下昆陽⓫定陵⓬和郾城⓭，中原為之大震。王莽急命大司空王邑齎旨，調發駐在洛陽的司徒王尋之大兵，與附近州郡民兵，合共四十二萬人，號稱百萬之師，大舉討伐漢軍。又徵精通兵法的六十三家，隨軍為參謀。以長人巨毋霸為壘尉，巨毋霸身高一丈，腰大十圍。又驅使猛獸虎豹犀象以助威武，旌旗輜重，千里不絕，自秦漢以來出師之盛所未有也。更始元年夏五月，王尋、王邑大兵南出潁川，與嚴尤、陳茂之兵會合。浩浩蕩蕩，以排山倒海之勢，殺奔昆陽而來。文叔與王鳳等駐兵在昆陽，聞說尋邑大兵來勢兇猛，都退入昆陽，緊閉城門。大家憂慮惶恐，各想逃命，歸保妻子。劉文叔道：「現在敵眾我寡，城中糧食又少，合力禦敵，或可成功；如再分散，必被敵人各個消滅，同歸於盡。今天是生死存亡拼命的時候，如不努力殺敵，命都不保，還想保全妻子財產嗎？」大家被文叔說得羞惱成怒，罵道：「劉將軍你有多大本領，敢出口傷人！」文叔笑著走出帳去。忽然飛馬報道：「敵人大軍先鋒已到了城外，軍陣連綿數百里，但見其頭，不見其尾！」大家聽了面面相覷，都束手無策。有人道：「方才劉秀誇口，叫他來，看他有什

❿　前隊大夫之副，王莽時南陽謂之前隊郡，時前隊大夫為甄阜。

⓫　今河南葉縣東北。

⓬　今河南舞陽。

⓭　今河南郾城。

麼辦法。」就著人將文叔請回問計；文叔不慌不忙地說道：「敵人兵力雖大，
其實是虛張聲勢，無足畏懼。只要諸君同心協力，守住昆陽，我劉秀自願
冒險出城，往定陵郾城調發援兵。裡應外合，保為諸君一戰破敵。」事到
如今，也別無他策，大家只有同意。就留王鳳、王常守住昆陽。劉文叔偕
同李軼等十三騎，於夜半開城，殺出重圍，直奔郾城定陵而來。到了那裡，
說明來意。那些留守將士貪惜財物，不肯發兵。文叔憤道：「你們不想一
想，今天如果打敗敵人，那珍寶何止萬倍。不然，你我的頭顱都不能保，
還看守得什麼財物？」大家被文叔激動，一齊出發。文叔自將一千多人為
先鋒，於六月己卯，來到昆陽城外，約離尋邑大軍四五里處，布下了營陣。

　　卻說這裡，王尋、王邑大兵數十萬圍住了昆陽。嚴尤勸王邑道：「昆
陽城小而堅，一時不易攻下。擒賊擒王，那稱號竊位的在宛城之下，我們
集中兵力，去殺死劉玄，則昆陽不戰自克。」王邑道：「將軍有所不知，我
昔年奉命討伐翟義，以不能生擒翟義，被朝廷斥責。今將百萬之眾，遇城
而不能下，何以示威於天下！你看我要屠了昆陽，蹀血而進！」遂將昆陽
圍了幾十層，圍得水洩不通。城外營帳排列得像蜂巢一般，十幾丈高的雲
車，俯臨城中。旗幟蔽野，塵埃連天，金鼓之聲，聲聞數十里。又掘地道，
作衝車，百方攻打。萬弩齊發，矢下如雨，城中人負戶而汲。王鳳等實在
支持不住，射書城外乞降。王邑、王尋不許，硬要血洗昆陽。以為城破就
在旦夕，終日飲酒自賀。嚴尤又勸道：「兵法云：圍城為之闕，須要留一
條生路，以瓦解敵人的鬥志，像你這樣拼命地死打，又不許投降，不是逼
著敵人作困獸之鬥嗎？」王邑還是不聽。這時忽報漢軍從定陵郾城的援兵
到來，就撥兵數千前往截擊。只見劉文叔一馬當先，奮不顧身，一氣斬首
數十級。文叔後面的戰士都看得呆了，相顧道：「劉將軍平生，見小敵怯，
今見大敵勇，可怪也！」於是諸將麾兵，跟隨猛進，又殺死莽兵一千多人。
莽軍向後敗退，將士跟蹤追擊，膽氣益壯，無不以一當百，所向披靡。劉
文叔獨率敢死隊三千人，從城西緣河一直衝入王尋的中軍陣地。有如虎入
羊群，縱橫無阻，敵陣大亂。王尋、王邑聞聲驚起，急忙披掛出戰，營外
人如潮湧，再也壓制不住。耳裡只聽得人喊馬嘶，眼中但見刀光血影，到

處亂成了一片。城上守軍看得逼真，喜歡得手舞足蹈，精神百倍，即鼓噪吶喊，開門殺出，內外夾擊，呼聲震動天地。天老爺偏也作怪，突然這時狂風大作，屋瓦皆飛，跟著暴雨如注，雷聲隆隆，好像天塌下來的一般。那些虎豹犀象，驚駭亂竄。王尋落馬，就死在亂軍之中。莽兵也分辨不出漢兵究有多少，沒命地奪路逃走，彼此踐踏而死者，不計其數，伏屍一百多里。淹死在淆川裡的有幾萬人，河水為之不流。王邑和嚴尤、陳茂輕騎踩著死屍渡水逃生。這四十二萬大軍，被打得落花流水，全軍覆沒。遺棄的軍實輜重，不可勝數，搬運了幾個月都沒有搬完。就在這昆陽大戰的同時，岑彭、嚴說力屈投降，更始也攻下了宛城。這昆陽大捷消息，瞬息之間騰傳全國，四方豪傑，都聞風響應，中原許多牧守，都自稱將軍，用漢年號，奉表待命。全國局勢，為之一變。原來歷史上的興亡，往往取決於一兩個戰役的成敗。這一兩個戰役的成敗，則取決於民心和士氣，那武裝軍備和兵數多寡並非絕對的條件。違背民心沒有士氣的軍隊，一旦解體，越是龐大的兵團，越不可收拾。反之，得民心有士氣的軍隊，雖然地小兵寡，常能從死裡求生，哀中取勝。所以歷史上的革命性戰爭，無不是以少破眾，以弱滅強的。

劉文叔解了昆陽之圍，軍事上重新布置一番，他繼續率領一支軍隊向北推進。許多城鎮，都不戰而下，唯有父城❶❹長苗萌守城不降。他不願為這一個小城，犧牲士卒，就暫駐兵於父城附近巾車鄉中，從事招撫的工作。這一天前方的巡邏，捕獲到一個敵人，押解進帳。文叔一見，問知姓名，急忙上前鬆了綑綁，待以上賓之禮。原來這人姓馮名異，字公孫，祖居在父城，好讀書、有智謀，深通《左氏春秋》與《孫子兵法》。現為潁川郡掾，監管父城五縣。適微服私訪，從別縣巡行到父城地方，不料為漢兵所獲。文叔久聞其名，蓄意要爭取馮異，故優禮有加。馮異見了文叔暗暗欽服，也就傾心歸順。便道：「馮異有老母在父城，若得明公釋放，當據五城之地，一同來歸，以效功報德。」文叔慨然允諾，親送馮異出至帳外。馮異回到父城，見了苗萌道：「王莽暴虐，天意人心早去，而各地盜賊，

❶❹ 今河南葉縣東北。

也無紀律，不能成事。獨有劉將軍，治軍有方，戰無不勝，我看他言語舉止，非常人也。足下何不棄暗投明，不失安身立命之處。」苗萌向重馮異，乃道：「死生同命，敬從兄計！」遂偕同馮異共五縣縣長，一齊投降漢軍，文叔仍命馮異等各駐原地。文叔正在從容經略，招賢納士之際，忽然傳來一個噩耗，文叔聽了肝腸欲裂。這是一個什麼消息呢？

　　原來自從擁立更始皇帝之後，漢軍中就分成了兩派，一派擁護劉伯升，一派擁護劉更始，這兩派總是明爭暗鬥。自從昆陽戰後，更始定都宛城，雙方的矛盾日益尖銳。幸劉文叔為人韜晦，又將兵在外，得免捲入政治旋渦，而劉伯升賦性豪邁，不肯讓人，遂處處招忌。平林、新市諸將，屢勸更始將伯升除掉，以免後患。李軼原是伯升兄弟的好友，到這時也附和平林、新市與伯升相傾軋。這一天更始朝會群臣，偶然解取伯升腰間寶劍，拿在手中欣賞，旁邊繡衣御史申屠建，忽然呈獻玉玦，向更始丟使眼色，更始默然未應。下朝之後，伯升的舅父樊宏對伯升道：「今日朝堂之上，申屠建的神色可疑，莫非有范增之意乎？」伯升漠不在意道：「你何必多疑！」伯升有一員心腹猛將，名叫劉稷，勇冠三軍，而性情粗暴。時常使酒罵座道：「起兵立事的是伯升兄弟，那劉玄有什麼來歷，也配做皇帝。」更始聞知大怒，即封劉稷為抗威將軍以辱之，稷不肯受命。這君臣二人，竟在朝堂之上爭吵起來。諸將斥劉稷大不敬，紛請更始將劉稷斬首。伯升忍耐不住，出面為劉稷辯護，聲色俱厲，眾指伯升亦無君臣之禮。李軼和朱鮪等共勸更始，將劉稷和劉伯升一齊推出朝門，同時殺害，以宗室劉賜代伯升為大司徒。這消息傳到父城，文叔痛不欲生。繼之一想國家為重，王莽未滅，不能再結私仇。為了化除矛盾，避免更始的疑忌，急自前方趕回宛城。謁見更始，代兄認罪。一班司徒官屬，都來迎候慰問，文叔除了引過之外，不談私話。對於昆陽的戰功，也絕口不提。飲食言笑，一如平時。更始反覺內疚，深為慚悔。便拜劉秀為破虜大將軍，封武信侯，以慰之。可是文叔每當夜闌人靜時候，則涕泗縱橫；枕席之間，常有淚痕。在這哀戚之中，卻有一件喜事。他在宛城，聞知意中人陰麗華，尚待字閨中，就派人媒合完成好事。那年麗華芳齡十九，比文叔恰小十一歲，這一對英雄美人，珠

聯璧合，所謂有情人終成眷屬。

　　昆陽之戰，在更始元年六月。七月隴西隗囂起兵成紀❶，響應漢軍。集兵十萬，一連攻下安定、武都、金城、武威、張掖、酒泉、敦煌諸郡，盡據隴西之地。又有導江卒正茂陵人公孫述，起兵臨邛，佔領成都，自稱輔漢將軍蜀郡太守兼益州牧，盡據蜀中之地。又有宗室前鍾武侯劉望，起兵汝南❶。嚴尤、陳茂自昆陽戰敗，不敢回奔長安，無路可走，便往依劉望。望自稱天子，以嚴尤為大司馬，陳茂為丞相。王莽在東方的勢力，只剩下太師王匡與國將哀章守在洛陽。這時漢兵既已完全攻下潁川，遂於八月，遣派定國上公王匡攻打洛陽；西屏大將軍申屠建與丞相司直李松西攻武關。九月攻入關中，長安大亂，王莽被殺死於漸臺。傳首宛城，更始看見王莽的頭顱，鬚髮皓白，不禁嘆道：「他如好自為之，不篡位禍國，功名豈在霍光之下！何致白首就戮。」更始愛姬韓夫人一旁笑道：「他如好自為之，陛下又焉有今日！」更始便叫人將王莽頭顱，拿出示眾。洛陽的王匡、哀章聞說長安不守，王莽已死，便也開城投降，俱被斬首。十月，更始遣奮威大將軍劉信，擊殺劉望於汝南，並誅嚴尤、陳茂。關內關外，大致平定，更始乃遷都洛陽。以劉秀行司隸校尉事，命先行安撫地方，整修宮室。文叔受命，乃置僚屬從事司察，一如漢代舊章。作文書，分別通知屬縣，告諭人民，一切井井有條。所率軍隊，更是號令嚴明，秋毫無犯。從宛城出發，一路北上，道經父城。馮異與苗萌牽牛擔酒，相迎郊外。文叔即署馮異為主簿，苗萌為從事，邀請同行，異因舉薦其同鄉銚期、殷建、左隆等。銚期字次況，身長八尺二寸，容貌奇偉，手使鐵戟，有萬夫不當之勇，文叔特署為賊曹掾。又有潁陽人王霸，棘陽人馬成來投，文叔一一慰用。這一路之上，收攬了不少的英雄豪傑。那時有關中三輔吏士，到東方來歡迎更始皇帝。看見更始朝中一班將士，都是衣裳顛倒，語無倫次，無不失望。及至看到司隸校尉的僚屬，彬彬有禮，儀容嚴肅，那些老吏感動得流淚道：「想不到今天，能復見漢官威儀！」劉文叔到了東都，布置一

---

❶　今甘肅泰安縣北。

❶　郡轄河南東南、安徽西北地，郡治今汝南縣附近。

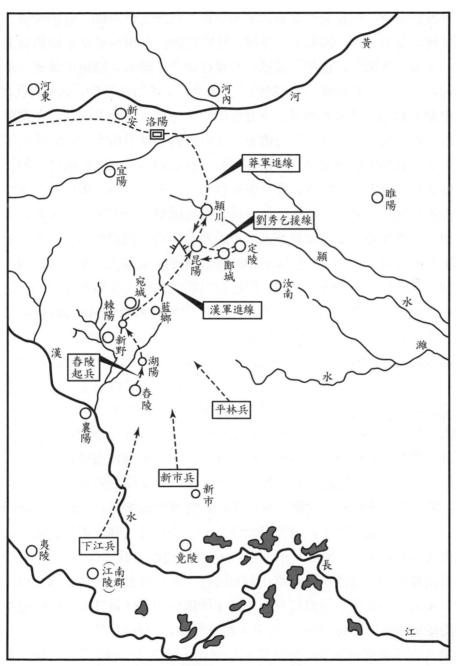

春陵起義與昆陽之戰形勢圖

番，奉迎車駕。於是更始皇帝，率領百官，北上定都洛陽。分遣使者，撫徇郡國。地方州郡，聞知王莽覆滅，漢室復興，都相率前來洛陽朝謁漢天子。連赤眉樊崇等，也放下部眾，偕同首領二十餘人，隨更始使者，來到洛陽，謁見了更始皇帝。更始封樊崇等為列侯，都留在京師，既奪其兵權，又不給與封邑。樊崇等不平，一怒而去。其他諸人，也多失望。在當時撥亂反正，正是一個最好的統一機會，可惜更始不能掌握大權，致使天下得而復失。更始聞說河北地方未靖，想派一個心腹得力之人，前往安撫。大司徒劉賜，極力褒舉劉秀，遂以劉秀行大司馬事，持節去鎮慰河北州郡。劉秀出發後，申屠建、李松自長安傳送乘輿服御，派遣長史令鄭興，來奉迎更始西都長安。諸將皆東方人，不願西行，更始猶豫難決。鄭興奏道：「陛下起自荊、楚，一朝建號，而關中群雄爭起，並誅王莽開關而迎陛下。此因天下人民，同苦王氏虐政，而思念高祖之舊德。今如不加安撫，臣恐關中百姓離心，盜賊復起！」更始乃道：「朕決計西行！」遂拜興為諫議大夫。於更始二年二月，更始自洛陽西幸長安，大封宗室功臣，劉祉、劉慶、劉歆、劉嘉、劉賜、劉信、王匡、王鳳、朱鮪、王常、申屠建、陳牧、張卬、廖湛、胡殷、李通、李軼、成丹、宗佻、尹尊等皆為王。唯朱鮪堅辭不受封，乃以鮪為左大司馬，與李軼共鎮洛陽，使李通鎮荊州，王常行南陽太守事，分治關東。中樞則以李松為丞相，趙萌為右大司馬，共秉朝政。更始原本無才，自被新市、平林諸將擁立，一直被當作傀儡，分封群王，也出於無奈。他有時也想有所作為，但在這一群軍閥的挾持之下，一籌莫展。那時長安雖經王莽之亂，僅未央宮與九廟辟雍被焚，其他宮室臺觀如舊。更始住在長樂宮中，尚有宮女成千，金銀珍寶之物，不計其數。他也就樂得享受，從此醇酒婦人，不理政事。又納趙萌之女為夫人，深為寵幸，於是政無大小，都委決於趙萌。更始日夜酣飲於後庭，長在醉鄉之中。朝臣有事要謁奏天子，更始每令侍中坐在帷帳之中，代為答話。朝臣聽得不是更始的聲音，都怨憤道：「天下事尚不可知，他竟荒淫如此！」更始愛姬韓夫人，常陪更始飲酒，有常侍入宮奏事，韓夫人怒道：「我正侍候聖上行樂，你們這班奴才，早不來、遲不來，偏要在這時打擾！」盛怒之下，

一掌將書案擊破。嚇得群臣百官，從此都不敢入宮稟事。朝廷大權，乃為趙萌一人所壟斷。趙萌是一個小人，威福自用，無惡不作。這時，朱鮪、李軼擅命於山東，王匡、張卬橫行於三輔，各自為政，綱紀蕩然。朝廷新貴，都是些市井流氓。膳夫、庖人，也都穿起錦衣繡袴，招搖過市。老百姓看得不順眼，作了幾句歌謠道：

> 竈下養，中郎將。爛羊胃，騎都尉。爛羊頭，關內侯。

軍師將軍豫章李淑，憂心時事，上書諫曰：

> 方今賊寇始誅，王化未行，百官有司宜慎其任。夫三公上應台宿，九卿下括河海，故天工人其代之。陛下定業，雖因下江、平林之埶，斯蓋臨時濟用，不可施之既安。宜躬改制度，更延英俊，因才授爵，以匡王國。今公卿大位莫非戎陳，尚書顯官皆出庸伍，資亭長、賊捕之用，而當輔佐綱維之任。唯名與器，聖人所重，今以所重加非其人，望其毗益萬分，興化致理，譬猶緣木求魚，升山採珠。海內望此，有以闚度漢祚。臣非有憎疾以求進也，但為陛下惜此舉措。敗材傷錦，所宜至慮！惟割既往謬妄之失，思隆周文濟濟之美。

他這番話，切中時弊，觸犯了忌諱。書上，便被罪繫獄。從此關中離心，四方怨叛，這剛剛建立起來的政權，已開始動搖了。

　　放下關中不談，且說大司馬劉文叔，奉命撫徇河北。河北一帶，情形最亂，這是一件披荊斬棘的艱難重任。原先投奔劉秀的那些賓客，聞說是出使河北，都紛紛辭去；只有馮異、銚期、王霸、堅鐔、祭遵、臧宮等幾人相隨。文叔慨然謂王霸道：「潁川來從諸人皆去，唯有君等不相棄，此所謂疾風知勁草！」馮異因說文叔道：「天下同苦王氏，思漢家久矣。但更始諸將，行為暴虐，所到虜掠，百姓無不灰心，而寄望於將軍。今公專命方面，正可廣施恩德，以收攬人心。夫有桀紂之亂，乃見湯武之功；饑者易為食，渴者易為飲。此行，宜分遣官屬，循行郡縣，為人民解除疾苦！」文叔深以為然。即遣馮異與銚期，乘坐傳車，巡行地方。所到，申理獄囚，

存問鰥寡，廢除王莽的苛政，調查官吏的賢愚。老百姓歡聲雷動，無不牽牛持酒，前來迎勞。這一路，猶如春風化雨，不一日，行至鄡城❼。外面傳報，有一書生，自稱姓鄧名禹，前來求見。文叔聽了，喜出望外，慌忙出來迎接。原來這鄧禹字仲華，乃是南陽新野人，十三歲能誦《詩經》，就讀長安，與劉秀是從小的同學，兩人意氣又復相投。自從漢兵在南陽起事，他一直隱居在家。有人將他舉薦與更始，他推辭不出。及至聞說劉秀奉命出使河北，他大為興奮，立即杖策追尋劉秀而來。一直趕到鄡城，才趕上了劉秀。兩人相見，握手言歡，快敘平生。文叔道：「我今專方面之任，擅封拜之權，故人此來，何愁富貴！」鄧禹道：「此非所願也！」文叔道：「那麼所為何來？」禹道：「我所望於明公，威德加於四海，禹得效其尺寸之功，垂名於竹帛耳！」文叔聽了，撫掌大笑。那晚，便留鄧禹同宿，兩人談了一個通夜。鄧禹為文叔分析當前時勢道：「如今更始雖然稱帝，山東未靖，赤眉青犢一班流寇，數達幾十萬人。就是關中群雄，也都貌合神離，更始既無能，他的左右也都是庸才，不過為了衣食利祿，以求一時之快，那有什麼深謀遠慮。我看他的潰敗，就在眼前。明公此時起而收拾天下，廣攬英雄，務悅民心，立高祖之業，救萬民之命。以明公之智慮，天下不足定也！」說得文叔心花怒放。從此鄧禹不離左右，凡事無不與之計議，令軍中人稱為鄧將軍。文叔自鄡城向北來到邯鄲❽，邯鄲是故趙國都城，北方的一個重鎮。城中有宗室趙繆王之子劉林，來見劉秀獻策道：「赤眉為東北之大患，如從列人決河水以灌之，管教赤眉數十萬都變成了魚蝦。」文叔見他言大而誇，語無倫次，沒有理睬。住了幾天，就離開邯鄲，前赴真定❾。不料就在文叔北上的時候，邯鄲城中，發生了一個大大的變化。

在邯鄲城中，有一個賣卜的，名叫王郎。他告訴人說：他並不叫王郎，他本姓劉名子輿，乃是漢成帝的嫡親骨血。他母親為成帝宮中歌女，受幸

❼ 今河北臨漳。
❽ 今河北邯鄲。
❾ 今河北正定。

有孕，分娩後恐遭趙飛燕毒手，乃私藏民間，託為王家之子。如今事過境遷，王莽又滅，他可以出頭露面了。一班漢家皇室之中，他的輩分最高，血統最密。這一篇怪話，竟然轟動一時，多少人信以為真。那河北一帶地方，人心浮動，一方面恐懼赤眉，一方面懷疑更始。劉林是個有政治野心的人，自被劉秀奚落，心裡氣不過，就利用這複雜微妙的心理，以他的身分和地位，出頭來證明王郎確為成帝子子輿。就在更始元年冬十二月壬辰，劉林率車騎數百乘，擁王郎入邯鄲趙王宮，立郎為天子。劉林自為丞相，郡國大豪李育、張參分為大司馬大將軍。並下詔書，分遣使者頒布郡國，略曰：

> 朕，孝成皇帝子子輿者也。昔遭趙氏之禍，因以王莽篡殺，賴知命者將護朕躬，解形河濱，削迹趙、魏。王莽竊位，獲罪於天，天命佑漢，故使東郡太守翟義、嚴鄉侯劉信，擁兵征討，出入胡、漢。普天率土，知朕隱在人間。南嶽諸劉，為其先驅。朕仰觀天文，乃興于斯，以今月壬辰即位趙宮。休氣熏蒸，應時獲雨。蓋聞為國，子之襲父，古今不易。劉聖公未知朕，故且持帝號。諸興義兵，咸以助朕，皆當裂土享祚子孫。

詔書傳到之處，趙國以北，遼東以西，皆奉旨響從。於是邯鄲與長安，竟成了東西對立的兩個政府。這樣一來，劉秀在河北的處境大為狼狽。因為他在邯鄲政府的眼中，成為一個偽組織的使者，而且王郎移檄地方，到處要捉拿劉秀。

劉文叔從真定打算北赴薊城，走到盧奴❷ 地方，聽到了王郎的消息，正在進退為難。忽然傳報，外面有一位少年將軍，在營門求見。即召請進帳，一看那人，年紀在二十上下，容貌清俊，風度瀟灑。問知原來是上谷❷ 太守耿況之子，名叫耿弇。奉他父親之命去往長安朝謁更始，走到半路，發生了王郎事變，道路不通，特就近來謁見大司馬。文叔聽他言語爽朗，

---

❷　今河北定縣。
❷　今河北懷來。

深為愛惜，即留在營中為門下吏。耿弇因他父親在上谷，勸文叔北上，不必耽憂。文叔乃繼續前行，來至薊城❷。方才入城住下，忽然城中大亂起來。傳說王郎的檄書來到，懸賞十萬戶捉拿劉秀；城中廣陽王子劉接發兵響應王郎，郡太守以下都到城外去迎接王郎使者。文叔驚慌失措，耿弇道：「家父現為上谷太守，漁陽❷太守彭寵也是明公邑人。這兩郡有騎兵一萬，皆天下精銳，明公快隨我北走，那小小邯鄲何足懼哉！」文叔喜道：「耿弇，你乃我北道主人也！」可是文叔左右南來之人，都不願北上。正在商議，只聽得外面人聲喧嚷，喊道：「不要放走了劉秀！」文叔急忙率領左右，衝出人群，走到南門，南門已閉。虧得銚期驍勇，手持一雙鐵戟，大吼一聲，打開城門，殺出重圍。來到郊外，大家聚攏，只不見了耿弇。文叔失了北道主人，只好隨從眾議，向南方亡命。那時天色已晚，不敢挨近城市，抄偏僻小路，落荒而走。又當正月隆冬天氣，朔風凜冽，砭人肌骨，走了幾日，走到饒陽❷縣境一所郵亭，地名蕪蔞亭。大家坐下喘息，又冷又餓，無不饑腸雷鳴。不知馮異在那家找來一碗豆粥，獻與文叔，文叔一啜而盡，鮮美無比。大家東倒西歪，朦朧入睡。次日睜眼看時，東方已白，亭外幾根枯枝，在寒風中戰抖。唯有文叔肚裡，蘊著幾分暖意，回頭笑謂諸將道：「昨得公孫豆粥，饑寒俱解！」出亭南走，不知不覺，走上了大路，看日影，已是中午時分，大家委實饑餓難熬。恰好走過一所傳舍之旁，傳來陣陣飯香，偷眼瞧見，裡面差官正在那裡用膳。文叔靈機一動，率領眾人，昂然走進傳舍，自稱是邯鄲使者，舍吏不敢怠慢。迎入坐定，即催呼索食。飲食端上，大家狼吞虎嚥，有如風捲殘雲一般。舍吏看得詫異，懷疑有詐，心生一計，播起門前的大鼓，高呼邯鄲將軍到。裡面眾人嚇得面面相覷，獨有文叔飲啗自若，不動聲色，問道：「是那位將軍，可請來相見！」久之，不見動靜。文叔乃率領眾人，揚長而去。又走了幾天，這天來到下曲陽境界，風雪大作，傳說王郎追兵在後，眾皆惶恐，兼程前進。但聽得遠處漸

❷　今北京城西。

❷　今河北密雲。

❷　今河北饒陽。

潺水聲，知道已經到了滹沱河。前面的人來報，河水滾滾，無船可渡。文叔命王霸再往探看，但見河面上浮著一塊塊薄冰，兩岸果無一個船隻蹤影。他為了穩定人心，回稱，雖無船隻，可以履冰渡河，大家放了心。真是吉人天相，待至眾人到了河邊，冰已合凍，乃相率牽挽而過。過河到了南宮㉕地方，風越颳越大，雪裡夾著雨點，衣履盡溼。躲到路旁一所空屋子裡，尋了些木柴，藝火燎衣取暖。馮異又找來一碗麥飯和一隻兔腿，與文叔充饑。捱了一夜，第二天走到下博城西，冰雪茫茫，迷失了方向。道旁有一白衣老者，順手指道：「那面八十里，就是信都㉖城。」這一句話，猛然提醒了劉文叔，想起信都太守，乃是故人南陽任光。即偕眾投奔信都而來，果然任光與和成太守邳彤㉗守城自保，不曾附從王郎。文叔到了信都，如獲更生。任光迎接進城，彼此大喜，吏民皆呼萬歲。邳彤聞訊，亦自和成趕來相會。文叔以兩城兵少，徵發旁縣，共得精兵四千人。拜任光為左大將軍，信都都尉李忠為右大將軍，邳彤為後大將軍，信都令萬脩為偏將軍，皆封為列侯。傳檄郡縣，大張撻伐，聲討王郎。文叔以南陽人宗廣領信都太守，留守在信都。自己率領任光、邳彤、李忠、萬脩四員大將，分頭出擊，地方豪傑，聞風響應。有鉅鹿昌城人劉植，率領宗族賓客，聚兵數千，佔據昌城㉘，迎接文叔，文叔即拜劉植為驍騎將軍。真定王劉揚與劉植交好，聚眾十餘萬在真定，植往說之來歸。文叔並納劉揚的甥女郭氏為夫人。又有鉅鹿宋子人耿純，帶著他全族老小二千多人，年老有病的抬著棺材隨行，奉迎文叔於育城。文叔即拜耿純為前將軍，拜純弟訢、耿宿為偏將軍。耿純命訢宿回家，將鄉間廬舍一齊放火燒光。文叔驚問其故，耿純答道：「竊見明公單車奉使，撫臨河北。並沒有府庫寶藏，重賞甘餌。所恃唯有一腔赤誠，一片恩義；但這只可以懷柔君子，不能役使眾人。目前邯

㉕　今河北南宮。

㉖　今河北冀縣。

㉗　王莽分信都為信都、和成兩郡，《後漢書邳彤傳》作和成，而〈光武帝紀〉作和戎，和成為是。

㉘　今河北冀縣西北。

鄲勢大，一般人都是隨風觀望，朝秦暮楚。純雖舉族歸命，也難保族人不心懷二志。故特焚燒廬舍，以絕其後顧之念！」文叔聽了，為之感嘆不已。於是擁眾而前，一連攻下宋子曲陽中山❷鄗城❸，擊殺王郎大將李惲。進兵至柏人，大破王郎將李育，育入城拒守，攻打不下。乃轉趨東北，攻下了廣阿❸城。這廣阿是河北一座大城，得了廣阿與信都呼應，這形勢大不相同了。文叔引兵入城休息，與鄧禹披覽地圖，不禁嘆道：「天下有這麼多郡國，我歷盡辛苦，今日才得一郡之地；你怎麼說我天下之事不足定？」鄧禹道：「明公何必焦急，方今海內淆亂，百姓思得明君，猶如赤子之思慈母。古來帝王的成功立業，在德不在地。有德者，地雖小終必廣；無德者，地雖廣終必亡。」人的心理也奇怪，當你一無所有時，覺得乾淨爽快；卻是有了一點本錢，倒要患得患失。劉文叔這時有了根據，他反而焦思苦慮起來。這日，他正在發愁，忽然聽得遠遠有金鼓之聲，外面傳報，邯鄲發來大兵。文叔大驚，即率眾登城瞭望，果見西北方煙塵滾滾，旌旗招展，一大彪人馬到來，眾皆失色。可是那兵馬似無敵意，緩緩行至城邊。為首一員少年將軍，翻身下馬，拜倒城下。文叔好不驚奇，仔細一看，來者不是別人，正是那北道主人耿弇，文叔大喜，連忙大開城門歡迎耿弇。這耿弇是從何而來呢？

原來耿弇自從在薊城被衝散，他獨自回到上谷。見了他父親耿況，備說大司馬劉秀如何尊賢下士，勸他父親輔佐劉秀共滅王郎。耿況便遣功曹寇恂持束往邀漁陽太守彭寵，寵亦欣然同意。即發突騎❷二千，步兵一千人，著安樂令吳漢，獲軍蓋延，狐奴令王梁，三將率領，與上谷兵會合。耿況亦派遣耿弇、寇恂與上谷長史景丹，一共是六員大將，率領著兩郡兵馬，浩蕩南下。這突騎是北邊精兵，素稱天下無敵。一戰而攻破薊城，殺死王郎大將趙閎。以破竹之勢，接連攻下了涿郡❸、中山、鉅鹿❸、清河❸、

---

❷　今河北定縣。

❸　今河北高邑。

❸　今河北隆堯。

❷　北邊鐵騎，善於衝鋒突圍，謂之突騎。

河間㊱等二十二縣之地，殺死王郎大將九卿校尉以下三萬餘人，一路掃蕩到了廣阿，來謁見大司馬。文叔看那兵馬個個強壯，那六員大將，更是生龍活虎一般，好不興奮，笑道：「我天天在夢想漁陽上谷之兵，今天可真的被我想到了！」遂拜景丹、寇恂、耿弇、蓋延、吳漢、王梁皆為偏將軍，封列侯。人在失意之時，好像敗葉遭秋風；得意之時，有如蛟龍獲雲雨。這時劉文叔，真是四方際會，八面威風。更始皇帝亦遣尚書令謝躬，率六將軍之兵，來討王郎。遂與文叔大兵合攻鉅鹿。王郎將王饒堅守鉅鹿，王郎復遣將倪宏、劉奉將兵數萬人增援。景丹等縱上谷突騎邀擊之，宏等大敗而走，斬首數千級。文叔站在高處，看那突騎縱橫無阻，所向披靡，撫掌道：「我久聞突騎，乃是天下精兵，今日一見，名不虛傳。」文叔與謝躬久攻鉅鹿不下，耿純勸道：「久攻鉅鹿，士卒疲憊，何如集中兵力，往擊邯鄲。若得王郎，則鉅鹿不攻自下。」文叔稱是。遂留將軍鄧滿在鉅鹿，自率大兵，集中全力，攻打邯鄲。王郎果然支持不住，遣其諫大夫杜威來謁見文叔議降，杜威為王郎說情，力稱王郎確是成帝遺體。文叔忿道：「今天的局面，即便是成帝復生，天下亦不可得，何況是詐！」杜威又為王郎請求萬戶侯，文叔說：「我最多饒他一條活命！」杜威一怒而去，談判不成，文叔加緊攻打。圍攻了二十幾天，在更始二年五月甲辰，王郎的少傅李立開城投降，文叔乃攻拔了邯鄲。王郎亡命出走，為王霸追殺，劉林亦死。邯鄲既克，鉅鹿隨降。文叔進了邯鄲，在王郎宮中，搜得了過去部下和王郎私相往來的書信有好幾千件。文叔全不查看，拿來當著眾人一把火，統統燒掉，於是人心皆安。然後召集將士論勳行賞。諸將紛紛各自誇功，唯有一人獨坐在大樹之下，一聲不響，大家看時，乃是馮異，人們乃給馮異一個綽號，稱他做大樹將軍。文叔在河北所收撫的軍隊，系統複雜，這時軍事告一段落，重新整編。一班下級幹部都自動要求，願隸屬於大樹將軍

㉝　今河北涿縣。
㉞　今河北平鄉。
㉟　今河北清河。
㊱　今河北河間縣西南。

麾下，因此文叔對於馮異更加推重。

更始皇帝聽說劉秀滅了王郎，平定河北，亦驚亦喜。特遣使者降旨，策封劉秀為蕭王，並徵蕭王與有功諸將，一齊入朝。另派苗曾為幽州牧；派韋順為上谷太守，代替耿況；派蔡充為漁陽太守，代替彭寵，這正是更始削奪諸將兵權之計。文叔奉旨，左右為難，那天睡在邯鄲宮溫明殿裡，心中正在盤算。忽見耿弇悄悄進來，逕走到御榻之旁，低聲奏請屏退左右。文叔忙問：「何事？」耿弇道：「士卒死傷太多，請蕭王頒命，前往上谷，增調兵馬。」文叔道：「王郎已破，河北已平，還要調兵作什麼？」耿弇道：「王郎雖破，天下兵革方始耳！今使者從西方來，徵大王入朝，這斷不可聽。目前東方銅馬赤眉之眾數十萬，必須大王收拾，此非聖公所能辦；臣料聖公的失敗，已為時不久！」文叔從床上悚然坐起道：「你何得出此妄言，不怕斬首嗎？」耿弇叩頭道：「臣幸蒙大王厚愛，有如父子，故敢披赤心以報大王！」文叔笑道：「適才我乃戲言！你儘管說來！」耿弇乃道：「百姓久恨王莽，思念劉氏，初聞漢室起兵，無不歡喜，如去虎口而歸慈母。今更始為天子，諸將擅命於山東，貴戚縱橫於都內。聞說百姓灰心，又思王莽，故臣料聖公必敗。大王起事南陽，破王莽百萬之眾，今定河北，據天府之地，以大義征伐，為眾望所歸。只要大王振臂一呼，天下可以傳檄而定。夫神器至重，時機難得，大王若不自取，必為他人所得；則後悔晚矣！」文叔聽了，連連點頭。即婉言謝絕了更始，說河北未定，不能就徵。文叔從此與更始脫離。

王郎雖滅，在大河南北，仍然土匪如毛。赤眉已流竄到潁川；在東方群盜還有銅馬、大肜、高湖、重連、鐵脛、大搶、尤來、上江、青犢、五校、五幡、五樓、富平、獲索等，或以山川土地為名，或以軍容強盛為號。那名目繁多，不勝列舉，其中以銅馬聲勢最大。劉文叔採納了耿弇的建議，決志要徹底掃滅群賊。便派吳漢協同耿弇前往北方調兵，拜吳漢、耿弇皆為大將軍，令持節發幽州十郡❸❼突騎。他兩人到了幽州，更始所委之幽州牧苗曾按兵不遣。吳漢乃設計誘殺苗曾，耿弇亦誘殺了韋順、蔡充，於是

❸❼ 十郡為涿郡、廣陽、代郡、上谷、漁陽、右北平、遼西、遼東、玄菟、樂浪。

盡發幽州之兵南下。文叔另以偏將軍沛國人朱浮，代苗曾為大將軍幽州牧，治薊城。文叔得了幽州的生力軍，即大舉進剿銅馬，銅馬敗走，追擊於館陶❸，大破之。高湖、重連從東南來，又與銅馬餘眾相合。文叔復與大戰於蒲陽，銅馬等大敗，一齊投降。文叔悉封其帥，皆為列侯。這些新附的土匪，皆不自安；官兵對於他們也不放心。可是數目比官兵還多，無法控制。文叔乃叫他們各自還營，自己騎著馬，輕裝簡從，到各賊營之中，一一慰撫，有如家人父子一般。把這一班強盜，都感動得流淚，說道：「蕭王推赤心於人之腹中，那能不為效死！」大家都死心塌地地歸順了劉秀。文叔隨後把這些降賊，分別編配到部隊之中。一時蕭王有眾數十萬；關西人稱為「銅馬帝」。文叔更向東進剿青犢、上江、大彤、鐵脛、五幡群賊，大破其眾十餘萬於野王射犬。殘匪散走，文叔跟蹤追擊，追到河內❹ 地方，更始所委河內太守韓歆乘勢歸順。前守宛城的棘陽人岑彭，投降更始後隨韓歆在河內，這時也一同來歸。文叔深愛岑彭為人忠勇，拜為刺姦大將軍，使督察眾營。更始的尚書令謝躬自協助文叔滅王郎後，駐兵在鄴城。文叔乘其不備，暗遣吳漢與岑彭潛襲鄴城，殺死謝躬，收降其眾。於是更始在河北的勢力，全被文叔解決，文叔與更始的君臣關係，已完全破裂，一變而為敵對的狀態了。那時四方殘破，唯有河內未遭兵燹，戶口殷實，地方富庶；是縐轂南北東西的一個經濟軍事中心。須有一智勇雙全之士，守此重鎮。鄧禹遂向文叔推舉寇恂，說道：「寇恂文武兼備，有牧人禦眾之才，足當河內之任。」文叔乃拜寇恂為河內太守行大將軍事，分付寇恂道：「昔年高祖皇帝，任蕭何以關中，遂無西顧之憂，得專力山東，卒成大業。我今委公以河內，當足給軍糧，督厲士卒，勿令南兵北渡而已。」又拜馮異為孟津將軍，統領魏郡河內之兵，協助寇恂。原來河內的對岸，就是洛陽。那時更始的大司馬朱鮪與李軼及河南太守武勃，擁兵三十萬，坐鎮在洛陽。寇恂果然不辱使命，到了河內郡，即嚴令所屬各縣，明申法紀，講兵習武。收民間乘騎，養戰馬二千匹；採淇園之竹，造利箭百餘萬。又徵得租稅四

---

❸　今山東館陶。

❹　今河南黃河北岸昔稱河內，漢河內郡治在今武陟。

百萬戶，轉給軍食。他一面供應前方，一面防禦河南，使劉文叔能夠從容收拾東方，建立帝業，正是寇恂之功。

劉文叔聞說赤眉從潁川分為兩股，攻陷長社陽翟，由武關陸渾關進入關中。文叔料更始抵擋赤眉不住，長安必陷，這正是規取關西統一國內的好機會，只是東方未靖，無法分身。便拜鄧禹為前將軍，授以西討方略，分麾下精兵兩萬，歸鄧禹節制。鄧禹即聘韓歆為軍師，李文、李春、程慮為祭酒，率領馮愔、樊崇（與赤眉樊崇同名）、宗歆、鄧尋、耿訢、左于等六員大將西行。文叔親自送到野王，再三叮嚀而別。然後扭轉回頭，繼續剿匪。進討尤來大搶等於常山元氏縣，一直追趕到右北平。賊向西北逃走，文叔坐鎮薊城，令耿弇、吳漢、景丹、蓋延等十三員大將，窮追至平谷，大破之，斬首萬三千餘級。殘眾散走遼東遼西，被烏桓貊人掠殺殆盡。東北流賊，乃完全肅清，文叔遂由薊城回到中山。聽說更始果被赤眉所敗，長安情況不明。這時天下的形勢，業已分曉。諸將紛紛勸文叔稱帝，文叔不聽。這天走到南平棘縣，諸將又來勸進，被文叔斥退。耿純進謁道：「天下士大夫所以捐親戚、棄故鄉，從大王於矢石之間者，那個不是為了攀龍附鳳，想得尺寸之功。今大王一再謙讓，不正大號，誠恐士大夫絕望，則有歸去之思。時機一去，不可復得，人心一散，不可復合。」文叔聽他說得懇切，便道：「你且下去，待我思之。」一路考慮，到了鄗縣，忽有幼時同學儒生彊華從關中來，帶來讖語〈赤伏符〉，其辭曰：

劉秀發兵捕不道，四夷雲集龍鬥野，四七之際火為主。

算了算，從高祖皇帝建國，到劉秀起兵舂陵的時候，是二百二十八年，其零餘正合四七之數。於是群臣高呼萬歲，說天意人心，不可再拒了。文叔實在推卻不過，即命有司設壇場於鄗南千秋亭五成陌，於六月己未之日，燔燎告天，即皇帝位。改元建武，大赦天下，這就是復興漢業的光武皇帝。文叔當年，羨慕執金吾而不可得；那曉得時運逼人，不由自主的一步步竟做到了當朝天子，在他自己也是意想不到之事。清人吳梅村有四句詩，說得好：

雷雨昆陽戰，風雲〈赤伏符〉；始知銅馬帝，遠勝執金吾。

卻說當文叔在薊城中山剿匪之時，寇恂、馮異在河內，朱鮪、李軼在洛陽，雙方隔河對峙。李軼原本是文叔好友，同謀起義；不料後來阿附更始，竟與文叔兄弟失和。馮異與李軼亦有舊交，深知其中原委。便致書李軼，說以禍福利害，勸他回頭。李軼復書曰：「軼本與蕭王首謀造漢。今軼守洛陽，將軍鎮孟津，俱據機軸，千載一會，思成斷金。唯深達蕭王，願進愚策，以佐國安民。」李軼自與馮異通書，就保持了騎牆的態度；一任北軍的發展，他總是按兵不動。馮異乃得進取上黨，攻下成皋以東十三縣，並擊殺河南太守武勃。馮異心喜，將李軼書信密奏光武帝。不料光武復信說：「季文多詐，不可相信；凡事還要小心！」並故意將消息散布，傳到洛陽。朱鮪大怒，使人將李軼刺死，因之洛陽城中人心離散。朱鮪遣大將蘇茂、賈彊，將兵三萬，渡河襲擊溫縣❹，為馮異、寇恂所敗。異、恂乘勝渡河追擊，繞洛陽城一匝而去。從此洛陽恐慌，城門晝閉，時在建武元年五月。到了六月，光武即位。七月拜鄧禹、王梁、吳漢，為大司徒、大司空、大司馬。八月車駕進幸河陽❹，遣大司馬吳漢、大司空王梁、孟津將軍馮異，與祭遵、王霸、朱祐、萬脩、賈復、劉植、堅鐔、侯進等十一員大將，率領大軍，圍攻洛陽。朱鮪拼命死守，攻打了兩個多月，攻打不下。光武知道岑彭曾為朱鮪之部下，與鮪有舊，因遣彭往說朱鮪歸降。岑彭奉命來到洛陽城下，求見朱鮪，鮪登城相見。岑彭因勸朱鮪道：「彭往昔得執鞭侍從，蒙薦舉拔擢，常想有以報恩。如今赤眉已陷長安，更始生死不明。皇帝受命，平定燕趙，盡有幽冀之地，百姓歸心，賢俊雲集，現親率大兵來攻洛陽。天下大勢已去，不知我公尚為誰人守城？」朱鮪嘆道：「足下有所不知，大司徒被害之時，鮪實與其謀。更始遣蕭王赴河北，鮪又勸阻。自知罪過深重，不敢出降。」岑彭聽了，便將這話回報光武。光武慨然道：「夫建大事者，不記小怨。如果朱鮪肯降，豈單不加誅罰，

❹　今河南溫縣西。
❹　今河南孟縣。

我還要保他的官爵。」因指黃河發誓道:「河水在此,我不食言!」第二天,岑彭又如命去報知朱鮪。朱鮪恐怕有詐,不敢相信。便叫人從城頭上,放下一條繩索,對岑彭道:「如果你所說是實,可攀繩上城來,我們仔細商量。」岑彭即走近城邊,握住繩索,便要上城。朱鮪見他確是誠意,便令岑彭回去,待五日後,準來投降。過了五天,朱鮪獨自出城,先到岑彭的帳下,叫岑彭引領,自縛來謁光武。光武見了朱鮪,慌忙上前,為他解了繩索,好言撫慰一番。仍叫岑彭陪同朱鮪回城,去收撫城中將士。於是朱鮪回城,率領城中全體將士歸降,拜朱鮪為平狄將軍,封扶溝侯。冬十月癸丑,光武皇帝車駕進入洛陽,遂以洛陽為國都,是為東漢之始。

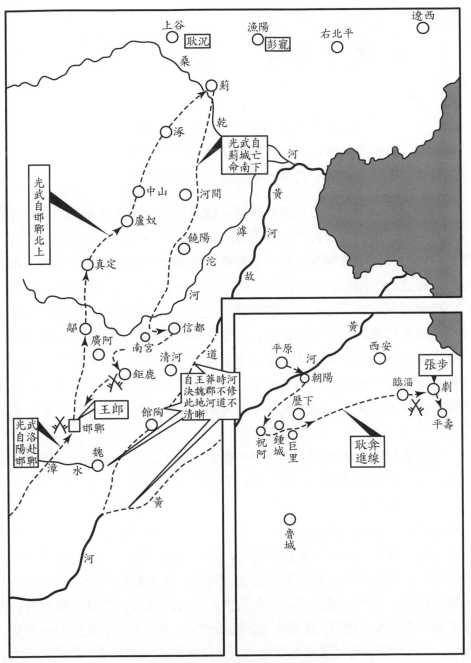

光武定難河北與耿弇討張步圖

第十九講　光武中興㈡

畿輔喋血　宜陽收虜　馮異入關
彭寵襲薊　掃蕩江淮　收降張步
隴右興師　蜀中鏖戰　河西歸命

新舊過渡的時代，必然還要經過一段紛爭攘奪，所謂豪傑四起，群雄逐鹿。這是一場智力的角鬥，政治的比賽，也是一場最公平的民意選擇。那一個最贏得民心支持的，那一個獲得最後成功，這成了歷史上的一個公例。王莽政權的沒落，更始代之而起，原可收拾天下，可是因為他喪失民心，政權得而復失，使天下陷於再度紛擾。當光武稱帝河北的時候，公孫述也稱帝於成都，和關中的更始，三個皇帝同時鼎立。此外割據稱雄的，有李憲據淮南，劉永據睢陽，董憲據東海，張步據琅邪，秦豐據黎丘，田戎據夷陵，比王莽的末年還要混亂。這一場群雄角鬥，究竟誰成誰敗，誰獲得人民最後的擁護，說來真是千頭萬緒，我們便先從關中的更始皇帝講起。

當更始皇帝定都長安之初，四方響應，關中豪傑紛紛歸命。那時西方實力最大的莫過於隗囂。更始二年，朝廷特詔徵隗囂、隗崔、隗義等一同入朝。隗氏起兵原為的是輔佐漢室，現在漢朝復辟當然要奉旨聽命。可是隗囂的軍師方望，獨持異議，他認為在沒有看清楚長安的情勢之前，不可冒昧東行，囂等不聽。及至到了長安，更始拜隗囂為右將軍，隗崔、隗義各仍舊封，把他三人一齊軟禁在長安。隗崔、隗義看長安的局面渾沌，更始荒於酒色，群將擅權用事，大失所望，乃密謀造反，打算推翻更始。事機不密，外面傳出風聲，隗囂害怕，恐受連累，竟行自首。更始乃將隗崔、隗義，拿下斬首，而拜隗囂為御史大夫。方望聞說崔義被害，和他的朋友，安陵人弓林商議道：「更始昏瞶無道，一定失敗。前定安公劉嬰，是漢宣

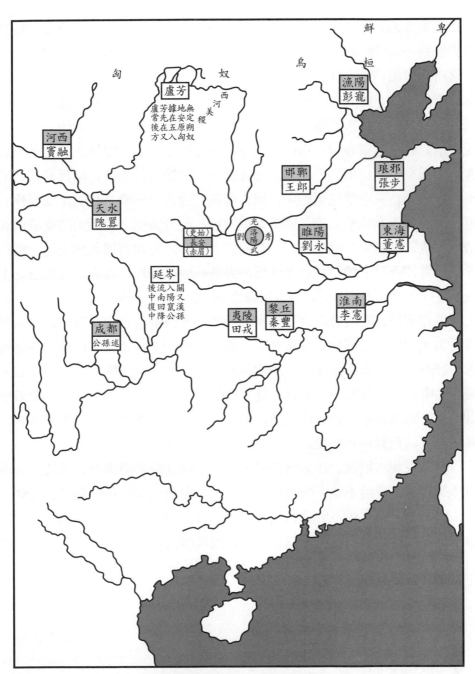

鮮卑
烏桓
匈奴
西河
美稷

盧芳
盧芳據地無
常先在安定
後在五原朔
方又入匈奴

河西
竇融

漁陽
彭寵

琅邪
張步

天水
隗囂

邯鄲
王郎

光
洛陽
劉
武

秀

（更始）
長安
（赤眉）

睢陽
劉永

東海
董憲

延岑
後流入關又
中南陽回竇漢
中降公孫

成都
公孫述

夷陵
田戎

黎丘
秦豐

淮南
李憲

更始建武之際群雄割據圖

帝的嫡親骨血，何不尊為漢主，共定大業。」計議停當，派人設法到長安
將劉嬰找著，秘密地帶往西方。就在臨涇地方，奉立為天子，聚眾數千人。
方望自為丞相，弓林為大司馬。更始聞訊，即遣丞相李松與討難將軍蘇茂，
率兵擊破方望，將方望、弓林等一齊殺死。隗崔、方望之亂，雖未成事，
然而長安城中，謠言孔熾，士眾猜疑，從此人心不穩，這是更始三年正月
的事情。就在這個時候，赤眉和鄧禹，一從河之南，一從河之北，兩路殺
奔關中而來。先說那鄧禹，奉了光武之命，率領六員大將，兩萬精兵，從
河內郡出發。一路擊破更始所置河東都尉，攻入箕關❶，打到了安邑❷。
更始聽說劉秀在河北叛變，鄧禹兵至安邑，大為驚慌。忙派大將樊參前往
堵攔，被鄧禹邀擊於解❸南，一戰殺死了樊參。更始再遣大將王匡、成丹
與劉均等，合兵十餘萬，共擊鄧禹，先勝後敗。劉均、楊寶被俘斬首，王
匡、成丹亡命而走，鄧禹遂盡得河東之地。建武元年（即更始三年）六月，
光武即位鄗城，聞說鄧禹攻下河東。即遣使者持節赴河東，秋七月辛未拜
鄧禹為大司徒，封酇侯，食邑萬戶。那時鄧禹，年紀才二十四歲，少年得
志，好不風光。鄧禹乘勝，從汾陰渡河，到了渭北夏陽❹。時赤眉已經入
關，關中大亂，百姓不知所從，見鄧禹的軍紀嚴明，都望風來歸，降者日
以千數。鄧禹到處，輒停車駐節，慰問人民疾苦。父老童穉，垂髮戴白，
滿於車下，百姓無不感悅。

　　回頭來說赤眉賊，在更始二年冬天，就從武關與陸渾關，兩道竄入關
中。地方將士攔擋不住，赤眉長驅直入。於更始三年正月，到了弘農❺地
方。更始遣丞相李松，將兵迎戰於蓩鄉，為赤眉所敗，死了三萬多人。那
赤眉賊，緣途裹脅，像滾雪球的一般，越滾越大，越聚越多。到了華陰❻

---

❶　今山西垣曲和河南濟源間。
❷　今山西夏縣安邑間。
❸　今山西臨晉縣南。
❹　今陝西韓城。
❺　今河南靈寶縣北。
❻　今陝西華陰。

時，有眾三十營，每營一萬人，聲勢十分浩大。可是並無組織，乃一群烏合之眾。這時方望的弟弟方陽，亡命來投赤眉。便勸說赤眉的首領樊崇等道：「將軍擁百萬之眾，眼看就要攻下皇都，沒有名義，怎成大事。也應當尊立一位宗室，則名正言順，誰敢不服。」樊崇等也以為是。赤眉迷信鬼神，在軍中常供奉城陽景王以求福❼，這一天齊巫降神跳躍作景王語道：「我子孫當做天子，不能做強盜！」這恰巧與方陽的建議相合，大家便商議擁立景王之後。一時在軍中找到景王的後裔七十多人，其中唯有三個人是近支，一個是前西安侯劉孝，一個名叫劉茂，另一個是劉茂的弟弟劉盆子。於是在鄭❽城北郊，搭起一座臺子，臺上供奉著城陽景王的神位，諸將環列臺下。叫劉孝等三人，依次站在神位前，默默禱告。神前放了一個竹筒，筒裡放了三塊小木簡。叫劉氏三兄弟，順著年齡的次序探取木簡。劉孝，劉茂，先拿到的卻是空簡。唯有盆子年幼，最後拿到的一片木簡，上面赫然寫著上將軍❾三個字，於是諸將向前頓首稱臣，三軍齊呼萬歲。

　　這劉盆子年方十五歲，乃是泰山式城人。祖父劉憲，漢元帝時封為式侯，父萌嗣封，到王莽時除國。劉萌所生盆子等兄弟三人，長兄劉恭，次兄劉茂。他們雖是宗室世家，家道業已中落，況逢亂世，兄弟之中，只有劉恭一人讀書知禮。當赤眉起兵時，經過式城，把他們兄弟三人一齊虜走，就跟著赤眉流竄。樊崇等曾一度往洛陽謁見更始，劉恭隨同前往。更始看劉恭是宗室本家，就仍封他為式侯，留在朝中，後隨更始到了長安。劉茂和盆子，則一直在赤眉軍中。盆子被派在右校卒吏劉俠卿跟前當一名勤務，平時俠卿叫他牧牛。這孩子遭逢離亂，自幼失學，日與牧豎為伍，蓬頭赤足，敝衣垢面。這日大家忽然把他擁到臺上，像耍猴戲的一般，弄得他莫名其妙。及至看見臺下萬頭攢動，向他攘臂高呼，嚇得他從臺上跳下來，就要逃命。被他哥哥劉茂一把抱住，看見他手裡還拿著那塊小木簡，就囑

---

❼　城陽景王即朱虛侯劉章，章誅諸呂有功漢室，在齊地多建有城陽景王廟，人民多祠景王。這是當時的一種風氣。

❽　今陝西華縣。

❾　古者稱天子將兵為上將軍。

付道：「這是天子符命，你要好生藏起！」盆子不聽則已，聽了，恨得他把那塊木片放到嘴裡咬成了兩片，摔在地下。還是劉俠卿過來，將盆子摟在懷中，好好勸慰了一番。到了第二天，俠卿為他作了一身皇帝的御服，那服裝也真古怪，一色的大紅袍，頭上戴著一頂赤幘。活像一個小火神菩薩，坐在一輛軒車之中，車前套著兩個高頭大馬，招搖過市。逗得一群牧童，跟在車後，拍手嚷道：「你們來看，那裡面坐著的不是劉盆子嗎！」盆子稱帝之後，眾推徐宣為丞相，樊崇為御史大夫，逢安為左大司馬，謝祿為右大司馬，草草完成一個朝廷的組織。

　　赤眉擁立了盆子，便麾軍直取長安。這時鄧禹的先鋒也到了馮翊衙城❿，距長安不到二百里。長安陷入了南北夾攻之境，朝野上下，慌成了一片。王匡、成丹才從河東逃回，更始又派他二人同大司馬趙萌、將軍陳牧，率兵速赴新豐，去堵截赤眉。遣丞相李松，將兵守住掫城，防護長安。城中張卬、廖湛、胡殷、申屠建諸將，見大勢已去，勸更始放棄長安，更始不聽，張卬等便與隗囂合謀，打算劫持更始。事被更始得知，乃假託有病，宣詔張卬等入宮。那天隗囂沒到，張卬、廖湛、胡殷、申屠建四人進得宮來，發覺有異，張卬、廖湛、胡殷急忙退出。唯有申屠建一步走遲，被砍死在宮中。同時更始派遣執金吾鄧曄，帶兵圍住御史府，捉拿隗囂。隗囂閉門抵抗，到黃昏時分，奪門出走，直逃奔天水去了。這裡張卬、廖湛、胡殷等，糾合士卒，殺進皇宮，要為申屠建報仇。更始帶領妻子車騎一百多人，倉皇逃出皇宮，離開長安，去往新豐投奔趙萌。到了新豐軍中，見王匡、陳牧、成丹等神色可疑，恐怕他們與張卬同謀，趁其不備，就帳中斬了陳牧、成丹。王匡脫走，引兵回奔長安，與張卬、廖湛、胡殷等合夥在一起。唯有李松效忠更始，從掫城⓫帶兵前來保駕。與趙萌合力反攻長安，就在長安城下，火併起來。混戰了一個多月，終於把王匡、張卬等打走，更始皇帝重又回歸長安。那知王匡、張卬一怒之下，率兵投降了赤眉，就引導赤眉來圍攻長安。李松出城迎戰，兵敗被俘。松弟城門校尉李

---

❿　　今陝西白水縣南。

⓫　　《續漢志》曰：「新豐有鴻門亭」，掫城即此也。

汜，開城迎降。那赤眉群賊，像潮水一般，湧進了長安。更始趁紛亂之際，又逃走出城，躲往高陵傳舍。赤眉進得長安，宣稱：「劉聖公如在二十天之內，前來投降，封為長沙王，過時不受。」更始無路可走，只得遣盆子之兄式侯劉恭，來見赤眉請降。赤眉應允，著右大司馬謝祿，隨同劉恭，將更始帶回長安。這一天，在長樂宮中舉行受降之禮。盆子坐在當中，赤眉諸將環列左右。更始肉袒登殿，雙手獻上璽綬，俯伏聽命，只聽殿上諸將大喊說：「將劉玄推出砍了！」嚇得劉玄面色如土，多虧得劉恭與謝祿苦苦求情，說：「朝廷既有命在先，不可失信。」樊崇等總算看在盆子哥哥的面上，饒了劉玄不死，如約封做長沙王，卻交給謝祿嚴密監視。

　　赤眉這群土匪，雖奉了盆子為主，他們那把這個小皇帝放在眼裡。盆子雖然住在長樂宮中，倒不如做牧童時來得自由。每逢上朝之日，諸將爭功，吵鬧不休，弄得盆子苦不堪言。地方上有入都進貢的，走在半路上，就被赤眉將士搶奪一空。這些赤眉賊，毫無秩序，成群結隊，出入民家，姦淫搶掠，無所不為。嚇得城裡的老百姓，都關門閉戶，鄉下的老百姓，都躲在碉堡裡不敢出頭。會逢十二月臘祭之日，樊崇等特召集滿朝百官將士，在朝堂舉行了一次大規模的宴會。盆子盛裝，高坐正殿之上。黃門郎持兵器在後，公卿百官依次坐定。侍御們斟上酒來，正待舉杯。赤眉群賊，大都目不識丁。這其中有一人略知文墨，逢此盛會，他想賣弄一番，出個風頭。從身邊掏出刀筆，在木簡上寫了謁辭，出班致賀。旁邊的人，看了不服氣，爭著上前，要那人代為書謁。紛紛離席，一時秩序大亂。大司農楊音，按劍呵斥道：「今正行君臣大禮，那個亂位，捉來砍頭！」話沒說完，旁邊有人罵道：「你是什麼東西，配來管我！」彼此拔出刀劍，就庭上格鬥起來。門外的人乘亂一齊闖進來，搶取酒肉，朝堂之上鬧得一塌糊塗。衛尉諸葛稚，帶領禁軍來彈壓，當場格殺了一百多人，秩序才定。只見屍首縱橫，血流滿地。嚇得劉盆子縮做了一團，因驚嚇成疾，日夜啼哭不止。掖庭裡還有幾百個宮女，自從赤眉入長安，躲在深宮裡不敢露面，把宮門反鎖起來，在裡面掘草根捕池魚充饑，後來一齊活活的餓死在宮中。最苦的，是長安一帶的人民，他們最初受王莽的苛虐，都思念漢朝。好容易盼

來更始皇帝，以為可以與民更始了，結果大失所望，甚至還不如王莽。及至赤眉進了長安，更加橫暴，慘無人理，老百姓又思念起更始皇帝，真是一代不如一代。這時就有人暗地裡鼓動革命，想要擁護更始，推翻赤眉。事為張卬等所聞，督令謝祿將更始縊殺。可憐更始皇帝劉聖公，做了不到三年的皇帝，就死於非命。後來光武追諡聖公為淮陽王。

自從更始覆亡，赤眉竊據，造成關中第三度的大紛亂。促成西北隗囂、竇融，與盧芳的三雄割據。隗囂從長安亡命，逃回天水。天水是他的老本營，到了那裡，收拾舊部，招攬豪傑。三輔士大夫為赤眉所逼，都紛紛西走，於是隗囂獲得了不少人才。以前平河大尹長安谷恭，為掌野大夫，平陵范逡為師友，趙秉蘇衡鄭興為祭酒，申屠剛、杜林為持書，馬援、楊廣、王遵、周宗、行巡、王捷等為大將軍，安陵人班彪為幕客。班彪字叔皮，廣平太守班稚之子，熟讀經史，博學能文，時年僅二十餘歲，避難在天水，遂受隗囂之聘。隗囂得到這般輔佐，威震西土，聲聞山東。天水之西，就是漢河西四郡之地，那是中國西方的門戶。在張掖屬國有一個都尉，姓竇名融字周公，扶風平陵人。他是漢文帝竇皇后弟章武侯竇廣國的七世孫。他的高祖父嘗為張掖太守，從祖父嘗為護羌校尉，從弟嘗為武威太守，累世仕宦河西，熟識河西的風土人情。張掖屬國有精兵萬騎，是西方一個軍事重鎮。竇融與酒泉太守梁統、金城太守厙鈞、張掖都尉史苞、酒泉都尉竺曾、敦煌都尉辛肜，幾人深相結納。當更始敗亡，關中混亂，竇融和梁統等密議道：「河西一帶，鄰近羌胡，現在中原紛亂，交通隔絕。如不同心協力，不能自保。若要團結，最好共推一人為首領，統轄五郡之地，以觀時待變。」大家一致贊同，就公推竇融行河西五郡大將軍事。時武威太守馬期，與張掖太守任仲，孤立無黨，為融等所逼，皆解印而去。於是梁統自為武威太守、史苞自為張掖太守、竺曾自為酒泉太守、辛肜自為敦煌太守。融以大將軍自兼張掖屬國，置從事監察五郡。河西民俗質樸，而融等政治寬和，休養生息，上下相安，在那個兵荒馬亂的時代，也自成一個小天地。在河西之東，天水之北，是安定郡❶❷地方。在安定郡三水縣，有

---

❶❷ 西漢治今寧夏固原，東漢移治今甘肅鎮原。

一人姓盧名芳字君期，居住在三水左谷城。王莽末年，人心思漢，到處起義的都打著劉氏宗室的旗號。盧芳異想天開，竟自稱是漢武帝的曾孫，改名劉文伯。他說他的曾祖母是匈奴谷蠡渾邪王的姊姊，當年被霍去病所虜，承蒙武帝恩幸，生下三個兒子。長、次皆死，剩下三子名回卿，後遭巫蠱之亂逃居在左谷城，更姓盧氏，傳了三代到文伯。他這番話，究竟有無根據，我們無法考證。但由於他這段自我介紹，不僅拉上了漢家的關係，而且拉上了匈奴的關係。恰好安定地處胡漢之間，可以左右逢源，他真是既能適應時代的潮流，又能應付環境的趨勢，所以他在西北成了一個特殊勢力。在王莽末年，他煽動三水屬國的羌胡，共同起義。更始入關，拜芳為騎都尉，使鎮撫安定一帶。到了更始敗亡，三水一帶胡漢人士，共尊盧芳為上將軍，稱西平王。南與西羌，北與匈奴結和親。匈奴單于聽說盧芳是他們的外孫，便遣句林王將兵策立盧芳為漢帝，仿照當年漢朝策立呼韓邪的故事。從此盧芳與匈奴保持密切連繫，進退有據。他和隗囂、竇融，鼎足而為西北三大政權。

　　放下西北三雄不談，且說赤眉在長安的情形，一天壞似一天。式侯劉恭是個有見識的人。他看赤眉早晚必要失敗，暗中勸他兄弟盆子趕快設法退位，教導了他一番言語。適逢建武二年正月元旦，元旦朝會，是個最隆重的典禮。那天，樊崇等率領百官上朝，謁賀既畢。劉恭忽然走出班來，拱手道：「承蒙諸公厚愛，立恭弟為帝。一年以來，毫無建樹，誠恐上誤國家下害黎民，願得退為庶人，更立賢君，則社稷幸甚！」樊崇等謝道：「此皆崇等之罪，非聖上之過！」恭一再懇求不已，崇等怒道：「這是皇帝自己的事情，與你何干！」劉恭只得退下。這時盆子猛地想起他哥哥的囑付，即走下御床，從身上解下印綬，雙膝跪倒在地，說道：「你們要我做皇帝，大家好做官，為的是體面。現在你們還是當強盜，叫百姓罵我，我有什麼辦法。請你們饒了我這條小命，如若不然，我就死在你們的面前！」說罷，用頭搶地，放聲大哭。樊崇等惶恐起來，一齊避席頓首，謝罪道：「都是臣等無狀，有負陛下，自今以後，再不敢放縱了！」前面的幾位大臣，共將盆子抱起，替他掛上了璽綬，盆子還是號跳不已。這元旦盛會，

竟不歡而散。諸將各自回營，閉門思過，也自覺慚愧，便都告誡士卒，務守紀律，不得再出外闖禍。一時三輔晏然，逃跑的老百姓都慢慢地回家，市面逐漸恢復繁榮，皆稱天子盛德。那曉得江山好改，秉性難移，過了才二十幾天，赤眉賊的故態復萌。又大肆搶掠燒殺，比以前更變本加厲，嚇得老百姓逃命不迭。為時不久，長安城裡的糧食吃光，百姓跑光，剩下了一座空城。赤眉無法生活，聞說西北地方富庶，乃把金銀珍寶分裝了百十輛大車，就宮中放起一把大火。幾十萬賊兵，丟下長安，架著劉盆子，逕向西北流竄。

卻說大司徒鄧禹，駐兵渭北栒邑❸，當赤眉攻陷長安時，諸將紛請進討赤眉。鄧禹道：「赤眉乘勝而來，其鋒不可當。然而盜賊群居，無終日之計，我料他在長安必不能久。渭北土廣人稀，穀畜豐饒，我等且在此養精蓄銳，待機觀變，保為諸君不血刃而得長安。」果然，赤眉在長安還不到半年，就棄城西竄。於是鄧禹就乘虛南下，收復了西京長安。禹與諸將齋戒修禮，謁祠高廟，收取十一帝神主，送往洛陽。可是長安一帶，滿目淒涼，數百里無人煙，無法屯留。鄧禹引兵與延岑戰於藍田，不克，移軍就食於渭北雲陽❹，長安依然是塊真空地帶。那赤眉群賊向西北前進，進至隴上，與隗囂接觸，被囂將楊廣所破。退到陽城番須❺，遭遇狂風大雪，士卒凍死無算。赤眉乃又回竄長安，緣途發掘皇陵，盜取珍寶，是年九月，赤眉到了長安。在這個時候，從南方漢中，又殺出了兩路兵馬，使長安一帶，陷入大混戰狀態。

在王莽末年，有南鄭人延岑，起兵佔據了漢中，後被光武的族兄大將軍劉嘉擊降。更始都長安時，封劉嘉為漢中王，都南鄭❻，有眾數十萬。至建武二年，延岑叛變，反攻漢中，劉嘉敗走。延岑又轉兵西攻武都❼，

---

❸ 今陝西旬邑。

❹ 今陝西淳化。

❺ 今陝西隴縣北。

❻ 今陝西漢中。

❼ 今甘肅武都。

蜀公孫述遣將侯丹，乘延岑西進，襲取了南鄭。延岑攻武都未下，進退失
據，與劉嘉先後都越過秦嶺，流竄到關中，而漢中之地，遂被公孫述所得。
劉嘉到關中，屯兵在谷口❶；延岑屯兵在杜陵❶，都在長安附近。赤眉分
遣大將逢安往擊延岑，大將廖湛（更始降將）往擊劉嘉，兩路兵馬都打得
大敗，死傷了二十多萬人。逢安逃回，廖湛陣亡。劉嘉在谷口缺糧，亦移
軍就食渭北。劉嘉的妻舅來歙，是光武的表兄，他力勸劉嘉歸順光武。嘉
與光武又是從堂兄弟，遂因來歙來謁鄧禹。禹為奉表洛陽，光武遂拜劉嘉
為千乘太守，封順陽侯；拜來歙為太中大夫。劉嘉這支軍隊就併歸了鄧禹。
鄧禹在渭北，幾次派兵去襲擊赤眉，不料均為赤眉所敗。那時關中兵亂，
人民流離，農作失時，連渭北地方也發生饑饉。鄧禹軍中也感糧荒，兼以
軍事失利，不得進展，士氣日衰。光武知道鄧禹不能平定關中，乃拜馮異
為征西將軍，前往代替鄧禹。而詔徵鄧禹東還曰：「不必與窮寇爭鋒，我
料赤眉無穀，自當東來。我以飽待饑，以逸待勞，折捶笞之，非諸將憂也！」

　　赤眉自隴上敗還，又連遭延岑、劉嘉之敗，精銳死亡殆盡。而長安三
輔一帶，赤地千里，白骨蔽野。偶然有少數的村落鄉民，都築起碉堡，堅
壁清野以自衛。赤眉在關中，陷於絕境，他們又多數是關東人，乃決定放
棄長安，出關回奔山東。這時赤眉之眾還有二十多萬。光武聞聽赤眉果然
東走，撫掌大喜。即遣派破姦將軍侯進，率領一支大兵，伏守在新安❷右
翼；派遣建威大將軍耿弇率領一支大兵，伏守在宜陽❷左翼。布置了一個
袋形陣地，等待赤眉。光武吩咐諸將道：「賊若東走，可引宜陽之兵會新
安；賊若南走，可引新安之兵會宜陽，保管殲滅赤眉。」征西大將軍馮異
先頭出發，行至華陰地方和赤眉遭遇。相持六十餘日，大小數十仗，互有
勝負。鄧禹在渭北，奉召回朝，以未能平定關中，心裡慚愧。想要在卸任
之前，打一次勝仗。乃率同車騎將軍鄧弘，渡河至湖城❷，約馮異共攻赤

---

❶　今陝西醴泉。
❶　今陝西長安縣東南。
❷　今河南新安。
❷　今河南宜陽。

眉。馮異撥調一支人馬，與禹、弘聯合進擊。與赤眉鏖戰了一天，赤眉敗走，緣途遺棄了許多車輛，滿載糧食。鄧禹的士卒饑餓，競前爭取，原來那車上一層穀豆，裡面盡是沙土，竟中了赤眉之計。赤眉趁禹軍行伍錯亂，反撲轉來，又把鄧禹、鄧弘殺得大敗，折失了三千多人。鄧禹剩了二十四騎兵，落荒而走，逃到宜陽，見了天子，慚愧萬分。獻上大司徒與梁侯㉓印綬，光武念其前勛，並未深責。赤眉擊敗鄧禹，乘勝進至崤山腳下。馮異收拾兵馬，重新布署了一番，與赤眉約期再戰。他挑選了一部精兵，都改換服裝，扮做赤眉模樣，預先埋伏在山旁。第二天，從早晨一直殺到黃昏，伏兵盡出，混入陣中。赤眉回見，自己的人互相砍殺起來，一時大亂，全軍崩潰，連降帶死的有八萬多人。樊崇等不敢戀戰，率領殘兵，奪路逃走，走到了宜陽境界。忽見前面，旌旗蔽空，戈矛如林，漫山遍野，都是漢軍。原來光武皇帝親率六軍，在此等待。赤眉已經喪膽，不敢抵抗，便遣劉恭乞降。劉恭來漢營謁見光武道:「盆子將百萬之眾，以降陛下，陛下何以待之?」光武笑曰:「待你等以不死耳。」劉恭回營覆命。樊崇無可奈何，只得奉盆子及丞相徐宣以下三十餘人，肉袒出降，並獻上所得傳國玉璽，繳出了兵器甲仗，堆積在宜陽城西，幾與熊耳山齊。赤眉降眾，尚有十幾萬人。光武哀憐這班無知饑民，叫軍中殺豬宰羊，連夜辦飯，給他們吃了一個大飽。時為建武三年，正月丙午。第二日清晨，光武集合三軍，布列在洛水之旁，叫盆子君臣參觀，但見甲兵耀日，士氣如虹。光武顧問盆子樊崇等道:「昨日投降，如若後悔，卿等不妨歸營，部勒士卒，再決一戰，何如?」徐宣等慌忙叩頭道:「臣等出長安東門之日，便已決定歸命聖朝。今日得降，好比去虎口歸慈母，誠歡誠喜，何恨之有!」光武哈哈大笑。即攜樊崇等回到洛陽，為首幾人，各賜宅一區，田二頃。其夏，樊崇、逢安謀反，誅死。盆子後拜滎陽均輸官地，竟以壽終，這是後話不提。卻說征西大將軍馮異，破降赤眉之後，奉命長驅入關。赤眉雖走，而關中群盜割據，其亂如麻。延岑據藍田、王歆據下邽、芳丹據新豐、蔣震據霸

㉒ 今河南陝縣附近。

㉓ 鄧禹初封酇侯，後改封梁侯。

陵、張邯據長安、公孫守據長陵、楊周據谷口、呂鮪據陳倉、角閎據汧、
駱延據盩厔、任良據鄠城、汝章據槐里。擁兵多者數萬，少者數千，而以
延岑勢力最大。馮異轉戰而前，進至上林苑中。延岑聯合張邯、任良，共
拒馮異，為馮異所敗，斬首千餘級。延岑亡走析縣，馮異遣兵一路跟蹤追
擊，降其將蘇臣等八千餘人。延岑被趕出武關，逃往南陽。馮異率兵進入
了長安，關中遍地災荒，黃金一斤，易豆五升。馮異奏明天子，趕派趙匡
將兵押運了大批糧食入關，救濟軍民。於是一方撫恤百姓，一方剿除盜匪，
弔民伐罪，恩威並施，非止一日，到了建武四年時，群盜或死或降，或逃
或散，關中才完全平定。百姓無不歡喜，號稱馮異為咸陽王。

　　漢光武帝劉秀，平河北、定關中、降銅馬、滅赤眉、收復兩京，該當
統一天下了，可是北自幽冀，南迄江淮，東起齊魯，西到隴蜀，還是群雄
割據，不知幾人稱帝，幾人稱王。可見一個秩序，破壞容易收拾難。我們
看漢光武怎樣來收拾這個分崩離析的局面。

　　我們先從東北方說起。光武靠著漁陽、上谷的兵馬，滅王郎、降銅馬、
平定河北。所以東北漁陽、上谷一帶，是光武的資本，依為重鎮。特派他
的心腹寵臣朱浮為幽州牧，駐兵薊城，統治漁陽、上谷一帶。這漁陽太守，
姓彭名寵字伯通，也是南陽宛城人。父彭宏在漢哀帝時，曾為漁陽太守，
有威名於北邊，後被王莽所害。寵少時為郡吏，在地皇年間，居大司空王
邑幕下。更始起兵，他亡歸漁陽，更始到了洛陽，就拜彭寵為漁陽太守。
後來與上谷太守耿況共發突騎，佐光武平定河北，自負功高，必蒙重賞。
那曉得光武即位之後，他的部下吳漢、王梁，都做了三公，他還是一個太
守。心裡怏怏不平，嘗嘆道：「陛下豈相忘邪！」從此心懷二意。那漁陽地
方，雖是邊疆，未經戰亂，戶口殷實。彭寵乃屯積錢穀，為自強之計。幽
州牧朱浮，是彭寵的頂頭上司，少年得志，意氣豪邁。慕古人養士之風，
廣收人才，置之幕府，安插了許多的閒員。開支自然不夠，就徵發郡縣租
糧，以彌補虧空。彭寵本瞧不起朱浮，認為他的措施乖張，不服從他的命
令。兩人彼此摩擦日深，朱浮乃暗奏，彭寵受賄殺人，聚兵屯穀，意不可
測。光武即詔徵彭寵入朝。彭寵惶恐，料知這必是朱浮的讒害，非常憤慨。

他的妻子是個性情剛愎的人，勸彭寵道：「天下未定，各自稱雄，漁陽的兵馬，天下無敵，你何苦要受別人的氣呢！」這幾句話的煽動，好像火上加油，使彭寵越想越惱。立即舉兵叛變，先來攻打薊城的朱浮。朱浮得訊，就寫了一封非常嚴峻的信，斥責彭寵。這是一篇有名的文章，其辭曰：

蓋聞智者順時而謀，愚者逆理而動，嘗竊悲京城太叔以不知足而無賢輔，卒自棄於鄭也。伯通以名字典郡，有佐命之功，臨人親職，愛惜倉庫，而浮秉征伐之任，欲權時救急，二者皆為國耳。即疑浮相譖，何不詣闕自陳，而為族滅之計乎！朝廷之於伯通，恩亦厚矣，委以大郡，任以威武，事有柱石之寄，情同子孫之親。匹夫媵母，尚能致命一餐，豈有身帶三綬，職典大邦，而不顧恩義，生心外畔者乎！伯通與吏人語，何以為顏？行步拜起，何以為容？坐臥念之，何以為心？引鏡窺影，何施眉目？舉措建功，何以為人？惜乎棄休令之嘉名，造梟鴟之逆謀，捐傳世之慶祚，招破敗之重災，高論堯舜之道，不忍桀紂之性，生為世笑，死為愚鬼，不亦哀乎！伯通與耿俠遊（上谷太守耿況字）俱起佐命，同被國恩。俠遊謙讓，屢有降挹之言；而伯通自伐，以為功高天下。往時遼東有豕，生子白頭，異而獻之，行至河東，見群豕皆白，懷慚而還。若以子之功論於朝廷，則為遼東豕也。今乃愚妄，自比六國。六國之時，其勢各盛，廓土數千里，勝兵將百萬，故能據國相持，多歷年世。今天下幾里，列郡幾城，奈何以區區漁陽而結怨天子？此猶河濱之人捧土以塞孟津，多見其不知量也。方今天下適定，海內願安，士無賢不肖，皆樂立名於世。而伯通獨中風狂走，自捐盛時，內聽驕婦之失計，外信讒邪之諛言，長為群后惡法，永為功臣鑒戒，豈不誤哉！定海內者無私讎，勿以前事自誤，願留意顧老母幼弟。凡舉事無為親厚者所痛，而為見讎者所快。

彭寵見信，越發怒不可遏，催軍加緊攻打薊城。一面分兵進略廣陽右北平，聯絡上谷太守耿況，耿況未從。朱浮向朝廷告急，光武聞變，趕派

游擊將軍鄧隆，往援救薊城。行至中途，被彭寵截擊，大敗而回。這是建武二年春天的事情，到建武三年三月，涿郡太守張豐又反，自稱無上大將軍，和彭寵聯兵共攻朱浮。薊城整整被圍了一年，城中糧食吃盡，支持不住，會逢上谷耿況派來援軍，朱浮乘勢突圍出走，彭寵遂攻下了薊城。並攻下右北平，與上谷數縣。彭寵西與張步合作，北與匈奴勾結，自稱燕王，聲勢大盛。這時光武方用兵江淮，無力北顧，眼看彭寵日益猖獗，心中焦慮。建武四年五月，光武北幸盧奴，準備要御駕親征，時伏湛代鄧禹為司徒，諫曰：「今兗、豫、青、冀，中國之都，盜賊縱橫，尚未從化。漁陽乃是邊外荒郡，何勞陛下舍近務遠，棄易求難。」光武乃改遣建義大將軍朱祐、建威大將軍耿弇、征虜將軍祭遵與驍騎將軍劉喜，先往討伐涿郡的張豐。祭遵引兵急進，掩其不備，一仗而生擒張豐，斬首軍中。祭遵乃進屯良鄉，劉喜進屯陽鄉，相機進攻薊城。張豐死，彭寵勢孤，內部不穩。到了建武五年二月，這一天彭寵在書齋獨臥，被手下的蒼頭所害，連同妻子一齊被殺。彭寵一死，他的部下便開城投降。於是光武皇帝拜扶風人郭伋為漁陽太守，又使光祿大夫樊宏，持節迎上谷太守耿況入都，就留住在京師，賜以田第封為牟平侯，幽州之亂乃平。彭寵計自建武二年二月叛命，歷時三年而亡。

當彭寵抗命幽州之日，正漢光武掃蕩中原之時。原來那時，江淮一帶，比北方還要紊亂。在梁郡睢陽城，有一家宗室，姓劉名永，為梁孝王七世孫，父劉立為王莽所害，更始即位，劉永首詣洛陽謁見，更始封永為梁王，都睢陽❷❹。永以弟劉防為輔國大將軍，弟劉少公為御史大夫。攻下附近濟陰、山陽、沛、楚、淮陽、汝南等二十八座城池。又遣使拜西防❷❺賊帥山陽佼彊為橫行將軍，拜東海賊帥董憲為翼漢大將軍，拜齊郡賊帥張步為輔漢大將軍，連兵割據。光武在洛陽稱帝的時候，劉永亦稱帝於睢陽。兩個朝廷，南北對峙。張步既受劉永的封號，以琅邪❷❻為根據，遣將略地，佔

---

❷❹　今河南商丘。

❷❺　今山東單縣附近。

❷❻　漢琅邪郡治，在今山東諸城。

有齊郡、泰山、東萊、城陽、膠東、北海數郡。劉永的勢力範圍，包括今山東、蘇北、皖北和豫東之地，對於洛陽形成一個半包圍的狀態，成為漢光武最大的威脅。在建武二年夏，光武特遣虎牙大將軍蓋延與將軍蘇茂等，大舉討伐劉永。蓋延身長八尺，彎弓三百斤，勇武絕倫，而性情粗暴。蘇茂原是更始降將，因與蓋延不睦，就在前方叛變，佔據廣樂，投降了劉永。蓋延將睢陽圍困，從四月攻打到八月，把睢陽攻破。劉永亡走出城，適西防佼彊將兵來救，遂與佼彊及部將周建，退保湖陵❷。建武三年四月，光武遣大司馬吳漢，率七將軍之兵，往擊蘇茂於廣樂。蘇茂戰敗，亦逃往湖陵。這時睢陽城內人民忽然叛變，迎接劉永、蘇茂復入睢陽。跟著蓋延、吳漢又率大兵把睢陽包圍，連續攻打了一百天。到三年秋七月，劉永等支持不住，棄城突圍出走。蓋延從後苦苦追趕，永將慶吾料想不能得脫，便殺死劉永，奉首級降漢。劉永雖死，蘇茂、周建逃到垂惠❷，復奉立永子劉紆為梁王，繼續抵抗。佼彊則率兵，回保西防。到了建武四年秋七月，光武駕幸譙城，親自督促捕虜將軍馬武、騎都尉王霸，進攻垂惠。到五年二月，將垂惠攻下，劉紆亡奔佼彊、周建戰死，蘇茂逃往下邳去投董憲。光武遣驃騎大將軍杜茂進攻西防，佼彊兵敗，偕劉紆亦奔下邳，與蘇茂、董憲合兵一起。光武乃遣虎牙將軍蓋延，與平狄將軍龐萌，共討董憲、蘇茂等。龐萌亦是更始部將，投降光武，平時為人很遜順，頗得光武歡心，常稱讚龐萌說：「可以託六尺之孤，寄百里之命者，龐萌是也。」不料龐萌到了前方，亦和蘇茂一般，與蓋延衝突，臨陣叛變。掉轉頭來，反攻蓋延，而與董憲聯合，自稱東平王，屯兵在桃城之北。光武聞訊大怒，對諸將道：「我常以龐萌為社稷之臣，諸臣必將笑我無知，我今天誓捉此老賊，夷其三族！」乃自將大兵，往討龐萌，約各路兵馬，齊集睢陽。董憲聞知光武御駕親征，大軍進迫，乃與劉紆撤兵退守蘭陵❷，使蘇茂、佼彊率兵往助龐萌攻打桃城❸。萌等圍攻桃城不下，光武車駕與所徵吳漢、王常、蓋延、

❷　今山東魚台。
❷　今安徽蒙城。
❷　今山東嶧縣。

王梁、馬武、王霸各路大軍雲集，與桃城守軍內外夾攻，龐萌、蘇茂、佼
彊大敗而走，逃奔董憲。與董憲、劉紆合兵數萬人，扼守蘭陵附近的昌慮❸
城。光武親將諸軍，壓臨昌慮，鏖戰三日，龐萌、董憲等大敗崩潰，佼彊
投降，蘇茂北奔張步。龐萌與董憲東走郯城❸，帝令吳漢追擊，五年八月，
攻下郯城，劉紆為其部下所殺，奉首級來降。董憲龐萌，再亡命朐城❸，
吳漢率兵進圍朐城，董憲拼命死守，朐城久攻不下。暫且放下朐城不提。

　　卻說漢光武於攻下郯城，殺死劉紆之後，劉永父子皆亡，梁境已定，
這時東南就剩下了齊境張步。步據十二郡之地，實力雄厚，光武不敢輕敵。
那時建威大將軍耿弇，方在河北平原富平一帶，討伐獲索流賊，降賊四萬
餘人。捷報傳來，光武深知耿弇善於用兵，便命耿弇率領大軍，乘勝渡河，
去討伐張步。耿弇奉命，遂從朝陽❸濟河。張步聞之，派遣大將軍費邑，
駐兵歷下❸，分兵屯守祝阿❸，太山鐘城一帶，列營數十，布了一道堅強
的防線。耿弇窺破祝阿空虛，便集中兵力，先攻祝阿。僅僅半日，便將祝
阿攻破，故意開圍一角，讓祝阿守兵逃出城去亡奔鐘城，都道耿弇的兵力
厲害。嚇得鐘城人不戰而潰，又都亡奔歷下。費邑弟費敢將兵一支，守在
側翼巨里❸。耿弇下令軍中大脩攻城器具，宣言三日後，進攻巨里。就有
俘虜逃到歷下，報知費邑，費邑至期親將三萬精兵來救巨里。耿弇得知，
不禁撫掌大笑道：「費邑豎子，果中吾誘兵之計！」回顧諸將道：「我因歷
下城堅，難以猝破，故特誘出他的主力，野戰而擒之。」便分兵三千人，
圍攻巨里。自將精兵，埋伏在險要之處等待費邑，一場大戰，三萬大兵全
被耿弇殲滅。就陣中斬下費邑首級，掛在高竿之上，拿到巨里城邊去示眾。

❸　今山東東阿。
❸　今山東滕縣附近。
❸　今山東郯城。
❸　今江蘇東海。
❸　今山東章邱縣西。
❸　今山東濟南。
❸　今山東齊河。
❸　今山東章邱縣西。

城中大驚，紛紛奪門亡命，頃刻攻下巨里。耿弇一連擊潰了四十幾營，麾軍東進。當時張步建都劇城❸，令其弟張藍將精兵二萬屯守西安❹，諸郡太守共合兵一萬餘人屯守在臨淄，兩地相距四十里。耿弇進兵至畫中，在兩城之間。耿弇看西安城小而堅，張藍的兵馬又強。臨淄城池雖大，守軍複雜，兵力空虛，乃採避實就虛，聲東擊西之計。揚言五日之後，會攻西安，張藍聞訊晨夜戒備，不敢分散兵力。耿弇卻連夜進兵，疾馳至臨淄城下，督軍奮戰。不到半天功夫，便將臨淄一座大城攻下。臨淄在劇城之西，西安之東，臨淄一失，張藍恐怕歸路切斷，自動放棄西安，亡歸劇城。耿弇命士卒不得截殺，放張藍逃走，並呼：「不要死張藍，但捉活張步！」張步聞知不禁勃然大怒罵道：「我看小小耿弇，究有多大本領，如此猖狂。想我當年，破尤來大彤十餘萬之眾，有如拾芥，我何怕一耿弇！」便親自率領三弟張藍、張弘、張壽，與故大彤渠帥重異等，號稱二十萬之眾，西向與耿弇會戰在臨淄城東。重異一馬當先，耿弇突騎迎戰，戰未數合，突騎敗走。張步大喜，即麾動大軍，從後面殺來。殺到臨淄城下，只聽得一陣鼓響，左方殺出一彪人馬，為首一員大將，乃是都尉劉歆；右方殺出一彪人馬，為首一員大將，乃是泰山太守陳俊。張步慌忙迎戰，三路軍馬，殺成一團。塵煙大起，呼聲震天，一時殺得難分難解。耿弇站在高處，看得真切，自引精騎，從橫頭斜插殺出。弇身先士卒，不提防，一支冷箭，正射中大腿。耿弇咬牙，拔出佩刀，一刀將箭桿砍斷，那箭鏃還留在肉裡，血流被鞍，而弇神色不變，麾軍力戰。一直殺到紅日西沉，張步大敗而走。次日，張步又來挑戰。這時光武帝正駐兵在魯城，聞知張步大戰耿弇，親自將兵北上來援。陳俊便對耿弇說：「我看張步兵盛，未能遽破，不如閉營停戰，休養士卒，待聖上援兵到來，再合兵破敵。」耿弇勃然道：「乘輿將至，為臣者，正當殺敵獻虜，擊牛灑酒以待百官；怎能教聖上擔憂！」即出兵大戰。又整整激戰了一天，殺得血流成渠，屍積如山。張步大敗，率領殘兵敗卒，狼狽逃走，行至中途，又遭耿弇伏兵截擊，好容易逃回劇

❸ 今山東壽光縣南。
❹ 今山東臨淄縣西北。

城，所餘士卒無幾。從臨淄到劇城，緣途伏屍數十里。過了幾天，車駕來到，光武見耿弇大破張步，好不興奮。即歡宴群臣，犒賞三軍，對耿弇大大的嘉獎了一番，說道：「當年韓信破歷下以開基，今將軍攻祝阿以發跡，都是不世之功。可是韓信乃擊已降，將軍獨破勁敵，是將軍之勇更在韓信之上！」光武乃督率耿弇大軍，進逼劇城。張步不敢抵擋，東奔平壽❹。時蘇茂逃亡在張步之處，光武遣使告步，如能殺茂來降，赦罪封侯。張步無奈，果殺死蘇茂，肉袒負斧鑕，來降軍門。耿弇便入據平壽，在城中樹十二郡旗鼓，召降兵分別郡籍，站在旗下，共收降了十餘萬人，俘獲輜重七千餘車。詔封張步為安丘侯，拜陳俊為琅邪太守。於是齊地全平，耿弇振旅凱旋，東還洛陽，時在建武五年冬十月。明年春，吳漢亦攻下胸城，殺死了董憲、龐萌。計自更始元年張步據琅邪稱五威將軍，劉永據睢陽稱梁王，山東江淮一帶，前後割據歷時七年，方歸平定。

在淮水流域的東南，今安徽巢湖一帶，是漢廬江郡地，郡治舒城❹，這裡還有一支割據的勢力。此人姓李名憲，潁川許昌人，王莽末年，為廬江屬令（王莽每郡置屬令，職如都尉）。更始元年，他據郡獨立，自稱淮南王。到建武三年，自立為天子，置公卿百官，據有廬江九城之地，有眾十餘萬人。建武四年，光武親幸壽春，督遣揚武將軍馬成等，發會稽、丹陽、九江、六安四郡之兵圍攻舒城。攻打了一年有餘，到六年正月，終將舒城攻破，李憲亡走，為部下所殺。

淮南的西方便是荊州，荊州雖為東漢發祥之地，情形最亂。更始元年，南郡人秦豐據黎丘❹，佔地十二縣，自稱楚黎王。西平人田戎據夷陵❹，稱掃地大將軍。到建武二年，更始敗亡時，又有董訢起兵於堵鄉，許邯起兵於杏城❹，其他更始舊將，擁兵割據的很多，南陽地方尤其渾沌。光武

❹　地在劇城之南。

❹　今安徽廬江。

❹　今湖北宜城縣東。

❹　今湖北宜昌。

❹　堵鄉、杏城皆南陽屬縣。

特遣大司馬吳漢前往綏靖。吳漢用兵雖猛，而軍紀不良，所過侵暴。時有鄧晨的姪兒破虜將軍鄧奉，從洛陽回歸新野。看見鄉里遭受騷擾，氣憤不過，遂引兵叛變，反擊吳漢。佔據淯陽❹縣城，與董訢、許邯相連結。二年秋，岑彭擊降許邯。光武拜彭為征南大將軍，令與建義大將軍朱祐、大將軍賈復等，進討董訢、鄧奉。訢、奉所率，都是南陽精兵，激戰了幾個月，攻打不下。到了建武三年，當光武收降赤眉之後，親將南征，兵臨堵鄉，董訢畏威投降，帝督率岑彭、賈復等，進迫淯陽，鄧奉敗走，一直追到小長安，光武親率諸將奮戰，大破鄧奉，奉窮急亦降。光武憐鄧奉是姻親，且出於激變，意欲宥免其罪，岑彭等諫道：「鄧奉背恩叛逆，致國家暴師經年，陛下聖駕親征，不知悔悟，還敢反抗，兵敗才降。若不誅鄧奉，無以懲惡！」光武不得已，乃將鄧奉斬首。這一個波折，使南陽人民，又無辜遭了一番塗炭。光武滅了鄧奉，引駕北還，令岑彭等乘勝南征秦豐。那時延岑被馮異趕出武關，亡奔在秦豐之處。秦豐把女兒嫁給延岑，兩人合兵在一起。岑彭與朱祐、傅俊、臧宮、劉宏等，將兵南下，擊破秦豐屯戍，把黎丘包圍。延岑看情形不對，帶兵離開黎丘，又回竄漢中，投奔了公孫述，述以岑為大司馬，封汝寧王。黎丘城池鞏固，兼以秦豐幾年的經營。岑彭圍攻黎丘，從建武三年，到建武五年，頭尾三年不曾攻下。可是前後斬首九萬餘級，黎丘城中所餘不滿千人，已是釜底遊魂。光武便命朱祐圍守黎丘，令岑彭、傅俊西攻田戎，一戰而攻下夷陵，田戎與數十騎亡走入蜀。俘獲了田戎的妻子與士卒數萬人，追至秭歸而還。秦豐被圍至建武五年六月，終於窮困出降，以檻車送洛陽斬首。荊州遂定。

從建武元年到六年，這六年當中，漢光武帝劉秀削平關東群雄。北起幽、燕，南迄江、淮，無日不用兵，無地不征戰。他對於彭寵、張豐、劉永、董憲、蘇茂、龐萌、張步、李憲、董訢、鄧奉、秦豐、田戎等，同時展開戰鬥。尤其在建武三年以後，往往一個兵團，被用到幾個戰場，一個竄擾，牽動幾個戰局，加以統帥隨時互調，敵我的叛復無常，真是頭緒紛繁。每逢重要戰爭，光武總是親臨前方，或坐鎮指揮，或躬冒矢石，車駕

❹　在河南南陽縣南。

馳騁，遍於全國，時南時北，忽東忽西，其情況非常錯綜複雜。如果面面
俱到，予以詳盡的解釋，需要很多的筆墨，為了簡明起見，只能作如上的
歸納。總而言之，到了建武六年的時候，漢光武完全平定了幽、燕、江、
淮、荊、楚之地，乃得以全力來收拾隴蜀。這時西方尚有四大勢力，是隴
西隗囂、蜀漢公孫述、河西竇融與三水盧芳。而以隗囂公孫述的勢力最大，
各擁地千里，將士如雲，與洛陽鼎峙如敵國。

　　現在回溯到建武三年，當光武帝的表兄來歙與漢中王劉嘉，自漢中來
歸，帝封劉嘉為順陽侯，拜來歙為太中大夫。來歙字君叔，南陽新野人，
為人尚義氣，有肝膽，才兼文武。入朝以後，深為光武所器重。光武見中
原擾攘，不久可平，所慮者，唯西方難制。這一日和來歙談論起天下大勢，
光武不禁嘆道：「今諸將方戮力於關東，而西州未附，子陽（公孫述字）
稱帝。道路遙遠，鞭長莫及，為之奈何！」來歙奮袂道：「臣前在長安，與
隗囂有舊。我看那人，頗有幾分心胸義氣。當年起義西州，原為輔漢討莽。
後為更始所不容，才逃歸故里，割據一方，原非得已。臣願得奉威命，宣
至誠，保管教隗囂束手歸誠。隴西若服，則蜀中自亡，其勢不足圖也！」
光武聽了，正中心懷，遂命來歙齎書，往使隗囂。隗囂經來歙勸說，果遣
使上表稱臣。光武歡慰，答書嘉勉。從此兩地交歡，信使往來不絕。蜀中
的公孫述，唯恐隗囂與洛陽修好，亦屢遣使卑辭厚幣，結歡隗囂。隗囂倒
覺左右為難，不知何去何從，便派遣他的一位幕客，綏德將軍馬援前往蜀
中答聘，藉以窺探公孫述的虛實。

　　這馬援字文淵，乃是扶風郡茂陵人，原為西漢世家。有三個哥哥，在
王莽時都做到二千石的大官。唯有馬援命苦，十二歲上父親便不在了。他
那時年紀雖輕，心胸卻大，不願在家吃哥哥的閒飯。想起先世在西北做過
官，邊地一帶的親戚故舊很多。乃向他大哥馬況要求，要到邊郡去開荒創
業。大哥聽了，非常贊成道：「你有志氣肯吃苦，將來一定有前程，人總
要經過磨鍊才能成功立業。」不料尚未起程，他哥哥忽然得病身亡，他守
喪在家就把這事擱淺。後來有人推薦他，在扶風郡裡做了一名郡督郵。這
一天他被派押送囚徒前往長安，一路上那囚徒不斷向馬援訴冤，激起馬援

的義憤，竟將那囚徒釋放。他不敢回家，就亡命到北地。不久，獲逢大赦，他在北地結識了許多朋友，索性就留在那裡從事牧畜。也是他善於經營的緣故，過不幾年，牛羊繁殖到幾千頭，成了個大大的財主。他為人豪爽好客，附近靠著馬援吃飯的有好幾百家。真是座上客常滿，樽中酒不空。馬援對於朋友，稱兄道弟，不計得失，但律己極嚴，常對人說：「大丈夫立志，要窮且益堅，老當益壯！」忽然一天，馬援嘆道：「人之所以貴有財產，在於濟眾而非自私，不然，豈不成了看財奴！」就把他所有的財產，一齊送給了親戚朋友。依舊穿上他的敝衣敗裘，怡然自得。因此賢名聞於遠近。王莽末年，天下大亂，他一直隱居在西北。隗囂慕其為人，特聘為綏德將軍。馬援與公孫述同鄉，自幼相識，所以隗囂特派他為使者。他想這番見了公孫述，故人重逢，可以暢敘平生。那曉得到了成都，公孫述盛陳陛衛，召馬援入見，交禮甫畢，即著人延就賓館。第二天，大會百官於宗廟之中，歡宴馬援，兩旁鷥旗畫戟，公孫皇帝高高上座，依然未交一語。散宴之後，公孫述著人通知馬援，擬拜援為大將軍封列侯。馬援的賓客，無不歡喜，都勸馬援留在成都，享受富貴。而馬援卻失望道：「方今天下，雄雌未定，公孫不知吐哺以迎國士，反裝飾形式，自作威福，我看他好像廟裡的偶人，何能成事！」便辭歸隴右，回報隗囂道：「公孫子陽，井底之蛙耳。將軍不如專意於東方！」隗囂乃派馬援再出使洛陽，去訪問漢光武。馬援到了東都，由黃門官引至宣德殿，但見光武皇帝便服幘巾，滿面春風，降階相迎。笑謂馬援道：「卿遨遊於二帝之間邪？」馬援頓首謝道：「當今之世，非獨君擇臣，臣亦擇其君。臣與公孫述，幼同鄉里。臣到蜀中，述列戟而後見。今臣遠道來此，陛下如此簡易，不怕臣是刺客嗎？」光武大笑道：「我知卿非刺客，乃是說客耳！」馬援因道：「今日天下，稱名竊號者，不可勝數，唯有陛下，恢弘大度，有如高祖皇帝，乃知帝王自有真耳！」談話之間，這君臣二人，彼此心中互相欽佩。光武留馬援在東方盤桓了兩月，然後令來歙持節報聘，送馬援回歸隴右。隗囂見馬援回頭，即引入臥內，和他同榻夜話，詳細詢問東方情形。馬援道：「臣在洛陽，蒙引見數十次，每次相見，無所不談。文叔待人以誠，語言豁達，氣度彷彿高祖皇帝，而又博

學多文。其才智勇略，世所無匹！」隗囂素重馬援，引為知己，今見馬援
如此恭維光武，心中反而不服，為之默默無語。過了些時，和幕客班彪討
論起天下大勢，因問彪道：「往昔東周衰亡，戰國爭雄，縱橫交戰，大亂
了幾百年。你看今天，會不會又出現戰國的局面？」班彪道：「今天的局面
與周末不同，周室封建，諸侯擅權，故有春秋戰國之亂。漢承秦制，改行
郡縣；君有專己之威，臣無百年之柄。從成帝以後，漢家不幸，哀平短祚，
遂造成外戚王氏的專權。亂自內起，非由地方。所以漢朝一時中斷，基礎
猶在，民心未去。你看王莽稱帝不久，而天下大亂，人心誰不思漢。十幾
年來，地方起義，誰不以劉氏為號召。直到今天，除了洛陽之外，都無憑
藉。我看，漢家的復興，是毫無疑義！」隗囂聽了，越發的不快，怒道：
「此乃書生迂腐之見。如謂人心思漢，試問秦末大亂，群雄逐鹿之時，誰
又認得漢家，何以劉邦能赤手奪得天下？可見事在人為，什麼姓劉不姓劉？」
班彪見他不服氣，又作了一篇〈王命論〉以諷之，隗囂依然無動於衷。班
彪料知隗囂心懷大慾，必定失敗，隴右將有大亂。遂借故辭別隗囂，西往
張掖屬國，投奔竇融。融聘彪為從事，深為禮重，凡有文章政事，多與商
議。班彪勸融，專心事漢。竇融聽信了班彪的意見，遣派長史劉鈞，奉書
往洛陽謁見光武。光武即賜璽書，拜融為涼州牧，慰勞備至。光武得到河
西竇融的合作，可以牽制隴蜀，少了一層顧慮，心中十分愉快。這時是建
武五年，關中大定，馮異等屢上書請求討伐公孫述。光武乃乘勢測驗隗囂
的態度，致書邀約隗囂從隴右出兵，與馮異合討蜀漢。不料隗囂回信說：
「三輔地方疲弱，劉文伯又在北邊，此時尚未宜謀蜀！」光武發現隗囂的
態度可疑，乃遣來歙再往隴西，徵隗囂入朝，許以高位重爵。隗囂聽說劉
永、彭寵等均已滅亡，不敢得罪光武，乃先遣他的長子隗恂隨來歙入侍。
馬援乘機請求，願陪送侍子，隗囂許諾。馬援乃收拾行囊，連同妻子家小，
一齊到了洛陽。光武拜隗恂為胡騎校尉，封鐫羌侯，留馬援屯田於上林苑
中待以上賓之禮。隗囂見馬援一去不返，非常懊惱。大將軍王元因勸囂道：
「當年更始西都長安，四方響應，誰不說是漢家復興，天下太平。將軍為
了效忠更始，幾乎斷送了性命。現在的洛陽，安知不就是過去的長安。何

況四海紛紛，南有公孫子陽，北有劉文伯，江湖稱王稱帝者，何止十數。究竟誰成誰敗，那個敢斷言。將軍千萬不要輕信那些書生之論，放棄了自己的基業，去依賴別人，再蹈覆轍！如今，天水❻富庶，士馬強盛。臣請為大王提一旅之師，東據函谷，可盡取關中之地，此乃千載一時之機！不然，則養精蓄銳，亦足以扼險自守，徐待天下之變。總之，魚不能脫於淵，龍不可失於水！」這幾句話說得頗為有理，深合隗囂之意。從此隗囂乃與光武貌合而神離。

建武五年二月，岑彭攻克夷陵，田戎繼延岑奔蜀。公孫述拜延岑為大司馬，駐兵漢中。封田戎為翼江王，與將軍任滿出駐江關❼，去招撫舊部。這時公孫述建都成都，國號成家，建元龍興。以李熊為大司徒，弟公孫恢為大司空。擁甲兵數十萬，積糧漢中，築宮南鄭，於江中造十層樓船刻天下牧守印章。有北出秦隴，東下荊襄，併吞海內之意。建武六年，光武初定江淮之時，鑑於連年征討，厭倦戰爭，因對左右道：「天下紛紛，何時是了，我將暫置季孟子陽於度外，與諸君休息！」遂作書婉勸公孫述，要識時知命。公孫述得書反而驕泰起來，不把光武放在眼裡。述騎都尉平陵人荊邯，勸公孫述道：「與人爭取天下，是一步不能放鬆。當年漢高祖與楚項羽爭雄，高祖屢戰屢敗，何以終得天下？就因為他再接再厲，永不氣餒，永不放過機會。這幾年劉秀東征西討，戰無不勝。現在山東已平，五分天下，漢已有其四。一旦舉兵隴右，天水必然潰滅，則九分天下，漢有其八。陛下僅有梁州之地，何以自全！臣之愚計，宜趁此天下未一，人心未定，速發國內精兵。令田戎進據江陵，傳檄吳楚，長沙以南，必望風而靡。令延岑北出漢中，略取三輔，天水、隴西拱手來服。如此則海內震動，天下不難定也！」公孫述以問左右群臣，博士吳柱道：「天下大事，那能這樣輕舉妄動。昔武王伐紂，觀兵孟津，八百諸侯，不期而會；武王尚以為時機未至，知難而退，回師以待天命。未聞無四方之響應，而欲出師千里之外者！」荊邯道：「劉秀不比紂王有幾百年的根基，他雖名為宗室，其實

❻ 今甘肅通渭縣西南。
❼ 今四川奉節縣東北瞿塘峽。

匹夫。憑藉著一時的機會，驅烏合之眾以橫行天下。不趁他羽毛未豐，與之一決勝負，而空談武王之道，此乃坐以待斃也！」雙方各執一辭，爭辯不已，蜀中將士，多半是些膽小視短之輩，但求苟安，無志進取。都附和吳柱，勸公孫述不必冒險。述亦深以為然，遂從事於改幣制，定官職，修禮儀，作些不關痛癢的形式工作。

　　光武見公孫述沒有回信，而隗囂的態度又復曖昧，經過一番慎重的考慮，斷然決定對西方用兵。就在建武六年三月再詔命隗囂從天水進兵伐蜀。隗囂又上書推稱：「白水險阻，棧道敗壞，難以進兵。」光武對隗囂之心乃完全了然。遂以修謁陵園為名，駕幸長安。外交軍事雙管齊下。一面令中郎將來歙奉璽書，再往曉諭隗囂；一面令耿弇、蓋延、馮異、祭遵、吳漢、岑彭、馬成等七將軍，聲稱伐蜀。從隴道進兵，以威脅天水。來歙到天水見了隗囂，隗囂一味推託敷衍，不得要領。引得來歙性起，大罵隗囂道：「國家以足下識時務，才推誠賜書；既已遣送伯春❹，卻又心懷二意，聽信讒言，出爾反爾，不怕滅族之禍嗎！」說罷，拔出刀來，直刺隗囂，被左右衛士攔開。來歙杖節登車，憤憤回歸賓館。隗囂大怒，遣部將牛邯率兵圍住賓館，欲殺來歙。將軍王遵勸道：「伯春尚在洛陽，宜忍一時之忿！」遂縱歙東歸。及聞耿弇等將兵西上，隗囂再也按捺不住，即調動大軍，令大將王元把守隴坻，迎敵漢軍。兩軍交鋒，漢軍大敗。馮異與祭遵分別退守栒邑汧城。隗囂令王元行巡將兵追擊，至栒邑汧城，反為馮異、祭遵所敗。北地一帶羌豪，都紛紛叛囂歸漢。竇融與五郡太守亦遣使上書，願與漢軍合擊隗囂。隗囂被迫，只得遣使入蜀，稱臣求援於公孫述。建武七年三月，公孫述封隗囂為朔寧王，於是隗囂與漢光武的關係，完全破裂。

　　馬援在洛陽，屢致書隗囂勸以不可反覆，隗囂不理。及至隴右戰起，恐怕光武見疑，便自動上書，願詣行在❹陳滅囂之計。光武乃召馬援到關中，令將五千騎兵，往來遊說隗囂的將士。又令來歙作書，召囂將王遵，遵於建武七年秋天來降，拜為太中大夫，封向義侯。隗囂的部下，漸漸散

___

❹　隗囂子隗恂字伯春。

❹　天子離開國都，臨時所到之處，謂之行在。

離。建武八年春正月，來歙奉命率領精兵二千人，溯汧水而上，從番須回中❺⓿，鑿山開道，逕襲取了略陽，殺死守將金梁。這略陽東距天水不到一百里，在萬山之中，俯瞰天水，形勢險峻。隗囂得訊驚道：「來君叔從天而降，何其神邪！」急命將軍王元守住隴坻，行巡守住番須口，王孟守住雞頭道，牛邯守住瓦亭。自統大軍數萬，來反攻略陽。公孫述亦遣將李育、田弇助戰。來歙與將士，拼命固守，圍攻了幾月不下，囂死傷慘重。到了八年閏四月，光武決定御駕親征，往攻隴右。群臣諫勸說：「隴上道險，車駕不宜輕進。」帝即召馬援進前，問以山川形勢，進軍方略，馬援就在案前，積米為山，口講指畫，光武大笑道：「敵人已全在眼中了！」明日一早，即麾軍西進，進至高平第一❺❶。竇融率領五郡太守和羌人，步騎數萬，輜重五千餘輛來會。光武即召集將士百官，置酒高會，三軍歡呼萬歲。時囂將牛邯守在瓦亭，光武知王遵與邯交篤，便令遵作書召致牛邯，牛邯得書，果然來降，亦拜為太中大夫。牛邯一降，人心解體，隗囂大將相繼來降的有十三人。光武督率大軍，浩蕩前進，兵不血刃，一連攻下了十六個城池，降眾十餘萬。隗囂不敢迎戰，放棄了略陽❺❷，攜同妻子，狼狽逃奔西城❺❸往依部將楊廣。蜀將田弇、李育，亦退保上邽。略陽解圍，光武大大的慰勞了來歙一番，賜縑千匹。然後勒兵向上邽進發，詔告隗囂曰：「迷途知返，尚未為晚，若束手來歸，可保父子相見。」隗囂還是不降，光武怒，將隗恂斬首。立命耿弇、蓋延進攻上邽❺❹，吳漢、岑彭進攻西城，而令竇融等西還。忽然軍中得到急報，說潁川盜賊群起，河東守兵又叛，京師危急。光武大驚失色，立即命駕星夜東歸。臨行留書賜岑彭、耿弇等曰：「兩城若下，便可將兵南擊蜀虜。人苦不知足，得隴復望蜀，每一發兵，鬚髮皆白！」九月車駕回到洛陽，原來並無大事，不過是少數潁川的殘寇

❺⓿　今陝西隴縣西北汧水之源。
❺❶　今寧夏固原。
❺❷　今甘肅秦安縣東北隴山中。
❺❸　今甘肅天水縣西。
❺❹　今甘肅天水。

作亂，聞說聖駕東歸，一齊降服。耿弇、吳漢等攻打西城、上邽兩城，從八月到十一月，連攻三月不下，雙方死傷均重，糧食皆盡。囂將王元行巡等，從蜀中求到救兵五千，鼓譟而至。西城守兵，奮勇出戰，裡應外合，吳漢、岑彭大敗，與耿弇、蓋延等，一齊撤兵東走，回屯長安。唯有祭遵屯在汧城未退。於是安定、北地、天水、隴西幾郡，復反歸隗囂。建武九年正月，祭遵死在軍中，軍隊撥歸馮異統領。隗囂雖然擊退漢軍，可是手下將士，死的死，降的降，勢窮力竭，難以挽回頹勢。就在九年春天，亦憂病而卒。王元、周宗等，繼立囂子隗純為王，據守冀城㊺。蜀中公孫述，聽說隗囂病卒，西北局面全非，果不出荊邯所料，深感唇亡齒寒。一面遣將軍趙匡、田弇等協助隗純，一面採取攻勢的防禦以圖自保。令翼江王田戎、將軍任滿與南郡太守程汎，率兵艦水陸數萬人，下江關，擊破漢守軍馮駿。攻拔巫縣夷陵，佔據了荊門㊻虎牙山，橫江起浮橋造關樓，對山結營，以拒漢軍。光武命來歙為監軍，以馬援為副，在長安積穀聚兵以為謀蜀之備。一面命馮異趕緊進兵，攻取冀城，以防隗氏死灰復燃。馮異攻打冀城，從九年打到十年，蜀將趙匡、田弇先後戰死，而冀城未下。十年夏，馮異積勞，死在軍中，詔令來歙繼統其眾。至十年冬十月，才攻下隗氏的最後據點，冀縣落門聚。周宗行巡等共奉隗純投降㊼，王元亡奔公孫述，於是隴右全平。來歙特舉薦馬援為隴西太守，安撫劫後黎民，兼綏靖羌胡。

隴右既平，光武乃集中兵力來解決公孫述。從來進攻巴蜀漢中，有兩條路線。一是南路，從長江水路進取三峽；一是北路，翻越秦嶺，直取漢中。光武是南北水陸，兩路並進。先說南路，征南將軍岑彭在建武九年自關中調到荊州，駐兵於津鄉。到建武十一年三月，光武復調大司馬吳漢與誅虜將軍劉隆南下。發荊州步兵六萬騎兵五千，與岑彭會攻荊門。岑彭裝戰船數千艘，懸重賞，募勇士進攻浮橋。有偏將軍魯奇應募。那一日，東風大起，魯奇乘船，泝流而上，直衝到浮橋邊。順風縱火，火從橋柱燒到

<hr>

㊺　今甘肅甘谷縣東。

㊻　今湖北宜昌荊門山。

㊼　隗純後於建武十八年與賓客數十騎亡走入胡，至武威，被捕斬首。

橋身，頃刻之間，煙燄彌漫，橋傾樓崩。岑彭乘勢麾軍猛進，兩岸鐵騎，和江面艨艟，三頭並發。人如潮湧，殺聲震天。蜀兵大亂崩潰，溺死江中者數千人，斬任滿，虜田汎，田戎走保江州❺❽。岑彭舉劉隆為南郡太守，留守在江陵。自率輔威將軍臧宮、驍騎將軍劉歆，長驅攻入江關。所過之地，百姓牽牛擔酒相迎，一路無阻，進兵到江州城下。看那城池堅固，難以猝拔。便放下江州，以舟師泝嘉陵江北上，直趨墊江❺❾。一戰而攻下平曲❻⓿城，獲得糧米數十萬石，軍威大震。

　　再說北路，中郎將來歙討平隗純底定隴右之後，即奉命與虎牙將軍蓋延取道隴右南攻河池❻❶。時王元亡奔公孫述，述便以王元為將軍與領軍環安合守河池防線。十一年六月，來歙大破王元環安，攻下河池下辨❻❷，前鋒進入蜀境。這一天深夜人定之後，忽有刺客潛入帳中，一刀刺中來歙要害。來歙從夢中痛醒，已失刺客所在，急召蓋延入帳。蓋延進來，只見一把利刃，插在來歙胸膛，血流如注，延哀痛俯伏不敢仰視。來歙道：「虎牙，你快抬起頭來。我今被刺客所中，已無生望，不能報答國家，特喚你前來交代軍事，不要作兒女子之態！」即叫左右，拿過筆札，親自書表曰：

> 臣夜人定後，為何人所賊傷，中臣要害。臣不敢自惜，誠恨奉職不稱，以為朝廷羞。夫理國以得賢為本，太中大夫段襄，骨鯁可任，願陛下裁察。又臣兄弟不肖，終恐被罪，陛下哀憐，數賜教督。

　　寫到這裡，投筆拔刃，血如泉湧，大叫一聲而亡。光武帝得書大驚，流涕不已。即遣揚武將軍馬成，代替來歙。蓋延等護送來歙之喪，回到洛陽，天子縞素臨弔，追諡為節侯。

　　公孫述聞說來歙已死，北路緩和，而南路吃緊。乃調大將王元大司馬

---

❺❽　今四川重慶。

❺❾　今四川合川。

❻⓿　今四川合川縣西北。

❻❶　今甘肅徽縣。

❻❷　今甘肅成縣西北。

延岑與將軍呂鮪、公孫恢等，將兵南下，分扼廣漢❻❸資中❻❹。遣大將侯丹，將兵兩萬扼守江州上游的黃石港❻❺。岑彭分降卒五萬與臧宮率領，令溯涪水❻❻，從平曲北趨廣漢，進攻延岑。彭率大軍折回江州，溯江而上，大破侯丹，攻下黃石。黃石以西地方守長，見岑彭軍到，都紛紛開城投降，所向無阻。岑彭乃不分晝夜，兼道前進，長驅二千餘里，一直攻下武陽❻❼。前鋒進至廣都❻❽，離成都止有數十里，其勢有如狂風驟雨，席卷而至。公孫述大為震駭，以杖擊地道：「是何神也！」回頭說東邊的臧宮，從涪水上行，將到廣漢。先一夕出奇兵急馳上山，埋伏在四面高處，多張旗幟。翌晨，引大軍水陸並進，右步左騎，舳艫連江，呼聲震天，四山之上，旌旗招展，金鼓雷鳴。延岑不知有多少漢兵，從天而降，守軍嚇得紛紛奪命逃竄，不戰而潰。臧宮縱兵追擊，斬首溺死者一萬多人，涪水為赤。延岑率殘兵逃回成都，餘眾悉降，降者有十餘萬，遺棄輜重珍寶無算。臧宮乘勝西進，王元不戰而降。於是臧宮與岑彭，東西兩路合迫成都。公孫述憂惶無計，忽有洛陽使者到，呈上光武勸降的書信，述覽書嘆息不語，以書示左右，左右都說：「大勢已去，不如早降。」公孫述道：「興亡成敗，乃是天命，自古那有降天子！」左右皆不敢言。過了幾日，公孫述又派遣了一個刺客，詐做降人，混入岑彭軍中，也是一個夜晚，又將岑彭刺死。蜀中竟有這多奇人，能在百萬軍中，連刺敵人兩員大將也是異事。清吳梅村有詩云：

公孫擅西蜀，可謂得士死，連刺兩大將，探囊取物耳。皆從百萬軍，夜半入帳裡，匕首中要害，絕迹復千里。若論劍述精，前人莫能比，胡使名弗傳，無以著青史；誰修俠客傳，闕疑存二子。

❻❸　有兩廣漢，一在川北，一在川東，川東廣漢即今四川遂寧。
❻❹　今四川資陽。
❻❺　今四川江津。
❻❻　今涪江（嘉陵上游）。
❻❼　今四川眉山。
❻❽　今四川雙流。

　　可是興亡成敗不是一兩個人物的問題，當政者不能從立國強兵的根本大計入手，靠著蓄死士用陰謀，也無濟於事。所以公孫述雖然一連刺殺了來歙和岑彭，依然不能挽回他失敗的命運。

　　當岑彭西上的時候，吳漢留在夷陵，造艦徵兵，以為後盾。及聞岑彭在前方遇害，急率所部三萬人，泝江馳援。於建武十二年春正月，大破述將魏黨、公孫永於魚涪津❻❾，再圍武陽。述遣子婿史興來救，被吳漢所敗。漢乘勝攻下了廣都城，游騎進至成都南門外的七星橋。成都城中人心恐慌，公孫述更惶惶不可終日。光武帝對於吳漢最不放心，因為他作戰雖勇，而性情浮躁，軍紀不佳。聽說他已打到了成都附近，特下旨告誡吳漢曰：「成都尚有甲兵十餘萬，困獸猶鬥，未可輕敵。但堅據廣都，待其來攻而後擊之，不可強與爭鋒！」吳漢不聽，親將步騎兩萬人，直取成都。離城十餘里，安營紮寨。另遣副將武威將軍劉尚，將一萬餘人，屯兵於江南，兩營相去二十里。公孫述被逼情急，盡發城中之兵十餘萬人，令大司徒謝豐，執金吾袁吉率領，分為二十營，開城大舉出擊。另遣將將兵一萬人，繞出城外，去攻打劉尚，使兩軍不能相救。吳漢兵少，被打得大敗，走入營中，閉營堅守。漢激厲將士道：「我與諸君，經過多少險阻艱難，轉戰千里，深入敵境，來到堅城之下，今與劉尚兩處被圍。我明日要突圍渡江，與劉尚合兵在一起。諸君必須要個個拼命，才能成功，如其不然，我們都要死在這成都城下！」大家齊聲曰：「諾！」於是飽餐戰飯，於營門上多樹旗幟，令煙火不絕。卻於深夜時候，潛走出營，人銜枚、馬疾走。比至天明，已來到劉尚營外，遂合兵一起。謝豐袁吉發覺，率大軍從後追來。吳漢與劉尚督軍激戰，從早晨一直殺到黃昏，殺死了謝豐袁吉，餘軍敗退。吳漢等也未追趕，將兵回到廣都。重新整頓軍馬，與公孫述再戰。就在廣都成都之間，雙方鏖戰多日，吳漢是八戰八勝。卻說東方，漢將馮駿於七月攻下江州，俘虜了田戎。輔漢將軍臧宮，一連攻拔了涪城❼❶、綿竹❼❶，與繁❼❷、

────────────

❻❾　今四川樂山。

❼❶　今四川綿陽。

❼❶　今四川綿竹。

郫❼兩縣。遂與吳漢會師成都，成都陷於四面包圍。公孫述萬分窘迫，問計於延岑。岑道：「事到如今，只有一個辦法。就是盡散財物，廣募死士，和敵人決一死戰，或能死中求生！」公孫述乃將宮中所藏金銀珍寶，一齊拿出，募得敢死之士五千人，交給延岑。延岑撥少數兵馬，站在城南橋頭，虛建旗幟，鳴鼓挑戰。而自率精兵，抄小路，渡河繞至敵後。吳漢不察，持槍縱馬，上橋迎戰。忽聽得陣後，鼓聲大起，喊殺連天。心知不妙，急忙撥轉馬頭，那知一時心慌，竟從馬上摔下，滾落在江水之中。好容易泅水得脫，鳴金收兵，損失了不少士卒。於是緊閉營門，無論述軍如何叫罵，不出應戰，故意示敵以弱。那時臧宮的軍隊紮營在成都北門外，吳漢紮營在成都南門外。到了十一月戊寅這一天，公孫述忍耐不住，親自將兵數萬，來攻吳漢，使延岑將兵北攻臧宮，分頭開城出擊。兩方大戰，戰到日中。吳漢見述兵漸餒，遣護軍高午唐邯，將銳卒數萬人，從半腰裡殺入述陣，述陣大亂。高午就陣中，手起一槍，將公孫述刺於馬下，述被其左右將士救起，抬入城中。延岑聞知公孫述落馬，亦自北門收兵入城。公孫述身受重傷，延至半夜，一命嗚呼。延岑見事無可為，就在第二天一早，開城投降。吳漢率兵進入成都，將延岑併公孫述兩家，不分男女老少，一齊斬首。又縱兵大掠，把公孫述的宮室燒成一片焦土。城中屍骸縱橫，軍民死於非命者，不計其數。光武聞之大怒，降旨譴責吳漢劉尚曰：「城降三日，吏民從服，孩兒老母，口以萬數，一旦放兵縱火，聞之可為酸鼻。尚，宗室子孫，嘗更吏職，何忍行此！仰視天，俯視地，觀放麑啜羹❼，二者孰仁？良失斬將弔人之義也！」遂令降者，皆不許殺害。太常常少與光祿勳張隆，嘗勸公孫述投降，仍授以原職。述將程烏李育有才幹，一齊錄用，於是人心漸定。

---

❼　今四川新繁。

❼　今四川郫縣。

❼　春秋時，孟孫獵得麑，使秦西巴持之，麑母隨而呼，秦西巴不忍，釋其麑。又戰國時樂羊為魏將攻中山，其子在中山，中山君烹其子而遺之羹，樂羊啜之盡一杯，而攻拔中山。

隴蜀全平，光武皇帝乃召竇融與五郡太守入朝。竇融等那敢不來，奉詔立即起程。各率領官屬賓客，車乘千輛，牛羊被野，來到洛陽。一齊俯伏丹墀，獻上印綬。光武和顏悅色，慰勞嘉勉了一番，各加賞賜，都留在京師。過了些時，拜竇融為冀州牧，梁統為太中大夫。這時西北，只剩下一個西平王盧芳，雖曾一度稱帝，在隗氏滅後，也亡命逃入匈奴，五原朔方，亦皆平定。到建武十三年春四月，大司馬吳漢，自蜀振旅還朝，光武在朝中擺宴慶功，大封功臣三百六十五人。光武自建武元年稱帝，十三年來兵戈戎馬，席不暇暖，歷盡了無數艱辛，到這時，才算天下太平，四海一統。明曾晥有詩詠光武云：

莽莽春陵起大風，漢家鼙鼓萬山紅，堪從洛北收朱鮪，再向河西服竇融。

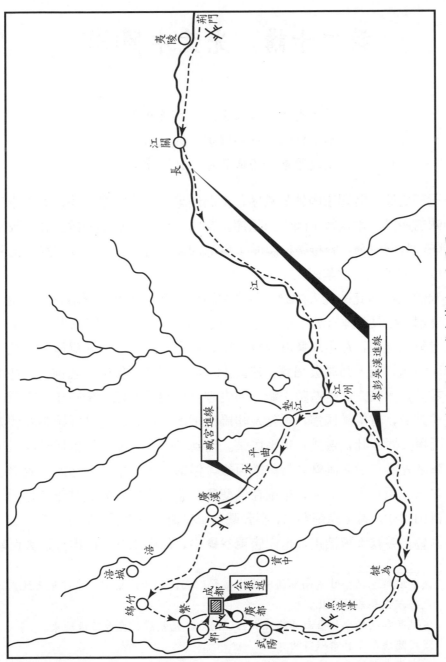

岑彭、吳漢、臧宮等溯江取蜀圖

第二十講　光武中興(三)

討伐羌戎　遠征交阯　馬援規過
單于稱藩　八郡歸田　武陵蠻變
伏波蒙冤　西域請命　倭奴來朝

　　王莽之亂，將國家內外的秩序，全面破壞。漢光武帝劉秀，經過十三年的艱苦戰鬥，才恢復了國內的秩序，完成了他第一個階段的工作。及來歙平隴，吳漢滅蜀，緊接著便展開了對於四夷的經略，從事恢復對外的秩序，以完成他第二個階段的工作。

　　我們先從西北的羌人說起。我們知道西羌在前漢時，經趙充國、馮奉世的征討，實服邊陲者數十年。王莽之後，繼以更始赤眉之禍，關中大亂，西羌遂無人過問，在金城❶隴西❷一帶，到處竄擾。後來隗囂復利用羌人與中原對抗，羌人乃越發猖獗。建武十年，中郎將來歙破降隗純，乘勢進擊先零羌，大破之，斬首數千級，而先零羌仍騷擾不已。十一年，來歙南討公孫述時，特舉薦馬援，謂羌人非馬援不能平，光武遂拜馬援為隴西太守。馬援久居西北，熟識其地理民情。他到了隴西，即率領步兵騎兵三千人，擊破先零羌於臨洮❸，斬首數百級，俘獲了馬牛羊一萬多頭，收降了八千多人。還有幾萬羌人，屯聚在浩亹❹，憑險為守，另置其妻子輜重，於允吾山谷中。馬援探聽明白，不動聲色，率領一支奇兵，潛從山間小路，突襲浩亹。羌眾大驚潰走，退守唐翼谷❺中，依山為營。馬援分遣數百騎

---

❶　漢金城郡包括今甘肅南部西境榆中皋蘭以西，到青海東部西寧以東之地，治允吾，在今皋蘭西北。

❷　漢隴西郡包括今甘肅南部臨洮隴西以南地，治狄道，在今臨洮縣東。

❸　漢之臨洮在今甘肅岷縣北。

❹　今青海樂都縣東，地臨浩亹水。

兵，繞到山後，乘夜晚放起一把大火，馬援乘勢從前面進攻。一時火光沖天，鼓聲如雷，殺死了羌人數千，餘眾四散崩潰，紛紛向西北山地逃走。援以所帶兵少，未敢窮追，盡收允吾谷中的穀糧畜產而回。光武得報大喜，傳旨嘉獎，賞賜與馬援牛羊數千頭，馬援盡以轉贈賓客。那時朝廷一般人士，鑑於羌人叛服無常，國家不勝其煩，主張把金城破羌❻以西之地，暫時放棄。馬援聞知，上書說：「破羌以西，城池尚多完固，田地肥沃，灌溉流通，如放棄與羌人，縱令羌人又回居湟中❼，則後患無窮。」光武亦以為然。遂詔令武威太守梁統，諭告流散在外的金城居民，限期都回歸金城，一時陸續遷返者，有三千多人。馬援復奏請朝廷，為金城一帶屬縣，增設官吏，繕治城郭，修建塢堡，開發水利，並鼓勵人民耕種牧畜，從事生產。這一片荒涼之地，乃欣欣向榮。過了一年，到建武十三年，在隴西的南面，武都❽地方的參狼羌人，聯合諸羌北犯。馬援帶領四千人，前往討伐，進兵至氐道❾縣境。看見羌人據山為營，馬援乃從四面切斷他們的水源，羌人絕了飲水，支持不住，逐漸散走，剩下了一萬多人，一齊投降。於是隴右一帶的羌胡，完全平定。這隴西地方，兵燹之餘，民生凋敝。馬援治理地方，對於這些劫後哀黎，一以休養生息為原則。為政但持大體，絕不苛求。凡百寬容，專以恩信待人。他仗義疏財，平生最好結交朋友，官邸之中，總是賓客滿堂，終日飲酒取樂。府曹如有瑣事來奏稟，他便道：「這些須小事，去叫丞掾處理，何須來麻煩我。如有強梁欺壓小民，羌胡造反殺人，才是我太守的事。」有一天，鄰縣中有人報仇殺人，街上驚擾起來，誤傳做羌人造反。嚇得狄道縣長，慌忙來報告，請太守趕緊關閉城門，調兵遣將。馬援正在與賓客飲酒，聽了笑道：「那羌人那敢再反，這分明是謠言。你快回去好好辦公，不須大驚小怪。有那一個膽小的，叫他

---

❺　在浩亹西。

❻　縣名，屬金城郡，在今青海樂都縣西。

❼　羌人回居湟中則與匈奴連結。

❽　今甘肅武都。

❾　今甘肅臨洮。

躲在床底下好了!」過了一刻,果然平靜無事,大家都佩服馬援的鎮定。他前後視事六年,郡中無為而治。到建武十六年,被徵入朝,官拜虎賁中郎將。馬援為人,博學多能,才兼文武,且又善於談吐。身長七尺五寸,鬚眉清秀如畫,朝廷上下,人皆敬愛。每逢議事,他總是引古證今,說得娓娓動聽,光武帝常說:「唯有馬援論兵,最合孤意!」

　　就在馬援入朝的那年,忽然在南方交阯之地,發生了一個叛亂。原來現在的越南北部,在秦漢時是中國的領域。秦朝屬於象郡,漢朝是交阯、九真、日南三郡之地。不過因為地方遙遠,鞭長莫及,在朝廷強盛時,是中國的直轄郡縣,在中原紛亂時,則成為藩屬狀態。這塊地方,種族複雜。在交阯郡內,有一種蠻族,稱做雒人,其酋長稱雒侯雒將,受朝廷的統轄,其情形好像後來明朝南方的土司。交阯郡麊泠❿縣,有一個雒將之女,名叫徵側,嫁與朱鳶⓫人詩索為妻。她雖是個女子,卻性情雄勇,武藝高強。因為受了交阯太守蘇定的欺負,心懷怨憤,就和她的妹妹徵貳,糾合雒人,起兵造反。那時天下初定,邊防未充實,徵側、徵貳在建武十六年,起兵不久,就一連攻陷合浦、交阯、九真、日南四郡六十幾個縣城。徵側建都麊泠,自立為王,地方官兵,看見蠻兵,都望風而逃,南疆為之震動。就在建武十七年,光武拜馬援為伏波將軍,以伏樂侯劉隆為副,偕樓船將軍段志等,往討伐交阯的叛亂。先命長沙以南,緣途的郡縣,供應車船,修建道路,補造橋梁,儲備糧食。發長沙、桂陽、零陵、蒼梧諸郡之兵共數萬人,由馬援等率領。軍行至合浦,段志突然染病而死。馬援乃獨統大軍,沿海南進,逢山開道,遇水搭橋。從合浦南行一千餘里,於十八年春,到達了浪泊⓬。在這裡遭遇了徵側的主力,展開一場激戰,大破徵側,斬首數千級,收降了一萬多人。徵側亡命南走,馬援從後跟蹤追擊,轉戰而前,一直追到禁谿地方,將賊兵完全擊潰。到十九年正月,終將徵側、徵貳姊妹殺死,傳首洛陽。光武大喜,傳詔到交阯前方,就軍中封馬援為新息侯,

❿　縣名,在今越南太原府西。

⓫　縣名,在今越南交州府東南。

⓬　在交阯封溪縣境,今越南河內之西。

食邑三千戶。馬援就殺牛置酒，犒賞三軍，酒酣耳熱，不禁慨然嘆道：「想我少年之時，慷慨多大志，舍弟少遊，常勸我說：人生一世，何必自尋苦惱，但能豐衣足食，乘下澤車，御款段馬⓭，最多做個郡掾吏守，安居鄉土，於願已足。前在浪泊作戰時，下潦上霧，毒氣薰蒸，眼看見飛鳥都一隻隻掉在水裡，不知道自己還能活幾天。回想少遊說的話，真是不錯。我沒想到，會有今天的成功，我自問有何德能，紆金佩紫，這都是靠著聖上的威福，與諸位將士之力耳！」說得大家無不感奮，一齊歡呼萬歲。那時交阯以南，還有徵側餘黨未靖，乃將兵乘勝南下，一路掃蕩，從無功⓮一直達到居風⓯，又斬獲了五千多人。嶠嶺以南，完全平定。馬援兵到之處，隨時隨地，從事建設，所過郡縣，為之修治城郭，開鑿溝渠，以便利百姓。又改革風俗，修訂法律，凡漢律與越俗不同的地方，均加以糾正，與人民重申約束。所以當地百姓，無不感悅，許多馬援所頒布的臨時法令，到後來很多年，人民都奉行不替，稱為馬將軍故事。

　　馬援於建武二十年秋，班師回朝，出征士卒死於瘴癘創傷的十之四五，天子特賜馬援兵車一乘，朝見位次九卿。馬援好馬，尤精於鑑識，他在交阯獲得蠻人的銅鼓，把來鎔鑄成一座銅馬，仿照千里馬的骨骼模樣，高三尺五寸，圍四尺四寸，獻與天子。光武即令放在宣德殿下，稱為「名馬式」。馬援這次凱旋還朝，上蒙天子嘉獎，下受百姓謳歌，真是一位風雲時代人物。滿朝百官，以及親戚朋友，都來歡迎奉承。其中有一人，姓孟名冀，是馬援的老朋友，也隨著大家捧場。馬援很不高興，對孟冀道：「你是我的知己好友，非同泛泛之交，怎麼也隨眾逢迎，不聞一句規過勸善之辭。我今忝號伏波，想當年孝武皇帝時，伏波將軍路博德，平南越，開七郡之地，才封幾百戶。我今微勞，竟蒙國家重賞，比起路博德，豈不慚愧！」又道：「臣子報國，不容一息偷安，南方雖平，北疆未定。我要請命朝廷，再到北邊去效力。大丈夫好男兒，當死於疆場之上，以馬革裹屍；豈能呻

⓭　矮小的車子叫做下澤車，緩行的馬叫做款段馬。

⓮　今越南寧平。

⓯　今越南清化。

吟病榻，倒在妻兒的懷裡！」孟冀聽了，大為感動。馬援講義氣，有熱情，他雖喜交遊，並不是酒肉的徵逐。他無論對待朋友以至家人親戚之間，總是與人相勉為善。他有兩個姪兒馬嚴、馬敦❶⑥，年輕氣盛，又仗恃著馬援在朝中的聲望，常是目空一切。最喜歡批評政治，譏論人物，無形中結下了許多嫌怨。為了這事，馬援在交阯作戰時，曾於軍事倥傯，百忙之中，寫了一封家書，告誡嚴敦曰：

> 吾欲汝曹聞人過失，如聞父母之名，耳可得聞，口不可得言也。好論議人長短，妄是非正法，此吾所大惡也，寧死不願聞子孫有此行也。汝曹知吾惡之甚矣，所以復言者，施衿結褵❶⑦，申父母之戒，欲使汝曹不忘之耳。龍伯高敦厚周慎，口無擇言，謙約節儉，廉公有威，吾愛之重之，願汝曹效之。杜季良豪俠好義，憂人之憂，樂人之樂，清濁無所失，父喪致客，數郡畢至，吾愛之重之，不願汝曹效也。效伯高不得，猶為謹敕之士，所謂刻鵠不成尚類鶩者也。效季良不得，陷為天下輕薄子，所謂畫虎不成反類狗者也。訖今季良尚未可知，郡將下車輒切齒，州郡以為言，吾常為寒心，是以不願子孫效也。

　　從這一兩件小事，可以看出馬援的做人態度。馬援在建武二十年九月回朝，到家不過兩個月，北邊傳來警報，說匈奴聯合烏桓，入寇扶風。扶風是西京三輔之地，危及漢祖陵廟，馬援乃上表自請出征。天子嘉許，就派馬援屯兵襄國，去防禦匈奴烏桓。出發的時候，特命滿朝文武百官送行。馬援看見送行的行列之中，有朝中兩位新貴人，一個是梁松，一個是竇固。忽然想起古人臨別贈言的故事，便向前一步，與松、固握手道：「今日相別，不知後會何時。老夫有一句不入耳之言，以相贈勉。凡人得意之時，要想到失意之日；在位之時，要想到退位之日。能知進而知退，才能屈而能伸。物不可太盈，而弓不可太滿。兩位正當貴顯得意之時，務要多留餘

---

⑯　馬援的二兄馬余之子。

⑰　衿佩帶，褵香囊，父母送女親為施衿結褵，示親愛，申訓誡之意。

地，不可一味向前！」原來這兩人，都是西北舊識，馬援的後輩。竇固字孟孫，乃安豐侯竇融之姪。梁松字伯孫，乃成義侯梁統之子。自從竇融、梁統等入朝歸命，光武為了懷柔，特示恩寵。竇固和梁松，都尚公主，官拜黃門侍郎，少年貴顯，傲視非常。當時聽了馬援幾句教訓，雖是好話，可是當著群臣百官，弄得面紅耳赤。口中雖然稱謝，心裡委實不自在。馬援到了襄國❶，過了不到一年，二十一年秋八月，他率領騎兵三千，出高柳塞，緣著雁門、代郡、上谷的北邊，去搜索匈奴、烏桓。匈奴、烏桓皆聞風遠颺，馬援無所獲而還。馬援在北方駐了為時不久，因病回朝。有一天，梁松特來問候，跪伏在床下，執子姪之禮。馬援高臥榻上，似理不睬。及梁松走後，家中人道：「梁黃門乃天子貴婿，滿朝公卿，誰不敬畏，大人因何獨不為禮？」馬援道：「他乃晚生後輩，我與他父親梁統是兄弟之交，豈能因貴顯而失尊卑之序。」梁松為此，越加不快。也是事有湊巧，前面所說馬援在交阯時給他姪兒的那封書信，信中提到兩個人。一個是龍伯高，敦厚謹慎，這人名述，京兆人氏，時為山都縣長。另一個是杜季良，豪俠好義，這人名保，也是京兆人，時為越騎司馬。信中言外之意，是說這人不大安分。就有杜保的一個仇人，忽然上表控告杜保，說他行為浮薄，結黨營私，造謠生事。表中便引據馬援的家書，又說杜保和梁松、竇固來往最密。光武素來信重馬援，見表大怒，立將杜保免職，並提升龍述為零陵太守。又把梁松、竇固喚來，拿書表給他們看，把他們大大的斥責了一頓，嚇得梁松、竇固叩頭流血，謝罪不已。從此梁松和竇固，都懷恨馬援。現在放下這些閒話不談，回頭來敘述這些年中國北方夷狄的情形。

　　塞北的匈奴，自從呼韓邪歸降之後，世為中國之北藩。呼韓邪死，子雕陶莫皋立，是為復株累若鞮單于。以後兄弟相傳，三傳到囊知牙斯，是為烏珠留若鞮單于，這正是王莽的時候，單于因為拒絕王莽的封號，而叛離了中國，這在前面都已說過。囊知牙斯死，傳弟咸，是為烏累若鞮單于。咸不久復死，傳弟輿，是為皋若鞮單于。這時到了更始建武之際，在北方割據的群雄，如盧芳❶等，就是和單于輿相勾結。建武初年，光武方致力

---

❶　今河北邢台。

中原，自然無暇去應付匈奴。就在建武六年，曾經一度派遣歸德侯劉颯往使匈奴。匈奴雖亦遣使答聘，可是單于輿態度驕橫，對於漢使極其無禮，並與盧芳聯絡為亂不已。建武九年，隗囂死後，隴右局勢緩和。光武乃抽調兵力，派吳漢與王常等四將，率領五萬兵馬，出高柳去討伐盧芳的悍將賈覽。匈奴來救，吳漢竟被擊敗，因此匈奴越發猖狂。光武乃拜王霸為上谷太守，駐兵上谷。另命朱祐屯兵常山，王常屯兵涿郡，侯進屯兵漁陽，把守住緣邊的關口，以防禦匈奴。建武十年春正月，吳漢率領王霸等四將軍合統兵馬六萬人，再出高柳❷，與匈奴及盧芳、賈覽之軍大戰於平城，將匈奴與賈覽等擊走。於是從代郡到平城，緣邊三百里間，加強防禦工事，修復曾經敝壞的城塞亭障與烽火臺。雖然如此，仍不能遏制匈奴的侵擾，就在建武十五年，將代郡、上谷、雁門一帶沿邊的居民，一齊遷入內地，免遭匈奴的蹂躪。到建武十六年，盧芳忽然率同他的部將閔堪、閔林等，遣使入塞請求歸降。原來是匈奴聽說中國懸重賞購求盧芳，匈奴貪慕漢朝的財物，便合謀縱令盧芳來歸，一則是騙取錢寶，再則是窺探中國的虛實。朝廷初不知是計，聽說盧芳請降，為了息事寧人，也不咎既往；便詔封盧芳為代王，閔堪為相，閔林為太傅。盧芳等受了漢朝的優待，也有心真想歸順，即上書謝恩並請求入朝。朝廷漸覺盧芳可疑，著令留居塞上，緩期朝謁。盧芳因之惴惴不安，又復逃返匈奴。經此波折，單于輿一無所得，大為氣憤，就在建武二十年、二十一年，連續勾結烏桓、鮮卑入寇，而有馬援之出兵。這烏桓、鮮卑是東北方兩個民族，同為東胡之後，過去有時與匈奴為敵，有時則為匈奴的附庸。

　　建武二十二年，匈奴皋若鞮單于輿死，傳弟左賢王蒲奴。從二十一年到二十二年，匈奴境內發生大規模的旱災，赤地幾千里，草木皆枯，人畜饑疫，死者大半。朝中一班武將，都道是天與之機不可失，勸光武皇帝乘此大張撻伐匈奴。朗陵侯臧宮尤其興奮道：「臣願得五千騎兵，縱橫匈奴之中！」光武見他如此誇張，笑道：「常勝之家，難與慮敵。這事不可魯莽，

❶　盧芳後死在匈奴。

❷　今山西陽高。

若要討伐匈奴，待我仔細考慮。」過了些時，臧宮見朝廷沒有動靜，忍耐不住，便與楊虛侯馬武共同上書曰：

匈奴貪利，無有禮信，窮則稽首，安則侵盜，緣邊被其毒痛，中國憂其抵突。虜今人畜疫死，旱蝗赤地，疫困之力，不當中國一郡。萬里死命，縣在陛下。福不再來，時或易失，豈宜固守文德而墮武事乎？今命將臨塞，厚縣購賞，喻告高句驪、烏桓、鮮卑攻其左，發河西四郡、天水、隴西羌胡擊其右。如此，北虜之滅，不過數年。臣恐陛下仁恩不忍，謀臣狐疑，令萬世刻石之功不立於聖世。

我們看漢光武帝劉秀，這些年東征西討，臨陣勇決；而料敵制勝，攻無不克，他絕不是一個怕事而沒有果斷的人。可是對於匈奴用兵，這是要舉全國之力為賭注，必須要深思熟慮，有通盤的計劃，非可操切。正因為光武的善於用兵，也就深知用兵之艱難。他經過慎重考慮的結果，決定不征匈奴，並且答覆了臧宮馬武一道詔書，說了一篇大大的道理，其文曰：

〈黃石公記〉曰：「柔能制剛，弱能制彊」。柔者德也，剛者賊也，弱者仁之助也，彊者怨之歸也。故曰：有德之君，以所樂樂人；無德之君，以所樂樂身。樂人者其樂長，樂身者不久而亡。舍近謀遠者，勞而無功；舍遠謀近者，逸而有終。逸政多忠臣，勞政多亂人。故曰務廣地者荒，務廣德者彊；有其有者安，貪人有者殘。殘滅之政，雖成必敗。今國無善政，災變不息，百姓驚惶，人不自保，而復欲遠事邊外乎？孔子曰：「吾恐季孫之憂，不在顓臾。」且北狄尚彊，而屯田警備傳聞之事，恆多失實。誠能舉天下之半以滅大寇，豈非至願；苟非其時，不如息人。❷❶

---

❷❶　按臧宮上書請征匈奴與光武答旨，《資治通鑑》錄自〈范書臧宮傳〉，均作二十七年，而匈奴旱災在二十一、二年，此為討伐匈奴之機會。到二十七年，南匈奴已降，北疆平定，不應更議征討，故今敘在二十二年匈奴荒旱之後，以待考。

　　卻說呼韓邪單于之孫，烏珠留若鞮單于之子，名比，封為右薁鞬日逐王，統領匈奴南部地。因為不得立為單于，常發怨言。蒲奴單于恐怕他造反，經常派遣兩個骨都侯監視著他，日逐王比更加氣憤。又逢國內饑荒，人心不定，就在建武二十三年，派遣漢人郭衡，奉匈奴地圖，詣西河太守，請求內附。事為骨都侯所悉，會逢五月，匈奴大會龍城之日，骨都侯就報知單于，與單于合謀，擬趁日逐王比進帳的時候，把他殺死。有人將消息告知了日逐王比，日逐王急忙逃回南部，集合所領八部兵，有五萬多人，控弦持刃，防備單于。果然單于從後追來，見日逐王有備，就引兵退走。日逐王既與蒲奴單于絕裂，南方八部大人就共同擁立日逐王比為單于，稱做醢落尸逐鞮單于。於是匈奴分為南北兩國，彼此對抗。蒲奴單于又稱北單于；醢落尸逐鞮單于又稱南單于，時在建武二十四年春。南單于既與北單于為敵，要爭取奧援，就派遣使者入塞，請求漢朝的保護，自稱願為藩臣，同禦北虜。光武召集群臣商議，大家認為夷狄狡獪，真偽難知。唯獨五官中郎將耿國說：「匈奴勢窮來歸，乃是實情，不必過分懷疑。正當如漢宣帝受降呼韓邪的故事，以彰朝廷威德。使單于比東撫鮮卑，北拒匈奴，也是以夷制夷之道。」光武深以為然，就接受了單于的請求。建武二十五年春，南單于遣其弟左賢王莫，率師北伐，大敗北單于，生擒北單于之弟薁鞬左賢王，卻地千餘里，收降了三萬多人。當年三月，南單于再遣使貢獻，並送侍子入朝，重申舊約。光武見他如此恭順，遂於二十六年春派遣中郎將段郴，副校尉王郁，出使南匈奴。南單于親自到塞上來迎接使者，並遣使答聘，又進貢駱駝兩匹，文馬十匹。光武大為歡喜，再遣使者賜給單于冠帶衣裳、黃金璽綬、安車羽蓋、寶劍弓箭、黃金錦繡、樂器鼓車、棨戟甲兵以及飲食器物，名色繁多，不勝列舉，以表示漢朝的恩寵。因為匈奴連年饑荒，特詔發河東米糒二萬五千斛，牛羊三萬六千頭，以資助單于。令中郎將段郴，率領屯兵五千人，駐在單于庭中，保護單于，兼協同單于處理一切政務。南單于感德畏威，那年冬天，再遣一子入朝。二十七年元旦，復遣使專誠朝賀，天子特賜繒綵萬匹，黃金十斤，及橙橘龍眼荔支等珍奇之物，叫使者帶回，分別贈與單于母后，諸位閼氏，下及左右賢

王，谷蠡百官，並送還前侍子。於是贏得匈奴君臣上下，皆大歡喜，他們
都把漢朝看做天堂一般。匈奴的習俗，每年於正月、五月、九月，有三次
大祭天神。南單于特將大漢皇帝的牌位，和天神並列，一同拜禱。那年冬
天，北單于遣游騎襲擊南單于，南單于迎戰不利。光武聞知，特下詔書，
令南單于遷居西河美稷❷，依塞為固。便令段郴王郁長期留駐在西河，命
西河長史每年調撥二千五百騎兵，助中郎將護衛單于，冬屯夏罷。如此，
國有常守，士有更休，從此兩國交歡，南單于真正成了中國北面的屏藩。
北匈奴見南單于臣服中國，既受保護又得賞賜；他是既畏懼而又羨慕。乃
將所掠漢民，陸續放還，並遣使者從武威入塞，請求和親，亦願與中國修
好，天子未許。到了建武二十八年，北匈奴又遣使進貢馬裘，再求和親，
並願率西域諸國，同來獻見。光武與群臣計議，司徒掾班彪❸奏稱：「北
單于見南單于來附，懼謀其國，故屢次入貢求親。其貢獻愈多，正見其國
力愈虛；其求親愈切，正見其恐懼愈甚。既知其心，則可加以羈縻，不必
嚴辭拒絕。然朝廷答書，措辭必須得體。」因在奏章中附陳了一篇代擬的
國書。光武看了，非常高興，立即採納了班彪的意見，並採用了班彪所擬
的國書，答復北匈奴。這篇國書的措辭確是微妙，大意是說：「單于不忘
漢恩，追念先祖舊約，欲修好和親，欲輔身安國，計議甚高，唯單于嘉之。
但南北單于，皆為呼韓邪子孫。前南單于款塞歸命，曾請命欲歸掃北庭；
今北單于又欲與漢和親，皆拒而未許，所以成單于忠孝之義。漢秉威信，
總率萬國，日月所照，皆為臣妾，殊俗百蠻，義無親疏。服順者襃賞，畔
逆者誅罰。西域原屬中國，如來獻見，何須匈奴率領。近聞匈奴，連年災
亂，國內虛耗。今款誠已達，貢物所以通禮，何必來獻馬裘。茲特賜雜繒
五百匹，弓鞬韇丸一，矢四發，贈與單于。又賜左骨都侯，右谷蠡王，雜
繒各四百匹，斬馬劍各一。單于前言，先帝時所賜呼韓邪，竽瑟箜篌皆敗，
願復裁賜。念單于國尚未安，方屬武節，竽瑟何用？故未以賚，非朕愛小

---

❷　今綏遠南部。

❸　本為竇融從事，融歸朝，光武問他所上奏章誰人所作，答稱從事班彪，遂召
　　入朝，舉司隸茂才，復為徐令，又為司徒掾。

物也！」這封國書，寫得何等氣派，真是泱泱大國的風度。漢光武就運用這八分政治，兩分軍事的策略，不用勞師動眾，而控制了南北兩匈奴。使近者臣服，遠者畏威。這果然實現了他所謂以柔克剛之道，和漢武帝的作風又自不同。他之所以獲得這項成功，固然是由於他的遠見卓識；同時也是因為一則匈奴的天災人禍自取滅亡；再則中國的統一復興，已經恢復了充沛的國力。一個民族國家，必須要有強大的實力為後盾，才能不戰而屈人，也才能作得出漂亮氣派的文章。在建武二十五年，遼西的烏桓大人郝旦等，見匈奴附漢，亦率眾款塞來降。詔封其渠帥八十一人為侯王，使居塞內，給其衣食。並置護烏桓校尉於上谷甯城，兼督察鮮卑的動態。於是北方緣邊一帶完全平靜，乃令雲中、五原、朔方、北地、定襄、雁門、上谷、與代郡八郡流徙在外的人民，一齊回歸故土，重理舊業。在那些廢址荒丘上，又重新建設起溫暖的田園。有了國家的保護，百姓才能獲得免於恐怖之自由。

　　當北方經略匈奴之時，在中國的腹部地方，忽然發生了一度變變。原來在今湘西黔東這一帶崇山峻嶺荒煙瘴雨之地，交通阻塞，地勢偏僻，自古為蠻夷之區。秦昭王使白起伐楚，始於其地置黔中郡，漢興改為武陵郡。武陵有五溪，為雄溪、樠溪、無溪、酉溪、辰溪，緣溪都是蠻人居住，稱為五溪蠻。蠻人不解耕種，也不納田賦，其俗善織布，歲令大人輸布一匹，小口二丈，叫做賨布。這些蠻人，群居山地，和漢人言語不通，風俗不同。由於隔閡誤會，時常發生衝突和變亂，但不足以為大患。在光武初年，中原紛亂，蠻人因之勢力日大。到了建武二十三年，其酋長單程等，忽然率領蠻兵，從山地大舉入寇，侵擾武陵郡縣。朝廷派遣武威將軍劉尚，發南郡長沙武陵三郡之兵一萬多人去討伐。劉尚率兵乘船上泝沅江，深入武谿蠻境，山深水疾，船不得上。糧盡退兵，緣途被蠻人邀擊，劉尚大敗，全軍覆沒。建武二十四年，單程等乘勝進攻臨沅，再命謁者李嵩與中山太守馬成討之。都被蠻兵擊敗，於是武陵一帶，地方大亂。消息傳到都中，新息侯馬援得知，自告奮勇，入朝請命。那時馬援年紀已經六十二歲，光武憐其老，馬援不服氣道：「臣雖年邁，仍能被甲馳馬，不減少壯！」光武不

信，馬援就在殿前，牽過了戰馬，一躍而上，馳縱顧盼，精神抖擻。光武笑道：「矍鑠哉，是翁也！」即下詔書，命伏波將軍馬援，率領中郎將馬武耿舒劉匡孫永等，發十二郡募士四萬餘人，往征五溪。馬援臨行的前夕，與好友杜愔作別道：「我受國家厚恩，已經到了歲暮餘年，常恐不能死於國事。這次出征，萬一不回，我也甘心瞑目。所可慮的，是近日朝廷，有一班少年新貴，與我不和。恐怕他們從中生事，貽誤了戎機！」說時不勝憤惋。馬援於二十四年秋末，從都中出發，二十五年春，大軍到了臨鄉❷。適逢蠻賊進攻縣城，馬援即麾軍迎頭痛擊，斬獲了兩千多人，蠻賊一齊散走，遂引軍前進至下雋縣。從這裡有兩條道路進入蠻區，一條從壺頭前進，路險而近；一條從充縣前進，路平而遠。中郎將耿舒主張走平路，馬援道：「如今兵多糧少，不能曠日持久，須要速戰速決。一則節省人力物力；再則由險路出其不意扼敵咽喉，可一戰而成功！」遂於暮春三月之時，兵向壺頭出發。進了壺頭峽口，四面都是高山，有如陡壁一般，中間一條狹流，險灘急湍，水如沸湯。舟船牽挽不上，一天才走十幾里。越進入山谷，氣候越熱，暑潦蒸淫，士卒一個個上吐下瀉，都患了時疫，連馬援自己也病倒在軍中。只好暫停前進，就岸旁掘山為土室，避暑休養，忽聽得半山之上，鼓聲如雷，馬援扶病出來瞭望。只見山巔上到處是蠻人，在那裡喧呼叫罵。氣得馬援渾身發抖，猶自強打精神，力疾指揮，左右士卒都為之流淚。獨有中郎將耿舒心中憤憤，深恨馬援不用其計。原來耿舒，就是光武心腹好侯耿弇之弟。他見兵困中途，便派人上書報告他哥哥說：「前舒欲由充縣進擊，雖然路遠，兵馬可以暢行，士卒皆願效命，唯獨伏波不肯。如今兵困壺頭不得寸進，將使數萬之眾，怫鬱而死，誠可痛惜！伏波將軍有如西域賈胡，到一處輒止，遂致處處失利，皆如舒言。」耿弇就將原信轉奏天子，光武見信大吃一驚。深恐伏波年老誤事，又慮前方將帥失和，即命其愛婿虎賁中郎將梁松星夜前往壺頭去代替馬援監軍。這梁松正是馬援的對頭，他到了前方，可憐馬援已經病歿在軍中。梁松根據耿舒的許多報告，上書陳述馬援種種過失，說他因為自私與偏見誤了軍機大事，造成

❷　今湖南沅陵縣東。

慘重的犧牲。光武不禁勃然大怒，就派使者前往收取新息侯印綬。可嘆世態炎涼，人情淡薄，不是錦上添花，就是落井下石。交阯地方特產一種薏苡米，可以卻病延年，並能祛除溼氣。馬援前在交阯作戰時，日常服用，後來回國時，裝載了一車到洛陽。朝廷裡有些沒見識的人，看了眼熱，都紛紛傳說：「馬援發了洋財，滿載珍珠而歸！」那時馬援正蒙榮寵，大家雖然忌妒，卻不敢說話。現在聽說馬援倒霉，紛紛在皇帝面前遞上了奏章，攻訐馬援之私，其中有一道奏章就專述珍珠之事❷❺。光武看了，好似火上加油，怒不可遏。做一個聖君真難，以光武那樣賢明，也有失察之處。馬援的妻子聞說天子震怒，皇皇不可終日。待馬援的棺木從前方運回，也不敢聲張，悄悄營葬。猶恐朝廷降罪，一家大小，以草索繫頸，匍伏入朝，乞求寬恕。光武也為之感動，便將梁松上書與許多奏章，一齊拿出，馬援妻子見了，這才知是被小人陷害。回到家裡，一連遞上了六道申冤奏本，天子的怒氣漸息。可恨的是，馬援平日所結交的那班賓客，竟沒有一個出頭為馬援打抱不平的。最後還是一個沒有受過馬援多大恩惠的，曾經做過雲陽縣令的朱勃，親赴洛陽，伏闕上書，其文曰：

臣聞王德聖政，不忘人之功，採其一美，不求備於眾。故高祖赦蒯通而以王禮葬田橫，大臣曠然，咸不自疑。夫大將在外，讒言在內，微過輒記，大功不計，誠為國之所慎也。故章邯畏口而奔楚，燕將據聊而不下❷❻。豈其甘心末規哉，悼巧言之傷類也。竊見故伏波將軍新息侯馬援，拔自西州，欽慕聖義，閒關險難，觸冒萬死。孤立群貴之間，傍無一言之佐，馳深淵，入虎口，豈顧計哉！寧自知當要七郡之使，微封侯之福邪？八年，車駕西討隗囂，國計狐疑，眾營未集，援建宜進之策，卒破西州。及吳漢下隴，冀路斷隔，唯獨狄道為國堅守，士民飢困，寄命漏刻。援奉詔西使，鎮慰邊眾，乃

❷❺ 薏苡俗稱薏仁米，被人認做了珍珠，馬援以此獲罪。後世凡人本未受錢得賄而被冤者，輒曰：「薏苡明珠」，成了一個通用的典故。唐陳子昂詩云：「桂枝芳欲晚，薏苡謗誰明，無為空自老，含歎負生平。」

❷❻ 燕將攻下聊城，人或讒之於燕王，燕王將因保聊城而不敢歸。

招集豪傑，曉誘羌戎，謀如涌泉，埶如轉規，遂救倒縣之急，存幾
亡之城，兵全師進，因糧敵人，隴、冀略平，而獨守空郡，兵動有
功，師進輒克。誅鉏先零，緣入山谷，猛怒力戰，飛矢貫脛。又出
征交阯，土多瘴氣，援與妻子生訣，無悔吝之心，遂斬滅徵側，克
平一州。閒復南討，立陷臨鄉，師已有業，未竟而死，吏士雖疫，
援不獨存。夫戰或以久而立功，或以速而致敗，深入未必為得，不
進未必為非。人情豈樂久屯絕地，不生歸哉！惟援得事朝廷二十二
年，北出塞漠，南度江海，觸冒害氣，僵死軍事，名滅爵絕，國土
不傳。海內不知其過，眾庶未聞其毀，卒遇三夫之言**❷❼**，橫被誣罔
之讒，家屬杜門，葬不歸墓，怨隙並興，宗親怖慄。死者不能自列，
生者莫為之訟，臣竊傷之。夫明主醲於用賞，約於用刑。高祖嘗與
陳平金四萬斤以閒楚軍，不問出入所為，豈復疑以錢穀閒哉？夫操
孔父之忠而不能自免於讒，此鄒陽之所以悲也**❷❽**。《詩》云：「取彼
讒人，投畀豺虎；豺虎不食，投畀有北。有北不受，投畀有昊。」**❷❾**
此言欲令上天而平其惡。惟陛下留思豎儒之言，無使功臣懷恨黃泉。
臣聞《春秋》之義，罪以功除；聖王之祀，臣有五義**❸⓿**。若援，所
謂以死勤事者也。願下公卿平援功罪，宜絕宜續，以厭海內之望。
臣年已六十，常伏田里，竊感樂布哭彭越之義，冒陳悲憤，戰慄闕
庭。

---

❷❼ 龐共與魏太子質於邯鄲，共謂魏王曰：今一人言市有虎，王信乎？曰，否。
　　二人言，信乎？曰，否。三人言，王信乎？曰，寡人信。龐共曰：夫市無虎
　　明矣，然三人言，誠市有虎。今邯鄲去魏遠於市，謗臣者過三人，願王熟察
　　之。語見《韓子》。

❷❽ 鄒陽書曰：「昔者魯聽李孫之說而逐孔子；宋信子罕之計而囚墨翟。夫以孔墨
　　之辯不能自免於讒諛。」

❷❾《詩小雅巷伯篇》。

❸⓿《禮記》曰：「夫聖王之制祀也：法施於人則祀之，以死勤事則祀之，以勞定
　　國則祀之，能禦大災則祀之，能捍大患則祀之。」

　　光武看了這本奏章才釋然於懷。馬家受了這個意外的打擊，全家沮喪。尤其援妻藺夫人，刺激太深，得了怔忡之疾，精神恍惚。幸賴她有一個小女兒，聰明伶俐，那時年才十歲，幫助母親料理家事，居然井井有條。她的從兄馬嚴，忽有所悟，想起了一個維護門庭轉禍為福之道。適聞天子為太子群王選妃，便託人上書，將這個女孩子納入太子宮中。入宮之時，年方十三歲，幽嫻婉靜，討得陰皇后和宮中上下人人的憐愛。這就是後來一代閨範，鼎鼎大名的明德馬皇后。此乃後話不提。

　　卻說五溪前方，自馬援一死，軍中士卒也病死了一大半。光武再派謁者南陽人宗均，前往善後。宗均到了軍中，觀察了一番當前的形勢，召諸將議道：「方今道遠士疲，不能作戰，但蠻人亦困；我欲從權應變，矯詔招降，如何？」諸將一時不敢答應。宗均道：「忠臣愛國，不顧死生，我一切是為了國家利害，如天子降罪，我自承擔。」便假傳詔書，著令司馬呂种，前往蠻營去招安。這些無知的蠻人，原沒大志，不過是一時衝動，憑險頑抗。看見漢朝大軍壓境，相持日久，饑困交加，已經氣餒，再被呂种說以利害。群蠻果然接奉詔書，自動殺死其大帥而降。於是宗均親入蠻區，加以撫慰，為置長吏而還。群蠻乃平，時在建武二十五年冬十月。宗均回到洛陽，先上書自劾矯詔之罪。光武面加獎慰，赦罪錄功，賜以金帛。

　　再說玉門關外的西域，西域從漢武帝時的三十六國，到前漢末年，分裂為五十五國。王莽時，西域諸國與中國斷絕，重又受匈奴的控制。因為不堪匈奴的壓迫，都嚮念漢朝。這時各國中，以莎車為最強。莎車的老王延，在漢元帝時曾為侍子，住在長安多年，非常羨慕中國。回到西方後，總是稱道中國如何的富強康樂，戒其子孫要永遠事奉漢家。延死，子康即位。中國大亂，遠留在西域的中國都護吏士及其家眷妻子，有一千多人，不能回國，都受莎車王康的保護。後來莎車王遣人到河西來窺探中國的情形，竇融正在河西，便策封莎車王康為莎車建功懷德王西域大都尉，統治五十五國。莎車王也不清楚竇融在中國的地位，他以為受中國之封，便以都護自居，號令諸國。建武九年，莎車王康死，其弟賢立。到了建武十四年，西域也知道光武皇帝統一了中國，莎車王賢便聯合鄯善王安，共同遣

使入貢，並請求朝廷復置西域都護。光武未許。建武十七年冬，莎車王賢再遣使入貢，還是要求遣派都護。光武遂封賢為西域都護，賜以印綬。後來敦煌太守裴遵奏稱：「夷狄不可假以大權。」乃復詔令裴遵收還其都護印綬，由此莎車王怨恨；然仍自稱為都護，假借中國的名義以威服諸國。西域諸國受莎車王的欺壓，都想求取中國的直接保護。建武二十一年冬，車師前王，鄯善，與焉耆等十八個國家，都遣子入侍，貢獻珍寶。入朝時流涕稽首，一再請求漢朝派遣都護。光武以國家初定，西域遙遠，不願增加國家的負擔，乃婉言謝卻，並送還他們的侍子。這種羈縻的情形，一直維持到後來漢明帝時，才另有新的發展。光武對於西域，雖未用兵遣吏；但聲威的籠罩，已使西域和中國恢復了精神上的聯繫。另外，在中國的東方，漢朝稱為東夷。有許多東夷國家，在過去和中國沒有往來的，在建武年間也和中國發生了新的關係。高句驪在前漢時，一度為中國的藩屬，王莽時脫離，到建武八年，高句驪又遣使入貢，光武恢復其封號，遂復為藩邦。建武二十五年，高句驪北方的扶餘國王，遣使入貢，朝廷亦遣使答聘。高句驪的南方是三韓之地，三韓者，馬韓、辰韓、弁韓。建武二十年，有韓國廉斯縣人蘇馬諟等，詣樂浪郡貢獻，光武封蘇馬諟為漢廉斯邑君。又在韓國的東方大海之中，有一種倭人，住在許多的島上，共有百多個小國。其中最大的為大倭國，在邪馬臺島，距離韓國有七千多里。據《漢書東夷傳》說：倭人風俗，亦知種稻養蠶，繅絲織布，有城柵屋邑。男子黥面文身，女人被髮屈紒❸，國中女多於男，每一男子娶妻兩三人至四五人。在中元二年，倭奴國王遣使跨海入貢，光武帝特賜倭奴國王之印。這倭奴國就是日本，這是中國與日本發生邦交之始，時當西元 57 年，民國紀元前一千八百五十五年，亦就是漢光武帝在位的最後一年。算一算，光武皇帝劉秀，他二十七歲舂陵起義，三年而稱帝，稱帝後十二年而削滅群雄，那時他四十二歲。四十二歲以後，又繼續統治了中國二十年，在這二十年當中，可以說是：山河一統，萬國來朝，德服九州，威加海外，這才真正完成了他的中興大業。

---

❸　屈髮為髻。

第二十一講　光武中興(四)

光武求治　宋弘勸君　杜詩撫民
任延化俗　張堪治邊　郅惲護法
董宣強項　篤行勵志　偃武修文

在中國歷史上，許許多多的帝王之中，最富人情味，而最能表現人道精神的，就是漢光武帝劉秀。光武一生事業，完全是從極艱苦的環境裡，一步步奮鬥出來。他既不是一個狂妄的野心家；也不是一個好大喜功的梟雄。他是一個富有熱烈情感與冷靜頭腦的人。他的舂陵起義，是時勢所促成，他從不曾有過帝王的幻想。他年輕時，最大的慾望，不過想當一個皇帝面前的侍從武官，娶一位美貌的夫人，所謂：「仕宦當做執金吾，娶妻當得陰麗華。」他自己也沒想到，昆陽一戰，風雲際會，不僅有情人終成眷屬，而且威風凜凜做了司隸校尉。從此扶搖直上，一直登上了皇帝的寶座。他該是躊躇志滿，睥睨一世了。可是相反的，他更兢兢業業，戒慎恐懼起來。這因為他出身民間，深知事業的艱難，所以不敢稍存驕縱之心。你看他在即位後的第一個年頭，就是建武二年春正月，論勳行賞，大封功臣為列侯。這是一個開國的盛典，他下了這樣一道詔書，其辭曰：

> 人情得足，苦於放縱，快須臾之欲，忘慎罰之義。唯諸將業遠功大，誠欲傳於無窮，宜如臨深淵，如履薄冰，戰戰慄慄，日慎一日。

他另外頒給諸侯的丹書策文，其辭曰：

> 在上不驕，高而不危；制節謹度，滿而不溢。敬之戒之。傳爾子孫，長為漢藩。

他與群臣相勉，要「如臨深淵，如履薄冰」、「在上不驕，高而不危」，這

就是他的基本觀念。在建武七年三月癸亥這天，忽然發生日蝕之象，光武下詔罪己曰：

> 吾德薄致災，譴見日月，戰慄恐懼，夫何言哉！今方念惹❶，庶消厥咎。其令有司各修職任，奉遵法度，惠茲元元。百僚各上封事，無有所諱。其上書者，不得言聖。

繼又下詔曰：

> 比陰陽錯謬，日月薄食。百姓有過，在予一人，大赦天下。公、卿、司隸、州牧舉賢良、方正各一人，遣詣公車❷，朕將覽試焉。

由於天象示懲，光武乃若惶恐不能自容的求取臣民的意見，以便改過自新。建武十九年秋九月，聖駕南巡，走到汝南郡南頓縣，原來這裡是當年光武的父親劉欽做官的地方。光武就在縣衙內置酒歡會，詔免南頓縣田租一年。父老們都叩首，請求皇上加恩，免十年租稅。光武道：「天下重器，常恐不任，日復一日，安敢遠期十年。」這是何等謙虛持重，小心謹慎。所以形成光武這種態度，一則由於他的個性使然；再則由於他的思想背景。光武少時，在長安受《尚書》於中大夫許子威，一生喜好經學，有深厚的儒家修養；並於儒學中，參有黃老的思想。這種思想觀念，進而構成光武中興在政治上的四種特徵。

　　光武政治的首要特徵，是他的躬行節儉，以身作則。收拾一個殘破的社會，撫治劫後哀黎，是要與民休息。休息之道，是體恤民艱，培養元氣，從在上者以身作則，來倡導一種節約生產的風氣。史稱光武，「身衣大練❸，色無重綵，耳不聽鄭衛之音，手不持珠玉之玩，宮房無私愛，左右無偏恩。」建武十三年，有外國進貢名馬，日行千里，又進貢寶劍，價值百金。詔以

---

❶　思念自己的罪過。

❷　漢朝以公車接送應徵之人，公車集於司馬門，故司馬門亦稱公車，天下上事及徵召者皆集焉。

❸　即生絲煮熟，使柔軟潔白。

寶劍賜騎士，名馬駕鼓車。光武一朝從沒有大規模的營造宮室，或巡遊射獵。光武每親賜手諭給州郡方國，都是一札十行，細書成文。他之所以能保持這種嚴肅的生活，也是因為他能接受臣子的規諫，上下相勉，才構成一個廉明的政治風氣。譬如建武二年，代王梁為大司空的宋弘，就是一位能導輔君主的正人君子。這宋弘字仲子，京兆長安人。哀平之際，就在朝中為侍中。到王莽末年大亂，宋弘隱居在家，赤眉入長安，聞宋弘之名，遣使徵聘。宋弘被逼，走到渭水橋頭，投水自殺。後被家人救起，佯死得免。光武即位後，特徵拜為太中大夫，由太中大夫而為大司空，封栒邑侯，所得俸祿租稅，盡分贈族中貧寒，自甘淡泊。光武欽重他的人格端莊，便要他推賢進士。他就推薦了他的一位好友，就是沛國桓譚。桓譚在哀平之時，業已蜚聲朝廷。他博學多才，深通五經訓詁，尤善鼓琴，文章與揚雄及劉向父子齊名。光武即拜桓譚為議郎給事中。光武很欣賞他的文章，更欣賞他的琴技，每逢宴會，常令桓譚鼓琴。桓譚為了討好，奏了許多動人的繁靡之音。宋弘一旁聽了，極其不快，深悔不該舉薦桓譚。下朝之後，宋弘身著朝服，端坐在府中，命人往召桓譚。桓譚既至，宋弘岸然不以為禮，指著桓譚責道：「我之所以推薦足下，為了匡君輔國，誰叫你進鄭聲❹以穢亂天子的聖聰！」說得桓譚慚怍無地，叩頭謝罪而去。後來一天大會群臣，光武又令桓譚鼓琴，桓譚瞧著宋弘，神色張皇，舉止失措，光武大為詫異。朝罷，特將宋弘傳進，問其所以，弘奏道：「臣薦桓譚，望能以忠正導主，誰知他以鄭聲誘惑天子，前日臣曾斥責桓譚，所以他今天見臣而失態。」光武聽了，改容謝道：「這不怪桓譚，乃朕之過也！」從此遂不再叫桓譚鼓琴。又一日，宋弘在便殿謁見，光武倚在御榻之上，和宋弘暢談古今。榻後陳設了一座新裝屏風，上面繪畫著許多美女。光武談話時，屢屢顧盼。宋弘正色諫道：「臣未見好德如好色者！」光武即令左右，將屏風撤下，回頭笑謂宋弘道：「聞義則服，如何！」宋弘答道：「陛下能進德，小臣不勝歡喜！」光武的大姊湖陽公主，時在孀居，生活寂寞。光武打算給她找一位老成持重的伴侶，先讓公主自己物色。公主就看中了宋弘，說：

❹ 淫靡之聲。

「方今朝中群臣，威容德望，莫過宋公！」光武道：「待我來與你進行。」這天召見宋弘，先令公主坐在屏後，故意試探宋弘道：「俗語說：貴易交，富易妻，想這也是人之常情！」宋弘聽了把臉色一沉，奏道：「不然，臣聞貧賤之交不可忘，糟糠之妻不下堂！」待宋弘退下，光武告公主說：「這事不成了！」這也是宋弘所以策勉光武的一種生活意識。

　　漢光武所以要約束他自己的生活，其目的是為了愛護人民。要愛護人民，必須要解除人民的痛苦，建立一個新秩序。所以光武政治的第二個特徵，是安撫百姓，督導吏治。光武臨政之初，屢引見公卿郎將，廣求民瘼，觀納風謠。從事於保障民權，改善民生。他有兩項重要的措施。這兩項措施，是針對王莽的變法而來。王莽時收天下田為王田，奴婢曰私屬不許買賣，這項法令事實上並未貫徹，反而弄得秩序大亂。王莽末年，群雄割據，流氓地痞，乘火打劫，田地的掠奪更甚。光武當政，嚴禁豪梁兼併，幾次下旨命地方長官，徹底丈量檢核地畝。許多官吏陽奉陰違，或包庇權貴，或騷擾人民。建武十五年，光武在地方的奏章中，發現裡面夾著一封無名信，上面寫著兩句話：「潁川弘農可問，河南南陽不可問。」看了納悶，恰好他的小兒子東海公陽站在一旁。光武便問他：「你可明白這是什麼意思？」東海公說：「這許是他們的隱語，河南是帝城，多近臣；南陽是帝鄉，多近親。那些地方的田宅多踰制，不可查問。」光武恍然大悟，不禁震怒，立遣謁者去查辦。那年冬十一月，查出大司徒歐陽歙前為汝南太守，度田不實。明年九月，又查出河南尹張伋及諸郡太守十餘人，度田不實。一齊拿辦下獄，後來都死在獄中。光武從不輕易殺人，而為了保障人民的權利，不惜對於政府裡的高級官吏，予以最嚴峻的制裁。光武雖沒有實行平均地權，卻對於土地加以檢核、調整，與保障。其次，是對於奴隸的解放。在建武二年、六年、七年、十一年、十二年、十三年、十四年，連續頒布詔書，不許虐待奴婢，奴婢下妻有欲歸父母者聽其自便，不得扣留。建武十一年，那次詔書，尤其爽快。文曰：「天地之性人為貴，其殺奴婢，不得減罪，敢炙灼奴婢者論如律。」他雖沒明令廢除奴隸制度，卻予奴隸的身體自由以相當的保障。這在那個時代已經是很賢明進步的人道措施。

　　要愛護百姓，保障人民的權利，必須整飭吏治。因為地方行政長官掌握百姓生死禍福，會影響國家治亂，所以漢宣帝才曾說，「與我共天下者，其唯二千石乎。」漢宣帝知民間疾苦，重視吏治；漢光武亦知民間疾苦，故亦重視吏治。他在削滅群雄時，每光復一塊地方，必慎選一個太守，要他負起收拾民心，復興地方的責任。譬如他得到河內，河內是縮轂南北之重鎮，立命鄧禹推薦人才，鄧禹便舉薦了寇恂。寇恂果不辱使命，生聚教訓，河內為治。使光武能專心東降銅馬，南收洛陽，而無後顧之憂者，寇恂之功。建武三年，恂調任汝南太守，肅清盜賊，郡中無事，乃修學校，聚生徒，地方教化大興。建武七年，內調為執金吾，八年，隨帝西征隗囂，不久東還。光武聽說潁川郡盜賊群起，便命寇恂前往，寇恂甫到，盜賊皆降。光武駕幸潁川，欲攜寇恂再度出征。地方百姓扶老攜幼，跪在車前，挽留寇恂說：「願向陛下，借寇公一年。」光武便拜寇恂為潁川太守，於是潁川又治，寇恂一連撫治了河內、汝南、潁川三大郡，對於大亂之後關東的地方建設，有重大的貢獻。

　　潁川西南，是天子故鄉，南陽郡，這裡也得到了一位好太守。這人姓杜名詩，河內汲縣人，初為成皋令，遷沛郡都尉，汝南都尉，所在有治績。遂於建武七年拜為南陽太守。南陽雖是藏龍臥虎之地，但久經兵燹，又遭秦豐、延岑、鄧奉、董訢之亂，地方凋敝。杜詩到了南陽，先除暴安良，肅清了許多零星的土匪。然後製農器、興水利、修陂池、墾荒地。於是農村復興，家給戶足，百姓無不感悅。在六十年前，漢元帝時候，南陽也有一位好太守，叫做召信臣，百姓為之作歌道：「前有召父，後有杜母。」

　　光武在朝中，聽說會稽都尉任延有賢名，宣召入見，果然名不虛傳。那時南疆遼遠，不嚮王化，便特拜任延為九真太守。這任延字長孫，南陽宛城人。十二歲在長安太學讀書，即通《詩》、《易》、《春秋》，學中稱為任聖童。更始時拜會稽都尉，郡中賢士，皆與往還。他奉旨到了九真，九真在交阯之南，是最邊遠的一郡。偏僻野蠻，人民不解耕種，男女混雜，風俗淫亂，甚至父子不相識。任延為他們開田疇、造農器，教以稼穡。又為訂嫁娶之禮，限令男子年二十至五十，女子年十五至四十，必須婚配，

不許任意離合。不久，人口繁殖，都有了家庭之樂。百姓說：「我們得有兒女，皆任公之所賜！」許多人家的孩子，都取名叫任兒。任延治九真不到五年，又被徵入朝，九真人民無不思念任延，為他建立生祠。後來馬援征交阯，討徵側之亂，很得到九真民眾的合作，未嘗非任延之功。他兩人在越南，流風遺澤，並垂不朽。任延回朝，旋被調任武威太守，臨行時，光武囑付道：「須好好事奉長官，不要損失名譽。」任延立即回奏說：「臣聞忠臣不私，私臣不忠。奉公守法是臣子之節，若要上下雷同，誠非陛下之福！叫臣善事長官，臣不敢奉詔！」光武自慚失言，嘆道：「卿言是也！」武威是西北邊鄙，民風獷猂。任延到了那裡，誅鋤豪強，嚴明刑賞，北禦匈奴，南撫胡羌，威申令行，境內肅然。河西一帶雨少，延特設水官，專門修建溝渠，開發水利。又興設學校，振興教育，自掾吏以下，子弟皆強迫讀書，於是民生與教化，二者並興。河西四郡，是中國的西北隅，和河西遙遙相對的，是東北隅的幽州。河西的吏治建設，始於定隴右收竇融之後。

　　而東北幽州的政治建設，也在滅彭寵後開始。建武十五年，派騎都尉張堪與揚武將軍馬成，擊破匈奴於高柳，遂拜張堪為漁陽太守。張堪字君游，也是南陽宛城人，少時在長安讀書，便與光武相識。他到了漁陽，匈奴不敢入寇，賞罰必信，刁民不敢為姦。在狐奴地方，開闢了稻田八千多頃，勸民耕種。他在任八年，四民樂業，百姓殷富，地方上流行著幾句歌謠道：

　　　桑無附枝，麥穗兩岐，張君為政，樂不可支！

　　以上從關東的河內、汝南、潁川、南陽，說到邊疆的九真、武威、漁陽。略舉幾個封疆大吏，說明從中原到邊境，地方政治的概況。然而中樞京畿的地方行政如何呢？京畿是帝都所在，全國政治的中心，全國人民視聽之所繫，必然要能為全國的表率才行。邊地荒涼，人民之患多為貧苦僻陋，為政重在獎勵生產敦行教化。京畿富庶，人民之患多為驕逸，尤其權貴容易仗勢橫行，為政重在嚴申法紀，不可造成特殊階級。光武深明此理，

故他一方面絕不偏袒親私，一方面以身作則來表現守法的精神。譬如建武十三年，天下大定，光武帝心中非常高興，這一天偶然出去行圍射獵。回到洛陽上東門時，已是夜晚，城門關閉。天子侍從宣稱皇帝駕到，著令門候郅惲開城，郅惲回稱：「深夜莫測，國法森嚴，雖天子不敢奉詔！」光武不得已，改由東中門進城。次日一早，郅惲入朝上書諫曰：「昔文王不敢槃于游田，以萬民帷正之供❺。而陛下遊獵山林，夜以繼晝，其如社稷宗廟何！」光武覽奏稱嘆，立賜惲布一百匹，以示嘉獎；而將東中門候免職。不久，光武便升郅惲為太子侍講，教授太子《詩經》。說起這郅惲，也是一個怪人。他字號君章，汝南西平縣人。少讀書，深通《韓詩》與《嚴氏春秋》，明天文曆算。王莽篡位時，他到長安上書，痛斥王莽，王莽大怒，將郅惲捉拿下獄。後遇赦獲釋，逃往蒼梧。建武初年，他回歸汝南西平，隱居在故鄉。西平縣令慕其為人，一再敦請他為門下掾。他有一位好友，姓董名子張，其父為鄉人所害，恨恨不能報。後來子張忽然得了重病，郅惲前往探看，只見子張命已垂危，剩了一口氣奄奄不絕，睜著眼睛看著郅惲，好像有話說不出來。郅惲明白，就袖刀出戶，偏偏湊巧，就在街上碰見了子張的仇人。郅惲上前一刀將那人刺死，順手割下頭來，提示子張，子張果然瞑目而逝。可是這事鬧大了，街上紛紛傳說，縣掾白晝殺人。郅惲乃昂然走上縣堂，自首請罪道：「為友報仇，是我私情，為民守法，是國之綱紀。我既不能負友以忘義，我也不能貪生以違法。」說罷，自己走入監獄，戴上刑具。那西平縣令，也是個最講義氣的人，非常同情郅惲。親到獄中，勸惲出獄，惲不肯。縣令情急，拔刀自向道：「你不依我，我便自殺。」這才把郅惲拖出。後來依法處理，查明那仇人平時作惡多端，死有應得，也就赦免了郅惲，旋升為汝南郡功曹。可是郅惲性情鯁直，總是與人落落難合，辭往江夏，教讀為生。後來被舉為孝廉，入都做了上東城門候，終因執法無私而獲得天子的賞識。又有一件事，是在建武十九年，帝姊湖陽公主家蒼頭白晝殺人，躲在公主府中，官吏不敢逮捕。過了些時，公主出門，那蒼頭竟陪坐在公主的車上。洛陽縣令陳留人董宣，率領縣府

❺ 見《尚書無逸篇》。

中徭役兵丁，攔住車駕。董宣向前，以刀劃地，大聲指責公主，不該袒護家奴，藐視王法。說罷，即叱左右將那蒼頭從車上拉下，在大街之上，當著公主與百姓，就地正法。公主受了羞辱，即驅車入宮進謁天子，向她弟弟啼啼哭哭地訴說了一遍。光武聽了一面之辭，不禁勃然大怒。立召董宣入朝，喚廷前武士將宣捽下丹墀，立即箠殺。董宣大喊道：「臣願得一言而死！」光武道：「你還有何話說？」宣道：「陛下聖德中興，而縱奴殺良人，不知將何以治天下！臣不須箠，請得自殺！」說罷，以頭撞柱，血流滿面。光武怒氣漸平，忙叫小黃門捉住董宣，說道：「朕恕卿不死，但須向公主謝罪。」令董宣向公主叩頭，董宣不肯，帝令小黃門強按之，那董宣兩手據地，挺起頸項，抵死不從。光武看了不覺好笑起來，就命左右：「將那強項令與我扶出！」並賜錢三十萬，以嘉勉其嚴正剛直。這可把湖陽公主氣壞，責備光武道：「你從前為白衣時，和你哥哥收納亡命之徒，聚眾造反，何等英雄！沒想到你今天做了天子，連一個小小的縣官都壓不住！」光武又笑道：「你那裡曉得此中道理？正因我今為天子，所以與白衣不同！」經光武皇帝這一番鼓勵，於是董宣在京師中，搏擊豪強，無所忌憚。一班權貴，無不戰戰兢兢，守法唯謹。洛陽城中人，稱董宣為臥虎，作歌道：「枹鼓不鳴董少平！」少平董宣之字。董宣做洛陽令，一直做了五年，老死在任所，享年七十四歲。卒後，天子令人往視喪，只見他家裡四壁蕭然，一床布被掩覆著屍體，妻子伏在一旁啼哭。後院裡存有大麥數斛，破車一輛，景況十分淒涼。光武聞知嘆道：「董宣死後，更見貞廉！」乃拜其子為郎中。從這幾個故事，說明光武時的地方政治，能上下合作，努力從事於物質精神的建設；更樹立正義與法理，來打擊強暴，扶護善良。使百姓從多年的戰亂憂患裡，走進一個康樂的境域。

　　光武政治的第三個特徵，是以柔術治天下。建武十七年，光武巡幸到南陽故鄉，駕臨章陵，修理園廟，省視田廬，就置酒作樂，歡宴親戚父老。宗室中許多老太太們，吃得醉醺醺地談笑道：「文叔年輕時，規規矩矩，多麼老實溫柔，真沒想到他今天會做了天子！」光武聽了笑道：「你們那裡知道，我治天下，也是用著柔術啊！」什麼是柔術，柔術就是和平仁恕的

博愛精神，所謂在德不在力。他對待臣下，完全以恩義相懷納，開國的功臣名將，不曾殺害過一個。與他的祖宗劉邦，是完全不同，這在創業的帝王中，是極少見的。

　　馮異滅赤眉後，進駐關中三年，百姓歸心，號為咸陽王。就有忌妬馮異的，在朝中散布謠言，嚇得馮異上書一再自白。光武復旨道：「將軍之於國家，義為君臣，恩猶父子，何嫌何疑，而有懼意！」後來馮異自關中入朝，光武特為引見公卿道：「此我起兵時主簿也，為我披荊棘定關中！」朝罷遣中黃門賜以珍寶衣服金銀錢帛，並附詔曰：「倉卒無蕪蔞亭豆粥，滹沱河麥飯，厚意久不報。」這話說得多麼誠摯。馮異感動，入宮謝恩道：「臣聞管仲謂桓公曰：『願君無忘射鉤，臣無忘檻車。』齊國賴之❻。臣今亦願國家無忘河北之難，小臣不敢忘巾車之恩。」君臣之際，真是推心置腹，肝膽相照。建武九年，征虜將軍祭遵卒於西北旅次，祭遵忠勇廉潔，嘗毀家輸國，身後非常蕭索。當祭遵的靈柩到了河南，光武特詔百官齊往喪所，天子親自素服哭臨，涕泣不能止。命大長秋謁者河南尹護喪事，大司農給喪費。其後臨朝，每流淚嘆息說：「那得憂國奉公之臣，如祭征虜者乎？」衛尉銚期道：「陛下念祭遵不已，群臣皆內懷慚怍！」第二年，馮異也死在軍中，銚期也積勞而卒。銚期歿時，光武親往，問以後事，期道：「方恨死無以報國，何問個人身後之事！」在光武的精誠感召之下，那時沒有一個臣子對於君主國家，沒有責任感的，所以馬援「馬革裹屍」的話，實非偶然。光武不僅對於臣下仁愛，即便對待和他抗衡的政敵，也是一樣寬大為懷。劉玄與光武有殺兄之仇，玄後為赤眉所殺，玄妻率領三子來歸，皆封為侯。劉盆子降後，居洛陽，賜田宅終老。岑彭、朱鮪等，都是敵將，一旦棄嫌來降，立即化仇為友。竇融是西方三大勢力之一，隴蜀滅後，融自河西來歸，先封冀州牧，後拜大司空。融弟友拜城門校尉，長子穆尚內黃公主，穆子勳尚沘陽公主，友子固拜黃門侍郎尚涅陽公主。竇氏一門之

---

❻　管仲將兵遮莒道射齊桓公中鉤，後管仲被俘，囚於檻車送詣桓公，桓公釋以為相。後齊桓公與管仲飲，酒酣，管仲上壽曰：「願君無忘射鉤，臣亦無忘檻車。」參見《史記》與《新序》。

內，一公，兩侯，三公主，四二千石。最難能的，是光武這種態度，出諸至誠，並非權詐，故能與人為善，終始如一。更推廣到對異族戎狄，也以息事寧人為原則，不製造仇恨，不擴大糾紛，俾變干戈為玉帛，化乖戾為祥和。

　　光武政治的第四個特徵，是獎勵士節，尊重自由。何謂士節？士節就是富貴不能淫，威武不能屈的獨立人格。有獨立人格的人，才是人才而不會是奴才。獨立人格必須從自由意志中培養出來；在暴力奴役的政權下，是不會有獨立人格的。所以王莽篡位，頌揚功德的有四十八萬七千多人，這些人那裡有氣節，那裡有獨立的人格。也就因為王莽只會偽造民意，不能培養士節，養了一大批奴才，所以他的政權不旋踵而滅亡。漢光武懂得這個道理，他知道要建設社會，先要從心理建設入手。乃特別著重於士子人格的培養，氣節的鼓勵。對於盡忠報國的人，固然重重獎賞；對於那些不慕榮華，清操自守之士，也予以嘉勉。譬如光武有一位老同學，姓嚴名光字子陵，會稽餘姚人。少有高名，自從光武做了皇帝，他的許多同鄉同學，都去攀龍附鳳；唯獨嚴光隱居不出。光武思念不已，著人到處去尋訪。訪到齊國地方，有一位隱士身披羊裘，在湖濱垂釣，其狀頗像嚴光。報知光武，光武急備安車玄纁，遣使者將那人迎接進京，果然就是嚴光。延就賓館，令太官朝夕進膳。天子御駕親臨，先來探看。只見嚴光睡在榻上，高臥不動。光武就坐在他的身旁，以手撫其腹道：「咄咄子陵，竟不肯相助邪？」嚴光半晌才睜開眼睛道：「昔日唐堯著德，巢父洗耳❼，士各有志，何必相強！」再要說時，嚴光不答。光武乃嘆息升車而去。兩天後，又將嚴光接進宮去，和他暢敘生平。光武笑問光道：「你看我比當年如何？」光道：「陛下稍有長進。」當晚，就與嚴光同榻而眠，睡到半夜，嚴光不覺將腿放在光武的腹上。次晨太史奏稱：「昨觀天文，見客星犯御座甚急！」光武笑道：「是朕與故人嚴子陵共臥耳！」光武無論如何留嚴光不住，只得讓他回去。後來嚴光一直隱居在故鄉富春山中，以耕釣終老，人稱其釣處為「嚴陵瀨」。又有太原處士周黨、東海處士王良、山陽處士王成等，先後

❼　巢父與許由為唐堯時高士，堯讓位於巢由，巢由不受。

被聘入朝。周黨陛見伏而不謁❽，但陳：「願守所志。」博士范升在一旁看了，心中不服，上殿奏道：「臣聞堯不須許由巢父而治天下，周亦不須伯夷叔齊而成王道。伏見太原周黨，三聘而後就車，陛見帝廷，伏而不謁，偃蹇自高。臣見周黨，文不能演義，武不能死君。他是故意的沽名釣譽，傲慢天子。臣願和他論政於雲臺之下，他如不能將臣駁倒，就請治他以欺君之罪！」光武認為朝廷要氣度恢宏，不須如此計較，下詔曰：

> 自古明王聖主必有不賓之士。伯夷、叔齊，不食周粟，太原周黨不受朕祿，亦各有志焉。

仍賜給周黨帛四十匹，送還田里。這就是說明，人民有說話的自由，也有不說話的自由；有參政的自由，也有不參政的自由。在光武皇帝這種鼓勵之下，養成了一股風氣，許多人都淡泊明志，不求仕進，如太原王霸、北海逢萌、扶風梁鴻，都為世所稱。其中梁鴻，更是個奇特的人物。鴻字伯鸞，少時家貧，在長安太學讀書，牧豬以自給。一日，偶然不慎，遺落火種，延燒了鄰舍。乃將所蓄豬仔，統統拿出，賠償損失。那家主人，猶以不足，梁鴻道：「身外別無他物，我只有為主人執役，以做補報。」主人盛氣之下，竟接受了梁鴻的請求，把他當做了一名傭工。鴻操作勤苦，毫無怨言。左右人家，都代他不平，紛紛指責那家主人，逼人太甚。那家主人事後也覺慚愧，便婉言謝卻梁鴻，並將他的豬仔如數送還。梁鴻執意不受，扭頭就走，回到家鄉扶風平陵縣。那時梁鴻尚未婚娶，鄉里中慕其高義，多少人家前來說媒，鴻皆未答。同縣孟家有一位小姐，長得又肥又黑，面貌醜陋，在家吃苦耐勞，年已三十，還未出嫁。梁鴻聞知，大感興趣，便託人介紹，納下了聘禮。結婚的那天，新娘子濃妝豔抹，盛飾入門。梁鴻見了，大為不快，一連七天，沒有和新婦說話。新婦大惑不解，跪在床前問道：「竊聞夫子高義，妾幸得奉箕帚，但不知何事開罪？」梁鴻道：「我原欲得一患難同志，那想到你也是一個嚮慕虛榮的婦女！」新婦笑道：「原來如此，妾正是要觀看夫子之志！」說罷，立即換上了荊釵布裙，操作而

---

❽　只稱自己的名而不稱臣。

前。梁鴻大喜，撫掌道：「此真梁鴻之妻也!」就為新婦起了一個單名，曰光，字德曜。這夫婦二人，志同道合，攜手共隱於霸陵山中，男耕女織，閒暇則詠詩彈琴以自娛，其樂也融融。光陰如矢，忽忽若干年後，到了漢章帝的時候。偶然出關，經過東都洛陽，一看那都市的繁華，宮殿的壯麗，恍如隔世，乃作了一首五噫之歌，其辭曰：

> 陟彼北芒兮，噫! 顧覽帝京兮，噫! 宮室崔巍兮，噫! 人之劬勞兮，
> 噫! 遼遼未央兮，噫!

這首詩歌傳入宮中，章帝聽了，頗為不悅，叫人搜尋作詩之人。梁鴻乃變易姓名，從關西逃往江東，來到吳縣地方，就傭於吳中富室皋伯通家。白天在他家廊下舂米，晚來回到屋裡，享受家室之樂，孟光侍候梁鴻非常恭敬，進食時總是舉案齊眉。他們雖是貧賤夫婦，琴瑟唱隨，從無爭吵。皋伯通深為詫異，覺得他們不是尋常之人，後來暗中調查，原來就是扶風梁伯鸞，乃待以上賓之禮。梁鴻就住在皋家，閉戶著書十餘篇而卒，這都是後話。我們從上述這些人物，看出一個社會風氣，一種人生態度。這種狹義的消極的個人主義，似乎不該提倡。不過要注意的，是這些人，他們的生活極刻苦，或為耕織，或為傭奴，以服役社會，以自食其力，還要在最低度的生活條件下，從事著書立說。他們不是為了逃避與享受，他們雖鄙高官厚爵而不為，遇有患難，常勇往以赴。這和後世許多擁資鉅萬，優遊林下，以風流自賞的名士不同。他們放棄了物質的享受，而重視精神的價值。由於這種風氣，影響到東漢兩百年的社會，義夫節婦，獨立特行之士，不絕於書。影響到東漢末年黨錮之獄時，那種激烈悲憤的殉道精神。這未嘗不是東漢民間，一種潛在的力量。

　　漢光武帝劉秀，本是儒生，可是半生出入戰陣，風塵戎馬；每在軍事倥傯之際，投戈講藝，息馬論道。他的軍事從未離開政治，政治從未離開學術。在建武十三年，隴蜀平後，他幾乎絕口不談軍事。有一天太子彊問攻戰之道，光武說：「昔衛靈公問陣，孔子不對。這些事，你現在還不須知道。」朝中一班大臣，如鄧禹、賈復等，也都明白皇帝的心思，想要偃

武修文，多自動解甲歸兵，敦習儒術，以列侯就第。光武乃以全力從事政治與學術的探討，與群臣朝議每到日昃，講經常至夜分。太子見皇帝勤勞不息，又一天乘機勸道：「陛下有禹湯之明，而失黃老養性之福，願節省精神，優遊自寧！」光武道：「我自樂此，不覺疲也！」那時在光武的提倡下，四方儒生雲會京師，如范升、陳元、鄭興、杜林、衛宏、劉昆、桓榮等，接踵而來。就是皇帝左右的近臣，如侯霸、張純等，亦皆經學之士。光武遂以武功始而以文治終。光武一朝的政治，是以儒家的仁恕精神為中心，一方面講求吏治，嚴申法紀；一方面講求柔術，尊重自由。文武兼備，剛柔相濟，以完成他的復興大業。可是任何一個人，任何一個政治，絕沒有十全十美的，光武自也不能例外。他有一個很大的缺點，他雖是個最有理智的人，卻迷信符讖，所以他的儒術也不純。經略河北時，多少人勸他即位稱帝，他不肯。及至彊華帶來〈赤伏符〉，一言而定。公孫述稱帝蜀中，他寫信勸降，其中也說了許多讖語。甚至軍國大事，有時也以讖文決疑。朝中自有許多人反對，而光武不聽。這也是從西漢末年王莽以來的一個時代病，明察如光武，竟不能免俗。當漢光武在位的第三十二年，即中元元年，起建明堂、靈臺、辟雍，並宣布圖讖於天下。那時桓譚還在朝為給事中，他是個最反對符讖的人，上疏極諫曰：

> 凡人情忽於見事而貴於異聞，觀先王之所記述，咸以仁義正道為本，非有奇怪虛誕之事。蓋天道性命，聖人所難言也。自子貢以下，不得而聞，而況後世淺儒，能通之乎！今諸巧慧小才伎數之人，增益圖書，矯稱讖記，以欺惑貪邪，詿誤人主，可不抑遠之哉！臣譚伏聞陛下窮折方士黃白之術，甚為明矣；而乃欲聽納讖記，又何誤也！其事雖有時合，譬猶卜數隻偶之類。陛下宜垂明聽，發聖意，屏群小之曲說，述五經之正義，略雷同之俗語，詳通人之雅謀。

光武覽奏不悅。後來朝廷討論，在什麼地方建造靈臺。光武問桓譚說：「朕將以讖決之，何如？」譚默然不響。光武再問，譚道：「臣不知讖！」光武問他為何不知？桓譚乃極力陳說讖書的荒謬，措辭激烈，把光武說得大怒。

斥道：「桓譚出言不遜，非聖無法！」即命左右，將桓譚推出斬首。嚇得桓譚叩頭流血，光武才饒他不死，貶出為六安郡丞。這桓譚也是倒霉，前因鼓琴受宋弘的斥責，今因直言又被天子罪譴。他已是七十多歲的人了，驚憂之餘，赴任時行至中途，一病而死。身後留有遺著二十九篇，論為政之道，名曰《新論》，這是一部有名的著作。

最後我們來談光武的宮闈情形。我們知道，光武在更始元年，納陰氏麗華於宛城。新婚不久，光武即奉命出征，留陰氏於新野。更始二年，光武在河北作戰，與新野消息隔絕，又娶了真定王劉揚的外甥女郭氏為夫人。建武元年，光武即位鄗城，便立郭氏為皇后，立郭氏之子彊為皇太子。建武二年，鄧奉叛變，新野大亂，光武遣將征討。明年，積弩將軍傅俊從戰地救出了陰夫人，送往洛陽。光武與陰麗華患難重逢，離合悲歡，恩愛越篤。打算還立陰氏為后，陰氏執意不肯，遂冊封陰氏為貴人。建武四年，陰貴人生子陽，封為東海王❾。陰氏本為原配，更兼美麗溫婉，郭后相形之下，寵愛日衰，時發怨懟。光武與郭后的感情終歸破裂，於建武十七年廢了郭氏，正式立陰貴人為皇后。下詔曰：

> 皇后懷執怨懟，數違教令，不能撫循它子，訓長異室，宮闈之內，若見鷹鸇。既無關雎之德，而有呂、霍之風，豈可託以幼孤，恭承明祀。……陰貴人鄉里良家，歸自微賤。「自我不見，于今三年。」❿宜奉宗廟，為天下母。

郅惲時為太子侍講，見郭后被廢，不免憂惶。入朝謁見天子奏道：「臣聞夫婦之好，父不能問子，臣豈能問君，故臣不敢言。但願陛下善其後，不要讓天下人有所議論！」光武點頭稱是。便進封郭后幼子劉輔為中山王，而封郭后為中山王太后。郭后既廢，太子彊不安。郅惲一再勸太子讓位避嫌。太子託左右與諸王，向天子陳情。光武不忍，遲疑了兩年，到建武十九年，終於立陰后之子東海王陽為太子，改名為莊，而退太子彊為東海王。

---

❾　劉陽初封東海公，後進爵為王。

❿　《詩經豳風篇》。

這兄弟二人，揖讓進退，得保友于之情，未嘗非郅惲之功。前漢孝景帝之子魯恭王劉餘，好治宮室，造了許多樓臺亭殿。時隔一百幾十年，這些建築多已不在，唯有一座靈光寶殿，造得非常壯麗，到建武時巍然猶存。光武對於東海王彊，總覺過意不去，乃封東海王兼食魯邑，就叫他以靈光殿為王宮，以酬其孝友之思。這也是歷史上一椿嘉話。自從陰后母榮子貴，朝廷上一班承風希旨之徒，都伺候陰家的顏色。建武二十八年秋，一日，光武大會群臣，討論要為太子立傅，群臣都舉薦太子的舅父執金吾原鹿侯陰識。博士張佚出班，大聲奏道：「不知道陛下今日立太子，是為了陰家，還是為了天下？如果是為陰家，自然請陰侯為傅；若為天下，則應慎選天下之賢才！」光武聽了，大為嘉賞張佚，道：「欲置太傅，所以輔佐太子，張博士這般正直，能匡助朕躬，必能匡助太子！我看不必再選賢能。」立即拜張佚為太子太傅，而拜博士桓榮為少傅。桓榮年逾六旬，是當朝一位鴻儒。太子既得張佚桓榮為師，果然德業日進，光武也了了一椿心事。陰皇后恭儉賢淑，少年愛侶，白頭偕老；皇太子聰明仁孝，膝下承歡，堪娛晚景。光武的室家之樂，也足以自慰。他這一生三十幾年的艱苦奮鬥，戰戰兢兢，小心謹慎，從個人家庭到國家天下，總算是修齊治平，功德圓滿。在他即位的第三十四年，即中元二年，二月戊戌，駕崩於南宮前殿，享年六十二歲。遺詔曰：

> 朕無益百姓，皆如孝文皇帝制度，務從約省。刺史、二千石長吏，皆無離城郭，遣吏及因郵奏。

光武皇帝是劉秀的謚法，因他繼絕存亡，撥亂反正，推翻王莽，削滅群雄，使炎漢政統斷而復續，故史稱「光武中興」。

第二十二講　明章之治㈠

辟雍敬老　雲臺紀功　士咸嚮義
民樂來蘇　浮屠垂教　楚王罹獄
廉范報功　萬里興師　孤城喋血

東漢孝明皇帝原名劉陽，後改名劉莊，為陰麗華皇后所生。在光武諸子中排行第四，從小長得眉清目秀，方面大耳，十歲上就能誦讀《春秋》，深得光武之鍾愛。建武十九年立為皇太子，中元二年二月戊戌，光武晏駕，太子即位為帝，年已三十歲。即尊母親陰氏為皇太后，尊父親光武皇帝廟號為世祖。以先朝元老鄧禹為太傅，胞弟東平王劉蒼為驃騎將軍輔政，安鄉侯李欣為司徒，楊邑侯馮魴為司空，節鄉侯趙憙為太尉。太傅鄧禹在職一年而歿，三公都是老臣，朝中政治，一秉舊規，上下無為而治。永平元年，西羌與烏桓雖曾一度入寇，不久便為竇固、馬武、祭肜所平。這時四夷無患，國內承平，真是風調雨順，國泰民安。東平王劉蒼奏稱：中興三十餘年，天下太平，應當興禮作樂，宣揚德教。乃集公卿，共議定南北郊祀之禮，冠冕車服之制，及光武廟歌，八佾舞蹈。永平二年，三雍（明堂、辟雍、靈臺）既成，春正月辛未之日，漢明帝親率公卿百官，祀光武皇帝於明堂。始遵用禮制，服冠冕衣裳❶玉佩絇屨❷，作八音之樂❸，功德之

---

❶ 《漢官儀》曰：天子冠通天，諸侯王冠遠遊冠，三公、諸侯冠進賢三梁，卿、大夫、尚書、二千石、博士冠兩梁，千石已下至小吏冠一梁。《三禮圖》曰：冕以三十升布漆而為之，廣八寸，長尺六寸，前圓後方，前下後高，有俛伏之形，故謂之冕。欲人之位彌高而志彌下，故以名焉。《輿服志》曰：衣裳以玄上纁下，乘輿備文日月星辰十二章，三公諸侯用山龍九章，卿以下用華蟲七章，皆五色采。

❷ 《禮記》，古之君子必佩玉，君子於玉比德焉。天子佩白玉，公侯佩山玄玉，大夫佩水蒼玉，世子佩瑜玉。絇屨，屨上作絇飾，穿孔為帶，絇者拘也，所

舞。禮畢，登靈臺，望雲氣❹，降旨大赦。三月，駕臨辟雍，行大射之禮。
冬十月，明帝再幸辟雍，舉行養老之禮，尊李躬為三老，桓榮為五更❺。
這養老之典，是表示國家的敬老尊賢，其禮儀非常隆重。到了十月壬子那
天，李躬桓榮都身穿都紵大袍，單衣皁緣，頭戴進賢寶冠，手扶鳩頭玉杖，
乘坐軟輪安車，到達辟雍禮殿。天子親自降階相迎，交揖而入。天子從阼
階前導，三老五更自賓階上升。三老南面，五更東面。三公上前設几，九
卿上前正履。天子躬自袒衣割牲，執醬而饋❻，執爵而酳❼。又恐老人飲
食不良，發生哽噎，另有兩位司禮的官員，一名祝哽，站在兩老之前；一
名祝噎，站在兩老之後，口中都念念有辭。這時堂上樂聲悠揚，奏起《詩
經鹿鳴》之篇。天子進食既訖，三公依次進獻如儀。禮畢，三老五更就席
而坐，弟子群儒按班就列。只見天子不慌不忙，展開簡冊，講了經書一章，
四座屏息敬聽，鴉雀無聲。這辟雍之所以稱為辟雍者，因為其形如璧，當
中一座大殿，殿外四門，門外圍繞著一圈環形的水池，名為泮水，水上架
著四座小小的石橋。當時圍在泮水四周，與站立在橋頭上觀禮的冠帶縉紳
之士，黑壓壓的有好幾萬人，無不點頭稱嘆，真是歷史上空前之盛事。於
是天子下詔曰：

以戒行。

❸ 古稱金石絲竹匏土革木為八音，就是八類發音的樂器。

❹ 《周禮》：保章氏以五雲之色，辨吉凶、水旱、豐荒之象。鄭司農注云：觀雲
色，青為蟲，白為喪，赤為兵荒，黑為水災，黃為豐稔。

❺ 三老五更有不同的解釋。宋均曰：三老者，老人知天地人三才之事者；五更
者，老人知五行更代之事者。鄭玄《禮記》註曰：老人更知三德五事者。應
劭《漢官儀》曰：三老五更三代所尊也，……三者，道成於天地人，老者，
久也舊也；五者訓於五品，更者，五世長子，更更相代，言其能以善道改更
己也。盧植《禮記》註曰：選三公之老者為三老，卿大夫之老者為五更。鄭
玄又註曰：三老五更各一人也，皆年老更事致仕者，天子以父兄養之，示天
下之孝悌也，名以三五者，取象三辰五星。總之，三老五更之名由來已久，
為自三代以來，國家尊敬公卿中年高有德之人。

❻ 進食。

❼ 進酒。

《易》陳負乘，《詩》刺彼己❽，永念憄疚，無忘厥心。三老李躬，年者學明。五更桓榮，授朕《尚書》。《詩》曰：「無德不報，無言不酬。」其賜榮爵關內侯，食邑五千戶。三老、五更，皆以二千石祿養終厥身。其賜天下三老，酒人一石，肉四十斤。有司其存者鲞，恤幼孤、惠鰥寡，稱朕意焉。

這說明養老之禮，含有報德追功，親親賢賢的意思。進而普賜天下三老，存問鰥寡孤獨，此所謂：「老吾老以及人之老；幼吾幼以及人之幼。」明帝能以身作則，來倡導倫常之愛，正是表揚儒家的基本精神。他更從多方面來振興儒術，他敕令皇太子諸侯王，及大臣子弟，功臣子孫，都要修讀經書。又為樊、郭、陰、馬❾四家外戚子弟立學於南宮，號四姓小侯學，為置五經師。此外宮中的侍衛，期門羽林之士，都要通讀《孝經》。一時宮廷內外，充滿了學術的氣氛。東漢儒術，經光武孝明之提倡而大盛。

桓榮字春卿，沛郡龍亢縣人。少時求學長安，專習歐陽《尚書》，事博士九江人朱普為師。家貧無資，為人傭工以自給。在長安讀書十九年，不窺家園。王莽之亂，他才回歸故鄉。聞說老師朱普去世，他趨往九江奔喪，就被當地人挽留在九江教學，有生徒好幾百人。時天下大亂，盜賊紛起。他偕同弟子，各抱詩書，逃入深山之中，雖饑餓困乏，而講習不輟。天下稍定，他又輾轉走到江淮一帶講經，所到之處，聲譽鵲起，成為一代鴻儒。在建武十五年，被徵聘為大司徒府掾，旋拜議郎，為博士。光武皇帝特令教授明帝《尚書》，那時桓榮已經六十多歲，到明帝即位，桓榮年已八旬開外。他一再上書告老，明帝總是依依不捨，慰賜有加。常駕幸太常府中，延桓榮就座，召驃騎將軍東平王蒼以下諸官，及生徒數百人群立堂下，明帝親自持經講論，遇有疑問，必曰：「太師在是」。桓榮做了五更，乃退休家居，不復上朝。後來病篤，太醫就診，公卿問疾，使者相望於道。

❽　《易》曰：「負且乘，致寇至。」負也者，小人之事也。乘也者，君子之器也，小人而乘君子之器，盜思奪之矣。《詩》曰：「彼己之子，不稱其服也。」

❾　樊氏是光武母家，郭氏、陰氏是光武妻家，馬氏是明帝妻家。

明帝又親臨慰視，撫榮流涕。及歿，明帝變服臨喪送葬，賜冢塋於首山之陽。所以尊榮老師者，真是無所不至。

在桓榮病歿的前後，朝中許多功臣元老，先後去世，一時故舊凋零，老成殂謝。明帝念念不忘報德追功，回想先帝時中興創業的艱難，乃將中興功臣鄧禹、馬成、吳漢、王梁等二十八人的肖像，圖畫在南宮雲臺之上，號稱雲臺二十八將。後來又增加了王常、李通、竇融、卓茂等，合為三十二人，丹青名載，永垂不朽。這三十二人的官職姓名如下：

太傅高密侯鄧禹	中山太守全椒侯馬成
大司馬廣平侯吳漢	河南尹阜成侯王梁
左將軍膠東侯賈復	琅邪太守祝阿侯陳俊
建成大將軍好畤侯耿弇	驃騎大將軍參蘧侯杜茂
執金吾雍奴侯寇恂	積弩將軍昆陽侯傅俊
征南大將軍舞陽侯岑彭	左曹合肥侯堅鐔
征西大將軍陽夏侯馮異	上谷太守淮陵侯王霸
建義大將軍鬲侯朱祐	信都太守阿陵侯任光
征虜將軍穎陽侯祭遵	豫章太守中水侯李忠
驃騎大將軍櫟陽侯景丹	右將軍槐里侯萬脩
虎牙大將軍安平侯蓋延	太常靈壽侯邳肜
衛尉安成侯銚期	驃騎將軍昌成侯劉植
東郡太守東光侯耿純	橫野大將軍山桑侯王常
城門校尉朗陵侯臧宮	大司空固始侯李通
捕虜將軍楊虛侯馬武	大司空安豐侯竇融
驃騎將軍慎侯劉隆	太傅宣德侯卓茂

有一天，皇弟驃騎將軍東平王劉蒼，走到雲臺之上，將這功臣圖像仔細瞻仰了一番，忽然引起一個疑問。適奉詔入宮，便叩問天子道：「雲臺三十二勛臣，何以不見伏波將軍新息侯馬援？」天子聽了，微微頷首，笑而不言。原來這時馬援之女，已經貴為皇后，明帝為了避椒房之嫌，不敢

尊揚外戚，也是光武皇帝所留遺訓。這馬皇后就是從小納入宮中的伏波將軍之幼女。由於家庭的教訓，自幼喜好讀書，熟誦《易經》、《周禮》與《楚辭》，養成一種謙恭和順的性格。從十三歲進宮，小心謹慎，不僅為明帝所寵愛，且深得陰太后的歡喜。當永平三年，群臣請立皇后的時候，陰太后道：「馬貴人德冠後宮，即其人也。」遂冊封馬氏為后。馬皇后生活嚴肅，不喜紛華，身衣大練，色無重彩，六宮妃嬪，也都不敢修飾。每逢天子駕幸離宮別苑，總以風邪霧露為勸，她很少隨從聖駕出遊。有一日，明帝遊幸濯龍園，妃嬪扈從，左右欲請皇后，明帝笑道：「皇后不來也罷了，來了反而不能盡歡。」馬后深居宮闈，以教撫皇子為樂。她雖不干涉政治，但每遇有國家疑難大事，天子困惑的時候，常得其一言而解，她真是漢明帝的一位賢內助。只有一事遺憾，她入宮多年，不曾生育。乃撫賈妃之子為子，恩養一如己出，取名為炟，亦在永平三年，策立為太子。漢明帝在宮內得助於賢妻馬皇后，在朝堂之上則得力於愛弟東平王。東平王劉蒼篤好經學，國初許多學術上的建設，多出蒼議。劉蒼賦性恬淡不樂仕宦，一再懇辭驃騎將軍之位，永平三年以後，便退休家居，閉門讀書。可是遇有朝廷失策之事，必上書規諫，成為政府在野的一位諍臣。明帝嘗問劉蒼：「何事最樂？」劉蒼答道：「為善最樂！」

　　那時朝堂之上，還有一位正人君子，複姓鍾離名意，官居尚書僕射，性好直言極諫。永平三年六月，明帝修建北宮，大興土木，那年適逢旱災，鍾離意乃上書諫曰：

> 昔成湯遭旱，以六事自責曰：「政不節邪？使人疾邪？宮室榮邪？女謁盛邪？苞苴行邪？讒夫昌邪？」竊見北宮大作，人失農時，此所謂宮室榮也。自古非苦宮室小狹，但患人不安寧。宜且罷止，以應天心！

明帝覽表，即下詔自責道：「湯引六事，咎在一人！」立敕工匠停止諸宮不急的建造。也是天意湊巧，甘霖沛然下降，朝野為之歡舞。明帝器重鍾離意，就叫他舉賢進能。意乃舉薦全椒縣長彭城人劉平，即徵拜為議郎，

不久升為侍中宗正。原來這劉平是一位出名的義士。當王莽更始之際，天下大亂。劉平之弟劉仲，被盜賊殺死，遺留下一個才周歲的女兒。劉平奉母避難，把自己親生兒子丟在一邊，抱著姪女逃命，平母不忍，劉平嘆道：「今日勢難兩全，我不能教仲弟絕後。」遂與老母躲藏在葦潭裡，過了一天一夜。看看賊人走遠，母親饑餓難捱，劉平乃出去覓食。不料走至中途，被一夥餓賊所俘。看劉平長得白皙，把他衣服剝光，就要丟下鍋裡去煮。劉平哀求道：「我劉平不惜一死，為諸君充饑。只是這番出來，是為老母求食，如能放我回去奉食老母，我一定回來就死。」說著涕泣不止。群賊聽他說得可憐，便將其釋放。沒想到第二天，劉平果然如約而來。賊眾大驚，嘆道：「此真古之烈士也！」終於不忍加害。建武初年，劉平為楚郡吏，適逢平狄將軍龐萌造反，攻打彭城❿。郡守孫萌兵敗落馬，賊兵亂刀齊下。劉平奮身遮護，伏在孫萌的身上，也被砍了十幾刀。賊中有認得劉平的，喊道：「此義士也，不可殺！」乃呼嘯而去。孫萌傷重，絕而復蘇，呼渴求飲。劉平的身上血流如注，就將創口湊近萌吻，讓他飲血以止渴。過了兩天，孫萌終因傷重不治而死，劉平又扶送萌柩歸葬。從此劉平的義名，震動鄉里。不久，被舉為孝廉，拜濟陰郡丞，遷全椒縣長。在縣愛民如子，獄無繫囚。永平年間，被徵入朝時，已經七十多歲。又有沛國蘄縣人，趙孝字長平，也和劉平相似。在王莽末年，沛地盜賊如毛。孝弟趙禮也是被餓賊所俘，要下鍋煮食。趙孝聞訊，裸衣往見賊道：「我弟骨瘦如柴，不如我身體肥胖，可以充饑！」賊雖殘暴，卻重義氣，便將他兄弟一齊釋放。後來，也被舉為孝廉。明帝聞名，亦徵聘入朝，拜為諫議大夫，遷侍中。趙孝的年齡，和劉平髣髴，這兩位老者入朝沒有幾年，先後病歿。從功利著想，朝廷要徵聘這些老朽何用？然而那時國家的政策，正要借重這班德高望重之人，以培養社會風氣。果然，在政府鼓勵之下，那時社會上一般士子，多能表現出殺身成仁，捨生取義的精神，婦女們甚至也受到影響。譬如趙孝的女兒，就是一位烈女。她小字阿少，幼習庭訓，嫻於婦道，嫁與同郡周郁為妻。郁驕淫放蕩，不務正業，郁父屢戒不悛，便對阿少道：

❿　為楚郡治。

「新婦賢淑，乃名門之女，為何不匡正你的夫君?」阿少跪拜受命。她回到閨中，淒然對左右道：「我愧無樊、衛之行❶，故堂上責我。我今規勸夫君，夫君不從，是我有違堂上之命；夫君聽我，是使人子不從父而從婦，兩般我都有罪。」說罷便自經而死。又有河南人樂羊子之妻，不知其姓名。羊子一天從道上撿得一塊黃金，揣回家中，交與妻子。妻憤道：「妾聞志士不飲盜泉之水，廉者不受嗟來之食。你竟拾人家的遺金，還不羞死!」罵得羊子面紅耳赤，乃將遺金歸放原處，並聽從妻子的勸勉，出外去尋師遊學，不到一年而歸。妻子詫道：「夫君學業，怎樣這快就完成?」羊子赧然答道：「實不相瞞，久行思家，捨不得閨中嬌妻!」妻子聞言愕然不語，一手挽著羊子，走近織布機旁，一手拿起剪刀把那機上將要完工的布帛，一刀剪作兩段，指道：「你可曉得這布帛如何織成? 養蠶結繭，煮繭抽絲。然後一絲一縷，累織成寸，一寸一尺，累織成丈。一匹布帛的完成，是要多少時日的苦心忍耐。學問之道，也是如此，你怎麼中途而廢，豈不前功盡棄! 這與我剪布有什麼區別?」說罷淚如雨下。羊子大受感動，扭頭出門，從此發憤向學，七年不返。羊子妻在家中辛苦操作，奉養孀姑。怎奈家境貧寒，老人無肉，三餐難飽。有一天，從鄰家飛來一隻母雞，被婆婆捉住，悄悄的燉了一鍋雞湯，準備婆媳二人飽餐一頓。不料羊子妻不肯下箸，兩眼望著雞湯落淚。婆婆不解其故，媳婦道：「兒媳自傷奉養無狀，致使案上有不義之食!」婆婆也覺慚愧，遂棄而不食。這樣茹苦含辛，非止一日。忽然一夕深夜，有強人踰牆入室，先把婆婆綑綁起來。羊子妻聞聲操刀而出，那強人在火光下瞥見羊子妻頗有幾分姿色，便用刀架在婆婆的頸上，一手指道：「你如肯和我歡好，保你婆媳安全，敢有違拗，我這一刀先殺了這老東西!」嚇得婆婆慘呼求救。羊子妻自分事難兩全，仰天長嘆一聲，舉刀自刎而死。這事騰傳開來，被太守聞知，乃奏明天子，賜封貞義，並將事蹟宣付國史。使我們千載以下，得知有這段民間故事。從這些故事，可以揣想出那個時代婦女的觀念。中國古代婦女，在社會上雖

---

❶　《列女傳》曰：「楚莊王好田獵，樊姬不食鮮禽以諫王。齊桓公好音樂，衛姬不聽五音以諫公。」

無顯著地位，但在家庭裡相夫教子，常有左右社會的潛在力量。從朝廷上的馬皇后到民間的樂羊子妻，就是這個潛在力量的說明。我們看歷史上，多少貪官汙吏，由於閫德不修；而忠臣義士，必有賢妻良母之助。女人受男人的支配，而男人也受女人的操縱。政治教化，足以陶鑄人心士氣；而人心士氣，適所以形成政治風紀。這其間，互為因果，以構成一個時代的精神秩序。

與精神建設相輔者，為物質建設。在漢明帝永平十二年，有一件關乎國計民生的大事，就是治黃泛修河堤。我們前面講過，從西漢成帝以後歷哀平新莽，黃河屢次泛濫，多年不治。魏郡一帶，橫流彌漫，河道不明。建武十年時，光武曾一度考慮治河，因戰亂未平民生凋敝而作罷。黃泛區域日廣，兗豫百姓多不聊生。這時永平年間，海宇承平，再議治河之事，就有人舉薦樂浪人王景，最善治水。乃於永平十二年夏四月，明帝詔聘王景與將作謁者王吳，兩位水利工程師，發兵工數十萬人，往修築汴渠河堤。從滎陽以東，到千乘海口，東西一千餘里，每十里立一水門，以調節水量，再從南北兩岸築起堤壩。從十二年四月到十三年四月，整整一年工夫，大工完成❷。於是河汴分流，各歸故道，無復泛濫之災。明帝特駕幸滎陽，舉行祭河典禮。緣河巡視了一番，見洪流就範，百姓來蘇，心中好不歡喜。想起昔年孝武皇帝〈瓠子之歌〉，乃下詔曰：

> 自汴渠決敗，六十餘歲，加頃年以來，雨水不時，汴流東侵，日月益甚，水門故處，皆在河中，滌瀁廣溢，莫測圻岸，蕩蕩極望，不知綱紀。今兗、豫之人，多被水患，乃云縣官❸不先人急，好興它役。又或以為河流入汴，幽、冀蒙利，故曰：左隄彊則右隄傷，左右俱彊則下方傷，宜任水埶所之，使人隨高而處，公家息壅塞之費，百姓無陷溺之患。議者不同，南北異論，朕不知所從，久而不決。今既築隄理渠，絕水立門，河、汴分流，復其舊迹，陶丘之北，漸

---

❷　汴河大決口是在漢平帝時，距永平十三年有六十餘載。

❸　指朝廷。

就壞墳，故薦嘉玉絜牲，以禮河神。東過洛汭，歎禹之績。今五土之宜，反其正色❷，濱渠下田，賦與貧人，無令豪右得固其利，庶繼世宗瓠子之作。

國家承平，益以建設，自然社會繁榮，民生安定。在永平十二、三年的時候，史稱：「歲比登稔，百姓殷富，粟斛三十，牛羊被野。」那真是一個黃金時代。不幸的，在這黃金時代中，忽然發生了一椿驚天動地的慘案，就是楚王英之獄。楚王英是中國歷史上，第一個信仰佛教的王公貴族，而佛教是在漢明帝時已傳入中國。因為佛教後來對於中國學術思想的影響太大，在講楚王英之獄之前，應先一談佛教的來歷。

佛教發源於印度，印度古稱天竺。古天竺的社會，分做四個階級：一曰婆羅門，二曰剎帝利，三曰吠舍，四曰首陀羅。婆羅門就是婆羅門教徒，地位最高；剎帝利是貴族與軍人，地位稍次；吠舍是平民，為第三等；首陀羅是奴隸，地位最低。四階級界限森嚴，貧富苦樂懸殊。早在西元前第六、七世紀，當中國周朝的時候，天竺的北境，大雪山的腳下，有一個小小的古城，名迦比羅❺。迦比羅城主淨飯王有個太子名叫悉達多，悉達多生下不到一個月，母親就去世。靠著姨母撫育長大，到十六歲上完婚生子。他雖貴為剎帝利，擁有嬌妻愛子，依然感覺到人生的空虛。又看到社會的不平，苦樂的不均，總是鬱鬱寡歡。有一天，他出外遊歷，碰到生老病死四種人，觸起他無限的感慨，他決志要對人生問題，尋求一個根本的解決，這必須要從實際的生活裡去體驗。那時他才十九歲，便拋棄他的王位與享受，不管家人如何勸阻，毅然出家求道。到處去尋師訪友，請教了許多有名的學者，總不能解決他的疑問。他乃憤然跑到深山裡去苦修，每日僅吃很少的東西，維持著生命。這樣苦度了六年，仍無所得。於是改變內求的態度，去從容觀察宇宙萬象。這一天，走到迦耶山大菩提樹下，趺坐沉思，忽然間光明洞澈，恍然大悟，發覺了人生真義。從此到處雲遊，宣揚佛法，

❷　《周禮》曰：「山林、川澤、丘陵、墳衍、原隰，謂之五土。」
❺　在今尼泊爾西南境。

四十幾年中，收了幾千弟子。最著名的有大迦葉、阿難陀、舍利弗、須菩提、富樓那、目犍連、迦旃延、阿那律、優婆離、羅睺羅，號稱佛門十哲。在這四十幾年中，他足跡遍於恆河上下，幾及印度全境三分之一。本其大智大慧與悲天憫人之心，普度眾生，世人尊稱之為釋迦牟尼。釋迦牟尼就是智慧和覺悟的意思，漢語譯稱為佛。釋迦牟尼與中國的孔子大略同時，一在黃河流域宣揚儒教，一在恆河流域宣揚佛理，都是以畢生之力，為人類、為真理而奮鬥，東西相映，真是人類的兩顆巨星。他在將近八十歲的時候，遊歷到拘尸那城外，坐在婆羅雙樹下，向他的信徒們作最後之說法，說罷瞑目而逝，佛家稱為涅槃，就是形體寂滅的意思。釋迦寂滅的年代，有種種不同的說法，大約是在西曆紀元前四百七、八十年到五百年之間的時候。

到底釋迦所發明的佛學，他所講的拯救人生的哲理是什麼？那七千卷《大藏經》都是佛理解釋，真是一言難盡。但其主要學說，是他在菩提樹下所發現的十二因緣論。他說宇宙與人生之存在，完全是因緣兩字，因緣就是宇宙萬象中彼此的關係，如果沒有彼此間的關係，則彼此都不存在。這種彼此的因緣關係，互為因果，層層相因，共有十二因緣。是那十二因緣呢？他說是：「無明」緣行，「行」緣識，「識」緣名色，「名色」緣六入，「六入」緣觸，「觸」緣受，「受」緣愛，「愛」緣取，「取」緣有，「有」緣生，「生」緣「老死」。這「無明」、「行」、「識」、「名色」、「六入」、「觸」、「受」、「愛」、「取」、「有」、「生」、「老死」就是十二因緣。人之一生到老死為終結，所以老死是人生最痛苦的事。我們無法擺脫老死，卻能從精神上解脫老死的痛苦。那就先要從哲理上，解釋老死之由來。人的老死從何而來，是因為人先有生命而後才有老死，無「生」那有「死」，所以生與老死是有關的，此所謂「生緣老死」。那麼生命又從那裡來的呢？其主要的條件是「有」。什麼是「有」？人必須有宇宙，有生物，才有人類，這佛家謂之「三界有」，有「三界有」然後才有人的生命，換句話說，必有人生環境外界一切之「有」而後才有人之「有」，此所謂「有緣生」。那麼「有」又從那裡來呢？有從「執著」而來，什麼叫執著？執著就是我和外界的關

係，沒有這個關係，也就沒有外界和我的存在。譬如儘管戲場熱鬧，如果戲場裡沒有我在看戲，那戲場便不為我而存在。猶如世界繁華，世界裡沒有人類的參與，則此世界亦不為人類而存在，有也就等於沒有。這種執著關係叫做「取」，此所謂「取緣有」。那麼「取」又從那裡來呢？因為你對於那個東西有所愛好，你才和它發生關係，你才取它。譬如因為你愛看那場戲，你才進入那個戲場；你愛那個世界，你才進入那個世界，此所謂「愛緣取」。那麼「愛」又從何而來呢？由於你有領受外物的能力和需要才有愛。譬如你有領受那場戲的能力和需要你才愛那場戲；你如果不能領受，何能生愛，此所謂「受緣愛」。那麼「受」又從何而來？必需你和外物發生接觸的感覺才能受。譬如那場戲的歌聲舞影接觸到你的聽覺和視覺而令你感覺到愉快，你才能領受那場戲的趣味。此所謂「觸緣受」。怎麼會有感觸和感覺？必需有感觸的器官，如眼、耳、鼻、舌、身、意，佛家謂之六入（六種感觸的器官使外物入人之意識），此所謂「六入緣觸」。「六入」又是從何而來的？人縱然有眼、耳、鼻、舌、身、意六種器官，怎麼就會引起種種感覺？這因為有兩個原因，一是宇宙和人體本身一切物質和生理的現象，佛家謂之「色」。一是人本身的心理現象，佛家謂之「名」。「名」包括「受」、「想」、「行」、「識」加上「色」，又稱「五蘊」，沒有「五蘊」是不會有「六入」的。譬如，戲雖好，你心不在焉，可以熟視若無睹；花雖香，你心不在焉，可以聞而不知其臭。縱有戲花之色，而無心中之名，你的眼睛鼻子不發生作用，此所謂「名色緣六入」，那麼名色又從何而來？釋迦說，「名」中包括「受」、「想」、「行」、「識」四蘊，四蘊中以「識」為主，識可以反映色，又可以支配名。識就是我們內心的意識，此所謂「識緣名色」。「識」又從何而來呢？識是由於意志的活動，這意志的活動，佛家謂之「行」，此所謂「行緣識」。那麼意志的活動又從何而來呢？釋迦說：一個有意志的活動，往往出於無意識的本能活動，這種本能活動叫做「無明」，所以「無明緣行」。這就成為十二因緣論。簡單說來，釋迦認為人從渾渾冥冥的無知狀態中，產生出意志，由意志而建立意識，憑著意識層層相因可以支配一切有形無形的情感，就可以視死如生，處苦如樂；而解脫

一切生老病死之厄。佛家許多道理，大都循此演繹。他的主要目的，還是鼓勵人積極的從事精神上之奮鬥，而不是教人消極逃避的。是救人的，而非自私的。後來許多佛家弟子，輾轉附會，流於下乘迷信之說，就完全失其本意了。

釋迦寂滅之後，他的弟子大迦葉、阿難陀等，集結佛經，成為十二部。又經摩竭陀王阿闍世的提倡宣揚，佛教始盛。二百年後，復有阿育王的提倡，佛教乃大盛。此後佛教分做南北兩派，北派傳入西域諸國，南派則盛於錫蘭。西域諸國中，以大月氏人信奉佛教最篤，所以張騫出使大月氏，始聞身毒（天竺）。在西漢末東漢初年，正是迦膩色迦王統治印度的時候，迦膩色迦就是月氏種人，那時印度是繼阿闍阿育後第三度的佛教盛世。佛教也就在這個時候，經由大月氏而傳入中國。一種宗教思想的傳播，往往是在不知不覺間，慢慢的滲進一個社會，所以要問究竟佛教是在什麼時候最早傳入中國，是很難確定的。不過從歷史上可以找到許多痕跡，使我們得到一個大致不差的時間概念。從漢武帝時通西域，可能便與佛教發生了間接的接觸，後來漢哀帝元壽元年，有博士弟子秦景憲，從大月氏王使者伊存，口受《浮屠經》❶，為中國人知有佛典之始。而佛教的正式東來，當在東漢初葉。相傳❶漢明帝有一夜，忽然夢見一尊高大的金人，頭頂上白光四射，飛行於殿庭之上，驚訝醒來，深以為異。後來和群臣談起，有人奏稱，這就是天竺之神，其名為佛，於是誇揚佛法如何宏奧。明帝聽得興奮，便派遣使者蔡愔、王遵等十二人前往西域月氏❶，抄寫了《浮屠遺範》，偕同沙門攝摩騰、竺法蘭等一行回到洛陽。以白馬馱回了許多經典，

❶　此段記載見《三國志》裴註引魚豢《魏略西戎傳》。

❶　以下漢明帝求佛法一段記載，見於《魏書釋老志》與梁僧祐《弘明集》，范曄《後漢書》僅於《西域傳》中天竺國項下約略述之而語焉不詳，並冠以「世傳」二字，近人梁任公曾力斥其妄，其說頗有據。然而明帝求法已成為歷史上之常識，且被引用於若干教科書中，故述錄於此亦冠以「相傳」兩字以待證。

❶　《魏書釋老志》稱蔡愔等往天竺，而隋費長房《歷代三寶記》稱蔡愔等僅到月氏，按漢時尚無人能至天竺者，以當時情勢而言，當以費長房之說為準。

就在洛陽城西建造了一座白馬寺，儲藏經典佛像。一般人相信，這就是佛教傳入中國之始。這段傳說，雖未必可信，但在漢明帝時，佛教確已正式播入中土。因為那時明帝有一個兄弟楚王劉英，就是一位佛教信徒，他在家吃齋奉戒，禮佛誦經。他覺得佛家的思想和老莊的思想有些相似，所以他又信仰道家。於是引來了許多方士沙門，古古怪怪的人物，在他家中往來不絕。永平八年，詔令天下死罪人皆可納縑贖罪。楚王英不知道為了什麼，忽然想入非非，遣使奉獻黃縑白紈三十匹以贖罪，自稱在藩邸日久，難保不有過失，請朝廷容恕。明帝看了不覺大笑道：「楚王性情仁慈，又是朕之手足，那來過失！」乃賜書嘉慰曰：

> 楚王誦黃老之微言，尚浮屠之仁祠，絜齋三月，與神為誓，何嫌何疑，當有悔吝？其還贖，以助伊蒲塞❶桑門❷之盛饌。

楚王得詔歡喜，把聖旨頒示國中，自以為得皇上寵眷，乃無所忌憚，行為日益怪誕，終日焚香祈禱，畫符念咒，又製金龜玉鶴，造作符瑞。更有左右不肖之徒，利用楚王的迷信，惹是生非，做了許多不法之事。一時外邊對於楚王英的謠諑紛紜。就在河堤完工的永平十三年，突有百姓燕廣上書，告發楚王英與方士王平顏忠等，造作圖書，陰謀造反。交下有司查辦，竟查出楚王英謀反是實，論大逆當誅。明帝聽了，大為震驚，顧念手足之情，不忍置楚王於法。乃詔廢英王爵，貶徙丹陽涇縣，賜邑五百戶。誰知楚王心窄，到了丹陽，憂憤自殺而死，竟重演了一幕漢文帝時淮南王故事，時在永平十四年。明帝聞知，不勝傷悼，乃將這幕悲劇歸咎於楚王的左右親近，下旨要窮治楚獄，務將那些為非作歹煽惑楚王的反動分子，一齊正法。漢明帝雖然制禮作樂，尊老敬賢。可是性情暴躁，好用刑戮，並且喜怒無常，有時虛心求教，從諫如流；有時為了一點小事，又會暴跳如雷。因之對待臣下，黜陟無常，朝中公卿，幾乎沒有一個能終於其位的。

---

❶　伊蒲塞，梵語，又作優婆塞，漢譯為「近住」，謂在家人信奉佛教其戒行與沙門等者，俗稱居士。

❷　即沙門，僧侶也。

如永平三年，太尉趙憙司徒李訢免職；四年，司徒郭丹、司空馮魴免職；十一年，司隸校尉郭霸下獄死；十二年，司隸校尉王康下獄死；十四年司徒虞延自殺。大臣在朝堂之上，一言不合，即被毆辱。有一天，郎官藥崧在宮中奏事忤旨，明帝一時火起，抄起廷杖攔頭打來。那藥崧也情急失措，慌忙躲到御床之下。明帝叫他滾出來，藥崧靈機一動，就在床下叩頭奏道：「天子穆穆，諸侯皇皇❷❶，未聞人君，自起撞郎！」明帝這才放手。由於明帝這種性格，臣子捉摸不定，楚王英大獄暴發，群臣皆不敢言，遂致案情擴大，演成一幕大慘劇。當時有司奉命治獄，見天子震怒，乃大捕疑犯，嚴刑審問。許多人被苦打成招，互相攀引，從京城裡的皇親貴族，到地方上的官吏紳梁，被處死刑或流徙的將近千人。其審問未清，沉陷在牢獄裡的，又有幾千人。當搜查楚王府邸的時候，發現了一本秘密的名冊，被斷定為陰謀逆黨，乃案名羅捕。其中有吳郡太守尹興之名，遂將尹興連同他手下的掾史差役共五百多人，一齊捉拿到案，用非刑拷打。死了一大半，剩下的不勝苦毒，大都誣服。這尹興本是一位清官，深得人心。就有郡門下掾陸續、主簿梁宏與功曹史駟勳，決心要為他們主人伸冤。雖備受五毒之刑，肌肉焦爛，抵死說太守冤枉。這三人真如鐵石一般，視死如歸，全無懼色。忽有一天，牢卒端進囚飯，陸續見了，不禁淚下如雨，牢卒詫問其故，續道：「不料老母千里來此，竟不能相見！」說罷哽噎不能成聲。原來果然是陸續的老母從家鄉奔來探監，帶來酒肉買動牢卒，送進監來。牢卒奇怪陸續他怎麼會知道？續道：「我老母平素切肉未嘗不方，斷蔥以寸為度，我一見便知！」獄中之人見此情景，無不感動。就有那好事的人，把這事當傳奇一般，一傳十，十傳百，竟傳進宮中，被明帝聽到。明帝惻然心動，立即下旨赦免了尹興一干人等的死罪。又有隧鄉侯耿建、朗陵侯臧信、護澤侯鄧鯉、曲成侯劉建，這四位侯爵都被顏忠王平所攀引，而耿建與忠平素不相識。奉命辦案的侍御史寒朗，心疑其冤，便審問忠平道：「你所舉發的那同謀犯人耿建等，是何等相貌，怎樣身材？」忠平錯愕，不能對答，案情因之大白。寒朗乃入宮進謁天子，為耿建等四人剖白，並

❷❶ 《禮記曲禮》之文，穆穆美也，皇皇盛也。

奏道：「事由類推，恐怕像耿建一樣無辜被屈的人還不知有多少，所以楚王之獄必須要慎重處理！」明帝聽了，眉頭一皺，問道：「這事未必如此簡單，我想那顏忠王平無緣無故，何以要誣陷好人？」寒朗奏道：「陛下居深宮之中有所不知，一則顏忠王平自知罪大惡極，想多攀引幾人以分減罪責；再則也是熬刑不過，信口胡謅！」明帝道：「那麼，你何以不早來奏稟？」寒朗倉卒對答不出，停了一晌才奏道：「臣料想此事，或已有人先行奏知，不敢唐突。」明帝看他言語支吾，顯有隱情，不禁勃然大怒，立敕左右：「拉下去打！」寒朗情急，大聲呼道：「臣願再得一言而死！」明帝問他還有何話講？寒朗奏道：「臣奉陛下聖旨，辦案經年，不能窮盡姦狀，今反為罪人申冤，自知罪該萬死。然而冒萬死不顧一生，所望陛下明悟，免使無辜受戮。臣見當朝奉命之臣，唯知逢迎皇帝意旨，不顧人命關天。考一連十，考十連百。遇到陛下責問，都跪稱：大逆之罪，律當九族。出朝之後，卻又搖頭嘆息。唯有愚臣，心口如一，死而無悔！」明帝聽他說得坦白切直，不似欺詐，便釋令出朝。那日明帝回到宮中，頗有感悟，左思右想，一夜不能入睡。馬皇后一旁詢知情由，她是個賢淑慈祥的人，便極力為罪人開脫。第二天明帝親自到洛陽大獄之中，去調查囚徒，一日之間，放出了一千多人，這案子才緩和下去。雖則如此，那無辜被害的好人，已不知多少。其中有博士薛漢，世習《韓詩》，是一位老學者，時為千乘太守，也被牽連在內，竟判了大辟。可憐這一代鴻儒，竟伏屍街市，沒人敢來掩埋。這一天，突然來了一個青年儒生，伏在薛漢屍旁放聲大哭，哭得過路之人，無不悽惶。哭罷，拿出錢財，就附近買了一口棺木，將薛漢屍首草草收斂。地方官差，料這人必是薛漢的黨羽，便將他捉拿起來，奏明天子。明帝將該犯押上朝堂，親自審問。詢知姓廉名范，曾為隴西郡功曹。明帝道：「薛漢大逆伏誅，你身當朝廷命官，膽敢同情叛逆！」廉范匍伏奏道：「臣曾受業薛漢之門，漢雖伏法，然念師生之誼，臣情不能自已！」明帝見他文質彬彬，吐屬溫雅，顯然是位仁人義士。便改容問道：「卿姓廉，與故趙將廉頗有無關係？」廉范奏道：「臣寄籍京兆杜陵，原是北方人，廉將軍正是臣之高祖。」明帝點頭稱嘆，便將廉范釋免。旋復查出廉范乃是

一位出名的孝子，明帝最重孝道，立即委派廉范為溫縣縣令。到任後，百姓愛戴，聲響鵲起，未到半年，便升做了雲中太守。

　　說起這位廉范，真稱得起是個鐵中錚錚的奇男子。原來他就是王莽的大司馬廉丹之孫。廉丹曾為庸部牧，庸部即益州，就是現在的四川省。廉范從小跟隨祖父父親，到了益州。不久，天下大亂，祖父廉丹被調到東方去討伐赤眉，陣亡於梁郡，父親也客死蜀中。一個盛大的門庭，落得家破人亡。廉范淒淒涼涼，隨著家人逃難回到京兆杜陵。及至天下平定，廉范年已十五歲。想起父親流落異鄉，客死不能歸葬。向母親涕泣請求，要往蜀中去搬運父親的靈柩。母親說他小小年紀，那能辦此大事。廉范天天涕哭，非要前去不可，弄得母親沒法，只得答應。廉范乃隨同幾個同鄉的旅客，登山涉水，非止一日來到了蜀中。恰巧這時蜀中太守張穆，是廉丹的故吏。聞知廉范來蜀，特派了一個差官，來照應廉范，並且贈送了一筆川資。那知廉范人小志大，堅辭不受。他完全憑著自己的力量，把父親靈柩搬運到葭萌縣。這裡有一段水路，灘多水急，行至中途，船觸礁翻沉。旅客們紛紛泅水登岸，獨不見了廉范。有人發現，那中流有一個人抱著一口棺材，隨波浮沉。仔細一看，就是廉范。驚動了兩岸的人，圍觀如堵。有那見義勇為的，奮身入水，將廉范救起，已是奄奄一息了。好容易將息痊癒，費盡千辛萬苦才把父親靈柩盤回故鄉安葬，從此廉范孝名大著。旋赴京師求學，即受業於博士薛漢之門。後來隴西太守鄧融，聞廉范之名，特禮聘為郡功曹。到任不久，鄧融忽然被人控告，聖旨傳融進京受審。廉范察知案情嚴重，一時不能了結，乃託故辭職。鄧融心想廉范徒有虛名，竟是個共安樂而不能共患難的勢利之徒，大為氣憤。鄧融到了洛陽，就被關入監獄，幽禁了很長的時間，備受折磨。虧得監獄裡有一個獄卒，處處照護鄧融。最奇怪的，那獄卒的容貌舉止竟和廉范一般無二。鄧融忍不住這天問道：「足下怎麼好像我的廉功曹？」那人罵道：「你這死囚瞎了眼睛，胡亂認人！」鄧融乃不敢作聲。原來這人果然就是廉范。他自從離開隴西，就秘密來到洛陽，化姓更名，用盡種種方法謀得一名獄卒，一直在暗中保護鄧融，卻始終不敢暴露身分。後來鄧融獲釋出獄，不幾日就一病身亡。

廉范又為料理後事，護送融柩歸葬南陽。然後北返，再過洛陽時，又遭逢薛漢之變。倒不料因禍得福，被天子激賞，擢做了雲中太守。

　　雲中郡地瀕匈奴，乃北疆重鎮。廉范到任沒有多時，就逢匈奴入寇。邊例，入寇匈奴達五千人以上，便可移書傍郡求救。那次匈奴來勢浩大，眾請急發軍書。廉范以為遠水難救近火，打草驚蛇，反誤戎機，獨力率領全郡士卒，奮勇迎戰。從早晨一直殺到黃昏，那匈奴有如潮水一般，越殺越多，漢兵寡不敵眾，難以支持。廉范急將主力撤回，留下少數人馬與敵周旋，叫他們邊戰邊退。廉范趕回城中，向百姓徵集了火把幾千枚。兩枚一束，十字交加，一頭拿在手裡，三頭燃火。分發給撤回的士卒，人手一束。那時天色已黑，叫他們急忙散開，分布在四山之上，將火把一齊點著。那匈奴殺到城邊，抬頭一看，忽見漫山遍谷，有無數的火炬，如同繁星一般，隱隱聽得有金鼓之聲。匈奴大驚，以為中了漢兵誘敵之計，趕緊撤退。廉范乘勢掩擊，黑暗中一場混戰，胡虜驚慌，自相蹂躪，被殺死了一千多人。匈奴經此打擊，再也不敢進犯雲中。以後，廉范歷任武威武都太守，功績輝煌，最後遷為蜀郡太守。這蜀郡是廉范兒時舊遊之地，地方富庶，號稱天府之國。人民生活腐敗，好於夜間飲宴作樂，每因火燭不慎，發生回祿之災。故舊日屬行宵禁，不許夜作；可是百姓陽奉陰違，火災依然不絕。及至廉范到了蜀郡，立將禁令撤消。卻從積極方面，整飭風氣，督促生產。人民有了正當行業，都早睡早起。廉范又督令家家儲水，以備非常。從此火災大減，民生康樂，百姓為作歌道：

　　廉叔度，來何暮？不禁火，民安作，平生無襦今五袴。

　　暫且放下廉范的故事不提。且說匈奴自從前朝建武年間，分裂為南北兩部。南部經光武皇帝的撫綏，入居西河美稷，成為中國的藩屬。北匈奴心懷怨望，永平五年後，屢入寇五原雲中一帶。在永平七年復遣使入朝，要求與中國和親。朝廷為了息事寧人，特遣越騎司馬鄭眾㉒往使北匈奴。

㉒　東漢有兩鄭眾，此鄭眾為名儒鄭興之子，初為給事中，繼官越騎司馬後為中
　　郎將，駐兵敦煌，遷武威太守，左馮翊，建初時代鄧彪為大司農，精於《左

到了北庭，單于非常倨傲，強令鄭眾跪拜，鄭眾不肯。單于竟將鄭眾軟禁起來，絕其飲食。鄭眾拔刀欲自殺，單于懼，乃禮送鄭眾回國。南匈奴聞知漢朝與北匈奴交通，恐不利於己，內懷嫌怨。遂亦遣使赴北匈奴，頗欲與北匈奴棄嫌修好。事為鄭眾所知，歸奏天子，稱須嚴防南北匈奴的勾結。漢明帝乃置度遼營，以中郎將吳棠行度遼將軍事。率來苗、閻章、張國諸校尉，將兵屯駐在五原曼柏地方，嚴密監視南北匈奴的動靜。雖然如此，北匈奴仍然緣邊寇擾不已，焚燒城邑，殺掠人民，邊民不堪其苦。謁者僕射耿秉❷❸一再上書，請討伐北匈奴。明帝乃詔令與前中郎將顯親侯竇固、太僕祭肜、虎賁中郎將馬廖、下博侯劉張、好畤侯耿忠❷❹等，共同研究討伐匈奴的方略。竇固是竇融之姪，馬廖是馬援之子，都熟悉邊情。當時耿秉道：「最近北匈奴之所以猖獗，因其與西域相呼應，若欲擊破匈奴，必須照武皇帝的戰略，斷匈奴之右臂。當出兵白山，取伊吾盧❷❺地，破車師，以切斷匈奴與西域之連絡。匈奴勢孤，自然屈服。」明帝認為耿秉說得有理，決照計而行。就在永平十六年春，分兵四路，大舉出擊匈奴。騎都尉來苗、護烏桓校尉文穆、率領太原、雁門、代郡、上谷、漁陽、定襄、右北平八郡兵馬及烏桓、鮮卑，共一萬一千騎由平城出擊為一路。太僕祭肜與度遼將軍吳棠，率領河東西河兩郡羌胡與南單于之兵一萬一千騎，由高闕出擊為一路。耿秉、秦彭率領武威、隴西、天水三郡募士，及羌、胡等萬騎，由張掖、居延出擊為一路。最西一路，是奉車都尉顯親侯竇固與耿忠，率領酒泉、敦煌、張掖三郡兵馬，與盧水、羌胡一萬二千騎，由酒泉出擊。這四路大兵出發之後，來苗、文穆一路進至匈河水上，匈奴望風遠颺，無所獲而還。耿秉、秦彭一路，走得較遠，越過沙漠六百多里，進至三木樓山，亦無得而還。祭肜、吳棠被南匈奴的左賢王所騙，走錯了路線，

氏春秋》兼《易》、《詩》、《禮》，學者稱為鄭司農。另一鄭眾為宦官，和帝時人。

❷❸ 耿秉為耿弇之姪。

❷❹ 耿忠為耿弇之子。

❷❺ 今新疆哈密之伊吾鎮西一帶地。

出塞九百餘里，也沒有遇到敵人。回到塞上，有人指控祭肜、吳棠兩人貽誤戎機逗留不進。兩人被徵下獄，不久釋放，祭肜羞憤嘔血而死。祭肜為征虜將軍潁陽侯祭遵的從弟，能挽三百斤強弓，勇武絕倫。早年為光武皇帝賞識，從建武十七年拜遼東太守，到永平十二年內調，前後在遼東三十年之久。威鎮塞北，為烏桓、鮮卑所畏服，匈奴為之不敢入寇。明帝聞肜死，損失了一員上將，嗟嘆不已。後來遼東吏民，為祭肜建廟，四時奉祀不絕。烏桓、鮮卑每逢進京朝賀，都要到祭肜墳墓上去哭拜一番。這次討伐北匈奴，雖然三路無功，但竇固、耿忠的一路兵馬卻大獲全勝。他們長驅深入，一直打到天山，擊潰呼衍王部落❷⑥，斬首一千多級。窮追至蒲類海❷⑦，完全佔領了伊吾盧地方。奏明天子，就地置宜禾都尉，設屯田於伊吾盧城下。又遣假司馬班超與從事郭恂，出使西域，藉以恢復漢室聲威。竇固得勝回朝，位加特進。明年是永平十七年，再命竇固與駙馬都尉耿秉、騎都尉劉張合兵一萬四千騎，從敦煌出塞，去遠征西域車師，因為車師常臣附於北匈奴。車師在今新疆吐魯蕃之地，那時分為前後兩王國。前國❷⑧在南，後國❷⑨在北，相去五百餘里，而前國王就是後國王之子。竇固以後國遙遠，道路險阻，擬先擊前王。耿秉不以為然道：「擒賊先擒王，制敵當制本。今宜出其不意，直取後王，後王若破，則前王不攻自下！」竇固猶豫不能決，耿秉奮身上馬道：「兵貴神速，將軍熟自為計，末將敢請先行！」乃獨率所部，逕襲後國。後國全然無備，一戰大敗，被漢軍斬殺了數千人，後王力屈投降。前王聞後王被俘，亦不戰而下。竇固、耿秉等征服了車師凱旋回朝，奏稱：車師已服，西域路通，可以恢復西漢規模，再置西域都護與戊己兩校尉。明帝大喜，即拜陳睦為西域都護，司馬耿恭與謁者關寵為戊己校尉。耿恭是耿況之孫，耿秉的從兄弟。西域計自王莽之亂，與中國斷絕了六十五年而復通。這是漢明帝時外交上一件大事。竇固

---

❷⑥　呼衍為北匈奴的支部，常屯駐於伊吾盧地方。

❷⑦　今新疆鎮西之巴里坤湖。

❷⑧　今新疆吐魯蕃地，柳中城在其附近。

❷⑨　在天山之北，今新疆迪化東孚遠奇臺一帶地方，金蒲城、疏勒城均在其附近。

回朝是在永平十八年二月，漢明帝正喜皇威遠震，國運日隆，不料忽染重病，延至八月王子之日，駕崩於東宮前殿，享年四十八歲。太子劉炟即位，年方十八歲，是為東漢孝章皇帝。就在這國喪之中，西域突然發生了激烈的變化。

原來西域都護陳睦、戊己校尉耿恭與關寵等奉命到了西域，分別率兵馳赴屯所。這時北匈奴單于，聽說車師降了中國，大為震怒。立遣左鹿蠡王率領騎兵兩萬，前來討伐車師。耿恭即發屯兵三百人，助車師抵抗，結果全軍覆沒。匈奴殺死車師後王，乘勝掩至金蒲城下，將金蒲城團團圍困。耿恭令城上士卒以毒矢示匈奴道：「你等當心漢家神箭，休來送死！」匈奴不聽，攀城直上，只聽城上一陣鼓響，萬弩齊發，一個個應弓而倒。及至抬回營中，受傷者都周身潰爛起來，匈奴大驚。第二天，風雨大作，耿恭乘勢開城出擊，匈奴慌亂，大敗而走。耿恭料想匈奴必會再來，而金蒲城附近沒有水源，難以拒守，乃移屯於疏勒城❸。那年冬天，西域都護陳睦，被焉耆龜茲所攻殺❸，北匈奴又發兵圍關寵於柳中城。車師為匈奴所迫，與匈奴連兵共攻耿恭。耿恭與關寵皆陷於絕境，一再遣使乞援，而朝中適逢國喪，中樞無主，救兵遲遲不到。耿恭被圍在疏勒城中，督屬士卒，百方抗禦。匈奴絕斷城外水源，耿恭在城中掘井而飲。死守幾個月，糧食吃盡，拿弩筋皮鎧煮來充饑。士卒與耿恭誓共生死，皆無叛志。匈奴攻城不下，遣人誘說耿恭道：「耿將軍如肯歸順匈奴，匈奴單于願妻以公主，封將軍為白屋王，共享富貴。」耿恭不答，命左右將那說降的使者綑綁在城頭之上，架火燒死。城外匈奴看了大怒，大舉攻城，城中死傷如積，終無降意。卻說朝中得到關寵、耿恭等告急文書，章帝新立，不敢作主，即召集大臣，共同商議。那些怕事的人，聞知陳睦已死，都道西域遼遠，用兵

❸　此疏勒城在車師境中，與西域西方的疏勒國不同。

❸　漢明帝遣陳睦為西域都護，其治所不詳。按西漢西域都護設於烏壘城，地當焉耆龜茲兩國之間。今陳睦為兩國所攻殺，後來班超伐焉耆，史稱超將焉耆王廣至陳睦故城斬之，雖未說明故城何名，其地當在焉耆與烏壘之附近。或者陳睦引兵西行，未達烏壘即為兩國所殺。

困難，莫如暫時放棄。司徒鮑昱聽了大怒，攘臂出班奏道：「國家用人於危難之地，一朝事急，便棄之度外；豈不長蠻夷之氣，而傷忠義之心，以後誰還肯為國家效力？兩校尉孤軍只餘幾百人，苦戰匈奴數月之久，邊臣如此赤膽忠心，朝廷能夠置之不顧嗎！今當速發敦煌、酒泉兩郡兵馬，不分晝夜，前往馳援，遲則不及。事到這般緊急關頭，還有什麼討論的時間！」說得章帝連連點頭。立即降旨，遣征西將軍耿秉引兵坐鎮酒泉以為後盾，調派酒泉太守段彭與謁者王蒙、皇甫援發張掖、酒泉、敦煌三郡及鄯善之兵，共合七千人馬，火速往援戊己兩校尉，建初元年正月，大兵進至車師交河城❸，車師前王率兵迎戰大敗，被殺死三千八百人，生俘三千人，車師復降。北匈奴駐在車師的兵馬不多，看漢兵勢大，撤了柳中、疏勒之圍，引兵北遁。段彭等遂進入柳中城，城中殘兵無幾，關寵已死，段彭等便欲引兵東還。耿恭所遣求援的使者軍吏范羌，隨在軍中，力請大軍繼續北進，去援救耿恭。疏勒距離柳中還有幾百里的山路，大家都畏縮不前。禁不住范羌的苦苦哀求，段彭、王蒙才撥了兩千人馬，交給范羌帶領前往。范羌率眾越過天山，一路上驚沙撲面，積雪沒脛，幾百里間，不見人煙。走到疏勒城下，已是深夜時分，城中守卒，遠遠聽見人聲馬嘶，以為是匈奴又來，慌忙登城瞭望。星光下，果見一彪人馬來到城下，為首一人高呼開城道：「我是范羌，請得朝廷大兵，來迎接校尉。」辨明聲音是實，城中狂喜，高呼萬歲。急忙大開城門，迎接大軍進城，耿恭見了范羌，抱頭大哭。這時城中僅有二十六人，一半殘廢，大家收拾行囊，跟隨范羌大軍，一齊入塞。可憐傷病緣途死亡，到了玉門關，只剩下了十三人。一個個衣履穿破，形容枯槁。中郎將鄭眾（前越騎司馬）正在敦煌，親為耿恭等洗沐衣冠，並上表奏道：

耿恭以單兵固守孤城，當匈奴之衝，對數萬之眾，連月踰年，心力困盡。鑿山為井，煮弩為糧，出於萬死無一生之望。前後殺傷醜虜數千百計，卒全忠勇，不為大漢恥。恭之節義，古今未有。宜蒙顯

---

❸　車師前國國都，在今新疆吐魯蕃西雅爾湖畔。

爵，以屬將帥。

及耿恭到了洛陽，拜為騎都尉。部下十二人都分別各賜爵賞。這時陳睦、關寵既死，耿恭又回，朝廷索性下旨撤廢了西域都護，和戊己兩校尉。計自永平十七年恢復西域都護，不到兩年而罷，這說明域外的經略何等艱難。

第二十三講　明章之治㈡

投筆從戎　　奮威西域　　孝行勵俗
母儀示範　　白虎論經　　闕里祀聖
羌戎為禍　　竇后承寵　　鄭弘上書

　　當漢章帝撤廢西域都護的時候，在西域還留下一個孤軍奮鬥的民族英雄班超，國家念其遠懸絕域，特遣使急召班超回國。

　　卻說班超字仲升，乃扶風郡平陵縣人氏，是中國歷史上，一位頂天立地的人物。原來他就是漢光武帝時大文豪班彪之子。班彪共有兩子一女，長子班固，次子班超，還有一個小女兒名叫班昭。這兄妹三人，都熟讀經史，擅長文章。尤其班固字孟堅，學識宏富，九流百家之言，無不通曉。在永平年間，班彪病卒，孟堅守喪在家，就便整理父親一生的遺著。他打算要效法太史公的一百三十篇，寫一部完整的前漢史。於是參考群書，殫思竭慮，在家中埋頭於著述。就有那些無事生非的人，說班固在家裡私修國史，毀謗朝廷。事為漢明帝所聞，就下旨地方，將班固捉起，連同他的文稿書籍，一齊解送進京。漢明帝親自查閱他的著述，並無不合之處，而且文章極好，深為嘆賞。這時班固一家惶惶，不知吉凶禍福，他弟弟情急，趕進京城，上書為哥哥申冤，說得情辭哀惻，天子為之動容。便特別召見班固，垂詢了一番。固奏對稱旨，天子見喜，立拜固為蘭臺令史。叫他在秘閣中，與前睢陽令陳宗、長陵令尹敏、司隸從事孟異等共同修訂〈世祖本紀〉（光武帝）與〈功臣〉、〈平林〉、〈新市〉、〈公孫述事〉等列傳載記二十八篇奏上，天子大為激賞。乃遷固為校書郎，許令續修漢史。於是班固繼續前業，起自漢高皇帝，終於王莽之誅，寫出了十二世二百三十年的事蹟，分為表、紀、志、傳四體，共約百篇。他從永平年間開始到建初中歷二十多年，還沒寫完，這就是世所傳讀的《漢書》，此乃後話不提。但

講班超隨著哥哥到了洛陽，雖然哥哥做了蘭臺令史校書郎，但收入微薄，竟不能維持一家生計。班超不得已，在官署裡補了一名書記，替公家抄書以餬口。整日裡埋頭案牘，不勝其苦。這一天投筆嘆道：「大丈夫當效傅介子、張騫，作一番轟轟烈烈的事業，立功異域，封侯萬里，那能把大好光陰消磨在筆研之間！」一旁同事聽了，忍不住笑起來。班超怒道：「小子安知壯士志哉！」拂袖而出。又一天，他遇到了一位相士，指道：「足下好貴相！」班超問其故，那人道：「足下燕頷虎頸，飛而食肉，此萬里侯相也！」班超聽了，口雖不言，心裡竊喜。這樣光陰荏苒，不覺到了永平十六年，適逢奉車都尉竇固奉命出擊匈奴，超乃志願從軍，因為他是一個文人，竇固叫他隨軍為假司馬❶，看他忠勇熱誠，膽大心細，所以在征服了伊吾的時候，就叫他便道往撫西域。

　　班超慨然奉命，偕同從事郭恂及隨從三十六人，從伊吾西南行，先到了鄯善。鄯善原本是西域樓蘭國，在前漢昭帝元鳳四年時改名為鄯善國，距離陽關一千六百里，這是從中國到西域的第一個小國。起初國王廣見班超是漢朝的使者，禮待甚恭，不久，態度忽變。班超心裡懷疑，探知原來另有匈奴使者來到。班超乃置酒，邀集三十六人開懷痛飲。飲至半酣，班超發言道：「卿等跟隨我班超來此絕域，無非為了功名富貴。如今鄯善王心懷貳意，畏敬匈奴，輕視漢朝。說不定他會受匈奴的指使，要我們的性命。我們功不成名不就，反而死無葬身之地。今天我們大家要想一個辦法，不能坐以待斃！」大家聽了，都道：「到了這個地步，我們唯有同生共死，一切聽憑司馬的吩咐！」班超道：「我倒有一個計策在此，不知諸君意下如何？事到如今，所謂不入虎穴，焉得虎子！乘匈奴使者不備，我們連夜去偷襲他們的營帳，如能把匈奴殺死，那怕鄯善不服！」大家摩拳擦掌，都願拼命，只是在座沒有郭恂，有人主張邀郭恂前來再作決定。班超道：「事不宜遲，不能再多討論，如走漏了風聲大家活命不成！」忽聽外面狂風怒吼，班超撫掌道：「此天與之機也」；即令諸人準備，先派十個人，人各持鼓，悄悄繞伏在匈奴帳後，告訴他們，如見前面火起，即鳴鼓叫噪。其餘

---

❶　假司馬非實缺，臨時代理之意。

二十人分做兩隊，各持刀槍弓弩。那時正是午夜時分，由班超領頭，潛行至匈奴使者帳外，就地放起火來。風狂火驟，剎時紅光沖天，鼓聲雷震。班超大喊一聲，二十人一齊殺進帳去。匈奴從睡夢中驚醒，昏天黑地的向帳外逃命。班超等在火光中看得逼真，一刀一個，像剁瓜切菜一般，頃刻間一百三十多匈奴，一半被殺，一半燒死在火裡。班超將匈奴使者屋賴帶與副使比離支的兩顆頭顱割下，來找郭恂。郭恂看了，嚇得張口吐舌，半晌說不出話來。於是相偕來見鄯善王，鄯善王見漢使這般英勇，大為震驚。表示願納子為質，歸誠大漢。班超即遣人報告竇固，竇固轉奏朝廷，明令實授班超為軍司馬，著令繼續撫綏于闐諸國。竇固慮超等人少，擬增派士卒，班超回稱：「我等三十六人，誓共生死，不須更派多人，人多而不能合作，反而誤事。」

　　于闐距離陽關三千五百里，在鄯善之西，莎車之東，為西域南道的一個大國。國王廣德新破莎車，氣燄很盛，他又一向稱臣於北匈奴，匈奴派有專使監護其國，他仗著匈奴的勢力，輕視漢朝。當漢使班超到來，他雖不便公然拒絕，卻非常冷落。廣德王的宮中有一個巫婆，最為廣德王所信仰，奉若神明。這一天，那巫婆受了匈奴的指使，故作神語斥責廣德王不該款留漢使，並道：「漢使有一騧馬❷頗為肥美，能取來享我，恕你無罪！」廣德王不敢違命，慌忙來和班超討馬。班超早已明白，便將計就計說道：「敢煩神巫駕臨，超願當面獻馬，以表虔誠之意。」廣德王轉告巫婆，那巫婆不以為疑，昂然而來，班超即命左右將巫婆斬首。班超提著首級來見廣德王，並當面數責廣德王的種種無禮，藐視上邦。廣德王素信神巫法力無邊，今竟被班超殺死，不禁大驚失色。他這時已經聞知班超在鄯善的威風和漢軍破滅車師擊走匈奴的消息。當時大為惶恐，立即謝罪稱臣，並自動殺死匈奴使者以表心跡。班超代為表奏朝廷，聖旨頒下，重加賞賜。於是于闐以西西域諸國，都聞風來歸，各遣送侍子使臣偕同于闐的使節，一齊入朝。從于闐有一條小路，通往北道疏勒，疏勒原是北道一個不大不小的國家。那時北道諸國中龜茲稱雄，威脅諸國。曾擊殺疏勒國王，另立龜

---

　　❷　淺黑色的駿馬。

茲人兜題為疏勒國王。疏勒國人在龜茲壓迫之下，無力反抗，敢怒而不敢言。班超察知其情，便向于闐借調了一支人馬，由間道逕趨疏勒。卻叫屬吏田慮帶領前鋒部隊先行，臨發時吩咐他如此這般。田慮行近疏勒國都槃橐城，先著人通知說大漢使節來到。疏勒國王兜題不敢怠慢，親自出城迎接，與田慮相見。田慮乘其不備，命士卒將兜題王綑綁起來。兜題左右不及抵抗，而班超的大兵已到，遂蜂擁進城，宣示道：「大漢使者前來弔民伐罪，為疏勒報仇復國。」疏勒國人歡聲雷動。乃徇疏勒國民之請，立疏勒故王之姪榆勒為王，更其名曰忠。疏勒久恨龜茲，這時疏勒君臣共請班超誅殺兜題以為快。班超道：「我大漢素以恩義為懷，不嗜殺戮！」故意將兜題釋放，好教他回國去作義務宣傳。那兜題千恩萬謝，抱頭鼠竄而去。那知龜茲王得訊大怒，立即聯合姑墨尉頭，發三國之兵大舉來攻疏勒。班超發縱指揮，布署抵抗，與疏勒王忠各守一城，以為呼應。在這緊急關頭，正是漢章帝建初元年，陳睦覆沒，耿恭還朝，詔罷西域都護戊己校尉之時。天子使者尋到了疏勒，宣旨急徵班超還國。班超奉旨，得知西域局面變化，不敢停留，便率領于闐士卒，取道南返。疏勒大敵壓境，正倚賴漢威抵抗，班超一走，舉國憂惶，大失所望。疏勒都尉黎弇痛哭道：「漢使今日去，我明日必死於龜茲！」說罷拔刀自刎而死。班超離開疏勒到了于闐，于闐怕漢使一去匈奴就來報仇，也一樣的捨不得班超。從王侯以下，都跪倒塵埃，抱著班超的馬腳，放聲大哭。班超被他們哭得一陣心酸，想起自己三年來的辛苦廢於一旦，實所不甘，不禁也落下幾滴英雄之淚。於是將牙一咬，下馬扶起眾人，決定繼續留在西域，于闐大喜。班超就帶領原班人馬，再返疏勒。那知就在這來去之間，疏勒已經不戰而投降了龜茲。龜茲王留下一隊尉頭人馬監視著疏勒，自己率兵東歸。班超回到疏勒，奮兵突擊，那尉頭小國軍隊，那是班超的敵手，六百人全被殲滅。嚇得疏勒，趕緊反正，又歸順了班超。可憐西域這些國家，在強鄰夾峙之中，真是左右為難。時光如流，到了建初三年，班超大發疏勒、康居、于闐、拘彌四國兵馬一萬多人，討伐姑墨，一戰攻下石城，斬首七百餘級，漢威大震。班超感覺自己在西域的地位日益鞏固。頗欲乘此鎮服諸夷，恢復前漢的功業，乃於

建初三年上書曰：

> 臣竊見先帝欲開西域，故北擊匈奴，西使外國，鄯善、于闐即時向
> 化。今拘彌、莎車、疏勒、月氏、烏孫、康居復願歸附，欲共并力
> 破滅龜茲，平通漢道。若得龜茲，則西域未服者百分之一耳。臣伏
> 自惟念，卒伍小吏，實願從谷吉效命絕域❸，庶幾張騫棄身曠野。
> 昔魏絳列國大夫，尚能和輯諸戎❹，況臣奉大漢之威，而無鈆刀一
> 割之用乎？前世議者皆曰取三十六國，號為斷匈奴右臂。今西域諸
> 國，自日之所入，莫不向化，大小欣欣，貢奉不絕。唯焉耆、龜茲，
> 獨未服從。臣前與官屬三十六人奉使絕域，備遭艱厄。自孤守疏勒，
> 於今五載，胡夷情數，臣頗識之。問其城郭小大，皆言「倚漢與依
> 天等」。以是效之，則蔥領可通，蔥領通，則龜茲可伐。今宜拜龜
> 茲侍子白霸為其國王，以步騎數百送之，與諸國連兵，歲月之閒，
> 龜茲可禽。以夷狄攻夷狄，計之善者也。臣見莎車、疏勒田地肥廣，
> 草牧饒衍，不比敦煌，鄯善閒也。兵可不費中國，而糧食自足。且
> 姑墨、溫宿二王，特為龜茲所置，既非其種，更相厭苦，其埶必有
> 降反。若二國來降，則龜茲自破。願下臣章，參考行事，誠有萬分，
> 死復何恨。臣超區區，特蒙神靈，竊冀未便僵仆，目見西域平定，
> 陛下舉萬年之觴，薦勳祖廟，布大喜於天下。

　　漢章帝這位二十來歲的少年皇帝，看了班超的奏章，大為興奮。即議
發兵援助班超，可是朝中一班將士，皆畏縮不前。只有一個平陵人徐幹，
上書自告奮勇。遂以徐幹為假司馬，率領弛刑及義從一千餘人，前往西域
援助班超。班超獲得徐幹的支援，便欲北伐龜茲，南討莎車，但仍感兵力
不足。乃上書獻策，請朝廷聯結烏孫，以制西域，為天子所採納。就在建
初八年，朝廷拜班超為將兵長史，假鼓吹幢麾，升徐幹為軍司馬。另派衛
候李邑出使烏孫，賜贈大小昆彌許多金帛。烏孫昆彌歡喜，即遣侍子隨李

---

❸　谷吉漢元帝時為衛司馬，出使郅支，為郅支所殺。

❹　魏絳，春秋時晉大夫，晉悼公使之與山戎為盟，事見《左傳》。

邑入朝，再與漢朝結為盟友。朝廷又遣假司馬和恭等四人，將兵八百增援班超。班超的軍事外交都布署妥當，即率兵往討莎車。莎車是于闐之西，疏勒之南，南道最西的一個國家。他和北道的龜茲相勾結，與于闐、疏勒為敵。所以要制服南道，必平莎車；要制服北道，必平龜茲。疏勒地居龜茲、莎車之間，自從上次班超離開疏勒，去而復返之後，疏勒國內人心一直不穩，顯然分了親漢與親龜茲的兩派。莎車王便利用這種矛盾，暗縱反間之計，煽動疏勒王忠。就在班超率兵南伐莎車的時候，疏勒王忠突據烏即城叛變，班超趕緊掉轉回頭反攻烏即。疏勒王忠求援於康居，與班超相持了半年，彼此不下。班超乃運用外交手腕，多遣使者齎金寶錦繡，賄賂大月氏，叫他勸誘康居不必參戰。康居果然聽從，撤兵歸國，並將疏勒王忠帶回康居，班超這才攻下烏即城。過了三年，疏勒王忠突自康居來降，班超審知其詐，即就帳中將疏勒王忠綑綁斬首，別立其府丞成大為疏勒王。疏勒之亂，才完全平定。班超乃再發于闐、疏勒兩國之兵合二萬五千人，大舉進討莎車。莎車急向龜茲求救，龜茲王盡調龜茲、溫宿、姑墨、尉頭四國之兵合五萬人，來援助莎車。構成西域南北兩道幾個集團軍的大混戰。班超進兵至莎車邊境，聽說龜茲四國大兵，從後方殺來，聲勢浩大。急忙召集諸將與于闐王，商議道：「現在敵眾我寡，且陷於腹背夾攻，如不趕緊撤退，必至全軍覆沒。」乃與于闐王各自率兵，分向東西兩方撤退。卻故意放走幾個俘虜，讓他們回去報告消息。龜茲王聞知大喜，但恐放走了班超。也分兵兩路，叫溫宿王率領八千輕騎，往東界去堵截于闐王。自己率領一萬騎兵，來西界捕捉班超。那曉得班超假稱撤兵，其實走出不到十里，即安營下寨。待到夜晚，下令緊急集合，與于闐王合兵一起。人銜枚，馬疾走，直猛撲莎車大營，莎車倉皇應戰，被殺得落花流水，一戰死了五千多人，牛馬損失不計其數，莎車王力屈投降。那龜茲與溫宿兩王，各撲一空，及至回頭，班超早已佔領了莎車。姑墨、尉頭兩國軍隊，原無鬥志，聽說莎車已降，各自撤兵回國。龜茲、溫宿兩王，看見大兵四散，也只得掩旗息鼓而走。這一場戰鬥，班超贏得了空前的勝利。從此班超之名，震撼西域，他無形中成了西域諸國的最高領袖。那是在漢章帝即位之第十二

年，即章和元年，西元 87 年之事。現在話分兩頭，暫且放下班超在西域的奮鬥，回頭來說這十二年來朝中的情況。

東漢孝章帝劉炟於永平十八年八月登基，尊母親馬氏為皇太后，明年改元建初，是為章帝一朝之始。朝堂上幾位元輔，是太傅趙熹、太尉牟融、司空第五倫與司徒鮑昱，皆一時人望。牟融字子優，北海人，是一位純儒，飽讀群經，雅善議論，明帝嘗嘆為宰相之才。第五倫字伯魚，京兆長陵人。他在漢光武時，已經做到了會稽太守。雖貴為二千石，家中生活極其儉樸，躬自斬芻餵馬，妻子親司炊爨。節省下來的薪俸，用以周濟貧困。永平五年，忽被人控告，詔徵倫進京。百姓扶老攜幼，跟在車後號哭相隨。到了京師，吏民守闕上書為倫訴冤者有一千多人，倫因此得釋。到永平末年，被派做蜀郡太守❺，賂賄絕跡，政治肅然，在官七年，聲譽鵲起，所以被徵入朝，位列三公。他公正嚴明，直諫敢言，受到朝中百官的敬仰。曾有人向第五倫表示欽慕，說他正直無私。第五倫嘆道：「無私二字談何容易，我平生就有兩件事，顯然我有私心！」那人問其所以，第五倫道：「從前有人送我一匹千里馬，我雖拒而未受，卻念念不忘其人，此其一。舍姪患病在家，我一夜往視十次，歸而安寢。後來小兒得病，我雖沒親自照護，而終夜不能入眠，此其二。你說這不是私心作祟嗎！」那人聽了，覺得第五倫胸襟坦白，越發敬服。司徒鮑昱字文泉，上黨屯留人。祖父鮑宣漢哀帝時為司隸校尉，父鮑永漢光武時亦為司隸校尉，鮑昱在中元元年復拜司隸校尉。這祖孫三代不僅做的是一樣的官，而且是一樣的性格，都是剛強正直不畏豪強，世人傳為佳話。因為他家曾豢養了一匹小青馬，父子以為坐乘，騎著牠款款入朝。於是洛陽百姓流傳下幾句歌謠道：

　　鮑氏驄，三人司隸再入公，馬雖瘦，行步工！

鮑昱在永平五年後，一度為汝南太守，至永平十七年便代王敏為司徒。漢章帝雖然少年執政，賴有朝中這班老臣為輔，乃得垂拱而治。建初元年，天子即位之初，兗、豫一帶，就發生旱災。章帝問司徒鮑昱以消災之道，

❺　第五倫為蜀郡太守，在廉范之前。

鮑昱答稱:「和氣可以致祥!」想起因前朝楚王英之獄,犯罪流放在邊疆的還有幾百家,遂詔令一齊釋回。尚書沛國人陳寵,見天子能施仁政,便乘機上疏曰:

> 臣聞先王之政,賞不僭,刑不濫,與其不得已,寧僭不濫❻。故唐堯著典,「眚災肆赦」❼;周公作戒,「勿誤庶獄」❽;伯夷之典,「惟敬五刑,以成三德」❾。由此言之,聖賢之政,以刑罰為首。往者斷獄嚴明,所以威懲姦慝,姦慝既平,必宜濟之以寬。陛下即位,率由此義,數詔群僚,弘崇晏晏❿。而有司執事,未悉奉承,典刑用法,猶尚深刻。斷獄者急於篣格酷烈之痛,執憲者煩於詆欺放濫之文,或因公行私,逞縱威福。夫為政猶張琴瑟,大弦急者小弦絕。故子貢非臧孫之猛法,而美鄭喬之仁政⓫。《詩》云:「不剛不柔,布政優優。」⓬方今聖德充塞,假于上下,宜隆先王之道,蕩滌煩苛之法。輕薄篣楚,以濟群生;全廣至德,以奉天心。

章帝覽表,深為悅納。即詔有司:進柔良,退貪滑,順時令,理冤獄。廢鉆鑽之刑,解妖惡之禁。政令措施,務取寬大,一反明帝嚴酷的作風。

---

❻ 語出《左傳》蔡大夫聲子辭。

❼ 《尚書堯典》之辭,眚,過也,災,害也。

❽ 《尚書立政》之辭。

❾ 三德即剛、柔、正直也,語見《尚書呂刑》。

❿ 溫和也。

⓫ 春秋時,魯大夫臧孫行猛政。子貢非之曰:「夫政猶張琴瑟也,大弦急則小弦絕矣。故曰:『罰得則姦邪止,賞得則下歡悅。』子之賊心見矣。獨不聞子產之相鄭乎?推賢進能,抑惡揚善,有大略者不問其短,有厚德者不非小疵,家給人足,圄圉空虛。子產卒,國人皆叩心流涕,三月不聞竽琴之音。其生也見愛,死也可悲。故曰:『德莫大於仁,禍莫大於刻。』今子病而人賀,子愈而人相懼曰:『嗟乎!何命之不善,臧孫子又不死?』臧孫慚而避位,終身不出。事載劉向《新序》。

⓬ 語見《詩經》。

所以章帝一朝大臣，多能久在職守，保全令終，構成一個雍穆的政治。

大凡愛於民者，必能孝於親，親親仁民是一貫的精神。自古以孝行為百善之先，為政教之本。所以漢朝有一個傳統的政訓，是以孝治天下，故其歷代帝王之諡法，總冠上一個孝字。而漢代帝王中，以漢章帝為名副其實，最能敦行孝道。他不僅在宮廷之內，恭事馬太后，並能在朝堂之上，提倡孝行。此所謂：「孝思不匱，永錫爾類。」建初元年，太尉牟融為國進賢，第一個人便舉薦齊國江革為司空長史，就因為江革是一位著名的孝子。這江革字次翁，從小喪父，奉養寡母度日。建武之初，齊地盜賊蜂起，江革負母逃難。逃到下邳地方，為人傭工以自給。待得天下平靖，江革買了一輛板車，載母還鄉。母親年邁，不耐顛簸。江革親自以身代馬，挽車而行，歷盡了艱苦，才回到故鄉。一時轟動鄉里，群稱為江巨孝。太守震其名，特備禮敦聘，江革以母老婉辭。後來老母去世，喪服期滿，一度應舉為孝廉，旋復歸隱。他性情恬淡，不樂仕宦，無論公府徵聘，或官家饋贈，他都一概謝拒。到建初時，江革已老。因為太尉牟融的一再推舉，朝廷的使者絡繹於途，江革辭不獲已，乃進京拜命。不久，升做了五官中郎將。每逢朝會，江革步履蹣跚。章帝特別優禮，叫兩員虎賁將軍左右扶持。下拜時，天子在上，俯首答禮。後來患病，天子派太官慰視，賜贈酒食。朝中一班權貴，也都紛紛登門拜候，饋送禮物。江革在洛陽住了幾年，終於上書告病還鄉，還鄉之後，朝廷仍不時遣使慰問，詔齊相曰：「前五官中郎將江革，以病還鄉，邇來起居如何，朕不勝掛念之至！夫孝者，百行之冠，眾善之始也！」並令縣府，按年致送錢穀羊酒，以終其身。國家如此獎勵孝行，一時風氣蔚然，孝子輩出。如廬江毛義，扶風韋彪，皆以孝行著稱。韋彪字孟達，扶風平陵人。父母卒，哀毀三年，不出廬寢，為人好學博聞。建武末，舉孝廉，永平時，拜謁者，遷魏郡太守，建初年間徵為左中郎將，拜奉車都尉，遷大鴻臚。章帝對於韋彪，特別尊重。每逢國家大事，必與議論。那時朝中單有一幫人，批評郡國的選舉，說只講德行不考才能，往往被舉之人，徒有虛名而無實學，以致許多官吏不能稱職。漢章帝覺得這話也很有道理，便提出來令朝中公卿從事檢討。於是韋彪上書

申論，大意說道：選舉之道，務在得人。人以賢為本，賢以孝為先。子曰：「事親孝故忠可移於君，是以求忠臣必於孝子之門。」夫德行與才能，二者難以兼備。忠孝之人，心地多厚；鍛鍊之人，心地多薄。唯忠厚者，方能直道而行。國家用才，固需才德兼備；如不得已，仍以德行為重。其權衡在於主持選政之守相，如守相盡職，何患選舉不得其人！

　　章帝認為韋彪的見解，不失為持平之論。這也是為「以孝治天下」的原則下一註腳。夫以孝為政教之本，成為中國幾千年來的一個傳統政治思想。在這幾千年的中國社會裡，由於國家的過分標榜與提倡，自不免有若干敗類，偽裝孝子來欺世盜名。但不能因為這少數偶然的現象，便根本抹殺孝道。最簡單的解釋，父母是人生受惠最深而關係最密的朋友，一個人如對父母都沒有感情，不負責任；那麼他對任何朋友，任何事物，也絕不會有感情，也絕不會負責任。一個社會，到了人與人之間完全失卻情感與責任的維繫時，這個社會是必歸破滅。「政治」是謀所以促進人類共同生活之幸福，要促進人類共同生活之幸福，則必以培養人與人間之情感為其基礎，這是不容否認的邏輯。

　　漢章帝雖非馬太后親生，但從小由馬太后撫養長大，母子之間，恩愛彌篤。章帝即位後，見太后一生勤儉，毫無享受，幾位舅父在朝也無權無勢，心中過意不去。平時與朝臣言論之間，不免有所流露。建初二年，又有旱災。就有那善於揣摩人主之心的，奏稱：「天災由於不封外戚之故。」章帝究竟年輕，看了正中下懷，便持表入宮來徵請母后的意旨。不料馬太后一見大怒，罵道：「這分明是個佞臣，來欺君媚主，以圖富貴。你可知，當年王氏五侯同日俱封，史稱黃霧四塞，不聞天降甘霖。我看歷史上，外戚貴顯，沒有不家敗人亡的。所以先帝在日，慎防舅氏掌權，我夙夜惕息，恐違先帝之法。你看我，為什麼要身衣大練，食不求甘，難道我有福不會享？正因我為天下之母，一要為天下之表率，二要作家人之模楷。記得前天，在濯龍門前舉行慶典。我看見那些外戚入朝，一個個車水馬龍僕從如雲。他們的侍婢，有些穿的比我還要華貴。我已經暗地記下姓名，著人取消他們的俸祿。你想，我如此謹慎，外戚尚不免放縱，我還能再加以驕寵

嗎！西京亡國之禍，還不夠作我們的教訓嗎！」章帝聽了，默然不語，可
是心中總覺太后過於謙抑。那時三位國舅，大舅馬廖，官居衛尉；二舅馬
防，官居城門校尉；三舅馬光，官居越騎校尉。均在職多年，並無爵位，
且又年老多病。過了些時，章帝又和太后談起此事，章帝婉言稟道：「我
漢朝故事，舅氏封侯，猶如皇子封王，此乃慣例並非殊典。對於外戚，固
不必優寵，亦何苦歧視。況且三舅老病，身後毫無保障，萬一不諱，是兒
抱終身之憾！」太后道：「不然！我所以不許你封爵諸舅，並非自貶，乃是
自愛。我要你好好保護母家。須知世人之希望封侯得爵，不過為了上奉祭
祀，下求溫飽。現在國家規定，皇后之家，由太官供祀，衣食有御府歲俸。
兩者無缺，又何必要一縣之地？此中利害，我已熟慮，你不必多言。夫至
孝之行，以安親為上。年來國家歲收不足，穀價高出數倍。當如何增加生
產，解決民生，才是你做皇帝的所當憂思之不遑！何以不此之務，而念念
於舅氏之封侯？你如此執拗不聽教訓，這對國家為不忠，對母親為不孝！
你可知道，我性情剛急，近來常患氣結，不可再拂我意！」漢章帝這才不
敢再說。太后又暗敕三輔長官，凡是馬家親戚私向官吏請託，有違法干紀
之事，隨時奏聞，嚴加懲辦。嚇得諸外戚，戰戰兢兢，比永平時還要小心
謹慎。馬太后又於濯龍園中置織室，沒事的時候，親自到園中引導宮女們
養蠶織帛。晚間，宮燈既上，便召章帝談論政事，或教授小王《論語》經
書。她待人溫和而嚴正，獲得宮中人人之敬愛。她真是中國歷史上一位標
準的賢妻良母，所以能構成明章兩朝之治，她是幕後的一個核心人物。馬
太后不幸體弱多疾，於建初四年病故，享年不過四十餘歲。諡稱明德馬皇
后。夫照臨四方曰明，忠和純淑曰德。

　　明章兩帝承光武之遺風，都尊師重道，提倡儒術，故東漢一朝，儒風
最盛。馬太后薨於建初四年六月，章帝不勝哀思。群臣為了寬慰君心，想
出一個題目。就在七月間，有校書郎楊終上書建議，略稱：「昔宣帝博徵
群儒，論定五經於石渠閣。方今天下無事，學者得專其業，唯諸儒之於章
句，頗多異辭，宜如石渠故事，永為後世之法。」原來自王莽時，劉歆提
出古文《尚書》、《毛詩》、《逸禮》、《左氏春秋》等古文經書，展開了古今

文的論爭。到了東漢，這問題依然存在。光武帝的時候，曾有尚書令韓歆，主張將費氏古文《易經》與古文《左氏春秋》立於學官。光武帝為了這事，曾召集公卿大夫，令博士范升與韓歆在雲臺之上辯論這個問題，史稱雲臺之辯。光武帝聽韓歆說得有理，詔立《左氏春秋》，而以李封為博士。不久，李封死，又有許多公卿同聲反對，乃復廢《左氏》。可是這個問題，一直沒有解決，一直分做兩派。一派學者擁護古文，一派學者詆斥古文，聚訟紛紜。如北宮侍講賈逵，習《左傳》、《毛詩》、《周官禮》，條陳《左傳》大義長於《公羊》、《穀梁》三十事，又撰《今古文尚書同異》、《毛詩與齊魯韓詩同異》，並作《周官解》，極力為古文經辯護。而博士李育習《公羊傳》，作《難左氏四十一事》，則又為今文說法。賈逵、李育都是當代學術權威，信徒眾多，各立門戶，互相辯難不休。這事影響到一般儒生弟子，莫知所從，必須要有一個結論才好。漢章帝本身也是一個經生，正為此事困惑，便采納了楊終的建議。在當年冬天十一月，詔集群儒於白虎觀，議五經同異，天子親臨主持。派五官中郎將魏應承制問，在堂上傳旨；侍中淳于恭總覆奏，在堂下答話。一時碩學名儒，如賈逵、丁鴻、班固、樓望、成封、桓郁及廣平王劉羨，都參與其會。諸人中，尤以賈逵、班固、丁鴻負盛名。賈逵字景伯，扶風平陵人，為賈誼的九世孫。自兒童時便在太學讀書，弱冠即能誦《左氏傳》及五經本文，兼通古今文之學。身長八尺二寸，頭部豐滿，敏學好問。同學給他一個綽號，稱為「問事不休賈長頭」。永平時即受知於明帝，和班固是好友，同校書秘閣，應對禁闥。建初初，章帝特召逵入北宮為侍講，與班固二人，常在皇帝左右，或研經釋義，或吟詩作賦，好像漢武帝身邊的吾丘壽王司馬相如一般。丁鴻字孝公，潁川定陵人，年十三即從桓榮受《歐陽尚書》，學行均優。永平間拜侍中，建初時封魯陽鄉侯。談起經術來，議論滔滔，人不能折，大家稱為「殿中無雙丁孝公」。當時這班鴻儒都集合在白虎觀中，各抒所見，展開了一場宏辯。你來我往，各不相下，議論風生，精采百出。儘管辯論熱烈，卻都條條有理，不傷和氣。這一場學術的論辯，斷斷續續延長了一個多月。章帝聽他們說得是各有道理，便命班固一齊記錄下來，彙成一部專書名曰《白

虎通》（或稱《白虎議奏》），洵為曠世之盛典。後來到了建初八年，章帝酌采賈逵之議，令諸儒兼習古今文《尚書》、《毛詩》、《穀梁》、《公羊》與《左氏春秋》。古文經雖未立學官，而皆置高才弟子。結果是古今文兼收並蓄，漢章帝做了個和事佬，使古今文爭端告一結束。從這件事可以看出當時學人的氣度與思想之自由。

　　元和二年二月，漢章帝聖駕出巡，東祀泰山。路過東郡❸地方，東郡太守張酺，是章帝舊日的經師。章帝駕臨郡署，延酺上座，集門生掾史於庭中。先備弟子之儀，持經請酺講解《尚書》一篇，然後再修君臣之禮。又走過任城縣，任城人鄭均也是一位學者，曾為尚書，告老在家。章帝親幸其第，賜以終身尚書俸祿，時人號為白衣尚書。章帝祭畢泰山，三月，至魯城闕里，舉行祀聖大典。恭祭孔子與七十二賢，奏六代之樂❹，大會聖裔男子年二十以上者六十二人，各頒封賞。章帝顧謂蘭臺令史孔僖道：「今日盛會，卿有榮焉！」孔僖拜謝道：「臣聞自古明王聖主，莫不尊師重道。今陛下屈萬乘之尊，辱臨敝里，乃崇禮先師，增輝聖德。如謂為臣個人之光榮，非所敢當！」章帝聽了，大笑道：「如非聖人子孫，那能說出這般道理！」立拜孔僖為郎中。離開魯邑，又來到東平縣，東平是東平獻王劉蒼之封邑。東平王德隆望重，業於兩年前逝世。章帝到獻王陵前，祭奠了一番。回顧左右道：「思其人，至其鄉，其地在，其人亡！」說罷，淚下沾襟。從東平北繞太行山，經天井關，於元和二年四月回到洛陽。這一次，祭天祀聖，禮賢悼亡，廣施恩惠，普察輿情。所到之處，但見民阜物登，百姓康樂，充滿了一片昇平景象。章帝心中歡喜，召賜天下吏爵人三級，高年鰥寡孤獨帛人一匹，博士弟子在太學者布人三匹，公卿以下錢帛各有差。朝野上下，無不歡舞，這是漢朝一段最富有人情味的時代。

　　章帝文治雖隆，而武功未靖。當此太平盛運之中，國家卻有一椿大不幸之事，就是西方羌人的叛亂。羌人叛亂的主因，不在國力之不充，而在

---

❸　郡治在今河南濮陽。

❹　黃帝曰雲門，堯曰咸池，舜曰大韶，禹曰大夏，湯曰大濩，周曰大武，是謂六代之樂。

御戎之失策。邊疆吏士，大都作威作福，欺壓異族，而造成民族間循環不已的誤會與仇恨。在馬援平隴西⑮後，過了二十年，而有参狼羌之叛。此後西羌叛服無常，至建初而大亂。最初是西方金城郡安夷縣，有一個縣吏，誘姦卑南種羌人婦。其夫憤激，帶著一群羌人，闖進縣城，把縣吏殺死，一時城中驚亂。安夷縣長宗延，帶兵出來彈壓，羌人呼嘯而去。宗延大怒，即率兵從後追趕，一直追進蠻區，竟被羌人包圍殺死。羌人自知事情鬧大，索性造反，就有燒當羌豪迷吾出頭，糾合了諸部羌人，大舉進攻金城太守郝崇。同時入寇隴西、漢陽諸郡，西邊亂成一片。這是建初二年的事，正當耿恭自西域歸國。天子愛恭忠勇，便拜恭為長水校尉，與國舅車騎將軍馬防，率領北軍五校及邊郡騎士三萬人，去討伐叛羌。軍至隴西，一戰殺死羌人四千，俘虜了兩萬多人，勒姐、燒何等十三種羌人，一齊投降。遂於建初三年，召馬防、耿恭還朝，而以武威太守傅育為護羌校尉，長期駐兵臨羌，監視諸羌之行動。到了元和三年，燒當羌豪迷吾與其弟號吾，又來入寇。號吾進入隴西邊境，被官兵所俘，就要斬首。號吾臨刑喊道：「你等將我殺死，徒結兩家仇怨，於漢無益，於羌無損。不如將我釋放，我願說服我哥哥迷吾，從此罷兵修好，永不犯塞！」隴西太守張紆聽他說得有理，便將號吾釋放。號吾釋回，果偕迷吾退兵。那知未出數月，迷吾等又叛。護羌校尉傅育大怒，奏請朝廷，調發隴西、金城一帶幾郡人馬，大舉合圍，進討羌戎。那傅育性急，未待大軍集合，先自率軍獨進，迷吾看漢兵來勢兇猛，引眾西遁。傅育帶著三千輕騎，從後拼命追趕。追進一座山谷，名叫三兜谷，山巒環抱，形勢險惡，四顧不見敵人。傅育情知不妙，急待回師，忽聞一陣鼓聲，那羌人從山谷裡四面八方殺來，可憐傅育和他的先頭士卒八百八十人，一齊死在三兜谷中。時在章和元年，就是章帝巡祀泰山的第三年。朝廷得訊，即命隴西太守張紆，代為護羌校尉，率領諸郡大兵，痛剿叛羌。張紆被號吾所欺，誓欲盡殲群羌，以為傅育報仇。乃率諸郡大軍，合圍痛擊，羌人大敗。迷吾勢窮，遣使請降。張紆邀約所有羌豪，會盟於臨羌。屆時擺開宴席，殷勤勸酒。張紆惱恨這班羌人反覆無

⑮　金城、臨羌等隴西地名。

常，就在酒中下了毒藥。酒過數巡，那些羌豪一個個東倒西歪，士卒拔刀上前，一陣亂砍，迷吾等酋豪八百多人，全被殺死。張紆以迷吾等五個大豪的頭顱，致祭於傅育之冢，總算消了心頭之恨。可是與羌人則結下了不共戴天之仇。迷吾的兒子迷唐，得到這個噩耗，仰天大哭，指著漢營，頓足大罵。即將所有子女金銀，散給與諸羌種落，和各部解仇交質，歃血為盟，和漢人誓不兩立。於是掀起了羌人的全面叛亂，其勢如火如荼，張紆不能制。從這件事，說明許多民族間的糾紛，往往因為一點小小的錯誤，應付不當，彼此循環報復，終至構成血海冤仇。而這些民族間的糾紛，常有算不清的帳，報不盡的仇；如冤冤相報，則永無了時。故中國先哲古訓，強調化敵為友，以德報怨，止戈乃為武，仁者方無敵，這才是人類相處之道，而其中有深意存焉。正在這羌亂大熾的時候，忽傳漢天子駕崩洛陽。現在只好撇下西羌之亂，來談漢宮之事。

　　卻說漢章帝在他即位之初，他母親明德馬太后曾為他娶了四個妃子，都封做貴人。兩個妃子是扶風宋楊之女，稱為大小宋貴人，大貴人生皇子慶。另兩個妃子是梁松弟梁竦之女，稱為大小梁貴人。這四貴人，均出身名門。太后有意讓章帝在四位貴人中，冊立一位為皇后，她尤其看中了大宋貴人。可是在建初二年，皇帝又選進了兩位妃子，也是姊妹二人，乃竇融之曾孫，竇勳之女，亦封為貴人。貴人之母，即東海恭王劉彊（明帝兄）女沘陽公主，算是親上加親。這姊妹二人，長得風姿綽約，儀態萬方。尤其大竇貴人，明慧多才，善承人意，天子一見傾心，寵愛非常。大竇貴人竟後來居上，入宮才一年，便冊封為皇后。建初四年，小梁貴人生皇子肇。竇后承寵三年尚無子，乃仿馬太后撫章帝的故事，收皇子肇為己子。章帝雖立竇后，對於梁宋四貴人，仍舊多情。尤其宋大貴人曾為馬太后所鍾愛，故天子格外垂青，特立其子慶為太子。竇后大為忌妒，乃與其母沘陽公主共同陷害宋氏。在宮中散播謠言，說宋貴人為厭勝之術，咒詛人君，並太子亦為所惑，不堪承奉大統。日子一久，章帝竟為讒言所蔽，於建初七年，廢太子為清河王，而立皇子肇為太子。並將大小兩宋貴人，一齊打入冷宮。叫小黃門蔡倫案問其情，可憐兩貴人皆羞憤自殺。太子肇既立，梁貴人私

相慶幸道：「太子，我子也！」皇后聽了，心裡厭惡，想將來太子長大，如只認得親生娘親，我豈不白費心血。乃又從中挑撥是非，教皇帝疏遠梁氏姊妹。到建初八年，忽有人控告梁竦謀反，下獄考問，死在獄中，全家被判流放九真。可憐這梁家姊妹，家破人亡，不久也憂悶而死，死的情形頗不明白。於是宮廷之內，人人惕息，畏竇后如虎。這漢章帝是個忠厚人，生逢盛世，國泰民安，所以在朝堂上，尚不失為一有道仁君。可是宮闈裡，卻鬥不過這一個蛇蝎般的女人，被她欺弄得如醉如痴。不僅後宮之寵，為竇后所獨佔，朝廷政事，亦漸為竇氏兄弟所把持。建初八年，后兄竇憲為侍中虎賁中郎將，弟竇篤為黃門侍郎。入侍宮闈，出交賓客，那聲勢一天比一天煊赫。當時司空第五倫上書曰：

伏見虎賁中郎將竇憲，椒房之親，典司禁兵，出入省闥，年盛志美，卑謙樂善，此誠其好士交結之方。然諸出入貴戚者，類多瑕釁禁錮之人，尤少守約安貧之節，士大夫無志之徒更相販賣，雲集其門。眾煦飄山，聚蚊成雷，蓋驕佚所從生也。三輔議論者，至云以貴戚廢錮，當復以貴戚浣濯之，猶解醒當以酒也。誠險趣埶之徒，誠不可親近。臣愚願陛下中宮嚴敕憲等閉門自守，無妄交通士大夫，防其未萌，慮於無形，令憲永保福祿，君臣交歡，無纖介之隙。此臣之至所願也！

章帝覽表，默然不悅，乃留心觀察竇憲的行動。這一天，章帝駕臨竇府，看見竇憲的府後新闢了一座花園。章帝還有印象，覺得這座花園好像是沁水公主（章帝之妹）的園子，怎麼會為竇憲所有，乃詰問竇憲，憲含糊以對。章帝心下懷疑，回宮派人調查，原來果是公主園庭，被竇憲強迫佔買，章帝不禁勃然震怒，立喚竇憲入宮，大發雷霆，拍案罵道：「你這奴才，竟敢當面欺君，何異趙高之指鹿為馬！你不過憑著你是個皇親國戚，就敢欺壓公主。那你在老百姓面前，還不知怎樣胡作非為。國家要肅清你這個敗類，不像丟掉一隻臭老鼠嗎！」嚇得竇憲伏地叩頭不已，口中但稱罪該萬死。皇后聞訊，亦趨出毀容請罪。這漢章帝一場脾氣發過，亦就兩

過天青，萬事皆休。對於竇憲既不追究，也未處分。竇憲經過這次教訓，也就摸清楚了皇帝的性格，更無顧忌。表面上謙虛奉承，背地裡卻暢所欲為。司馬溫公作《資治通鑑》，寫史至此，有幾句評語，說得極其剴切，其辭曰：

> 夫人主之於臣下，患在不知其姦，苟或知之而復赦之，則不若不知之為愈也。何以言之？彼或為姦而上不之知，猶有所畏；既知而不能討，彼知其不足畏也，則放縱而無所顧矣！是故知善而不能用，知惡而不能去，人主之深弁也！

元和三年，太尉鄭弘奏控憲黨尚書張林與洛陽令楊光居官貪汙。有書吏與楊光相好，把這事透知楊光，光即報告竇憲。憲即彈劾鄭弘「以大臣漏泄省中事」。章帝也未深察，即下旨收弘印綬。弘乃上書乞骸骨❶，請求遷鄉，天子又不許。鄭弘憂憤交加，就病倒在洛陽，那病勢日益沉重，自知不起，遂於病榻上書痛陳竇憲之罪，其略曰：

> 竇憲姦惡，貫天達地，海內疑惑，賢愚疾惡，謂「憲何術以迷主上！近日王氏之禍，炳然可見。」陛下處天子之尊，保萬世之祚，而信讒佞之臣，不計存亡之機；臣雖命在晷刻，死不忘忠，願陛下誅四凶之罪，以厭人鬼憤結之望！

章帝見表，即遣御醫往視弘病，到時鄭弘已死，章帝不勝哀惋。但對於竇憲，仍無制裁。章帝一生賢德，而失於仁懦，許多事缺乏果斷與魄力。尤其竇氏之寵，留下後患。當年他母親明德馬皇后所諄諄誥誡之事，竟不幸而慮中。章帝於章和二年春正月壬辰，病卒於章德前殿。太子劉肇即位，是為東漢孝和帝，年方十歲。幼主不能當政，遂由竇太后臨朝稱制。竇憲以侍中，「內幹機密，出宣誥命」。於是外戚用事，政權旁落，東漢的國運乃由盛而衰了。

---

❶ 這是一句術語，古大臣凡告病或告老辭職皆稱乞骸骨，意思就是說請賜全骸骨以歸終。

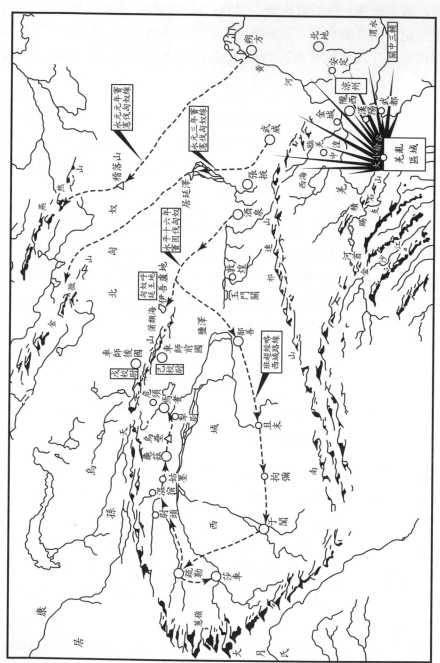

東漢西北形勢與班超經略西域圖

第二十四講　和安中衰㈠

燕然勒石　金微立功　袁公流涕
竇氏伏誅　匈奴紛擾　羌戎反覆
校尉化胡　都護揚威　班生還國

　　章和二年二月王辰，漢和帝劉肇即位，年方十歲，由竇皇太后臨朝聽政。尊太尉鄧彪為太傅，賜爵關內侯，錄尚事書，百官總己以聽。竇憲為侍中，內參機密，外宣詔命。憲弟竇篤為虎賁中郎將，竇景竇瓌均為中常侍。鄧彪乃鄧禹之族孫，歷仕三朝，老於世故，凡事委隨，不做主張，故大權全操於竇憲之手。竇憲一門兄弟均在要津，聲勢逼人。竇憲府中有一位賓客，姓崔名駰字亭伯，涿郡安平人。年十三即通《詩》《易》《春秋》，古今訓詁，百家之言，又擅長文章，少遊太學，與班固傅毅齊名。他見竇憲暴貴乃不祥之兆，就寫了一封書信，勸誡竇憲，其文曰：

　　駰聞交淺而言深者，愚也；在賤而望貴者，惑也；未信而納忠者，謗也。三者皆所不宜，而或蹈之者；思效其區區，憤盈而不能已也。竊見足下體淳淑之姿，躬高明之量，意美志屬，有上賢之風。駰幸得充下館，序後陳，是以竭其拳拳，敢進一言。《傳》曰：「生而富者驕，生而貴者傲。」生富貴而能不驕傲者，未之有也。今寵祿初隆，百僚觀行，當堯舜之盛世，處光華之顯時，豈可不庶幾凤夜，以永眾譽，弘申伯之美，致周邵之事乎? ❶《語》曰：「不患無位，患所以立。」❷昔馮野王❸以外戚居位，稱為賢臣，近陰衛尉克己

---

❶ 申伯，周宣王之元舅，周公、邵（召）公共立宣王，皆輔佐周之共和。

❷ 語見《論語》。

❸ 為漢元帝妃馮昭儀之兄。

復禮，終受多福❹。郯氏之宗，非不尊也❺；陽平之族，非不盛也❻。重侯累將，建天樞，執斗柄❼。其所以獲譏於時，垂愆於後者，何也？蓋在滿而不挹，位有餘而不足也。漢興以後，迄于哀、平，外家二十，保族全身，四人而已❽。《書》曰：「鑑于有殷。」可不慎哉！竇氏之興，肇自孝文。二君❾以淳淑守道，成名先日；安豐❿以佐命著德，顯自中興。內以忠誠自固，外以法度自守，卒享祚國，垂祉於今。夫謙德之光，《周易》所美⓫；滿溢之位，道家所戒⓬。故君子福大而愈懼，爵隆而益恭。遠察近覽，俯仰有則，銘諸几杖，刻諸盤杅⓭。矜矜業業，無殆無荒。如此，則百福是荷，慶流無窮矣。

其辭非不婉切，怎奈人在得意之時，誰能急流勇退，竇憲看了崔駰的信，也不過一笑置之。時有齊殤王劉石之子都鄉侯劉暢，因弔國喪來京師。太后見劉暢少年英俊，大為寵愛。竇憲深恐劉暢承恩得勢，暗遣刺客刺殺

❹　陰衛尉，名興，光武帝陰皇后之弟，以謹敕得善終。

❺　史丹封於郯，成帝時為長樂尉。

❻　王鳳封陽平侯。

❼　北斗七星，第一星曰天樞，第七曰杓，杓即柄，此言其當權也。

❽　二十外家：⑴高帝呂后⑵惠帝張后⑶文帝母薄太后⑷文帝竇后⑸景帝薄后、武帝陳后⑹武帝衛后⑺昭帝上官后⑻宣帝祖母史良娣⑼宣帝母王夫人⑽宣帝霍后⑾元帝王后⑿成帝許后⒀成帝趙后⒁哀帝祖母傅太后⒂平帝母⒃昭帝趙太后（以上十六家皆不得善終）⒄景帝王后⒅宣帝許后⒆宣帝王后⒇哀帝母丁姬（以上四家僅得善終）。

❾　謂竇太后之弟長君、少君，淳淑退讓。

❿　竇融封為安豐侯。

⓫　《易》曰：「謙尊而光，卑而不可踰。」

⓬　《老子》曰：「富貴而驕，自遺其咎。功成名遂而身退，天之道也。」

⓭　《太公金匱》曰：「武王曰：『吾欲造起居之誡，隨之以身。』几之書曰：『安無忘危，存無忘亡，孰惟二者，必後無凶。』杖之書曰：『輔人無苟，扶人無〔容〕〔咎〕。』」墨子曰：「堯、舜、禹、湯書其事於竹帛，琢之盤盂。」杅亦盂也。

劉暢，而諉罪於暢弟利侯劉剛，將劉剛逮捕下獄。事被太后查悉，大為震怒，也把竇憲召入宮中，軟禁起來。過了些時，太后怒氣稍平。適逢南匈奴上表請朝廷出兵共擊北匈奴，竇憲乃乘機向太后請命，願去討伐匈奴，以功折罪。太后即行詔准，派竇憲為車騎將軍，以執金吾耿秉為副，發北軍五校，黎陽雍營，與緣邊十二郡騎士，及羌胡義從等，大舉前往討伐北匈奴。

　　原來北匈奴自經竇固、耿秉的窮擊，其眾大衰，餘部遊牧於車師天山一帶。建初元和之際，南匈奴攻其前，丁零攻其後，鮮卑擊其左，西域擾其右，北匈奴越發狼狽。章和元年，鮮卑又襲殺其左部優留單于，北匈奴乃大亂，有屈蘭儲等五十八部二十八萬人，流散到緣邊五原、雲中、朔方、北地一帶請降。於是南匈奴屯屠何單于上書，請趁北匈奴之衰亂，一舉蕩滅之，俾南北匈奴復歸一統，長為藩屬，則漢家永無北顧之憂。太后亦認為時機難得，不可錯過，故令竇憲、耿秉出兵。再則也是將竇憲打發出朝，免得在京中多管閒事，妨害她的行動自由。可是那時朝廷上，單有一班持重的老臣，如司徒袁安，司空任隗，侍御史魯恭何敞等，都反對國家勞師動眾，一連上了十來道諫表，太后一概不聽。大軍就在永元元年春夏之交，分頭出發。竇憲、耿秉率領八千騎兵合南匈奴谷蠡王師子所率匈奴騎兵約一萬人馬，出朔方雞鹿塞。南匈奴屯屠何單于將萬騎，出滿夷谷。鄧禹少子度遼將軍鄧鴻率領緣邊羌胡義從八千騎，與南匈奴左賢王安國所率，共萬騎，出五原捆陽塞。三路大軍，同時並進，會師於涿邪山。那時北匈奴殘破之餘，見漢軍出塞，不敢迎敵，聞風而走。竇憲乃遣副校尉閻盤、司馬耿夔、耿譚等，將南匈奴精騎一萬人為先鋒，跟蹤追擊。追到稽落山❶❹與北匈奴相遇，一戰把北匈奴打得四散奔潰，單于亡命遁走。竇憲大軍繼至，不肯放鬆，緊跟追趕，一直追到私渠比鞮海❶❺邊，緣途掃蕩，前後殺死北匈奴名王已下一萬三千餘人，俘獲生口雜畜百餘萬頭。北匈奴降者八十一部二十餘萬人。竇憲耿秉出塞三千里，登臨燕然山❶❻。竇憲好文學，

❶❹　今外蒙古額布根山。

❶❺　今烏布蘇諾爾湖。

文豪班固那時與崔駰同被聘於竇憲幕府，並隨軍為記室。竇憲特命班固撰文刻石紀功，立碑於燕然山上，其文曰：

> 惟永元元年秋七月，有漢元舅曰車騎將軍竇憲，寅亮聖明，登翼王室，納于大麓，惟清緝熙。乃與執金吾耿秉，述職巡御，理兵於朔方。鷹揚之校，螭虎之士，爰該六師，暨南單于、東烏桓、西戎氏羌侯王君長之群，驍騎三萬。元戎❶輕武，長轂❶四分。雲輜❶蔽路，萬有三千餘乘。勒以八陣，蒞以威神，玄甲耀日，朱旗絳天。遂陵高闕，下雞鹿，經磧鹵，絕大漠，斬溫禺以釁鼓，血尸逐以染鍔❷。然後四校橫徂，星流彗埽，蕭條萬里，野無遺寇。於是域滅區單，反斾而旋，考傳驗圖，窮覽其山川。遂踰涿邪，跨安侯，乘燕然❷，躡冒頓之區落，焚老上之龍庭❷。上以攄高、文之宿憤，光祖宗之玄靈；下以安固後嗣，恢拓境宇，振大漢之天聲。茲所謂一勞而久逸，暫費而永寧者也。乃遂封山刊石，昭銘上德。其辭曰：鑠王師兮征荒裔，剿凶虐兮截海外，敻其邈兮亙地界，封神丘兮建隆喝，熙帝載兮振萬世。

　　立石紀功之後，竇憲乃班師回朝。留下軍司馬吳汜、梁諷，攜帶著金帛文書，繼續前進，往宣撫北單于。吳汜、梁諷越山度漠，趕到西海之上，才見著了北單于。獻上國書，說明漢朝如何寬大，勸單于效法呼韓邪故事，歸順天朝，可以保國安民。單于喜悅，即率領所部，與梁諷等回到私渠海，到時漢軍已經入塞。北單于乃遣其弟右溫禺鞮王為使，隨諷入塞來謁竇憲，並且進貢了一只寶鼎，其容五斗，旁有銘曰：「仲山甫鼎，其萬年子子孫

---

⑯　今蒙古杭愛山。
⑰　兵車也。《詩》云：「元戎十乘，以先啟行。」
⑱　亦兵車也。
⑲　輜，車也。稱雲，言多也。
⑳　溫禺、尸逐皆匈奴王號。
㉑　涿邪、燕然，山名。安侯，水名。
㉒　冒頓、老上皆過去單于之名。

孫永保用。」這是周宣王時的寶物，不知怎樣落入匈奴，復歸故國。竇憲
收了貢物，送上朝廷，卻責北單于不肯親自來朝，足見缺乏誠意，竟將溫
禺鞮王打發回去。竇太后聽說竇憲大破北匈奴，凱旋還朝。即遣中郎將持
節就五原塞上，拜竇憲為大將軍，封武陽侯，食邑二萬戶。封耿秉為美陽
侯。竇憲拜受了大將軍印，卻堅辭封爵。舊制大將軍位在三公之下，朝廷
一班阿諛的大臣，奏請將大將軍排列在三公之上，太傅之下，詔如議。大
將軍到了京師洛陽，大開倉府，犒勞三軍。所部二千石子弟從征者，悉除
太子舍人。永元二年，再封竇憲為冠軍侯，竇篤為郾侯，竇景為汝陽侯，
竇瓌為夏陽侯。竇憲還是不肯接受，為避封爵，率兵出鎮涼州，永元二年
冬，南單于又遣左谷蠡王師子將兵襲擊北匈奴於私渠海上，斬首八千，北
單于身被重創，大敗而逃。竇憲見北匈奴如此微弱，便欲乘機殲滅。乃於
永元三年二月，再遣左校尉耿夔與司馬任尚，從居延塞出擊北匈奴，圍北
單于於金微山❷❸，大破之。俘獲其母閼氏，名王以下五千餘人。這次漢兵
出塞五千餘里，為漢朝自與匈奴接戰以來，最遠的一次出征。北單于受了
這次打擊，傾巢西遁，不知所終。他的部落，有些輾轉流竄到歐亞兩洲之
間，影響到歐洲日耳曼民族的南下和西羅馬的滅亡，造成歐亞兩洲民族的
大流動，這是後話。

　　竇憲既平滅北匈奴，威名大震，權傾中外。以耿夔、任尚等為爪牙，
鄧疊、郭璜為心腹❷❹，班固、傅毅等典文章。刺史守令多出其門，親戚故
舊布滿要津。竇憲本人雖然專權，尚識大體，兩次遜爵，以示謙抑。而他
的兩個弟弟竇篤、竇景，則仗著哥哥姊姊的勢力，驕橫不可一世。競起府
邸，甲第連雲；金銀珍寶，堆積如山。更縱使家奴賓客，到處奪取民財，
姦淫婦女，弄得怨聲載道。尚書何敞上書曰：

　　　昔鄭武姜之幸叔段❷❺，衛莊公之寵州吁❷❻，愛而不教，終至凶戾。

❷❸　今外蒙古阿爾泰山。
❷❹　耿夔時為大將軍左校尉，封粟邑侯。任尚時為中郎將。鄧疊時以侍中行征西
　　將軍事，為竇憲之副帥。郭璜時為長樂少府，其子郭舉官射聲校尉，為竇憲
　　女婿。

由是觀之，愛子若此，猶飢而食之以毒，適所以害之也。伏見大將軍憲，始遭大憂，公卿比奏，欲令典幹國事。憲深執謙退，固辭盛位，懇懇勤勤，言之深至，天下聞之，莫不悅喜。今踰年無幾，大禮未終，卒然中改，兄弟專朝。憲秉三軍之重，篤、景總宮衛之權，而虐用百姓，奢侈僭偪，誅戮無罪，肆心自快。今者論議凶凶，咸謂叔段、州吁復生於漢。臣觀公卿懷持兩端，不肯極言者，以為憲等若有匪懈之志，則已受吉甫褒申伯之功❷，如憲等陷於罪辜，則自取陳平、周勃順呂后之權，終不以憲等吉凶為憂也。臣敞區區，誠欲計策兩安，絕其綿綿，塞其涓涓❷，上不欲令皇太后損文母之號，陛下有誓泉之譏❷，下使憲等得長保其福祐也！

書上，竇憲得知，大為不快。就陳請太后，把何敞調為濟南王太傅，逐出朝堂。尚書僕射樂恢又上書曰：

> 陛下富於春秋，纂承大業，諸舅不宜幹正王室，以示天下之私。……方今之宜，上以義自割，下以謙自引。四舅可長保爵土之榮，皇太后永無懟負宗廟之憂，誠策之上者也。

這封書表，也被宮中壓置。樂恢見朝廷毫無反應，心灰意冷，便告病還鄉。回到故鄉長陵，竇憲暗令地方當局，逼迫樂恢，飲酖自殺。於是朝臣恐懼，望風承旨，唯竇氏之馬首是瞻。只有司徒袁安和司空任隗，這兩位老臣，守正不阿，前後彈劾竇氏親黨，因而被罪免官者有四十多人。竇

---

❷　春秋時鄭莊公母武姜愛其少子共叔段，封於京邑，號為京城大叔。後共叔段叛，引兵攻莊公。

❷　春秋時衛莊公寵庶子州吁，州吁好兵，公不禁。後鄭桓公即位，州吁反，弒桓公而篡。

❷　申伯為周宣王之元舅，有令德，故尹吉甫作頌以美之。

❷　周金人銘曰：「涓涓不壅，終為江河；綿綿不絕，或成網羅。」

❷　文母，文王之母也。誓泉之譏，言共叔段之叛，鄭莊公與武姜相決絕，誓曰：「不及黃泉，無相見焉。」

氏雖然銜恨，但以安隗德高望重，不敢加害。國家幸賴有這兩位元老，得以維持綱紀於不墜。袁安字劭公，汝南汝陽人，為人嚴重有威。永平時，曾為楚郡太守與河南尹。在河南十年，政令肅然。建初八年，遷太僕，元和三年，代第五倫為司空，章和元年，再遷司徒。到永元三年，已經身歷兩朝，做了五年的宰相。位高德隆，為眾望之所歸。他見竇氏專權，中樞無主，國事日非。自嘆年邁力衰，獨木難支大廈。每與公卿談及國事，輒嗚咽流涕。

北匈奴單于雖然被竇憲趕得無影無蹤，卻還殘留下一支部落，約有幾千人馬在蒲類海地方，由單于之弟右谷蠡王於除鞬統領。勢窮力困，遣使入塞，謁見大將軍卑辭求降。竇憲認為他的態度非常恭順，乃上表請策立於除鞬為北單于。並仿照南單于的故事，也派一個護北匈奴中郎將監護之。事下公卿討論，司徒袁安、司空任隗都堅持反對，袁安並上書力陳利害，大意說：「南單于歸藩，已歷三朝四十餘年；今之所以能掃空北庭，亦南單于之功。如扶立北單于使與南單于分庭抗禮，此乃為一朝之計而違三世之規，並且失信藩邦。《論語》曰：『言忠信，行篤敬，雖蠻貊之邦行矣。』今一旦失信，恐百蠻動搖。如烏桓鮮卑曾助漢殺死北匈奴優留單于，與北匈奴勢不兩立，今見北匈奴來歸，烏桓鮮卑難保不因疑懼而叛變。再則漢朝歷年供給南單于之歲用，達一億九十餘萬，已感困竭，更增一北單于，國家如何負擔？」竇憲不服，亦上書與袁安相辯難。朝廷終於採納了大將軍的建議，於永元四年春，派遣大將軍的左校尉耿夔奉印綬拜於除鞬為北單于，並使中郎將任尚持節護衛，屯兵於伊吾，一切仿南單于故事。袁安前後所上詆斥竇憲的表章，多半是司徒府掾周榮的手筆。就有竇氏賓客徐齮恐嚇周榮道：「你為袁公排斥大將軍，你可當心大將軍的刺客滿天下！」周榮慨然道：「我之輔助袁公，非為私交，乃為正義，殉義而死，我何懼哉！」於是吩咐妻子道：「萬一我在外，遭遇不測，你們不必收屍，好讓天下人認識姦人的罪惡，或者朝廷能有覺悟！」

漢和帝劉肇，這時已經十四歲了。自覺身為人君，竟不能當政，眼看著國舅竇憲那般飛揚跋扈，目無天子的氣派，心裡早不自在。忽然宮中謠

傳，說大將軍兄弟謀為不軌，和帝大懼。和帝身邊有一個心腹宦官，姓鄭名眾，機警多謀。和帝和他商議，兩人就秘密定下計策，誅除竇憲。會逢永元四年夏，大將軍竇憲偕同征西將軍鄧疊，從涼州還朝。六月庚申之日，漢和帝突然駕臨北宮，頒發聖旨，分別派兵把守住南北宮闕，洛陽四門，以防不測。一面命執金吾率五校尉之兵，即往捉拿侍中鄧疊、疊弟步兵校尉鄧磊、長樂少府郭璜、璜子射聲校尉郭舉，一齊下獄斬首，家屬流放合浦。因為竇太后的關係，不便顯誅竇憲。遣謁者僕射收大將軍印綬，迫令竇憲就封冠軍侯，與鄎侯竇篤，汝陽侯竇景，夏陽侯竇瓌，一同就國。就國後，再著人逼其自殺。只有竇瓌一人，因平素特別恭儉，得免於死。其他竇憲的宗族賓客，或被罪下獄，或貶歸田里。此中也連累了不少好人，譬如一代學人班固，亦被捕死於獄中。死時《漢書》中的八表與天文志，尚未寫完。天子惜之，特命固妹班昭，就東觀藏書閣續成之。昭字惠班，博學多才，嫁與同郡人曹世叔為妻。和帝常召班昭入宮，叫她教導貴人嬪妃們讀書，後宮稱之為曹大家❸。竇憲一死，和帝親政，朝中的人事自然不免有一番更調。這時袁安、任隗兩位老成，業已病卒。太傅鄧彪亦告老退休。乃以丁鴻為司徒，尹睦為太尉，劉方為司空。宦官鄭眾以定策之功，升為大長秋，厚加賞賜，而眾謙讓不遑，少主更加寵信。舉凡軍國大事，必與商議。漢和帝劉肇，這個十四歲的小皇帝，他竟能不動聲色，以迅雷不及掩耳之勢，誅滅竇氏，收回政權，不能說他沒有魄力。可是閹人用事與宦官外戚間的傾軋之風，也就從此開始。竇太后於竇憲死後，過了五年，鬱鬱而歿。

　　北匈奴單于於除鞬，聽說漢朝發生政變，竇憲被殺。驚懼不安，率眾北走。朝廷聞北單于叛變，即命護北匈奴中郎將任尚，引兵追趕，將單于捉住斬首。此時南匈奴單于屯屠何亦逝世，其左賢王安國繼立為單于，右谷蠡王師子遞升為左賢王。師子英勇善戰，伐北匈奴屢建奇功。在國中頗有聲望，遂為安國單于所忌。發動收降的北匈奴人，欲暗害師子，被師子發覺。乃借漢兵為助，與安國相攻。結果安國單于被部下所殺，南匈奴人

❸　大家二字讀ㄉㄚˋ ㄍㄨ。

共立師子為單于。前北匈奴降人共有十五部二十餘萬，恐師子報仇，一齊叛變，另行擁立屯屠何之子奧鞬日逐王逢侯為單于，圍攻南單于師子於牧師城，時在永元六年九月。朝廷得訊，即遣光祿勳鄧鴻，越騎校尉馮柱，行度遼將軍朱徽，與烏桓校尉任尚❸，發左右羽林軍，北軍五校，緣邊騎士，及烏桓鮮卑兵四萬人馬，大舉出援師子。漢兵行至美稷，逢侯等聞風解圍北走，漢兵從後緊緊追趕，一路殺出塞外，共斬首一萬七千餘級。鄧鴻見匈奴已遠遁，未再窮追，即留馮柱率領虎牙營屯駐五原，自與朱徽整旅還朝。天子大怒，認為他們畏縮不前縱走敵人，將鄧鴻朱徽與護南匈奴中郎將杜崇，一齊下獄處罪。另派雁門太守龐奮行度遼將軍事，監護南匈奴。南匈奴單于在位四年而死，萬氏尸逐鞮單于檀繼立，龐奮旋亦內調，改以朔方太守王彪為度遼將軍。南北匈奴在竇憲死後，引起了這樣一段騷亂，使北方飽受塗炭，果不出袁安之所料。

在北方匈奴紛擾之際，正是西方羌亂蔓熾的時候。前文曾說到在漢章帝末年，護羌校尉張紆，毒殺羌豪八百多人，激起了迷吾之子迷唐與諸羌解仇交質，佔據了大小榆谷❸，全面叛亂。聲稱要殺盡漢人，以報迷吾之仇。朝廷見事情弄大，張紆無法收拾，乃將張紆撤職，改派故張掖太守鄧訓為護羌校尉。鄧訓字平叔，乃太傅鄧禹之第六子，為人足智多謀，樂施下士。歷任邊將，所到之處，深獲民心。這次奉命到了涼州，布署未了，羌眾已大舉來攻。這涼州境內，由來是胡漢雜居之地。其間有一種族，名小月氏胡，擁有武裝部落二三千人，皆勇悍善戰，素為羌人所忌。羌眾此番入寇，突先攻小月氏，小月氏胡抵擋不住，向後卻走，紛紛退到城邊。邊城向有禁令，羌胡不得進城。鄧訓臨時解令，叫大開城門，讓那些小月氏的婦孺進城躲避，另派兵出城協助胡丁作戰。那些小月氏胡看見自己的妻子蒙漢官庇護，無不感激奮勇，與漢兵合力抵抗，一場廝殺，把羌人殺得大敗逃走。事後，鄧訓格外施恩，就挽留那些胡人的婦孺住在城中，免受羌人的仇害，那些小月氏胡無不千恩萬謝。胡人有一習俗，以病死為恥

---

❸　北匈奴單于既死，故任尚遷為烏桓校尉。

❸　地在今青海貴德。

辱，病重者皆自殺，鄧訓勸止不聽。乃將病胡都集中起來，派人把守，防其自殺，一面延醫診治，不久皆獲重生。那些胡人，更加歡喜，都道：「我等得鄧使君，如得再生父母，此身為鄧使君之所賜，則生死唯使君之命！」鄧訓乃挑選了一批少壯胡丁，加以訓練，練出了一支戰鬥力最強的生力軍。一面又運用賄賂，散布間諜，滲入羌中去招誘離間。果然不久，迷唐的叔父號吾，率領其種人八百餘戶來降。鄧訓乘機發湟中胡兵四千人，開塞出擊，大破迷唐於雁谷，迷唐遁入大小榆谷。過了一月，迷唐又潛行出谷，欲還故地，鄧訓偵知，再遣長史任尚率湟中兵六千人，以革船渡河，掩擊迷唐，大破之。前後斬首一千八百餘級，俘虜二千人，馬牛羊三萬餘頭。迷唐收拾殘眾，向西亡命。附近羌種，都紛紛投降，鄧訓一一加以撫慰。那時各郡兵馬，雲集在隴西涼州一帶，鄧訓見羌亂已平，乃奏請罷兵。但留弛刑徒二千餘人屯田邊境，修繕城塢。這是和帝即位之初，永元元年的事。到了永元四年，鄧訓竟積勞病卒在任上。鄧訓一死，那涼州一帶的百姓，如失考妣，臨喪號咷者，日數千人，城為之空。更有些胡人，悲痛如狂，以刀自刺道：「使君死，我何生！」臨羌附近，後來到處建立鄧訓祠廟，百姓遇有疾病災難，輒往祈禱，此所謂「生為人敬，死為人思」。這和張紆的治羌，恰成一個強烈的對照。鄧訓的成功，是說明「仁術勝於暴力」，然而用仁術，也要恩威並施；否則一味仁慈，反成庸懦，適足敗事。這繼任鄧訓的聶尚，便是個顯明的例子。鄧訓既死，詔以蜀郡太守聶尚代訓為護羌校尉。聶尚為人忠厚，想要以恩義來懷撫諸羌。到任後，便遣譯使去招撫迷唐，勸他回歸大小榆谷，漢朝願意和他分疆為治，各不相犯，從此罷兵言和，永敦睦好。迷唐即率眾回居大小榆谷，並遣其祖母卑缺前來修好。聶尚設宴款待，表示親善。臨行時，聶尚親自送到塞下，並派遣譯使田汜等五人，一路護送回寨。那迷唐見聶尚好欺，突然反臉，將田汜等五人活活支解，以報迷吾之仇。然後乘尚不備，大舉入寇金城塞。聶尚坐貽誤軍機，革職查辦。永元五年，以居延都尉貫友為護羌校尉。貫友見迷唐反覆無常，難以恩撫，乃發兵大舉出擊，進攻大小榆谷。俘殺八百餘人，獲麥數萬斛。夾逢留大河建築碉堡，又跨河造大橋，欲為久逼窮迫之計。

迷唐畏逼，率其部落，遠走賜支河首。貫友在臨羌三年，也和鄧訓一樣病歿在任上。繼任護羌校尉為漢陽太守史充。迷唐聞貫友死，又率眾回歸大小榆谷。史充得訊大怒，即率兵往討，竟被迷唐所敗，折失了不少人馬，史充被徵入朝，代以代郡太守吳祉。永元九年，迷唐又率眾進寇隴西，乘勝深入，脅迫塞內諸羌，同時叛變，聚眾三萬多人，殺死大夏縣長。朝廷大為震怒，急調派征西將軍劉尚，越騎校尉趙世，發邊郡胡漢大兵三萬人，合圍進剿。迷唐恐陷入重圍，趕緊撤兵西走，劉尚等從後追擊，殺虜了一千多人而回，漢兵的損失，亦相當重大。天子以劉尚、趙世作戰不力，皆免職下獄。另派謁者王信耿譚，繼統尚世之兵，諸道進逼。信譚復懸重賞招降，在威脅利誘之下，羌眾動搖，相繼來降，迷唐的部屬，一時瓦解。迷唐勢窮力竭，不得已，亦遣使請降，朝廷許之。迷唐偕部從，詣闕貢獻，叩首稱臣。天子降詔寬宥，不咎既往。著令率領所部安居大小榆谷，永為中國藩臣，不得再為叛亂。迷唐等叩首謝恩，回到榆谷。但見殘餘部落，只剩下幾千人，又都饑餓疾病，奄奄待斃。田疇荒蕪，營壘破壞，一片淒涼，不禁傷心落淚，新仇舊恨，又復湧上心頭。加以漢兵往來河橋之上，羌人一日數驚，皇皇不能自安。迷唐稍事喘息，過了兩年，到永元十二年，又復叛變，大肆抄掠。漢和帝聞知迷唐降而復叛，赫然震怒。先將王信耿譚與護羌校尉吳祉，一齊免職。然後派遣酒泉太守周鮪為護羌校尉，嚴敕徹底解決羌患。周鮪奉命與金城太守侯霸，發諸郡屬國，湟中月氏，隴西降羌，與漢兵，共人馬三萬，大舉出塞，與迷唐相遇於允川。周鮪閉營自守，只有侯霸奮勇力戰，將迷唐擊走，斬首四百餘，收降六千餘人。漢軍還入塞，周鮪坐畏懦不進免職，以侯霸代為護羌校尉，這時迷唐見漢兵勢大，而大小榆谷又復凋敝，無可留戀，乃率眾遠走。剩下這大小榆谷，成為一片無人之地。這大小榆谷，地勢險峻，山川曲折，谷中土地又肥美。在西漢末年，本是中國地界，屬於西海郡。自王莽末年天下大亂，遂為群羌出沒之所。於是隃麋相❸曹鳳上書建議朝廷，將二谷地區，收回統治，復建西海郡❹，廣設屯田，多建塢堡，可以永絕羌患，長免西顧之憂。天

---

❸　屬右扶風，地當今陝西汧陽。

子嘉納，即下旨，繕修故西海郡城，並拜曹鳳為金城西部都尉，屯兵於龍耆❸。西羌之亂，到此，暫時告一段落。綜計自永元四年，鄧訓死後，羌人再亂，到永元十四年建復西海郡，整整亂了十年，前後更換了六個護羌校尉，這問題依然沒有徹底解決。這一則說明羌人的頑強難治；再則說明，國家的人才缺乏，舉棋不定，政治上已顯呈衰亂之象。這些年來，北方匈奴的紛擾，西方羌人的叛亂，朝廷疲於應付，損失重大。唯有大英雄班超揚威西域，為漢朝爭回了不少的榮譽。

卻說班超在章和元年，降莎車，破龜茲，威震西域。西方的月氏國王，慕漢威德，遣使來謁見班超，要求要和漢朝和親，為班超所拒絕。月氏國王羞惱成怒，就在永元二年，命副王謝發兵七萬攻打班超。超軍孤懸，眾寡不敵，將士皆恐懼，班超道：「月氏兵馬雖多，踰越蔥嶺而來，軍行數千里，此所謂強弩之末，勢不能久。我但堅壁清野，以逸待勞，保可不戰而勝。」即收兵入城，深溝高壘，閉門堅守。月氏兵到了城下，求戰不得，果然困惱。相持月餘，班超度其糧食將盡，必往龜茲求援。乃派遣一支奇兵，星夜出城，埋伏在途中。果然發現月氏使者，帶著幾十騎車輛人馬，滿載著金銀珍寶，前往龜茲。伏兵突出，即將使者擒獲斬首，盡得其金寶而歸。明日一早，班超將使者頭顱高揭城上。月氏副王謝，一見大駭，即遣使乞和，為盟而退。月氏從此敬畏漢軍，歲遣使貢獻。永元三年，龜茲姑墨溫宿三國，也都遣使請降。班超奏知朝廷，朝廷乃恢復西域都護，即拜班超為都護，徐幹為長史。又採納了班超的建議，拜龜茲侍子白霸❸ 為龜茲王，派遣司馬姚光，一路護送回國。到了西域，班超發兵與姚光共入龜茲，脅迫龜茲王尤利多讓位於白霸，而將尤利多送往洛陽。這尤利多在漢軍威劫之下，也無可如何，只得俯首聽命。班超心知此事，龜茲國人必然不服，他乃率領重兵，自疏勒移駐龜茲，坐鎮在龜茲城中。然後對龜茲人恩威並施，提高他們人民的生活，整飭他們社會的秩序。日子一久，人

❸　西海郡初建於西漢平帝元始四年，後廢。

❸　今青海海晏。

❸　白霸為以前龜茲王送入朝中的侍子，一直留居洛陽。

情皆安。這時西域，但剩下焉耆、危須、尉犁三國沒有內附，原因是焉耆等曾經攻殺都護陳睦，畏罪不敢降。班超窺知他們心虛膽怯，不堪一擊，乃於永元六年，調發龜茲鄯善等西域八國之兵，共有七萬人馬，大舉討伐焉耆三國。兵臨尉犁界上，三國君臣，都手足失措，大為震恐。班超先遣使者宣慰道：「都護前來鎮撫三國，三國果能知過認罪，稱臣納質，既往概可不咎。」焉耆王廣聞命，慌忙派遣其左將軍北鞬支等，齎奉牛酒，匍伏道左，來迎接王師。班超一見，大怒，喝道：「你家國王好大氣派，都護在此，竟不親來迎接！如此藐視朝廷，顯得全無誠意！」嚇得北鞬支汗流滿面，頓首不已，趕忙回報國王。焉耆王廣不得已，只好率領左右大臣王公，迎超於尉犁城下。班超猶恐其詐，一面安營紮寨，與焉耆王廣虛為周旋。一面連夜派遣奇兵，從間道繞至焉耆國都之後，乘其不備，一舉而攻佔了焉耆國城，斬首五千餘級。三國王公，被捉的被捉，投降的投降，一齊繫虜在班超帳下，只有危須國王逃走不知所終。於是班超把這些俘虜集中，升座宣示道：「你等畏威順命，從今自新，皆為大漢臣民，往事可以不咎。唯有當年殺害漢大都護的首犯，罪大惡極，不可不誅。」說罷，叱左右將焉耆王廣和尉犁王汛，推翻在地，綑綁起來，立即拿到當年殺害陳睦的地方，就地斬首示眾。然後將首級派人飛馬傳送到京師，以示抗漢威者，無遠不誅。共獲得牛羊三十餘萬頭，用來犒賞三軍。更立焉耆左侯元孟為焉耆王。班超將兵留駐焉耆，坐鎮了半年，俟地方完全平靖，才回到龜茲它乾城都護治所❸❼。於是西域五十餘國，都聞風納質，遣使入貢。遠至西海之濱，條支、安息、大秦、蒙奇、兜勒諸國四萬里之外，皆重譯來朝。這消息傳到京師，漢天子好不歡喜，即下旨封班超為定遠侯，邑千戶，詔曰：

往者匈奴獨擅西域，寇盜河西，永平之末，城門晝閉。先帝深愍邊

❸❼　按前漢西域都護治所在烏壘城，及東漢陳睦為都護，治所不詳，班超受任都護時，適駐兵在龜茲它乾城，故即以它乾為治所，而令長史徐幹駐兵疏勒互為呼應。然班超常往來於疏勒與龜茲之間，事實上都護似無定所，故後來任尚繼任都護為西域諸國所攻於疏勒也。

萌嬰羅寇害，乃命將帥擊右地，破白山，臨蒲類，取車師，城郭諸國震慴響應，遂開西域，置都護。而焉耆王舜、舜子忠獨謀悖逆，恃其險隘，覆沒都護，並及吏士。先帝重元元之命，憚兵役之興，故使軍司馬班超，安集于寘以西。超遂踰蔥領，迄縣度❸，出入二十二年，莫不賓從。改立其王，而綏其人。不動中國，不煩戎士，得遠夷之和，同異俗之心。而致天誅，䩜宿恥，以報將士之讎。司馬法曰：「賞不踰月，欲人速覩為善之利也。」其封超為定遠侯，邑千戶。

　　班超這幾十年來的風塵戎馬艱苦奮鬥，總算是實至名歸，如願以償，回想起當年投筆從戎之日，亦足以揚眉吐氣了。班超受封定遠侯後，坐鎮西域，真是大將軍八面威風，群蠻俯首，誰不畏懼。他又分遣許多使者，前往西方各國，宣揚漢威，藉以調查那些地方的風俗人情，山川險要，以為翌日用兵之資。這無形中，卻促進了中西政治文化之交流。這其中有一位使者，姓甘名英，於永元九年，奉命往使大秦條支。這大秦條支，據考就是當時西方的羅馬與美索不達米亞地方。他一路經過了多少前人未到之地，觀賞了不少奇異風俗。不一日，走到了安息國的西境，忽見前面一片汪洋大海，白浪滔天，一望無際。正待尋船渡海，隨行的安息譯使道：「這海西便是大秦國，只是海水遼闊又多風險，舟行如遇順風，最快也要三月方得渡。若遇逆風，說不定一兩年也不能到。故渡海者需攜三年之糧，而且到了海中必患思鄉之病，十人九死！」甘英聽了，為之駭愕，乃望洋興嘆，廢然而返。原來那時，漢朝與羅馬是東西兩大國，安息就是古波斯，地當兩國之間，操縱著東西的交通與商業。他不願意這兩大國家發生直接關係，所以故意危言聳聽，以恐嚇甘英。不幸甘英果中其計，否則，東漢之時，中國已和歐洲有了直接的交通了。

　　歲月悠悠，不覺到了永元十二年。班超同來之人，先後物故，環顧淒涼，不禁念土思歸，乃從西域上書遣子班勇送至京師，其辭曰：

───────

❸　縣度即懸渡，山名，言其山高難走，須懸索而攀渡也。

臣聞太公封齊，五世葬周 ❸，狐死首丘 ❹，代馬依風 ❺。夫周齊同在中土千里之閒，況於遠處絕域，小臣能無依風首丘之思哉？蠻夷之俗，畏壯侮老。臣超犬馬齒殲，常恐年衰，奄忽僵仆，孤魂棄捐。昔蘇武留匈奴中尚十九年，今臣幸得奉節帶金銀 ❻護西域，如自以壽終屯部，誠無所恨，然恐後世或名臣為沒西域。臣不敢望到酒泉郡，但願生入玉門關。臣老病衰困，冒死瞽言，謹遣子勇隨獻物入塞。及臣生在，令勇目見中土。

　　天子覽書，自然同情。但是西域的責任何等重大，難得繼任人選。為此一再考慮，遲遲未報，一擱就是兩年。班超的妹妹班昭時常出入宮廷，手足情篤，不能自已，乃寫了一道疏表，為兄請命，親自呈上天子。天子打開表章，一看情辭哀切，不忍卒讀，其文曰：

　　妾同產兄西域都護定遠侯超，幸得以微功特蒙重賞，爵列通侯，位二千石，天恩殊絕，誠非小臣所當被蒙。超之始出，志捐軀命，冀立微功，以自陳效。會陳睦之變，道路隔絕。超以一身轉側絕域，曉譬諸國，因其兵眾，每有攻戰，輒為先登，身被金夷，不避死亡。賴蒙陛下神靈，且得延命沙漠，至今積三十年。骨肉生離，不復相識，所與相隨時人士眾，皆已物故。超年最長，今且七十，衰老被病，頭髮無黑，兩手不仁，耳目不聰明，扶杖乃能行。雖欲竭盡其力，以報塞天恩，迫於歲暮，犬馬齒索。蠻夷之性，悖逆侮老，而超旦暮入地，久不見代，恐開姦宄之源，生逆亂之心。而卿大夫咸懷一切，莫肯遠慮。如有卒暴，超之氣力不能從心，便為上損國家累世之功，下棄忠臣竭力之用，誠可痛也。故超萬里歸誠，自陳苦

---

❸　太公呂尚封於齊之營丘，後來五世都歸葬於周，不忘故土也。

❹　狐死首丘，為古人所常言，見於《禮記檀弓》，《淮南子》，《楚辭九章》。丘者狐穴，意謂狐死於外，其首皆向穴方，不忘歸也。

❺　《韓詩外傳》曰：「代馬依北風，飛鳥翔故巢」，皆戀故之意。

❻　節者節杖，帶者綬帶，金銀者金銀印也。

急，延頸踰望，三年於今，未蒙省錄。妾竊聞，古者十五受兵，六十還之，亦有休息不任職也。緣陛下以至孝理天下，得萬國之歡心，不遺小國之臣，況超得備侯伯之位，故敢觸死為超求哀，匄❸超餘年。一得生還，復見闕庭，使國家永無勞遠之慮，西域無倉卒之憂，超得長蒙文王葬骨之恩，子方哀老之惠❹。《詩》云：「民亦勞止，汔可小康，惠此中國，以綏四方。」❺超有書與妾生訣，恐不復相見。妾誠傷超以壯年竭忠孝於沙漠，疲老則便捐死於曠野，誠可哀憐。如不蒙救護，超後有一旦之變，冀幸超家得蒙趙母、衛姬先請之貸❻。妾愚戇不知大義，觸犯忌諱。

漢和帝讀罷表章，大為感動，即徵超還國，調派戊己校尉任尚代超為西域都護❼。班超得旨，即等候任尚交代起程。任尚到來，交代既畢，向超請教道：「君侯在外國三十餘年，而小人猥承君後，自覺任重才疏，請有以教誨之！」班超答道：「任君年富力強，豈老夫所能及！謹略陳芻蕘，藉供採擇。竊以塞外隨從吏士，原非孝子順孫，多為不肖之徒，充軍來此。至於一般蠻夷，性同鳥獸，更難馴養。故撫眾待人，但從大處著眼，不能苛求，所謂水清無大魚，察政不得下和！」任尚聽了，連連稱謝。可是背後對人說：「我道班君有多大才略，所說不過是老生常談耳！」班超辭別任尚，取道歸國，玉門風光如舊，而人事全非，一路上不勝今昔之感。於永元十四年八月回到洛陽，和帝召見，慰勞了一番，即拜為射聲校尉。班超素有胸脅之病，長途跋涉，到洛陽後病勢加重。和帝特遣醫官賜藥療治，

---

❸　匄音ㄍㄞˋ，同丐，乞也。

❹　田子方為魏文侯師，見文侯之老馬被棄，嘆曰：「少盡其力，老而棄之，非仁也。」於是收而養之。事見《史記》。

❺　《詩經大雅篇》，參見《詩經》。

❻　趙母為戰國時晉趙奢之妻，趙括之母，懼括敗先請得不坐。衛姬為齊桓公之妾，桓公與管仲謀伐衛，姬代衛請罪。

❼　當班超拜西域都護之時，即復置戊校尉，任尚前為護匈奴中郎將，護烏桓校尉，後為戊校尉，歷任邊將。

不癒，延至九月病卒，卒年七十一歲，朝廷上下無不哀悼。綜計班超自漢明帝永平十七年，出使西域，到和帝永元十四年歸國，在西域經歷三朝，奮鬥了三十一年。完全憑藉著個人的智慧勇略與無比的毅力，出入於絕域之中，與蠻夷相周旋，使萬方向化百王來朝，其功業之彪炳，真是曠古未有之奇蹟。班超卒於永元十四年秋九月。永元十四年十月，漢和帝冊立鄧貴人為皇后。鄧貴人就是前護羌校尉鄧訓的女兒，其人明慧多才，身長玉立，自從十六歲上進宮，便蒙皇帝寵愛。和帝原於永元八年，立陰氏❹ 為皇后，自從得了鄧貴人，陰后之寵日衰。於是宮中造出許多是非，說陰后忌妒咒詛，有巫蠱之事，遂廢陰氏而立鄧氏。這人類的故事往復循環，如出一轍，漢和帝不知不覺也走上他父親的道路。自鄧氏做了皇后，便拜其兄鄧騭為虎賁中郎將，騭弟悝為黃門侍郎，鄧氏日益榮寵。漢和帝在漢朝帝王之中，雖算不得聖君，卻頗有魄力。在他統治的時候，北伐匈奴，西通西城，成為東漢疆域最廣的一個時代，可惜天不永年，在他冊立鄧后後的第三年，就是元興元年，一病身亡，享年僅二十七歲。和帝膝下蕭條，僅留下兩個小兒子，長子劉勝，傳有痼疾。少子劉隆，生下方才一百天，由鄧皇后作主，扶立為帝。鄧皇后這位青春寡婦，竟做了皇太后。皇帝幼沖，便由鄧皇太后臨朝聽政。封皇兄劉勝為平原王，以張禹為太傅，徐防為太尉，梁鮪為司徒，尹勤為司空。而以虎賁中郎將鄧騭為車騎將軍儀同三司，黃門侍郎鄧悝為虎賁中郎將，悝弟鄧弘鄧閶皆為侍中。不料這個百日的小皇帝，即位不到一年就一病嗚呼，是為殤帝。群臣請立平原王勝，說他並無痼疾，可是太后不聽。與兄鄧騭、鄧悝等，定策宮中，以王青蓋車迎接清河王劉慶的兒子劉祜為帝，是為東漢孝安皇帝。

---

❹　陰后為漢光武皇后陰麗華之兄（執金吾陰識）的曾孫女。

第二十五講　和安中衰㈡

滇零稱帝　　虞詡破虜　　班勇獻策
杜根逃刑　　大家垂誡　　安帝臨朝
楊震殉國　　閻氏弄權　　孫程立主

　　漢安帝劉祜在延平元年八月即位時，年方十三歲，仍由鄧太后臨朝聽政。聽政不到一月，聽說西域局面不穩，就派遣北地人梁慬為西域副校尉，將兵前往協助西域都護任尚。果然走到河西地方，得報任尚在疏勒為西域叛兵所圍攻，情況危急。梁慬乃率領五千騎兵，火速進軍，登山越漠不分晝夜而行，趕到疏勒時，任尚已將叛兵擊退。朝廷聞說任尚在西域不洽輿情，乃徵尚入朝，改派騎都尉段禧為西域都護，而以長史趙博為騎都尉，偕往西域，換回任尚，這果然應驗了當年班超的臨別贈言。段禧、趙博、梁慬等到了西域，見疏勒的形勢險惡，乃集中兵力駐軍於龜茲王城，以為都護治所。明年改元永初，司徒梁鮪去世，拜魯恭為司徒。加封太傅張禹、太尉徐防、司空尹勤，皆同列侯。自從任尚調回，一年來西域檄書不通，消息不明，朝中君臣都為段禧等擔憂。於是一班公卿議論，咸以西域阻遠，叛服無常，國家為了經營西域，勞民傷財，得不償失。鄧太后聽從眾議，即於是年六月，明令撤廢西域都護。並派騎都尉王弘，發邊兵及金城、隴西、漢陽諸郡降羌，出關往迎接西域都護。西域將士奉到聖旨，皆大歡喜，於是段禧、梁慬、趙博，連同伊吾盧、柳中地方的屯兵，都一齊捲旗回國。可惜班超苦鬥了三十多年所建立的豐功偉業，竟在他死後不及五年而前功盡棄。此孔子所謂：「人存政舉，人亡政息」，良堪浩嘆。

　　放棄西域的原因，為的是息事寧人，保境安民。豈知天下事往往不欲進取，也就不能保守，怕事反而生事。就因為派兵迎接西域都護歸國，致一度平息的羌亂，又死灰復燃。原來西北一帶的降羌，其種族複雜，部落

繁多，國家有事，隨時徵用，而羌人在壓力之下，多懷猜懼。當王弘西迎段禧，一次徵調了羌人數千。這些羌人，聞說要派往西域，深恐一去不返，都紛紛逃避。官家乃逐戶捉拿，不肖之徒乘火打劫。羌人被逼不過，就有降羌東號之子麻奴兄弟，出頭率眾叛變。一時勒姐、當煎、燒當與鍾羌等，全面騷動。那些羌人，很多是歸附已久的百姓，倉卒造反，沒有武器，或持竹竿木棍以代戈矛，或負門板桌案以為盾牌，哄哄嚷嚷，亂成了一片。郡縣壓制不住，紛向朝廷告急，鄧太后便拜甫自西域調回的任尚為征西校尉，叫他順勢鎮壓，另遣國舅車騎將軍鄧騭率兵往援。誰知鄧騭到了漢陽，竟被鍾羌打得大敗，一戰死了官兵一千多人。正當危急之際，恰好西域副校尉梁慬，率兵自西域撤守回國，道經隴西，加入戰鬥。東西大兵夾攻，才把羌人擊潰。任尚奉命向西繼續掃蕩，與滇零羌數萬人，相遭遇於平襄，一場混戰，任尚又被殺得大敗，官兵陣亡了八千多人。羌人乘勢如潮水般又反攻上來，和官兵結戰不已。湟中隴西一帶地方，飽受荼炭。粟每石賣到一萬錢，百姓死亡，餓莩載道。鄧騭久戰無功，朝廷乃留任尚屯兵漢陽為諸軍節度，而徵騭還朝。鄧太后特效當年衛青、竇憲的故事，遣使迎拜騭為大將軍，又派大鴻臚親迎，中常侍郊勞，王主以下候望於道，優禮備至。想當年衛青、竇憲之拜大將軍，是為了大破匈奴，立下了不世之功。沒聽說將帥打了敗仗而拜大將軍的。這真是一件破天荒的奇聞。

當鄧騭回朝時，先零羌豪滇零竟自稱天子，煽動武都、參狼與西河諸種雜羌，北起北地，南迄益州，一齊叛亂，南北數千里，成為一片野火燎原之勢。一連攻破了破羌、臨洮許多縣份，官兵節節敗退，三輔漢中都為震動。朝廷深恐關中不保，急命任尚自漢陽退守長安，增設京兆、扶風兩都尉，合力防護西京。國家兵力一旦後撤，前方百姓無以自保，隴西為之大亂。這時南匈奴師子單于已死，其子檀繼立稱萬氏尸逐鞮單于。有漢奸韓琮，報告單于說中國羌人作亂，關東一帶又發生水災，漢民都快死盡，勸單于乘此獨立。南單于聽信了韓琮之言，即舉兵叛變，圍攻護匈奴中郎將耿种於美稷。於是北邊西陲，雙方同時告警。謁者龐參乃向大將軍鄧騭獻策道：「如今兩邊難以兼顧，當權衡輕重，有所取捨。不如將西北邊郡

人民，遷入三輔，暫時放棄涼州，俾以全力討伐匈奴。」鄧騭深以為然，便召集朝臣商議，鄧騭道：「救國譬如補衣，應將朽爛部分忍痛犧牲，而以全力補其將敝之處，否則兩無所保。」大家聽了也覺有理，都無異議。獨有陳國人郎中虞詡不以為然，他不便明斥眾議，特來謁見朝中元老太尉張禹❶道：「大將軍之策有三不可。先帝開疆拓土，何等艱難，焉能一旦棄之於不顧，此一不可也。涼州如放棄，則以三輔為邊塞，祖宗園陵均暴露於外，此二不可也。俗稱，關西出將，關東出相。歷代英雄豪傑，多出涼州。今胡羌所以不敢入犯三輔，正畏涼州在其後。近年涼州將士在軍中，無不奮勇殺賊，父死於前，子戰於後者，一則為了報國，再則為了守土。如今國家一旦棄之域外，置於死地，則悲憤失望之餘，難保不鋌而走險，倒行逆施。因天下之饑敝，乘海內之虛弱，豪傑相聚，稱王立帥，到那時，驅氐羌為前鋒，席卷而東，則雖有賁育為卒，太公為將，亦不能為謀。將見函谷以西，園陵舊京，非復漢室之所有，此不可者三。若以補衣作比，恐將割棄無了時，破綻補不盡，非到衣服全毀不止！」張禹聽罷，悚然起立道：「非先生此言，幾乎誤了國家！」立即入朝推翻了鄧騭的建議。張禹又用虞詡之計，多方籠絡西土人士，禮聘涼州豪傑為府掾，並拜其牧守子弟為郎。這虞詡雖拯救了國家，卻得罪了鄧騭。會逢朝歌❷地方，盜賊甯季等作亂，聚眾數千人，打家劫舍，殺死守吏，幾年不能平定。鄧騭乃上書稱虞詡多謀，舉為朝歌縣長，太后即行詔准。聖旨下來，虞詡的朋友，都為他憂慮，來相慰問，虞詡大笑道：「臨難不苟免，為人臣之責；何況不遇盤根錯節，那見刀斧之利，此正我虞詡立功之秋也！」立即整裝上任。到了河內，先來謁見上司太守馬稜。馬稜看虞詡是個循循書生，乃道：「虞君儒者，當謀謨於廟堂之上。這朝歌乃是荊棘之地，恐屈累了大才！」虞詡從容答道：「我看朝歌盜賊雖多，有如犬馬相聚，何足慮哉！」馬稜見他如此誇口，便問道：「願聞其教！」虞詡道：「朝歌地當韓魏之交，北背太

---

❶　張禹初為太傅，永初元年九月太尉徐防以災異免職，遂以張禹為太尉。此張禹與西漢為三公之張禹同名。

❷　今河南淇縣。

行，南臨黃河，離敖倉不過百里之遙，此乃天下形勝，兵家必爭之地。聽說青冀一帶的流寇，竄聚在朝歌附近的有幾萬人，竟不知開敖倉之粟以聚眾，據成皋之險以觀變，吾知其為烏合之眾不能成事也。不過方今其勢正盛，難與爭鋒，但小寬時日，保為明公破賊。」馬稜聽他說得頭頭有理，暗自欽佩。便著人護送虞詡上任。原來這些盜賊，果然全無組織，平時出沒於朝歌近郊，但與城中的流氓地痞都有勾結。聞說新官上任，一時都斂跡潛伏，在暗地裡窺探動靜。過了幾天，虞詡忽在街衢之上，張貼布告，懸賞徵募壯士。就有許多少年前來應募，虞詡調查這些人的來歷，發現其中有一百多人，都是歹徒慣犯。這一天，虞詡把他們召集在一起，特別設宴款待，殷勤勸酒，大家歡喜，開懷暢飲。飲至半酣，虞詡突然起立，一一宣布他們的罪狀，嚇得眾人相顧戰慄失色。虞詡旋復用好言激勉道：「諸君年富力強，前途遠大，何苦作姦犯法，甘冒刑戮，只要諸君肯為國家效力，協捕盜賊，除暴安良，擔保諸君，前罪不咎，爵祿有加！」那些流氓聽了，紛紛離席，伏地叩首，口稱：「謝使君不殺之恩，願效死命！」原來這些流氓，都和盜賊有關。虞詡乃各示機宜，叫他們不露聲色，潛入賊巢，將賊首誘出，令伏兵一一擒獲。不消幾天功夫，捕殺了賊首數百人。又派遣許多縫窮女，申進賊窟，為賊人縫衣時在衣上作了暗號，俟賊人走離賊窟，都被官兵所捉。賊眾大驚以為神，紛紛駭散。不久，一縣皆平。

　　暫且放下虞詡不談，回頭再說羌人之亂如火如荼，朝廷認為護羌校尉侯霸失職，乃調派自西域撤回的都護段禧代霸為護羌校尉。豈知段禧到任不久即死，永初四年，復用侯霸為護羌校尉。護羌校尉原駐狄道縣，後遷安夷臨羌，這時再遷於張掖。是年先零羌入寇褒中，官兵死者三千人，詔徙金城郡民於襄武，以避羌亂。永初五年，羌人竟流竄到河東河內的邊境，百姓惶恐，一日數驚。邊郡守吏，都無鬥志，紛紛上書請內徙邊民。朝廷不得已，又下詔遷隴西民於襄武，與金城民合併，遷安定民於美陽，遷北地民於池陽，遷上郡民於衙城。可憐那些邊郡的百姓，都戀土重遷，不欲遠離，更不甘心把田園財產送給羌胡，都自刈禾稼，自毀廬舍。到處焦土一片，哭聲盈野。及至扶老攜幼，走上流亡之路，緣途饑疫，死者大半。

真是傷心慘目，淒絕人寰。

　　永初六年，先零羌豪滇零死，子零昌繼稱天子，用羌人狼莫為軍師，漢陽人杜季貢為將軍，別居於丁奚城❸，羌人與中原儼然為敵國。過了兩年，到元初元年，侯霸病卒，以漢陽太守龐參繼為護羌校尉，遷治所於令居。零昌稱帝以後，其眾入寇不已。元初二年，詔遣征西將軍司馬鈞率關中兵八千人，合龐參所將羌胡之眾七千人，出擊零昌，中伏大敗，死者三千餘人，司馬鈞自殺，龐參下獄。遂以騎都尉馬賢代參領護羌校尉，以任尚為中郎將，仍命屯兵三輔為諸路後盾。那時虞詡自朝歌調為懷縣令，來謁見任尚獻策道：「兵法云：弱不攻強，走不逐飛，此自然之勢也。今羌人皆為騎兵，日行數百里，來如風雨，去似絕弦。我兵多步卒，自然難與為敵。故雖有大兵二十餘萬，曠日而無功。莫如罷諸郡之兵，令每人出錢數千，二十共買一馬。則以二十萬步卒，換成一萬騎兵，以一萬騎兵，制數千之虜，保可成功。」任尚即奏用其計，果然大破杜季貢於丁奚城。鄧太后因此得知虞詡有將帥之才，即擢為武都太守。這武都地方正當羌亂之中心，比朝歌更為難治。虞詡奉命，即率軍上任。行至中途陳倉崤谷地方，突遇數千羌人，攔住了去路。虞詡所帶人少，即命安營紮寨，待郡中援兵，再行前進。那些羌人探悉虞詡畏怯不前，不復介意，乃縱兵分抄旁縣。虞詡聞羌眾分散，立即下令拔營急進，晝夜不停，日行一百餘里，又叫軍士日作兩竈，每走一天，增加一倍。那羌人竟不來截擊，讓虞詡抄過了陳倉。一班將士都不可解，來問虞詡道：「昔孫臏行軍，用減竈之計，足下何故增竈？兵法：日行不過三十里，今日行二百里。而羌人竟不敢相逼，這是何道理？」虞詡道：「諸君有所不知，今羌虜多，我兵少，若緩行，恐被他們窺破虛實，急行，則彼有所不測。虜見我緣途增竈，必謂郡中援兵已到，所以不敢進逼。昔日孫臏之計，在示敵以弱；今我虞詡之計，在示敵以強。此正兵法所謂：實則虛之，虛則實之。臨陣制敵，全在見機變化，兵法要活用不可死用也！」眾人無不嘆服。虞詡到了武都，一看郡中之兵，才不滿三千人。而羌人有兩萬多，正在圍攻武都的赤亭城，已經攻打了幾十天。

❸　在北地郡靈州縣。

虞詡叫守城士卒，收起強弩，全用小弩應戰。那羌人見城上弩弱，以為強矢皆已射盡，都放大膽量，越過濠溝，逼近城下。虞詡突然下令，取出強弩，並命集中目標，每二十支強弩共射一人。被射者無法逃避，都紛紛應弦倒地，射成刺蝟一般。那些沒死的羌人，都奪命逃竄。虞詡乃大開城門，乘勢麾軍掩殺，殺死羌人無數。第二天，又引軍列隊出城示威，繞城半匝，從東郭門出，北郭門入。進城的更換衣服，再從東門走出。如此周而復始，歷久不絕。弄得羌人大為困惑，不知城中有多少實力。虞詡估計敵人攻勢既餒，必要撤走。暗遣敢死隊五百人出城，埋伏在中途水草之處。那羌人果然中計，又是一場截殺，斬獲甚眾。從此虞詡的盛名大震，羌人不敢再來入寇。虞詡乃得從容撫輯流亡，修築城壘，興水利，勸農耕。詡初到時，郡中米價二千錢一石，戶口一萬三千。視事三年，米價降到八十錢一石，戶口增至四萬餘戶，家給戶足，一郡小康。居然在那烽火荊棘之中，闢建了一塊小小的樂園。

　　自從任尚擴充騎士擊敗杜季貢之後，又得虞詡坐鎮武都以為屏藩，新任護羌校尉馬賢為人忠勇強幹，於是南北合圍防堵，節節推進，屢破羌人，羌勢漸衰。元初三年，鄧太后弟度遼將軍鄧遵，率領南單于之兵，擊零昌於靈州，斬首八百餘級。元初四年二月，任尚遣當滇種羌榆鬼等刺殺杜季貢。九月又募效功種羌號封刺殺零昌而封號封為羌王。十二月任尚又與馬賢連兵共擊狼莫，戰於富平河上，大破狼莫，斬首五千餘級，狼莫狼狽西遁。在西河一帶的虜人種羌一萬多人，孤立失援，一齊投降了度遼將軍鄧遵❹，隴右一帶悉平。元初五年秋，鄧遵又募上郡全無種羌雕何刺殺狼莫，封雕何為羌侯。鄧遵以功封武陽侯，邑三千戶。鄧遵因是太后的從弟，故封賞特別優厚，任尚不服，與鄧遵爭功不已。太后派人到軍中調查戰績，發現任尚有虛報戰功，又受賕枉法，贓證達千萬以上。太后大怒，命將任尚押解進京，論律斬首，財產充公。這也是任尚平素為人，輕浮驕狂之所

---

❹　度遼將軍之號，始於昭帝時范明友拜度遼將軍，率度遼營度遼水以擊烏桓，
　　至明帝時襲用其名，復置度遼營於五原，以隔絕南北匈奴。此時鄧遵率度遼
　　營與南匈奴之兵，西擊先零，又西遷於靈州一帶。

致。自從杜季貢、狼莫與零昌，先後被殺，羌人群龍無首，一時瓦解。三輔益州，不復再有寇警。綜計羌人的叛變，自永初元年滇零稱天子，到元初五年狼莫之死，前後大亂了十二年。十二年間，軍旅之費達二百四十餘億，府帑為之空竭。邊民死者，更不可勝數。成為國家一大患。元初五年，先零羌人西走，而燒當種羌人又起。以麻奴為首，寇擾湟中金城張掖一帶，其勢已不如先零羌之猖獗。自永寧元年至延光之末，五六年間，賴護羌校尉馬賢與之周旋，戰亂得未擴大。至延光三年，麻奴死，羌亂乃再告一段落。這一段落，是羌亂的低潮。

安帝時，除了羌患之外，北方匈奴，西北的烏桓，都有叛亂。前面曾提到，在永初三年，南匈奴萬氏尸逐鞮單于，受韓琮之煽惑，圍攻護匈奴中郎將耿种於美稷。適西域副校尉梁慬自西域調回，遂以慬行度遼將軍事、車騎將軍何熙、中郎將龐雄及遼東太守耿夔，共發大兵往討南匈奴。南匈奴單于抵敵不住，大敗而走，逃往虎澤，梁慬龐雄與耿种，合步騎一萬六千人，在後跟蹤追擊，連營而進。南單于看漢兵來勢洶湧，駭顧韓琮道：「你道漢人死盡，這些兵馬從何而來？」乃遣使悔罪求降，獲詔寬許。單于得旨感激，親自徒跣脫帽，來漢營前叩首謝恩，並釋還所掠漢人男女一萬多人。梁慬以功實授度遼將軍。永初五年以耿夔代梁慬為度遼將軍，元初元年再以鄧遵為度遼將軍，鄧遵乃得發南匈奴兵西擊羌人。鄧遵做了八年的度遼將軍，到建光元年，因朝中發生政變而自殺。復以耿夔為度遼將軍。南匈奴萬氏尸逐鞮單于在位二十七年，到延光三年去世，弟拔繼位，是為烏稽侯尸逐鞮單于。從永初四年到延光三年，這十四年間，北方大致平靜；但西北卻有鮮卑之亂，綿延不絕。烏桓、鮮卑這兩個民族，自和帝以後，即逐漸強大。起初佔領匈奴左部地，曾與中國聯合共擊匈奴。其後漸漸形成獨立狀態，時常寇擾邊境。兩族中，烏桓勢力較弱，漢朝特設護烏桓校尉以控制之。唯有鮮卑勢大難制，他們的部落，東自遼西，西至故匈奴王庭地（當今察哈爾與綏遠東部）東西綿亘數千里之廣。在安帝一朝，鮮卑凡五度入寇。一為元初四年，遼西鮮卑入寇。一為元初五年，代郡鮮卑入寇。一為元初六年，代郡鮮卑再入寇。一為建光元年，鮮卑聯合高句

驪入寇。這次寇擾最烈，一直攻入居庸關，殺死遼東太守蔡諷與雲中太守嚴成。後經度遼將軍耿夔與幽州刺史龐參，發廣陽、漁陽、涿郡三郡之兵力，才將鮮卑擊退。一為延光元年，鮮卑入寇雁門、定襄、太原、諸郡，殺死守令，焚劫廬舍，北方大遭荼炭。五、六年間，東起居庸關，西迄雁門關，無處不受鮮卑的侵擾。鮮卑與羌人，一東一西，遙遙相對，成為東漢晚葉的兩塊毒瘤。現在回頭來再說西域。

　　北匈奴雖經竇憲任尚之掃蕩，事實上還有許多殘餘部落，在漠北天山一帶。自從永初元年，漢朝撤廢了西域都護，北匈奴的勢力又乘間伸入西域。永初以後十幾年間，北匈奴時常聯合西域之兵，侵犯敦煌邊境。敦煌太守曹宗患之，上書求援。朝廷於元初六年，再遣派長史索班，將兵千餘人，出屯伊吾。一面防禦匈奴，一面安撫西域。車師前王與鄯善王，見漢兵又出塞，復來歸順。那知不到一年，北匈奴糾合車師後王之兵，擊走前王，攻殺長史索班。鄯善孤立危急，遣使求救於曹宗。曹宗不欲失信於西域，兼欲報索班之仇，乃上書請朝廷大發兵，去討伐匈奴，雪恥復仇，重振漢威。鄧太后鑑於過去出師西域之失利，不敢輕舉妄動。聞說定遠侯班超之子班勇，熟悉西域情形，且饒有父風。乃召班勇入朝，詢以經略西域之策。班勇答道：「本朝由於羌亂影響，致西域斷絕，為匈奴所乘。西域受匈奴之壓迫，供其驅使，原非得已。臣知如鄯善、車師諸國，都願臣事漢朝。但今日國家兵力不足，府庫未充，若欲經略西域，必須外交軍事，齊頭並進。斷不可感情用事，如曹宗所請，大舉出兵。萬一挫折，損失國威，示弱遠夷，那時後悔無及。依臣愚見，舊敦煌郡有營兵三百人，今宜恢復，置西域副校尉統率之。再遣一西域長史帶領五百人屯駐在鄯善以西，焉耆、龜茲、于闐三國之間，監視諸國動靜，北扞匈奴，西通西域，而東方與敦煌相呼應。如此，國家費力有限，且進退裕如。俟西域局面好轉，再作第二步計劃。」太后聽班勇說得十分有理，即採納其建議，恢復了敦煌營兵與西域副校尉。但派遣長史出兵西域比較困難，一直沒有實現。班勇的計劃，僅作了一半，自然無效，匈奴與車師還是不斷入寇。朝中有人主張，封鎖玉門關，切斷西域交通，以絕其患。延光二年，敦煌太守更換

了張璫。張璫上書曰：

> 臣在京師，亦以為西域宜棄，今親踐其土地，乃知棄西域則河西不能自存。謹陳西域三策：北虜呼衍王常展轉蒲類、秦海之間，專制西域，共為寇鈔。今以酒泉屬國吏士二千餘人集昆侖塞，先擊呼衍王，絕其根本，因發鄯善兵五千人脅車師後部，此上計也。若不能出兵，可置軍司馬，將士五百人，四郡供其犁牛、穀食，出據柳中，此中計也。如又不能，則宜棄交河城，收鄯善等悉使入塞，此下計也。

　　朝廷將張璫的奏章交下大臣研究，討論結果，採納了他的中計。即拜班勇為西域長史，將兵五百人，出屯柳中城，擬恢復永平時局面。班勇奉命，將兵出塞，先經過鄯善，鄯善王歡喜，執禮甚恭，然後北至龜茲，龜茲王態度模稜，經班勇一番曉諭，亦率同姑墨、溫宿兩國，共同歸命。班勇一切秉承他父親的作風，對於這些西域人，恩威並用，權德兼施。並用以夷制夷之法，緣途徵發當地土軍，共得步騎兵一萬餘人，與漢兵一齊進至車師前王庭。即發兵擊走駐在車師的北匈奴伊蠡王，復收得車師前部兵五千餘人，遂屯田柳中。駐兵到延光四年秋，班勇調發敦煌、張掖、酒泉三郡六千騎兵及鄯善車師前部之兵，奮威大舉出擊車師後部。斬虜八千餘級，俘獲馬畜五萬餘頭，大獲全勝。捕獲車師後部王軍就，與匈奴持節使者，綑至索班死處斬首，傳首京師。彷彿當年班超誅焉耆王以祭陳睦的故事，真是虎將必有虎子。明年，班勇更立後部故王子加特奴為王，又發諸國兵共擊匈奴呼延王。呼延王大敗而走，降俘有兩萬多人，又捕得北單于之從兄，班勇令加特奴手斬之，以結車師匈奴之仇。於是匈奴遠遁，車師悉平，班勇乃繼其父威，鎮懾西域。此時西域北道諸國，唯有焉耆王元孟不肯受命。班勇乃奏請朝廷，出兵討伐。朝廷就派遣敦煌太守張朗，率領河西四郡之兵三千人，增援班勇。班勇從南道進兵，張朗從北道進兵。兩人約定日期，會師於焉耆。不料張朗急欲搶功，不待班勇兵到，竟率兵先期進至焉耆城下。焉耆王元孟抵敵不住，即開城投降。張朗入城，舉行了

受降典禮。他也不在城中停留，即引軍奏凱回國，而班勇之兵還沒趕到。張朗為了逞功，便上書奏稱獨力破賊，班勇逗留不進。朝廷也不辨情由，竟將班勇革職調回，班勇痛憤大功未成而遭人冤誣，一氣而死。班勇一死，西域又無人過問，大勢復去。朝廷對於班勇、張朗之事，何以處分得如此胡塗，原來這時，安帝已死，朝中經過一番激烈政變，順帝繼位。正是局面渾沌，中樞無主的時候。究竟這政變如何發生，現在要放下四夷之事，從頭來敘說安帝一朝的中樞政事。

　　東漢政局，到了安帝時，是一步步走向下坡。安帝一朝共十九年，這十九年中，和熹❺鄧太后臨朝稱制凡十四年。這十四年中的國家，真是多災多難。永初元年，撤廢西域都護，羌人叛變，劫斷隴道，天下郡國四十一處水災。鄧太后認為天災人禍，三公應負其責，遂以災異寇盜策免太尉徐防，以水雨漂流策免司空尹勤，三公以災異免職這是開端。永初二年，四十郡大水，先零羌豪滇零稱天子。永初三年，羌人陷沒破羌、臨洮兩縣，烏桓入寇上谷，南匈奴單于叛變，兵圍中郎將耿种於美稷。海賊張伯路寇擾緣海九郡，并州、涼州與京師附近大饑荒，人相食。國家財政不足，詔令吏民捐納錢穀可以為關內侯，虎賁羽林郎，五官大夫，公然賣官鬻爵以彌補赤字。永初四年，先零羌入寇褒中，司隸、兗、豫、徐、青、冀六州蝗災，三郡大水。永初五年，先零羌入寇至河東與河內，詔徙邊郡之民，九州蝗災，八郡水災。永初六年，漢陽人杜季貢叛從滇零，十州之地蝗旱。元初元年，先零羌寇武都、漢中與巴郡，京師與郡國五處蝗旱。元初二年，京師旱災，河南及郡國十九處蝗災，武陵郡蠻變。元初三年，蒼梧、鬱林、合浦蠻變。元初四年，鮮卑入寇。元初五年，羌亂討平而代郡鮮卑入寇，玄菟郡、高句驪入寇。永昌、益州、蜀郡一帶蠻夷叛變，聚眾十餘萬，蹂躪二十餘縣，所到屠殺官吏，焚劫人民，屍骨縱橫千里無人煙。歷時一年，才被益州從事楊竦所討平。元初六年，京師又旱災。永寧元年，京師及郡國三十三處大水。這十四年當中，沒有一年沒有災難，直到鄧太后死後，國中各地還是水旱盜賊不止。歷史上，大凡天災人禍綿延不絕，不能諉諸

---

❺　鄧太后諡法。

天命；主要原因，必由於政治之不良，人謀之不臧，則鄧太后不能不負其責。鄧太后的私生活，頗知檢束，又能提倡教育，獎勵學術；然而政治能力，全然不夠。其為人，是得失參半，瑕瑜互見。而范蔚宗作《後漢書》，對於鄧后褒揚備至，實多溢美之辭，不足全信。

當延平元年，鄧太后策立漢安帝時，安帝年十三歲，明年改元永初，安帝年十四歲，太后以天子年幼，必須由母后臨朝。可是在一班大臣心目中，認為十四歲的天子，將近成年，可以聽政，是太后有意把持政權，不免竊竊私議。消息傳入宮中，太后聞之頗為不快。就在永初元年秋，藉口災異，將太尉徐防、司空尹勤先後免職，更以太傅張禹為太尉，太常卿周章為司空。周章亦反對太后，與左右密謀，閉宮門誅鄧騭兄弟，廢帝而立平原王劉勝。事被發覺，周章畏罪自殺。經此事變，太后心中越發不平。又有郎中杜根，為人性情剛直，聯合許多郎官共同奏上一本，請太后退朝歸政，那表章措辭非常激烈。太后正在氣憤之中，一見勃然大怒。叫人把杜根抓上堂來，裝在縑囊之中，命殿上力士提起縑囊，就丹墀上將杜根活活攧死。攧得一陣慘號，鮮血直流，頃刻，縑囊不動，估計已死，就載出城外棄之荒郊。明日，派人前往驗屍，回來報告，杜根眼中生蛆，早已氣絕。那知那杜根命長，竟然未死，在野外睡了兩天活轉過來，被人救起，他乃隱姓更名，逃藏於民間。鄧太后迭經刺激，自知身為婦人，難以服眾。乃一面重用外戚，以為輔弼。拜兄鄧騭為大將軍，封上蔡侯，食邑一萬三千戶；兄鄧悝為城門校尉，封葉侯；兄鄧弘為虎賁中郎將，封西平侯；兄鄧閶為黃門郎，封西華侯。一面努力修飾，獎勵儒術，以收攬人心。她在宮中特聘曹大家班昭為師，學習群經。又恐經書有訛誤，命通儒劉珍等與博士議郎，四府掾史，共一百五十餘人，齊集東觀，校讎群書，以親信宦官蔡倫監典其事。這蔡倫字敬仲，桂陽人氏，他雖是一個宦官，卻博學多才，富有巧思。自永平末年，便給事宮掖，鄧太后以他久在宿衛，特封為龍亭侯，拜長樂太僕。古時書籍，多用竹策木簡，或以縑帛為手卷。簡策繁重，縑帛太貴，所以常人不易讀書。蔡倫乃發明用樹皮麻頭及破布魚網，煉製成紙。最初在宮中試用，後來傳布出去，天下紛紛仿效，號稱為蔡侯

紙。這是中國歷史上，最早紙的發明。鄧太后又令其他中官近臣，都到東觀去傳受經傳，回來再教授宮人。於是後宮中的婦女，也都知書識字，彬彬有禮。後來，又徵和帝弟濟北王壽與河間王開之諸子，男女年五歲以上者四十餘人及鄧氏近親子孫三十餘人，並開邸第為延請師保，教授經學。有時太后政躬之暇，親往課試諸子弟。她對人說：「我之所以督教諸子弟讀書，為的褒揚聖道，以匡風易俗。《論語》曰：『飽食終日，無所用心，難矣哉！』現在一班貴戚子弟，豐衣足食，駕堅車，騎駿馬，而胸中毫無學識，最易招致禍敗。」她雖說得如此明情達理，究竟深居重闈，眼光有限，徒行小善，而無遠識。又貪戀權位，不肯撒手，所以她的老師曹大家，每於有意無意中，從旁諷諫。譬如永初四年，太后母新野君病卒，鄧騭、鄧悝兄弟上書辭職，要回家去丁憂。太后戀戀不捨，誠恐兄弟一旦離朝，失所憑倚。曹大家乃乘機上書曰：

> 伏惟皇太后陛下，躬盛德之美，隆唐虞之政，闢四門而開四聰❻，采狂夫之瞽言，納芻蕘之謀慮。妾昭得以愚朽，身當盛明，敢不披露肝膽，以效萬一。妾聞謙讓之風，德莫大焉，故典墳述美，神祇降福❼。昔夷齊去國❽，天下服其廉高；太伯❾遺邪，孔子稱為三讓。所以光昭令德，揚名于後者也。《論語》曰：「能以禮讓為國，於從政乎何有。」由是言之，推讓之誠，其致遠矣。今四舅深執忠孝，引身自退，而以方垂未靜，拒而不許；如後有毫毛加於今日，誠恐推讓之名不可再得。緣見逮及，故敢昧死竭其愚情。自知言不足采，以示蟲螘之赤心。

---

❻　《書經舜典》：「明四目達四聰。意謂遠聽四方之言。」

❼　《易經》曰：「謙尊而光。」又曰：「鬼神害盈而福謙。」《左傳》曰：「謙讓者，德之基也。」都是說謙讓之美。

❽　伯夷、叔齊為孤竹君之二子，孤竹君死，兄弟交讓不肯為君，皆逃走出國。事見《史記伯夷列傳》。

❾　周太王之子，太王卒，太伯讓位於弟季歷。

　　太后見表，乃詔准鄧騭等辭朝還鄉。曹大家又為了教訓一般年輕的婦女，不可養成驕淫之習，作了《女誡》七篇。第一篇曰〈卑弱〉，第二篇曰〈夫婦〉，第三篇曰〈敬慎〉，第四篇曰〈婦行〉，第五篇曰〈專心〉，第六篇曰〈曲從〉，第七篇曰〈和叔妹〉。大致是說，做婦女的要卑恭柔順，敦睦家庭。其中〈婦行〉一篇，稱女有四行：一曰婦德，二曰婦言，三曰婦容，四曰婦功。所謂婦德，不必才華絕異，要在清閑貞靜。所謂婦言，不必辯口利辭，要在時然後言。所謂婦容，不必顏色美麗，要在衣飾整潔。所謂婦功，不必工巧過人，要在勤苦持家。她這些觀念，也是配合那個時代的社會背景而言。當時有一位學者，和曹大家同鄉，就是扶風馬融。融字季長，在東觀為校書郎，亦拜在曹大家門下，傳受《漢書》。季長對曹大家最為尊敬，特叫他的妻女都誦習七德四行之篇。唯有一人反對大家，就是大家的夫妹曹豐生。她也是一位才女，卻深不滿大家的見解，寫了一篇很長的文章，駁斥大家七誡四行之說。可能這是一篇最早的爭取女權的文字，惜乎其文不傳，否則對照看來，一定很有趣味。曹大家卒時，年已七十餘歲。鄧太后素服親臨，派使者監護喪事，備極哀榮。

　　鄧太后也許是受了曹大家的影響，雖然引用諸鄧，尚能節之以禮，未加驕縱。鄧氏兄弟也知自愛，沒像王氏五侯那樣驕狂。尤其鄧騭鄧弘，儉素好學，禮賢下士，每逢朝廷封賞，總是一再辭讓。鄧騭雖然伐羌無功，但在朝堂上，卻羅致了不少賢人君子。他前後薦舉何熙、祋諷、羊浸、李郃、陶敦、馬融等，又辟弘農楊震、巴郡陳禪、京兆朱寵，置之幕府，皆一時人望。而諸人中，楊震最負盛名。震字伯起，弘農郡華陰縣人，自幼好學，嘗從太常桓郁受《歐陽尚書》，於諸經無所不通。家境貧寒，父親早故，奉養寡母，寄居湖城地方，聚徒講學有二十餘年，其志不衰。真是好學不厭，誨人不倦，許多儒生，都稱之為關西孔子。鄧騭傾慕其名，特禮聘到府中，舉為茂才，這時楊震年已五十。不久，擢升為荊州刺史，又遷東萊太守。他奉命赴任，從昌邑縣經過。這昌邑縣縣令名叫王密，乃是楊震的故人，為震當年所舉薦之荊州茂才。聽說楊震過境，這日深夜來謁見，契闊之餘，從懷中掏出了黃金十斤為贈。楊震拒道：「故人知君，君

不知故人何也?」王密道:「楊府君不必顧慮，這深夜時分，無人得知!」
楊震怒道:「天知，地知，我知，你知，何謂無知!」王密慚愧辭出。後來
楊震又調為涿郡太守，歷任地方大吏，別人做官，都是宦囊纍纍，唯獨楊
震兩袖清風。家中是長年蔬食，子弟出門，都是安步當車。有些朋友表示
關切，勸楊震說:「縱然自己刻苦，多少也要為兒孫設想!」楊震道:「我
正是顧到兒孫的幸福，才以清白傳家!」元初四年，震被徵入朝為太常卿，
到永寧元年，代劉愷為司徒，成為朝廷一位重臣。

　　鄧騭的三個弟弟鄧弘、鄧悝、鄧閶，都在元初五年前，先後去世。詔
弘子廣德襲封葉侯，甫德封都鄉侯，悝子廣宗襲封西平侯，閶子忠襲封西
華侯。這班鄧氏子弟，雖然尊榮，卻都能遵守家訓，安分守己，不干權惹
事。可是朝堂政局，變化莫測，富貴中人，難有善終。卻說漢安帝劉祜年
事漸長，元初二年，立貴人閻氏為皇后，永寧元年，立皇子保為太子。安
帝這時娶妻生子，已經是二十幾歲的人，大權還把持在母后手中，自己不
能親政，當然苦悶，就有左右貼身的幾個小人，乳母王聖與宦官中黃門李
閏、江京，終日說長道短，搬弄是非。說太后過去曾和鄧悝、鄧弘兄弟密
謀，要廢帝而立河間王劉翼。安帝聽了，懷憤在心。到了建光元年，鄧太
后去世，安帝這才臨朝聽政。他幽居了十四年，一旦乾綱在握，決心要大
大的作為一番。首命尚書陳忠，推賢進能，顯拔隱逸。原來陳忠乃故司空
陳寵之子，這父子二人，一向與鄧氏不睦。故陳忠奉命首舉潁川杜根與平
原成翊世。杜根當年被撲未死，逃往宜城山中為酒家保，十幾年來一直隱
姓埋名，聞鄧太后死，才吐露真情，被官家訪知。成翊世過去亦因得罪太
后，被貶歸隱，這兩人都是鄧氏之死敵，現在奉天子詔徵，先後進京。杜
根立拜侍御史，翊世為尚書郎。於是陳忠、杜根、成翊世，聯合宮中的乳
母宦官，裡外一齊攻擊鄧氏。加以安帝早有積憤，嚴命有司羅奏鄧氏之罪，
雷厲風行，刻不容緩。大將軍鄧騭免職就國，鄧悝、鄧弘等已死，罪其子
孥，將西平侯廣宗、葉侯廣德、都鄉侯甫德、西華侯忠等，皆廢為庶人。
鄧氏全部的財產田地，一齊抄家充公。然後又命郡縣逼迫，可憐鄧騭與子
鄧鳳，姪兒鄧廣宗、鄧忠，還有從弟河南尹鄧豹，度遼將軍舞陽侯鄧遵，

將作大匠鄧暢，皆自殺。只有鄧廣德、甫德兄弟，因為母親和閻皇后是姊妹，得以不死。這場悲慘的政變，是在建光元年四月底五月初，距太后之死，僅僅一個多月。大司農朱寵，原為鄧騭幕客，痛騭無罪遇禍，滿門慘死，乃肉袒輿櫬，伏闕上書，為鄧氏訴冤，其辭曰：

> 伏惟和熹皇后聖善之德，為漢文母。兄弟忠孝，同心憂國，宗廟有主，王室是賴。功成身退，讓國遜位，歷世外戚，無與為比。當享積善履謙之祐❿，而橫為宮人單辭⓫所陷。利口傾險⓬，反亂國家。罪無申證，獄不訊鞫，遂令騭等罹此酷濫。一門七人，並不以命，屍骸流離，冤魂不反，逆天感人，率土喪氣。宜收還冢次，寵樹遺孤，奉承血祀，以謝亡靈！

表上，陳忠彈劾朱寵阿護罪逆，安帝下詔，又將朱寵革職，放歸田里。這事引起朝野上下一般的不平，大家都同情鄧騭、朱寵，紛紛上書訟冤。安帝這才發覺自己做事孟浪，乃歸罪於臣下，下旨譴責州郡長吏不該逼死鄧騭，並許騭等屍體歸葬洛陽舊塋，藉以緩和朝中氣氛。

這漢安帝心胸高傲而能力不足，舉措荒唐，頭腦可笑。他不直鄧太后之所為，輪到自己當政，更比太后胡塗十倍。他憎恨外戚專權，誅滅鄧氏；但卻寵愛皇后，重用閻氏。拜后兄閻顯為執金吾，封長社縣侯，食邑萬三千五百戶。后弟閻景、閻耀，並為卿校，典管禁兵。顯景諸子，年在童穉，都拜黃門侍郎，於是鄧氏廢而閻氏興。安帝又寵幸乳母王聖、宦官江京、李閏。尊王聖為野王君，拜江京為大長秋，封都鄉侯；拜李閏為中常侍，封雍鄉侯。王聖、江京、李閏與中常侍樊豐、黃門令劉安、鉤盾令陳睦，及阿母王聖的女兒伯榮，這一群小人、女子互相勾結，出入宮廷，煽動內外，傾軋大臣，傳通賄賂，弄得百官斂手，政事全非。尤其伯榮，驕淫無忌，和故朝陽侯劉護的從兄劉瓌私通，瓌因此官至侍中，襲封弟爵。這種

---

❿ 《易經》曰：「積善之家必有餘慶。」又曰：「顯神害盈而福謙。」

⓫ 獄訟兩造不備又無徵驗者為單辭。

⓬ 《論語》曰：「惡利口之覆邦家者。」

渾沌情形，激怒了司徒楊震，上疏諫曰：

> 臣聞政以得賢為本，理以去穢為務。是以唐虞俊乂在官，四凶流放，
> 天上咸服，以致雍熙。方今九德 ⑬ 未事，嬖倖充庭。阿母王聖出自
> 賤微，得遭千載，奉養聖躬，雖有推燥居溼 ⑭ 之勤，前後賞惠，過
> 報勞苦，而無厭之心，不知紀極，外交屬託，擾亂天下，損辱清朝，
> 塵點日月。《書》誡牝雞牡鳴 ⑮，《詩》刺哲婦喪國 ⑯。昔鄭嚴公 ⑰
> 從母氏之欲，恣驕弟之情，幾至危國，然後加討，《春秋》貶之，
> 以為失教，夫女子小人，近之喜，遠之怨，實為難養 ⑱。《易》曰：
> 「無攸遂，在中饋。」 ⑲ 言婦人不得與於政事也。宜速出阿母，令
> 居外舍，斷絕伯榮，莫使往來，令恩德兩隆，上下俱美。惟陛下絕
> 婉變之私，割不忍之心，留神萬機，誡慎拜爵，減省獻御，損節徵
> 發。令野無鶴鳴 ⑳ 之歎，朝無小明 ㉑ 之悔，大東 ㉒ 不興於今，勞止
> 不怨於下 ㉓。擬蹤往古，比德哲王，豈不休哉。

安帝得書，即以示阿母王聖等，王聖等看了，大為憤恨。延光二年，

---

⑬　《尚書皋繇謨》曰：「亦行有九德：寬而栗，柔而立，愿而龔，亂而敬，擾而
　　毅，直而溫，簡而廉，剛而塞，強而誼。」

⑭　《孝經援神契》曰：「母之於子也，鞠養殷勤，推燥居溼，絕少分甘。」

⑮　《尚書》曰：「古人有言，牝雞無晨，牝雞之晨，唯家之索。」

⑯　《詩經大雅》曰：「哲夫成城，哲婦傾城。」

⑰　即鄭莊公，此避明帝諱故稱嚴。

⑱　《論語》曰：「唯女子與小人為難養，近之則不遜，遠之則怨。」

⑲　《易經》家人卦，六二爻辭，鄭玄注曰：「婦人自修正於內，丈夫脩正於外。
　　無攸遂，言婦人無敢自遂也。火位在下，水在上，餁之像也。饋，食也，故
　　云在中饋也。」

⑳　《詩經小雅》篇名，辭曰：「鶴鳴于九皋，聲聞于野。鶴鳴于九皋，聲聞于天。」
　　鄭玄注云：「教周宣王求賢人之未仕者。」

㉑　《詩經小雅》篇名，言周幽王曰小其明，損其政事，以至於亂。

㉒　《詩經小雅》篇名，小序曰：「〈大東〉，刺亂也。」

㉓　《詩經大雅》曰：「人亦勞止，迄可小康。」序曰：「人勞，刺厲王也」。

劉熹為司徒，楊震遷做太尉。有一天，天子的母舅大鴻臚耿寶來見太尉，為中常侍李閏之兄李寶請託人情道：「李常侍國家所重，欲煩我公聘其兄於幕中，此亦聖上之意！」楊震道：「既是聖上之意，請拿聖旨來。」耿寶無言答對，面紅耳赤，拂袖而去。同時執金吾閻顯向楊震推薦私人，亦被拒絕。楊震因此結怨於群小。那年郡國水災，京師地震，丹陽山崩，匈奴入寇，朝廷卻為野王君大興土木起造府第。又有侍中周廣、謝惲等與阿母勾結，弄權用事。震再上書，其略曰：

> 臣伏念方今災害發起，彌彌滋甚，百姓空虛，……三邊震擾，……帑藏匱乏，殆非社稷安寧之時。伏見詔書為阿母興起津城門內第舍，合兩為一，連里竟街，雕修繕飾，……窮極巧伎，攻山採石，……為費巨億。周廣、謝惲兄弟，與國無肺腑枝葉之屬，依倚近倖姦佞之人。與樊豐、王永等分威共權，屬託州郡，傾動大臣。宰司辟召，承望旨意，招來海內貪汙之人，受其貨賂，至有臧錮棄世之徒復得顯用。白黑溷淆，清濁同源，天下譁譁，咸曰財貨上流，為朝結譏。臣聞師言：「上之所取，財盡則怨，力盡則叛。」怨叛之人，不可復使。故曰：「百姓不足，君誰與足？」惟陛下度之。

安帝看罷，將奏章丟在一邊，置之不理。江京、李閏這班小人，起初對於楊震尚有幾分畏懼。及見楊震一再上書，天子不睬，他們乃有所恃而不恐，再不把楊震放在眼裡。各自擅威作福，大造府邸，甚至詐作詔書，調發司農錢穀匠作木材。楊震實在忍耐不住，又叩閽上疏曰：

> 臣蒙恩備台輔，不能奉宣政化，調和陰陽，去年十〔二〕月四日，京師地動。臣聞師言：「地者陰精，當安靜承陽。」而今動搖者，陰道盛也。其日戊辰，三者皆土，位在中宮，此中臣近官盛於持權用事之象也。臣伏惟陛下以邊境未寧，躬自菲薄，宮殿垣屋傾倚，枝柱而已，無所興造，欲令遠近咸知政化之清流，商邑之翼翼也。而親近倖臣，未崇斷金，驕溢踰法，多請徒士，盛修第舍，賣弄威福，

道路讙譁，眾所聞見。地動之變，近在城郭，殆為此發。又冬無宿雪，春節未雨，百僚燋心，而繕修不止，誠致旱之徵也。《書》曰：「僭恆陽若，臣無作威作福玉食。」❷唯陛下奮乾剛之德，棄驕奢之臣，以掩訞言之口，奉承皇天之戒，無令威福久移於下。

安帝厭聞逆耳之言，見震屢次上書，且措辭一次比一次激切，心中大為不快，然以楊震名儒，未便加罪。恰好有河間人趙騰，同時上書指陳國家得失。安帝越發震怒，便拿趙騰出氣，將騰逮捕下獄，判罪斬首。這樣一來，給忠義以打擊，而給小人以莫大的鼓勵。延光三年二月，車駕東巡，幸泰山。群小乘皇帝不在家，更驕橫放縱，競修園宅。被太尉府掾高舒查出樊豐、周廣、謝惲等，調發錢穀材木所假造的詔書，欲俟天子還朝，即行告發。樊豐等大為惶恐，乃先發制人。暗派人前往密奏天子，稱「自趙騰死後，太尉散布怨言，誹謗朝廷。查太尉原是鄧家故吏，欲為其主報仇，顯有陰謀，居心難測。」安帝聞知大怒，立即命駕還宮，下旨收震太尉印綬，楊震避免煩惱，即深居不出，閉門謝客。樊豐等又唆使國舅耿寶告楊震心裡不服，在家怨望。安帝乃詔遣楊震即日還鄉，不得在都中逗留。漢朝習慣，凡大臣勒令還鄉者，多不得善終，此乃不祥之兆。楊震辭別國門，黯然西歸。他的許多門生弟子，都揮淚相送，送了一程又一程，不忍分別。不覺走到城西夕陽亭下，紅日銜山，四顧蒼茫，楊震百感交集，痛不欲生。回顧諸門人弟子道：「人生總不免一死，我早已視死如歸。不過身蒙國恩，位列三公，不能為朝廷誅除姦佞，有何面目以見日月三光。我死之後，你等以雜木為棺，單布為被，只要遮蔽身體已足，無須歸葬，不必祭祀。」說罷飲酖而死。死時年已七十多歲，送行諸生一齊放聲大哭。弘農太守移良承樊豐等旨意，勒令暴棺道旁，不許埋葬。行路之人，聞說楊太尉死，無不隕涕。楊太尉一死，正氣消沉，譖邪高張，國家之事更不堪聞問了。

閻皇后為人，猜忌潑辣。沒有生育，太子保乃後宮李氏所生，閻后毒殺李氏，將劉保據為己子。究竟不是親生，她越看越不順眼。王聖、江京、

---

❷　《尚書洪範》之辭，言唯君得專威福為美食。

樊豐等，承閻后指示，共稱太子失德，就在延光三年九月，又將太子保廢
為濟陰王，囚禁在德陽殿西鐘下，時距楊震之死六個月。太子廢後五個月，
延光四年春二月，漢安帝南巡。三月間車駕到了宛城，聖躬忽然不適。丁
卯之日，行至葉縣，突然暴死在乘輿之中，年僅三十一歲。他臨政五年之
中，昏天黑地，一無所成，連死也死得不明不白。皇帝一死，隨駕的皇后
與閻氏兄弟及江京、樊順等，共同商議道：「如今聖上中途駕崩，濟陰王
留在都中，難保不被野心者所利用，一旦發生政變則不可收拾。」於是密
不發喪，但宣稱皇帝病重，趕程回都。命左右宦官，每日進食問起居一切
如恆。急行四日，趕回了洛陽。第二天深夜，才從宮中騰傳出駕崩的消息。
由司徒劉熹召集百官，尊皇后曰皇太后，閻顯為車騎將軍儀同三司，耿寶
為大將軍。太后在宮中與閻顯定策，迎立濟北惠王之子北鄉侯劉懿為皇帝。
那安帝的兒子濟陰王劉保，年已十歲，因被廢黜不許上殿臨喪。可憐他站
在宮外遠遠看著父親的皇靈哭泣不已。北鄉侯即位，年幼不能聽政，由閻
太后臨朝。以馮石為太傅，劉熹為太尉，李郃為司徒。而大權不在三公，
乃在車騎將軍閻顯與大將軍耿寶手中，這兩個人，一個人代表安帝的妻黨，
一個人代表安帝的母黨❷⑤，兩黨都是小人。安帝在時，他們站在一條戰線，
排斥大臣，通力合作。現在安帝一死，分權抗禮，由於利害的衝突，轉眼
間變為敵對，而各不相容。但耿寶勢孤，力量敵不過閻顯。便和宮中的阿
母王聖母女，及樊豐、謝惲、周廣等，深相結納。可是王聖、樊豐等久為
眾怨所歸，安帝在時大家莫可奈何，現在朝野皆欲得而甘心。閻顯便利用
群眾心理，聯合朝臣，諷示有司，奏控耿寶及其黨與中常侍樊豐，虎賁中
郎將謝惲、侍中周廣、野王君王聖、聖女伯榮等，結黨營私，目無朝廷，
擅作威福，大逆不道。於是將樊豐、謝惲、周廣捉拿下獄，用嚴刑拷訊，
一齊拷死在獄中。耿寶押送回國，就途中逼使自殺。王聖母女流放往雁門
關。這一群陷害楊震的小人，不到一年，都自相傾軋而死，真是天網恢恢，
因果不爽。耿樊等死後，閻景為衛尉，閻耀為城門校尉，閻晏為執金吾，
總綰兵馬大權，朝中成了閻氏之天下。

⑤　安帝乃清河孝王之子，其母為耿貴人，耿寶乃耿貴人兄。此母黨非鄧后之黨。

這個小皇帝劉懿，從登基那天起就害病，病勢一天重似一天，眼看不起。江京對閻顯說：「聖上病將不治，國嗣不可一日中斷，應當早有準備。」閻顯意欲專權，利立幼主，俾太后可以臨朝。乃預徵濟北王河間王諸子，年在七歲以上十四歲以下者，齊集京師，以為後補皇帝。事實上，此時朝廷已成無政府狀態，群小弄權，暗潮起伏，人心非常浮動。宮中有一個掌權用事的宦官名叫孫程，時為中常侍，給事長樂宮。私下和濟陰王謁者長興渠商議道：「濟陰王先帝骨血，本為太子，又無差失。先帝誤信讒言，將其廢黜，朝廷內外，都為不平，如果當今聖上不起，我等從中起事，擁立濟陰王復辟，誰不歸心。只要制住江京、閻顯兩人，則事無不成。」長興渠深以為然。兩人計議停當，又暗中聯絡中黃門王康、長樂太官丞王國等，靜候機會。到了十月辛亥之日，宮中傳說幼主已死，只是太后秘不宣布。過了四天，就在十一月乙卯這日，孫程與王康、王國，及中黃門黃龍、彭愷、孟叔、李建、王成、張賢、史汎、馬國、王道、李元、楊佗、陳予、趙封、李剛、魏猛、苗光等十九人，聚議在西鐘之下，大家都截衣為誓。第三天夜晚，孫程等各帶刀劍，在崇德殿上會齊，直走進章臺門。但見江京、劉安、李閏、陳達四個人，坐在門前石檻上談天。孫程和王康從腰中拔出刀來，急步向前，手起刀落，江京、劉安與陳達三人都被砍死在地，但留下李閏，因為他在宦官中是個領袖，能發令指揮。孫程用刀架在李閏頸上喝道：「我們今天要迎立濟陰王，你可同意？」李閏嚇得魂飛魄散，連聲稱諾。孫程等將刀抵在李閏身後，叫他一人領前，走到德陽殿西鐘下，迎出濟陰王。然後孫程等眾人，分頭把守宮門。一面遣使急召尚書僕射，陪同小皇帝出登雲臺之上。一面使虎賁羽林分屯南北宮門，召百官公卿入朝。卻說閻顯正在宮中和太后議事，有人奔入宮來報告消息，太后等聽了，手足失措，不知所為。小黃門樊登一旁道：「太后還不下旨，發兵討賊！」那時只有越騎校尉馮詩和顯弟衛尉閻景在宮中，乃召馮詩至前，閻顯道：「賊人今擅立濟陰王，並非太后之意。璽綬在此，今若戮力王室，即可封侯！」說時，太后一旁就將璽綬強放在馮詩手中，宣旨道：「得濟陰王封萬戶侯，得李閏封五千戶侯。」馮詩道：「身邊未有士卒，必須要出宮發兵。」

閻顯就叫樊登隨同馮詩出宮。方走出左掖門，馮詩回身一劍，將樊登砍倒，跨馬飛馳還營，竟閉門不出。這裡衛尉閻景，也要出宮調兵，行至盛德門。迎面遇見尚書郭鎮，率領直宿羽林，手捧天子詔書，正來收捕閻景。郭鎮即下車持節，高聲宣讀詔書。閻景大罵：「那來偽詔！」拔刀直砍郭鎮，被鎮閃過，回手一劍，將景刺翻在地。左右羽林，舉戟向前，叉住閻景。隨將閻景送入廷尉獄，當夜傷重身死。紛擾間，已到了第二天清晨。孫程等共扶幼主登臨嘉德殿，正式傳下聖旨。派侍御史持節收捕閻顯，及其弟城門校尉耀，執金吾晏，皆下獄斬首。家屬流放比景。遷閻太后於離宮。於是孫程、王康、王國、黃龍、彭愷、孟叔、李建、王成、張賢、史汛、馬國、王道、李元、楊佗、陳予、趙封、李剛、魏猛、苗光等十九人，以擁立之功皆封為列侯，是為十九侯，各賜車馬金銀錢帛。其中孫程所封最大，食邑萬戶，王康王國次之，食邑九千戶。這濟陰王劉保被擁即位，年方十一歲，是為東漢孝順帝。

在短短一年之中，朝廷兩度政變，小人女子互相殘殺。榮枯代謝，曾不轉瞬，往復循環，有如覆棋。女后外戚之用事，從鄧閻始；而宦官之專權，則始於和帝之鄭眾，安帝之江京。到了孫程、王康這班人更擅行廢立，喋血宮廷，朝野為之側目，宦官之威脅帝廷，自此開端使國家綱紀蕩然。這些年來，翻雲覆雨，不僅國步維艱，一般仕途中人，尤有朝不保夕之感。其間有一個飽經憂患，歷仕數朝的儒生，就是崔駰之子崔瑗。瑗字子玉，銳志好學，盡傳其父業。年十八，遊學京師，受業於賈逵之門。明天官曆數，京房《易傳》。與扶風馬融、南陽張衡，最為友善。因為兄報仇，亡命江湖，後遇赦還家。在家裡住了若干年，年近五旬，為度遼將軍鄧遵所聘。不久鄧氏敗滅，鄧遵自殺，崔瑗亦失職回家。及至閻顯為政，復聘崔瑗為府吏。瑗見閻顯廢濟陰王而立北鄉侯違失人心，必要失敗。想要規勸閻顯，可是閻顯終日酣飲，長在醉鄉，無機進言。乃私謂長史陳禪道：「先帝為江京等所蠱惑，廢黜正統，少帝病在不治，國家無主，人心惶惑。如能勸說將軍，廢少帝而還立濟陰王，必上當天心，下合人望，此伊霍之功也！」陳禪也以為然，猶豫未言，而政變發生。崔瑗因是閻顯門客，也被

斥逐。瑗門生蘇祇與陳禪，打算上書為崔瑗說情。崔瑗極力制止道：「此乃舊事，不必再提了！」他在幾年當中，親眼看到鄧、耿、閻三家外戚的興亡，深感浮生如幻，從此歸隱，不應徵聘。他覺得，人處亂世，要謹言慎行與世無爭，方為明哲保身之道，曾著座右銘一篇，頗為世人所傳誦，其辭曰：

> 無道人之短，無說己之長。施人慎勿念，受施慎勿忘。世譽不足慕，惟仁為紀綱。隱心而後動，謗議庸何傷。無使名過實，守愚聖所臧。在涅貴不緇，曖曖內含光。柔弱生之徒，老氏誡剛強。行行鄙夫志，悠悠故難量。慎言節飲食，知足勝不祥。行之苟有恆，久久自芬芳！

第二十六講　順質陵夷

　　濟陰王劉保即位，明年改元永建，是為東漢孝順皇帝。順帝年方十一歲，雖然年幼，幸賴朝中還有幾位正直的大臣為輔。孫程雖是一個宦官，為人也很忠實，得以維持朝統未墜。武都太守虞詡守邊有功，是年內調為司隸校尉。他是一個剛強正直的人。進京之後，首奏太傅馮石、太尉劉熹，阿附閻氏權貴。朝廷遂將馮石、劉熹免職，以桓焉為太傅，朱寵為太尉。不幾天，虞詡又彈劾中常侍程璜、陳秉、孟生、李閏等，百官為之側目，說他苛刻三公。虞詡上書申辯，大意說：「今天朝廷風氣以苟容為賢，盡節為愚，臣所舉奏，都有真憑實罪，如果朝廷不信，臣願從史魚死，以屍諫。」順帝乃未深究，但對陳秉等宦官也沒懲辦。還有中常侍張防，是皇帝身邊一個寵幸的宦官，弄權受賄，結黨營私，虞詡幾次上書彈劾，也都沒有反應。虞詡氣極，他先自跑到廷尉獄中待罪，然後奏上一本，略曰：

　　昔孝安皇帝任用樊豐，遂交亂嫡統，幾亡社稷。今者張防復弄威柄，國家之禍將重至矣。臣不忍與防同朝，謹自繫以聞，無令臣襲楊震之跡。

奏章陳進的那天，恰好張防在皇帝的一旁，便流涕喊冤。順帝是個孩童，自然被張防所蒙蔽，便判令廷尉審問虞詡。張防暗中又通了關節，要害死虞詡，兩天之內，虞詡被連傳四獄，備受苦毒，獄吏都勸虞詡自裁。詡張目怒道：「大丈夫要死得光明磊落，我寧伏刑市朝，絕不忍辱自盡！」事被浮陽侯孫程、祝阿侯張賢所知，連袂來見天子。孫程奏道：「陛下與臣等

起事的時候，曾痛恨先帝不明，被姦臣所誤，現在陛下自己做了皇帝，怎麼也忠奸不分。司隸校尉虞詡，明明是位忠臣，怎麼把他拘禁下獄？張防作惡多端，反留在身邊？昨太史看天文，說客星守在羽林，是宮中有奸臣之象。即應將張防收執，以塞天變。」那張防在宮中的位勢，自然敵不過孫程。這時站在皇帝身後，渾身發抖。孫程見了，大聲喝道：「奸臣張防，還不與我滾下殿去！」嚇得張防俯首疾趨，躲往東廂。張防與孫程，都是小皇帝的親信，這一下倒難壞了小皇帝，不知道該怎樣措置才好。恰好尚書賈朗在側，便徵詢賈朗的意見，賈朗與張防相好，便代張防解釋了幾句。小皇帝更沒了主意，便暫令孫程、張防退下。那知虞詡的消息騰播出去，他是當代名儒，門下弟子眾多，就有儒生一百多人，要為老師申冤請願。大家糾合在一起，手執旗幡，來到宮門。迎面遇見中常侍高梵乘車出宮，大家就跪在車前，哭成了一片。高梵被眾情激動，先將眾人勸說回去，然後趕進皇宮奏明天子，說眾怒難犯。順帝這才知道虞詡乃眾望之所歸，而張防為人之所共棄，乃下旨貶徙張防，赦免虞詡。為了這事，順帝不免問起左右，虞詡到底是怎麼樣一個人物。孫程就把虞詡過去的功績，表揚了一番，順帝大為嘉嘆，便拜虞詡為議郎，不幾天又升做了尚書僕射。虞詡感蒙聖恩，更要表示忠誠，乃向國家推舉賢能，上書褒薦議郎南陽人左雄，略曰：「臣見方今公卿以下，類多拱默，以樹恩為賢，盡節為愚，至相戒曰：『白璧不可為，容容多後福。』❶伏見議郎左雄有王臣蹇蹇之節，宜擢在喉舌之官，必有匡弼之益。」順帝立即採納，拜左雄為尚書。人是同聲相應，同氣相求，又由左雄直接間接的介紹，先後引進了汝南陳蕃、潁川李膺、下邳陳球，都拜為郎中。這陳蕃、李膺等，都是地方賢俊，他們的身世，留在後面作詳細的說明。朝廷又敦聘了許多在野名流，如南陽樊英、廣漢楊厚、江夏黃瓊，皆一時人望。自從安帝以來，學風不振，博士久不講習，洛陽城裡的學舍荒蕪，都變做了菜園。這時經朝野一班名士的呼籲，由將作大匠翟酺建議，重修太學，起造了二百四十棟學舍，一千八百五十

❶　要保持像白玉那樣純潔高尚的人格是辦不到的，還是隨聲附合同流合汙的人有福氣。

間房屋，簧宇森列，氣象一新。賢者當政，文教復興，一時政治頗有起色。那曉得這一切有如雲煙之過眼，轉瞬即逝。

　　到了永建六年，漢順帝已經十七歲了，按照國家大禮該當要冊立皇后。順帝身邊有四位貴人最受寵愛，不知扶立那個是好，打算用抽籤來決定，尚書郭虔、史敞等奏道：「立后乃國家大事，必須要有一個標準，先選良家有德之女，再選才貌相當，那能抽籤問卜，形同兒戲。」順帝想了想，也是不錯，就在那些貴人妃子中留神選擇。這一天，有位梁貴人，承蒙恩幸，只見她俯首含情，宛轉奏道：「妾聞陽以博施為德，陰以不專為義，螽斯❷為百福之所由興，願陛下思雲雨之均澤，使小妾得免於罪！」那梁貴人年方十六歲，順帝看她長得明眸皓齒，說話又那麼斯文動聽，再問起她的身世，原來不是外人，就是和帝母親梁貴人的內姪乘氏侯梁商之女，果是名門閨秀，乃大為寵愛。認為她的才德品貌，無不符合標準，就在陽嘉元年冊立梁貴人為皇后，加梁商位特進，拜執金吾。明年，又拜梁商之子梁冀為步兵校尉，進封襄邑侯，同時並封乳母宋娥為山陽君。左雄時為尚書令，上書諫道：「漢朝祖法，非劉氏不得為王，無功不得封侯。」梁商為人忠厚謙虛，見有朝臣指責，慌忙上書謝罪，代子辭還封爵。唯山陽君宋娥是個無知婦人，貪戀封號不肯放棄。那年六月丁未，洛陽宣德亭前，地裂八十五丈。漢朝的習慣，每逢災異，認為是上天示懲，必要召集公卿直言之士，對策朝堂。在這種情形下，可以暢言無忌，批評政治。當時就有三位學人，一同應召對策。這三位學人，一是扶風人馬融，字季長，這人在前文曾經提過。他博通群經，安帝時在東觀為校書郎，嘗受業於曹大家之門，後出為河間王長史，在陽嘉時因病還鄉，在本郡為功曹。一是南陽人張衡，字平子，精通五經六藝，博學多才。舉凡天文地理，陰陽曆算之學，他無所不曉，與馬融同負盛名。他為人淡泊，不慕名利，他厭惡洛陽都市的繁華和那一班王公貴人的荒淫生活，乃仿照班固的〈兩都賦〉，也作了一篇〈兩京賦〉，寓諫於諷。字斟句酌，苦思殫慮，用了十年的功夫才把這篇文章寫完，成為中國文學史上的一篇名著。安帝時徵為郎中，

　　❷　本蟲名，《詩經螽斯篇》，內容形容子孫之繁殖，所謂螽斯延慶。

到順帝時為太史令，陽嘉元年，他創造了一種儀器，叫做候風地動儀。用精銅製成，圓徑八尺，形如酒尊，外有八龍，龍首各銜銅丸，下有八個蟾蜍張口向上。器中藏有機關，如遇地震，機關發動，則銅丸一一落入蟾蜍口中。有時僅落一丸，有時八丸並落，從而測知地震之方向與震弦之大小，歷驗不爽，精密絕倫。所以張衡不僅是漢代的一位文學家，而且是一位大科學家。再一位，是漢中人李固，字子堅，乃司徒李郃之子，長得像貌奇偉，自幼好學不倦，嘗步行千里，出外尋師訪友，窮研五經典墳，結交四方豪傑。曾在太學讀書，為諸生所尊敬，由本郡舉為孝廉。這三人中，以李固的年齡最輕，資格最淺，而策文作得最好。文中痛陳當時政治上種種弊端，尤其對於皇帝的寵任乳母宦官與重用外戚，多所指責。那文章辭情並茂，說得淋漓盡致，慷慨激昂，順帝究竟年事已長，看了這篇文章，大為感動，立即擢取李固為第一，與馬融並拜議郎。立遣阿母宋娥出宮，又把諸常侍（宦官）叫來，大大的訓斥了一頓，各個都戰慄惶恐叩頭謝罪。朝廷風紀，為之一肅。而李固則一舉成名，朝野傾慕。大凡一個人，暴得榮名，定遭物忌，何況李固這篇文章大中小人之恨。於是阿母宋娥與一班宦官小人，聯合起來，共同謀陷。他們無法從正面打擊，就在暗中買動了許多人，紛紛投寫匿名書，捏造了多少罪狀，誣告李固。前受朝廷徵聘的名士黃瓊，現在已經做了尚書僕射，他是一位正人君子。虧得他和大司農黃尚與執金吾梁商等，一再為李固辯護，得免於罪。雖然如此，李固感到環境的日益惡劣，難以自保，終於棄官回鄉，閉門不出。

陽嘉四年，順帝拜梁商為大將軍，梁商一再謙讓，稱病固辭。天子特遣太常卿桓焉奉策書親往梁商府中勸駕，梁商不得已，才奉詔就職。梁商雖是皇帝的岳丈，但讀書知禮，潔身自好，在一班外戚中是個難能可貴的人。譬如李固曾上書指責外戚用事，梁商不以為忤，反而尊重李固。及至做了大將軍，更禮賢下士，首先派人到漢中敦聘李固出山，與馬融及汝南人周舉，都拜做從事中郎，又禮聘楊倫為長史，巨覽陳龜為掾屬，一齊留在大將軍府中。李固看梁商柔和有餘而剛強不足，勸他要多做些積極工作，不能一味的謙讓了事，可惜梁商的顧忌太多，不能採納。梁商雖好，卻有

一個不肖之子，就是梁冀。他長得鳶肩豺目，形容猥瑣，又嗜酒好賭，放蕩無行，終日裡彈棋蹴球，鬥雞走馬，靠著父親妹妹的關係，步步高升，由黃門侍郎，步兵校尉，到永和元年做了河南尹。這河南尹是天子腳下的父母官，封疆大吏的領袖，最為顯貴。他屬下的洛陽縣令呂放，原是梁商的好友，暗把梁冀的種種劣跡，告訴了梁商，說他絕不能勝此重任。梁商聽了心中氣憤，就把梁冀叫來，狠狠的教訓了一番。那知梁冀懷恨在心，竟派人刺死呂放，卻謊稱呂放被仇家所殺。故意保舉呂放的弟弟呂禹繼任洛陽縣令，唆使他為兄報仇，將呂放的親戚朋友有嫌疑的一百多人，都問成了死罪。大家畏懼梁冀的兇燄，都不敢說話，連他父親梁商也被瞞過。到了永和六年，梁商在位已經十年，梁冀的弟弟梁不疑又為奉車都尉，父子當朝，一門富貴。那年三月上巳之日，梁商大宴賓客於洛水之濱，當酒闌人醉的時候，忽然興盡悲來，座中有人唱起〈薤露歌〉，聞者淚下。從事中郎周舉聽知嘆道：「這叫做哀樂失時，乃不祥之兆也！」果然，為時不久，梁商突染病不起。順帝親自前來探看，只見梁商奄奄在床，病已無望，便問大將軍可有遺言，梁商道：「人之將死，其言也善！臣願以臨歿之身，保舉一人，這人就是從事中郎周舉，為人清正，可以輔弼國家，擔當重任！」順帝回宮，立刻下旨，官拜周舉為諫議大夫。梁商臨終時，將諸子喚至床前吩咐道：「想我生時既無益於朝廷，死後不能再耗費國家的錢財，那些衣食飯含，玉匣珠貝的裝殮，都與朽骨無關，更不敢勞動百官臨喪送葬。稟告聖上，身後之事，樣樣從簡。」說罷眼目而逝。可是漢順帝為了尊榮國丈，那肯草率，特派大臣治喪，喪禮仍極隆重。並以商子梁冀嗣承大將軍之位，以梁不疑繼任河南尹。那梁冀自從父親一死，又做了大將軍，更肆無忌憚，任所欲為。他心中憎惡從事中郎李固，因為他平時主持正義，好發議論，遇事總是掣肘。適逢荊州刺史出缺，這幾年荊州地方不靖，盜賊橫行，梁冀便表舉李固做荊州刺史，教他嘗嘗苦頭。那知李固到了荊州，不到半年盜賊全平。然後撫綏地方，整飭吏治，上書報告所轄南陽太守高賜，貪贓枉法，須要撤職查辦。高賜得知，趕緊託人進京賄賂大將軍梁冀。梁冀一面設法壓置住李固的奏章，一面將李固遷為泰山太守，把他調離荊

州。這泰山郡也是一塊盜匪屯聚之區，李固到任後，一樣的不到一年盜賊全平。

　　原來這幾年，由於政治的不清明，民生日蹙，盜匪漸多，各地告急文書不斷的傳來。漢順帝不勝憂慮，想起梁商臨終遺言，特召見諫議大夫周舉，詢以治亂之道。這周舉字宣光，汝南汝陽人，長得相貌短陋，卻博學多聞，京師儒生稱為「五經縱橫周宣光」。當時承皇帝顧問，便慨然奏道：「近年以來，朝廷措施多違背舊章，寵幸小人，爵祿不公。所以上下失序，吏治大壞，而天災人禍接踵而來，如不急謀整頓，將不可收拾。整頓之道，第一要嚴敕州郡，肅清強宗大奸，以正視聽。」順帝深以為然。就在漢安元年秋八月，拜周舉為侍中，與侍中杜喬、守光祿大夫周栩、前青州刺史馮羨、尚書欒巴、侍御史張綱、兗州刺史郭遵、太尉長史劉班等，一共八位特使，去巡行天下，督察巨姦大滑。無論刺史太守，查有贓罪顯著的，立由驛馬傳奏京師，縣令以下，就地拿辦。其有忠貞清廉為百姓愛戴的，也隨時表奏。這八位專使，都是一時清流，時人號為八俊。這聖旨頒布以後，百姓無不興奮，人人拭目以待。周舉、杜喬等七位特使，都分別就道，獨有侍御史張綱不肯出巡。他把所乘傳車的車輪卸下，埋在洛陽都亭之下，宣言道：「豺狼當路，安問狐狸！」❸ 他立即入朝，奏上一本，彈劾大將軍梁冀與河南尹梁不疑。說梁冀等以外戚蒙恩，居國家重任，不知宣揚教化，而貪贓枉法，列舉了十五條罪狀，證明其無君之心。這事震動了朝廷的上下內外，無不驚訝，大家要看一個水落石出。順帝讀罷張綱的奏章，明知他是一片忠心，但礙著皇后的情面，難以發落，便將奏章擱在一邊，以不了了之。卻說侍中杜喬到了兗州，首奏兗州吏治以泰山太守李固為第一，順帝乃再徵李固入朝，拜為將作大匠。不久，這七位特使，陸續還朝，呈上報告，凡所提出彈劾的，大半都是梁氏與宦官的親屬。這些人各有門路，得到了消息，分別奔走疏通。結果是所有彈章，如同石沉大海，全無反應。這一場雷厲風行的整肅運動，是雷大雨小，風過雲散，使天下大失所望。最後不是清除了壞人，反而打擊了好人。這次舉動，使梁冀痛恨張綱入骨，

---

❸　禍國之人當道，何必去抓小偷！

因為張綱負有清望，不好公然加害。他仍用打擊李固的策略，表奏張綱為廣陵太守。這廣陵地方比荊州、泰山更為棘手。那裡有劇賊張嬰，盤據為亂十幾年，歷任太守都被張嬰趕走。張綱接奉聖旨，起程上任。甫到廣陵，他就乘坐了一輛小車，帶著幾個親信隨從，逕往賊營而來，登門投刺訪會張嬰。張嬰為之大驚，即開門延請太守入營。張綱徐行而入，從容坐定，便與諸賊攀談，從家常瑣事問到生活疾苦，情辭懇摯，殷殷有如家人父子一般。然後嘆道：「原來諸君的鋌而走險，都是官家的逼迫，實非得已。君等處境，我雖同情，但此乃以往官吏的過失，不能歸咎於國家。這些年來，諸君據地稱兵，和朝廷對壘，這是公然造反，將為天下人所不容。如今主上仁聖，特派我前來招撫，只要諸君肯改過自新，既往不咎，擔保生命無虞，還有爵祿。這是轉禍為福，千載一時之機。如再執迷不悟，一旦天子震怒，荊、揚、兗、豫，大兵雲集，則諸君死無葬身之地。今不知強弱之形，非明也；棄善取惡，非智也；去順效逆，非忠也；身絕血嗣，非孝也；背正從邪，非直也；見義不為，非勇也。六者，成敗之機，利害所在，何去何從，望諸君三思！」這一番話說得張嬰感激涕零道：「蠻荒愚民，身被冤屈，不能自通於朝廷，相聚稱兵，也無非是苟且偷生，好比釜底游魚。今聞明府之言，真乃嬰等更生之日，但恐一旦放下兵刃，不免刑戮耳！」張綱乃指天日為誓，於是告別回衙。第二天，張嬰果然如約率領所部一萬多人，偕同妻子兒女，面縛歸降。張綱一見大喜，慌忙上前，解開了繩索，延請入座，隨喚左右擺開筵席，叫大家開懷痛飲。就席前宣布，願留者，分授官職，願去者，各自還鄉，一一加以安遣。這十餘年之積患，居然在張綱手中，兵不血刃，一朝全平。張綱在廣陵，僅僅做了一年太守，因為操勞過度，就病歿在任上，享年才不過三十六歲，英年摧折，真是國家的一個大損失。張綱死時，全城的老百姓，扶老攜幼，圍著府衙，放聲大哭道：「千秋萬歲，何時再見張太守！」張綱原籍是犍為郡武陽縣，歸葬的時候，張嬰等五百餘人，都身穿重孝，扶著靈柩，一直送到武陽縣，負土成墳，然後灑淚而別。後來張嬰等回到廣陵，繼任的太守不善撫納，又把張嬰激反。於是揚州、徐州一帶，盜賊群起，如火燎原，這國家的局面，就

一天不如一天了。此孔子所謂：「人存政舉，人亡政息。」一個政府不能從根本整飭綱紀，單靠一兩個仁人志士孤臣孽子的奮鬥，是無濟於事的。漢順帝這個青年帝王，他並不是個昏君，他也汲汲於納賢求治，只是為群小所包圍，拿不出果斷的力量，遂使朝政日益萎靡，而外交軍事更是一片渾沌。

　　我們先說北方的匈奴。南匈奴的烏稽侯尸逐鞮單于拔，在順帝永建三年去世，弟休利即位，是為去特若尸逐就單于。過了十四年，到永和五年，南匈奴左部，句龍王吾斯、車紐，不受南單于的節制，聯合右賢王之兵，入寇西河，圍攻美稷，殺死朔方、代郡長史。度遼將軍馬續，與護匈奴中郎將梁並，發邊兵擊走吾斯、車紐。吾斯等去而復來，仍緣邊侵擾。梁並因病被徵，朝廷改派五原太守陳龜為護匈奴中郎將。又遣使往責讓休利單于，單于本不知情，受責惶恐，親來中郎將帳下，脫帽謝罪。陳龜嚴加申斥，說他不能制下，逼令與其弟左賢王一齊自殺。單于一死，句龍王吾斯等有所藉口，乃擁立句龍王車紐為單于，東引烏桓，西連羌戎，宣稱要為休利單于復仇，大舉入寇。攻破京兆虎牙營，殺死上郡都尉，侵掠并、涼、幽、冀四州。朝廷以陳龜有誤國之罪，將他免職下獄，改派張耽為護匈奴中郎將。將幽州烏桓諸郡營兵，大破車紐單于於馬邑，斬首三千級，車紐乞降，而句龍王吾斯，仍率所部寇擾不已。張耽勇敢善戰，士卒用命，屢敗吾斯。匈奴單于先有質子兜樓儲留在洛陽，於漢安二年，漢順帝特策立兜樓儲為南匈奴單于。天子臨軒授璽綬，賜車馬刀劍金銀綵布，於廣陽門外設宴祖餞，作角抵百戲。特派遣中郎將持節護送單于回歸南庭，是為呼蘭若尸逐就單于。那年冬天，馬實為護匈奴中郎將，招募刺客刺殺句龍王吾斯。明年，進討吾斯餘黨，斬首千二百級，附和匈奴叛亂的烏桓人數十萬一齊歸降，於是歷時四年的南匈奴之亂，乃告平息。而北邊城鎮殘破，百姓飽受荼炭。然為患最烈的，還不是北方的匈奴，而是西方的羌戎。

　　羌人之亂，自安帝元初末年零昌狼莫先後被殺，先零之亂暫告平息。過了兩年，到建光元年，又有燒當羌豪麻奴兄弟作亂，經護羌校尉馬賢三年的苦戰，麻奴投降。到順帝永建元年，隴西鍾羌又反，馬賢率五千人大

破鍾羌於臨洮，斬首千餘級，其種人皆降，進封馬賢為都鄉侯，從此涼州無事。到永建四年，朝廷採用虞詡的建議，詔令遷徙在外的安定北地上郡三郡的人民回歸原郡，於隴西、金城兩郡設倉儲穀，為長久之備。是年冬，以韓皓代馬賢為護羌校尉，韓皓在賜支河與逢留河間，設置屯田。明年，又以張掖太守馬續，代韓皓為校尉。到了陽嘉三年，鍾羌豪良封又反，寇擾隴西、漢陽一帶，詔拜馬賢為謁者，與護羌校尉馬續，將兵共討良封。在陽嘉四年，擊殺良封，斬首千八百級。賢復進擊鍾羌且昌，且昌率其種落十幾萬人向梁州刺史投降。永和元年，馬賢復為護羌校尉。永和三年，燒當羌那離寇金城。永和四年，馬賢大破燒當羌，斬殺那離獲首虜千二百餘級。那離之亂既平，詔徵馬賢為弘農太守，以來機為并州刺史，劉秉為涼州刺史，往安撫西北邊民。那知來機劉秉為政苛酷，到任後，徵兵派糧，奴使羌人，反而激起了且凍、傅難種羌與湟中雜羌的叛變。諸羌分寇金城隴西武都，一直侵擾到三輔附近，西北一帶又陷於大亂。永和五年，再拜馬賢為征西將軍，以騎都尉耿叔為副，率領左右羽林，五校士，及諸州郡兵，共十萬人屯駐在漢陽，相機進討。明年，馬賢與且凍羌大戰於北地射姑山，官兵大敗，馬賢和他的兩個兒子，一齊陣亡。馬賢勇敢善戰，在西北與羌戎前後苦戰了二十多年，不幸終於殉國。馬賢一死，羌胡大為猖獗。散布在安定、北地、上郡、西河一帶的東羌，和隴西、漢陽、金城、塞外的西羌，連成了一片。游騎竄擾到西京附近，焚燒陵園，殺掠吏民，勢如燎原。朝廷趕派行車騎將軍執金吾張喬，率領左右羽林五校士，及河內南陽汝南三郡之兵，共一萬五千人，屯守在三輔，防堵羌胡。另派武威太守趙沖為護羌校尉，將兵進討。趙沖恩威並用，剿撫兼施，羌人來降者有五千多戶。到漢安二年，趙沖與漢陽太守張貢，督河西四郡之兵，大舉進擊，斬首六千餘級。諸羌勢窮，前後來降的有三萬多戶。到建康元年，突然有護羌從事馬玄叛變，引領部分降羌逃亡出塞。趙沖率兵從後追趕，追到武威郡鸇陰河地方，遭遇了羌人的埋伏，趙沖戰死，遂以漢陽太守張貢代為校尉。趙沖雖死，羌人傷亡亦多，勢衰力竭，離湳狐奴等羌人種族陸續來降的有五萬多戶，羌亂到這時再告一段落。綜計順帝一朝，與羌亂相終始，

前後折失了馬賢趙沖兩員大將，可以想見當時羌亂的厲害。羌亂所以昌熾的主要原因，不在軍事而在政治，史稱「十餘年間，討羌用費達八十餘億，前方諸將多盜扣軍糧，以肥私囊，或以金銀珍寶賄賂天子左右，以致上下放縱，不恤軍事，士卒不得其死者相望於野。」那時安定郡有一個郡掾，複姓皇甫名規，字威明，乃安定郡朝那縣人，世為邊督，熟悉羌情。他曾於永和六年上書，痛論羌亂原委曰：

> ……夫羌戎潰叛，不由承平，皆因邊將失於綏御。乘常守安，則君侵暴，苟競小利，則致大害。微勝則虛張首級，軍敗則隱匿不言。軍士勞怨，困於滑吏，進不得快戰以徼功，退不得溫飽以全命，餓死溝渠，暴骨中原。徒見王師之出，不聞振旅之聲。酋豪泣血，驚懼生變，是以安不能久，敗則經年。臣所以搏手叩心而增歎者也！

從這段文章裡，不僅可以看出羌亂不治的癥結，並可看出當時軍政腐敗的情形。和東漢初葉相比，不可同日而語了。國家的軍事政治敗壞到這種地步，國家的命運也就不卜可知了。趙沖之死，在建康元年春天，當年秋八月，漢順帝亦病歿於玉堂前殿，享年僅三十歲。皇后無子，以虞美人所生皇子炳為太子繼位，年才兩歲，是為漢孝沖帝。梁皇后一個二十幾歲的少婦，竟被尊為皇太后，而臨朝聽政。這時以太尉趙峻為太傅，大司農李固為太尉，參錄尚書事，實際大權全操在國舅大將軍梁冀的手中。

建康元年九月丙午，漢順帝下葬的那天，忽然地震，詔舉賢良方正直言之士。前番上書論羌事安定的皇甫規，就應詔對策，大意說：「陛下即位之初，想望太平，而災異不息，盜賊縱橫，是由於奸臣用事之故。宮中宦官常侍，不能奉公盡職的，該當斥退。大將軍梁冀與河南尹梁不疑，居朝廷重任，亦當努力自修，為百官表率。孔子說：『君者舟也，民者水也，水可載舟，亦可覆舟。』今日朝中群臣好比乘舟的人，將軍兄弟好比操舟的人，如果同心協力，可以安渡彼岸。不然，風浪一起，難免舟覆人亡！」那梁冀那肯接受忠告，見書大怒，將皇甫規貶為下第，免歸州郡。又過了不到四個月，小皇帝忽然一病身亡。在一年之中，國家連遭兩次大故。梁

太后惶惶無主，打算密不發喪，等待所徵諸小王到了京師，再行宣布。太
尉李固奏道：「皇帝雖然年幼，總是一國之父，一旦駕崩，天下感動，做
人子的怎忍密而不宣。從前秦始皇沙丘之變和近日北鄉侯的故事，都是教
訓。」梁太后乃發喪成禮。這時有兩位小王，先後被徵來到京師。一是清
河恭王延平的兒子清河王劉蒜，一是渤海孝王鴻的兒子渤海王劉纘。清河
王年紀較大，舉止有禮，而渤海王年才八歲。梁冀打算立渤海王為帝，好
繼續專權。李固勸道：「立君要擇年長有德，能躬親政事，不然一定會發
生變亂。願將軍察周、霍之立文宣，戒鄧、閻之立幼弱。」梁冀那裡肯聽，
遂與太后定策禁中，以王青蓋車，迎接渤海小王劉纘入宮，扶立為帝，是
為漢孝質皇帝。皇帝年幼，仍由太后臨朝。

　　卻說自順帝末年以來，各地盜匪猖獗，聲勢日大。廣陵張嬰降而復叛，
揚徐一帶巨盜范容、周生、馬勉，攻城掠地，屯兵歷陽。九江賊黃虎，攻
陷了合肥。徐鳳自稱無上大將軍，馬勉自稱皇帝。連京師近郊都發生了盜
匪，方才下葬未久的順帝皇陵也被發掘了，真是無法無天。太后震怒，認
為這些地方官吏，都是無能之輩，詔令三公推舉將帥。李固等奏舉北海人
滕撫，才兼文武。便拜滕撫為九江都尉，與中將趙序，御史中丞馮緄，率
領州郡兵數萬人，大舉圍剿。永嘉元年三月，滕撫大敗徐揚群盜，殺死范
容、周生與馬勉。東南盜賊全平，滕撫振旅還朝，太后大喜，拜滕撫為左
馮翊。明年改元本初，是孝質皇帝即位後第一個年頭。太后鑑於國內承平，
要講學修文，除舊布新。詔令郡國地方，選送明經之士，到洛陽太學讀書，
歲滿考試及格，分別派官。於是四方學子，都紛紛來到京師，太學生增加
到三萬多人。洛陽城中，果然有一番新興的氣象。就在這時候，忽然天崩
地裂，國家又發生了大故。

　　小皇帝劉纘在本初元年是九歲，年紀雖小，非常聰明。有一天上朝的
時候，他指著梁冀對左右道：「這是個跋扈將軍！」話被梁冀聽見，就在閏
六月甲申那天，密令左右在煮餅裡放下毒藥，進獻給小皇帝。小皇帝吃罷，
過不一刻，腸如刀割，心似火燒，倒在御榻上，翻滾呻吟。太尉李固得訊，
急奔入宮。小皇帝還能說話，以手指腹道：「裡邊煩悶得很，要喝水！」梁

冀一旁說道：「留神嘔吐，喝不得！」話猶未完，可憐那小皇帝已倒地氣絕。李固不禁伏屍大慟。那天李固回到家中，想起權臣當道，國事日非，悲憤填膺，一夜輾轉不能入寐，想來想去，還是要壓住情感以社稷為重。第二天，便往見司徒胡廣、司空趙戒，三人商議共同聯名，寫了一封書信，送與大將軍梁冀。梁冀接到來書，拆開一看，只見上面寫道：

> 天下不幸，仍遭大憂。皇太后聖德當朝，攝統萬機，明將軍體履忠孝，憂存社稷，而頻年之間，國祚三絕。今當立帝，天下重器，誠知太后垂心，將軍勞慮，詳擇其人，務存聖明。然愚情眷眷，竊獨有懷。遠尋先世廢立舊儀，近見國家踐祚前事，未嘗不詢訪公卿，廣求群議，令上應天心，下合眾望。且永初以來，政事多謬，地震宮廟，彗星竟天，誠是將軍用情之日。《傳》曰：「以天下與人易，為天下得人難。」昔昌邑之立，昏亂日滋，霍光憂愧發憤，悔之折骨。自非博陸忠勇，延年奮發，大漢之祀，幾將傾矣。至憂至重，可不熟慮！悠悠萬事，唯此為大。國之興衰，在此一舉。

往下一看，竟是三公聯名，不得不有所顧慮。乃召三公，二千石，與列侯，齊集朝堂，共商立統大事。李固、胡廣、趙戒與大鴻臚杜喬，一致主張要迎立清河王劉蒜，而梁冀意欲立蠡吾侯劉志，另外也有別的意見，大家議論紛紜，不得要領而散。中常侍曹騰是這時後宮中最有權勢的一位宦官，曾因事進謁清河王劉蒜，劉蒜不與為禮，曹騰羞憤在心，他又與李固不睦。這天朝會散後，他深夜來見梁冀說道：「將軍累世有椒房之親，秉攝萬機，賓客又多，遍於朝野，難保沒有過失。清河王為人嚴酷，如果即位，則將軍大禍不遠了！不如迎立蠡吾侯，則富貴可以長保！」這幾句話正中梁冀之懷，連連點頭稱是。原來蠡吾侯劉志，乃前平原王劉翼之子，漢章帝的曾孫，那時隨同諸小王被徵入朝。梁太后看他長得清秀，想把自己的小妹妹嫁給劉志，就叫梁冀對於劉志要特別關切。梁冀又聽取了曹騰的一番意見，遂決策不疑。第二天再到朝堂會商的時候，梁冀的態度大不相同，意氣洶洶，言辭激烈，胡廣和趙戒都不敢反對，但稱：「唯大將軍之命！」獨

有李固、杜喬堅持原議，力爭不休，梁冀變色厲聲宣布散會。李固不服，下朝後再以書信勸戒梁冀，梁冀大怒，便和太后說：「那李固事事都要阻撓大計，目無朝廷，不先斥免李固，今天無法決定國策！」太后乃下旨將李固免職，而以司徒胡廣為太尉，司空趙戒為司徒，太僕袁湯為司空。過了兩天，遣大將軍梁冀以王青蓋車迎接蠡吾侯劉志進宮，即位為帝，是為東漢孝桓帝。皇帝十五歲，還是由太后臨朝聽政，明年改元建和。

建和元年六月，胡廣辭職，詔以杜喬代為太尉。七月論定策之功，增封梁冀一萬三千戶，封冀弟不疑為穎陽侯、梁蒙為西平侯、冀子梁胤為襄邑侯，又封胡廣為安樂侯、趙戒為廚亭侯、袁湯為安國侯。八月乙未，立太后妹梁氏為皇后，舉行親迎大典時，梁冀為了誇耀門庭，計劃要大大的鋪張一番。杜喬據禮力爭，以為不可，梁冀心中不快。又有一天，梁冀拜託杜喬保舉他的一個私人氾宮為尚書，杜喬舉出了氾宮的許多劣跡道：「像這樣的官吏不加懲辦還能保舉嗎？」梁冀羞惱成怒，便假借一個口實，陳請太后也將杜喬免職。自從李、杜先後被廢，朝野喪氣，群臣側足而立，再聽不到正義之聲。這時以趙戒為太尉，袁湯為司徒，胡廣再起為司空，這朝廷好像一座傀儡舞臺，來來去去總是那幾個沒有生命的角色。建和元年十一月，有南郡人劉鮪會看天象，說清河王當統天下，聯合清河人劉文等，劫持清河王相謝暠與共同起事，謝暠拒絕，被劉文刺殺。後來事情敗露，劉文、劉鮪等都被捕斬首，清河王徙桂陽自殺。梁冀乃上書控告說，這事實是李固、杜喬所主使。朝廷先將李固捉拿下獄，嚴刑審訊。李固的門生王調、趙承等數十人，身帶斧質❹，跪在宮門之外，哭成一片，為李固申冤。感動了太后，特下詔將李固赦免出獄。京師的百姓聽說李固出獄，都歡呼萬歲。梁冀聞知大驚，說李固有這麼大的群眾勢力，足以傾壓朝廷，那還了得！便羅織李固的罪狀，著令幕客從事中郎馬融擬稿，劾奏李固。馬融迫於梁冀的淫威，不敢不從。倒是梁冀手下的一位長史，名叫吳祐的，看了氣憤不平。力和梁冀爭論說李固無罪，並指著馬融罵道：「李公之罪，成於卿手，李公若死，卿何面目以見天下人！」馬融面紅耳赤，俯首無言，

❹　表示願伏罪代死，以生命請願。

梁冀大怒，拂袖而出。手持奏本，進宮逼著太后下旨，再將李固逮捕下獄。沒過幾天，可憐這一代名賢，竟不明不白的被害死在監獄之中。當時與李固同列三公之胡廣、趙戒，明知李固冤枉，竟看死不救。李固在死前，曾致書廣、戒，書中有這樣幾句言語：「固受國恩厚，是以竭其股肱，不顧死亡，志欲扶持王室，比隆文、宣。何圖一朝梁氏迷謬，公等曲從，以吉為凶，成事為敗乎？漢家衰微，從此始矣。公等受主厚祿，顛而不扶，傾覆大事，後之良史，豈有所私？固身已矣，於義得矣，夫復何言！」胡廣、趙戒得書，又悲又愧，為之長嘆流涕。李固雖死，梁冀還不甘心，著人脅迫杜喬自殺，說免得連累妻子，杜喬不從。梁冀又入宮逼太后下旨，再將杜喬拿下，也同樣死在獄中。然後將李固、杜喬的屍體，陳放在城北通衢夏門亭中示眾，旁懸告示說：「有敢哭弔收屍，與死者同罪。」這天，突然來了一個十來歲的少年，身負斧質，手捧奏章，跪在皇宮門口，請求為李固收屍。原來這少年，乃是李固的學生，汝南人姓郭名亮。郭亮在宮門前跪了半日，守衛不為通報。他不得已，折回到夏門亭，抬頭一看，無獨有偶，迎面來了同學南陽董班，也是前來赴難奔喪。這兩個熱血的青年，相視流涕，然後一同伏在老師屍前，放聲大哭，只哭得天地為愁，草木興悲，行路之人，無不淒惶。夏門亭長，趕來喝道：「那來的無知小子，難道不怕王法嗎！」郭亮應道：「我郭亮秉陰陽造化以生，上戴天，下履地，但知天地之間，唯有仁義二字，早將這身體性命置之度外，奈何以死相懼！」那亭長聽了，不禁也滴下幾點同情之淚，長嘆一聲道：「你可知天蓋高，不敢不跼，地蓋厚，不敢不蹐❺，人生在世，那有如意的事！」夏門亭長以職責所關，便將這事婉言奏稟了太后。又有杜喬的故掾史陳留人楊匡，聞聽老上司被難，不分晝夜，從陳留趕來洛陽。化裝為夏門亭吏，守護屍喪不去，被都官從事查出，也奏稟了太后。究竟梁太后心地比較仁慈，頗受感動，沒有徵詢梁冀的意見，便自下詔將三位義士一齊赦免，並聽令收屍歸葬。於是郭亮、董班、楊匡三人分別收斂了李固、杜喬的屍身，安葬成服之後，都回鄉隱匿，終身不仕。又有李固的學生趙丞等，將李固平生

❺　參見《詩經小雅正月篇》。

奏章書文與言行集錄成十二篇，傳之於世❻。李固有三子一女，長子李基、次子李茲，都跟隨父親在洛陽，官至長史。幼女文姬嫁同郡趙伯英，與幼子李燮，留居在家鄉。當李固初被罷免時，料知將有大禍臨頭，便遣送兩子先行還鄉。文姬看見兩兄突然歸來，深為詫異，問知情由，兄妹相抱痛哭。秘密商議，要作個萬一的準備，為李家留下一滴骨血。兩個哥哥都情願犧牲，乃將幼弟李燮藏匿起來，託稱已往京師，鄉里都相信不疑。後來事發，郡縣奉詔收捕李固家屬，李基、李茲一齊遇害，唯李燮得全。但是無法長久掩匿，等待風暴過去，文姬往訪她父親的一個門生，名叫王成的，說道：「慕君高義，有古人之風！今託君以六尺之孤，李家的血胤存亡，唯君是賴！」王成慨然應諾，便化裝改名，攜帶李燮，緣漢水而下，輾轉逃到徐州。王成賣卜於市，李燮為酒家傭，十幾年無人得知，這是後話。

當李固、杜喬遇害之前，前經李固舉薦掃平徐揚群盜的滕撫，也為宦官所陷，廢死於家。一時讒邪高張，正氣消沉，在洛陽城裡，流行著兩句童謠道：

　　直如弦，死道邊；曲如鉤，反封侯！

　　一個國家社會，到了是非不明，曲直顛倒的時候，也就離崩亡不遠了！

---

❻　《隋書經籍志》有《李固集》十二卷。

第二十七講　桓靈失政(一)

梁冀伏誅　李雲獲罪　五侯驕寵
三明立功　名士標榜　太尉肅惡
司隸除奸　黨錮之獄　王甫探監

　　在李固、杜喬死後的第三年，那就是和平元年，春二月，梁太后病故，漢桓帝開始親政，時年十九歲。親政之初，為了追念太后撫立之恩與大將軍的定策之功，再增封大將軍一萬戶，合前共為三萬戶。就有一個諂媚的小人名叫宰宣，乘勢阿諛，上書說大將軍盛德巍巍有周公之功，既封其子，也該當封其妻。桓帝覽書採納，即封梁冀妻孫壽為襄城君，兼食陽翟租稅歲入五千萬，加賜赤紱，儀制比長公主。這孫壽是個風騷狐媚的蕩婦，長得妖豔絕倫，又好做奇裝異服。把兩道眉毛畫得細細彎彎的，眼皮下薄施脂粉，叫做愁眉嗁妝。將髮髻偏梳在一旁，搖搖欲墜的樣子，叫做墮馬髻。走起路來，柳腰款擺，若不勝衣，叫做折腰步。古時婦女講究笑不露齒，她笑起來，偏要微露瓠犀，做出似嗔似喜的樣子，叫做齲齒笑。這種種媚態，將梁冀蠱惑得神魂顛倒，既愛又懼，把這個妖婦看成了活菩薩一般。梁冀有一個監奴，名喚秦宮，本是梁冀的嬖童，卻又與孫壽私通。憑著這種曖昧關係，官至太倉令，在大將軍府中，是數一數二的人物，雖刺史太守，無不奔走其門下。梁冀又為孫壽建了一所襄城君府，與大將軍府迎街相對。這兩座府邸，崇樓傑閣，畫棟雕梁，其壯麗工巧，不在皇宮之下。又在附近，廣闢園囿，掘池築山，十里九阪，深林絕澗，用人工所構成的邱壑，其曲折幽邃有勝天然。裡面貯藏了數不盡的珍禽奇獸，金玉寶玩，梁冀陪著孫壽，兩人共乘一輛人挽的小輦，帶著許多歌童舞妓，不分晝夜，徜徉其中。有賓客到門，常終日不得謁見，於是賄賂司閽，多至千金。又在洛陽城西，闢了一個兔苑，範圍有好幾十里，裡面豢養了無數的兔子，

都是世間稀有的珍種。附近懸有榜示，有殺兔者與殺人同罪。這一天來了一個西域的胡商，不知法禁，無意中傷害了一隻狡兔，被人捉到官裡，連坐而死的十餘人。在兔苑的旁邊，還有一座別墅，專門收納亡命子弟，與良家婦女，都是誘騙而來，叫做「自賣人」。梁冀除了任用他梁氏私黨外，還提引了許多孫氏宗親，這孫梁兩家盤據天下，多少人都做到了侍中卿校，郡守長吏，無不貪狠淫毒，如狼似虎，到處欺壓良民。遇有地方上有錢無勢的富戶，便要栽上一個罪名，向他敲詐，被冤枉逼死的又不知有多少。當時扶風郡中有一家富豪，姓孫名奮，梁冀向他借錢五千萬，孫奮只拿出三千萬，梁冀大怒，搬出老案，指控孫奮的母親是宮中守藏婢，當年曾盜取御庫中珍珠十斛，紫金千斤，將孫奮兄弟捉拿下獄，拷死在獄中，將其全部家產七千多萬完全抄沒。梁冀又派遣使者，分赴四方遠至塞外，去搜求珍寶異物，孌童美女，這班使者，狐假虎威，到處訛詐百姓，侮辱婦女，弄得民怨沸騰，冤聲載道。可是皇帝懵然不知，還一再褒獎梁冀。元嘉元年，有司奏請許梁冀入朝不趨，劍履上殿，贊拜不名，比蕭何故事，詔皆如擬。更增封定陶、陽成兩縣，賞賜金錢奴婢綵帛車馬衣服甲第，不計其數。令每朝會與三公絕席，十日一入平章事。朝中政事，無論大小，都要諮詢大將軍，百官陞遷，都要到大將軍府去叩頭謝恩。梁冀又和宮中宦官相結納，皇帝的左右都是大將軍耳目，故梁冀得有所恃而無恐。侍御史朱穆，為人方正，他曾為梁冀掾史，看梁冀如此驕暴，必遭橫禍，念故主之情不忍坐視，乃致書勸告，略曰：

> 今明將軍地有申伯之尊，位為群公之首，一日行善，天下歸仁，終朝為惡，四海傾覆。頃者，官人俱匱，……公賦既重，私斂又深。牧守長吏，多非德選，貪聚無猒，遇人如虜，或絕命於箠楚之下，或自賊於迫切之求。又掠奪百姓，皆託之尊府，遂令將軍結怨天下，吏人酸毒，道路歎嗟。……夫將相大臣，均體元首，共輿而馳，同舟而濟，輿傾舟覆，患實共之。豈可以去明即昧，履危自安，主孤時困，而莫之卹乎！宜時易宰守非其人者，減省第宅園池之費，拒

　　絕郡國諸所奉送。內以自明，外解人惑，使挾姦之吏無所依託，司
　　察之臣得盡耳目。憲度既張，遠邇清壹，則將軍身尊事顯，德耀無
　　窮矣。

梁冀得書，置之不理。下邳人吳樹也是一位耿直之士，受命為宛縣令。宛
縣為東漢發祥之地，乃河南第一等大縣，僅次於洛陽。吳樹上任之前，照
例要到大將軍府上來謝恩辭行，梁冀順便託他照顧縣中的親友。不料吳樹
答道：「明將軍處上將之位，宜崇賢褒善，以拾遺補闕。但自侍坐以來，
沒聽說稱揚一長者，而多託私人，僕誠不敢聞命！」說得梁冀滿面紅漲，
半晌無語。吳樹到任之後，非特不賣情面，反雷厲風行，把梁冀親友之為
非作歹的，依法懲辦了好幾十人。梁冀聞知大怒，不久吳樹回朝，再出放
為荊州刺史，又來謁見大將軍。梁冀故作慇懃，置酒歡待，卻在酒中暗下
了毒藥。吳樹飲罷辭歸，竟半路死在車上。郎中汝南人袁著，年方十九歲，
憤梁冀之兇暴，特伏闕上書，其略曰：「夫四時之運，功成則退，高爵厚
寵，鮮不致災。今大將軍位極功成，可為至戒，宜遵懸車之禮❶，高枕頤
神。《傳》曰：『木實繁者，披枝害心。』若不抑損權盛，將無以全其身矣。
左右聞臣言，將側目切齒，臣特以童蒙見拔，故敢忘忌諱，……願除誹謗
之罪，以開天下之口！」梁冀得知，著人將袁著捉起，一頓竹笞竟活活打
死。袁著有兩個好友，一名胡武，一名郝絜，都好危言高論，批評時政，
中傷梁冀。梁冀認為和袁著同是反動分子，敕中都官移檄地方，將胡武一
家六十餘口，一齊處死。郝絜逃命在外，自知無法脫身，乃買了一口棺木，
先自服了毒藥，叫人抬著棺木跟隨來到大將軍府前放下，然後躺在棺中毒
發身死。這幾件事情連續發生以後，朝野為之震動，皇帝也有所聞，頗為
不快。這袁著、胡武等究竟官卑名微，影響還不太大，豈知接二連三，又
出了兩樁命案。延熹元年，五月甲戌，日蝕。太史令陳授，託小黃門徐璜
奏稱日食之變，應在大將軍專權。事被梁冀所知，密令洛陽縣令收陳授下
獄拷打致死。尚書陳龜憤不欲生，先上書痛陳梁冀罪狀，然後絕食而死。

----

❶　漢薛廣德為御史大夫，告老還鄉，懸其安車，以示子孫。

二陳一死，漢桓帝又看到陳龜的奏章，大為震驚。這也是梁冀作孽多端，該當到了惡貫滿盈的日子了！

作一個統計，梁冀一門前後七侯，三皇后，六貴人，二大將軍，夫人女子食邑稱君者七人，尚公主者三人，其餘卿將尹校五十七人。梁冀本身前後執政二十年，威行內外，百官側目，天子不過備位而已。漢桓帝起初年幼無知，不得不事事依賴梁冀。最近幾年親政以來，桓帝年事已長，目睹梁冀那種跋扈態度，心中早已不平，只是被左右蒙蔽，沒有抓住梁冀的顯著過錯，兼之梁冀的勢力雄厚，所以隱忍未發。及至看到朝中的大臣都被逼死，實在按捺不住，偏偏這時又發生了一椿宮廷的事故。桓帝皇后梁氏原是梁太后的幼妹，她仗著姊姊哥哥的勢力，最初在宮中驕橫無比，自己沒有生育，又不許皇帝接近其他妃嬪。桓帝不得自由，心裡憤懣，夫婦間感情惡劣。自從太后駕崩，桓帝自主，對梁后日益冷淡，梁后憂鬱苦悶，就在延熹二年病死。梁冀妻孫壽有一個舅父，也姓梁名叫梁紀。梁紀之妻宣氏是個再醮婦人，初嫁郎中鄧香，生有兩女，長女嫁議郎邴尊為妻，次女尚未出閣，小名鄧猛，隨同母親來到梁家，被孫壽看見。見她長得嬌豔如花，認為奇貨可居，便把她認做是自己的女兒，改姓為梁。裝飾打扮起來，送進了皇宮。漢桓帝果然一見傾心，立即封為貴人，眼看就要扶立為皇后。她母親宣氏，看著自己的親生女兒被別人拿去做人情，心裡自然不服。便和她的大女婿議郎邴尊商議，要把這事的真象稟奏皇帝。梁冀聞知，深恐此事揭露，犯有欺君之罪。便遣刺客將邴尊刺死，再去刺殺宣氏。宣家與中常侍袁赦為比鄰，那刺客深夜誤登袁赦之屋，把袁家驚醒，鳴鼓捉賊。將賊人捉住問知情由，袁赦代宣氏不平。他就偕同宣氏入宮，面見了皇帝，說明一切。桓帝正為梁冀弄權煩惱，聽了這事，火上加油，心中大怒。可是知道梁冀的耳目眾多，當時並沒發作。那天晚間，桓帝入廁，在廁所中喚過身邊服侍的親信小宦官小黃門史唐衡悄悄的問道：「你可知道宮中有誰是和大將軍合不來的？」唐衡道：「中常侍單超、小黃門史左悺，以前都和梁不疑有仇。中常侍徐璜、黃門令具瑗都恨大將軍橫暴，只是平時敢怒而不敢言。」原來梁冀雖和宮中人有勾結，一班宦官也分做親梁、

反梁兩派，而且小人無常，那些親梁的人彼此也有利害衝突。當時桓帝便密令唐衡把單超、左悺喚入道：「大將軍兄弟專政，目無朝廷，脅迫公卿，我要將其斬除，不知諸常侍意下如何？」單超等叩首道：「梁冀兄弟誠乃國之姦賊，早該授首，臣等弱劣，所以不敢啟稟者，未知聖意如何耳！」桓帝道：「既然卿等久有此意，今日決計，便當下手，事不宜遲！」單超等道：「下手不難，只怕陛下狐疑不定，明日又有改變，則臣等無葬身之地了！」桓帝道：「為國除奸，尚有何疑！」說罷，拉過單超的手臂，即嚙臂出血為誓。超等又道：「陛下既下決心，臣等奉命行事，務望陛下嚴守機密不得洩漏風聲！」單超等連夜緊急行動，先派心腹將幾個梁冀的耳目囚起，一面把守宮門，隔絕內外，各事布置妥當，真是神不知鬼不覺。就在延熹二年八月丁丑之日，桓帝突然駕臨前殿，急召諸尚書入殿，宣布了聖旨。著尚書令尹勳持節率領丞郎以下，皆手持兵刃，守住內府省閣。使黃門令具瑗持節，發左右廄騎士、虎賁、羽林、都候、劍戟士，合共一千多人，偕同司隸校尉張彪，蜂擁前往，將梁冀府第團團圍住。先著光祿卿袁盱持節入內，收取了梁冀的大將軍印綬。這事梁冀作夢也不曾想到，倉皇之間，與孫壽都被迫自殺。梁不疑與梁蒙幸而已經去世，得免於難。其他所有梁、孫兩家親屬，一齊捉拿下獄，無分男女老少，皆斬首棄市。太尉胡廣、司徒韓縯、司空孫朗，坐阿附梁冀減死罪一等，免為庶人。梁家的故吏賓客，牽連被免黜者三百餘人，朝廷為之一空。事後查封沒收梁冀的全部財產，達三十餘萬萬，以之充公，減天下租稅之半。所有別墅園囿，都開放給平民耕牧。這次事變，突然暴發，事前朝中文武公卿無一人得知，一旦使者交馳，百官失度，洛陽城中有如鼎沸，皇皇數日方定。及至聞悉是梁冀伏誅，天下人心為之大快。這時朝廷宣布大赦天下，並詔求前被梁冀所害的名賢李固，有無遺孤。這消息傳到了徐州，王成和李燮大喜，才將真名實姓說出，感動了那酒家老闆，送了李燮一份厚禮，並著人護送李燮、王成重返故鄉，姊弟相見，抱頭大哭。文姬囑付弟弟道：「天道循環，我家果然沒有絕後，但經此一番患難，更要懂得做人的道理。是非善惡，自有天理的裁判，私人不要再冤冤相報。你要特別注意，不可以洩憤為快，否則，

我們會遭到第二度的災難。」還有一人，就是前在梁冀幕中，為梁冀草表害死李固的馬融。他一直良心不安，後來一度在東觀著述，旋即告病退休，在家中教授生徒。他的學問淵博，於群經諸子無所不通，著有《春秋三傳異同》，並遍注《孝經》、《詩經》、《易經》、《尚書》、《三禮》、與《列女傳》、《老子》、《淮南子》、《離騷》等，成為一代學人。自四方慕名而來就業的學生，數以千計。然馬融生活浪漫，不拘儒者之節，他家中服飾器用，極其豪侈，又養了許多歌童舞女。常坐高堂講學，堂上懸起一張絳紗帳，帳前授生徒，帳後列女樂，以此風流自賞，後人傳為佳話，稱做「絳帳春風」。

　　卻說梁冀既誅，梁貴人復姓鄧氏，延熹二年八月壬午立為皇后。這時論功行賞，封宦官單超為新豐侯、徐璜為武原侯、具瑗為東武陽侯、左悺為上蔡侯、唐衡為汝陽侯，世稱五侯，仍以左悺、唐衡為中常侍。又封尚書令尹勳等七人為亭侯，以大司農黃瓊為太尉、光祿大夫陳蕃為尚書令、祝恬為司徒、大鴻臚盛允為司空。當時大奸伏誅，天下人都引領望治，希望朝廷將有一番大大的刷新。朝中幾位正直大臣，也非常興奮。太尉黃瓊乃江夏安陸人，孝子黃香之子，於順帝永建時公車應徵拜議郎，遷尚書僕射，尚書令，元嘉元年拜司空。當胡廣等頌揚梁冀時，黃瓊獨持異議。永興元年遷司徒轉太尉，梁冀有所請託，瓊皆不理，因之得罪梁冀被貶為大司農。他在朝堂三十餘年，始終不附合梁氏，德高望重，為士林領袖。現在延熹二年是第二度做太尉，他雖然年已七十四歲，仍鼓起餘勇，來匡扶社稷。先整飭政風，一連上書彈劾了貪汙瀆職的刺史郡太守十餘人，或死或流。又辟舉汝南名士范滂為府掾，滂字孟博，少舉孝廉，操守最好，為州里所稱。時詔三府掾屬，共肅吏治，滂又查奏刺史二千石權豪之黨二十餘人。尚書說范滂所舉發的人太多，難免有挾私誣告的嫌疑。范滂奏道：「臣所舉發，都是罪惡昭彰的人，其餘奸吏尚多，正在調查之中。臣聞農夫去草，嘉穀必茂，忠臣除奸，王道以清。若臣言不實，願受刑戮！」尚書令陳蕃，字仲舉，也是一位名士，早在順帝永建時被徵入朝。他是汝南郡平輿縣人，在十五歲的時候，嘗獨居一室，屋子既不整理，院落也不打掃，弄得蕪亂不堪。有一天，他父親的好友汝南功曹薛恭祖來訪，問陳蕃

道：「你怎麼不掃除屋子招待賓客呢？」陳蕃答道：「大丈夫生在世間，當掃除天下，這一間小小的屋子，管它作什麼！」恭祖大為詫嘆道：「仲舉乃有命世之才！」後果舉孝廉，被徵為郎中，當李固做太尉時，辟為議郎，後遷樂安太守。大將軍梁冀嘗遣使致書陳蕃有所請託，陳蕃拒不延見。使者不得已，裝作別的客人要求進謁，陳蕃發覺大怒，把那使者按倒在地，一頓板子活活打死。梁冀聞知大怒，將蕃貶為修武縣令。後復拜尚書，又遷豫章太守，今自豫章徵召入朝為尚書令。他在豫章時結交了一位好友，這人姓徐名穉字孺子，家境貧寒，自耕而食。為人恭儉仁義，隱居不仕。陳蕃為人方峻，平素不輕易接見賓客，唯為徐穉單設一榻，穉來則下榻相迎，穉去則將榻懸起。陳蕃入朝，首上書舉薦徐穉，另外還舉薦了彭城姜肱、汝南袁閎、京兆韋著、穎川李曇，一共是五位處士。姜肱以孝友聞名，他一家兄弟三人，常同被而眠。有一天，姜肱偕同三弟季江，從鄉間家中前往彭城，在途中遇到強人，持刀行兇，意欲劫財害命。姜肱哀告道：「我弟弟年幼為父母所憐愛，請你留下他一條性命，要殺殺我！」季江道：「我哥哥年長有德，乃家之珍寶，國之英俊，斷斷不可加害，要殺還是殺我！」那強盜聽了，反而不忍下手，乃將他們的衣服錢財洗劫而去。兄弟二人赤著身子，跑到郡城，朋友見了大為驚訝。他們推稱他故，始終不說出被盜之事。那強盜聞知大為感動，親自來見姜肱兄弟，退還衣物，叩頭謝罪。姜肱竟堅卻不受，反以酒食招待，好言慰遣之，因此名重鄉邦。其他三位處士，也都是品高德重清操自守之士。漢桓帝採納了陳蕃的表舉，特派專使，分別以安車玄纁，徵聘五人入朝，那知五人都避不應徵。這一則是他們的性情孤僻，無心仕宦；二則是政治黑暗，他們不願捲入漩渦。譬如當時還有一個拒不應徵的名士安陽人魏桓，他的許多熱衷朋友都勸他就聘，魏桓慨然道：「人之干祿求進，無非想一展抱負，以拯救國家。就拿目前的情形來說，真要整頓國家，就要先從朝廷做起。現在皇帝有後宮數千人，廄馬上萬匹，試問能否減少？皇帝左右的權豪宦官，試問能否除盡？」朋友們說：「這談何容易！」魏桓道：「這既不可能，那麼你們忍心看著我活著去，死的回來嗎？」果然不出魏桓之所料，漢桓帝的誅除梁冀，主要的

還是由於一時感情的衝動，並非對國家大計有什麼深遠的見解與決心，至於招賢徵隱，也不過是虛應故事而已。

漢桓帝封了單超五侯不久，又追贈后父鄧香為車騎將軍封安陽侯，封后母宣氏為昆陽君，后兄子鄧康、鄧秉皆為列侯，宗族皆為列校郎將，賞賜以鉅萬計。中常侍侯覽工於阿諛，帝賜爵高鄉侯，又封小黃門劉普、趙忠等八人為鄉侯。這一切的措施，又形成宦官外戚用事之局。那時天下紛亂，災異屢見，白馬令李雲露布❷上書，其略曰：「梁冀專權，虐毒天下，今以罪行誅，猶召家臣縊殺之耳，而猥封謀臣萬戶以上。高祖聞之，得無見非，西北列將，得無解體！孔子曰：『帝者，諦❸也。』今官位錯亂，小人諂進，財貨公行，政化日損，尺一❹拜用不經御省，是帝欲不諦乎！」不料桓帝見書，看到「帝欲不諦」四字拍案大怒，認為李雲公然毀謗天子，乃大逆不道。即令有司將李雲收捉下獄，著中常侍管霸會同御史廷尉，嚴加拷訊。有五官掾杜眾痛李雲以忠諫獲罪，上書稱：「願與李雲同日死！」桓帝越發震怒，命將杜眾一併收繫。陳蕃時由尚書令遷大鴻臚，上書營救李雲曰：「李雲所言，雖不識禁忌，其意歸於忠國。昔高祖忍周昌不諱之諫，成帝赦朱雲要領之誅，今日殺雲，臣恐剖心之譏，復議於世矣❺。」一時太常卿楊秉，洛陽市長沐茂，郎中上官資等，都紛紛上書為李雲解脫。桓帝更加不快，示意有司奏劾陳蕃等大不敬，將陳蕃與楊秉免歸田里，沐茂上官資貶秩二等。那天桓帝正在濯龍池遊幸，中常侍管霸等入見，陳上李雲等口供，然後跪奏道：「李雲杜眾大逆不敬，業已判成了死罪。不過李雲是草澤愚儒，杜眾為郡中小吏，出於一時狂戇，似乎情有可原！」桓帝道：「帝欲不諦這是什麼話！這還有可原諒嗎！」隨令身旁小黃門就獄狀上判了李雲杜眾的死罪。這樣一來，朝野寒心，那一班求賢望治的人，無不失望。太尉黃瓊首稱病不朝，在病榻上上書力諫。桓帝既殺李雲杜眾，

---

❷　不封之書，謂之露布。

❸　明察的意思。

❹　詔冊也，書詔冊之版，長尺一，見《漢官儀》。

❺　用紂王殺比干剖其心故事。

頗有悔意，及見瓊書，乃詔復陳蕃為光祿卿，楊秉為河南尹。豈知楊秉到任不久，得罪了宦官單超的姪兒濟陰太守單匡，又被判了徒刑。有一天，漢桓帝忽然心血來潮，問侍中爰延道：「你看我算是怎麼樣的一個君主？」爰延答道：「為漢代中材之主」，桓帝道：「怎麼叫做中材之主？」爰延道：「譬如陛下任用尚書令陳蕃則治，用中常侍黃門參政則亂，所以陛下可與為善，亦可與為非，此之謂中材之主。」桓帝道：「當年朱雲當廷折檻，今日侍中面稱朕過，可以古今比美！」遂升爰延為大鴻臚。爰延大喜，以為皇帝明睿，改變了作風。於是數上書論政，勸帝遠讒諛之人，納謇謇之士，桓帝全然不聽。爰延這才明白，那天皇帝不過是偶然的興會，觀念全未轉變，遂稱病辭職。到延熹三年，新豐侯單超病卒，五侯之中，剩下了左悺、具瑗、徐璜、唐衡四侯，日益驕橫，當時都中流行著幾句歌謠道：

　　左回天，具獨坐，徐臥虎，唐兩墮。 ❻

四侯競起府第，比賽豪侈，兄弟姻親，布滿天下，魚肉百姓，無惡不作，是去掉一個梁冀，換來了幾個梁冀。於是民不堪命，而盜賊紛起。現在回頭來講這些年的內亂與外患。

　　歷來人禍與天災是互為因果，這已經成為歷史上一個定例。東漢末年，是政治最暗淡的時候，也是天災盜賊和外患最多的一段時候。在永嘉元年，滕撫平了徐揚群盜，後來滕撫廢死，西北羌亂復燃，各地盜賊復起。永興元年，又發生了大規模的天災，郡國三十二處蝗災，百姓流亡者數十萬戶，少壯鋌而走險，聚為盜匪。那年冬天，武陵又發生蠻變，永興二年春，京師地震。冬十一月泰山琅邪賊公孫舉東郭竇等大舉造反，殺死地方長官。永壽元年，司隸與冀州一帶，饑民人吃人。那時有一個太學生名叫劉陶，憤慨上書，書中的大意這樣說：夫上天與皇帝的關係，皇帝與人民的關係，好比頭之與足，相互依賴。陛下住在深宮之中，目不視鳴條之事，耳不聞檀車之聲，蝗蟲水旱不影響陛下之肌膚，地震日蝕也無損於聖體，所以對

---

❻　《通鑑》作雨墮，《范書》作兩墮又作雨墮。注云雨墮形容其性急暴如雨之墮。兩墮，形容任意妄為而無定性。

於人民的疾苦，視若無睹。伏念高祖皇帝，起自布衣，經過多少艱難困苦，創立下帝業，傳流到陛下。陛下不思祖先建業之難，輕輕把國家的權柄，交給了一班小人，任憑他們來禍害國家。這好比養虎豹於鹿園，蓄豺狼於春囿。今天社會上投機取巧的，發財享福；安貧守己的，為饑寒之鬼。可憐那些災民，死的不能下葬，生的無以自存，這是愚臣之所以痛心嘆息！在秦朝快亡的時候，正諫者誅，阿諛者賞，使閻樂做咸陽令，趙高為中車府，大權已去而不知，國祚已亡尚不覺，這種興亡成敗的教訓，是古今一理。伏願陛下遠以亡秦做鑑，近以哀平為戒，得失一明，禍福自見。臣見國家危難，不得不大膽妄言，臣以天下之人為悲，恐天下之人亦以臣之愚惑為悲！

這篇文章，不能說不透澈，不沉痛，可是無法使皇帝覺悟，表章奏上，毫無反應。永壽元年秋天南匈奴左薁鞬王又反，入寇美稷，為安定屬國都尉張奐所平。永壽二年，西南蜀郡夷人作亂，東北鮮卑入寇。而最猖獗的是公孫舉之亂，三年來聲勢浩大，蹂躪了青、兗、徐三州之地，官兵屢戰屢敗。漢桓帝詔令公卿推選將帥，司徒尹頌特推薦遼東屬國都尉段熲有文武之才，即拜熲為中郎將。這段熲字紀明，西北武威郡姑臧縣人，前西域都護段會宗的從曾孫。自幼嫻習弓馬，又折節讀書，為人輕財仗義，喜好遊俠。初舉孝廉，為憲陵園丞，陽陵令，所在有政聲。後遷遼東屬國都尉，鮮卑入寇，熲設伏大破之，以此建功聞名。及奉旨往討公孫舉，果不辱命，到了青州，一戰而將公孫舉斬首。大破其眾，獲首虜一萬餘級，三州全平，乃封段熲為列侯，賜錢五十萬。延熹二年，熲遷護羌校尉。適逢燒當、燒何、當煎、勒姐等八種羌人大舉入寇隴西、金城。段熲率領邊兵與湟中義從一萬二千騎兵，出湟谷，大破群羌於羅亭，斬其酋豪以下二千級，獲生口一萬餘人。明年春，群羌又糾合餘眾，入寇張掖，攻沒鉅鹿塢，殺死屬國吏民，進犯至段熲營地。段熲麾軍迎敵，下馬大戰，從清晨一直殺到日中，才將羌虜殺退。段熲殺得性起，率兵追擊，不分晝夜，兼程前進，緣途割肉食雪，追趕了四十多天，一直追到河首積石山下，出塞二千餘里，斬燒何大帥，得首虜五千餘級，降者九千餘人。延熹四年冬，先零沈氐牢

姐烏吾諸種羌，共寇并、涼二州，段熲率兵進討，所部羌胡義從忽然叛變，熲被徵入朝下獄，輸作左校❼，以濟南相胡閎代為校尉。胡閎毫無威略，羌勢大盛，不可遏止。前為梁冀所貶斥之皇甫規，於梁冀死後起用為泰山太守，他熟悉西北情形，曾屢論邊事。他聽說羌人猖獗，從泰山上書，自告奮勇，三公又一致推舉，遂拜皇甫規為中郎將，持節監督關西諸軍，進討先零諸羌。皇甫規到了前方，大破諸羌，斬首八百級。皇甫規用兵與段熲不同，段熲是力戰痛剿，七分軍事三分政治，皇甫規是恩威並用，七分政治三分軍事。先零諸羌，感慕皇甫規威信，相率投降的有十幾萬人。皇甫規深知羌人反覆的原因，由於邊政之不良，引起民族間的仇怨。所以他到了西北，決心要整飭吏治。先後檢舉安定太守孫雋貪贓受賄，屬國都尉李翕，督軍御史張稟多殺降羌，涼州刺史郭閎、漢陽太守趙憙皆老朽無能。朝廷得報，把這五個官僚都徵進京，或免或誅，西北人心大快。在延熹五年，又有沈氏大豪滇昌飢恬等率領種人十餘萬口來降。可是皇甫規因此得罪了小人，他平時又不結交權貴，聯絡宦官，為將不久，中外謠言紛起，說皇甫規是用財貨買動羌人偽裝投降，桓帝也不察虛實，竟將皇甫規徵調回朝，拜為議郎。又有人說皇甫規在前方發了橫財，於是中常侍徐璜、左悺等，派人以查詢軍情為名向皇甫規多方敲詐，被皇甫規嚴辭拒絕。徐璜等惱怒，便大肆攻訐，皇甫規終被捕下獄，亦論輸左校。皇甫規負有時望，一時激動了太學生三百餘人，伏闕訴冤，朝廷乃將皇甫規赦免還家。皇甫規被斥，因有人為段熲說情，乃復起用段熲為護羌校尉，時在延熹六年。延熹七年，段熲再破當煎勒姐種羌，斬其酋豪首虜四千餘人。八年夏又擊當煎種羌於湟中，深入窮追，轉鬥於山谷之間，自夏及秋，無日不戰，終將羌人全面擊潰。共斬首二萬三千級，獲生口數萬人，馬牛羊八百萬頭，降者萬餘落。延熹八年，封段熲為都鄉侯，到永康元年西羌完全平靖。兩漢征羌名將共有五人，是趙充國、馬援、鄧訓、馬賢與段熲，五人中以段熲作戰最猛。

　　那時與西北羌亂遙遙相對的，是東北的鮮卑之亂。鮮卑與烏桓或臣屬

❼　左校屬於將作大匠，輸左校者罰在左校署中作勞工，是當時的一種徒刑。

中國或為匈奴附庸，一向是叛服無常。自從漢和帝永元以後，北匈奴衰亡，而鮮卑漸強，成為半獨立狀態，安帝時，時時入犯，為東北方一新起之外患。桓帝時，鮮卑人中出了一位民族英雄，名叫檀石槐，勇略過人，鮮卑各部群推為大人。檀石槐建王庭於彈汗山歠仇水上，北去高柳城三百餘里，兵馬壯盛。於是北逐丁零，東卻扶餘，西擊烏孫，盡據匈奴故地，東西疆域達一萬四千餘里。即原附屬於中國的南匈奴，也被鮮卑所控制。永壽二年，鮮卑入寇雲中，延熹元年，聯合烏桓劫持南匈奴入寇緣邊諸郡。朝廷特拜前破匈奴之安定屬國都尉張奐為護匈奴中郎將。張奐字然明，敦煌酒泉人，少遊三輔師事太尉朱寵，學歐陽《尚書》。後被梁冀聘為大將軍府掾，又舉賢良對策第一，拜議郎。永壽元年，遷安定屬國都尉，屢破羌胡。既拜命為護匈奴中郎將，用計離間烏桓，降服匈奴，擊走鮮卑。延熹二年，梁冀伏誅，張奐因曾為梁冀的幕客，被牽連免官禁錮。皇甫規是張奐好友，連上七次表章，保舉張奐，遂於延熹五年復拜武威太守。到了延熹六年，鮮卑又入寇，詔復徵用皇甫規為度遼將軍，皇甫規薦舉張奐自代。朝廷乃以張奐為度遼將軍，而以皇甫規為護匈奴中郎將。東北得皇甫規與張奐的坐鎮，防禦鮮卑，控制匈奴，西北得段熲的坐鎮，掃蕩羌戎，北方得以在那多難的時代獲得一個短期的平靜。因為段熲字紀明，皇甫規字威明，張奐字然明，三人又都是涼州人，都善用兵，都有文武之資，都為邊民所畏服，時人稱為「涼州三明」。可惜這三明，生不逢辰，遭遇奸亂，致懷才難展，功不補患。就在他們奮鬥三邊的時候，朝中忽然出了一樁掀天動地的大慘劇，就是黨錮之獄。

　　講起黨錮之獄，說來話長，一言難盡。我們先從東漢的社會政治風氣，來分析黨錮之起因。構成黨錮，可分為思想的、社會的、政治的三個因素：

　　一、思想的因素：由於東漢的提倡經學，獎勵士節，養成一種名教觀念。士子恆視個人的人格操守重於功名富貴，為政治力量所不能轉移，所謂「天子不得而臣，諸侯不得而友」。這種觀念，往大處發展，形成一種殉道的精神；往狹隘方面走，則形成一種狷介之氣。

　　二、社會的因素：由於東漢女后屢次臨朝，因而宦官用事，又由於擴

建太學，太學生多至三萬人，這宦官與太學生，便構成兩個特殊的集團。太學生多為社會清流與貴族子弟，他們一方面高自位置，一方面不滿現狀，在憤世疾俗的心情下，發為清議，以批評時政，臧否人物，成為一種社會風氣，而宦官為他們主要攻擊的對象。宦官為了自衛而與權奸相結，太學生則與名士合流，各立門戶，形成水火。

三、政治的因素：儒生在東漢的政治地位普遍提高，不僅中樞大臣多為儒生，即邊疆統帥也多儒將，這些儒生儒將，多半可以代表政治的光明面。不幸東漢自和帝以後，屢朝都是幼主，致大權落在宦官外戚一班小人之手，致構成政治上廣大的黑暗面。這光明黑暗，相互搏鬥，乃造成政治上之大矛盾。

「黨人」兩字，始於周福與房植兩位儒師。周福甘陵人字仲進，他原是桓帝幼年為蠡吾侯時的老師，及至桓帝即位，他便升做了朝中的尚書。他有一位同鄉，姓房名植字伯武，也夤緣做到了河南尹。這兩人在士林中，都小有聲望，故甘陵人有兩句歌謠道：「天下規矩房伯武，因師獲印周仲進。」兩家各有賓客，彼此因爭名附勢而不和，各自標榜，互相譏諷，時人稱為甘陵南北部黨人。從此凡士人之有門戶之見標榜之風者，也都被目為黨人。我們再來談那時一般讀書人的標榜風氣。

早在漢安帝的時候，潁川郡潁陰縣中有一位士林領袖，此人姓荀名淑字季和，乃荀卿之第十一世孫。年輕的時候，便博學有高行，徵拜郎中，遷當塗縣長，為官不久，便棄職還鄉。後來梁太后當朝，一度參與賢良對策，出補朗陵侯相，處理政事，明察若神，人稱為神君。他看奸臣當道，政治渾沌，再度辭職歸里，閒居養志，不再出山。當代名賢，如同郡之李膺、陳寔與南鄭李固，都師事荀淑。他雖然在野，仍可影響社會，領導群倫。有一天，他遨遊到汝南郡慎陽縣，遇到了一個牛醫的兒子，姓黃名憲字叔度，年方十四歲，言語態度，與眾不同，談了半日，荀淑不禁神往，對黃憲道：「君乃我之師也！」後遇慎陽名士袁閬❽，便問道：「貴縣出了一位顏回，你可曉得？」袁閬立即答道：「足下所說，莫非黃叔度嗎？」荀

❽　《通鑑》作袁閬，《後漢書》作袁閎。

淑撫掌大笑。汝南名士戴良，為人心高氣傲，目空一切，唯獨見了黃憲則虛心正容，恍然自失。這天悵悵回家，他母親看他那失魂落魄的樣子，罵道：「看你這副神情，想是又遇到那牛醫的孩子了！」戴良嘆道：「久不見叔度，自以為頗有長進，那知今日一見，還是不如。這人真是瞻之在前，忽焉在後，其氣度誠不可測！」陳蕃、周舉與黃憲同郡，自幼相識，嘗道：「如久不見黃生，則心中鄙吝復萌。」太原人郭太字林宗，為太學生，遨遊天下，到處尋師訪友，以知人著名。他到了汝南，先慕名去訪袁閬，少頃即去。後來得見黃憲，留連數日。有人問林宗：「你看這兩人人品如何？」林宗道：「奉高（閬字）之器，譬如一灣泉水，雖清而易挹；叔度則汪汪然如千頃波瀾，澄之不清，淆之不濁，真不可限量也！」這黃憲雖然名重天下，而一生不仕，終老於鄉閭。荀淑於漢桓帝建和三年去世，他的學生李膺為服喪三年，縣中為立祠奉祀。荀淑有子八人，儉、緄、靖、燾、汪、爽、肅、專，八人中以荀爽最賢。爽字慈明，十二歲上便通《春秋》、《論語》，潁川人道：「荀氏八龍，慈明無雙！」潁陰縣令苑康，以為昔日高陽氏有子八人，今荀氏亦有子八人，因改其里為高陽里。李膺與陳寔，兩人同鄉，同師事荀淑，然而一富一貧。李膺字元禮，出身貴族，乃太尉李修之孫，趙國相李益之子。初舉孝廉，為司徒胡廣所辟，後歷任刺史太守校尉將軍，延熹二年做到河南尹。陳寔字仲弓，出身寒微，初為潁川郡西門亭長，坐立誦讀，手不釋卷。郡功曹鍾皓和陳寔交好，鍾皓被徵進京，乃舉薦陳寔代為功曹，後來升做了太邱縣長。為政清靜，百姓安樂。太邱屬於沛國，沛國相橫徵暴斂，陳寔難於應付，便解下印綬，辭官還鄉。他為人忠厚，與人不較長短，不計得失，常代人受過而以德報怨。在鄉間，專好為人排難解紛，平息爭端，只要他論定曲直，大家都沒有怨言。鄉人常說：「寧為刑法所加，不為陳君所短！」有一天深夜，他在廳堂中讀書，抬頭忽然發現有一個偷兒伏在梁上。他不動聲色，著人召呼兒孫至前，訓教道：「做人之道，要努力向善。世上有許多墮落的人，他們本性未必不好，只因不知自愛，再受了壞人的影響，就慢慢養成了惡習。你們來看，這梁上的君子，就是一個現實的榜樣！」嚇得那個偷兒慌忙從梁上滾下來，匍

伏在地，叩頭請罪。陳寔上前，兩手把他扶起道：「看你相貌，不似歹人，但能改過自新，必有前途！」說罷，著人拿出絹帛二匹，送他出門。那人千恩萬謝而去，後來果然改行為善。再說那李膺的性格，卻與陳寔不同，陳寔是和平容忍，與世無爭，而李膺則剛強激烈，疾惡如仇。他交友最嚴，達官貴人概不逢迎，但接見那品學清高之士。他在做河南尹的時候，以名士為顯官，位尊望重，凡被他接見的人，稱為「登龍門」。荀淑之子荀爽，曾往謁見李膺，李膺約他同車出遊，荀爽便為李膺執御。回家後，揚揚得意，逢人便道：「我今天得御李君！」郭林宗來謁李膺，談得特別投機，李膺挽留他盤桓了數日，林宗告別，李膺復親自送他渡河。那時黃河兩岸，送迎的賓客有好幾千人，大家看著李膺和郭林宗，同舟共濟，飄飄然有如登仙，無不嘖嘖稱羨。這郭林宗長得身高八尺，身材魁梧，博通墳典，極善談論，在太學讀書時，曾為太學生之領袖。他走遍了天下的名都大邑，一方面訪晤賢俊，一方面獎掖後進，幾乎無人不知郭林宗之名，也是社會上的一個特別人物。有一次他在街頭遇雨，乃將頭巾折疊一角，頂在頭上，於是一班讀書人群相仿效，號為「林宗巾」，其為人仰慕如此。他雖然負有時譽，卻不求仕進，如有徵召，他都婉言謝絕。林宗與汝南范滂友善，有人問滂：「郭林宗是何如人物？」范滂道：「其人也，隱不違親，貞不絕俗，天子不得而臣，諸侯不得而友，其他則非吾所知！」他對於世事與人物，最有判斷的能力，凡經他推舉的人，後來都成為社會賢達。有一天，他走到太原街上，看到一個漢子，肩頭上扛著一個瓦甑，忽然一不留神，那瓦甑從肩後墜地，打得粉碎，只見那人頭也不回，照常前走。郭林宗看得詫異，走上前去，拉住那人問道：「你甑掉了怎麼不管？」那人道：「甑已破矣，顧之何益！」林宗聽了，覺得他這是一句至理名言，深為欽佩。問起他的姓名，他姓孟名敏，是個做小工的，林宗便勸他讀書求學。又有一天，林宗走到陳留郊外，忽遇大雨傾盆，他和許多行路的都躲到樹下去避雨，這些人都走得累了，靠在樹旁東倒西歪。唯有一個農夫，年紀約莫四十左右，獨自正襟危坐。雨住後，林宗恰好和那個農夫同道而行，攀談起來，原來他姓茅名容，家就住在左近。這時天色已晚，前面並無村落。

林宗便向他借宿，茅容也不推拒，引林宗到了他家。但見他出入忙碌，殺雞設饌，心想這人如此好客。那知他將雞湯燉好，卻端進去侍候老母。自己出來弄點蔬菜，陪著客人同食，林宗不勝感佩。便為他介紹師友，勸他出外遊學。後來孟敏、茅容在郭林宗誘掖之下，果然都成為名賢。郭林宗為人，是隱惡而揚善，不作危言激論，以批評時政，也不冷嘲熱罵，以攻訐私人，所以後來黨錮之獄，獨林宗得免於難。有人責備林宗，說他寬容惡人，他引孔子的話回答道：「人而不仁，疾之已甚，亂也！」❾ 大致說來，這些名士可以分做三派，一是激進派，如陳蕃、李膺、范滂，他們是誓死與政治上的惡勢力相搏鬥；一是退隱派，如黃憲、徐穉、姜肱，自覺無力挽救社會，便退隱不仕；一是折中派，如陳寔、郭林宗，雖沒有積極參加政治，但以一種溫和的態度以輔世救人。這三派作風雖然不同，而有一個相同的精神，就是為真理而奮鬥，不屈不撓，以氣節相尚。

在荀淑死後的十五年，太尉黃瓊去世。黃瓊自李雲、杜眾之死，憂憤成疾，從延熹二年一病病了五年之久，延至延熹七年病歿。在喪葬前後，四方遠近名士，來會喪者有六七千人，郭林宗、徐穉、茅容、孟敏等，都一齊來到，這是一次全國名士的大聚集。使在野名士，與在朝清流，聲氣相通，對於當時政治，發生極大影響。繼黃瓊為太尉的是劉矩，劉矩在位不久免職，而以太常卿楊秉為太尉。楊秉前為河南尹，因得罪宦官被判徒刑，後經皇甫規等力保，得復職再為太常。楊秉字叔節，為名臣楊震之子，為人正直無私，頗有父風。他父親有四知之明，他自稱有三事不惑。所謂三不惑者，是一不惑於酒、二不惑於色、三不惑於財。既有三不惑，自然不會為金錢勢力所誘，而與惡勢力妥協。加之前為宦官所辱，積憤在心，最近黃瓊之喪，又受了一班名士精神上的鼓勵，所以就任了太尉之後，就雷厲風行，先彈奏牧守以下貪墨瀆職者五十餘人，或死或免。中常侍侯覽的哥哥侯參，官居益州刺史，貪汙而殘暴，楊秉奏明天子，用檻車將侯參押解進京受審，行至中途，侯參畏罪自殺。抄出了侯參隨身所帶金銀，就有三百餘兩。楊秉於是一不作二不休，又奏上一本，彈劾中常侍侯覽。大

❾　參見《論語泰伯篇》。

意說，宦官專權驕侈禍亂國家，侯覽之兄既犯罪伏法，則侯覽不宜在天子左右，應免官送歸本郡。侯覽是當時宮中最有權勢的一個宦官，桓帝見表心中自然不悅，便著令尚書去詰問楊秉道：「國家設官分職，各有所司。所謂三公統外，御史察內。你今為何要越職干涉起宮廷中的內官，不知在漢朝法典上有何根據？」楊秉答道：「《春秋傳》曰：除君之惡，唯力是視。當年鄧通就是漢宮中的一個內官，怎麼丞相申屠嘉可以喚來申斥呢？可見漢朝的故事，三公之職是無所不統。」尚書無語，只好回來報告皇帝。桓帝顧念楊秉是朝中元老，而朝野輿論又都一致攻擊宦官，不得已乃將侯覽的中常侍免職。所謂牆倒眾人推，侯覽一免，社會對於宦官批評得更兇。這時唐衡徐璜早死，五侯之中，只剩下了左回天具獨坐兩個人。司隸校尉韓縝上書，列舉左悺與左悺之兄太僕卿左稱的罪狀，說左稱如何勾結州郡聚斂為奸，如何放縱賓客迫害百姓。左悺左稱得知，都畏罪自殺。韓縝又上書指奏具瑗之兄沛相具恭，貪汙不法，將具恭解京下獄，嚇得具瑗詣獄謝罪，上還東武陽侯印綬，詔貶為都鄉侯。這五侯死的死貶的貶，一時宦官大為氣餒。延熹八年五月，楊秉病卒，他所舉薦的賢良劉瑜，進京上書，痛論政事，前後對策八千多言。勸桓帝不要重用宦官，不要增置女寵，而要澄清吏治，恩撫人民。他說：「惟陛下開廣諫道，博觀古今，遠佞邪之人，放鄭衛之聲，則政致和平，德感祥風矣！」桓帝頗受感動，特拜劉瑜為議郎。又將陳蕃升為太尉，以許栩為司徒，劉茂為司空，李膺為司隸校尉。那年鄧皇后被廢，立竇貴人為皇后，拜后父竇武為城門校尉。竇武為竇融之玄孫，為人公正耿直，和陳蕃劉茂李膺等頗為投洽。朝堂之上，好像又有了一番新氣象。

陳蕃、李膺都是士林領袖，為朝野人望之所歸，他們都以澄清天下為己任。尤其李膺賦性剛強，疾惡如仇，他過去在地方上做刺史太守，素以嚴正著稱，並曾受過宦官的讒害。這次做了司隸校尉，他決心要徹底的來一次整肅。上任之後，他查出小黃門張讓的弟弟張朔，為野王縣令，貪汙不法，野王縣屬河內郡，在司隸校尉糾察範圍之內。李膺正要糾舉，事被張朔所知，慌忙逃入京師，就躲在哥哥張讓家裡。李膺得訊，親自率領士

卒，到張讓家中搜索，從合柱中找到張朔，拿下洛陽獄，取了口供，立即正法。張讓大為難堪，向桓帝哭泣訴苦。桓帝即召李膺至前，責問他捉拿人犯為何不奏而誅。李膺道：「昔仲尼為魯司寇，七日而誅少正卯。今臣到官已十日，才殺了一個張朔。朔贓罪分明，早該斬首，臣恐稽延誤事，所以從速處決。臣擅行之罪，罪該萬死，請留臣五日，待臣將妖氛肅清，再就鼎鑊之烹，死而無恨！」桓帝聽李膺說得沉切，便回頭對張讓道：「這是你弟弟不好，何怪司隸！」這樣一來，嚇得宮中一班黃門常侍，鞠躬屏氣，連例假的時候，都不敢出宮。桓帝詫問其故，都叩頭流淚道：「我們怕李校尉！」於是李校尉的威名大震，獲得天下士子的同聲讚揚。太學是當時輿論的中心，三萬太學生以郭林宗、賈彪為領袖，他們作了三句標語道：

天下模楷李元禮，不畏強禦陳仲舉，天下俊秀王叔茂。

王叔茂是議郎王暢之字，也是一個主持正義不怕權威的人。在這種標榜鼓勵之下，中外相承，競以臧否人物打擊豪強為風尚。前黃瓊掾史、汝南范滂，現為汝南太守宗資之功曹，又有岑晊字公孝，為南陽太守成瑨的功曹，這兩個功曹，都有李膺之風，以強硬著名。在地方上誅鋤豪猾，敢作敢為，而兩個太守反而袖手高枕，無所事事。於是地方上，又有兩句歌謠道：「汝南太守范孟博，南陽宗資主畫諾。南陽太守岑公孝，弘農成瑨但坐嘯。」這兩句話是似頌帶諷。南陽郡治宛城，是東漢發祥之地，等於一個陪都。這裡盡是權貴豪梁，素稱難治。有一個奸商惡霸，姓張名汜，與洛陽宮廷中有關係，時以珍寶賄賂宦官。倚仗權勢，作惡多端。岑晊勸成瑨將張汜收捕，並其宗族賓客二百餘人，一齊斬首，事後方奏聞朝廷。中常侍侯覽便唆令張汜的妻子，上書訴冤，而侯覽從一旁協助，說成瑨擅用威刑，屠殺無辜。桓帝大為震怒，嚴令查辦。岑晊聞風亡命，成瑨被解進京，問成了死罪。中常侍侯覽的老家在山陽郡防東縣，家人在地方上作威作福，人皆切齒。侯覽母喪，覽回家大起塋冢，侵佔了不少民田。山陽郡東部督郵張儉，上表奏覽建制違法不敬，表章被侯覽截留不得上達。張

儉氣憤，率領士卒，竟將其母墳掘毀，家產抄沒❿，侯覽得知，在桓帝面
前大哭訴冤。桓帝更加激怒，立命人捉拿張儉，張儉也聞風亡命，乃將山
陽太守翟超押解進京，下獄訊辦。這兩椿案子尚不曾完結，東海下邳縣地
方又發生一椿事件。下邳縣令徐宣，是中常侍武原侯徐璜的姪兒，貪狠淫
暴，逼娶汝南太守李嵩之女為妻，李家不從。徐宣派人將李女搶劫到家，
綁在樹上，用亂箭射死。東海國相黃浮聞知大怒，將徐宣與其家屬，一齊
拘執下獄，嚴刑拷問。左右勸黃浮說：「徐宣朝中有人，這事不可孟浪！」
黃浮憤道：「我不殺徐宣，死不瞑目」，即將徐宣斬首示眾，刑前也未奏明
朝廷。就有宦官把這事告知桓帝，桓帝正在氣憤之中，便命將黃浮也檻解
進京，與翟超都判了髡鉗之刑，輸作左校。宦官固然可惡，像岑晊、張儉
的作法也未免過火，這樣各走極端，自然非鬧出大亂不可。當成瑨、翟超、
黃浮等下獄的時候，太尉陳蕃與司徒劉茂一同上書說情，桓帝深為不悅說：
「像成瑨等人這般目無朝廷，濫用刑戮，那能原宥！」劉茂不敢再請，而
陳蕃仍上書力爭不已。桓帝以陳蕃為名臣，不便加罪，但置之不理。又有
平原人襄楷、符節令蔡衍、議郎劉瑜，都紛紛上書切諫，要求釋放成瑨等。
桓帝命將襄楷收捕下獄，蔡衍、劉瑜革職。翟超、黃浮都依判處罪，成瑨
終於死在獄中。宦官們見天子這次態度轉變，大為得意，氣燄復盛。政治
上的勢力消長，不是東風壓倒西風，就是西風壓倒東風。

　　那知一波方平，一潮復起，那時河南出了一個妖人，名叫張成，自稱
知過去未來之事，算定不久將有大赦，就縱令他兒子殺人，後來果然被他
猜著，獲赦得免於罪。這父子二人，到處招搖。司隸校尉李膺認為是妖言
惑眾，即將張成之子逮捕斬首。這張成素以妖術結交宦官，其潛勢力頗大。
宦官們早已惱恨李膺，便與張成合謀，指使弟子牢修，伏闕上書，陳說：
「李膺與太學遊士諸郡生徒結為部黨，專事誹謗朝廷，擾亂社會。」羅織
了許多士人，捏造了許多罪狀。這些時候，桓帝正為了地方官吏的作風與

❿　袁宏《後漢紀》與范曄《後漢書苑康傳》載張儉殺死侯覽之母並其家屬賓客
　　百餘人，其說不經，未可據，茲從《通鑑》所記。參見惠棟〈集解〉，《通鑑
　　考異》。

名士們的輿論，心中不快。看了這封奏章，加以宦官們一旁推波助浪，乃信以為真。立即親頒聖旨，班下郡國，敕令天下逮捕黨人。向例天子下旨，要三公列署。陳蕃見旨大驚道：「這所列黨人，都是海內人望，如何能無端收捕。」拒絕不肯署名。桓帝大怒，命不須簽署，即先將李膺收繫於黃門北寺獄中審問，其次黨人，依名逮捕，不得延誤。那些要捉拿的黨人，有太僕杜密、御史中丞陳翔，及陳寔、范滂等二百餘人。這些黨人，被捉的被捉，逃走的逃走，只有陳寔、范滂，自動進京就因。朝廷又令各地懸金張榜，挨戶查拿，形成一個恐怖的局面。陳蕃見情形嚴重，奮不顧身，再上書極諫，桓帝按捺不住，痛斥陳蕃所舉非人，誤國瀆職，下旨將陳蕃、劉茂免職，以周景為太尉，宣酆為司空。這時中外震動，人心皇皇。太學生賈彪，認為這場大禍非國丈竇武出頭，不能挽救。特自潁川趕來洛陽，謁見竇武，痛陳利害。竇武原與陳蕃、李膺交好，又被賈彪所感動，乃挺身入朝，剴切上書，為黨人解釋。黨獄發生在延熹九年冬，到竇武上書時，是延熹十年五月，相距已經九個月。漢桓帝怒氣漸平，已有悔意，看了竇武的書表，便叫中常侍王甫往獄中去復訊黨人，分別輕重，予以開釋。王甫進了監獄，只見黨人范滂等，皆三木囊頭❶❶，遍體鱗傷，縱橫睡在地上，情形悽慘，不禁惻然心動。因就前問道：「卿等為什麼要結做黨人，互相標舉，究竟用意安在？」范滂道：「仲尼之言：『見善如不及，見惡如探湯。』滂等欲使善善同其清，惡惡同其汙，但曉得赤心救國，不懂得什麼叫做黨人。唉！古人以修善致福，不想到今人以修善得禍。但求身死之日，埋我於首陽山側，庶上不負皇天，下不負夷、齊❶❷！」王甫聽了，也不禁淚下，親自上前為范滂等解了桎梏。回宮復旨，便道黨人皆情有可原，可不必深究。即於是年六月庚申，宣布大赦天下，將黨人二百餘人，一齊釋放還鄉，唯書名三府，禁錮終身❶❸。從那天起，改延熹十年為永康元年，意謂從此

❶❶　頸枷，手梏，足桎，謂之三木。頭蒙以物，謂之囊頭。

❶❷　伯夷、叔齊是是非觀念最重的人，不食周粟，餓死在首陽山，事見《史記伯夷列傳》。

❶❸　即終身不許錄用，禁錮的意思等於今日的褫奪公權。

天下康寧，不再發生禍亂。總算是漫天雲霧，一朝消散。范滂回歸汝南，聲名大振，士大夫緣途迎送的有好幾千人。與范滂同列黨籍被囚的兩個同鄉，殷陶、黃穆與范滂一同還鄉，代范滂招待賓客，處處自炫，頗為得意。范滂對陶穆道：「我們已經受了教訓，還不知道韜晦，那是自尋災禍了！」范滂到了家鄉，便深隱不出。可是天下一班附揚風氣的士子，經此黨錮之獄，認為是精神上獲得了勝利，憤慨激盪，更加標榜起來。群推陳蕃、竇武、劉淑❹為三君，君者，言一世之所宗也。稱李膺、荀翌、杜密、王暢、劉祐、魏朗、趙典、朱寓為八俊，俊者，言人中之英也。稱郭林宗、范滂、尹勳、巴肅、宗慈、夏馥、蔡衍、羊陟為八顧，顧者，言能以德行引人者也。稱張儉、翟超、岑晊、苑康、劉表、陳翔、孔昱、檀敷為八及，及者，言能導人追宗者也。稱度尚、張邈、王考、劉儒、胡母班、秦周、蕃嚮、王章為八廚，廚者，言能舍財救人也。

　　也是國運不濟，黨錮之獄方才平息，希望可以永康，那知過了不到半年，天子忽然駕崩，時在永康元年冬十二月丁丑。桓帝死後，膝下無嗣，竇武與御史劉儵等商議，迎立河間孝王的曾孫，解瀆亭侯劉宏為帝，是為漢靈帝。靈帝即位時，年方十二歲，又是一個小皇帝。遂由竇太后臨朝聽政，太后父竇武為大將軍。竇武與陳蕃交厚，特起用陳蕃，拜太傅。老臣胡廣拜司徒，共錄尚書事。竇武以定策之功，封聞喜侯，子竇機封渭陽侯，姪竇紹封鄠侯，竇靖封西鄉侯。另以太中大夫劉矩為太尉，長樂衛尉王暢為司空。朝中大計，皆由竇武與陳蕃兩人決策。兩人同心協力，共獎王室。打算振衰起敝，大大建樹一番，這又是一個新局面的開始。這個新局面究竟如何呢？下講再說。

---

❹　劉淑字仲承，河間樂成人，初在鄉講學，生徒數百人，桓帝時徵聘進京，對策第一，拜議郎，又遷尚書，侍中，虎賁中郎將。

第二十八講　桓靈失政㈡

段熲平羌　蕃武遇害　范滂別母
張儉亡命　蔡邕書石　西邸賣官
十常禍國　黃巾作亂　皇甫立功

　　當黨錮之獄鬧得天翻地覆，漢桓帝駕崩洛陽時，也正是段熲、張奐在西北方與羌人奮鬥的時候。張奐原為度遼將軍，後與皇甫規對調為護匈奴中郎將，和段熲分別擔任三邊的防務。皇甫規為度遼將軍，抵禦烏桓、鮮卑，防護東北；張奐為中郎將，監視南匈奴與東羌，防護北方；段熲為護羌校尉，抵禦西羌，防護西北。桓帝末年，鮮卑暫無侵擾，邊患常在西北。張奐、段熲皆為名將，而用兵的策略不同，意見不合。張奐的原則是撫重於剿，段熲的原則是剿重於撫。段熲作戰兇猛，屢破西羌，而張奐兩年來對東羌按兵不動。從表面上看，好像張奐無功。靈帝即位後，竇太后臨朝，注意到西北邊事，即詔問段熲以討伐東羌的策略。段熲上書說：「先零東羌前投降於皇甫規者已有二萬多戶，估計殘餘無幾。然而張奐躊躇不進，無非欲坐制強敵，望其自降。臣以為狼子野心，難以恩納，勢窮來降，兵去又反。根本的辦法，唯有長矛脅胸，白刃加頸耳。今北自雲中、五原，西至漢陽，二千餘里，匈奴與東羌錯雜，好比癰疽之疾，如不割除，必為大患。不需要國家太大的負擔，只要騎兵五千，步軍一萬，兵車三千乘，軍費不出五十四億，時間不出三年，決可將東羌徹底掃滅，令匈奴長久內服，國家可以一勞永逸，長治久安。」竇太后認為有理，便令段熲出擊東羌。段熲奉命，即將兵萬人齎十五日之糧，從彭陽直取高平❶，與先零諸羌大戰於逢義山。羌人勢眾，段熲令軍士各執長矛利刃分為三重，後面以強弩督陣，左右以騎兵為兩翼，對將士宣誓道：「現在離家數千里，前進

---

❶　今寧夏固原。

者生，後退者死，大家奮勇殺敵，共立功名！」說罷，一聲號令，但聽得一片殺聲，有如排山倒海一般，向敵陣中衝將過去，把羌人打得四散奔逃。這一仗，斬首八千餘級，捷報傳來，太后大喜，降旨嘉勉段熲道：「待得東羌盡滅，再定功勳，先賜賞錢二十萬，以家屬一人為郎。」並拜段熲為破羌將軍。段熲率軍不分晝夜，兼程前進，連破東羌於奢延澤、靈武谷，一路追到涇陽❷，眼看接近了張奐的防區。這事影響到張奐的職權與顏面，張奐自然不平，乃上書略稱：「東羌雖破，餘種尚多，段熲輕率好戰，而兵家勝敗無常。何況羌人都是一氣所生，不能斬盡殺絕。山谷廣大，豈可無人，血流汙野，傷和致災。還不如以恩義招撫，免結仇恨。」太后看張奐的奏章，也有情理，乃將奐書頒給段熲，令做參考。段熲一見大怒，立即上書駁斥道：「張奐心懷猜忌，聽信叛羌之訴，飾潤辭意，誕辭空說，僭而無徵。何以言之？昔先零入寇，趙充國徙令居內，煎當亂邊，馬援遷之三輔，始服終叛，至今為鯁，故遠識之士，以為深憂。今邊郡戶口單弱，降羌雜居，如種枳棘於良田，養蛇虺於室內。故臣奉大漢之威，建長久之策，欲絕其根本，不使繁殖。現殘羌即將殲滅，願一以任臣，使不失權宜。」朝廷見兩將不和，深恐影響前方軍事，便將張奐召徵入朝，好讓段熲貫徹他的計劃。東羌自從敗於靈武谷，乃經由安定竄回漢陽，大部分聚集在漢陽東北的射虎谷中。段熲分兵將山谷的所有通道切斷，然後奮兵突擊，殺入谷中，一場血戰，把谷中羌人完全殲滅，斬首一萬九千餘級，時在建寧二年五月。東羌到此時完全平定，討羌之役再告一重要段落。前後兩年中，段熲與東羌共經一百八十餘戰，斬首三萬八千餘級，獲雜畜四十二萬七千餘頭，費用四十四億。段熲更封新豐侯，食邑萬戶。羌亂雖然剿平，但殺戮太酷，國家的損失亦大，而十五年後羌人又反。足見全憑殺伐，終非善策，故司馬光曰：「段紀明之為將，雖克捷有功，君子所不與也。」現在放下西北的邊事，卻說護匈奴中郎將張奐，奉旨徵調入朝，到了洛陽，忽然遭逢一場大變亂，他不明內幕，也被捲入了漩渦。

靈帝初立，陳蕃為太傅，與竇武共秉朝政。陳蕃自幼以澄清天下為己

---

❷　今甘肅平涼縣西。

任，在朝多年，不曾得志。這次蒙皇太后信任，與大將軍合作，乃得放心快意，盡力報國。先後徵召天下名賢，如李膺、杜密、尹勳、劉瑜等，共參政事，三君八俊，同列朝堂。天下士子，都歌頌新政，想望太平。只是中常侍曹節、王甫，與靈帝的乳母趙嬈，在宮中作梗。陳蕃私謂竇武道：「曹節王甫等，自先帝時就操弄國柄，擾亂天下，不趁今天把他們殺掉，後必難除。」竇武深以為然，便召尚書令尹勳等共同商議，苦無口實。適逢日蝕，陳蕃喜道：「正好藉上天之示懲，奏請太后下旨，罷斥宦官以塞天變，免得小人有所抵賴。我陳蕃願以八十之年，佐將軍除害。」竇武乃入宮奏稟太后道：「日蝕之災，應在小人亂政。漢朝故事，黃門常侍，僅掌管宮中財物。今日宦官居然干涉起政事，又令子弟分布天下魚肉百姓，應當一齊誅除，以肅清朝廷。」太后道：「宦官是漢朝世有的制度，你調查宮中那個宦官犯法，就將那個治罪，怎能不分皂白，一齊誅除。」那時中常侍管霸、蘇康，最為專橫，竇武乃先奏誅霸康。過了幾天，又奏請殺曹節、王甫，太后猶豫未准。陳蕃乃上書曰：「侯覽、曹節、王甫、鄭颯等與趙夫人諸女尚書，並亂天下，今不加誅，必生禍變。」太后不聽。陳蕃、竇武等，就計劃要用非常手段來誅滅宦官。防備宦官作亂，先行布置一番。以朱禹為司隸校尉，劉祐為河南尹，虞祁為洛陽令。竇武又派親信宦官山冰為黃門令，叫山冰控告長樂宮宦官鄭颯，將鄭颯收捕下獄，由尚書令尹勳與侍御史祝瑨會同刑訊。訊問出口供，供辭中牽出曹節、王甫等罪狀。再根據罪狀，作好奏章，奏請太后收捕曹節、王甫等，由侍中劉瑜納進。這一干有關文件，都放在大將軍宮中值宿辦公的地方。建寧元年九月辛亥這天夜晚，大將軍因事出宮。這幾天宮中風聲緊張，宦官們已有所聞。就有長樂宮五官史宦官朱瑀，當晚潛入大將軍值宿處，偷閱卷宗，發現了奏章與許多有關文件。才知道陳蕃、竇武要把宮中所有重要的宦官，一律處死。朱瑀大驚道：「我等中官有什麼罪過，該當斬盡殺絕！」於是回入宮中，逢人便說：「陳蕃、竇武要造反！」就有長樂宮中和朱瑀親密的宦官共普張亮等一共十七個人，歃血為盟，誓殺蕃、武。然後報告了靈帝的乳母趙嬈與中常侍曹節，無不咬牙切齒，憤恨萬狀。就由曹節領頭，進入皇帝臥內，

見了那十三歲的小皇帝，大聲奏道：「啟稟陛下，外邊出了亂事，要請陛下趕快出去鎮壓！」奏罷，也不由分說，這些宦官與女尚書前呼後擁，把小皇帝擁到德陽前殿。又叫他拔劍舞躍，乳母趙夫人在一旁吶喊助威。宦官又將尚書召來，用刀威脅，叫他們立作詔書，拜王甫為黃門令，持節往北寺獄收捕尹勳、山冰。尹勳、山冰不受偽詔，被王甫所率士卒格殺，就打開獄門，釋放出鄭颯。這裡宮中的宦官，奪去了太后的璽綬，倒鎖宮門，把太后監禁起來，防她與大將軍聯絡。然後由鄭颯持節會同侍御史謁者，率領侍衛羽林，去往收捕竇武、陳蕃。竇武也不奉詔，馳入步兵營中，招呼他姪兒步兵校尉竇紹發兵，射殺傳旨使者。隨即招集北軍五校士卒數千人，聚合在洛陽都亭之下，宣言道：「宦官造反，大家努力殺賊，立功者封侯重賞！」那邊陳蕃在太傅府中，聞知發生事變，他也不顧老命，率領府中諸生八十餘人，各持刀刃，闖進承明門，來到尚書門前，攘臂高呼道：「大將軍忠君衛國，黃門常侍何得造反……」話猶未完，但見中常侍王甫率領衛士宦官從宮中走出，指著陳蕃罵道：「你休得為竇武辯護，先皇帝方棄天下，山陵未成，竇武有何功德，竟然拜大將軍，父子封侯，不到十天，資財鉅萬，這算得是忠君衛國嗎？你身為宰輔，不知匡助朝廷，卻和竇武狼狽為奸，你們這不是造反是什麼？」說罷，即叱左右上前捉拿陳蕃，陳蕃拔劍抵抗。一個年近八旬的老者，怎敵得過那些如狼似虎的衛士，早被拖翻在地。旁邊幾個黃門從官，恨透了陳蕃，上前你一拳我一腳，把陳蕃踢打了一頓，罵道：「我看你這個老妖怪還能害人嗎？」可憐陳蕃，當天便死在北寺獄中。

　　前面說的那護匈奴中郎將張奐，不早不晚正在這個時候到了洛陽。曹節就假傳聖旨，說竇武造反，諭令張奐速率五營兵士會同行車騎將軍周靖，前往捉拿竇武。張奐全不知情，信以為真，即將兵出動。王甫也率領虎賁羽林等一千餘人，出朱雀門和張奐、周靖的大兵合在一起，與竇武、竇紹對陣於都亭之下。王甫、張奐這邊對竇武那邊的兵士喊道：「你們都是天子禁兵，怎麼不保衛宮廷，跟隨賊人造反，馬上反正，還可無罪！」步兵營與北軍五校的士卒，都弄得莫名其妙，也不知道到底那邊是反賊。後來

看見宦官這邊都手持節杖聖旨，旗幟鮮明，兵勢又盛，感覺不妙，頃刻之間，都紛紛散走。竇武、竇紹一見大事不好，欲待逃走，已被虎賁羽林層層圍困，竇武、竇紹都拔劍自刎而死。陳蕃、竇武一死，曹節、王甫挾持靈帝，下旨分別收捕兩家的宗親賓客，及侍中劉瑜，屯騎校尉馮述，議郎巴肅等，皆行斬首。誣陷虎賁中郎將劉淑、故尚書魏朗等，與竇武通謀，皆逼令自殺。又遷禁皇太后於南宮。自公卿以下凡曾為蕃、武之門生故吏，一齊免官禁錮。於是曹節升遷為長樂衛尉，封育陽侯，王甫為中常侍兼黃門令，朱瑀、共普、張亮等六人封列侯，十一人封關內侯。朝中三公，以司徒胡廣為太傅，司空劉寵為司徒，大鴻臚許栩為司空，張奐以功封侯拜大司農。這一場大政變，結果是陳蕃、竇武不曾誅除宦官，反為宦官所殺，小皇帝被玩弄於股掌之上，朝廷成了宦官的天下。

　　張奐是個好人，這次胡裡胡塗被小人所利用做了一次工具，事後明白，非常懊恨。總想為陳蕃、竇武申冤，以彌補自己良心上的過失。建寧二年夏四月壬辰，有青蛇出現於御座。第二天又風雨霹靂，拔起了大樹一百多株。朝廷特詔公卿上書論災異。張奐乃乘機上書說：妖眚之來是因為陳蕃、竇武忠貞被誣，應當下詔雪冤，並赦免從坐。張奐又與尚書劉猛，聯名舉薦王暢李膺，謂可參三公之選。曹節、王甫等聞知，大為憎恨，教靈帝下詔切責張奐、劉猛。嚇得張奐、劉猛自繫廷尉，並拿出三個月的俸錢以贖罪。又有郎中謝弼上書，為陳蕃、竇武剖訴，曹節著人將謝弼收捕，拷死獄中。這時有侯覽的同鄉朱並，密告張儉潛伏在鄉里之中，與同黨二十四人，陰謀危害社稷。曹節、王甫等商議，認為陳蕃、竇武雖死，人多不平，足見名士互相迴護，今又發現黨人陰謀，如不徹底整肅，必有後患。於是諷令有司奏請天子下詔，逮捕鉤黨李膺、杜密、朱禹、翟超、劉儒、范滂、張儉等，下州郡拷治。漢靈帝這時已經十四歲，略知政事，便問曹節等道：「什麼叫做鉤黨？」曹節道：「鉤黨就是黨人。」靈帝又問：「黨人何罪該殺？」曹節道：「他們彼此勾結，要圖謀不軌。」靈帝又問：「什麼叫做不軌？」曹節道：「不軌就是要造反殺皇帝。」靈帝道：「那還了得！」便提筆批准了奏章。於是布告天下，雷厲風行，大捕黨人，其中李膺為首犯。膺原為長樂

少府，被黜在家，聞聽捕捉鈎黨，同鄉都勸李膺亡命，李膺嘆道：「事不辭難，罪不逃刑，此人臣之責也。我年已六十，又何必貪生！」乃赴郡署自首，不久便被拷死在獄中。李膺的門生故吏，都被禁錮。可憐這一代名賢碩望，與陳蕃、竇武、劉淑三君，在一年之間，前後罹難。清王士禛有詩云：

> 潁水東流去不回，漢家司隸汜城隈。西園官爵❸歸常侍，北部髡鉗記黨魁。一代荀陳❹師友誼，千秋蕃武死生哀。歲寒謖謖松風❺裡，猶似龍門御李來！

汝南郡督郵吳導奉詔捉拿范滂，走到征羌縣傳舍中，抱著詔書，伏在床上晝夜涕哭，大家都覺奇怪。范滂聞知，嘆道：「這一定是為了我的事！」乃自鄉間前往縣署自首。縣令郭揖看見范滂自來，不禁大驚，當即解下印綬，願同范滂一齊亡命，道：「天下大矣，何處不能容身！」滂道：「我一死則禍了，不能連累別人，更令老母流離！」便自動戴上桎梏，跟隨督郵上路。臨行時，老母前來訣別，范滂泣道：「我弟仲博孝敬，可以奉養母親餘年。兒從龍舒君❻歸黃泉，存亡各得其所。惟大人割不忍之恩，不必悲傷！」母親道：「你今得與李、杜齊名，死亦何恨，既有令名，復求壽考，人生那得兼全！」范滂跪地受教，兩旁圍看的人，莫不流涕。後來死在郡中，年方三十三歲。山陽張儉亡命出走，到處懸榜逮捕，始終不曾捉到。他亡走經過之處，都有人捨命相救。張儉逃到東萊時，藏在李篤的家中。黃縣縣令毛欽，聞聲來捕。李篤迎接毛欽進入密室，坐定道：「張儉負罪亡命，我李篤豈敢收藏，但此人乃天下名士，萬一到此，明公真的要捉去請賞嗎？」毛欽聽了，心下明白，便道：「昔蘧伯玉❼恥獨為君子，足下為

---

❸　指漢靈帝開西邸賣官之事。

❹　指荀淑與陳寔。

❺　《世說》云：「李元禮謖謖如松下風。」

❻　即范滂之父范顯，曾為龍舒侯相。

❼　名瑗，春秋時衛之賢大夫。孔子過衛，嘗住伯玉家。《大戴禮》曰：「外寬而

何要專取仁義？」李篤道：「那麼今天便與明公平分秋色，各取一半何如？」毛欽乃點頭嘆息而去。張儉又走到魯國，他和魯國人孔子的第二十世孫孔褒有舊，前往投止。適孔褒出外，他弟弟孔融在家。融年方十六歲，見來客憂容滿面，問知是兄友逃難來此，便作主留下張儉，住了幾日辭別而去。這孔融自幼聰穎，有神童之稱。他兄弟三人，大哥孔謙、二哥孔褒、融年最小。四歲的時候，和兩個哥哥一同吃梨，孔融獨取小梨。別人問他為什麼不挑大梨，他道：「我年最小，當吃小梨。」十歲的時候，隨同父親到了洛陽，往謁河南尹李膺。司閽欺他年小，不與通報，孔融道：「我和你主人是通家之好，趕快與我傳達。」司閽入報，李膺接見，看孔融伶俐可愛，便問道：「我與你不常往來，何謂通家？」孔融道：「我先君孔子，與君之先人李老君有師友之誼，我們豈非累世通家。」座上賓客聽了，莫不驚嘆。獨有太中大夫陳煒道：「夫人小時了了，大未必佳！」孔融應聲道：「如此說來，足下小時必定聰明！」舉座為之大笑，這些都是過去的話不講。卻講當時張儉去後，不久孔褒回家。有人把孔家收留張儉的消息，透露出去，魯國國相奉命收捕孔褒全家去審問。孔融道：「收留張儉的是孔融，我哥哥並不知情。」孔褒道：「張儉是我的朋友，他來投我，與我弟弟無關。」又問他們的母親，這位老太太說：「我乃一家之主，這事完全由我負責。」這母子三人，一門爭死。那魯國國相也被感動得流下淚來，難以處置，乃呈請朝廷判決，最後判處了孔褒之罪。而孔融因此顯名，更為鄉里所推重。張儉由漁陽逃出塞外，所經歷之處，因他而被殺者，有十餘家。其牽連被收拷者，則遍於天下。這次大難，黨人被害者達一百多人，妻子都流徙邊荒，凡有學問有聲望的人，都被宦官指為黨人，也有挾私仇相陷害而濫入黨籍者，因牽連被罪的，又有六七百人。天下洶洶，有如鼎沸。郭林宗在鄉，聞聽黨人之獄，好友皆死，不禁慟哭流涕道：「《詩》云：『人之云亡，邦國殄瘁。』❽漢室滅矣！」

內直，自娛於隱括之中，直己而不直人，汲汲於仁，以善自終，蓋蘧伯玉之行。」

❽ 見《詩經大雅瞻印篇》。

經此大變之後，宦官小人，氣燄萬丈，正人君子，消聲匿跡。那些朝廷中無恥之徒，為了阿附宦官，奴顏婢膝，更無所不至。時中常侍張讓當權得勢，終日門庭若市。扶風人孟佗，家有錢財，富而無勢。打算要奔走張讓的門路，先傾財與張讓的家奴結交，揮金如土，毫無吝惜。這些奴才受了孟佗之惠，表示無以回報，問佗有何願望？孟佗道：「我他無所求，但望那天過府能晉謁張常侍，得諸君一拜。」奴才們道：「這有何難！」於是過了幾天，孟佗備了一份厚禮，穿著得十分氣派，乘坐一輛高車，特來拜會張讓。那些家奴，一看是孟佗來了，都蜂擁上前，拜倒塵埃，然後前呼後擁，將孟佗的車子，抬進府門。那些不得其門而入的賓客們，看到這幕情狀，都驚訝欣羨，以為孟佗與張讓必有非常的關係，都紛紛來賄賂孟佗。一時孟佗家中，堆積得珍寶如山。孟佗撿那精品，轉獻與張讓。果然錢能通神，大得張讓歡心，沒有好久，朝廷就發表了孟佗為涼州刺史。那時朝中元老，始終未被宦官排斥的，只有一個太傅胡廣。廣字伯始，南郡華容人，他從順帝時就做了司空，歷事安順沖質桓靈六帝，前後三十餘年，屢任司徒、太尉、太傅，周而復始，號稱周流三公。卒於熹平元年太傅任上，享年八十二歲，富貴壽考以終。他做官的秘訣，是唯唯諾諾，不作主張，上和下睦，溫柔謹慎，既不開罪於人，也不結黨爭權。你說不出他有什麼短處，但你也說不出他有什麼長處。當時洛陽城中有兩句諺語說道：

萬事不理問伯始；天下中庸有胡公。

一個國家社會，要它有活力、有生機，必須要培養正氣。反之，正氣若被摧殘，則人心消沉，士風敗壞，再想要它復活，那就千難萬難了。

竇太后自建寧元年被幽於南宮，父親自殺，母親流死於比景，家破人亡，憂傷憔悴，過了四年，到熹平元年一病身亡。那年秋天六月，在朱雀闕上有人用白粉寫道：「天下大亂，曹節、王甫幽殺太后，常侍侯覽多殺黨人，公卿皆尸祿，無有忠言者。」宦官發現了報告靈帝，靈帝便責令司隸校尉劉猛，捉拿寫謗語的人，劉猛故意推宕，捉了一個多月不曾捉到。卻說護羌校尉段熲自從討平羌人，於建寧三年被徵入朝為御史丞，他鑑於

黨錮之慘，對於宦官極意敷衍。這時因為劉猛瀆職，便派段熲為司隸校尉，繼續搜捕。段熲做事向來手辣，一氣捉了遊士與太學生一千多人，打入囚牢，嚴刑拷訊。他雖然逢迎了宦官，卻結下了士流之恨。多年來建立的功績聲望，為之大損，並且種下了翌日殺身之禍。這黨錮之獄的餘波，激盪了幾年還沒有平靜。適逢那幾年發生水旱之災，就在熹平五年，有永昌太守曹鸞上書曰：「夫黨人者，或耆年淵德，或衣冠英賢，皆宜股肱王室，左右大猷者也；而久被禁錮，辱在泥塗。謀反大逆，尚蒙赦宥，黨人何罪，獨不開恕乎？所以災異屢見，水旱薦臻，皆由於斯，宜加沛然，以副天心！」靈帝自從宦官告訴他黨人圖謀不軌要殺皇帝，留下一個深刻印象，只要提起黨人，他便痛恨。這時看曹鸞上書竟指責朝廷而為黨人辯護，勃然大怒。敕令益州刺史，將曹鸞打入囚車，押解進京，送槐里獄中拷掠而死。又再申禁令，令天下糾察黨人，凡黨人之門生故吏，父子兄弟，在位為官者，一律免職，五服之內，皆終身禁錮。又認為州郡官吏，與黨人有關者，好彼此迴護，乃制定一條法律。凡有婚姻關係，及兩州人士不得交互為官，稱為「三互法」。那知這個「三互法」訂立之後，發生了一個惡果。凡是地方上出了苦缺，一般官吏便假口三互，推延不肯補遞。譬如東北幽冀二州地方不清，士人視為畏途。其地守令，常經年空缺，成為無政府狀態。議郎蔡邕為此慨然上書，大意說：「幽冀兩州，為國家軍源鎧馬之地，近年兵荒消耗，地方凋敝，而官職多久懸不補，臣問三府，謂其規避三互。因此兩州空虛，萬里蕭條。臣以為國家如有威靈，何忌三互。當西漢盛時，韓安國為梁之罪人，武帝用為梁內史；朱買臣為吳之賤人，武帝用為會稽太守，皆有治績，為一代名臣。臣伏望陛下，蠲除此禁。」表上，朝廷並未採納。宋司馬光引《左傳》叔向的一句名言，批評這件事說：「國將亡，必多制。」大凡一個國家政治，在開明強盛的時候，總是大刀闊斧，斬釘截鐵，從根本上解決問題，而無所顧慮。到了昏闇衰微之世，顧忌多端，沒有魄力，既不能解決大問題，乃枝枝節節專作些消極的工作，此所謂舍本而逐末，又何濟於事呢！

　　卻說這議郎蔡邕字伯喈，乃是漢末一位大儒。他是陳留郡圉縣人，秉

性純孝，母親臥病三年，他三年侍疾，衣不解帶。母親死後，廬墓盡哀。與叔父從弟同居，三世不分家財。自幼博學多才，精通經籍辭章數術天文與音樂，尤善鼓琴。桓帝時政局紛亂，他隱居在陳留，以琴書自娛。曾仿東方朔《答客難》、揚雄《解嘲》，作《釋誨》以明志。鄉里人士，對他都十分尊敬。有一天，鄉人邀宴蔡邕，蔡邕因事去遲，酒宴已闌，行至門外，忽然聽見裡面有彈琴之聲，邕乃駐足而聽，聽出琴音中有殺聲，詫道：「他請我赴宴，難道有歹意嗎？」反身欲走，被裡面主人發現，將蔡邕拖請進去，問他為何要來而復返。蔡邕隱瞞不住，道出原因，主客都深為詫異。那彈琴的客人，猛地想起，說道：「我方才彈琴的時候，忽然發現窗前有一隻螳螂，正在捕蟬，那蟬將飛未飛，那螳螂一前一卻，我心裡非常緊張，唯恐螳螂將蟬放走。莫非這一念之間成為殺機！」蔡邕道：「正是此事了！」大家聽了，都撫掌大笑。至靈帝建寧三年，橋玄為司徒，一再遣使辟聘蔡邕，邕情不可卻，入京就聘為司徒府掾。不久，出補河平縣長，復徵入朝拜郎中。朝廷以其學問淵博，特命校書東觀。蔡邕發現經書的文字錯誤很多，恐貽誤後學。於熹平四年，與五官中郎將堂谿典、光祿大夫楊賜、諫議大夫馬日磾、議郎張馴、韓說、太史令單颺等，聯名奏請正定五經文字，靈帝詔許。蔡邕用了一番大工夫，將《尚書》、《周易》、《公羊傳》、《禮記》、《論語》、五經，用八分隸書寫成❾，刻石為碑，立在太學門外講堂之前。太學在東都洛陽開陽門外，碑共四十六塊，分為東西南三排。西面一排為《尚書》、《易經》、《公羊傳》二十八碑，南面一排為《禮記》十五碑，東面一排為《論語》三碑。學術史上，稱為「熹平石經」❿。使五經文字獲得一個國訂的統一標準，這不僅是經學上的一大整理工作，也是文字學上一大整理工作。石經樹立之後，一時轟動，天下各地的讀書人，都跑到洛陽太學前來摹寫，車馬喧闐，填街塞巷。這是在那黑暗的時代中一件光輝的事情，也是中國文化史上的一件大事。

---

❾　《漢書儒林傳》與《通鑑》所稱三體石經誤，詳見宋趙明誠《金石錄》，與《通鑑》胡三省註。

❿　「熹平石經」碑刻後毀於北魏時。

　　蔡邕這件工作，倒引起漢靈帝的學術興趣，他也親自著作了《皇羲篇》五十章。可是靈帝不懂經術，只喜歡文學。於是徵集諸生，凡擅寫鳥篆尺牘，會作文章詩賦的，待詔鴻都門下，隨時引見。就有侍中祭酒賈護與樂松投帝之所好，引進了許多有才無行的浮猾少年，專門寫些遊戲文章，和皇帝談些風流不經之事，漢靈帝大為欣賞。就在光和元年特置鴻都門學，專收攬這班輕薄文人，成為一種恩倖特科，受到天子的特殊優待。凡由鴻都文學出身者，敕州郡三公隨時辟聘，出為刺史太守，入為尚書侍中，甚至封侯賜爵，一班有學之士，都恥與為伍。獎勵學術原是好事，經靈帝這一番提倡，完全變質，使仕途為之大濫。這些年來，災異頻仍。在光和元年夏四月地震，侍中寺中傳有雌雞化雄。六月丁丑日，忽有一股黑氣，從天而下，降落在溫德殿前，長有十餘丈，朝廷震驚，以為大不祥。特召集公卿大臣於金商門崇德殿，問消災之道。議郎蔡邕應詔上書，書中大意說：「凡此災異，都是亡國之兆。然上天對於大漢尚未絕望，故屢示妖變以為警告。蜺墮雞化，皆婦寺干政之所致。前者乳母趙嬈貴重天下，讒諛驕盈，繼之永樂門史霍玉，務為奸邪，如今道路傳說，又有程大人❶者將為國患，應加提防。太尉張顥、光祿勳偉璋、長水校尉趙玹、屯騎校尉蓋升，皆貪濁小人，應予斥退。廷尉郭禧、光祿大夫橋玄、太尉劉寵，皆忠直老臣，應當擢用。又尚方工技之作，鴻都篇賦之文，皆不急之務，應即停罷。朝中群臣無人敢言，唯臣冒死上書，望陛下思維萬機，以答天意。尤望陛下不可使表章洩露，則上有漏言之戒，下有失身之禍。」靈帝對蔡邕相當尊重，閱罷表章，不禁長嘆一聲，隨將表章放在案旁，入內更衣。那知中常侍曹節，正在屏風後面，聽得嗟嘆之聲，伺靈帝離室，偷偷翻閱案卷，把蔡邕的表章一覽無遺，吃了一驚。原來這本奏章中糾舉的人都與曹節有直接的關係。曹節乃將消息秘密傳達出去，群小大為惶恐。適蔡邕與大鴻臚劉郃不睦，於是群小合謀，發動人寫了一本匿名的奏章，控告蔡邕，說他嘗以私事要挾劉郃，劉郃不從，因此懷恨在心，要陷害劉郃。靈帝便將這訴狀交與尚書查辦，尚書們承宦官意旨，竟將蔡邕收獄審問。審問結果，

---

❶　即中常侍程璜，宮中稱為大人。

判了：「挾私仇陷大臣，大不敬，罪當斬首棄市。」靈帝念蔡邕有功，不忍加誅，詔減死罪一等，與家屬髡鉗流往朔方。一年後，獲赦還鄉。又有中常侍王甫的弟弟五原太守王智，密告蔡邕在家誹謗朝廷。蔡邕得訊，不敢停留在家，更姓化名，逃往會稽，躲藏在羊氏家中十二年。寂寞時還是以琴書自遣，有一天，隔壁鄉人以桐木燒火作炊，蔡邕聽得那爆裂之聲，其音清脆，斷為良木。急向鄉人索來，製了一張桐琴，彈來果然不同凡響，可惜那琴尾已被燒焦，故人稱為焦尾琴。此乃後話。

　　黨錮之獄後，一班常侍宦官，肆無忌憚，大作威福，又製造了政治上的許多矛盾與仇恨。中常侍王甫有一個養子，名叫王吉，為沛相，殘暴無人理。每逢殺人，總將人剁成幾塊，放在車中，插上罪標，巡遊示眾，夏天屍體腐爛，蠅蛆飛集，臭氣熏蒸，行人皆掩鼻閉目。尚書令陽球是個性情激烈的人，聞知恨道：「那天我陽球有權在手，像這樣的暴徒，要教他嘗嘗厲害！」果然到了光和二年，陽球做了司隸校尉。同時京兆尹楊彪也是忠直之士。兩人共同查獲王甫使人在京兆地方，佔賣官家財物七千多萬。趁這天王甫休假出宮，陽球入朝面奏王甫的種種罪惡，又告段熲❷與甫朋比為奸。靈帝當即批由司隸校尉嚴厲查辦。陽球乃將王甫段熲與王甫的兩個養子永樂少府王萌與沛相王吉，一齊收捕下獄。陽球親自審問，用盡種種酷刑。段熲被逼自殺，王甫父子三人，被打得皮開肉綻，死於亂棍之下。陽球復將王甫的屍體，也礔成幾塊，陳列在夏城門口。前面插上一支大標幟，上面寫著「賊臣王甫」四個大字。陽球既殺王甫，大為快意，準備要以次剷除曹節等人。告中都官道：「我們由大而小，一個個來整肅。」嚇得朝廷內外一班權貴，人人震慄，宦官們更不敢出宮一步。這一天，適逢順帝虞貴人下葬大典，曹節等與百官會喪還朝。路過夏城門口，看見了王甫的屍體，不覺驚心怵目，悲憤交集。叫諸宦官趕緊回宮，不得逗留在外。曹節回到宮中，立即來見靈帝，報告了陽球許多罪狀道：「像這樣殘暴不

---

❷　段熲於建寧四年由司隸校尉遷太尉，是年冬病免，旋又任司隸校尉，熹平間出為潁川太守，再徵入為太中大夫，光和二年後代橋玄為太尉，在位月餘，會逢日蝕，自劾退休，當陽球控告時，熲方家居。

仁的酷吏，怎麼能讓他當司隸校尉，來迫害善良！」靈帝聽了，便下旨將
陽球調為衛尉。明天一早，陽球入朝謝旨，跪在丹墀之下，叩頭奏道：「臣
無清高之行而蒙國家授以鷹犬之任❸，臣決心效命，為國除奸。願陛下再
寬臣一月之期，必令豺狼鴟梟，一律肅清。」說罷，以頭撞地，血流如注。
殿上呵叱道：「衛尉要抗旨嗎?」陽球仍伏地不肯起，靈帝大怒，命左右將
陽球推出了朝堂。陽球去職，宦官氣燄又盛。那大鴻臚劉郃，於光和二年
三月升為司徒。劉郃本是宗室，他哥哥侍中劉儵，前於黨錮之獄時為曹節
所害。永樂少府陳球，鑑於陽球被斥，宦官囂張，便來見劉郃道：「公以
宗室登臺鼎，天下仰望，社稷是賴，非同流俗，以苟合取容。公與曹節有
殺兄之仇，目今曹節亂政，陽球被斥。公何不保舉陽球，復任司隸，共誅
曹節，以匡扶國家。」劉郃為難道：「兇豎耳目眾多，不可造次，恐事未成
而先受其禍！」尚書劉納亦勸郃道：「公身為宰輔，國之棟梁，怎能看著社
稷傾危，顛而不扶！」劉郃不得已，乃與劉納、陳球、陽球，共謀除奸之
計。原來陽球的小妻乃中常侍程璜的養女，程璜就是蔡邕書中所說的程大
人。他們的事機不密，被陽球小妻所知，告與她的養父，輾轉傳入曹節之
耳。曹節乃先發制人，來奏稟靈帝道：「司徒劉郃、尚書劉納、少府陳球、
與衛尉陽球等，圖謀不軌，要危害社稷！」靈帝又聽到了這「不軌」二字，
赫然大怒，立命有司將四人一齊收捕下獄。不幾天，都死在獄中。時在光
和二年冬十月，上距陽球之誅王甫，為時僅僅六個月。

　　光和二年，漢靈帝年已二十四歲，這個年輕無知的皇帝，為群小所包
圍，昏昏沉沉，對國事竟毫無主宰，一憑別人的播弄。原因是由於宦官的
引誘，使他的生活靡爛，慾重智昏。他有兩個毛病，一是愛錢，二是好色。
靈帝的生母董氏，是個最貪財的婦人。自從竇太后幽死，董氏遷入永樂宮
中居住，稱為永樂太后。永樂太后每和靈帝說：「你父親做解瀆亭侯的時
候，家裡常感經濟困難，你今天要乘做皇帝的機會，多積蓄些錢財。」就
於光和元年，在西園裡專設一個衙門販賣官爵，官有定價，二千石二千萬，

---

❸　鷹搏犬噬，司隸校尉維持治安與綱紀，專門捉拿奸人，稱為搏噬之職，鷹犬
　　之任。

四百石四百萬，縣令則按縣份的好醜分別估價。富者先納錢，如錢不足，可於買官後，陸續補交，但要加倍利息。這種官爵，名為西邸官或稱西園官。所有賣官得來的錢財，在西園中另設專庫保存，其實此中有半數為宦官所中飽。這是歷史上一件最荒唐可笑的事，而靈帝反自鳴得意。他常嘆桓帝不懂經濟，不知生產之道。有一天，他問侍中楊奇道：「你看朕比桓帝何如？」那楊奇回答得很幽默道：「陛下之比桓帝，好像虞舜之比唐堯！」那時京師流傳著一首童謠，就是諷刺永樂太后好錢的故事，其辭曰：

> 城上烏，尾畢逋❹，父為吏，子為徒。一徒死，百乘車。車班班，
> 入河間❺。河間姹女❻工數錢，以錢為室金為堂，石上慊慊舂黃粱。
> 梁下有懸鼓，我欲擊之丞卿怒。

有了錢財，自然要享樂一番，於是大興土木。在光和三年，起造罼圭苑與靈昆苑，罼圭再分東西兩苑。東罼圭周一千五百步，西罼圭周三千三百步，都在洛陽宣平門外。當時司徒楊賜諫阻，說苑囿太大，不合禮制，而且破壞田園，勞民傷財。靈帝以問侍中樂松，樂松回答說：「當年周文王之囿百里，人以為小，齊宣王之囿五里，人以為大，足見德大則囿大，何害之有！」靈帝大喜。靈帝又在西園弄狗，狗都有官爵，位高之狗，頭戴進賢冠腰佩綬帶，神氣十足。又作驢車，一車駕四驢，靈帝親自執轡，在西園中驅馳為樂。一班洛陽的貴冑子弟，也都群相仿效，因之洛陽的驢價貴於馬價，光和五年，又造百尺觀於阿亭道。中平二年南宮雲臺忽遭火焚，計劃重建，一時國帑不足。中常侍張讓、趙忠獻策，加天下田賦每畝十錢，以供興建之用。又徵購天下州郡的木材文石，送到京師，由黃門常侍驗收。宦官們又從中漁利，故意刁難，指說木材不合標準，拒不接收。急得這些百姓沒有辦法，只好犧牲拋賣，於是宦官們再以賤價薹購，然後向公家捏報虛帳。那些監工的，又於中舞弊，弄得材木堆積腐爛，而宮室

---

❹　畢者全也，逋者懸也，就是拖著長尾巴。

❺　言桓帝卒時，用車輿往河間迎接解瀆亭侯立為靈帝。

❻　指永樂董太后。

連年營造不成。朝廷猶以地方供應不力,使者交馳,分道督促。地方窮於應命,就賄賂使者,以求寬限。田賦加徵還覺不夠,又勒令新任刺史太守捐獻修宮錢,大郡多至二三千萬,成為另一種變相的賣官。時有河內人司馬直,發表了鉅鹿郡太守,朝廷查知他為官清廉,特別優待,准予減少只納三百萬錢。那司馬直奉命流涕道:「我兩袖清風,叫我那裡來這三百萬,如叫我剝削百姓以邀功名,則我為民父母,於心何忍!」正走到孟津地方,憤激吞藥而死。朝廷斂錢徵材之後,除於南宮建了一座玉堂寶殿之外,又在西園中造萬金之堂,作裸遊之館。夫堂以萬金為名,其富麗可以想見,不消細說。單講這裸遊館,曲曲折折,大大小小,有千間之多。都是些涼亭水榭,浮建在橋梁之上,引渠水流灌其下。窗櫺皆用琉璃作成,與碧波相映,有如水晶宮殿一般。單挑選那年齡在二七以上三六以下,膚如凝脂,風姿綽約的妙麗宮女。各著輕綃盪蘭舟,穿梭出沒於那雕欄靈液之間。又叫那些宮女,相與追逐嬉戲,故令舟覆人沉,在水中裸遊為戲,故名之曰裸遊館。又另闢浴池,以西域進貢香草為湯,與宮女共浴,浴後餘汁,由渠中流出,芬香聞於遠近,人稱為流香渠。每逢盛夏之時,靈帝就避暑於裸遊宮中,作長夜之飲,觀群美之戲,常嘆道:「能萬歲如此,真神仙也!」[17]這種種淫樂,多半是宦官所導誘,他們將皇帝弄得如醉如痴,才好營私舞弊。光和四年大長秋曹節病卒,趙秋繼為大長秋。那時宮廷中用事的宦官,有張讓、趙忠、夏惲、郭勝、孫璋、畢嵐、栗嵩、段珪、高望、張恭、韓悝、宋典等十二人,都官居中常侍,人稱其略數,號為「十常侍」,這十常侍的驕寵無比。靈帝常道:「張常侍是我公,趙常侍是我母。」十常侍都各造府邸,崇樓傑閣,擬於宮室。在北宮的東北是永安宮,宮後有座候臺,可以登高瞭望。十常侍恐怕皇帝望見了他們的府第,便告訴皇帝說:「《春秋》曰:『天子毋高臺榭,高臺榭則天下叛之。』所以天子不可登高!」靈帝信以為真,從此乃不登候臺。

　　朝廷如此昏淫,那政治焉得不腐敗,內憂外患焉得不紛至沓來。漢末沖質桓靈以來,幾乎沒有一年沒有災難,而以靈帝一朝為最甚。外患主要

---

　[17]　裸遊館與流香渠不見《漢書》,載於晉王子年《拾遺記》。

的是東北鮮卑之侵擾，從建寧到光和間，年年入寇，幽、并兩州，飽受塗
炭。其次是西北的羌亂，斷斷續續兵連禍結，從未太平。而為亂最大，以
致促成漢室的分崩離析，則為黃巾之亂，黃巾之亂又與宦官相為表裡。大
凡政治不安，民生疾苦，就容易發生迷信。最初有鉅鹿人張角，奉事黃老，
以妖術傳授生徒，號稱太平道。宣傳說，能以符咒治病，令病人跪拜懺悔，
偶然也有靈驗。乃以訛傳訛，群眾信以為神。張角又分遣他的弟子，到處
招搖煽惑，十幾年間，聚眾到幾十萬人，遍於青、徐、幽、冀、荊、揚、
兗、豫八州之地。郡縣長官，初不知其懷有陰謀，都道張角等行善濟世。
唯有司徒楊賜與司徒掾劉陶，曾上書力斥其妄，要國家加以取締。靈帝方
沉溺於聲色，置之不理。後來張角的聲勢日大，將其部眾組織為三十六方，
每方由一渠帥統領，大方萬餘人，小方也有六七千人。造謠說：「蒼天已
死，黃天當立，歲在甲子，天下大吉！」派人散入京師，與各通都大邑，
在各官邸府第的大門上，用白土書寫「甲子」兩字。有大方渠帥馬元義等，
集合了好幾萬人在鄴城附近。馬元義又潛入京師與中常侍封諝、徐奉等勾
結，計劃要在中平元年三月初五之日，在鄴城與都中，內外同時起兵造反。
不料賊人內部發生摩擦，在中平元年春正月，有張角的弟子唐周，上書告
發。朝廷得訊，即將馬元義捕獲，車裂於洛陽市，封諝等下獄處死。詔令
三公司隸嚴厲追查，在都城中查獲了信奉太平道的一千多人，一齊斬首。
又下旨冀州，逮捕張角。張角見事急，乃遣使者星夜馳告各方，一齊叛變。
張角兄弟三人，角自稱天公將軍，角弟張寶稱地公將軍，寶弟張梁稱人公
將軍。所部士眾，皆以黃巾裹頭，故人稱為黃巾賊。所到之處，焚燒官府，
劫掠城邑。地方官吏，倉皇失措，或棄職逃亡，或叛變附匪，旬月之間，
天下大亂。中平元年三月，詔拜后兄河南尹何進為大將軍，封慎侯，著令
統率左右羽林，五營兵士，屯鎮京師，以防不測。置函谷、大谷、廣城、
伊闕、轘轅、旋門、孟津、小平津八關❶ 都尉，分扼險要。然後召集群臣，

---

❶ 洛陽八關：

函谷——在洛陽西北，即新安縣南之函谷新關。

大谷——在洛陽城東。

會商剿匪之策。皇甫規之姪北地太守皇甫嵩，主張先解除黨禁，再出御府藏錢西園廄馬，以振奮人心。漢靈帝以問中常侍呂強，這呂強在諸常侍中是個唯一的正人。當即答道：「黨錮積久不解，人情憤怨。若不赦免，這班人如與張角相合，則天下大勢去矣。如今須先斬左右貪汙，大赦黨人，再簡選良將，出師討賊，則人心大快，盜無不平！」漢靈帝這才恍然大悟，即下詔大赦黨人。發天下精兵，派尚書盧植為北中郎將，將兵往討河北張角；皇甫嵩為左中郎將與右中郎將朱雋，分別將兵往討河南黃巾。靈帝自從發現封諝徐奉等勾結黃巾，又聽信了呂強之言赦免黨人後，便召諸常侍責道：「你們總說黨人圖謀不軌危害國家，叫我禁錮，現在黨人反為國家效力，倒是你們這些宦官竟和土匪勾結造反。你們說，是那個圖謀不軌，是那個該殺？」嚇得諸常侍都紛紛跪下叩頭道：「這都是過去王甫、侯覽、曹節等的主張，與臣等無關。」於是諸常侍都懷恨呂強。過了幾天，靈帝心氣平和，就由中常侍趙忠、夏惲出頭向靈帝告密，說：「呂強屢和黨人在外議論朝政，又暗自研讀《霍光傳》，顯有陰謀！」故意繪聲繪色，說得非常嚴重。漢靈帝便著中黃門手持兵刃去召呂強，呂強一見來人氣勢洶洶，知道發生了變故，憤道：「我欲盡忠報國，反而被禍，朝廷如此昏暗，我又何必貪生！」說罷，竟拔劍自殺。趙忠、夏惲又讒道：「那呂強聞召，便畏罪自殺，足證他謀反是實。」便將呂強的家屬下獄，財產充公。時有郎中張鈞上書曰：「張角之所以能興兵作亂，全由十常侍貪贓枉法，魚肉百姓，百姓含冤無告，故鋌而走險。如果斬十常侍之頭，懸於南郊以謝天下，則群盜不討自滅。」靈帝將書出示十常侍，十常侍都免冠徒跣，叩頭請罪，又各自捐獻家財協助軍費，靈帝一看，覺得十常侍實是一片忠誠，倒是張

廣城——在洛陽城南。

伊闕——在洛陽西南，即伊闕龍門。

轘轅——在洛陽東南嵩山側，靠近今之登封。

旋門——在洛陽東北今之汜水縣地。

孟津——在洛陽東北，黃河渡口。

小平津——在洛陽東北，黃河渡口，地在孟津縣東。

鈞出言無狀，便罵道：「難道我十常侍中就沒有一個好人嗎？顯得張鈞是個狂夫！」就有人乘機誣奏張鈞學太平道，詔將張鈞收捕，拷死在獄中。

不講這宮廷中的一塌胡塗，回頭來說這奉旨討伐黃巾的三路將帥。先說這北中郎將盧植字子幹，乃涿郡涿縣人，身長八尺二寸，聲如洪鐘，有文武之才。少與北海人鄭玄同師事馬融，他站在馬融絳帳之前聽講，那帳後隱隱約約多少如花美女，他總是低頭凝神，目不斜視。學成歸家，常懷濟世之志。建寧中徵為博士，熹平四年拜九江太守，平定蠻變。後復為盧江太守，又平夷亂，所在立功。乃徵召入朝拜侍中，遷尚書。這次奉旨討賊，率領北軍五校與地方官兵，連戰破賊，斬獲萬餘人，將賊酋張角圍困在廣宗⑲城內。廣宗城池堅固，急切攻打未下。時朝廷派小黃門左豐來視察前方軍情，有人示意盧植須用賄賂，盧植不肯。左豐回朝便奏稱：「廣宗城內殘賊無幾，盧將軍按兵不動，以待天誅。」靈帝聞言大怒，詔以檻車，將盧植押解進京，判減死罪一等，改派東中郎將董卓接替。這董卓字仲穎，乃隴西臨洮人。從小生長在西北，常與羌人往來，養成一種粗暴殘忍的性格，卻又奸詐多謀。年輕時曾為郡中兵馬掾，膂力過人，善於騎射，能帶雙鞬，左右彎弓，箭無虛發，作戰勇猛，為羌胡所畏。桓帝末年，在護匈奴中郎將張奐部下為軍司馬，擊叛羌立功，拜郎中。旋遷西域戊己校尉，復任并州刺史，河東太守。朝廷以其久歷戎行，富有經驗，故派他代替盧植討伐張角。不料進兵至下曲陽，與角軍遭遇，一戰大敗。詔將董卓免職，著令在河南作戰的皇甫嵩，移兵北討張角。再說這河南的兩路兵馬統帥，皇甫嵩字義真，安定朝那人，好詩書習弓馬。朱雋字公律，會稽上虞人，少孤，事母至孝，曾為交阯刺史討平梁龍之亂。這兩人也都是文武全才，富有韜略。當時各將一軍，共約四萬餘人，合力討剿潁川一帶的黃巾。初戰不利，皇甫嵩竟被賊帥波才圍困於長社⑳，嵩兵少而賊勢大，眾皆恐懼。賊人在城外，依草結營，這一日忽然狂風大作，皇甫嵩心生一計。叫軍士束葦燃火，人持一炬，分做了兩隊，一隊守城，一隊潛行繞出城外。

---

⑲　今河北威縣。

⑳　今河南長葛縣東北。

那時正是黃昏時分，乘敵不備，殺入敵陣，縱火大呼，城上的兵士也舉燎相應。城上城下，一片火光殺聲，風急火驟，敵陣中許多地方都燃燒起來，賊人慌張，陣勢大亂。皇甫嵩乘勢率領主力軍，大開城門鼓譟而出，和賊兵混戰廝殺。正殺得難分難解，忽然有一支官兵，從外面殺來，裡外夾攻，乃將賊兵完全擊潰。那支官兵的統帥原來是騎都尉曹操，奉命來協攻黃巾。於是兩下合兵一處，這時朱雋的大兵也趕到，官軍聲勢大振。乘勝追擊，把黃巾賊殺得大敗而走，斬獲了數萬級。捷報傳到了京師，詔封皇甫嵩為都鄉侯。這曹操字孟德乃沛國譙縣人，父名曹嵩，為中常侍大長秋曹騰的養子，靈帝時官至大鴻臚太尉。操幼時小名吉利又叫阿瞞，機警有權數。性好任俠，放蕩不羈，喜歡飛鷹走狗，不務正業。他叔父屢勸曹嵩要加以管教，曹操厭恨。這一天，在外面遇見了叔父，他忽然口吐白沫，兩眼歪斜，倒在地上抽起風來。嚇得他叔父慌忙去報知曹嵩，曹嵩來看時，曹操卻好端端的和平時一樣。問起來，曹操恚道：「我何曾中風，想必是失歡於叔父，故作此語。」從此曹嵩不相信他叔父的言語，曹操乃得肆意而行。一般人多不重視曹操，唯有太尉橋玄一見嘆道：「所見天下名士多矣，未有如君者！方今天下大亂，非命世之才不能挽救，救天下者其唯君乎！」又道：「君年事尚輕，沒有名望，我介紹你往見許子將。」許子將者，就是汝南郡功曹許劭。這是當時一位特殊人物，他擅知人之術，喜歡評論人物，每月總要評定幾個人才。凡經品評，則聲價十倍，時人稱為「月旦評」。曹操遵命，即往汝南謁見許劭，求他評論。那許劭總是笑而不言，經操一再相逼，乃道：「君治世之能臣，亂世之奸雄耳！」曹操聽了，大喜而去。他二十歲上舉孝廉為郎中，初除洛陽北部尉，上任後叫人造五色木棒幾十條，放在城門左右，遇有犯禁者，不論是什麼人一律棒殺。一時京師豪強，為之斂跡。因為他做事幹練，便外放為頓丘縣令，旋徵拜議郎，遷騎都尉。及至這番討黃巾立功，升做了濟南國相，年方三十歲。

　　放下曹操不講，單說皇甫嵩、朱雋乘勝進討汝南、陳國黃巾，屢戰屢勝，群賊或降或散。不久，潁川、汝南、陳國三郡皆平。詔封朱雋為西鄉侯，著令往南進討南陽的黃巾餘黨，而令皇甫嵩北向渡河，去討伐廣宗的

張角。皇甫嵩到了河北，一戰大勝，殺死張梁，斬首三萬級，淹死在河中的有五萬人，遂攻下廣宗城。張角先已病死，剖棺戮屍，傳首京師。中平元年十一月，又大破張寶於下曲陽，殺死張寶，斬俘十餘萬人。於是張氏兄弟皆死，河北黃巾全平，詔拜皇甫嵩為左車騎將軍領冀州牧，封槐里侯。黃巾餘黨賊帥趙弘、韓忠盤據在南陽宛城，朱儁進兵南陽，與南陽太守秦頡司馬孫堅合力進剿。從六月苦戰到十一月，終將黃巾擊潰，先後殺死趙弘、韓忠，克復了宛城，南陽亦平。其餘分散在各州郡的殘餘黃巾，也多敗滅。到了中平元年十二月天下大致平定。靈帝大喜，於是改元大赦❷。靈帝認為黃巾之平，諸常侍協贊中樞有功，於中平二年六月封張讓等十二人為列侯。皇甫嵩在河北作戰的時候，路經鄴城，發現中常侍趙忠的老家，舍宅踰制，奏明朝廷，將其沒收。又中常侍張讓私向皇甫嵩索錢五千萬，皇甫嵩拒絕不與。這兩人懷恨在心，乃製造了許多口實，說皇甫嵩雖然討平張角，但損傷太重，功不補患。靈帝聽信讒言，竟徵召皇甫嵩還朝，收回左車騎將軍印綬，削戶六千。又有豫州刺史王允，在豫州討黃巾時，獲得中常侍張讓賓客與黃巾來往的書信，奏上朝廷，因此也得罪了張讓。張讓乃借故中傷王允，將王允傳捕下獄。幸虧何進楊賜上書解救，得免於死。引起諫議大夫劉陶的憤慨，於中平二年九月，上書陳述八事，說天下大亂都由於宦官用事，言辭激切，諸常侍大懼，乃讒劉陶，說他在張角作亂時沒有意見，現在天下太平反要毀謗聖政，是有意淆惑人心。奏請天子將劉陶收下黃門北寺獄，晝夜拷訊。劉陶嘆道：「我恨不能與三仁同遊，如今上殺忠貞之士，下有憔悴之民，國家亦為時不久了！」遂自殺而死。

　　黃巾雖滅，天下其實並未太平。因張角之亂而引起的盜賊不計其數，有博陵張牛角、常山褚飛燕、黃龍左校、于氐根、張白騎、左髭丈八、緣城雷公、楊鳳、于毒、五鹿、李大目等，名目繁多。而以褚飛燕勢力最大，號稱黑山賊，多至數十萬人。其他大者數萬人，小者數千人，或降或叛，久久不能平。而在中平元年冬天，西北方又掀起了大規模的羌亂。

　　那時北地先零降羌，與枹罕河關一帶群盜，乘東方黃巾之亂，群起造

❷　中平元年本為光和七年，是年十二月平定黃巾，始改元中平。

反，共立湟中義從胡北宮伯玉與李文侯為將軍，又誘劫金城人邊章、韓遂為主持軍政。殺死金城太守陳懿，聲勢猖獗。到中平二年時，群盜侵擾到關中三輔。八月詔拜司空張溫為車騎將軍，執金吾袁滂為副帥，復起用董卓為破虜將軍，與盪寇將軍周慎，並受張溫節制，往討伐北宮伯玉。張溫率領諸部兵馬，共有十餘萬人，屯軍美陽❷，與邊章、韓遂對壘，屢敗章遂。中平二年十一月，董卓與右扶風鮑鴻合力進擊，大破章遂，章遂敗走榆中❷。這時張溫分兵兩路，命董卓率領三萬人馬進討先零羌，命周慎率領三萬人馬追擊章遂。參軍事孫堅向周慎建議道：「賊人倉卒走入榆中，城中必然無糧，堅願得一萬人馬，從小路往抄襲賊人糧道，將軍以大軍繼之。賊必不敢戀戰，一定會棄城逃往羌中，則涼州可不戰而定。」周慎不聽，逕引兵攻打榆中。不料敵人反分兵葵園峽切斷了周慎的糧道，周慎不得已而撤兵，結果損失了不少輜重人馬。這孫堅字文臺，乃吳郡富春人，為孫武子之後，自幼有膽略。熹平元年為吳郡司馬，破妖賊許昌，以功除盱眙丞。黃巾之亂，朱雋表舉堅為佐軍司馬，合力攻克宛城，因此馳名。張溫之討北宮伯玉，復表舉堅為參軍事，為隨軍參謀。堅英勇多謀，倜儻非常，時年方三十歲。董卓將兵進擊先零羌不利，亦撤兵還屯扶風。張溫時駐軍長安，以書召董卓會議軍事，董卓奉命遲遲而至，張溫責之，卓言語傲慢。及退，孫堅道：「董卓違拗軍令，不知謝罪，反狂言大語，如此無狀，當以軍法斬之！」張溫道：「董卓在河隴一帶，頗有威名，今若殺之，於軍不利。」孫堅道：「不然，今明公親督王師，威申令行，何惜一董卓。卓出言不遜，慢上無禮，其罪一也；章遂猖獗經年，正當乘勝進剿，卓言不可，沮喪軍心，其罪二也；卓受命無功，應召稽留，貽誤軍機，其罪三也。有此三罪，何得不斬。自古名將行軍，未有不斷斬以立威者。今明公寬容董卓，恐從此威令不行矣！」張溫還是不忍。中平三年二月，天子特遣使持節就長安拜張溫為太尉，十二月徵溫還朝，孫堅亦隨同入京，拜為議郎。不久，長沙郡發生區星之亂，朝廷以孫堅為長沙太守，討平叛賊，

---

❷　陝西武功縣西北。

❷　屬金城郡，今甘肅東崗嶺一帶。

封堅為烏程侯。

中平四年，西北群賊發生火併，韓遂殺死邊章、北宮伯玉與李文侯，獨霸西北，擁兵十餘萬。進圍隴西，太守李相如竟叛降韓遂。涼州刺史耿鄙率六郡兵馬進討，行至狄道，為部下所殺，漢陽太守傅燮戰死，耿鄙司馬馬騰竟擁兵與韓遂相合。馬騰字壽成，扶風人，為馬援之後，身高八尺餘，像貌魁異，勇武非常。又有漢陽人王國起兵造反，自稱為合眾將軍，亦引兵與韓遂相合。於是韓遂、李相如、馬騰共推王國為主，合兵東犯，聲勢大盛。

這時不僅西北方大亂，四方烽煙，到處瀰漫。中平四年秋，故中山相漁陽張純與同郡故泰山太守張舉，及烏桓大人丘力居等，連盟造反。殺死烏桓校尉公綦稠、右北平太守劉政、遼東太守陽終，聚眾十餘萬，劫掠幽冀一帶。張舉稱天子，張純稱彌天大將軍。中平五年三月，并州屠各胡人又反，攻殺并州刺史張懿，又與南匈奴右部聯合，殺死南匈奴羌渠單于，立右賢王扶羅為單于，與中國抗命。於是東北起自遼東，西迄隴右，北方邊境全亂。而內地各處黃巾餘黨又起，天下騷然。宗室太常卿劉焉見王室多故，建議以為四方兵亂，由於刺史威權太輕，不能鎮壓，而刺史的人選又多不孚眾望。應改刺史為牧伯，選有清望之大臣充任，而給以軍政大權，這樣就可以增加地方上的力量而減少中央的負擔。靈帝頗以為然，於是改刺史為州牧，賦以軍政之權。分別委命劉焉為益州牧，太僕黃琬為豫州牧，宗正劉虞為幽州牧。劉虞到了幽州，與騎都尉公孫瓚合討張純、張舉，純、舉敗死。後來劉虞也就和公孫瓚等佔據了幽州與遼東西之地。按西漢之設刺史，本是監察官，只有區劃而無治地。到這時改為州牧，完全變成了地方行政長官。後來這些州牧，各自擁兵竊據，不受朝廷的節制，成為變相的封建，遂造成漢末分裂的局面。漢靈帝又鑑於中央兵力的單薄，難以應付突然事變，於中平五年八月，特置西園八校尉。以宦官小黃門蹇碩為上軍校尉，袁紹為中軍校尉，鮑鴻為下軍校尉，曹操為典軍校尉，趙融為助軍左校尉，馮芳為助軍右校尉，夏牟為左校尉，淳于瓊為右校尉，八校尉統歸上軍校尉蹇碩統率。那年冬天，有望氣者說，京師要發生大兵災，兩

宮流血。靈帝想舉行演武大典，以鎮壓邪氣。乃大發南北軍與八校尉之兵，演武於平樂觀下。臨時搭起兩座閱兵臺，大臺上建十二重五采華蓋，蓋高十丈。小臺上建九重華蓋，蓋高九丈，列步騎數萬，結營為陣。那天是十月甲子之日，漢靈帝全身披掛，登臨大臺，站在大華蓋下；大將軍何進，全身披掛，登臨小臺，站在小華蓋下，靈帝自稱無上將軍。舉行檢閱時，靈帝擐甲乘馬，緩緩而行，繞場三周而還，果然是威風凜凜，殺氣騰騰。檢閱既畢，靈帝顧問討虜校尉蓋勳道：「你看朕之講武何如？」蓋勳回奏道：「臣聞先王曜德不觀兵。今賊在遠方，這裡講武又何濟於事，這不是講武，乃黷武耳！」靈帝聽了不禁一怔，繼道：「你這話說得也對！一般群臣他們只曉得逢迎恭維我，像你這樣大膽說直話的太少了！」事後，蓋勳和袁紹道：「我看皇帝很聰明，可恨為左右宦官小人所蒙蔽」，於是兩人乃密謀誅殺宦官。蹇碩微有所聞，奏請靈帝將蓋勳調出為京兆尹，削奪了他的兵權。正在這演武熱鬧的時候，忽然西北發來緊急文書，奏說王國、韓遂等興兵進犯三輔，已經包圍了陳倉。靈帝大驚，即起用當年剿滅黃巾的皇甫嵩為左將軍，而以董卓為前將軍，命皇甫嵩率同董卓合討國、遂。皇甫嵩到了前方，董卓即請進兵解陳倉之圍。皇甫嵩道：「百戰百勝，不如不戰而勝。陳倉雖小，城池堅固，王國雖強，必攻陳倉不下。待他兵疲力盡而後擊之，此乃全勝之道也！」果然王國圍攻陳倉八十多天攻打不下，士眾疲憊，遂解圍而走，皇甫嵩即下令追擊。董卓諫道：「兵法云，窮寇勿迫，歸兵勿迫。」皇甫嵩道：「君有所知，我前之所以不擊，避其銳也；今之所以必追，乘其衰也。」董卓猶不以為然。皇甫嵩乃獨自率兵追趕，令董卓壓後。皇甫嵩果然連戰連勝，斬首一萬多級。董卓一向狂傲自負，這次失算，羞惱成怒，從此與皇甫嵩不睦。王國敗回隴西，被韓遂所廢，賊眾自相傾軋，暫時勢衰。朝廷亦聞知董卓與皇甫嵩不和，下旨徵召董卓進京。卓假辭推託不肯奉詔，乃將董卓調為并州牧，卓逕率所部移駐河東。時皇甫嵩擁兵鎮關中，皇甫嵩的姪兒皇甫酈勸嵩道：「天下兵權唯在大人與董卓之手，今怨隙已成，勢不兩立。董卓既不應召進京，又不委卸兵柄，顯然已有異心。他為人兇暴，士眾並不親附。大人身為元戎，何不率兵討之，上顯忠

義，下除國賊，此乃齊桓、晉文之功也。」皇甫嵩道：「彼抗命固然有罪，我專誅也是違法，我先上書奏其罪狀，待國家明令懲辦，才為合理。」遂上書彈劾董卓。靈帝得書，並未懲辦，僅僅下了一道詔書，責讓董卓，董卓得書，與皇甫嵩怨恨更深。正在這時，忽然傳來消息，漢靈帝駕崩洛陽。

靈帝之元配宋皇后無寵，於光和元年被廢憂死，立貴人何氏為后，是為何皇后，何后生皇子辯。起初後宮所生皇子都難長成，乃將皇子辯託史道人撫養，後宮稱為史侯。又有王美人生皇子協，何后妒忌，酖殺王美人，靈帝母永樂董太后就將皇子協收在永樂宮中自己撫養，後宮稱為董侯。中平六年四月丙辰，靈帝病歿於嘉德殿，皇子辯即位，時年十四歲。封弟協為陳留王，尊何后為太后，由何太后臨朝聽政。太后兄何進為大將軍，後將軍袁隗為太傅，共錄尚書事。董太后的姪兒董重為票騎將軍，與大將軍權位相當，兩人積不相容。董太后也想干政，為何太后所阻，這婆媳二人如同水火。董太后動輒罵道：「你休要仗恃你哥哥何進而得意，我如叫票騎斬何進之頭，有如反掌！」何太后便將這話告知何進，何進大怒。便聯絡三公，共請遷出董太后，然後將兵包圍住票騎將軍的府第，逼令董重自殺，董太后聞訊亦憂懼自盡。這又是一幕外戚自相殘殺的悲劇。

第二十九講　董卓之亂

謀殺宦官　　廢立幼主　　州鎮討逆
董卓行兇　　孫堅破賊　　大憝伏誅
李郭交兵　　獻帝蒙塵　　孟德遷都

漢靈帝駕崩，十四歲的皇子辯即位為帝，何太后臨朝聽政，太后兄國舅大將軍何進當權，與太傅袁隗共參錄尚書事。何進平素最恨宦官，尤其與統領西園八校尉的小黃門上軍校尉蹇碩勢同水火。中軍校尉袁紹勸何進誅殺宦官，紹字本初，是袁湯之孫，袁成之子，司空袁逢太傅袁隗的姪兒，家中累世公卿。為人儀容魁梧，禮賢下士。當黨錮之獄的時候，袁紹在故鄉汝南，援救了不少名士，故為豪傑所歸，負有人望。何進最尊重袁氏，便與計議。事被蹇碩所聞，遂致書與中常侍趙忠、宋典等曰：「大將軍秉國專朝，與天下黨人，共謀誅先帝左右，欲掃滅我曹。但以碩典禁兵，故且未發，今宜閉閤門急捕誅之！」另有一個宦官，中常侍郭勝，和何進是同鄉，為何太后的心腹，將這消息洩露與何進。何進大驚，即先行下手，使黃門令收捕蹇碩斬首而併其屯兵。袁紹又勸何進道：「以前竇武謀誅宦官，反為宦官所殺，就因為作事遲疑，機密洩漏。今將軍兄弟並領禁兵，將士都願效命，事在掌握之中，此乃天與之機。將軍能一旦為天下除患，則千秋垂名，唯要速斷速行，時不可失！」何進乃入謁太后，請盡罷斥中常侍以下的宦官，代以三署郎官。太后道：「這如何使得，中官統領禁省，這是自古以來的制度，漢朝的舊規，何能一旦廢除。何況先帝方才去世，我一個年輕的婦人，怎麼好同士人天天在一起呢？」何進一想，這話也不錯。就回頭來和袁紹商議，打算單殺那為首弄權的宦官。袁紹道：「不然，做事要乾淨徹底，今天若不斬草除根，後必為患！」何進一聽，這話也不錯，便又來和太后研究。這事被太后的母親舞陽君與何進的兄弟車騎將軍

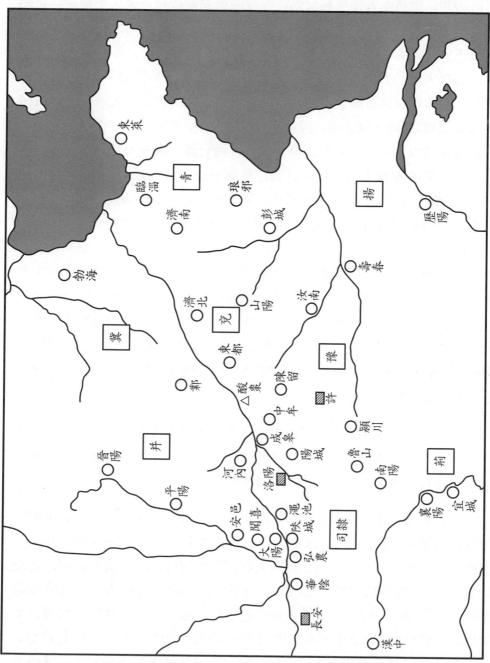

董卓之亂時中原形勢圖

何苗所知，他們兩人都堅持反對，弄得何進為難起來，久久不能決。袁紹又為何進畫策道：「太后和舞陽君等都被宦官所包圍，她們在宮廷中不知道天下大勢，人心趨向，今天中外人士，誰不切齒宦官。如果能召四方豪傑，統兵入關，共請誅殺宦官，則太后自然不會再持異議了。」何進深以為然，便即修書徵召附近地方鎮將帥兵進京，共清君側。大將軍主簿廣陵人陳琳諫道：「將軍總皇威，握重兵，龍驤虎步，高下任心，要誅殺宦官，好比鼓洪爐以燎毛髮，只要速發雷霆，行權立斷，事無不成，何須要徵借外兵。此所謂倒執干戈，授人以柄，恐事不成反招禍亂。」可是何進的信已發出無法挽回。典軍校尉曹操也風聞到這個消息，不禁大笑道：「自古以來便有宦官的制度，宦官的亂政，其問題不在宦官，而由於人主之無能。今天既把宦官驕縱起來，如要懲戒，也只須殺一警百，不過一獄卒之勞。這也值得小題大作，勞師動眾，我看這事非弄糟不可！」當時何進分頭發書，北招并州刺史董卓，東召東郡太守橋瑁，又遣騎都尉鮑信到泰山去募兵，令武猛都尉丁原率領數千人，在黃河北岸孟津渡放起一把野火，使火光照入城中，故意造成一種恐怖的空氣以威脅太后。卻說董卓在河東并州，野心勃勃，得到何進的書信，喜出望外。立即統領他的羌胡大兵，長驅南下。並上書曰：

> 中常侍張讓等竊倖承寵，濁亂海內。臣聞揚湯止沸，莫若去薪；潰癰雖痛，勝於內食。昔趙鞅興晉陽之甲，以逐君側之惡。今臣輒鳴鍾鼓如洛陽，請收讓等，以清姦穢！

太后見書，聞知董卓之來乃大將軍所召，怫然不快。特著車騎將軍何苗往告何進道：「夫人不可忘本，你不想當年我兄妹從南陽進京的時節，如非內官之援引，焉有今日？國家大事，不可冒昧，萬一覆水難收，就後悔無及！」這幾句話說得何進心中忐忑不安，又聽說董卓的大兵已經渡過黃河，到了澠池，沒有想到他來得如此之快，更覺惶惑。便急遣諫議大夫种劭，宣詔制止董卓。卓不奉詔道：「既召我來，何能中止。」即麾兵前進，一直到了洛陽城西夕陽亭下，安營紮寨。袁紹見何進又猶豫起來，深恐他

中途變計，便催促何進道：「事到如今內外紛紛，已經無人不知。我們今天和宦官已經勢不兩立。將軍持疑觀望，還何所等待，難道要待為竇武第二嗎？」何進一聽，陡然緊張起來，決定立即下手。派袁紹為司隸校尉，假節專命，派從事中郎王允為河南尹，布置妥當。又著人示意董卓，叫他上書奏稱：「即欲進兵平樂觀！」太后見事態嚴重，不得已，乃罷免所有中常侍小黃門，一律斥令還鄉，還鄉之前，著先往大將軍府中謝罪。這班宦官都戰戰兢兢，見了大將軍叩頭不已。何進道：「這並非我與你們為難，怎奈天下洶洶，不肯干休，你們趕快各自回家吧！」袁紹勸何進就他們入府謝罪的機會，將他們一網打盡，何進不忍。袁紹見何進做事猶疑反覆，畏首畏尾，他乃假託何進的名義分函地方州郡，令就地案捕各宦官家屬。各宦官得訊，都皇皇不可終日。原來張讓新娶的兒媳婦，就是何太后的妹妹。張讓被逼情急，雙膝跪倒在兒婦的面前哀告道：「老臣獲罪朝廷，便當回歸故鄉。累世受恩，一旦離別，實在戀戀難捨。願能於出京之前，再入宮一望太后顏色，則雖死無恨！」說時老淚如雨。新媳婦大受感動，慌忙去乞憐於母親舞陽君。舞陽君即入宮告知太后，太后聽了，也不禁潸然，即宣旨恩准諸常侍一齊入宮話別。那曉得進宮之後，一連幾天不聞出宮消息。那天是中平六年八月戊辰，何進入宮來謁見太后，痛斥宦官狡猾，非斬盡殺絕不可，太后默然無語，勸何進退出。中常侍張讓、段珪藏在門後，把話完全聽去。他們恨極，便率領宦官各持兵刃，伏在宮門一旁。何進方走出宮，只聽後面宦官傳旨道：「太后有諭宣大將軍再入宮」，何進乃轉身回頭，才踏進宮門，宮門即行關閉，宦官齊出，將何進捉住。張讓指著何進大罵道：「今日大亂，如何能將罪過都歸在我們的身上。你不想，當年先皇曾與太后不睦，如非我等涕泣請求，你們兄妹早已獲罪。不料你竟恩將仇報，要滅我種族，你的良心何在？」說罷，尚方監渠穆拔出寶劍，手起一劍，將何進斬首。隨後張讓、段珪假傳詔命，令尚書作旨拜故太尉樊陵為司隸校尉，少府許相為河南尹。尚書在宮門外奉到詔版，頗為懷疑，因為何進錄尚書事，便大呼「請大將軍出來宣詔！」只見隔牆拋出一顆血淋淋的人頭，裡面喊道：「何進謀反，已經斬首！」尚書大驚，飛奔出來報

知守在宮外的何進部將吳匡、張璋。吳匡、張璋即邀同袁紹之弟虎賁中郎將袁術，共引兵入宮。宮門緊閉，一時斧劈不開，袁術等就在青鎖門外，放起大火。那火光沖天，照入宮中。裡面張讓等慌了手腳，即蜂擁來見太后，謊稱：「大將軍帶兵造反，火燒宮門！」也不待太后分說，就前呼後擁，架著太后與少帝，陳留王，並宮中少數官屬，從複道逃往北宮。尚書盧植正站在複道之下，聽見複道上宦官喧呼之聲，便破口大罵。太后在複道上聽見下面人聲，便奮不顧身，掙脫了宦官，一躍而下。盧植接住了太后，指麾眾人，趕緊追趕。這裡袁紹、袁隗矯詔捕斬樊陵、許相，殺死趙忠。吳匡素恨車騎將軍何苗與何進不合作，懷疑何進之死，乃何苗所害。乃約同董卓之弟奉車都尉董旻，攻殺何苗。然後與袁紹、袁術、張璋等，率兵攻入北宮中，將四門緊閉，遇到宦官，見一個殺一個，一時屍首縱橫，血肉紛飛，砍死了兩千多人。可憐有些沒有鬍鬚的，被誤認為宦官，也死於非命。張讓段珪乘紛亂中逃出北宮，劫持著少帝陳留王共數十人，步行出穀門，向東北方落荒而走，走到小平津已是深夜時分。正茫茫不知所往，忽然聽到後面人聲，原來是尚書盧植與南中部掾閔貢尋蹤追到。閔貢厲聲斥罵張讓等道：「你等竟敢劫持天子，該當何罪，還不與我速死！」說時拔出寶劍，一連砍倒數人。張讓惶怖，跪在少帝前叩頭大哭道：「臣等今日只有一死，天下已經大亂，望陛下珍重自愛！」說罷，與段珪等投河而死。閔貢乃攙扶著少帝與陳留王回轉向西南走。這時八月中秋北方的天氣，已是寒風蕭颯，深夜之中，迷迷矇矇，看不清前面道路。也是湊巧，前面忽然發現了一群螢光，好像是引路的一般。大家就跟隨著那螢光，走出數里。到了一家百姓的家裡，找到了一輛破板車，一同走到北邙山雒舍地方。這時天色已亮，換乘坐騎。少帝獨乘一馬前行，閔貢抱著九歲的陳留王共乘一馬，跟隨在後。正在緩緩前進，忽見旌旗招展，塵埃蔽空，一彪大軍到來，眾皆失色。原來來者，正是董卓大軍。董卓本駐軍在洛陽城外，忽然看見城中火起，知道是發生了事變。急忙引兵前進，到了洛陽城邊，聞知皇帝被劫北走，乃折向北走，走到北邙山腳下果然與少帝等相遇。少帝這一夜，饑寒交迫，又被董卓大軍所驚，戰慄啼哭不已，左右大臣代向董卓

宣旨道：「有詔卻兵！」董卓聽了笑道：「諸公身為朝廷大臣，不能匡扶王室，害得天子顛沛流離，還說什麼卻兵！」說著縱轡上前，來和少帝談話。那小皇帝眼淚汪汪，一句話也說不出來。董卓乃轉問後面的陳留王，沒有想到這個九歲的小孩子，倒不慌不忙，把逃難的經過說得有條有理。董卓大為稱嘆，又詢知陳留王自幼為董太后所撫養，卓自認與董太后為同宗，更覺親切，便懷下了廢立之意。先是靈帝末年，京師流傳著幾句童謠道：「侯非侯，王非王，千乘萬騎走北邙。」有人認為這是一句預言，就應驗在少帝與陳留王北邙山的逃難。那天少帝與陳留王回到宮中，到處尋找，不見了傳國璽，這也是一件怪事。

董卓自并州南下，倉卒間，僅帶來了三千人馬，自嫌兵少，不足以示威。乃每隔四五日，將一部兵馬於深夜調出，翌日天明，再揚旗擊鼓而回。洛陽人不知虛實，以為董卓從并州調來了無數兵馬，無不驚訝。董卓又奪取了原屬何進兄弟統領的軍隊。時丁原為執金吾統領北軍五營校士，丁原有部將五原人呂布字奉先，勇而無識，董卓派說客誘說呂布，令刺殺丁原，又兼併了丁原的軍隊，於是兵威大盛。他又諷示朝廷，罷免了司空劉弘，取而代之。董卓既有權位，氣燄日高。這天和袁紹道：「非賢明者不能為天下主，如今史侯昏庸，我欲立董侯為主，君意下如何？」袁紹厲色道：「不可！今上年齡還小，又無失德，君為人臣，擅要廢嫡立庶，恐為天下人之所不容！」董卓大怒，按劍道：「今日天下之事都在我手中，誰敢不從！你以為我董卓的刀不快嗎？」袁紹也怒道：「你以為今天有勢力的就是你姓董的嗎？」說時拔刀橫揖而出。當天，懸節於上東門，逃奔冀州而去。董卓就在九月癸酉這天，大會百官，宣布道：「皇帝闇弱無能，不足以奉宗廟為天下主，今欲依伊尹、霍光故事，更立陳留王何如？」公卿們聽了，都默默無言，董卓接著又道：「昔日霍光定策，延年按劍，誰敢阻撓大計，以軍法從事！」滿座百官都震慄，唯有尚書盧植實在忍耐不住，起立抗議道：「當年伊尹廢太甲，是因為太甲昏暗不明。霍光廢昌邑，是因為昌邑罪過千條。如今天子富於春秋，行無失德，如何能與前事相比？」董卓大怒，立即宣布散會，預備要捕殺盧植，虧得左右一再相勸說：「盧尚書乃

海內大儒，人望之所歸，如果加害，將失天下人心。」董卓乃憤憤而止。盧植聞訊，也就逃出京師，奔往上谷。董卓最後以廢立之議，請示於太傅袁隗，這袁隗和過去的胡廣是一類典型的人物，當即覆書表示同意。就在九月甲戌這日，董卓大會群臣於崇德前殿，脅迫何太后親下策書，策免少帝曰：「皇帝在喪無人子之心，威儀不類人君，今廢為弘農王，立陳留王協為帝。」太傅袁隗上前，雙手解下皇帝的璽綬，轉身交給陳留王。然後扶弘農王下殿，叫他北面稱臣。何太后一旁落淚不止，群臣含悲，也都不敢仰視。董卓又倡議道：「太后迫害董太后，以婦殺姑，大逆不道！」將何太后貶禁在永安宮中，兩天後賜酖令自殺。又發何苗之棺，出屍支解。殺何苗母舞陽君，棄屍在枳棘之中。這個新立的九歲的小皇帝劉協，就是東漢最後的，也是最悲慘的一個皇帝——漢獻帝。

　　董卓立漢獻帝後，自為太尉，領前將軍事，加節傳斧鉞虎賁，封郿侯。而以太尉劉虞為大司馬，封襄賁侯，太中大夫楊彪為司空，豫州牧黃琬為司徒。時中常侍殺盡，宮中宦官所餘無幾，特置侍中給事黃門侍郎員各六人，掌侍從左右，關通內外，賜公卿以下至黃門侍郎，家一人為郎，以補宦官所領諸署。中平六年十一月，董卓升為相國，贊拜不名，入朝不趨，劍履上殿。中外大權，全操在董卓之手，幼主不過備位而已。董卓為人雖然兇橫，但在專政之初，亦頗想沽名釣譽，以收買人心。首率諸公上書，追理陳蕃、竇武及諸黨人之冤，復其爵位，用其子孫，並遣使分別致祭弔。蔡邕亡命江湖十二年，聞其賢名，特往徵聘。蔡邕稱疾不就徵，董卓怒道：「我能用人，亦能族人！」蔡邕恐懼，只得奉旨進京。卓拜邕為祭酒，由祭酒而御史，由御史而尚書侍中，三天之內，周歷三臺。又用周珌、鄭泰為尚書，伍瓊為侍中，何顒為長史，皆一時賢達。周珌、伍瓊等勸董卓矯桓靈之弊，擢用名流，顯拔幽滯。於是再詔徵處士陳紀、韓融、荀爽等，以陳紀為五官中郎將，韓融為大鴻臚，荀爽為平原相。這荀爽就是前講所說的，荀淑之子，八龍之首。荀爽就徵，走到宛陵地方，就由平原相升為光祿勳，及到朝視事三日，便拜為司空。計從被徵到登臺司，前後僅僅九十三天，打破了漢代的升官記錄。荀爽拜司空後，遂以楊彪為司徒，黃琬

為太尉。董卓又用周珌、伍瓊的建議，拜尚書韓馥為冀州刺史，侍中劉岱為兗州❶刺史，陳留❷孔伷為豫州❸刺史，潁川❹張咨為南陽太守，而董卓自己的私人，並不派居顯要，僅為隨身將校而已。袁紹出走後，董卓懸賞捉拿甚急，周珌、伍瓊勸卓道：「廢立大事，不是常人所能了解，袁紹不識大體，恐懼出奔，非有大志，如果捉拿太急，反而激其生變。袁家四世三公，門生故吏，遍於天下，若收攬豪傑，聚眾起事，則山東非公有也！不如赦免其罪，拜為郡守，以示攏絡，倒是欲擒故縱之計。」董卓以為然，遂拜袁紹為勃海❺太守，封邟鄉侯。又拜袁術為後將軍，曹操為驍騎校尉。袁術畏忌董卓，而曹操料知董卓不能成事，兩人都棄官逃走出京，袁術南奔魯陽❻，曹操東奔陳留。

　　大凡一個偽裝的和善，絕不能持久，總有一天會暴露其猙獰面目。董卓本性殘暴不仁，入朝之初，尚有所顧慮，及至甲兵日多，威權日盛，乃肆無忌憚，大作威福。有一天，侍御史擾龍宗見卓白事，不曾解劍，立被摑殺。洛陽是將近兩百年的都城，貴戚豪室，門第相望，差不多家家富有，錢穀累積。董卓所率的西北羌胡士卒，軍紀惡劣，董卓又故意加以驕縱。他們乃以查捕奸人為名，闖家入舍，挨戶的搶掠財物，奸淫婦女，名之曰：「搜牢」。董卓則出入宮廷，睡在龍床之上，侮辱公主，淫亂宮人，無所不為。又乘何太后的下葬，打開靈帝文陵，盡取其墓中珍寶。尤其董卓的刑罰殘酷，睚眦必報，朝廷內外，人人戰慄，朝夕不能自保。他所徵聘的那些名流，在其淫威之下，不過替他裝飾門面，一個個忍聲吞氣，毫無作用之可言。漸漸的眾叛親離，到了第二年，就是獻帝初平元年，關東州郡起兵討卓，於是天下大亂了。

---

❶　治昌邑，今山東金鄉。

❷　今河南陳留。

❸　今河南禹縣。

❹　治譙城，今安徽亳縣。

❺　今河北南皮。

❻　時屬南陽郡，今河南魯山。

　　卻說曹操逃出了洛陽，董卓令人畫影圖形，到處捉拿。曹操化裝更名，潛逃到成皋❼地方，往訪故人呂伯奢，伯奢適不在家，由他兒子出來款留曹操。曹操見其形跡可疑，晚間又聽見屋後鐵器之聲，疑為謀己。乃拔劍闖進後堂，一連砍死了八個人，偕同從伴，倉皇脫走。一路上心裡非常不寧，既而嘆道：「寧使我負人，不教人負我！」❽前行出虎牢關，走進中牟縣界，有一個亭長，見曹操行色張皇，必是逃犯，便將曹操捉住，送到縣裡。那縣中有一位功曹，是一個心地寬厚的人，勸縣令將曹操釋放❾。過了中牟❿縣，就來到陳留。新任陳留太守張邈字孟卓，乃曹操好友，挽留曹操住下。張邈亦痛恨董卓，兩人就密謀起義。又有當地一個孝廉，名叫衛茲，家資鉅萬，豪俠仗義，願傾財相助，頃刻間，募兵五千多人，待機而動。再說司隸校尉袁紹，逃到了冀州，忽然接奉聖旨，官拜勃海太守。他也就將計就計，就任了勃海太守，仍自稱兼司隸校尉。卻在暗中聯絡各地豪傑，密謀起兵。新任冀州牧韓馥，受命於董卓，在暗中派人監視袁紹。這天忽然接到鄰州東郡太守橋瑁的書信，拆開一看，內中附錄了一封密函，乃是京師三公聯名發出，內述董卓如何欺君虐民，凌辱公卿，呼籲地方火速發兵勤王，以抒國難⓫。韓馥見書，倒左右為難起來，和諸從事商議道：「你們說，今天這個局面，我是幫助姓袁的呢？還是幫助姓董的呢？」治中從事劉子惠道：「今天是興兵救國，何謂袁、董？」韓馥愀然不語。子惠又道：「我們冀州並不必先行出兵，待別人起義之後，我們再相機附和，以冀州地方形勢之重要，可不勞而立功！」這幾句話卻正中韓馥的下懷。

❼　即虎牢關所在地，今河南汜水。

❽　曹操過成皋殺呂伯奢家人事，見《三國志武帝紀》裴松之注。

❾　曹操先過成皋，後至中牟，為亭長所執，功曹某所釋，功曹之名不詳。小說《三國演義》中敘曹操先過中牟，中牟縣令陳宮釋操，與偕過成皋，殺呂伯奢全家，與歷史地理均不合。《三國演義》中諸如此類改變正史之處甚多。小說原非歷史，無關宏旨，因其為家喻戶曉之書，易生錯覺，其大差誤處特為說明，以供參考。

❿　即今河南中牟。

⓫　此乃橋瑁所作偽書，並非三公所發。

於是韓馥立即草寫書信一封，著人飛馬送與袁紹，書中對袁紹推崇備至，
勸他速起義師，願為後盾，同時撤退了監視的部隊。袁紹得書，便分頭與
諸州郡接洽，皆紛紛響應。就在初平元年正月，關東州郡以討董卓為辭，
同時起兵，共推袁紹為盟主，紹自稱為車騎將軍，與河內❷太守王匡，共
進兵屯於河內。豫州刺史孔伷，屯兵潁川。兗州刺史劉岱，陳留太守張邈，
驍騎校尉曹操，邈弟廣陵太守張超，東郡❸太守橋瑁，山陽❹太守袁遺，
濟北相鮑信等，共起兵響應袁紹，屯兵於陳留郡酸棗嶺❺。冀州牧韓馥留
駐鄴城，總給各路軍糧。另有袁紹弟後將軍袁術，屯兵魯陽。一共是四路
兵馬，從北東南三個方向，威逼洛陽，眾各數萬人，聲勢浩大。董卓得訊
大驚，又讀山東檄書，以廢立為辭罪討董卓，知弘農王尚有人望。一面發
兵拒戰，一面派遣心腹郎中令李儒，持酖往殺弘農王以絕後患。可憐那弘
農王劉辯，自從被廢，與王妃唐姬被幽禁在永安宮閣樓之上，悽悽慘慘，
度日如年。這天忽然看見李儒進來，一手捧著酖酒，勸王飲服道：「服此
藥，可以延年益壽！」弘農王心裡明白，這是末日到了，便與唐姬告別，
作悲歌一首，其辭曰：

　　天道易兮我何艱！棄萬乘兮退守蕃。逆臣見迫兮命不延，逝將去汝
　　兮適幽玄！

弘農王歌罷，命唐姬起舞，唐姬含淚引袖，宛轉而舞，也和了一首歌曲，
其辭曰：

　　皇天崩兮后土穨，身為帝兮命夭摧。死生路異兮從此乖，奈我煢獨
　　兮心中哀！

唐姬歌罷，與弘農王相抱痛哭，左右無不流淚。王謂唐姬道：「卿乃王者

❷　河內郡今黃河北武陟縣一帶地，郡治常移。

❸　治濮陽，今河北陝陽。

❹　今山東金鄉。

❺　地屬陳留郡，在今河南延津地方。

之妃，不得受辱，再為吏民之妻。我死之後，望你珍重自愛！」李儒在一旁催促，弘農王乃飲藥而死，死時年才十八歲。李儒逼殺弘農王後，來向董卓復命。這時關東消息緊張，董卓大為焦慮，乃召集朝中公卿會商，擬遷都長安以避其鋒。董卓道：「昔高祖皇帝建都關中，十有一世，後光武皇帝建都洛陽，至今亦十有一世，正合《石包讖》書⓰的預言，應遷都長安，以應天人之意。」百官聽了都默然不響，獨有司徒楊彪反對道：「遷都改制，乃天下大事，何能造次。昔關中遭王莽之亂，宮室殘破，光武皇帝不得已，才遷都洛陽。現在歷年已久，百姓安樂，今無故捐宗廟棄園陵，誠恐驚動天下，惹起大亂。那《石包讖》乃妖邪之書，何足憑信！」董卓聽了不快道：「關中乃天府之地，所以秦人憑之以併吞六國，回都長安，正乃上策。至說宮室殘破，隴右有滿山森林，杜陵有武帝陶竈，要木材有木材，要磚瓦有磚瓦，建築宮殿，一朝可成。那些無知百姓如敢抗命，我以大兵驅之，就是赴湯填海，那怕他不從！」楊彪道：「此非負氣之事，天下大事，動之易而安之難，還望明公三思！」董卓不覺變色道：「你要阻撓國家的大計嗎？」太尉黃琬一旁道：「楊司徒所說乃是為了國家，明公未嘗不可加以考慮！」司空荀爽看董卓的顏色不對，生怕董卓加害楊彪，便也在一旁婉言和解道：「相國又豈樂播遷，誠以山東兵亂，恐怕驚了聖駕，所以暫時遷都，便於作戰平賊。」這才勉強散會。過了兩天，董卓假口災異，奏免了黃琬、楊彪，而以光祿勳趙謙為太尉，太僕王允為司徒。城門校尉伍瓊與督軍校尉周珌，亦固諫遷都，董卓怫然大怒道：「就是你們兩人勸我用劉岱、孔伷、張邈這班賊黨，他們到任之後，就舉兵造反，你們今天又來阻我遷都，顯見得是你們和張邈等互相勾結，要出賣我董卓！」回頭叱令左右將伍瓊、周珌兩人推出斬首。於是決定遷都大計，無人敢再持異議。車駕於初平元年二月丁亥，離開東都，西幸關中。又盡徙洛陽百姓幾百萬人於長安，這些百姓那裡肯拋捨家園，董卓乃派兵馬驅策。可憐這些百姓，扶老攜幼，哭哭啼啼，被迫上路。緣途踩死的餓死的，不知有多少。董卓又將袁紹的叔父太傅袁隗，與太僕袁基，及其家族男女老幼五

⓰　《石包讖》為當時盛行的一種預言之書。

十餘口，一齊殺死，抄沒了財產。乘勢縱令士卒，大肆劫掠。然後放起一把大火，把洛陽城裡城外的宮殿民房，燒成一片焦土，二百里內，屋舍蕩然無存。又派呂布率兵，發掘洛陽附近的皇帝陵寢，與公卿墳墓，盡取其珍寶。單留下一座罩圭苑不曾燒燬，董卓自將兵屯駐其中，指揮軍隊，拒戰袁紹等。董卓的西涼兵馬究竟強悍，數破州郡之兵。部將徐榮、李蒙，攻打豫州，捉到潁川太守李旻，械來罩圭苑，董卓命放在鍋中煮死。又擒到關東的俘虜，用布裹身，塗上豬油，倒吊起來，當做蠟炬般燃燒。又有一次，董卓的前哨部隊，巡行到陽城❶地方，適逢那天百姓趕社，滿城中紅男綠女十分熱鬧，這班羌胡雜卒，忽然野性大發，把那些婦女都搶載在車上，把那些男子一齊殺死，將人頭掛在車後，高歌呼嘯而回，宣稱殺賊大勝。董卓大喜，便命將人頭堆在洛陽城邊，用火焚燒，把那些婦女都賜與士卒，用作犒賞。

　　卻說袁紹諸軍，見卓兵兇狠，都觀望不前，而各懷異心。曹操憤慨道：「舉義兵，誅暴亂，大軍已合，諸君何疑而不前。假使董卓扼守洛陽，挾天子以臨天下，雖然無道，恐一時尚不易誅除。現在他竟焚燒宮室，劫遷天子，倒行逆施，海內震動，此乃天亡董賊。乘此進兵，一戰而天下可定！」大家還是瞻望。曹操氣憤，乃率兵獨進，進至滎陽西南汴水之濱，遇到董卓的先鋒徐榮，一場混戰，曹操被殺得大敗。曹操縱馬逃走，坐馬忽中流矢，曹操翻倒在地，正當危急的時候，忽然一員大將趕到，殺退追兵，滾鞍下馬，將馬讓與曹操乘騎。曹操一看，正是兄弟曹洪，曹操不肯，曹洪道：「天下可無洪，不可無兄」，於是曹操騎馬，曹洪執刀步行保護，迤邐回到酸棗嶺。但見諸軍十餘萬人，終日置酒高會。曹操忍耐不住，又向眾人獻策道：「諸軍急進兵前據成皋、敖倉，使勃海（袁紹）引河內之眾南臨孟津，使袁將軍（袁術）將南陽之眾，由丹析入武關，以逼關中三輔。不必交鋒，賊必自亂，天下可不戰而自定！」大家還是不睬。曹操料知酸棗諸軍，終不能成事。乃與司馬夏侯惇，南往揚州募得壯丁一千多人，還屯河內。自曹操去後，這裡酸棗諸軍同床異夢，互相猜忌。兗州刺史劉岱

───────────────

❶　今河南登封。

與東郡太守橋瑁發生摩擦，劉岱殺死橋瑁，以王肱代領東郡太守。於是彼此更加疑畏，前方軍糧又盡，乃紛紛散走。董卓未滅，山東州郡竟先自解體。

這時單有一位英雄出來和董卓挑戰，這人就是長沙太守孫堅。孫堅自從討平長沙賊亂，聲威日著。他聽說董卓亂政，山東州郡起兵討逆，撫膺嘆道：「使當年張公聽我之言，焉有今日！」便自長沙率兵北上，響應山東州鎮。兵至荊州，荊州刺史王叡對孫堅無禮，南陽太守張咨不給軍糧，都被孫堅誘殺，荊州一帶無不震駭。孫堅進至魯陽，便與袁術合兵，袁術得孫堅之助，便佔領了南陽郡，並上表朝廷舉薦孫堅行破虜將軍領豫州刺史。這時朝廷甫遷到長安，政事暫由司徒王允等主持，聞知荊州刺史王叡與南陽太守張咨先後被害，孫堅與袁術在南陽擅自行動。當接到袁術的表章，一面降旨敷衍袁孫，一面委派了一位名士，北軍中侯劉表為荊州刺史，遞補張咨，叫他去收拾荊州，並監視孫堅袁術的活動。這劉表字景升，山陽高平人，乃是皇室宗親，少小知名，為八及之一，身長八尺餘，姿貌雄偉。劉表奉命，來到荊州，荊州地方紊亂如麻。他單騎進入宜城❶，獲得南郡名士蒯良、蒯越之助，平盜安民，撫定了荊州，又將州治自武陵移徙襄陽，分兵布守各要津，以防孫堅袁術。再說孫堅，於初平二年二月，留袁術屯守魯陽，獨自率兵北上，討伐董卓。與卓軍遭遇，先敗後勝，大破呂布，殺死大將華雄。董卓素知孫堅厲害，便派將軍李傕，前往誘說孫堅，願與修好和親。孫堅大罵道：「董卓奸賊，大逆不道，我不夷其三族，死不瞑目，那個與他和親！」嚇得李傕鼠竄而回。孫堅即麾軍疾進，進至大谷地方，這裡距洛陽僅有九十里。董卓親自率兵督戰，又被孫堅殺得大敗。董卓在黽圭屯兵不住，撤守陝城❶。孫堅乃引軍進入洛陽，但見廢址荒煙，斷壁頹垣，真是傷心慘目，不免悽然淚下。派人掃除殘燬的宗廟，祠以太牢。又派人分別修理被董卓掘毀的諸帝陵墓，草草掩覆，使不暴露。那晚竟找不到適當的屯兵所在，就在甄官井上一座破殿基地，暫行駐宿。當夜

---

❶ 今湖北宜城。
❶ 今河南陝縣。

有人在井中汲水，無意中撈出一塊玉璽，來獻與孫堅。孫堅拿到手中，拭淨一看，見那玉璽，方圓四寸，玲瓏發光，上有五龍交紐，旁缺一角，上鎸篆文曰：「受命於天，既壽永昌」，原來就是從秦朝傳流下來四百三十餘年的傳國玉璽，孫堅不禁暗喜，即納入懷中。孫堅在洛陽駐了幾日，分兵追趕董卓，趕了一程，見陝城一帶董卓的防禦鞏固，不易攻打。山東諸軍各自解體，不能援助，洛陽附近數百里內又無人煙，難以逗留，乃引軍仍復退回了魯陽。這裡董卓遣兵調將，派遣中郎將董越屯兵澠池❷⓿，中郎將段煨屯兵華陰，子婿中郎將牛輔屯兵安邑❷①，互為犄角之勢，緣大河南北布置了一道堅固的防線，以防山東諸侯。董卓吩咐諸將道：「這山東州鎮，我都不放在眼裡，唯有孫堅小子，頗善用兵，你等務須小心提防，不可輕敵。」吩咐布置停當，董卓就率領隨從士卒，西返長安。在入都之前，先著人示意朝廷，派光祿勳持節拜董卓為太師，位在諸侯王之上，以顯威榮。

　　漢獻帝於初平元年三月乙巳，車駕進入長安。長安宮室殘破已久，先以京兆府舍為行宮，稍稍修葺宮室，才遷入未央宮中，朝廷中一切草草。五月間，司空荀爽憂病而死，以光祿大夫种拂為司空。這時朝廷政事，大小都由司徒王允主持。王允字子師，太原祁縣人，少為郭林宗所重，嘗曰：「王生一日千里，王佐之才也！」年十九為郡吏，捕殺豪強，以剛直著稱。後辟司徒府，為侍御史，中平年間出任豫州刺史，討黃巾立功，為宦官所陷幾死。及何進謀誅宦官，召為從事中郎，轉河南尹，拜太僕，遷尚書令，楊彪被董卓免職，乃代為司徒。王允忠心耿耿，謀畫廟堂，應付百官，上自天子下至公卿，都倚為砥柱。王允對於董卓，亦能善於應付，頗得卓之信任。他在西京主持政事，歷時一年，頗得人心。到初平二年四月，董卓自陝城回入長安，王允承卓意旨，率同百官，到郊外迎接。前左將軍皇甫嵩被徵入朝，時為御史中丞，亦隨同百官前往。董卓來到，看百官拜於道左，執禮甚恭，心中不勝歡喜。又瞥見了皇甫嵩，不禁得意忘形，上前一步握住嵩手笑道：「義真❷②！你今天可畏服我董卓否？」皇甫嵩莊顏答道：

❷⓿　今河南澠池。

❷①　今山西安邑。

「明公如以德義輔佐朝廷，乃國家之大慶，我等何畏之有？如濫用威刑，天下皆畏，又何獨我皇甫嵩一人！」董卓默然。

董卓進入了長安，果然大作威福，肆行淫暴。僭擬天子車服，乘金華青蓋兩輢車，時人稱為竿摩車。以弟董旻為左將軍，兄子璜為侍中、中軍校尉，統握兵權。宗族內外，並列朝廷，侍妾所生懷抱中子，皆封列侯。三臺尚書以下，都要親到太師府中啟事。前在西北為董卓長官的司空張溫，時任衛尉，為卓所忌。初平二年冬十月，太史望氣說：「天象有變，長安城中將有流血之災，應在大臣的身上。」董卓乃誣奏張溫與袁術往來，將張溫笞殺於長安市上，以塞天變。又在郿縣建築了一座塢堡，堡距長安二百六十里，城高厚各七丈，積穀可支三十年，自道：「事成則雄據天下，不成可守塢養老，為千秋萬歲之計」，因號其塢為「萬歲塢」。他來往於長安郿塢之間，必要百官迎送，迎送的時候，總要置酒宴會，宴會的時候，總要大縱淫樂，全無顧忌。有一次董卓前往郿塢，百官於橫門外置酒餞行，適逢押到北地俘虜數百人，卓命綁到酒席宴前，拔掉舌頭，斬斷手足，又剜割眼耳，乘其未死，再放在鍋裡烹煮。那一個個宛轉哀號，慘不能睹，百官都震慄失箸，而董卓飲宴談笑自若。前西北名將度遼將軍皇甫規，卒於靈帝熹平三年，規續娶夫人馬氏，年輕貌美，又工詩文書畫，守寡在家。董卓久聞其名，著人送上一份厚禮，要納聘為妾。皇甫夫人惶恐無計，乃敝衣毀容，親自來到太師府，跪在府門前，苦苦哀求饒免，情辭酸楚，聲淚俱下。董卓道：「孤威教行於四海，難道不能服一婦人！」便叫侍衛拔刀威逼。皇甫夫人情知不免，站將起來，破口大罵道：「國賊董卓，你乃羌胡雜種，毒害天下，先夫乃國家上將，漢室忠臣，豐功偉業，誰人不知！當年先夫鎮守西北時，你不過是一個邊疆的走卒。你這個奴才廝卒，今天竟敢來侮辱長官夫人，不怕天誅地滅！」董卓大怒，叫人把皇甫夫人的頭髮，拴在車轅之上，鞭撲交加，可憐皇甫夫人竟死於亂鞭之下。後來長安仕女，追念夫人的貞烈，畫了圖像在家中供祀，稱為「禮宗」。越騎校尉仲孚，憤恨董卓的淫暴，實在忍無可忍，乃在朝服中暗藏佩刀，欲伺隙刺

---

❷ 義真，皇甫嵩之字。

死董卓。這天朝罷，董卓上前與仲孚攀談，孚即拔刀猛刺。被董卓閃過，
兩手捉住仲孚的雙臂，大喊捉賊。左右侍衛當即上前，將仲孚砍倒在地，
仲孚罵道：「董卓姦賊，我恨不得將你碎屍萬段，方消我胸中之恨，⋯⋯」
話未說完，氣絕身死。從此董卓令心腹猛將呂布隨身保護，步步不離左右。
董卓以呂布為義子，賞賜優厚。但是卓性暴躁，喜怒無常。有一次呂布小
有過失，董卓氣憤之下，拔出手戟向呂布擲去，呂布躲閃得快，不曾受傷，
從此心中不平。他又與董卓的婢妾私通，內懷疑懼。那時朝中公卿，人人
憂憤，但都敢怒而不敢言。司徒王允暗地裡與司隸校尉黃琬、僕射士孫瑞、
尚書楊瓚，密謀誅殺董卓。王允素與呂布相好，察知呂布與董卓有隙，這
天特邀請呂布到家飲酒，故意以言語挑逗。那呂布幾杯悶酒入肚，大發牢
騷。王允便勸呂布殺卓，並將密謀相告。呂布為難道：「怎奈有父子之情！」
王允道：「君自姓呂，他自姓董，何謂父子！況他擲戟之時，那還有父子
之情！」呂布當即應允，於是大家秘密計議停當。初平三年四月丁巳這天，
獻帝小病新癒，大會百官於未央殿。董卓奉詔入朝，陳兵夾道，左步右騎，
防衛得十分周密。王允早使士孫瑞寫好了討卓的詔書，交給呂布藏在身旁。
呂布令其同鄉騎都尉李肅與勇士秦誼、陳衛等十餘人，全副武裝，裝做宮
門衛士，把守在北掖門內，等待董卓。董卓乘車甫入掖門，李肅持戟上前，
直向董卓猛刺，卓內穿金甲，戟不得入，傷臂墮車。卓大叫：「奉先吾兒
安在！」呂布一旁走出，應聲道：「奉詔討賊！」卓大罵道：「狗奴！你竟敢
造反！」話猶未了，呂布手起一矛，將董卓刺死，然後從懷中取出詔版，
宣讀道：「今日但誅董卓一人，餘皆無罪！」隨從士兵，皆大呼萬歲。百姓
聞訊，歌舞於道。許多人典衣買酒，群相慶賀，長安市上歡聲如雷。董卓
弟董旻、姪兒董璜及在郿塢的宗族老幼，都被群眾殺死。王允令將董卓屍
首陳列示眾。那時天氣初熱，卓屍肥胖，看屍的軍士，做了一支蠟燭插在
董卓的肚臍裡，燃起火來，其光如炬，久久不滅，那脂油流滿在地，時人
號為「卓燈」。袁家的門生，又聚董家屍首，焚燒成灰，揚播於路。抄出
塢中藏金二三萬斤，銀八九萬斤，其他錦綺珍寶，堆積如山，不可數計。
董卓既誅，司徒王允兼錄尚書事，呂布以功，拜奮威將軍，封溫侯。董卓

之死，朝野上下無不稱快，唯有左中郎將蔡邕，在王允座中，聞之不禁長嘆一聲。王允大怒道：「董卓乃國之大賊，幾乎顛覆社稷，你身為王臣，不同仇疾惡，乃反以私恩同情叛逆！」即叱左右將蔡邕拿下，收付廷尉。蔡邕自悔失態，伏地請罪道：「邕雖不才，豈不知國家大義，但以知遇之感，一時情不自禁。誠知罪大，如蒙原宥，願黥首刖足，續成漢史，以贖其辜。」一班士大夫，以蔡邕碩學名儒，都為他求情。太尉馬日磾嘆道：「伯喈曠世逸才，多識漢家故事，如能續成漢史，誠乃一代大典。不可以小事而加罪誅，致失天下人望。」王允道：「君有所不知，昔年漢武帝不殺司馬遷，致使作謗史，流傳後世。方今國祚中衰，天下紛紛，不可使佞臣執筆於幼主左右，將來寫出歷史，我等都將遭其訕謗！」終將蔡邕害死在廷尉獄中。馬日磾嘆道：「善人者，國之紀也；制作者，國之典也。今王公滅紀廢典，我看他何能長久！」

　　王允為人雖然忠正，但心氣高傲，剛愎自用。自從誅殺董卓之後，頗有驕態，漸失人和。那時董卓雖死，其部眾尚多，都分布在關東一帶。最初王允和士孫瑞計議，打算赦免董卓的部曲，既而又想道：「部曲沒有不效忠於主人的，何況既名為叛逆，又何能饒恕。」於是猶豫不定。外邊百姓就傳出謠言，說朝廷要殺盡涼州人。初當董卓入關之時，曾留河南尹朱雋規復洛陽，雋反與山東諸鎮聯合，屯兵中牟，發表檄文討伐董卓。董卓乃調派子婿牛輔自安邑南屯陝城，另遣校尉李傕、郭汜[23]與張濟，將兵數萬，往討伐朱雋。李傕北地人、郭汜張掖人、張濟武威人，皆是西北涼州悍將。傕等率兵擊破朱雋於中牟，大掠陳留潁川，所過殺虜無遺。及董卓被誅，皇皇不知所歸，又聽得種種謠傳，乃相與謀道：「蔡伯喈一代人望，因為附合董公，尚且被害，則何況我輩！」遂各擁兵自守，觀望情勢。呂布奉王允之命，派李肅帶兵往誅牛輔，牛輔抗命拒戰，李肅大敗，逃回弘農[24]，為呂布所殺。而牛輔的士眾發生叛變，也被部下所殺。牛輔一死，

---

[23]　宋范曄《後漢書》作郭汜，但晉陳壽《三國志》，與宋司馬光之《資治通鑑》，均作郭汜，今從陳、馬。

[24]　今河南靈寶。

李傕、郭汜、張濟等大起恐慌，忙遣人到長安求赦，王允不許。傕等進退維谷，擬遣散軍隊，各自還鄉。討虜校尉武威人賈詡道：「如棄軍而走，一個亭長就能將君等俘虜。事到如今，不如逕率兵西攻長安為董公報仇，事成則奉國家以令天下，如其不成，再走不晚！」傕等以為然。當時這班西涼士卒成了亡命之徒，困獸之鬥，都奮不顧身，蜂湧西進。王允得訊，趕派董卓故將胡軫、徐榮前往新豐攔截。胡軫降敵，徐榮戰死。賊眾大為猖獗，一路上裹脅流亡，到了長安附近，已有十幾萬人。並與董卓的舊部樊稠、李蒙，糾合在一起，將長安城團團圍困，其勢如火如荼，一連圍攻了八天八夜。呂布督軍守城，忽然城內兵變，開門應敵。李傕等乃一湧進城，就在城中展開了巷戰。呂布殺擋不住，要奪路逃走，招呼王允一同亡命。王允道：「若蒙社稷之靈得安國家，我之願也。如其不然，願為國犧牲，臨難苟免，我所不為。請你代我致謝關東諸侯，好自努力，以國家為念！」說罷，揮淚而別。呂布就率數百騎兵，殺開一條血路，衝出了長安，逃奔關東。這裡城中亂成一片，太常种拂、太僕魯馗、大鴻臚周奐、城門校尉崔烈、越騎校尉王頎，都死於亂軍之中。長安城裡，吏民死者一萬多人，一時屍體縱橫，哭聲震天。王允慌忙牽扶著小皇帝攀登宣平門城樓避難，頃刻間，城樓下擁滿了賊兵。傕等抬頭看見城上傘蓋，知道天子在上，不敢進逼，就在城下高呼萬歲，要求天子露面有話要稟奏，其勢洶洶。王允不得已，只好扶小皇帝走到樓邊，向城下問道：「卿等縱兵相逼，究竟意欲何為？」李傕等叩頭奏道：「董太師有大功於國家，無故被呂布等所殺，臣等特來為董太師報仇，現在要請王司徒下城答話！」跟著城下面喧嚷成一片，王允無奈，只得縋下城來。李傕等即將王允綑綁起來，與司隸校尉黃琬、左馮翊宋翼、右扶風王宏等，一齊處死。勒逼天子下詔大赦天下，拜李傕為車騎將軍，開府假節，領司隸校尉，郭汜為後將軍，樊稠為右將軍，張濟為鎮東將軍，並封列侯。張濟率兵出屯弘農，李傕、郭汜、樊稠三人在朝共同秉政。他們感謝賈詡，拜賈詡為左馮翊，以酬其功，賈詡辭道：「此乃救命之計，出於無奈，何功之有！」堅辭不受，李傕等乃拜賈詡為尚書。這時，可苦了這十二歲的漢獻帝，真是才脫虎口，又入狼群。

　　卻說前在西北涼州作亂的馬騰、韓遂，當董卓入關時，曾遣使招降，約與共討山東諸侯，事成各有封賞。馬騰、韓遂就率領西涼之眾，向長安進發。走到中途，聞知董卓被殺，就按兵未進。現在李傕等得勢，秉承董卓遺策，便拜韓遂為鎮西將軍，令還鎮金城，拜馬騰為征西將軍，令屯兵郿縣。馬騰奉旨謝恩，於興平元年入朝，有所求於李傕，李傕未許。馬騰氣憤，乃與朝中諫議大夫种邵，侍中馬宇，左中郎將劉範，合謀裡應外合，共討李傕。馬騰回防之後，就率兵自郿縣進駐長平觀，並邀韓遂前來助戰。那知事機不密，計劃洩漏，种邵等被迫逃出長安。李傕就派遣郭汜、樊稠與姪兒李利將兵突擊馬騰、韓遂，激戰於長平觀下，馬騰韓遂大敗，被殺死了一萬多人，狼狽西走。樊稠率兵從後追趕，韓遂派了一個故人暗地來見樊稠道：「樊將軍與韓將軍都是同縣舊好，方今天下大亂，今日雖然彼此失歡，說不定明日又是一家，何必苦苦相逼！我韓將軍有幾句鄉情願與樊將軍一談！」樊稠一想，這話確也不錯，便縱馬上前，會見了韓遂，兩人握手言歡，並馬交談，相敘了好久，乃各自撤兵而退。李利回來，便將這事報告了叔父李傕，李傕聽了半信半疑，從此就與樊稠有隙。這李傕、郭汜、樊稠三人駐兵在長安，把長安城郊分做了三個防區，各守一方。雖為一黨，而同床異夢，爭權奪利，各不相讓。朝中的公卿，敷衍了這個，又得罪了那個，真是窮於應付。關中三輔，從興平元年四月到七月，三個月不下一滴雨，長安的穀價賣到五十萬錢一斛，到處都是餓莩。盜賊橫行，白晝擄掠，李傕等的駐軍，非特不能維持治安，反而乘亂打劫。李傕、樊稠、郭汜這三人的摩擦日深，在興平二年二月，李傕約樊稠會議，就在座中殺死樊稠。李傕又屢請郭汜赴宴，郭汜之妻惟恐郭汜遇害，告誡郭汜務要小心提防。這天郭汜赴宴回家，忽然腹痛，汜妻道：「這一定是中了毒！」連忙叫人用糞汁來灌，灌得郭汜大吐了一陣。郭汜氣極，第二天就帶兵來攻打李傕，這兩人竟在長安城中廝殺起來。李傕恐怕漢獻帝被郭汜所挾持，這天派他的姪兒李暹，率領兵士幾千人，將皇宮圍住，用軺車三乘請皇帝駕幸其營。太尉楊彪道：「自古天子，那有住在臣民家中的道理，諸君作事，須要上合天理，下合人情才是！」李暹不聽，硬逼著皇帝皇后，乘坐

輀車，來到李傕營中，群臣步行相從。亂兵乘勢闖進皇宮，奸淫宮人，搶劫財寶，跟著放起一把大火，把那修葺尚未完工的皇宮，又統統燒光。獻帝見李、郭交兵不已，每天長安城中，不知要死多少人。就派遣太尉楊彪與司空張喜等十幾位公卿，往見郭汜，勸他們講和。郭汜竟將楊彪等一齊扣留，以為人質，楊彪道：「你們一人劫天子，一人劫公卿，這成何世界！」郭汜大怒，拔劍就要砍殺楊彪，彪道：「你要殺快殺，橫豎在這個世界裡我也活不下去！」幸虧左右苦苦講情，郭汜不曾下手。郭汜率兵大舉進攻李傕，李傕戰敗，身中流矢，部將楊奉將兵來救，合力反攻，又把郭汜殺退，你來我往，打得難分難解，殺人如麻。李傕在長安城中，紮營不住，又將皇帝遷於北塢。派校尉帶兵把守住塢門，隔絕內外。獻帝左右的宮人，都涕泣喊餓。獻帝乃叫人向李傕要求白米五斗，牛骨五具，為左右充饑。李傕怒道：「這時那有白米！」著人僅送來幾具牛骨，臭不可食。這小皇帝實在受不住，便要發作。侍中楊琦慌忙過來附耳奏道：「這是什麼時候，陛下，您務須要忍耐！」小皇帝只得咬住嘴唇，那眼淚奪眶而出。又過了一個多月，獻帝再遣僕射皇甫酈往勸說李郭。他先往見郭汜，郭汜總算勉強答應。於是又來勸說李傕，李傕不服氣道：「那郭多（汜綽號）盜馬賊耳，他有多大本領，竟敢劫奪公卿，與我反抗，你看我就要消滅他，你們何必還要幫他講情！」皇甫酈是個直率的人，當即答道：「近者董公之強，將軍之所知，曾幾何時而身首異處，此所謂有勇而無謀也。今將軍身為上將，受國家厚恩，郭汜劫奪公卿，而將軍威脅主上，試問是誰輕誰重？」話還不曾說完，那李傕已勃然大怒，暴跳起來，將皇甫酈呵出了營門。餘怒不息，又喚虎賁王昌去追殺皇甫酈，那王昌胡亂追了一程，回來諉稱不曾追到。這李傕與郭汜，彼此攻打了幾個月，死了好幾萬人，不分勝負。駐在弘農的鎮東將軍張濟，聞訊帶兵西來，武裝調停，並欲迎接聖駕前往弘農。漢獻帝正在懷念舊京，欣然同意，便派使者偕同張濟再去勸解李、郭。李傕、郭汜正打得筋疲力盡，劫持著天子百官也毫無作用，便乘此順風轉舵，完全接受了張濟的調停，並願將天子百官獻出。就在興平二年，秋七月甲子這天，李傕派兵護送車駕東行。才出宣平門，走到護城河橋邊，

前面有郭汜的兵士幾百人，攔住了去路，大聲喊道：「車裡是什麼人？」侍衛劉艾高呼道：「這是天子，不得無禮！」一旁侍中楊琦趕緊舉起車簾，獻帝露面道：「朕在此！卿等意欲何為？」郭汜士卒，一看果然是天子，便向兩邊散開，車駕才得離開長安。當晚駐在霸陵，由張濟派兵扈從。董卓的舊部，原受李傕節制的楊定、楊奉，不直李傕之所為，也脫離李傕前來護駕。詔拜張濟為票騎將軍開府如三公，楊定為後將軍，楊奉為興義將軍，又拜董承為安集將軍，董承是靈帝母董太后的內姪，漢獻帝的表叔。張濟、楊定、楊奉、董承等，保護著車駕，於十月壬寅，走到華陰❷❺。原駐在華陰的寧輯將軍段煨，進獻服御，並請聖駕菰營休息。楊定素與段煨不睦，密奏獻帝說：「段煨懷有陰謀，不可前往！」漢獻帝就露宿在華陰道南。楊定、楊奉、董承等與段煨，因爭奪車駕又發生衝突，雙方打起仗來，一連混戰了十幾天。楊定、楊奉等護持著天子，邊戰邊走。那李傕、郭汜放走了天子，轉又後悔。聽說楊定等與段煨衝突，李、郭又言歸於好，兩人共同率兵從後趕來，與段煨相合，準備再劫天子。張濟亦與楊奉、董承齟齬，而與傕、汜合作。楊定獨率一軍，亡走荊州。楊奉、董承與李傕、郭汜、張濟等混戰了一場，奉承大敗，百官士卒死者不可勝數。輜重御物，符策典籍，委棄滿地。射聲校尉沮儁，受傷墜馬，適逢李傕躍馬走過。低頭認得是沮儁，便問道：「這人還能活嗎？」那沮儁躺在血泊中，睜眼看見李傕，大罵道：「你這強盜，膽敢逼劫天子，迫害公卿，自古以來，沒有看見像你這樣的亂臣賊子！」李傕大怒，手起一槍，將沮儁結果了性命。那晚漢獻帝被困於亂軍之中，露宿在曹陽澗旁。曹陽澗西距陝城四十五里，緊靠黃河南岸，過河就是河東之地。那幾年間，河東地方素亂，南匈奴乘機南下，胡騎縱橫，盜匪如毛。楊奉、董承戰敗，佯與傕汜議和，暗地裡派遣使者，星夜渡河，往河北招誘當地賊帥李樂韓暹胡才與南匈奴右賢王去卑，前來救駕。這些土匪胡兵聽說有勤王立功的機會，誰不願來。李樂、韓暹等，與匈奴騎兵數千人，應命呼嘯而至。又是一場混戰，將李傕、郭汜等打得大敗而走，斬首數千級。於是楊奉、董承、李樂、胡才、韓暹與匈奴

---

❷❺　今陝西華陰。

右賢王，擁護著車駕，繼續東進。走了一程，那知李傕、郭汜等獲得援兵，收拾兵馬，又捲土重來。楊奉、董承在後拼命拒戰，又殺死了無數官兵吏民。公卿之中，光祿勳鄧淵、廷尉宣璠、少府田芬、大司農張義等，都相繼殉難。這樣打著走著，又走了四十多里，來在陝城郊外。虎賁羽林剩下不到一百人，李、郭大軍緊追不捨，官兵全無鬥志，都想逃亡。李樂見事勢緊急，主張天子舍車乘船，從河道下孟津。太尉楊彪道：「河道艱難，天子不可冒險！」乃決定渡過黃河，到河東避難。先令李樂過河，在對岸準備好船隻，舉火為號。這裡獻帝與公卿步出營門，來到岸邊，那河岸有十幾丈高，下不去。皇后兄伏德一手扶著皇后，一手挾著絹繒十匹。董承倉卒間來不及說話，叫孫徽上前將伏德手中絹奪過，就以絹代輦，叫人背著皇帝，用絹兜著，從岸上放下去。那些侍從百官，滾的滾，爬的爬，紛紛來在河邊。河中船隻很少，大家爭渡，董承、李樂站在船頭，用戈揮擊，被擊落河中的不知多少，船裡邊盡是血淋淋的手指頭。那些宮女吏民不得渡河的，都被亂兵剝去衣服，一個個赤身露體，那時正是十二月隆冬的天氣，朔風凜冽，活活凍死的又不知多少。後面李傕的追兵到來，看見北岸火光，發現有人渡河。趕到岸邊喊道：「你們要把天子搶到那裡去？」紛紛彎弓搭箭，向那黑影中射去。獻帝同皇后楊彪等十幾人，共乘一隻小船，橫流而渡。那飛箭如蝗而落，董承著人用被作幔，障住船身。總算是萬幸，天子不曾受傷，得登彼岸。上岸北行，到了大陽❷⁶縣，暫住在李樂的行營之中。河內太守張楊聞訊（初平二年七月董卓以張楊為河內太守治野王❷⁷），遣人負米前來貢餉。獻帝在大陽住了一天，乘坐牛車，來到河東安邑縣，有河東太守王邑，奉獻綿帛，獻帝以賜公卿左右。到了這個時候，大家才喘過一口氣來。獻帝詔封王邑為列侯，拜胡才為征東將軍，張楊為安國將軍，皆假節開府。那些土匪首領，以救駕有功，都紛紛求官。一時刻印不及，找了許多石頭，用錐子胡亂劃了些官名，應付過去。獻帝住在棘籬之中，也無門戶，就在空地裡舉行朝會。士兵們都圍在四周籬落上，

---

❷⁶　今山西平陸。

❷⁷　今河南沁陽，時為河內郡治。

觀望喧笑，全不成體統。過了些時，糧穀吃盡，人人面有菜色。張楊自野王來朝，時洛陽空虛無人，楊請駕返東都，獻帝雖然情願，一班河東將帥多持反對。張楊不得要領，又遄返河內。到第二年的春天，獻帝在安邑城郊，祭祀上帝，大赦天下，改元建安，希望從今以後可以天下安定，再不要逃難了。可是董承、楊奉、李樂、胡才這班人，分子複雜，人各一心，還是不能合作。彼此猜疑，互相傾軋，韓暹屯兵聞喜❷，胡才、楊奉屯兵塢鄉，董承、李樂屯兵安邑，各據防區，各自為政。建安元年二月，韓暹突然發兵攻擊董承，董承戰敗，逃往野王去投奔河內太守張楊。張楊見了董承，極力主張迎接獻帝，駕返東都。乃令董承先往洛陽繕修宮室，再派遣使者往安邑去迎接獻帝。漢獻帝到建安元年時年已十六歲，這位多災多難的幼主，真是生不逢辰。自從即位以來，不曾一日安寧，一直被人作弄，成為一個可憐的傀儡。他所代表的國家，更是支離破碎。他自從離開長安後，長安城空四十餘日，壯者流離四方，老弱轉死溝壑，兩三年間，關中罕有人跡。西都竟和東都一樣，成為了兩座廢墟。關中是群寇猖獗，關東是諸侯紛爭，任憑天子的流離失所，除了一個張楊外，誰也不關心。起初李、郭、董、楊等，你搶我奪，還認為這個小皇帝尚有剩餘的價值，足資利用。及至李樂、胡才等在河東分兵割據時，連這剩餘的價值，也不復存在。所以當張楊遣使前來接駕，李、胡等也不留難，就由楊奉、韓暹，共奉獻帝東還。建安元年秋七月甲子，車駕重返洛陽。初居故中常侍趙忠宅，後遷入南宮張楊所新修的殿中，名其殿曰楊安，以紀念張楊的功勞。張楊為了表示自己態度的光明，宣稱道：「天子乃天下之共主，朝中自有公卿，我輩當出居在外，以屏衛國家。」自率軍回歸河內野王。楊奉不好意思留在都中，也率兵出屯梁國。獻帝特拜張楊為安國將軍大司馬，拜楊奉為車騎將軍。又拜韓暹為大將軍領司隸校尉，與董承並留宿衛，駐守東京。這時東京，雖然有幾座宮殿草草修復，到處還是焦土荒邸，一片瓦礫。百官朝賀，都站在荊棘之中。洛陽城裡的百姓，不過幾百家，各地輸獻又不來到，城裡又沒有積糧，遂發生饑荒。尚書郎以下，皆自出樵採，許多人都

---

❷　今山西聞喜。

死在斷壁頹垣之中，或為盜賊亂兵所殺，真是滿目淒涼。這時天下紛紛，誰也不管朝廷的存亡，天子的死活，卻引起了山東一個梟雄的注意。他認為人棄我取，此乃天與之機，時不可失。這人就是兗州牧曹操，他統領大兵來到洛陽，謁見天子，趕走韓暹，殺死侍中臺崇尚書馮碩等，自領司隸校尉。他奏稱洛陽荒殘，無法建都，挾持天子於建安元年八月庚申遷都許城㉙。自為大將軍封武平侯，旋升司空，行車騎將軍事，百官總己以聽，從此挾天子以令諸侯。漢朝乃名存而實亡，入於三國之局。漢獻帝在許都，名義上又延長了二十四年的國祚，後到建安二十五年，曹操死，操子丕篡漢自立，漢朝乃名實俱亡。綜計東漢自光武中興，到建安元年是一百七十二年，到建安二十四年，是一百九十六年。加上西漢的二百一十四年，兩漢共為四百一十年而亡。

　　在這個世紀的末葉，在這個大紛亂的時代中，有一個悲慘的時代犧牲者，就是陳留蔡邕。邕以曠世逸才，因一聲長嘆，而死於非命。搢紳諸儒，聞之莫不流涕。更可憐的，是蔡邕有一個女兒，名琰小字文姬，自幼博學多才，精通音律，饒有乃父之風。嫁與河東人衛仲道為妻，夫死無子，歸寧在家。當董卓自洛陽西入長安的時候，李傕、郭汜討伐朱儁，大掠陳留潁川，姦淫殺戮，中原一帶，多少人家破人亡。蔡文姬也被亂兵所俘，虜入關中後又為匈奴所得，輾轉流入胡中。在胡中十二年，並生有兩子。曹操原與蔡邕交好，後來定都許昌，操威震匈奴，便與匈奴交涉，用重金將蔡文姬贖回，改嫁與屯田都尉董祀為妻。文姬歸漢時，家門滅絕，舉目全非，不勝傷感，追懷往事，作了〈悲憤詩〉兩章，寫盡了當時人間的悲慘，真是一篇血淚「詩史」。現在抄錄在下面，作為本講的結束，其辭曰：㉚

㉙　今河南許昌。

㉚　蔡琰〈悲憤詩〉，後人有疑其偽者，宋蘇軾即以此詩非文姬作，謂文姬流離在父歿之後，董卓既誅乃遇禍，今此詩乃云為董卓所驅虜入胡，尤非真也。蓋疑作者疏略，而范曄荒淺，遂載之本傳。然而蔡寬夫《詩話》辨之曰：「《後漢書蔡琰傳》，載其二詩，或疑董卓死，邕被誅，而詩敘以卓亂流入胡，為非琰辭。此蓋未嘗詳考於史也。且卓既擅廢立，袁紹輩起兵山東，以誅卓為名，中原大亂，卓挾獻帝遷長安，是時士大夫豈能皆以家自隨乎？則琰之入胡，

漢季失權柄，董卓亂天常。志欲圖篡弒，先害諸賢良。逼迫遷舊邦，
擁主以自彊。海內興義師，欲共討不祥。卓眾來東下，金甲耀日光。
平土人脆弱，來兵皆胡羌。獵野圍城邑，所向悉破亡。斬截無孑遺，
尸骸相撐拒。馬邊縣男頭，馬後載婦女。長驅西入關，迥路險且阻。
還顧邈冥冥，肝脾為爛腐。所略有萬計，不得令屯聚。或有骨肉俱，
欲言不敢語。失意機微間，輒言斃降虜。要當以亭刃，我曹不活汝。
豈復惜性命，不堪其詈罵。或便加棰杖，毒痛參并下。旦則號泣行，
夜則悲吟坐。欲死不能得，欲生無一可。彼蒼者何辜，乃遭此阨禍！
邊荒與華異，人俗少義理。處所多霜雪，胡風春夏起。翩翩吹我衣，
肅肅入我耳。感時念父母，哀歎無窮已。有客從外來，聞之常歡喜。
迎問其消息，輒復非鄉里。邂逅徼時願，骨肉來迎己。己得自解免，
當復棄兒子。天屬綴人心，念別無會期。存亡永乖隔，不忍與之辭。
兒前抱我頸，問母欲何之。「人言母當去，豈復有還時。阿母常仁
惻，今何更不慈？我尚未成人，柰何不顧思！」見此崩五內，恍惚
生狂癡。號泣手撫摩，當發復回疑。兼有同時輩，相送告離別。慕
我獨得歸，哀叫聲摧裂。馬為立踟躕，車為不轉轍。觀者皆歔欷，
行路亦嗚咽。去去割情戀，遄征日遐邁。悠悠三千里，何時復交會？
念我出腹子，匈臆為摧敗。既至家人盡，又復無中外。城郭為山林，
庭宇生荊艾。白骨不知誰，從橫莫覆蓋。出門無人聲，豺狼號且吠。
煢煢對孤景，怛惋糜肝肺。登高遠眺望，魂神忽飛逝。奄若壽命盡，
旁人相寬大。為復彊視息，雖生何聊賴！託命於新人，竭心自勖屬。
流離成鄙賤，常恐復捐廢。人生幾何時，懷憂終年歲！

不必在邕誅之後。其詩首言：『逼迫遷舊邦，擁主以自彊。海內興義師，欲共
討不祥』，則指紹輩固可見。繼言『平土人脆弱，來兵皆胡羌。獵野圍城邑，
所向悉破亡。斬截無孑遺，尸骸相撐拒。馬邊縣男頭，馬後載婦女。長驅西
入關，迥路險且阻』，則是為山東兵所掠也，其末乃云感時念父母，哀歎無窮
已，則邕尚無恙，尤無疑也。」今玩詩情逼真，與史實並無不合之處，寬夫之
說為是。

嗟薄祜兮遭世患，宗族殄兮門戶單。身執略兮入西關，歷險阻兮之
羌蠻。山谷眇兮路曼曼，眷東顧兮但悲歎。冥當寢兮不能安，飢當
食兮不能餐，常流涕兮眥不乾，薄志節兮念死難，雖苟活兮無形顏。
惟彼方兮遠陽精，陰氣凝兮雪夏零。沙漠壅兮塵冥冥，有草木兮春
不榮。人似禽兮食臭腥，言兜離兮狀窈停。歲聿暮兮時邁征，夜悠
長兮禁門扃。不能寐兮起屏營，登胡殿兮臨廣庭。玄雲合兮翳月星，
北風厲兮肅冷冷。胡笳動兮邊馬鳴，孤雁歸兮聲嚶嚶。樂人興兮彈
琴箏，音相和兮悲且清。心吐思兮匈憤盈，欲舒氣兮恐彼驚，含哀
咽兮涕沾頸。家既迎兮當歸寧，臨長路兮捐所生。兒呼母兮號失聲，
我掩耳兮不忍聽。追持我兮走煢煢，頓復起兮毀顏形。還顧之兮破
人情，心怛絕兮死復生。

東漢帝系表

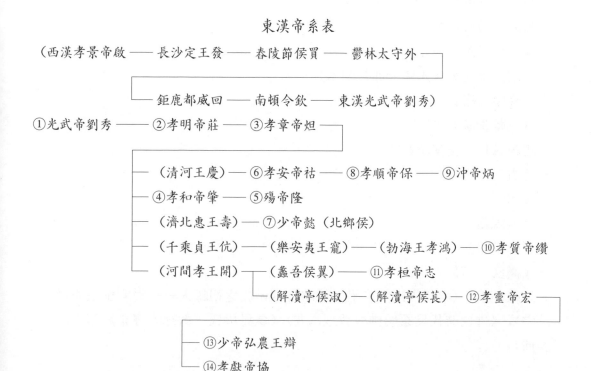

參考書目

《史記》（及三家註）

《漢書》（及顏註與王先謙補註）

《後漢書》（及章懷太子賢註與王先謙集解）

《資治通鑑》（及胡註）

《戰國策》

《楚漢春秋》（輯本）

荀悅《漢紀》

袁宏《後漢紀》

徐天麟《兩漢會要》

《東觀漢記》（《永樂大典》輯本）

《文獻通考》

《三輔黃圖》

趙翼《廿二史箚記》

《古詩源》

《昭明文選》

《世說新語》

《西京雜記》

《漢武內傳》

梁啟超著：〈中國佛法興衰沿革說略〉，〈佛教之初輸入——漢明求法說辨偽〉，〈佛佗時代及原始佛教教理綱要〉（參見梁氏《飲冰室專集》第十四冊）

時代造就英雄，
英雄創造時代

　　站在歷史浪潮的頂端，他們乘風破浪，叱吒風雲，留給後人的，當不僅是英雄偉業、名垂青史，令人動容的，是一股歷史的使命感和扭轉乾坤的霸氣，而忠義智勇更是英雄之所以成為英雄人物的元素，且看惜秋如何帶領讀者一略歷史風雲人物的氣概。

【戰國風雲人物】
孫臏、田單、樂毅、廉頗、趙奢、白起、王翦、蘇秦、張儀、范雎……

【漢初風雲人物】
張良、蕭何、韓信、曹參、陳平、周勃、灌嬰、叔孫通、婁敬、彭越……

【東漢風雲人物】
吳漢、鄧禹、寇恂、馮異、王常、岑彭、來歙、銚期、馬武、馬援……

【蜀漢風雲人物】
諸葛亮、關羽、張飛、趙雲、龐統、黃忠、法正、劉巴、蔣琬、費褘……

【隋唐風雲人物】
高潁、楊素、劉文靜、李靖、房玄齡、杜如晦、長孫無忌、魏徵、秦瓊……

【宋初風雲人物】
趙普、石守信、王審琦、范質、王溥、魏仁浦、高懷德、張永德……

【民初風雲人物】（上）（下）
黃　興、胡漢民、焦達峰、陳其美、宋教仁、蔡元培、居正、于右任……

中國通史（修訂四版）

甘懷真／著

本書著重從宏觀的角度，做歷史趨勢之說明，不對個別的歷史事件、人物作過多之枝節敘述；並將近年來學界之最新研究成果包含在內，對社會經濟史及文化史的歷史演進有較詳盡之說明。書中也加重了臺灣史的比重，以及反映時代之新精神，兼顧可讀性及學習需求，允宜作為大專之「中國通史」課程教學之用。

中國現代史（修訂五版）

薛化元／編著

本書分題論列中國與臺灣現代歷史的發展脈絡，並評析其歷史涵義。對於這段歷史過程中的重大事件，論述不求其詳備，而取其精義且與時並進，希望能讓讀者有系統而概念性的理解。關於這段歷史過程中諱莫難明的史事，也參酌最新研究成果，務求確實無訛，盼望亦能讓讀者有超越傳統歷史論述的認知。

臺灣開發史（修訂三版）

薛化元／編著

臺灣有文字記載的歷史時代大約從十七世紀開始，距今不過四百年左右。但是若以臺灣島作為歷史研究的對象，單單原住民諸族群社會文化的傳承，臺灣歷史就非短短四百年所能涵蓋。本書以考古與原住民社會作為開端，迄於戰後臺灣的歷史發展，除討論臺灣政治歷史發展之外，對於人民生活及社經文化的演變亦多著墨。透過本書，對於臺灣整體的歷史圖像當有較全面性的認識。